[제5판]

신인적자원관리

김영재 · 김성국 · 김강식

Human Resource Management

탑북스

제5판 발간에 부치는 글

지금 삼각파도가 몰려오고 있습니다. 4차산업혁명이 몰고 온 디지털 변혁의 파도, 코로나19라는 팬데믹의 파도, 그리고 일하는 방식의 혁신이라는 파도가 그것입니다. 인적자원관리는 언제나 환경변화에 민감할 수밖에 없는데 최근의 변화는 과거와는 비교도 할 수 없이 기업경영에 큰 영향을 주고 있습니다.

코로나19 위기로 인해 사회적 거리두기가 일상화되면서 회사 업무가 대부분 비대면(untact)으로 진행되고 있어 가상공간에서의 소통과 재택근무(또는 원격근무)가 불가결한 업무방식이 되고 있습니다. 코로나19 사태가 종식된다고 해도 조직이 그 이전으로 완벽하게 회귀하는 것은 불가능할 것으로 보입니다. 왜냐하면 단순히 업무방식만 변한 것이 아니라 업무와 조직을 바라보는 인간의 생각이 달라졌기 때문입니다. 코로나 위기를 겪으면서 사람들은 위계와 관료적 통제보다는 업무의 자율성과 유연성, 그리고 협업을 통해 일하는 것이 더 낫다는 사실을 경험을 통해 깨닫게 된 것입니다.

삼각파도의 위기 속에서 기업들이 모색하고 있는 경영의 대응 방향은 대체로 세 가지로 집약됩니다. 첫째, 유연한 노동의 확산, 둘째, 디지털 변환 기술의 적극적 도입, 셋째, 가상공간에서의 협업의 강화입니다. 이러한 추세가 지속된다면, 근로자들은 더 이상 고정된 직무를 갖지 않으며 인터넷이나 스마트폰 기반에서 때로는 직무의 경계를 넘나들며 자율적으로 업무를 수행하는, '뉴 노멀' 상황에 직면하게 될 것입니다. 이러한 상황에서 기업은 미래에 대한 불확실성의 증가로 인해 투자를 꺼리고 있어 그 여파로 채용 규모를 줄이거나 기존인력의 감축도 불가피할 것으로 보고 있습니다. 그러나 그 와중에서도 기술변화에 따라 직원들의 업스킬링과 리스킬링(upskilling & reskilling)이 현장에서 시급히 요구되고 있습니다.

『신인적자원관리』 저자들은 경영환경의 변화에 적극 대처하여 새로운 경영방식과 고용환경 변화 상황을 책에 담아내기 위해 새로이 자료를 모으고 내용을 보충하여 5판을 펴내게 되었습니다. 인적자원관리에 관심이 있는 독자들께서 이 책을 사용하여 연구와 실무에 도움이 되시기를 바랍니다.

5판의 발간을 위해 애써주신 도서출판 탑북스의 김광식 대표를 비롯한 직원 여러분의 헌신과 노고에 깊이 감사드립니다.

2021년 7월

저자 김영재 · 김성국 · 김강식 배상

차 례

제1장 인적자원관리의 개념과 접근법

제2장 인적자원관리의 환경변화

제3장 전략적 인적자원관리와 정보 시스템

제4장 인적자원계획

제5장 인적자원의 모집과 선발

제6장 직무관리

제7장 인적자원의 평가

제9장 인적자원의 경력관리

제10장 임금관리(Ⅰ)

제11장 임금관리(Ⅱ)

제12장 복리후생관리

제13장 인적자원의 유지 및 이직관리

제14장 노사관계

제15장 국제화시대의 인적자원관리

제16장 여성인력의 활용과 개발

찾아보기 / 603

제 1 장
인적자원관리의 개념과 접근법

1 인적자원관리의 개념과 접근법

opening case 1-1. 문제는 인사시스템이다!

네이버와 카카오가 시험에 들었다. 취업준비생과 직장인들이 가장 가고 싶어하는 기업, 수평 조직과 자율을 바탕으로 끊임없이 성과를 만들어내고 혁신을 추구하는 두 IT 기업이 곤경에 처했다. 얼마 전 직장인 커뮤니티 '블라인드'에 카카오 직원의 유서로 추정되는 글이 올라오더니 몇 달 후에는 네이버에서 개발자로 일하던 직원이 극단적 선택을 했다. 비인간적인 인사평가시스템, 상급자의 지속적인 괴롭힘과 과도한 업무 스트레스 등이 원인으로 지목되고 있다.

문제의 대부분은 인사관리에 있다.

모두가 선망하던 거대 IT 기업들에서 발생한 사고들 이면에는 이러한 일들을 가능하게 만든 인사시스템과 경영진의 의식이 자리 잡고 있다. 두 회사 모두 폭발적인 성장을 통해 단기간내에 대기업으로 발돋움했지만, 인사시스템의 도입과 운용은 여전히 스타트업 시절 방식으로 했다는 지적이 있는가 하면, 구글, 아마존 같은 글로벌 IT 기업들의 인사시스템을 우리 실정에 맞게 변형(customize)하지 않고 무분별하게 도입해 부작용을 일으키고 있다는 분석도 나왔다.

매출이 조 단위를 넘고 임직원 수가 만 명 단위에 이르는 기업은 더 이상 창업자 그룹이 모든 것을 관리할 수도 없고 또 그렇게 해서도 안된다. 영업실적만 중요하고 인사관리는 부차적인 업무라는 경영진의 인식도 위험하다. 왜냐하면 대부분의 조직 문제는 인사관리에서 비롯되기 때문이다. 인사시스템은 기업 고유의 전통과 문화, 역사라는 토양 위해 심어진 나무와 같다. 스타트업이라면 쉽게 묘목을 뽑아내고 다시 심겠지만, 시가총액이 50조가 넘는 두 회사라면 뿌리가 잘 정착하도록 정교하면서도 정성을 기울이는 시스템이 자리 잡아야 한다.

이것이 가능하려면 경영진의 인사시스템에 대한 인식이 기업규모의 성장에 비례해 깊어져야 한다. 그때그때 유행을 좇거나 깊은 숙고를 거치지 않은 벤치마킹을 반복하기보다 질서와 균형을 위해 정교함과 치밀함을 갖춘 대기업다운 인재경영이 갖추어져야 한다.

사람을 어떻게 존중하느냐가 핵심이다.

문제가 된 제도 일부를 땜질하는 데 그치지 않고 기업 내부의 문화, 의사소통 구조, 대내외적 사업환경 등을 총체적으로 반영한 인사시스템을 만들어야 한다. 더욱이 요즘은 기업의 사회적 책임을 뜻하는 ESG(환경· 사회· 지배구조)에 EGP(정치적 역할)까지 요구되는 시대이다. 거대한 기업집단으로 성장한 두 기업의 사업영역은 합리적일까? 사회에 선순환적일까? 산업화 시대의 재벌과의 차이점은? 사회와 국가에 기여는 과연 어디로 향해야 할까? 하는 근본질문에 답할 준비가 되어야 하며 그 책임도 당연한 것이다. 기업 성공의 요체는 사람경영이고 핵심은 사람을 어떻게 존중하느냐 하는 것이다. 이를 바탕으로 네이버와 카카오가 한번 더 도약하여 구글과 아마존을 넘어서는 그날을 기대해 본다.

(자료: 이근면(전 인사혁신처장), "문제는 인사시스템이다!", 한국인사관리협회, 「월간 인사관리」, 2021년 7월호, 83.)

토의과제

1. 네이버와 카카오의 급속한 성장 비결이 무엇인지 말해 보시오. 두 기업의 성장 과정에서 인사관리 측면에서 보여지는 장점과 단점에 대해서 토의하시오.

2. IT 대기업이 인사관리 담당자가 갖추어야 할 능력과 덕목에 대해서 토의해 보시오.

opening case 1-2. HR Analytics 기업내 활용 유형

2000년대 초반만 하더라도 구글트렌드에서 Strategy가 Analytics 검색어보다 압도적으로 검색 빈도가 높았지만 최근 들어 '전략(Strategy)'과 '분석(Analytics)'이라는 키워드가 거의 비슷한 빈도로 검색되고 있다. 이제는 전략뿐만 아니라, 분석이 경영의 한 축으로 자리잡고 있다. HR(인사관리)에서도 면접에 인공지능을 도입하고 코로나 팬데믹을 대비하여 비대면으로 업무를 추진할 수 있게 하는 등의 디지털 기술을 도입하고 있다. 사업의 전략적인 파트너가 되기 위해서는 디지털 변혁기를 맞이하여 직원의 채용에서부터 배치, 육성, 평가, 보상 등 제반 HR의 활동이 데이터에 기반해야 한다.

HR Analytics의 기업내 활용 유형 5가지

일반적으로 머신러닝(Machine Learning)은 두 가지로 구분된다. 하나는 데이터에 답이 있는 지도학습(supervised learning)과 다른 하나는 데이터에 답이 없는 비 지도학습(unsupervised learning)이다. 그중에 인사관리 분야에 사용할 수 있는 대표적인 머신러닝 사례를 설명하고자 한다.

1) 의사결정 나무 활용 고성과자 특성 분석

의사결정 나무(decision tree)는 그림으로 데이터의 분석결과를 설명할 수 있어서 결과보고를 사람들이 이해하기 쉽다는 장점이 있다. 이러한 의사결정 나무를 분석도구로 하여 고성과자의 특성을 6가지 동기부여 요인으로 분석하는 것을 사례로 들어본다. 사람에게는 일반적으로 6가지 동기요인이 있다고 한다. '놀이, 목적, 잠재력, 정서적 압박, 경제적 부담, 타성'이 그것이다. 각 동기요인에 대해 10점 만점으로 총 동기(total motivation)으로 조사하고 그 점수를 100점 만점으로 환산하며 어떤 직원이 동기수준이 높은지를 분석할 수 있다. 분석결과 '동기수준'이 높은 직원은 목적이 4.5 이상, '놀이'가 6.5 이상이며 '정서적 압박'이나 '경제적 압박'을 비교적 적게 받는 것으로 나타났다. 이 분석결과를 바탕으로 회사는 의미있는 일, 본인이 잘 할 수 있는 일을 각 직원에게 설계해 줄 수 있는 근거를 마련할 수 있다.

2) 회귀분석을 통한 조직문화 진단

최근 기업 HR에서 직원들이 생각하는 조직문화 수준을 진단하기 위해 설문조사를 실시하는 경우가 많다. 그런데 측정 방법에 있어서 수십 개의 진단 문항들에 대해 단순히 항목별 평균값을 산출하여 분석하고 이들 타 기업과 비교하는 경우가 있어 아쉬움이 남는다. 설문분석에 있어서는 설문항목의 '요인 분석(factor analysis)'을 통해서 의미 있는 항목들을 묶는 작업을 하는 것이 필요하다. 그리고 항목들과 변수들 사이의 인과관계를 회귀분석을 통해 분석하는 것도 중요하다.

3) 연관분석을 통한 추천시스템

연관분석은 현상에 대한 원인을 밝히는데 주력하지 않고 고객들이 원하는 것을 파악하는 방법이다. 연관분석은 아마존과 넷플릭스의 추천시스템에 사용되고 있는 기법이다. 같은 책을 읽는 성향이 유사한 고객군, 같은 영화를 보는 유사한 고객군을 발굴하여 유사한 책과 영화나 드라마를 추천해 주는 방법이다. 이런 추천시스템은 HR에서도 활용이 가능하다. 유사한 집단으로 분석하는 방법은 직무분석, 교육과정 추천, 경력경로 추천, 프로젝트 조직구성 등에서 활용될 수 있다.

4) 조직 네트워크 분석

네트워크 분석은 비 지도학습 방법으로서 인사관리 분야에서 유용하게 사용된다. 회사의 단위 조직간, 개인간 소통 빈도를 데이터로 분석하여 조직의 밀도를 통해 응집력 수준을 파악할 수 있고 핵심인재가 누구인지, 서로 다른 단위조직을 연계하여 주는 사람은 누구인지, 조직간에 협업 수준은 어느 정도인지 등에서 활용할 수 있다.

5) 텍스트 마이닝 (Text Mining)

HR 분야는 수치형 데이터도 많지만 문자로 되어 있는 데이터도 많다. 다양한 텍스트 데이터에서 패턴을 찾아내고 직원들의 생각을 읽어낼 수 있는 것은 유용한 방법이라 할 수 있다. 예를 들면, 취업준비생들이 가지고 있는 회사에 대한 이미지를 키워드 분석과 함께 연관어를 분석, 파악할 수 있다. 또 직원 업무일지를 분석하여 키워드와 연관어를 분석하면 직무분석을 수행할 수도 있다.

■ 데이터 기반에서 일하는 문화로 전환 필요

HR은 디지털 변환기를 맞이하여 인공지능 면접을 보고 선진시스템을 도입하는 노력도 필요하지만, 그 전에 데이터 기반의 일하는 문화로 전환해야 한다. HR Analytics가 IT 담당자의 분야가 아니라 인사담당자들의 기초역량으로 자리 잡아야 진정한 HR의 디지털화가 이루어질 수 있다. 이를 통해 HR 담당자들의 데이터 기반의 사고와 의사결정이 가능해질 것이다.

(자료: 방병권(이너피플 대표), "HR Analytics 기업내 활용 유형", 한국인사관리협회, 「월간 인사관리」, 2021년 7월호, 22~23.)

토의과제

1. HR Analytics가 기업경영과 HR 업무에 활용되는 사례를 아는 대로 열거해 보시오.
2. HR Analytics를 인사부서에 실무적으로 적용되기 위해서 전제되어야 할 조건들에 대해 토의하시오.

제1절 인적자원의 개념과 특징

1. 인적자원의 개념

인적자원관리는 '인적자원(human resource)'이라는 단어와 '관리(management)'라는 단어의 합성어이다. 인적자원은 기업의 생산요소 가운데 하나로서 오늘날 생산은 물론, 기업의 생존과 유지, 혁신과 창조를 위해 그 의미와 중요성이 날로 증가하고 있는 요소이다. 인적자원관리(human resource management)는 인적자원을 확보하고 유지하고 개발하는 등 관리활동을 전개하는 것이라고 이해할 수 있다(Jung, 2008).

그런데 인적자원의 관리활동을 성공적으로 수행하기 위해서는 기업과 근로자 양측의 욕구를 충족시킬 수 있어야 한다.

- 기업의 욕구 : 기업이 필요로 하는 우수한 인재의 확보 및 이를 통한 높은 생산성과 성과 유지
- 근로자의 욕구 : 공정한 보상, 성장 발전, 만족 등

결국, 인적자원관리란 "전략적 가치를 지닌 인적자원을 기업과 근로자의 욕구를 함께 충족시키는 방향으로 확보, 유지, 개발, 보상하는 일련의 과업"이라고 정의할 수 있다.

2. 생산요소로서 인적자원의 특징

조직이 목적을 달성하기 위해서는 일반적으로 세 요소를 필요로 한다. 그것은 다름 아닌, 사람(man), 돈(money), 물자(material)이고 이것을 경영의 3요소, 3M이라고 부른다.

첫 번째 요소인 사람(man)은 인적자원(human resource)을 일컫는 것으로서 기업은 사람으로 구성된 사회 시스템(social system)으로 종업원, 관리자, 최고경영자와 같은 인적자원의 상호작용과 조정에 의해 굴러가는 조직이라고 볼 수 있다.

두 번째 요소인 돈(money)은 재무적 자원(financial resource)으로서 기업의 활동을 가능하게 하는 자원을 말하는데 예컨대, 자산, 자본금, 운영자금 등이 이에 속한다.

세 번째 요소인 물자(material)는 물적 자원으로써 예컨대, 공장, 기계, 장비, 원료, 시설물 같은 것을 말하는데 주로 하드웨어에 해당하는 경영자원이다.

그러면 경영의 3요소 가운데 가장 중요한 자원은 무엇인가? 그것은 두말 할 것도 없이 인적자원이다. 사람들은 인적자원을 흔히 '숨은 가치(hidden value)'로 부른다. 그 이유는 인적자원은 회사의 경제적 공시정보인 재무제표에 표시되지 않기 때문이다. 그러나 금융기관에서는 특정기업의 재무상태나 지급능력을 평가할 때 숨어 있는 인적자원의 가치를 반드시 평가한다. 왜 그럴까? 이는 인적자원이 지니는 특수한 속성 때문이다.

인적자원은 중요한 생산요소 가운데 하나인 노동을 공급하는 주체이면서 다른 생산요소와 달리 다음과 같은 차별적 속성을 지니고 있다.

- 성과의 수행자(일을 하는 주체)
- 비용 요소(임금 등 인건비가 발생함)
- 인격을 갖춘 개인(개인 목표와 욕구를 가짐)
- 의사결정자(인적자원관리와 관련된 결정을 스스로 내림)
- 기업 외부와 인터페이스(가정, 사회단체 등 타 집단과의 관계를 맺음)

인적자원은 이러한 독특한 속성으로 인하여 생산요소 가운데 기업의 운명을 좌우할 수 있는 매우 중요한 요소라고 말할 수 있다. 흔히 '기업은 사람이다'라고 말하는 이유가 바로 여기에 있다.

3. 인적자원관리의 수행자

과거에는 기업의 최고경영층이나 인사관리 부서에서 집중적으로 인적자원관리 기능을 수행하여 왔으나 오늘날에는 인적자원관리 기능이 분산되고 있다. 집중화에서 분권화로 이행하면서 인적자원관리는 더욱 현장 중심적, 민주적으로 변화되었다.

오늘날 현대 기업에서 인적자원관리의 수행자는 [그림 1-1]에서 보는 바와 같이, 현장 관리자(일선 부서장)는 물론, 노동조합이나 근로자 대표도 될 수 있으며, 기업이 인사기능의 일부를 외부 업체에 아웃소싱(outsourcing)할 경우 외부 용역업체(vendor)도 기업의 인적자원관리를 함께 수행하는 수행자가 될 수 있다. 이처럼, 인적자원관리가 발전할수록 수행자는 다양해지는 추세를 보이고 있다.

그림 1-1. 인적자원관리의 수행자

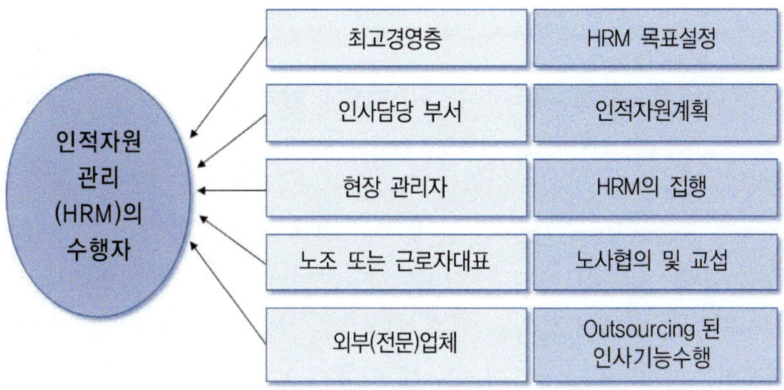

4. 인적자원관리의 기능

인적자원관리의 목적을 달성하기 위해 일반적으로 다음의 세부 기능(또는 과업)을 수행한다([그림 1-2] 참조).

그림 1-2. 인적자원관리의 세부 기능

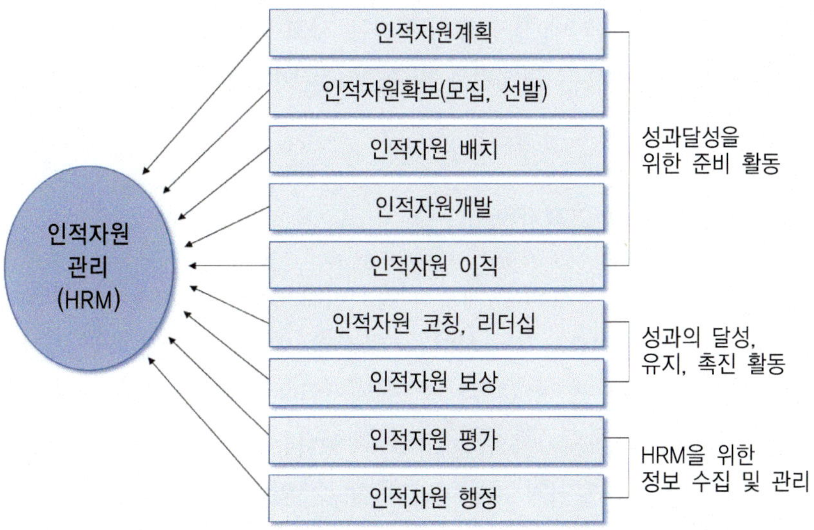

제2절 인적자원관리의 중요성, 목표, 접근법

1. 전략적 자원으로서 인적자원의 중요성

인적자원의 속성은 무한한 부가가치에 있다고 볼 수 있다. 돈이나 물자도 어느 정도 부가가치를 창출한다. 주식을 싼 값에 사서 비싼 값에 팔면 투자수익이라는 부가가치를 얻을 수 있다. 새로운 기계나 장비를 사용하여 생산활동을 하면 기업은 생산성이나 수익성이라는 부가가치를 창출할 수 있다. 그런데 이러한 부가가치는 인적자원의 가치에 의존하고 있다. 즉, 사람의 노동에 의하지 않으면 기계나 장비, 돈, 물자의 부가가치를 달성할 수가 없으며, 사람의 능력과 자질에 따라 노동의 양과 질에서 큰 차이를 보일 수 있다.

일찍이 사람들은 인적자원의 가치와 중요성에 주목하고 전략적으로 활용하는 데 힘을 써왔다. 그 결과 국가나 조직이 경쟁력을 가지게 되었으며 인적자원의 무한한 부가가치에 주목하게 되었다. 인적자원을 기업의 경쟁력을 구성하는 주요 구성요소로 보는 시각은 '자원기반 이론'으로 설명할 수 있다.

자원기반 이론(resource based view)은 기업이 어떤 인적자원을 확보하고 활용하는가에 따라 기업의 능력과 경쟁력에 차이를 보이며 이에 따라 성공여부도 달라질 수 있다는 이론이다. 자원기반 이론은 인적자원의 가치를 강조하는 입장으로서 특정 인적자원의 활용이 조직의 성과에 영향을 미친다는 사고에 바탕을 두고 있다. 인적자원의 특성에 따른 전략적 활용이 경쟁력을 창출한다는 이 이론은 인적자원의 특성을 다음과 같이 설명하고 있다.

1) 비물질적 자원으로서 인적자원

자원기반 이론에서는 인적자원을 재무적 자원이나 물질적(material) 자원이 아닌, 비물질적(immaterial) 자원으로 간주한다. 비물질적 자원은 경우에 따라 자산(assets) 또는 역량(competencies)으로 표현되는데, 인적자원은 사람이 지식과 기량을 발휘하여 무형자산(intangibel assets)을 만들어 낼 수 있다는 점에서 독특하며 무궁한 부가가치를 창출할 수 있는 비물질적 자원이라고 할 수 있다.

2) 인적자원의 가치

인적자원은 독특한 가치를 지니고 있다는 주장에 대해서 많은 학자들이 동의하고 있는데, 인적자원의 가치는 경제학에서 말하는 '렌트(rent)'로 설명할 수 있다. 렌트는 일반적으로 토지를 사용하여 소출을 거둔데 대해 지급하는 대가로 이해되는데, 이를 인적자원에 적용하면, 탁월하게 경쟁력이 있는 인적자원을 확보한 기업은 시장에서 경쟁력 있는 인적자원이 없는 기업에 비해서 리카르도(D. Ricardo)식 렌트를 창출하고 있다고 말할 수 있으며, 여기서 말하는 렌트가 바로 인적자원의 가치이다. 또한 인적자원이 지닌 특수성(specificity)으로 인하여 모든 인적자원은 적정한 활용가치를 지니게 된다. 한 인적자원이 이러한 적정한 활용가치를 벗어나 활용될 때 차별성이 발생하는데, 이 차별성이 유사 렌트(quasi rent)를 창출하게 된다. 결국 인적자원의 가치는 경쟁력과 차별성을 통해서 경쟁상대를 능가하는 렌트를 창출하는 능력에 있다고 말할 수 있다.

3) 인적자원 가치의 지속가능성

기업의 목적은 경쟁우위를 일시적이 아닌, 영구적으로 유지하는 것이라고 할 때, 경쟁의 원천이 되는 가치있는 인적자원이 창출한 렌트를 지속적으로 유지시켜야 할 것이다. 인적자원의 가치가 지속가능성을 가지기 위해서 다음의 조건이 갖추어져야 한다.

첫째, 인적자원의 희소성(scarcity)이 필요하다. 인적자원의 희소성이 있으면 시장에서 경쟁자가 렌트를 창출하는 것을 지속적으로 억제할 수 있다.

둘째, 경쟁자에 대한 자원의 비대칭성(asymmetry of resources) 또는 경쟁자가 따라 할 수 없는, 자원의 모방불가능성(non-imitability)을 지속적으로 유지할 수 있어야 한다.

셋째, 인적자원의 대체불가능성(non-substitutability)이 필요하다. 경쟁자가 대체인력을 배치하여 해당 인적자원을 대체할 수 없을 정도로 가치 있는 인적자원의 차별성이 커야 한다.

넷째, 인적자원이 특수성(specificity)이 있어야 한다. 여기서 특수성이란 희소성, 모방불가능성, 대체불가능성과는 다른 개념으로서 거래의 횟수가 증가함에 따라 조직내에서 인적자원의 활용도가 높아지고 익숙해짐으로써 획득하게 되는 특성을 의미한다.

결론적으로, [그림 1-3]에서 보는 바와 같이, 인적자원은 전략적 가치를 지니면 경쟁우위를 확보할 수 있으며 이러한 경쟁우위를 지속가능하게 만들기 위해서는 자원의 희소성, 모방불가능성, 대체불가능성, 특수성을 확보하여 장기적으로 자원의 비대칭성과 경쟁력을 높여서 전략적 목표를 달성하는 데 기여하게 된다.

그림 1-3. 인적자원의 가치와 지속가능성

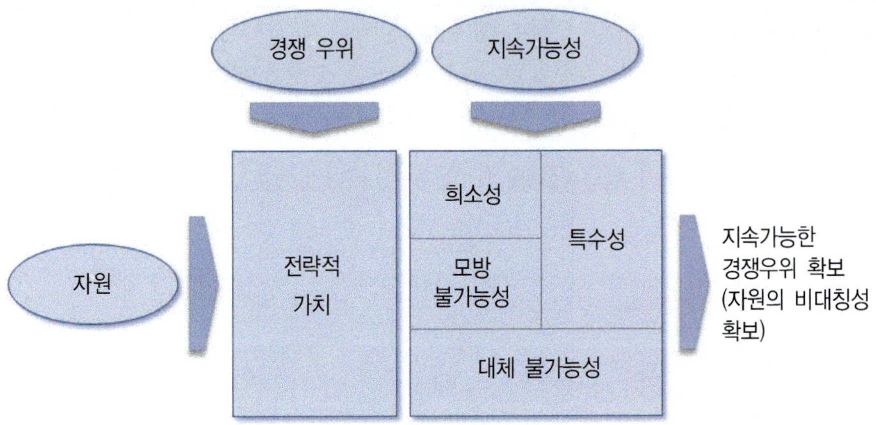

2. 인적자원관리의 중요성

세계가 산업사회로부터 지식정보사회로 이행하면서 인적자원의 중요성이 커지면서 인적자원관리의 중요성도 이에 상응하여 증대되고 있다. 인적자원관리가 중요하게 된 배경에는 다음과 같은 요인들이 있다.

첫째, 기술진보로 인해 새로운 기술에 적응할 수 있는 인력이 필요하게 되고 기존 인력의 개발과 신규 인력 유치가 필요하게 되면서 이를 가능하게 하는 인적자원관리가 중요해졌다.

둘째, 지식정보사회의 속성상 기업 경쟁력에서 인적자원의 창의성과 능력이 중요해짐에 따라 인적자원의 확보와 개발을 담당하는 인적자원관리의 중요성이 증대되었다.

셋째, 근로자의 능력을 최대한 끌어올려야 업무수행이 가능한 상황이 빈발하면서 근로자의 업무 모티베이션을 향상시키기 위한 인적자원관리의 중요성이 증대되었다.

넷째, 산업민주화의 진전과 더불어 형평과 복지를 지향하는 사회분위기로 인해 노동관련 법률을 정확하게 해석하고 적용해야 하는 일이 빈번해지면서 인적자원관리의 중요성이 증대되었다.

다섯째, 인건비의 지속적 상승으로 인력의 채용과 배치에 있어서 경제성과 합리성이 강조되면서 합리적 인적자원관리의 중요성이 증대되었다.

3. 인적자원관리의 목표

기업의 인적자원관리는 크게 두 가지 목표를 추구한다. 첫째는 경제적 목표이고, 둘째는 사회적 목표이다.

경제적 목표는 최소 비용을 들여서 노동성과 산출에 있어서 최대 효과를 내는것을 목표로 하는 것을 말한다. 경제적 목표를 달성하기 위해서 노동의 투입요소와 산출요소간의 효율이 높아야 한다. 경제적 목표 달성을 위해서 다음의 방법이 고려될 수 있다.

- 인적자원을 적재적소에 투입함으로써 인사배치의 효율을 높인다
- 불필요한 직위와 직책을 폐지함으로써 인건비를 최소화한다
- 신규 직원의 선발을 최적화함으로써 기업활동에 필요한 인재가 등용될 수 있게 한다
- 기계와 장비의 도입을 최적화하여 인적자원의 효율을 높인다
- 근로자의 창의력과 경험을 발휘하도록 함으로써 인적자원의 잠재력을 최대한 활용한다

사회적 목표는 근로자 개인이 갖는 욕구 및 기대와 관련된 목표로서 인적자원관리는 근로자 개인의 복지와 행복에 관심을 가짐으로써 조직과 개인의 조화를 통해 '조직도 잘되고 개인도 잘되는' 상생을 달성할 수 있다. 일반적으로 근로자 개인의 목표는 주로 근로조건과 관련된 것으로서 예를 들면 다음과 같다.

- 임금 및 급여 인상
- 근로시간 단축
- 개인적 배려와 처우
- 상급자로부터의 공정한 대우
- 의사결정의 자율성

– 고용보장
– 호의적 직장분위기

경제적 목표와 사회적 목표는 단기적으로 서로 합치되기 보다는 충돌을 일으킬 가능성이 커 보인다. 그러나 장기적으로 두 목표는 조화를 이룰 수 있으며 인적자원관리 담당자의 임무는 두 목표를 가능한 한 합치될 수 있는 방향으로 제도를 운영하는 것이다.

4. 인적자원관리의 접근법

테일러(F. W. Taylor)의 과학적 관리법과 인간관계론은 기업과 근로자간의 이해관계를 조정하는데 있어서 욕구충족을 통한 조화를 달성한다는, 다분히 단순하고 일차원적인 이론이라고 한다면, 그 이후에 조직 내 복잡한 이해관계와 욕구를 충족시키기 위해서 보다 정교한 접근법과 이론이 필요하게 되었다. 과학적 관리법과 인간관계론 이후에 발전된 인적자원관련 접근법을 소개하고자 한다.

1) 생산요소 접근법

인간의 노동성과를 원재료와 자본과 같이 생산요소로 간주하고, 노동의 투입과 노동 산출간의 최적 관계를 설정하는 것을 인적자원관리의 목표로 이해하는 접근법이다.

2) 의사결정 지향적 접근법

March와 Simon이 주장한 '유인-성과 모형'에 기초를 둔 접근법으로서 기업이 물질적, 비물질적 유인에 따르는 성과를 달성하는데 근로자 대표가 경영의사결정에 참여하는 것을 인적자원관리의 본질로 이해하는 접근법이다.

3) 시스템 접근법

기업을 하나의 사회적 시스템으로 보고 인적자원관리를 투입요소(인적자원의 확보와 배치), 투입요소의 개선(교육훈련, 성과에 따른 보상), 위생적 요소(근로환경 개선, 기업복지), 구조적 요소(조직과 노동의 재조직) 그리고 산출요소(해고) 등 하위요소로 구분하여 인적자원관리를 부분 시스템과 전체 시스템과의 관계로 이해하는 접근법이다.

그림 1-4. HRM의 시스템과 기능 및 인프라

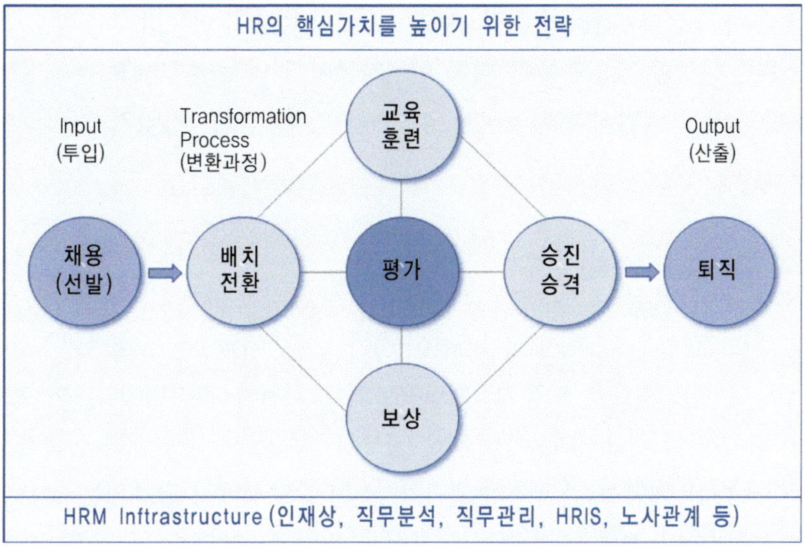

시스템 접근법으로 인적자원관리를 이해하면, [그림 1-4]에서 보는 바와 같이 인적자원관리의 기능들은 하위 시스템으로서 투입, 변환과정, 산출부문을 형성하고 있으며 외부 환경은 인프라(infrastructure) 기능을 수행한다고 볼 수 있다.

4) 갈등 지향적 접근법

인적자원관리를 수행하는데 있어서 경제적 목표와 사회적 목표간 갈등, 경제적 효율성 달성과 사회적 적합성 달성간의 갈등으로 보고 이해관계를 조정하고 갈등을 해소하는 관점에서 인적자원관리를 이해하는 접근법이다.

5) 상황적 접근법

기업을 개방시스템으로 상정하여 환경과의 다양한 관계로 인해 주어진 상황에 적합한 리더십 스타일과 인적자원관리가 효과적이라고 이해하는 접근법이다.

6) 인적자본 접근법

인적자본(human capital)은 근로자가 보유하고 있는 지식, 기술, 능력을 경제적 가치로 평가하고 이해하는 개념이다. 과거에는 근로자를 인건비라는 비용으로 간주하였으나 오늘날 사람들은 근로자를 기업의 성공에 결정적 영향을 미치는 경쟁력의 원천으로 간주하고 있다. 따라서 인적자원은 더 이상 비용이 아니라 투자할 자본으로 인정하고 있다. 오늘날 경영자들은 비록 인적자본이 기업의 재무제표의 계정으로 표시될 수 없다고 해도 기업성과에 막대한 영향력을 미치고 있는 기업의 자산(assets)으로 인식하고 있다.

7) 성과 접근법(성과주의)

미국의 허드슨 연구소(Hudson Institute)가 노동부(Department of Labor)의 위촉을 받아 수행한 '새로운 노동력' 프로젝트의 보고서가 출간되었다. 이 프로젝트는 미국에 어떤 인력이 필요하며, 이를 위해 정부와 기업이 어떤 인재를 집중적으로 양성할 것인지에 대한 해답을 얻고자 수행되었다. 이 보고서에서 강조되는 것을 요약해서 말한다면 "획일화된 경영, 획일화된 인재상을 버리고 다양하고 유연한 경영, 다양한 인재양성에 주력해야 한다"는 것이다.

한 가지 사이즈의 사람을 요구하고 이 사이즈에 조직 내 모든 사람을 맞추는 식의 인사관리, 즉 "One Size Fits All" 식의 경영은 직장에서 하루 속히 사라져야 한다는 것이다. 그러면서 이 보고서는 부제를 '다양성의 이점 살리기(gaining the diversity advantage)'로 달았다. 21세기 조직의 경쟁력은 구성원이 지닌 다양성의 이점을 어떻게 살리는가에 달려있다고 이 보고서는 강조하고 있다. 또, 근로자의 다양성을 최대한 활용하기 위한 인사관리의 기본방향은 '개인화(individualizing)'를 지향해야 한다고 역설하고 있다.

개인화된 인사관리의 내용으로서 다음 네 가지를 들고 있다.

첫째, **사람과 직무의 적합성**(matching people and jobs) : 개인의 능력과 기술, 강점, 약점을 고려한 직무할당과 경력관리

둘째, **성과에 대한 차별적 관리와 보상**(managing and rewarding performance) : 개인이 수행할 업무와 동료를 스스로 선택하고, 스스로 계획을 세워 업무를 수행하고, 달성된 성과에 따른 차별적 보상을 실시

셋째, **정보공유와 구성원의 참여**(informing and involving people) : 조직 내 수평, 수직적으로 정보가 물 흐르듯이 흐르는 조직을 만들고, 구성원들이 경영에 적극 참여할 수 있는 길을 열어주는 '근로자 참가'

넷째, **근로자의 라이프스타일과 생활의 욕구 충족**(supporting lifestyle and life needs) : 근무시간의 유연화, 가정 친화적 인사관리(family-friendly HRM), 근로자의 여가선용 후원, 사적 관심사(예: 건강, 취미생활)에 대한 조직차원의 지원

허드슨 연구소의 보고서 내용을 종합하면 개인화된 인사관리의 핵심은 '차별화'에 있으며, 차별화는 결국 성과주의 인사관리의 정착을 의미한다는 것이다. 결국, 미래지향적 인사관리의 요체는 성과주의 문화와 시스템의 도입과 발전에 있다고 생각된다.

개인화(individualization)의 반대말은 표준화(standardization)이다. 과거에는 기업들이 인력을 표준화하기를 원했고, 표준적이고 범용성이 있는 인력, 즉 표준화된 가치를 가지고 표준화된 행동을 하는 인재의 확보 및 유지를 원했다. 그러나 최근 미국 등의 선진국 기업에서는 인재상과 인사관리의 기본목표가 달라지고 있다. 근로자의 조직 내 범용적 활용보다는 개성과 독창성 같은 개인적 특성을 존중하는 방향으로 인사관리의 목표가 수정되고 있으며, 범용적 인재보다 개성과 잠재력이 뛰어난 인재가 우대되는 방향으로 인재상이 수정되고 있다.

성과주의 인사관리가 정착되면서 중요시되는 것이 종업원의 시장가치(market value)에 따른 보상이다. 연봉제가 도입되면서 이른바 종업원 개인의 시가주의(市價主義)와 고용가능성(employability)이 부각되고 있다. 시가주의란 근로자의 보상수준은 기업의 대내적 가치와 기준에 의해 책정되기보다는 외부 노동시장의 시장가치에 따라 결정되는 것이 바람직하다는 주장이다. 시가주의 보상은 노동생산성에 따른 공정한 보상이 될 수 있으며, 개인의 경쟁력을 키울 수 있는 방법이 된다.

성과주의 조직문화와 성과주의 인사관리는 다음의 내용을 포함하고 있다.

첫째, 개인화(individualizing)에 기초를 둔 유연적 경영(flex-management)의 일환이다.

둘째, 21세기에 조직이 필요로 하는 다양한 인재를 확보, 양성하는 데 적합하다.

셋째, 개인의 시장가치를 높이는 데 기여한다.

넷째, 개인의 개성, 창의력, 잠재력, 고용가능성(employability)을 높일 수 있다.

제3절 인적자원관리의 역사

1. 인사관리의 기원

인적자원관리의 역사는 고대사회로 거슬러 올라갈 수 있다. 고대에도 사용자와 피용자간의 고용관계가 성립하였으나 오늘날과 같은 계약에 의한 고용관계라기 보다는 국가, 군대, 종교기관이 사용자가 되고 피용자는 신민이나 노예 같은, 지배-종속 관계에 있는 근로자가 대부분이었다.

고대 메소포타미아나 이집트 문명을 지탱한 국가 및 사회제도는 이러한 지배-종속관계 속에서 인적자원관리가 행해졌다고 볼 수 있다. 그 결과로 고대 바빌론의 도시건설과 이집트의 피라미드 건설 등 국가적인 대형 건설 프로젝트가 성공적으로 수행될 수 있었다. 바빌론의 지배자였던 함무라비 왕(Hammurabi)(약 1750~1686 B.C.)이 정한 이른바 '함무라비 법전'에도 종들을 위해 지급하는 임금이나 노예노동에 관한 규정이 등장하는 것으로 보아 지배-종속의 인적자원관리가 이 시대에도 행해진 것을 알 수 있다(Wren, 1994; George, 1968). 그러나 이러한 고대사회의 사용자-피용자관계는 다분히 지배-종속관계를 중심으로 한 강제노역의 성격이 농후하여 인적자원관리의 뿌리로 보기에는 문제가 있다.

중세에 이르러 유럽에서는 수공업자들을 중심으로 도제제도(apprenticeship)가 생겨났고 소상인에 해당하는 길드(guild)들의 조합이 구성되어 활동하였으나 여기서 사용자-피용자관계는 계약에 의한 대등관계는 아니었고 엄격한 신분질서 속에서 인력의 선발, 훈련, 기술 전수와 보상이 이루어졌다.

근대적 인적자원관리의 시발점은 18세기에 영국을 중심으로 유럽에서 일어난 산업혁명 이후로 보는 데는 학자들 간 견해가 대체로 일치하고 있다. 산업혁명의 여파로 공장제도가 도입되고 공업 발달로 기술 혁신과 전수가 일어나면서 인적자원관리의 필요성이 그 어느 시대보다 절실히 요청되게 되었다. 산업혁명 이후 사용자-피용자관계는 고용계약에 의한 실제적인 '노동계약'관계가 광범위하게 형성되었으며 임금을 지급받고 노동을 제공하는 많은 노동자들이 도시에 밀집하면서 근로 및 생활조건의 악화와 이를 해결하기 위한 복지정책의 필요성이 증대되면서 인적자원관리가 오늘날과 유사한 형태를 갖추게 되었다.

노동자들은 산업혁명 이후 자신의 인적자원을 상품화하여 사용자에게 근로라는 상품을 제공하고 사용자는 이에 대해 근로자에게 임금을 지급하는, 근로계약 관계가 본격적으로 자리잡게 되었다.

산업혁명 이후의 노동관계와 임노동이 근대적 의미에서 인적자원관리의 효시라고 인정을 받는 이유는 다음의 특징을 가지고 있었기 때문이다.

1) 기술발전

증기기관 발명과 이에 따른 방적공장 등 공장제 수공업이 탄생하였고 공장을 통한 대량생산은 생산성을 획기적으로 증대시켰다. 이에 따라 노동조직도 대형화되어 과거 수공업 시대와는 비교가 되지 않을 정도로 수백명, 수천명이 한꺼번에 작업하는 대형 공장조직이 탄생되었다. 대형조직이 생겨나면서 과거 도제식 인적자원관리는 한계에 봉착하게 되었고 기업의 경영진과 다수의 근로자라는 노사관계가 새롭게 형성된 것이 새로운 인적자원관리를 필요로 하게 된 결정적 계기를 제공하였다.

2) 교육훈련의 변화

공장이나 기업이 필요로 하는 근로자들을 훈련시키기 위한 교육기관이 생겨났으며 산업체 요구에 따라 공교육 제도도 새롭게 발전하였다.

3) 노동운동의 태동과 노동입법

근로자들에 대한 노동착취 현상이 빈발하면서 노동착취를 방지하고 노동시간, 편의시설 등 근로자들을 위한 근로조건 개선과 관련된 근로자들의 이해관계를 대변할 조직인 노동조합이 결성되고 근로자들의 권리청원이 노동관계법 입법으로 발전하면서 근로자들의 권익이 향상되는 계기가 되었다.

4) 노동복지 운동

18세기 말 영국에서 산업혁명으로 기계화가 진행되면서 농촌인구가 도시로 급속히 유입되었다. 도시의 공장에서 일하는 미숙련 노동자들의 근로조건은 열악하기 짝이 없었으며, 공장주들은 이들의 근로조건을 개선하려는 노력을 기울이지 않고, 오히려 인건비를 절감하기 위해서 성인남자 보다는 임금이 싼 연소자나 여성을 채용하여 강도 높은 노동을 요구하는 등 이 시기의 노동자들의 근로조건은 참담하기 이를데 없었다.

1800년대 말에 노동자들의 열악한 근로조건을 개선하기 위한 조치가 영국의 일부 사용자들에 의해 시행되었다. 사용자들은 노동자들의 인사와 복리후생 문제를 해결하고 그들이 노동조합을 결성하는 것을 방지하기 위해서 '복지담당자(welfare secretary)' 직책을 신설하였고 이들 복지담당자들은 근로자들의 교육·훈련문제, 주택문제, 의료문제를 담당하여 도움을 주게 되었다. 이러한 복지담당자들이 인사관리 전문직의 효시로 간주된다.

2. 인사관리의 발전과정

1) 미국

1800년대 미국 기업에서 인사관리 기능은 주로 종업원 가운데 선임자에 의해 행해졌다. 고참 종업원들은 직원을 채용하고 이들 신참자들을 교육·훈련시키는 일을 담당하였는데, 선임종업원에 의해 채용된 종업원들은 주로 이들의 친척이거나 친구들이었다. 이 당시 종업원들은 소액 임금에다 식사와 숙소를 제공받는 형식으로 보상을 받았다.

1905년 미국에서 최초로 기업에 '인사부(Personnel)'가 생겨났다. 인사부가 생기기 전까지는 '포맨(Foreman)'이라 불리는 일종의 도급관리자가 생산현장에 배치되어 생산설비의 구매, 근로자의 채용·해고·보수 책정 등 종업원 인사에 있어서 일체의 관리권을 행사하였다. 포맨들은 회사 소속이었지만 회사의 정책에 상관없이 독자적으로 행동하였기 때문에 인사업무를 자의적으로 수행하는 폐단도 있었다. 이에 따라 회사 정책을 일관성 있게 적용하고, 노조와 공식 창구역할을 하는 기능이 필요하게 되었고, 이러한 새로운 역할을 인사부가 맡게 된 것이다.

1911년부터 1930년까지 인사관리는 획기적 발전의 계기를 마련하게 된다. 철강회사의 엔지니어 테일러(F. W. Taylor)에 의해 도입된 '과학적 관리(Scientific Management)'의 주 관심사는 종업원 가운데 생산작업에 필요한 기술을 가진 자를 선별하는 일, 생산성을 증가시키기 위해 종업원들에게 성과급을 지급하는 일, 그리고 최상의 성과를 달성하는 방법을 알아내기 위해 직무를 분석하는 일이었다. 테일러의 과학적 관리에 의한 인사관행은 당시 보편화되어 있던 인사관행과 큰 차이가 있는 방법이었다. 당시 대부분의 사용자들은 작업성과를 올리기 위해서 종업원들에게 해고의 위협을 가하는 것이 가장 효과적이라는 생각을 가지고 있었다. 테일러리즘(Taylorism)

에 의한 인사관행들은 당시로서는 매우 혁신적인 인사관리였으며, 현대 인사관리와의 차이는 보상에 있어서 두드러진다. 테일러는 재무적 보상을 통해 성과를 달성하려고 한 반면, 현대 기업은 재무적 보상뿐 아니라 종업원들에게 인정감, 책임감, 성취감 같은 심리적 보상을 주는 것이 중요하다고 믿고 있다.

1930년대 이르러 미국에서는 인사관리에 매우 중요한 영향을 끼친 일련의 사건을 경험하게 된다. 이 시기에 Western Electric사의 호손(Hawthorne) 공장에서 시행된 'Hawthorne 연구'는 기업의 인사관리에 새로운 바람을 불러일으켰다. 하버드대학 교수인 메이요(Mayo)와 뢰슬리스버거(Roethlisberger)는 호손 공장에서의 실험연구 결과를 토대로 직무만족과 같은 "사회적 요인이 생산성에 영향을 미친다"는 주장을 발표하기에 이른다. 이 유명한 "행복한 근로자가 일 잘하는 근로자(A happy worker is a productive worker)"라는 명제는 이른바 '인간관계 운동(Human Relations Movement)'의 주 테마였으며 이 운동은 1960년대까지 지속되었다. 인간관계 운동이 인사관리에 기여한 점은 작업자 모티베이션과 집단의 중요성, 그리고 부하직원에 대한 리더십 발휘의 중요성이 부각되었다는 점이다.

제2차 세계대전 중 전쟁수행에 필요한 인력의 원활한 공급과 적격자 선발이 군대에서 주된 업무가 되었다. 군에서 필요로 하는 개인의 관심사, 보유기술, 능력들을 신속, 정확하게 파악하기 위해서 심리검사(psychological tests)가 발달하게 되었다. 전쟁이 끝난 후 이 심리검사는 기업에 사용되어 신입사원을 선발하는 도구로 널리 쓰이게 되었다. 이미 1913년에 미국의 심리학자 뮨스터버그(Munsterberg)는 『심리학과 산업능률(*Psychology and Industrial Efficiency*)』이라는 저서를 통해 전차 운전기사, 간부선원, 전화교환수 같은 직업에 적합한 사람들을 선발하는 실험에 대해 기술하고 있다. 뮨스터버그와 같은 산업 및 조직심리학자(Industrial and Organizational Psychologists)들이 인사관리에 기여한 점은 첫째, 직무를 분석하는데 있어서 직무수행능력을 고려한 점과 둘째, 직무수행능력을 측정하는 도구를 개발한 점이다. 제1차 세계대전 중 미국에서는 병사들을 선별하기 위한 심리검사의 일환으로 지능검사(intelligence tests)를 시행한 바 있으며, 제2차 세계대전을 계기로 이러한 심리검사들이 인사관리의 주요 영역으로 편입되게 되었다.

인사관리는 법적 환경에 영향을 받기 때문에 인사관리와 관련된 법률의 제정은 인사관리에 결정적 영향을 미친다. 미국에서는 1964년에 민권법(Civil Rights Act)이 제정되어 성(性), 종교, 인종, 피부색, 출신국가를 이유로 고용에 차별을 두는 행위를 불법으로 규정하게 되었고 이후 미국기업의 인사관리는 종래의 행정적 역할을 벗어나

고용계약 관리, 종업원 태도조사, 노동관계법에 대한 대책수립 등 양적, 질적으로 확대되었다.

그러나 1970년대까지 서구기업의 인사관리는 반응적(reactive) 수준에 머물러 있었다. 반응적 인사관리란 조직 내 필요성이나 문제가 발생했을 경우에만 인사조치를 시행하는 것을 말한다. 이러한 반응적 인사관리에서는 인사관리가 기업전략의 일부가 될 수 없으며, 라인 관리자는 인사문제를 자신의 문제라기보다 인사부서에 속한 전문가의 문제로 치부하게 된다. 미국에서 인적자원관리(HRM)가 기업의 이윤증대에 기여하고 타기능수행에 도움을 주는 수단으로 인식된 것은 1980년대에 이르러서이다. 오늘날 인적자원관리는 종래의 전문화되고, 단독적인 기능으로부터 전환되어 인적자원과 라인 관리자가 파트너십을 형성하여 비교우위를 획득하고 기업의 목표를 달성하는데 있어서 결정적 역할을 하는 것으로 평가되고 있다.

2) 우리나라

우리나라 기업에서 인사관리의 중요성이 부각된 계기는 인력의 무제한 공급 시대가 끝나고, 유능한 인재의 공급과 확보에 어려움을 겪게 되는 1975년 무렵으로 볼 수 있다. 무제한 노동공급으로 특징되는 산업화 초기에는 노동공급이 노동수요를 초과하는 시기로서 기업에서는 인사관리를 필요악으로 보거나, 인건비 감축에 역점을 두고 인사기능을 수행하였다. 따라서 이 시기에는 인사과가 원가관리부 소속으로 되어 있던 대기업도 상당수 있었다. 그 후 1970년대 중엽 산업화가 빠른 속도로 진행되고 수출이 급속히 신장되면서 해외건설과 무역관련 인력수요가 급격히 늘어나게 되었으며, 노동수요가 노동공급을 초과하는 제한적 노동공급의 시기를 맞이하면서 기업은 인력확보의 중요성을 인식하게 되었고, 이를 전담하는 부서로서 인사관리부서의 위상이 강화되었다. 이 시기에 많은 기업에서 인사관리부서가 비로소 홀로서기를 하게 된다.

그러나 인사관리는 확보나 유지관리에만 치중해왔고 경력개발제도(CDP) 같은 개발관리는 등한시 해왔다. 이런 측면에서 인사관리는 아직 대응적 관리수준에 머물러 있으며, 선행적 관리(proactive management)와는 거리가 멀다고 볼 수 있다.

3) 인사관리부서의 역할 재정립

인사관리가 가장 발전한 단계는 인사관리부서가 더 이상 '비용센터(cost center)'가 아니라 '이익센터(profit center)'가 되는 것이다. 인적자원을 기업혁신의 잠재력으로 인식하고 모방할 수 없는 경쟁우위로 간주하는데서 출발한 현대적 인적자원관리(HRM)는 기업 내부고객인 종업원을 위해 경력관리, 인력개발, 코칭 등 도구들을 동원하여 기업 내부시장에서의 경쟁력을 높이는 한편, 기업의 긍정적 이미지를 유지하고 다른 기업과 비교해서 기업에 매력을 줌으로써 외부 노동시장에서 우위를 점하는 역할을 하여야 한다. 또한 질 높은 노동력을 확보하여 외부 노동시장에서 경쟁력을 제고함으로써 인사부서가 이익센터로서 기업의 성장에 결정적 역할을 수행하는 단계로 꾸준히 발전해 나가야 할 것이다.

인적자원관리 부서의 기능과 역할에 대한 관심과 유형 구분에 대해서는 1997년 미시간 대학교의 데이브 울리히 교수가 제시한 모형이 이해에 도움이 된다. 울리히는 인적자원관리 담당자의 역할을 전략적 초점 대 업무적 초점, 그리고 시스템 대 사람이라는 대립되는 차원들로 구분하여 다음과 같은 네 가지 역할 유형을 구분하였다: 행정전문가(administrative expert), 근로자 대변인(employee champion), 변화 촉진자(change agent), 그리고 전략적 파트너(strategic partner) ([그림 1-5] 및 〈표 1-1〉 참조).

울리히 교수는 2005년에 인적자원관리 부서의 역할에 대해서 재분석을 하여 인적자원관리 부서의 역할들로 종업원 대변자, 인적자본 개발자, 기능 전문가, 전략적 파트너, 리더를 제시하였다. 〈표 1-2〉는 울리히의 1997년 유형 구분과 2005년의 구분을 비교한 것이다.

그림 1-5. 인사관리부서의 역할

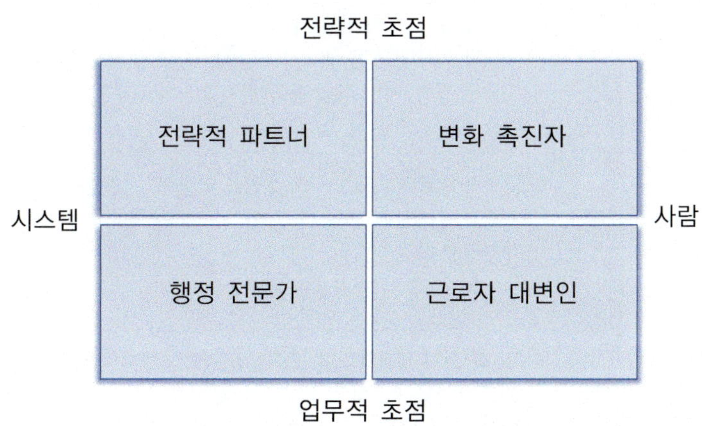

자료 : Ulrich(1997).

표 1-1. 인적자원관리 부서의 역할과 활동내용

역 할	전달 · 결과물	비 유	활 동
전략적 인적자원관리	전략 실행	**전략적 파트너** (strategic partner)	인사와 사업전략의 연계: '조직진단'
기업 인프라 관리	효율적인 인프라 구축	**행정 전문가** (administrative expert)	조직 프로세스 재설계: '공유된 서비스'
직원 헌신관리	직원몰입과 역량 제고	**근로자 대변인** (employee champion)	직원의견 청취와 대응: '직원들에게 자원 제공'
변혁과 변화관리	새로운 조직 창조	**변화 촉진자** (change agent)	변혁과 변화관리: '변화 역량 관리'

자료: Ulrich(1997).

표 1-2. 인적자원관리 부서 역할의 진화

1997년 연구	2005년 연구	사고의 진화
근로자 대변인	직원 수호자 인적자본 개발자	직원들은 점차 조직 성공에 핵심이 됨. 직원 수호자는 지금의 직원에게 초점을 둔다면, 인적자원개발자는 어떻게 직원들이 미래에 준비할 것인가에 관심을 둔다
행정 전문가	기능 전문가	인사제도들은 인적자원관리 가치에 있어 핵심이다. 어떠한 인사제도들은 관리적 효율성(기술고 같은)을 통해 전달되고, 다른 제도들은 정책, 메뉴, 개입 등과 같이 기능적 전문가 역할을 확대하는 과정을 통해 이루어진다
변화 촉진자	전략적 파트너	전략적 파트너가 되는 다중 차원을 가진다: 사업전문가, 변화 관리자, 지식 관리자, 컨설턴트, 변화 관리자가 되는 것은 전략적 파트너 역할의 아주 일부분일 뿐이다
전략적 파트너	전략적 파트너	위와 같음
	리더	위 네 가지 역할의 합은 리더십과 같으나, 인적자원관리 리더가 되는 것은 인사 기능을 선도하고, 다른 기능들과 협력하며, 기업지배구조를 강화하고, 인사 커뮤니티를 모니터링하는 것에 있어서도 시사점을 가진다

자료: 한국인사조직학회(2019).

제4절 인적자원관리와 윤리의 문제

1. 기업윤리와 인적자원관리

기업윤리, 기업의 사회적 책임, 기업의 사회공헌 활동, 이해관계자 이론 등의 개념들이 기업경영의 사회적 이슈로 등장하고 있다. 일반적으로 기업윤리는 "주주, 근로자, 타 기업, 노동조합, 소비자 등 다양한 이해관계 집단과 밀접한 연관을 갖는 기업 의사결정의 옳고 그름 또는 선하고 악함에 관련된 문제"로 정의할 수 있다(Baumhart, 1961). 기업윤리는 기업이 공정하고 투명하며 정의롭게 경영활동을 수행하도록 하는 지침 또는 준칙이며, 기업이 계속하여 존속, 발전하기 위해서 마땅히 행하거나 준수해야 할 규범이라고 할 수 있다(Baumhart, 1968).

일반적으로 윤리에는 다음과 같은 네 가지 근거(justification)가 있으며, 기업윤리, 나아가서 인적자원관리와 관련된 윤리경영(ethical management)도 이 네 가지 근거가 그대로 적용된다고 여겨진다(Klimeck & Gmür, 2005).

1) 교조적 근거(dogmatic justification)

윤리적 근거가 종교적 사상이나 절대적 강령에 기초하여 본질적으로 비판이나 논의의 대상이 될 수 없는, 독단적인 것을 말한다. 가령, 가톨릭교회가 제정하여 교황이 반포하는 '사회칙령'같은 것은 가톨릭교회의 교리에 입각한 교조적 성격이 강하다. 이것은 수정이나 타협의 대상이 아니고 가톨릭 교인이라면 누구나 마땅히 받아들이고 이에 따라 행동해야 하는 강령인 것이다.

2) 의무론적 근거(deontologic justification)

윤리적 근거가 외부에서 주어지는 법률이나 규범보다 개인의 내부적 성찰(reflection)에서 비롯한 도덕적 결단에 의해 형성되는 것을 말한다. 인간 본연의 양심에 따라 옳다고 여겨지는 결정을 할 때 그 윤리적 행동의 근거는 바로 의무론적 근거라고 볼 수 있다.

3) 공리주의적 근거(utilitarian justification)

공리주의(utilitarianism)란 영국의 벤담(J. Bentham)과 밀(J. S. Mill)에 의해 주창된 이론으로서 흔히 "최대 다수를 위한 최대 행복"으로 요약되기도 한다. 공리주의적 근거란 어떤 의사결정이 윤리적이라는 말은 다른 대안들과 비교했을 때 그 의사결정에 관련된 사람들의 숫자에 있어서 가장 많은 사람들에게 유익을 줄 수 있을 때 그 결정을 윤리적이라고 인정한다. 따라서 공리주의적 윤리는 절대적 가치나 선이 존재하는 것이 아니고 윤리를 적용할 때 마다 계산되고 고려되는 상대적 가치를 의미한다.

4) 교호적 근거(communicative justification)

윤리적 근거가 어떤 사안에 관련된 사람들 간의 대화를 통한 합의에 정당성의 기초를 두는 것을 말한다. 여기에는 강자의 지배나 강요가 없는 상태에서 관련 당사자 모두가 자유롭게 합의하는 것을 전제로 한다.

기업윤리가 위와 같은 네 가지의 정당성 근거에 의해 옳고 그름, 선한 행동과 악한 행동을 판단하는 근거로 삼는다고 전제하고 기업의 윤리경영 활동은 구체적으로 어떻게 실현될 수 있는지를 살펴보기로 한다(〈표 1-3〉 참조).

표 1-3. 윤리적 근거에 따른 윤리경영 적용과 문제점

	교조적 근거	의무적 근거	공리적 근거	교호적 근거
적용 조건	교리나 강령 그리고 여기에서 파생된 규범을 받아들일 것	합리적 성찰에 의한 의사결정자일 것	관련자들의 비용-효익 관계에 따를 것	관련 당사자간의 자유로운 의견교환에 의할 것
성과지향적인 인센티브 제도 도입의 정당성	개인과 기업의 발전을 지원함	성과지향적인 사회에서 받아들여짐	조직 내 최대 다수에게 유익을 주는 보상 시스템이 되어야 함	관련된 근로자 모두가 합의할 수 있는 것이라면 도입될 수 있음
직무와 조직 설계의 정당성	직무 안정성의 향상을 통한 근로자 보호	누구나 인간적인 작업조건을 가질 권리가 있음	노동의 효율성과 기업의 생산성을 향상시킬 수 있는 범위 내에서 조직 설계가 이루어져야 함	작업집단들이 스스로 작업방식의 변화를 결정할 수 있어야 함
적용상 문제점	기업의 외부에서 정당성을 찾음	의사결정자 본인의 합리성에 의존함	효용성을 계산하는 범위를 정하기가 어려움	의사결정의 자율성을 확보하는 것이 어려움

앞에서 언급한 네 가지 윤리적 근거 중에서 어떤 것이 가장 나은 것인지를 말하기는 어렵다. 다만, 개별기업이 기업윤리의 틀을 설정하고 윤리경영을 수행하고자 할 때 위에서 제시된 네 가지 윤리적 근거 중에서 그 기업의 문화와 제도에 비추어 선호되는 근거를 선택하여 적용하게 될 것으로 보인다. 그 기업의 개인과 집단의 행동이 어떤 것이 옳고 그른 것인지에 대한 판단을 한 가지 절대적 잣대로 평가하고 설명하는 것은 무리가 따른다.

2. 윤리적 인적자원관리의 속성

기업윤리가 어떤 근거에 기반을 두든지 간에, 인적자원관리의 윤리성은 공통적으로 다음의 속성을 가져야 한다.

1) 책임성

인적자원관리 담당자는 인사기능을 수행하는 데 있어서 전문성을 가지고 최고 수준의 표준하에서 직무를 수행함으로써 당사자들에게 신뢰를 줄 수 있도록 행동해야 하며 최고 수준의 서비스를 제공하여 당사자에게 만족을 줄 뿐만 아니라 업무수행 결과에 대해 책임을 질 수 있어야 한다. 책임성은 기업 내부 당사자뿐 아니라, 기업 외부 이해관계자(stakeholders)에 대한 사회적 책임도 포함한다.

2) 투명성

인적자원관리 담당자는 인사기능을 수행하는 데 있어서 관련 법률이나 규정을 준수하고 적절한 업무처리 프로세스에 따라 처리한다. 인적자원관리 정책이나 방침은 누구나 알 수 있도록 사전에 명시적으로 공표되어야 한다. 인사관련 정보는 정확하고 실시간으로 관리되어야 한다. 업무수행의 과정과 결과에 관한 정보는 언제든지 당사자들이 확인할 수 있도록 기록이 유지되어야 하며 인사기밀이 아닌 한 원칙적으로 공개할 수 있어야 한다.

3) 공정성

인적자원관리의 대상이 되는 근로자 개인의 존엄성과 독특성(uniqueness)은 최대한 존중되어야 한다. 성별, 학력, 출신지역 등 개인적 · 집단적 특성에 따른 차별을 금한다.

근로자 모두에게 자신의 기술과 능력을 개발할 수 있는 기회가 공평하게 주어져야 한다. 인사업무 수행에 있어서 공정하고 형평성 있는 기준들이 일관성 있게 적용되어야 한다. 법률이나 규정에 의하지 않고 특정 개인이나 집단에 인사상 특혜를 주는 일은 금지되어야 한다.

미국의 인적자원관리 협회(Society for Human Resource Management)가 제정, 공포하여 지키고 있는 윤리규정(SHRM Code of Ethical and Professional Standards in Human Resource Management)은 다음의 여섯 영역에 걸쳐서 각각 해당되는 핵심 원칙, 내용, 그리고 가이드라인을 규정하고 있다.

(1) 전문적 책임(professional responsibility)
(2) 전문적 개발(professional development)
(3) 윤리적 리더십(ethical leadership)
(4) 형평성과 공정성(fairness and justice)
(5) 이해 갈등(conflicts of interest)
(6) 정보 사용(use of information)

학습문제

1. 인적자원의 가치와 중요성에 대해 설명하시오.
2. 지식정보화 시대를 맞이한 기업과 사회에 있어서 인적자원관리의 중요성에 대해 설명하시오.
3. 인적자원관리의 접근법에 대해 설명하시오.
4. 인사부서 역할 유형과 변화과정에 대해 설명하시오.
5. 성과주의 인적자원관리의 특징에 대해 설명하시오.
6. 인적자원관리의 윤리적 이슈들에 대해 설명하시오.

참고문헌

김성국(1997), 『트렌디 인사관리』, 서울: 명경사.
김성국(2003), 『인적자원관리 뉴패러다임』, 서울: 명경사.
김성국・김민수(2004), 『이슈중심 인사관리』, 서울: 삼영사.
마이클스, E. 외(2002), 『인재전쟁』, 최동석 외 역, 서울: 세종서적.

한국노동연구원 편(2000), 『21세기형 인적자원관리: 뉴패러다임과 실천과제』, 서울: 명경사.
한국인사조직학회(2019), 『매니지먼트 2.0』, 서울: 클라우드나인.

Baumhart, R.(1961), "How Ethical are Businessmen?", *Harvard Business Review 39*(4), 6~9.
Baumhart, R.(1968), *An Honest Profit: What Businessmen Say About Ethics and Business,* New York: Holt, Rinehart and Winston.
Bohlander, G. & Snell, S.(2007), *Managing Human Resources,* Cincinnati: Thompson -South Western.
Bundesverband der Personalmanager(BPM) (2018), *Agile HR,* Berlin.
Cascio, W. F.(2003), *Managing Human Resources: Productivity, Quality of Work Life, Profits,* 6th ed., New York: McGraw-Hill.
Fiedler, F. E.(1964), "A Contingency Model of Leadership Effectiveness" In: Advances in Experimental Social Psychology, edited by Berkowitz, L., Vol. 1, Hew York.
Gardner, T. M.(2002), "In the Trenches at the Talent Wars: Competitive Interaction for Scarce Human Resources," *Human Resource Management,* Summer, 41, 2, 225~237.
George, C.(1968), *The History of Management Thought,* Englewood Cliffs: Prentice-Hall.
Gutenberg, E.(1983), *Grundlagen der Betriebswirtschaftslehre,* Bd. 1: Die Produktion, 24th ed., Berlin.
Ivancevich J. M.(2001), *Human Resource Management,* 8th ed., New York: McGraw-Hill.
Jung, H.(2008), *Personalwirtschaft,* 8th ed., Oldenburg Verlag: München.
Klimecki, R. G. & Gmür, M.(2005), *Personalmanagement,* 3rd ed., Lucius & Lucius: Stuttgart.
March, J. G. & Simon, H. A.(1967), *Organizations,* 7th ed., New York.
Marr, R. & Stitzl, M.(1979), *Personalwirtschaft. Ein konfliktorientierter Ansatz,* München.
Mathis, R. L. & Jackson, J. H.(2003), *Human Resource Management,* 10th ed., Cincinnati: Thompson-South Western.
Negroponte, N.(1996), *Being Digital,* New York: Vintage Books.
Noe, R. A., Hollenbeck, J. R., Gerhart, B. & Wright, P.M.(2003), *Human Resource Management,* 4th ed., New York: McGraw-Hill.
Pfeffer, J.(1998), *Human Equation: Building Profits by Putting People First,* Boston: Harvard Business School Press.
Pfeffer, J.(2000), *Hidden Value,* Boston: Harvard Business School Press.
Ulrich, H.(1970), *Die Unternehmung als produktives soziales System,* 2nd ed., Bern/Stuttgart.
Ulrich, D.(1997), *Human Resource Champions,* Boston: Harvard Business School Press.
Ulrich, D., Losey, M. R. & Lake, G.(eds.)(1997), *Tomorrow's HR Management,* New York: John Wiley & Sons.
Wren, D. A.(1994), *The Evolution of Management Thought,* 4th ed., Chichester: Wiley.

제 2 장
인적자원관리의 환경변화

인적자원관리의 환경변화

opening case 2. 고용없는 경제와 근로시간 단축

고용없는 경제

고용성적을 판단하기 위해 사용하는 가장 일반적인 잣대는 전년 대비 취업자 증감 통계이다. 2018년 들어서 취업자 수가 큰 폭으로 감소되고 있다. 취업자는 2017년 5월 37.9만 명에서 2018년 5월 7.2만 명으로 줄어들었다. 청년 취업자의 증감은 더 심각하다. 2017년 5월 5.3만 명에서 2018년 5월 -9.5만 명으로 줄어들었다. 통계적으로 취업자는 매월 조사기간(일주일) 동안 수입을 목적으로 1시간 이상 일한 자로 정의된다. 그 1시간조차 일하지 못한 청년들이 큰 폭으로 감소한 것이다.

원인을 알아야 해결책이 나오는 법이다. 고용부진에는 수많은 요인이 있겠지만, 먼저 산업 구조조정의 원인이 있다. 군산, 거제, 울산 등 산업 구조조정이 가속화되고 있는 지역의 경우 실업문제가 특히 심각하다. 주요 제조 공장들이 문을 닫으면서, 지역내 자영업자들도 함께 문을 닫고 있다. 2018~2020년 동안에는 산업 구조조정이 지속될 것으로 예측되는 바 실업문제가 쉽게 해결되기 어려워 보인다.

둘째, 기업의 투자여건이 악화되고 있다. 고용의 가장 중요한 선행변수는 '투자'다. 기업들이 투자를 늘린다는 이야기는 새로운 사업을 시도하거나, 공장을 증설하거나, 매장을 늘리는 등의 행동을 한다는 뜻이다. 투자여건이 악화된다는 것은 기업들이 새로운 사업을 시도하길 꺼리거나, 공장을 증설하지 않거나, 매장을 늘리기 어려운 상황임을 뜻한다.

금리가 상승세로 전환되어 돈을 빌려 적극적으로 투자하기 어려워졌고, 불확실성이 확대되면서 위험을 감내하면서 신규투자하기도 부담이 되고 있다. 미국의 기준금리 인상 속도가 가속화되고 세계 경제가 긴축의 시대로 전환되면서 더욱 투자여건이 악화될 것으로 보인다.

셋째, 정책적인 부분에도 원인이 있다. 그릇에 물을 붓는데 만 주력했던 것은 아닐까? 그릇을 키우는 정책도 필요한 것이다. 그릇을 키우면 자연스레 담을 물이 많아지는 것이다. 생산규모가 커지지 않는 영역에서 의도적으로 일자리만 늘리는 것은 한계가 있다. 공공서비스가 확대되지 않는데 공공일자리만 늘리는 일은 한시적으로만 질 낮은 일자리가 창출되도록 하고, 질 낮은 일자리는 쉽게 실업자를 만들게 된다. 기업들의 투자의지가 꽁꽁 얼어붙어 있는 채 양질의 일자리를 기대하기 어려운 것이다.

앞으로도 '고용 없는 경제'의 모습이 지속될 것으로 보인다. 성장속도가 더 하락하고, 투자가 위축되며, 다양한 대내외 불확실성이 확대되는 과정에서 신규 일자리 창출이 크게 확대되기는 어려운 구조 하에 있다고 분석된다.

주 52시간 근무제 도입과 기업문화의 변화

우리나라 고용노동부는 근로기준법 개정을 통해 ① 노동시간 단축 ② 특례업종 축소 ③ 공휴일 민간적용을 이행할 것을 발표했다. 특히 노동시간 단축을 위해 주 52시간 근무제를 도입하는 것에 국가적 관심이 모아지고 있다. 현행의 근로기준법에 따른 근로자들의 총 근로시간은 주당 68시간이다. 종전의 주 40시간 근로기준에는 토요일과 일요일이 포함되지 않았으나 개정안에는 포함시키면서 16시간이 줄어든 것이다.

주 52시간 근무제는 2018년 7월 1일부터 적용되었다. 하지만 모든 조직이 일괄적으로 적용하는 것은 아니다. 300명 이상 기업과 공공기관이 우선 적용하고, 중소・중견기업은 시차를 두고 적용하게 될 것이다. 노동시간을 단축하는 궁극적인 목적은 '워라밸'이라고 불리는 국민들의 'Work-Life Balance'를 개선하고자 하는 것이다. 즉 일과 삶의 균형이 전제될 때 국민들 삶의 질이 향상된다고 정부는 판단하는 것이다.

연평균 근로시간 기준을 보면 한국은 일에만 치우쳐진 불균형적인 삶을 사는 것으로 나타난다. 한국의 근로자들은 연평균 2,024시간을 일한다. OECD 국가로서 한국보다 연평균 근로시간이 더 긴 나라는 멕시코(2,257) 하나에 불과하다. OECD 회원국들의 연평균 근로시간이 1,759시간으로 한국이 약 265시간을 더 노동하는 것이다.

주 52시간 근무제 도입은 2018년 7월부터지만 2019년 1월부터는 유예되었던 처벌규정이 시작된다. 기업들은 새로운 제도가 적용되어 가는 과정에서 근로시간 관리의 재편이 가속화될 것으로 전망된다.

(자료: 김광석, "2018 HR Review 및 2019 HR 전망", 『월간 인사관리』, 2018년 11월호, 22~24.)

토의과제

1. 고용 없는 경제가 지속되는 상황에서 기업의 인적자원관리는 어떤 전략을 수립해야 하는 지에 대해서 토의하시오.
2. 주 52시간 근무제 도입으로 임금감소라는 불이익을 보게 된 근로자들이 조직적으로 반발하는 사례가 빈발하고 있다. 주 52시간 근무제 시행에 따라 임금감소 등 현저한 불이익을 받는 근로자들에 대한 대책은 어떤 것들이 있는지 토의하시오.

제1절 인적자원관리와 환경

조직은 환경과 상호작용하며 생존해 나가고 있다. 기업, 학교, 병원, 국가 등 모든 조직은 다양한 환경에 둘러싸여 이들로부터 영향을 받고 있고 동시에 환경에 적응하며 생존 발전하고 있다. 이처럼 환경과 서로 영향을 주고받는 조직을 개방 시스템(open system)이라고 하는데 기업은 대표적인 개방 시스템의 하나이다.

인적자원관리도 경영활동의 타분야와 마찬가지로 여러 환경요인에 의하여 영향을 받고 또 환경을 고려한 의사결정을 필요로 한다. 오늘날 조직은 과거에 비해 매우 복잡한 환경에 처해있다 보니 인적자원을 관리하는 하나의 최선의 방법(one best way)은 이제 더 이상 존재하지 않는다. 인적자원관리 방식은 개별조직이 속한 사회의 법과 제도, 조직규모, 시장상황, 사용기술, 노동조합 등에 따라 각각 다르게 된다. 기업마다 전략과 목표, 환경과 시장, 그리고 구성원들의 태도, 가치관, 능력 등에 있어서 차이가 있기 때문에 모든 기업에게 있어서 모든 상황에 똑같이 적용될 수 있는 인적자원관리 방식은 존재할 수 없다.

인적자원관리에서 환경의 중요성은 비교적 최근에 들어서 부각되었다. 과거에는 기업을 폐쇄 시스템(closed system)으로 보고 기업내부의 인적자원만 잘 관리하면 인적자원관리에 성공하는 것으로 간주하여 주로 내부의 인사제도, 인간관계 등에 대하여 관심을 두었다. 그러나 점차 사회가 복잡해지고 개방 시스템이론이 경영학에 도입되기 시작하면서 환경이 인적자원관리의 중요한 변수로 대두된 것이다.

인적자원관리의 환경은 개별 기업에 있어서 경우에 따라 기회요인도 되고 동시에 위협요인도 된다. 따라서 인적자원관리에서 환경의 기회요인을 잘 이용하고 위협요인을 최소화하여 인적자원관리의 성과를 극대화하여 기업의 목표달성에 기여할 수 있도록 하여야 한다.

인적자원관리에 영향을 미치는 환경요인은 크게 조직내부 요인과 조직외부 요인으로 구분할 수 있다. 조직내부 요인은 기존에 형성된 조직내부의 역사적 특성과 장래의 변화경향으로서 조직의 강점과 약점이 되며, 조직외부 요인은 향후 조직의 유지·발전에 영향을 미칠 조직외부의 조건, 즉 기회요인과 위협요인이 된다.

조직간 인적자원관리의 유사성과 차이점을 이해하는데 있어서 인적자원관리 환경이 고려되어야 하며, 또 조직이 올바른 인적자원관리 전략을 선택하는데 있어서도 인적자원관리 환경이 충분히 고려되어야 한다. 조직의 외부환경은 조직의 인적자원관리에 직접 영향을 미치기도 하고 또 내부환경 요인을 거쳐서 간접적으로 조직의 인적자원관리에 영향을 미치기도 한다. 예를 들어 노동관계 입법, 정부의 규제, 노동조합, 노동시장 등은 인적자원관리에 직접적으로 영향을 미치게 된다.

기업환경과 인적자원관리는 한 쪽이 다른 한 쪽에 일방적으로만 영향을 미치는 관계에 있는 것만은 아니다. 역으로 인적자원관리가 외부환경 및 내부환경에 영향을 미칠 수도 있다. 인적자원관리가 환경의 영향을 받으면서 반대로 환경의 형성에 영향을 미치기도 하는 것이다. 이에 따라 인적자원관리는 환경변화에 소극적으로 적응만 할 것이 아니라 적극적으로 환경에 영향을 미치고 유리한 환경을 창조하는 역할을 수행하는 것도 필요하다.

제2절 인적자원관리의 외부환경

1. 디지털 변혁과 긱 이코노미

기술발전은 기업의 인적자원관리에 중요한 영향을 미치는 요인이다. 기술변화는 고용의 양적수준에 영향을 미칠 뿐 아니라 고용의 질적 측면인 직종구성, 직무구조, 업무분담 등에 영향을 미친다. 기술발전이 고용수준에 미치는 효과로 노동력을 직접적으로 대체하는 효과를 들 수 있다. 최근 기업의 경영환경에 큰 영향을 미치고 있는 것은 인공지능(AI), 사물인터넷, 로봇, 빅 데이터 등 4차 산업혁명 기술을 들 수 있다. 이들은 '디지털 변혁(digital transformation)'과 긱 이코노미(gig economy)을 통해 사람들의 일상생활과 기업경영과 노동에 결정적인 영향을 미치고 있다.

1) 4차 산업혁명과 디지털 변혁

2016년 세계경제포럼(WEF: World Economic Forum, 다보스 포럼)에서 클라우스 슈밥(Klaus Schwab) 회장이 '제4차 산업혁명'을 토의 주제로 제안한 이후 세계는 '초 연결(hyper connectivity)'과 '초 지능(hyper intelligence)'으로 대표되는 디지털 변혁(digital transformation)의 시대가 진행되고 있음을 실감하게 되었다. '초 연결'이란 플랫폼 기반에서 생산자와 소비자, 관련 전문가들이 사이버 공간 속에서 실시간으로 아이디어를 교환하고 네트워킹하는 것이 가능해진 것을 말하고, '초 지능'이란 알파고의 예에서 보듯이 '머신 러닝(machine learning)'을 통해서 스스로 학습하는 능력을 갖춘 인공지능(AI)이 등장하여 제조와 서비스의 혁명을 이루는 현상을 의미한다(Schwab, 2016; 송영수, 2019).

4차 산업혁명의 기술은 '파괴적 혁신(disruptive innovation)'을 수반하는 기술로서 과거와 단절되는 완전히 새로운 혁신기술을 의미하기 때문에 우리의 일상생활의 모든 영역에서 엄청난 영향을 미치고 있다. 기업의 인적자원관리 분야에 있어서도 4차 산업혁명 기술의 영향은 지대하다(김성국 2018; Schwab, 2016).

디지털 변혁은 경영 전 부문의 디지털화를 통해 비즈니스 모델을 변화시키고 시장 변화에 적극적으로 대응함으로써 경쟁력을 확보하는 전략 또는 활동을 말한다. 대표적 예로서 GE의 디지털 변환 사례를 들 수 있다. 원래 GE는 미국을 상징하는 제조기업이었다. 그런데 2015년 GE는 소프트웨어 기업으로의 변신을 선언하고 '프레딕스(Predix)'라는 데이터 분석 플랫폼을 구축하고 자사 제품인 터빈, 항공기 엔진 등을 구매한 고객사에게 이 프레딕스를 공급한다. 프레딕스는 GE 제품의 센서에서 나오는 데이터를 분석하여 제품이 고장날 가능성은 없는지, 이상 징후가 있는지, 아니면 잘 작동되고 있는지 모니터링한다. GE는 이제 제조기업에서 데이터 분석 플랫폼을 제공하는 디지털 중심의 IT기업으로 변신에 성공한 것이다.

디지털 변혁이 가장 두드러지게 나타나고 있는 산업 중 하나가 금융산업이다. 시중은행뿐만 아니라 생명보험과 손해보험 점포도 디지털 변혁이 진행되면서 꾸준히 감소하고 있다. 디지털 금융서비스에 대한 의존도가 늘어나면서 소비자들이 점포방문을 통한 대면 서비스 수요를 줄여가고 있다.

4차 산업혁명의 디지털 변혁은 인사부문에도 변화를 가져오고 있다. 기업은 디지털 능력, 즉 빅 데이터, 코딩, 알고리즘 등을 훈련받아야 업무를 정상적으로 처리할 수 있게 되었으며, 특히 AI 역량을 갖춘 인재양성이 시급해졌다. 일과 프로젝트 중심으로 조직이 변화되어 변화관리의 필요성도 제고되었다. 그리고 혁신을 중요시하는 조직문화의 창달도 인사부서의 주요 과제가 되고 있다.

국내 기업에서는 채용관리를 개선하기 위해 '채용 AI엔진'을 도입하는 추세가 늘고 있다. 이 AI엔진을 활용하는 회사는 AI로 하여금 지원자들의 정보와 자료를 검토하도록 하여 지원자가 회사가 요구하는 자질을 충족하는지(인재 부합도 분석), 해당 직무에 적합한 인재인지(직무적합도 분석)를 분석하며 또 자기소개서 작성에 있어서 표절 여부를 체크하는 등 다양한 분석을 실시하고 그 결과를 면접위원들에게 사전에 제공하여 채용 의사결정에 반영하도록 하고 있다.

그리고 사람이 하고 있는 단순반복 업무를 알고리즘화하고 이를 소프트웨어 프로그램으로 구현하여 자동화하는 기술인 RPA(Robotic Process Automation)를 실무에 도입하는 기업이 늘어나고 있다. RPA는 2016년부터 우리나라 금융권을 중심으로 시도되고 있으며 도입효과로 비용절감과 인력운용의 유연성, 근무만족도 제고 등이 기대되고 있다.

2) O2O 서비스와 긱 이코노미

오늘날 스마트폰 보급과 정보통신망 확충으로 개인이 어느 곳에서나 온라인 접속이 가능해지면서 앱과 웹사이트 등 디지털 중개 플랫폼을 이용한 O2O 서비스가 각광을 받고 있다. O2O는 Online-to-Offline의 약어로, 오프라인의 비즈니스 기회를 온라인인 인터넷으로 연결하는 새로운 사업모델을 의미한다. 앱을 이용하여 대리운전 기사를 연결하는 카카오 대리운전이나, 우버(Uber), 배달 서비스를 제공하지 않는 식당이라도 앱을 통해서 주문하면 음식을 배달해주는 배달의 민족, 호텔이 아니라도 방과 침대만 갖추고 여행자들에게 저렴한 민박을 알선해 주는 에어비앤비(Airbnb) 등이 O2O 서비스의 대표적인 예다(강준모, 2019).

디지털 중계 플랫폼을 기반으로 한 O2O 서비스가 발전하면서 특정형태의 노동수요가 함께 증가하고 있는데 이를 플랫폼 노동 또는 '긱(Gig) 노동'이라고 하며, 이러한 새로운 경제현상을 '공유 경제(shared economy)' 또는 '온 디멘드 경제(on-demand economy)'라고 부른다. '긱'이라는 단어는 1920년대 미국 재즈클럽에서 단기계약으로 연주자를 섭외하여 공연했던 것에서 유래한 것이다. 이 때 노동자는 기업이 직접 고용하거나 전일제(full-time) 근로자로 고용하지 않고 필요에 따라 단기계약직이나 임시직으로 인력을 충원하고 그 대가를 지불하는 형태의 고용계약을 의미한다. 이러한 고용형태는 과거에도 프리랜스나 1인 자영업자 형태로 존재하였으나 O2O 서비스가 확산된 최근에는 온라인 플랫폼 업체와 단기계약 형태로 서비스를 제공하는 독립형 일자리를 의미하는 용어로 통용되고 있다. 도입 초기에는 차량이나 숙박업, 배달, 청소 등 단순노동 서비스가 긱 노동의 주류를 이루었지만 최근에는 변호사나 컨설팅 등 전문서비스 등 서비스 시장 전반으로 확산되고 있다..

긱 노동이 이직이 잦은 대규모 저숙련 업종에서 활용되어 기업 성과를 제고하는 한편, 인사관리 비용을 감축하여 기업 이익을 늘리는데 기여하는 이점도 있지만, 비정규직과 임시직을 확대함으로써 고용의 질을 떨어뜨리고 임금상승을 막을 것이라는 지적도 있다. 특히 비정규직 근로자가 늘어나면 사회안전망 혜택을 받지 못하는 계층이 증가한다는 문제가 있다(강준모, 2019; 김성국, 2018).

표 2-1. 미국 상무부(Department of Commerce)의 긱 이코노미 정의

요건	업무 내용
1	모바일 앱이나 인터넷 접속이 가능한 IT기기를 활용한 P2P거래
2	플랫폼 신뢰도 제고를 위해 공급자와 수요자를 상호 평가할 수 있는 시스템 보유
3	서비스 공급자가 자신이 일하고 싶은 시간 및 기간을 선택할 수 있는 시간적 유연성
4	서비스 공급자가 소유한 도구와 자산을 이용해 서비스 제공

자료: U.S. Department of Commerce.

우리나라 긱 노동자(플랫폼 노동자)들은 근로기준법에 명시된 노동자 개념에 포함되지 않아 법적으로 노동자의 권리를 보호받기 어렵다. 일을 하고 있고 업무를 요청하는 사업체도 명확하지만 임금협상, 복지 모형 등을 요청할 수 없는 파편화된 개인이기 때문이다. 이들은 플랫폼 업체들과 개별 계약을 맺기 때문에 노동법에서 보장하는 최저임금이나 건강보험 혜택 등을 받을 수 없다는 점이 문제로 지적되고 있지만 사용자와 노동자의 개념을 명확히 규정하기 힘들어 대책 마련도 쉽지 않다.

표 2-2. 전통적 조직과 디지털 시대의 조직 비교

전통적 조직	디지털 시대 조직
효율성과 효과성을 위한 조직	변화를 위한 학습과 혁신, 고객에게 영향을 미치는 조직
의사결정 권한과 구조를 계층간 위계로 인식하는 조직	리더들이 부하직원들에게 권한을 위임하고 협업과 지식공유를 실천하는 조직
기능적 리더와 그룹으로 비즈니스 기능에 초점을 둔 조직	상품 · 고객 · 서비스 중심의 팀으로서 일과 프로젝트 중심 조직
거쳐가야 할 많은 단계를 향해 승진을 통한 진전	다양한 과제와 경험, 다기능 리더십 경험을 통한 진전
승진을 통해 리더가 되는 직원	영향력과 권위를 통해 성장하기 위한 팔로워를 창조함
지시에 의해 조직을 리드함	오케스트라와 같이 조화에 의해 리드함
두려움과 실패, 타인의 의식에 의해 지배되는 조직문화	안전 · 풍요 · 리스크테이킹, 혁신의 중요성을 인정하는 조직문화
Rule 중심	Playbook 중심
역할과 직책이 명확하게 정의되어야함	팀과 책임은 명확하나 직책은 정기적으로 바뀜
프로세스 중심	프로젝트 중심

자료: 송영수(2019).

2. 노동시장

기업의 인적자원관리는 노동시장 상황에 의해 영향을 받는다. 노동시장이란 노동력이 거래되는 곳을 말하며 노동력을 구입하는 자는 사용자가 되며 노동력을 판매하는 자는 노동자가 된다. 기업은 필요 노동력을 지역 노동시장이나 전국 노동시장, 또는 국제 노동시장에서 조달하여야 한다. 조직이 필요로 하는 노동력의 수요와 공급은 기업의 인적자원관리에 영향을 미친다. 예를 들어 노동력 부족이 나타나는 노동시장에서는 채용기준이 낮아지고 임금이 상승하게 된다. 그 반면 노동력의 공급이 수요보다 많은 노동시장에서는 채용기준이 높아지고 임금수준이 낮아지게 된다.

현재 한국의 노동시장에서 나타나고 있는 주요 특징 및 동향은 다음과 같다.

1) 고령화

저출산・고령화가 심화됨에 따라, 2020년에 우리나라는 65세 이상 노인이 전체 인구의 15.7%를 기록함으로써 노인 인구가 14%를 웃도는 '고령사회(aged society)'에 진입했다. 또 생산연령인구(15~64살)도 2016년에 처음으로 감소세로 돌아섰다. 전세계에서 유례없이 빠른 속도로 고령화가 진행되면서, 지난 수십 년간 경제성장을 이끈 '인구효과'가 앞으로는 한국 경제 최대 리스크 요인이 된 것이다.

고령화의 정의에 대한 UN의 기준에 따르면, 한국은 지난 2000년에 이미 고령인구(65세 이상) 비중이 전체 인구의 7%를 넘는 '고령화 사회(aging society)'에 도달했으며, 2017년에 고령인구가 14%를 돌파해 '고령 사회(aged society)'에 진입하였다. 나아가 2026년에는 고령인구 비중이 20%를 넘는 '초고령 사회(super-aged society)'가 될 것으로 전망되고 있다. 고령화는 세계적 현상이기는 하지만 한국의 고령화 속도는 유례없이 빠르다.

'고령화 사회'에서 '초고령 사회'로 진입하는 데 걸리는 기간을 국가별로 비교해 보면, 프랑스가 154년, 영국이 92년, 미국이 86년, 일본이 36년 소요되는 반면, 한국은 26년에 불과할 것으로 예상된다(〈표 2-3〉).

인구고령화는 우리 사회에 심각한 도전이 되고 있다. 특히 급격한 고령화는 노동공급의 감소, 취업인구의 노령화, 소비침체를 가져와 기업에 커다란 위협으로 작용할 전망이다. 베이비붐 세대의 은퇴가 본격화되고 있어서 노동력부족과 노인부양비용이 가져올 충격으로 인해 기업부담이 급증할 것으로 우려되고 있다.

표 2-3. 주요국의 고령화 속도

국가	도달연도			소요연수	
	7%(고령화사회)	14%(고령사회)	20%(초고령사회)	7%→14%	14%→20%
한 국	2000	2017	2026	17	9
일 본	1970	1994	2006	24	12
프랑스	1864	1979	2018	115	39
미 국	1942	2015	2036	73	21

통계청이 2019년에 발표한 생산연령·인구추이 비중 추이에 따르면, 생산연령인구(15~64세)는 실질적으로 일하는 사람들의 나이를 고려해서 연령을 15~64세가 아닌 25~54세로 좁힐 경우 미래의 노동인력은 훨씬 더 줄어들게 되어 2050년에는 2003년 대비 40%나 감소할 것으로 예상되고 있다. 생산연령인구의 감소는 기업에게 심각한 위협요소가 될 수 있다. 노동력이 기업활동의 가장 기초적인 동력이라는 점을 감안할 때, 급격한 인구감소 상황에서 기업활동을 유지할 수 있도록 적정인력을 확보, 유지해나가는 일이 기업성공의 관건 중 하나가 될 것이다.

2017년 3,757만 명에서 10년간 250만 명 감소해서, 2067년에는 1,784만 명 수준으로 전망된다. 베이비붐 세대가 고령인구로 이동하는 2020년대에는 연평균 33만 명, 2030년대에는 연평균 52만 명씩 감소할 전망이다.

반면 65세 이상 고령인구는 2017년 707만 명(13.8%)에서 2025년 1,000만 명을 넘고, 2067년에는 1,827만 명(총인구의 46.5%)까지 증가할 전망이다([그림 2-1] 참조).

그림 2-1. 연령계층별 인구 구성비

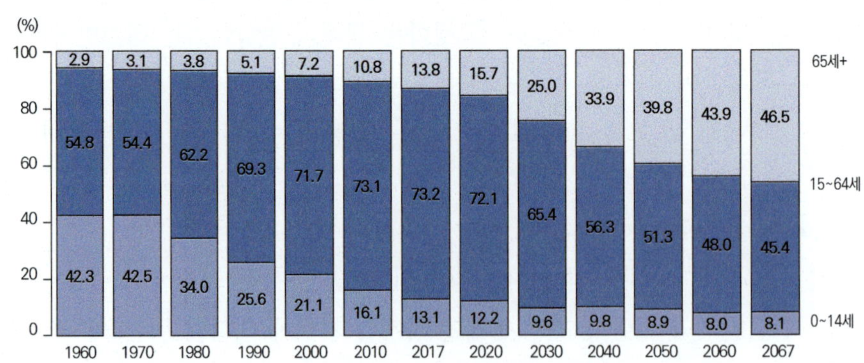

자료: 통계청(2019).

노동력공급 부족현상과 함께 취업구조의 급속한 고령화도 기업입장에서 큰 부담이 될 것으로 보인다. 이미 제조업이나 서비스업 모두 10년전에 비해 40세 이하 취업자 비중이 급격하게 줄어든 반면, 40세 이상 취업자 비중은 전체 취업자의 절반을 넘고 있다. 제조업의 경우 통계청이 발표한 2019년 근로자 평균연령은 45.6세이다. 이에 따라 육체노동이 주로 요구되는 제조업 생산직의 경우 노동생산성의 급격한 저하가 발생할 가능성이 있다.

자본집약산업이나 지식기반산업의 경우에는 경험과 지식의 축적으로 인해 근로인력의 노령화에 따라 생산성이 향상될 여지가 있다. 따라서 인력의 노령화에 따라 생산성 저하가 우려되는 노동집약 제조업에서 지식 및 기술기반 제조업으로의 빠른 전환이 불가피하며, 이 대열에 동참하지 못한 기업은 노동생산성 저하로 인해 심각한 위기에 빠질 수 있다. 또 인력이 고령화됨에 따라 기업 인력구조에서 젊은 층의 비중이 줄어들면서 신기술, 신지식 흡수에 소극적인 태도가 강해질 경우 이는 기업내부의 혁신역량 제고와 경쟁력 강화에 커다란 위협으로 다가올 수 있다.

기업 내 고령화가 심화됨에 따라 개인의 능력과 무관하게 임금이 자동적으로 올라가게 되는 연공주의 임금제도나 퇴직금제도는 기업의 인건비 부담을 가중시키게 된다. 따라서 고령자의 능력개발을 위한 기업의 체계적이고 적극적인 노력이 요청되고 있다.

2) 비정규근로의 증가

정보화 진전, 서비스산업 발달에 따른 고용형태의 다양화, 기업의 인력운용방식의 변화, 정부의 노동시장 유연화 정책 등으로 비정규직 증가는 현재 전 세계적 추세가 되고 있다. 비정규직 근로자는 조직과 임시고용 계약관계를 맺는 근로자와 단기고용의 임시직, 일용직근로자, 파트타임 근로자, 파견근로자, 프리랜서, 재택근로자 모두를 포함한다. 비정규직 근로자는 정규직 근로자 집단에서 소외되는 미자격 근로자 외에 자신의 욕구에 의해 본인이 선택한 일시적 고용관계를 갖는 근로자 모두를 포함한다.

통계청이 2020년 10월 발표한 '경제활동인구조사 근로형태별 부가조사 결과'에 따르면, 2020년 8월 기준 비정규직 근로자수는 7,426,000명으로 지난해보다 55,000명 늘어난 것으로 나타났다. 전체 임금근로자(20,446,000명) 가운데 비정규직이 차지하는 비중은 36.3%로 2012년 8월 조사(33.2%) 이후 8년만에 가장 높았다. 비정규직 비율은 2014년 32.2%를 기록한 이후 6년 연속 상승 중이다.

외환위기 이후 노동시장의 양극화 현상이 심화되고 기업의 구조조정 과정에서 기업들은 고용조정이 용이하고 인건비가 저렴한 비정규직의 활용을 선호하게 되었다. 기업들은 구조조정시 노동조합이나 근로자들의 극심한 반발을 경험하면서 고용조정이 어려운 정규직채용을 가급적 줄이는 방식을 택해온 것이다.

그림 2-2. 우리나라 비정규직의 규모와 비중

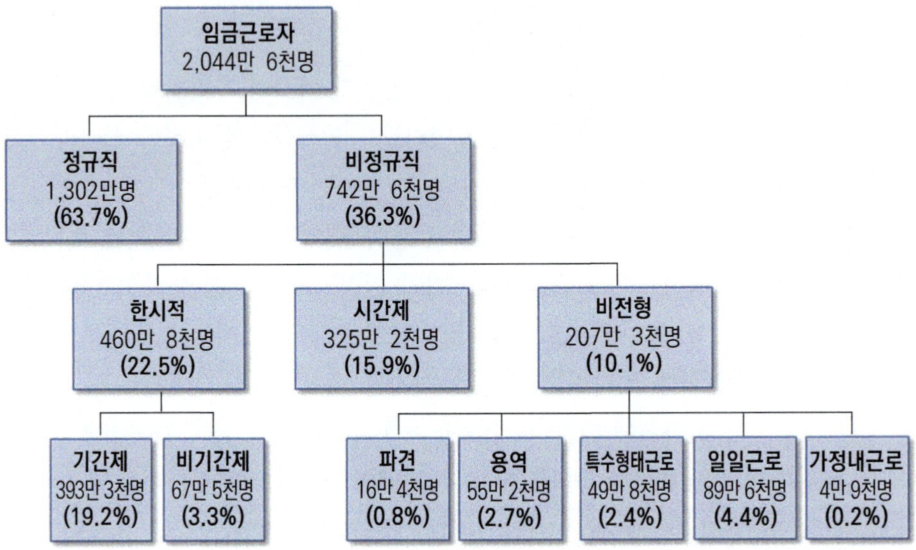

자료: 통계청(2021년).

표 2-4. 비정규근로의 구분

기 준	형 태
계약기간 설정여부	• 임시직 : 1월 이상 1년 이하 계약 • 일용직 : 1월 미만의 계약 • 계약직 : 특정기간의 계약, 기한부 고용
직접고용여부	• 파견근로 : 고용계약은 파견회사이나 작업통제는 근무지에서 실시 • 도급/용역근로 : 고용계약은 도급/용역회사, 작업통제는 도급/용역회사에서 실시 • 사내도급/소사장 : 고용계약은 하청/소사장 회사이며 작업통제는 다양함 • 특수고용관계 : 개인사업자 성격 – 캐디, 학습지교사, 보험설계사 등
근로시간의 다양화	• 시간제: 주 36시간 이하 근무자 – 단시간 근로
근로장소의 다양화	• 재택근로/통신근로/원격근로/텔레워크 : 근로장소가 공간적으로 기업과 분리되며 컴퓨터 등의 노동수단을 사용 • 출향 : 협력회사에 근무하는 본사의 직원

기업이 비정규근로를 활용할 때 다음의 이점이 기대된다.

- 노동비용 감소
- 시장수요 및 외부환경변화에 유연한 인력관리 가능
- 정규직근로와 비정규직근로의 직무성격에 따른 근로분업화를 통한 효율적 생산체계 구축
- 근로자 관리비용 절감
- 정규직 채용시 비정규직 근로자를 검증된 인력 풀로 활용가능

그렇지만 비정규직 근로자의 경우 정규직 근로자에 비해 상대적으로 낮은 처우 및 열악한 근로조건으로 인하여 근로의욕과 사기가 낮고 조직에 대한 충성심이 떨어지며 그 결과 낮은 생산성을 나타내는 경우가 많다.

3. 세계화

경제의 개방시대를 맞아 기업의 경영활동은 이제 더 이상 한 지역, 한 국가에 머무르지 않는다. 세계가 하나의 커다란 시장이 되고 있기 때문에 자원의 획득, 이용, 판매 등이 여러 국가 · 지역을 걸쳐서 일어나고 있다. 국내기업들도 싼 노동력, 자원생산지, 세금감면혜택이 많은 곳을 찾아 사업장소를 옮겨가고 있다.

세계화란 단순히 우리 기업이 타국으로 옮겨가는 것만을 의미하는 것은 아니다. 다국적기업이 우리나라에 거점을 두고 사업을 하는 것과 국내기업들이 외국에서 몰려온 다국적기업과 국내시장에서 경쟁을 벌이는 것도 포함되며, 외국인 근로자가 우리 노동시장에 들어와 연수를 받거나 고용되는 것도 세계화의 일환이다. 현재 아시아 각국에서 노동자들이 몰려오고 있다.

그런데 이들에 대한 차별대우의 문제, 문화차이의 문제, 법적 신분문제 등 많은 문제들이 산적해 있는데 이 대부분을 회사가 해결해야 한다. 경영자나 기술자도 외국에서 채용되어 오기 때문에 그들에 대한 인사정책을 달리하지 않으면 계속적인 유지가 어렵게 된다.

세계화는 인적자원관리에 있어서 국제인적자원관리의 정책 및 실무에 대한 전문가를 육성해야 하는 과제를 부여하고 있다. 어느 한 국가나 문화권에서 잘 기능하는 인사실무가 다른 조직 · 지역 · 문화권에서는 효과적으로 기능하지 못하는 경우가 있다. 이는 문화적 · 법적 차이점에 기인하기 때문이다. 국제인적자원관리에 있어서 예를 들

어 이민문제, 세금문제, 국제조약 및 외국 법규정, 문화적 민감성에 대한 이슈 등이 충분히 검토되어야 한다.

4. 사회문화적 환경의 변화와 세대차이

사회문화적 환경이란 개인의 행동에 영향을 미치는 집단이나 문화, 신념, 가치관, 태도, 행동규범, 견해, 라이프스타일 등과 관련된 환경으로서, 사회의 역사와 전통, 종교적·문화적 유산에 의해 영향을 받는다. 이러한 요인들은 조직구성원들의 태도와 행동에 영향을 미친다. 사회의 문화와 가치관은 쉽게 변하지 않으며 장기간 유지되는 특성이 있는데, 세대간에는 차이를 보일 수 있다. 실제로 기성세대와 젊은 세대의 의식구조와 가치관에는 상당한 차이가 존재하고 있다.

오늘날 젊은 세대는 MZ세대라 불리고 있는데 이는 밀레니얼 세대의 M과 Z세대가 합쳐진 말로 1980년대 초반부터 2000년대 초반에 출생한 M(밀레니얼)세대와 1990년대 초반부터 2000년대 초반에 출생한 Z세대를 아울러 일컫는 말이다. 이들은 디지털 환경에 익숙하고, 최신 트렌드와 남과 다른 이색적인 경험을 추구하는 특징을 보인다. 즉, MZ세대는 온라인 환경에 익숙하고 모바일을 선호하며, 최신트렌드에 민감하고 유행을 선도하며, 개인 취향을 중시하고 현재에 집중하는 경향을 나타내고 있다.

이들은 앞선 Y세대와 비슷한 것 같으면서도 다른 성향과 행동패턴을 가지고 있다. 우리나라 외환위기(1997~1998) 당시 취업난과 구조조정, 글로벌 금융위기를 겪어야 했던 부모인 X세대를 보면서 자라온 MZ세대는 부모를 통해 세상이 녹록하지 않고, 공정하지 않다는 것을 알게 되었으며 자신의 생각과 의사결정을 존중받으면서 컸기에 호·불호가 분명하고 솔직하면서도 사회정의에 민감하며 자립성이 강한 세대가 되었다.

반면 베이비부머 세대를 부모로 두고 있는 Y세대는 부모를 통해 세상의 성공을 위해서는 현실과 타협이 필요하다는 점과 안정적인 직장과 가정환경의 밸런스가 중요하다는 사실을 느끼면서 컸기에 현실적이면서도 안정성을 추구한다는 특징을 가지고 있다. 따라서 Y세대가 보기에 MZ세대는 거리낌 없이 의사를 표현하며, 도전적으로 보일 수밖에 없다. 반면 MZ세대가 보는 Y세대는 나이는 젊은데 안정적인 틀 내에서 싫고 좋음이 불분명한 '알 수 없는' 어른들로 보일 수 있다.

현재의 조직에는 베이비부머, X세대, Y세대, MZ세대가 함께 공존하고 있다. 각 세대의 특징은 특정한 옳고 그름의 문제가 아니다. 그들이 살아 온 삶의 흐름이 세대의 특징을 형성하였기 때문에 무조건 어느 세대가 정답이라고 외칠 수 없다. '꼰대'라고 불리는 이들이 있기에 지금의 조직이 유지될 수 있는 측면도 분명히 있다. MZ세대의 목소리도 조직의 긍정적인 변화가 촉발되는 측면이 있다. 조직 구성원들의 세대간 다양성을 수용하고 조화와 균형을 이루도록 하는 것이 HR담당자의 역할이다. 예컨대 채용, 평가, 보상, 교육훈련, 경력개발에 있어서 각 세대별 가치관을 고려하여 개인의 목표와 조직의 목표를 일치시키는 방향으로 인적자원관리는 운영되어야 할 것이다.

5. 근로시간 단축과 근로시간 유연화

2018년 2월에 근로기준법 개정안이 국회를 통과함으로써 5인 이상 사업장은 주 40시간 근무를 원칙으로 하되, 불가피한 경우 연장근로 12시간을 포함하여 주 최대 52시간(기존에는 68시간)까지만 일할 수 있도록 강제되고 있다. 이러한 근로시간 단축은 근무시간 내 업무몰입 향상, 일과 생활의 균형(Work & Life Balance, 워라벨) 증대 등의 긍정적 효과를 기대할 수 있다. 반면 초과근로 감소로 인한 급여·수당 저하에 따른 구성원 불만제고, 업무성과 저하 등의 문제가 발생할 수 있다. 그렇기 때문에 근로시간 단축 시행이 조직 내 효과적으로 정착할 수 있도록 근로시간의 효율적 관리가 필요하다. 회사가 실제로 일하는 방식에 가장 적합한 대안(예를 들면 유연근로제)을 활용하여 적절하게 근로시간을 관리해야 한다.

표 2-5. 2018년 근로기준법 개정에 따른 근로시간의 변화

<table>
<tr><th>구분</th><th colspan="2">주당 근로시간</th><th>연장근로시간</th><th>총 근로시간</th></tr>
<tr><td rowspan="2">개정 전</td><td>월 화 수 목 금</td><td>토 일</td><td rowspan="2">12시간</td><td rowspan="2">68시간</td></tr>
<tr><td>40시간</td><td>16시간</td></tr>
<tr><td rowspan="2">개정 후</td><td colspan="2">월 화 수 목 금 토 일</td><td rowspan="2">12시간</td><td rowspan="2">52시간</td></tr>
<tr><td colspan="2">40시간</td></tr>
</table>

자료: 고용노동부(2018년).

표 2-6. 유연근로제 개요 (근로기준법에 따른)

구 분	주요 내용
선택적 근로시간제 (법 제52조)	의무근로시간 외 출퇴근 시간 구성원이 자율적으로 선택·신청 • 1개월간(4주 기준) 총 160시간 자유 활용 • 연장근로시 1개월 최대 208시간 구성원 대표와의 서면합의 필요함
탄력적 근로시간제 (법 제51조)	3월 이내 특정한 주의 근로시간을 연장하는 대신 다른 주의 근로시간을 단축하는 방법(사전 근무계획 수립 및 관리) • 2주 이내: 1주 최대 48시간, 연장근로시 1주 최대 60시간 근무가능 • 3개월 이내: 1일 최대 12시간 1주 최대 52시간 근로가능 연장근로시 1주 최대 64시간 2주 이내 취업규칙, 3개월 이내 노사 서면합의 필요
재량 근로시간제 (법 제58조)	사용자가 업무수단 및 기간배분 등에 관여하지 않고 업무수행. 방법은 구성원의 재량에 맡기되 근로시간 산정은 사전 서면 합의된 시간으로 보는 제도
간주 근로시간제 (법 제58조)	출장 등 사유로 사업장 밖에서 근로하여 근로시간을 산정하기 어려운 경우 '소정근로시간'을 근로한 것으로 보는 제도

자료: 고용노동부(2018년).

6. 정부의 정책과 노동관련 법령

정부는 기업을 둘러싼 다양한 이해관계자들의 서로 다른 이해를 조정하기 위해서 고용과 임금, 보건 및 안전, 제품의 가격, 환경오염 등의 여러 사안에 직접 개입한다. 이는 사회정의 차원에서 이해관계자들 간의 분배의 형평성을 실현하기 위한 것이다. 정부는 분배의 결과적 측면보다 절차적 측면에 대해서 깊게 개입한다. 예를 들어, 독일의 경우 노사간의 공동의사결정을 법으로 정하고 있고, 우리나라의 경우에도 노사협의회를 통한 경영참가가 법제화되어 있다.

정부는 인적자원관리와 노사관계의 거의 전반에 걸쳐서 개입하고 있다. 예를 들어, 채용, 임금인상, 퇴직금, 휴가, 동일한 직무에 대한 성별·학력별 임금차이의 해소 등에 정부는 개입한다. 이러한 정부 개입은 점증하는 추세에 있으며, 사회 전체적 관점에서 법과 규정을 잘 이해하고 따르는 것은 인적자원관리자만이 아닌 조직 전체의 책임으로 고려되어야 할 것이다. 또한 기업은 로비를 통해서 정부규제의 성격과 방향에 영향을 미친다. 따라서 기업은 생산성을 증진시키면서 동시에 사회정의 차원에서 공정한 입법이나 정부규제를 유도하도록 노력하는 것이 바람직하다. 정부는 노동관계법을 제정함으로써 사용자와 근로자간의 관계에 룰(rule)을 제공하여 산업평화, 사회문제 최소화, 나아가 국가경쟁력 강화라는 복합적인 목적을 추구해 왔다. 특히 인적자원관리에 관한 법과 규제를 통해 기업을 통제하며 때로는 정부기관의 정책 및 시행령 등을 통해 기업에 영향을 미친다.

노동관계법이 인적자원관리 전반에 영향을 미치는 부문은 첫째, 고용기회 평등부문(모집・채용, 교육훈련, 배치・전환, 동일가치노동・동일임금, 정년퇴직, 해고), 둘째, 임금・근로시간 등 근로조건에 관한 부문(임금지급, 최저임금, 퇴직금, 근로시간・휴일・휴가), 셋째, 안전・보건부문, 넷째, 노사관계부문(노동조합, 단체교섭, 단체협약체결, 쟁의행위, 알선・조정・중재, 노사협의)으로 구분할 수 있다. 이를 개략적으로 살펴보면 다음과 같다. 개별적 노사관계법에 의해 사용자는 근로의 대상으로 임금지급의무, 법적 최저기준의 준수의무, 안전배려의무(산업재해위험으로부터 근로자의 생명과 같은 신체건강을 보호할 의무), 균등대우의무 등을 준수해야 하고, 근로기준법 등에서 정한 최저기준에 미달될 경우 대부분의 경우 벌칙제재를 받으며 나아가 취업규칙, 직업훈련관련 사업계획, 임금사항, 산업안전보건관리 규정작성 및 신고의무를 지는 등 기업경영상의 재량권을 규제받고 있다. 한편, 집단적 노사관계법에 근거해서 볼 때 사용자는 임금・근로시간 등 근로조건과 교육훈련・복지후생・산업안전, 노동조합활동, 노동쟁의 등의 부문에 관해 노동조합과 협의하여 단체협약을 체결하여야 하며, 정당한 노동조합활동을 방해하거나 단체교섭을 정당한 이유 없이 거부하는 행위를 할 경우에 이는 사용자의 부당노동행위가 되어 처벌을 받게 된다.

이와 같이 개별적 근로관계법이든 집단적 노사관계법이든 간에 총체적 의미에서의 노동관계법은 인적자원관리 전반을 규제하고 있다. 오늘날 기업은 근로자 보호를 목적으로 하는 노동법을 준수하는 동시에 기업과 근로자의 이해관계를 어떻게 조화시키며 그 협력관계를 어떻게 설정하고 실현할 것인가에 인적자원관리의 초점을 맞추어야 할 것이다.

우리나라에서 인적자원관리 및 고용노동에 직접 영향을 미치는 법률은 〈표 2-7〉과 같다.

표 2-7. 우리나라 인적자원관리 및 고용노동 관련 법률

구분	법률
고용서비스	고용정책기본법 직업안정법 건설근로자의 고용개선 등에 관한 법률 채용절차의 공정화에 관한 법률
직업훈련 · 자격	근로자직업능력개발법 직업교육훈련촉진법 국가기술자격법 숙련기술장려법 자격기본법 한국산업인력공단법 사회적기업육성법
근로기준	근로기준법 최저임금법 공인노무사법 임금채권보장법 파견근로자 보호 등에 관한 법률 근로자퇴직급여보장법 기간제 및 단시간근로자 보호 등에 관한 법률
노동조합	노동조합 및 노동관계조정법 공무원의 노동조합 설립 및 운영 등에 관한 법률
노사협력	교원의 노동조합 설립 및 운영 등에 관한 법률 근로자참여 및 협력증진에 관한 법률 근로복지기본법 사내근로복지기금법 노동위원회법 경제사회발전노사정위원회법 근로자의 날 제정에 관한 법률 노사관계 발전 지원에 관한 법률
고용 · 산재보험	산업재해보상보험법 고용보험법 고용보험 및 산업재해보상보험의 보험료 징수 등에 관한 법률
산업안전보건	산업안전보건법 진폐의 예방과 진폐근로자의 보호 등에 관한 법률 한국산업안전공단법
고용평등	남녀고용평등과 일 · 가정 양립 지원에 관한 법률 장애인고용촉진 및 직업재활법 고용상 연령차별금지 및 고령자고용촉진에 관한 법률 청년고용촉진특별법 외국인근로자의 고용 등에 관한법률 경력단절여성 등의 경제활동 촉진법

7. 노동조합

인적자원관리의 환경요인의 하나는 노동조합이다. 노동조합은 기업의 인사정책의 수립 및 운영에 영향을 미친다. 노동조합은 '노동자가 주체가 되어 자주적으로 단결하여 노동조건의 유지·개선 및 기타 노동자의 경제적·사회적 지위의 향상을 도모함을 목적으로 조직하는 단체 또는 그 연합단체'(노동조합 및 노동관계조정법 제2조 제4호)로 정의되고 있는데 노동법에 규정된 단체교섭 등의 권리를 통하여 기업의 의사결정에 영향을 미친다. 그 영향의 범위는 인적자원관리 전반에 해당된다. 예를 들어 임금, 복지후생, 근로시간, 근로조건, 해고 등의 결정에 있어서 기업은 반드시 노동조합과 협의를 거쳐야 하며 대부분의 경우에는 노동조합과의 합의를 필요로 한다. 노동조합과의 관계는 기업의 사람관리 및 성과창출에 중요한 영향을 미치게 된다. 협력적 노사관계를 유지하고 있는 기업은 구성원들의 직무만족도와 생산성이 높게 나타나며, 그 결과 기업의 경영성과와 경쟁력도 높다. 반면에 노동조합과 갈등이 심한 기업에서는 구성원들의 직무만족도와 조직에 대한 충성심이 낮게 나타난다. 노사간 단체교섭이 결렬되는 경우에는 근로자들이 기업에 노동제공을 거부하는 파업이 발생하기도 하며 그 결과 기업의 성과와 경쟁력에 치명적 결과가 초래될 수도 있다.

기업 내에 노동조합이 생기게 되면 기업은 사람관리를 더 이상 개별적 인적자원관리 수준에서만 다룰 수 없게 되고 집단적 인적자원관리 차원에서 근로자 대표권한을 가진 노동조합과 협의 및 교섭을 해야 한다. 집단적 인적자원관리는 결국 노사관계이며 기업은 이제 근로자집단을 대등한 조직으로서 상대해야 한다. 노동조합이 존재함에 따라 기업의 인적자원관리도 보다 전문화되고 제도화, 규정화, 체계화되는 경향이 나타난다.

고용노동부 통계에 의하면, 2019년 국내 노동조합 조직률이 12.5%를 기록해 2008년 이후 최대치를 나타냈다. 노동조합 조합원은 모두 2,539,652명이다. 2018년 말 기준 상급단체별로는 민주노총 소속 조합원이 전체 조합원의 41.5%(968,035명)로 가장 큰 비중을 차지하고 다음은 한국노총 40.0%(932,991명)이며, 공공노총 1.5%(35,202명), 전국노총 0.9%(21,560명), 미가맹 노조 소속이 16.1%(373,844명)를 차지하고 있다. 부문별 조직률은 민간부문 9.7%, 공공부문 68.4%, 교원 부문 2.0%, 공무원 부문 82.7%로 나타났다. 조합원 수 30명 미만 노조는 전체의 41.2%(2,392개)를 차지하나, 조합원 수는 1.2%(27,313명)에 불과한 반면, 조합원 수 300명 이상 노조는 전체의 13.7%(793개)이나 조합원 수는 전체의 87.5%(2,040,297명)를 차지하고 있다. 노조조직률은 기업 규모가 클수록 높은 조직률을 보이고 있어서, 근로자 30명 미만 기업은 0.1%, 근로자 30~99명 규모의 기업은 2.2%, 근로자 100~299명 규모의 기업은 10.8%, 근로자 300명 이상의 기업은 50.6%로 나타났다. 즉, 노동조합이 공무원을 포함한 공공부문과 대기업 위주로 조직되어 있고, 근로조건이 상대적으로 열악한 민간부문 소·중규모 기업의 조직률은 낮아서 정작 노동조합의 보호가 필요한 이들 기업에 종사하는 대부분의 근로자들은 노조의 보호에서 벗어나 있는 실정이다. 초기업 노조 소속 조합원수는 1,349,371명으로 전체 조합원 수의 57.9%를 차지하여 전년(56.6%) 대비 그 비중이 증가했다.

또 기업별 노조에 입각한 노동조합 조직화 방식으로 인해 비정규직의 조직화 정도가 매우 낮고 협약적용률의 확대에도 한계가 있어, 실제 노동조합 가입에 따른 혜택이 대규모 기업과 공공부문의 정규직 조합원의 소수에게만 귀결된다는 문제가 있다.

그림 2-3. 노조조직률 및 조합원수 추이

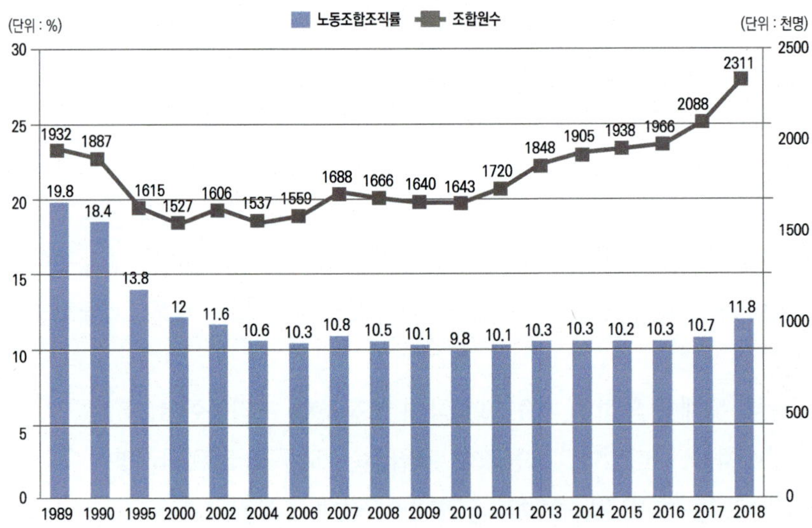

주 : 조직률 = 조합원수 ÷ 임금근로자×100

자료 : 고용노동부, 「전국노동조합 조직현황」, 각 연도

제3절 인적자원관리의 내부환경

인적자원관리에 영향을 미치는 환경으로 조직의 내부환경도 매우 중요한 요인이다. 인적자원관리의 내부환경으로 조직의 전략, 조직의 민첩성, 기업지배구조, 최고경영자, 조직규모 등을 들 수 있다.

1. 조직의 전략

기업의 전략은 인적자원관리에 있어서 중요한 내부환경이 된다. 인적자원관리의 전략적 성격이 중요해지면서 기업의 전략과 인적자원관리를 적합화시키려는 노력이 증대하고 있다. 또 인적자원관리를 통한 인적자원역량의 축적이 전략의 수립과 실행에 영향을 미치게 된다.

기업의 전략이 진취적이고 성장지향적이어서 업계 선두주자가 되고자 한다면 당연히 관리 스타일도 창의적 분위기를 강조하고 인력을 선발하는 기준도 높여서 창의적이고 진취적인 고급인력을 채용해야 한다. 더불어 기존인력들에 대한 교육훈련 투자에도 많은 노력을 기울여야 할 것이다. 그렇지만 기업이 안정적·보수적 전략으로 현 상태를 유지하려고 한다면 구성원들의 교육과 개발에 그렇게 많은 투자를 하지 않아도 된다. 이때에는 자율보다는 통제중심의 리더십을 선호할 것이며 현재 인력을 보호하고 유지하는 인사정책을 펼 것이다. 기업의 전략 가운데 성장전략과 경쟁전략이 인적자원관리에 미치는 영향을 살펴보면 다음과 같다.

성장전략은 기업의 투자방향과 관련된 것으로 집중전략, 성장전략, 철수전략으로 구분된다. 집중전략은 현재 시장에서 시장점유율을 확대하는 것이 목적이다. 집중전략을 구사하기 위해서는 인적자원의 역량을 유지하고 개발해야 하기 때문에 강도 높은 교육훈련과 능력에 대한 보상이 강조된다. 성장전략에는 기존의 자원이나 역량을 토대로 한 시장 및 제품개발을 통한 내적 성장전략과, 흡수합병에 의해서 성장을 추구하는 외적 성장전략이 있다. 내적 성장전략의 경우 필요인력의 충원과 성장목표 달성에 따른 인센티브 관리가 중요한 관리과제이다. 한편 외적 성장전략의 경우 인적자원관리상의 다양성을 인정하면서 최소한의 통일성을 유지하는 것이 중요하다. 이를 위해서 기본계획의 수립을 제외한 나머지 영역은 사업부 수준으로 분권화되는 경향이 있다. 철수전략은 철수나 매각 또는 청산을 통해서 기존시장으로부터 철수하는 전략이다. 철수전략의 경우 인력을 효과적으로 감축하는 것이 중요한 과제로 부각된다.

오늘날 '초 연결(hyper connectivity)'과 '초 지능(hyper intelligence)'을 핵심 특성으로 하는 4차 산업혁명의 파괴적 혁신(disruptive innovation)에 따른 일자리 감축과 노동 패러다임 변화에 적극적으로 대처하기 위해서 기업들은 대응 전략 수립에 부심하고 있다. 전략의 방향은 크게 두 가지로 압축될 수 있다. 그것은 노동의 유연화(flexibility)와 이동성(mobility)의 향상이다. 노동자가 노동시간을 자유롭게 선택할 수 있는 탄력근무제(smart work)는 유연화의 대표적 사례이며, 개인이 인터넷에서 제공되는 비정규적이고 한시적 업무를 사이버 공간에서 수행하여 부차적 수입을 얻는 노동인 크라우드 워킹(crowd working)이 이동성을 대표하는 노동 형태이다(김성국, 2018).

오늘날 글로벌 기업들의 핵심 과제는 민첩한 조직(agile organization), 우수한 핵심인재 확보, 그리고 개척자적 문화를 어떻게 만드는가에 달려있다고 해도 과언이 아니다. Google, Apple, Amazon과 같은 혁신 IT 기업들은 디지털 변혁(digital transformation)에 있어서 경쟁력을 제고하기 위해 인공지능(AI), 사물인터넷(IoT), 빅 데이터 분석, 휴먼 로봇의 개발 등 디지털 기술과 능력을 갖추고 플랫폼 기반에서 성공적으로 발휘할 수 있는 핵심인재의 확보와 활용, 즉 'HR 4.0'에 전략의 초점을 맞추고 있다. 이들이 지향하는 인재전략은 간편하고 신속한 조직, 뛰어난 적응력, 영감을 주고 권한을 하부에 이양하는 인재들을 키우는데 방향이 맞춰져 있다.

2. 조직의 민첩성과 'Agile HR'

최근 경영계에서 조직 민첩성(organizational agility)이 디지털 변혁시대에 적합한 조직구조와 운영방식으로 거론되면서 이른바 'agility'에 대한 관심이 고조되고 있으며 학계와 실무계에서 이에 대한 연구가 활발해 지고 있다. 'agility'는 우리 말로 '민첩성' 또는 '기민성'으로 번역할 수 있는데, 이 용어가 지닌 경영학적 함의는 변화관리와 의사결정의 신속성으로 압축될 수 있다. 'agility'는 조직이나 경영자가 경영환경의 변화를 예견하여 그 변화를 주도하고 그 변화가 조직에 유익한 방향으로 활용될 수 있도록 신속하고, 결단력 있게, 또 효과적으로 조직을 움직일 수 있는 능력으로 정의할 수 있다(BPM, 2018).

오늘날 조직과 인사 영역에 있어서 'agility'가 중요한 덕목으로 꼽히는 이유는 무엇보다도 전 세계적인 경영환경의 급격한 변화 때문이다. 글로벌화된 세계 시장, 4차

산업혁명의 특징인 파괴적 혁신, 인공지능의 비약적 발전, 사물 인터넷, 로봇과 같은 디지털 변혁기술, 고령화·저출산·세대별 가치관 차이로 대표되는 인구의 변화추이, 그리고 모든 영역에서 시장 메커니즘이 적용되는, 이른바 '시장 사회(market society)' 현상 등 환경 요인들이 조직과 리더의 'agility'를 요구하고 있다.

영국의 인사조직 컨설턴트인 린다 홀베치(Linda Holbeche)는 저서 『민첩한 조직(*The Agile Organization*), 2018』에서 최근의 전 세계적인 급격한 환경변화에도 불구하고 살아남은 기업들의 공통점은 모두 조직운영에 있어서 'agility'를 갖추고 있다고 주장한다. 다시 말하면, 민첩한 조직들은 남들보다 먼저 새로운 비즈니스 기회와 위협을 포착하고 조직을 신속하게 변화시키는 능력을 발휘해 왔기 때문에 조직이 생존할 수 있었다고 설명하고 있다. 그리고 민첩한 조직을 위한 인적자원관리, 즉 'Agile HR'의 내용은 적응력, 변화관리, 속도, 혁신 등 네 가지 핵심요소를 포함해야 한다고 말한다. 또한 조직 리더의 리더십에 있어서도 누구나 리더가 될 수 있는, 수평적 리더십(lateral leadership)이 민첩한 조직을 위한 효율적 리더십 스타일이 될 것이라고 강조한다(Holbeche, 2018).

표 2-8. 한국기업의 Agile 운영사례(SK 그룹)

직급별	Agile 추진 전	Agile 추진 후
임원	• 전사 전략 Cascading 과제, KPI과제 수립/추진 • 팀별 미션 부여/추진 • 팀장을 Communication Channel로 구성원들이 활용	• 일/조직/사람관리 Scope 확대("감독" 역할) • 새로운 BM혁신 과제 추진/구체화 • 조직/인력 운영방안 Design
팀장/PL	• 조직 KPI에 Align한 미션 수행 • 연간 산하팀원을 활용한 업무추진 • 산하 팀원에 대한 성과관리, 육성책임	• Task 발굴, 실무 리딩 ("주장", "Playing Coach" 역할) • Agile 조직내 과제에 적합한 팀원 활용 • 조직별 Self-design 에 따른 PL 역할 수행
구성원	• 업무분장에 따라 Assign된 업무수행 • 팀 내 Co-work 중심	• 담당업무 리딩 ("선수") • Bottom-up 과제 발굴/제안 • Task에 따라 PL 역할 수행+임원산하 유연한 협업

자료: SK 그룹(2018).

3. 기업지배구조

기업지배구조는 기업을 둘러싼 이해관계자들 간의 기업의 지배권 또는 통제권의 분포형태로 정의할 수 있다. 기업을 둘러싼 이해관계자에는 주주와 종업원, 경영자, 은행 등 채권자, 고객, 공급업자, 지역사회, 정부 등이 있다. 기업지배권은 기업이 보유하고 있는 인적자원, 물적자원, 기타 각종 자원의 할당에 관한 의사결정권을 말한다. 기업지배구조는 경영권이 이해관계자들 간에 어떻게 분포되어 있는가를 의미하는 것으로서, 이해관계자들 간의 명시적인 권한관계만이 아니라 암묵적이고 관행적으로 이루어지는 권한관계도 포함하는 것으로 보아야 한다.

기업지배구조는 인적자원관리에 중대한 영향을 미친다. 예를 들어 독일에서는 일정 규모 이상의 기업에는 근로자대표가 이사회(감독이사회: Aufsichtsrat)에 참여하여 경영활동을 감시·감독한다. 이러한 기업지배구조를 반영하여 독일의 인적자원관리는 종업원의 높은 참여를 특징으로 하고 있다. 한편 일본의 대기업지배구조는 기관소유체제가 특징이다. 경영자는 기업내부에서 성장한 사람들로서 종업원 목표를 중시한다. 따라서 일본기업은 성장에 의한 종업원의 고용보장을 기업의 중요한 목적으로 두고 있다. 결국 일본식 기업지배하에서는 종업원 지향적 인적자원관리가 이루어지고 이에 따라 고용보장과 연공임금이 정착되었다.

기업의 소유형태도 인적자원관리에 중요한 영향을 미친다. 일반적으로 공기업과 민간기업은 인적자원관리에 큰 차이를 나타내고 있다. 공기업은 상대적으로 인적자원관리의 공식화 및 집권화 정도가 높고 관행 및 안정성을 중시하는데 비해서, 민간기업은 상대적으로 인적자원관리의 유연성이 높고 인적자원관리에 있어서 경쟁과 변화를 중시하는 경향이 높게 나타난다.

4. 최고경영자

최고경영자의 인사철학은 기업의 인적자원관리에 매우 큰 영향을 미친다. 최고경영자가 인적자원을 기업의 경쟁력을 결정하는 핵심자산으로 보느냐, 또는 인건비를 발생시키는 비용요인으로 보느냐에 따라 기업의 인적자원관리가 크게 달라진다.

전자의 경우에는 우수인력을 확보하고 이들을 동기부여시키고 육성하는데 인적자원관리의 초점을 둘 것이고, 후자의 경우에는 인건비 절감을 위한 인력관리의 합리화와 인사통제에 중점을 둘 것이다. 예를 들어 보상 기준을 연공에 둘 것인가, 능력에 둘 것인가, 필요인력 조달을 내부에서 우선적으로 할 것인가, 외부에서 우선적으로 할 것인가, 외부에서 충원한다면 정규직으로 채용할 것인가, 비정규직으로 조달할 것인가 등의 인사결정에 있어서 최고경영자의 인사철학 및 인사방침은 중요한 역할을 하게 된다.

5. 조직규모

기업의 인적자원관리는 조직규모에 의해 영향을 받는다. 규모가 매우 작은 조직의 경우에는 일반적으로 인적자원관리 기능의 분화가 일어나지 않고, 인적자원관리의 제도화가 이루어지지 않는 경우가 많다. 인적자원관리 기능은 다른 관리기능과 분화되지 않은 채 혼재하고, 경영자는 종업원 개개인에 대하여 개별적으로 관리하는 방식을 나타낸다. 조직규모가 확대됨에 따라 인적자원관리 기능의 분화가 발생하게 된다. 인적자원관리 기능이 전문화·집중화되면서 조직 내 전문부문으로서 인사담당부서가 생기게 된다. 이때부터 본격적으로 인적자원관리의 제도화가 이루어지게 되며, 조직규모가 일정 수준에 이르게 되면 인적자원관리 기능의 분권화가 시작된다. 인적자원관리 기능이 각 사업부문 및 기능부문, 일반관리자에게 위양되어서 조직의 일선 현장에서 인적자원관리 기능이 실천되게 되고, 인사부서는 주로 전략기능, 전문 스탭 기능, 서비스 기능을 수행하게 된다.

학습문제

1. 인적자원관리의 환경요인을 설명하시오.
2. 기술변화가 인적자원관리에 미치는 영향에 대해서 논의하시오.
3. 인공지능(AI)의 도입으로 인적자원관리가 어떻게 변화될 수 있는지에 대해 논의하시오.
4. 고용관계의 변화에 대해서 설명하고 이에 대한 기업의 대응방안을 논의하시오.
5. 소유경영체제와 전문경영체제의 장·단점을 비교하고 경영성과와의 관계를 조사하시오.
6. 10년 후의 기업환경을 예측하고 그 대비방안을 논의하시오.

참 고 문 헌

김식현(2014), 『인사관리론』, 서울 : 무역경영사.

김성국 (2018), 제4차 산업혁명과 독일의 'Arbeit 4.0'의 과제와 전망, 아시아 · 유럽미래학회, 「유라시아연구」, 제15권 제1호(통권 제48호), 117~135.

김성국 (2019), 독일인사관리협회가 제시한 HR트렌드 8가지, 한국인사관리협회, 『월간 인사관리』, 2019년 1월호, 56~59.

박경규(2014), 『신인사관리』, 서울 : 홍문사.

박내회(2010), 『인사관리』, 서울 : 박영사.

송영수(2019), 4차산업혁명이 바꿀 미래, 3H (Hyper) 초 지능 · 초 산업 · 초 연결, 한국인사관리협회, 『월간 인사관리』, 2019년 1월호, 36~39.

송지은(2019), Z세대를 바라보는 Y세대, 우리는 '꼰대'일까, 한국인사관리협회, 『월간 인사관리』, 2019년 5월호, 66~67.

최종태(2012), 『현대인사관리론』, 서울 : 박영사.

Bundesverband der Personalmanager(BPM), (2018) *Agile HR,* Berlin.

Bernardin, H. J.(2003), *Human Resource Management: An Experiential Approach*, 3rd ed., McGraw-Hill.

Harris, M.(1997), *Human Resource Management: A Practical Approach*, The Dryden Press, Hartcourt Brace College Publishers.

Holeche, L. (2018), *The Agile Organization*, London: CIPD.

Ivancevich, J. M.(2004), *Human Resource Management*, 9th ed., New York: McGraw-Hill.

Jung, H.(1999), *Personalwirtschaft*, 3., überarb. Aufl., München: Oldenbourg.

Mathis, R. L. & Jackson, J. H.(2003), *Human Resource Management*, 10th ed., Cincinnati: Thompson-South Western.

Mondy, R. W. & Noe, R. M.(1990), *Human Resource Management*, Boston: Allyn and Bacon.

Noe, R. A., Hollenbeck, J. R., Gerhart, B. & Wright, P. M.(2003), *Human Resource Management: Gaining A Competitive Advantage*, 4th ed., New York: McGraw-Hill.

Oechsler, W. A.(2000), *Personal und Arbeit: Grundlagen des Human Resource Management und der Arbeitgeber-Arbeitnehmer-Beziehungen,* 7. grundlegend überarb. und erw. Aufl., München: Oldenbourg.

Ridder, H. G.(1999), *Personalwirtschftslehre*, Stuttgart: Kohlhammer.

Scholz, Ch.(2000), *Personalmanagement: Informationsorientierte und Verhaltens-heoretische Grundlagen*, 5. neubearb. und erw. Aufl., München: Vahlen.

Sherman, A. W. Jr., Bohlander, G. W. & Snell, S.(1996), *Managing Human Resources*, South-Western College Publishing.

Schwab, K. (2016), *The Fourth Industrial Revolution*, World Economic Forum.

제3장
전략적 인적자원관리와 정보 시스템

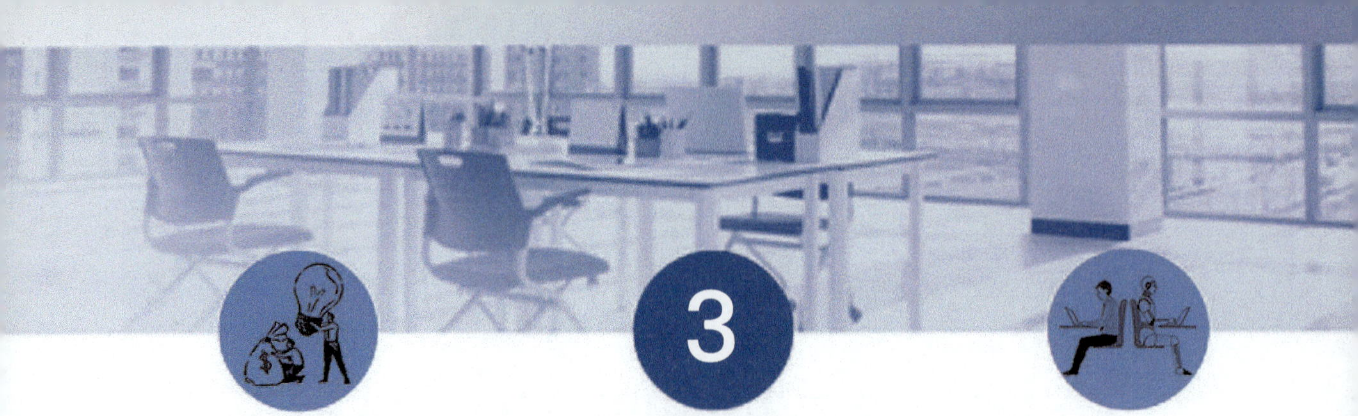

3 전략적 인적자원관리와 정보 시스템

opening case 3. 델타항공과 사우스웨스트항공의 인적자원관리 전략

미국의 항공운송산업은 1938년 설립된 민간항공위원회(Civil Aeronautics Board)가 항공사들의 노선과 운임, 신규 진입을 결정하는 규제 환경하에서 1970년대까지 꾸준한 성장을 지속해왔다. 그런데 카터 행정부 시기인 1978년 새 법이 통과되면서 이 산업은 구조적인 변화를 맞이했다. 이 법으로 노선, 운임, 신규 진입에 관한 규제가 없어지면서 저비용 항공사들이 대거 진입하는 등의 압력으로 항공사간 가격경쟁이 격화됐다.

이에 따라 여객 운임이 크게 떨어졌고, 이런 변화에 적응하지 못하는 항공사들이 인수되거나 도태되기 시작했다. 이미 1980년대 초에 15개의 기존 항공사들이 한계 상황으로 몰리거나 인수되는 상황이 전개됐다. 설상가상, 1990년대 초 걸프전 발발로 유가가 폭등해 미국 경제가 큰 불황에 빠지면서 고(高)유가와 수요 감소라는 이중고가 항공운송산업을 엄습했다. 그 결과 1980년대 이미 부실화가 지속적으로 진행되던 팬앰(Pan Am), 이스턴(Eastern) 등 대형 항공사들이 파산하면서 업계의 구조재편이 다시 한번 진행됐다.

항공운송산업이 이렇듯 큰 어려움을 겪는 와중에 기존 업체 중 대형 업체인 델타항공(Delta Air Lines)과 규제완화 이후의 신생 항공사 중 두각을 나타내던 사우스웨스트항공(Southwest Airlines)의 엇갈린 행보에 주목해볼 필요가 있다. 두 회사 모두 똑같은 어려움에 직면했지만 인력관리 측면에서 상반된 전략을 취한 결과, 이후 10년간 상반된 성과를 보였기 때문이다.

항공운송산업은 특히 사람이 중요한 산업이다. 가령 조종사의 숙련도에 따라 안정적인 비행 환경과 편안한 이착륙 여부가 결정된다. 고객 접점에서 서비스를 제공하는 승무원의 마음가짐과 태도는 정시 이착륙 여부 및 전반적인 서비스 품질을 결정한다. 이러한 서비스 품질은 그대로 항공 운항사의 평판으로 돌아와 매출에 큰 영향을 미치게 된다.

1970년대 말 항공운송산업의 규제완화가 시작될 때, 델타항공은 메이저 항공운항 회사로서 단단한 입지를 굳히고 있었다. 이 회사도 '사람이 비즈니스의 기본'이라는 인식하에 우수한 인재를 붙들고 서비스 품질을 유지하기 위해 상대적으로 높은 임금과 고용안정을 제공했다. 이렇게 좋은 대우는 노선 및 요금 규제로 인해 창출되는 수익으로 뒷받침할 수 있었다.

1980년대 초 규제완화의 파고로 업계가 대규모 인력 구조조정과 임금삭감을 단행할 때에도 회사는 정리해고를 전혀 하지 않았고 오히려 당시 상대적으로 양호했던 경영실적에 근거해 상당히 높은 수준의 임금인상을 단행했다. 이에 종업원들은 우수한 고객 서비스로 회사에 보답했고 이는 다시 회사 성장의 큰 동력으로 작용했다. 하지만 1990년 이후 불황과 고유가의 이중고로 인해 4년간 적자가 지속되자 당시 최고경영진은 기존 인력관리 정책을 바꿔 약 1만5000명(당시 전체 직원의 약 17%)을 정리해고했고 임금을 삭감했다. 그 결과는 어땠을까. 델타항공의 서비스 질은 크게 악화됐고 고객불만도 산업 평균 이상으로 증가했다. 그 후 1990년대 중·후반 세계 경제의 호황에 따라 흑자로 전환된 이 회사는 예전의 인력관리 정책 기조로 회귀해 임금 인상과 복지 확충을 꾀했다. 그러나 2001년 9·11 테러 사태 후 항공산업이 다시 침체에 빠지자 델타항공 경영진은 2004년 또다시 대대적인 구조조정을 단행한다. 무려 30% 이상 임금을 삭감했고, 퇴직연금 및 복지혜택 축소 등을 통해 총 10억 달러 상당의 인건비를 감축했다. 그러나 이런 과감한 구조조정에도 불구하고 회사의 경영은 회복될 기미를 보이지 않고 악화일로를 걸었다.

결국 델타는 2005년 3월 법원에 파산보호 신청을 냈다. 이는 두 차례에 걸친 인력구조조정 과정에서 수많은 숙련된 조종사와 승무원들이 회사를 떠난 결과 그들에게 체화돼 있던 기술, 지식, 세부적 업무 노하우 등 무형의 자원까지 회사를 떠나게 됐기 때문이다. 파산의 길목에 서 있던 델타항공이 재도약의 발판을 마련한 계기 역시 '사람'이었다는 점은 의미심장하다. 2007년 파산보호에서 가까스로 벗어난 델타항공은 이듬해 대형 항공사인 노스웨스트항공(Northwest Airlines)과 합병한다.

위기가 닥쳤을 때 인력 감축과 임금 삭감 등의 악수를 둬 우수 인재가 유출되고 고객 이탈로 한때 곤욕을 치렀던 델타와 달리 사우스웨스트항공은 초지일관 사람을 중시하는 인사정책 기조를 유지했다. 켈러는 추수감사절이 오면 직원들과 함께 수하물 적재를 하거나 직원들과 파티를 함께 즐기는 등 권위의식을 버리고 '직원도 즐겁고, 고객도 즐거운 회사'를 만드는 데 솔선수범했다. 이러한 창업주의 의지에 따라 자연스럽게 임직원들은 목표와 지식을 공유하고 긴밀한 의사소통을 통해 문제를 해결하며 서비스 품질과 효율을 향상시킬 수 있었다

실제로 사우스웨스트항공은 델타항공 등 타 항공사들이 어려움을 겪던 2000년대 중반에 승객이 다음 비행기를 기다려야 되는 시간인 '비행기 운항 간격'이 가장 짧고, 항공기 한 대당 종사하는 종업원 수도 업계 최저 수준이었다. 이로 인해 고객 서비스 분야에서도 미국 항공업계의 품질대상인 '트리플 크라운(Triple Crown, 운항지연, 고객 불만, 수하물 분실률을 최저로 달성하는 항공사 선정)'을 가장 많이 수상했으며 항공안전에 있어서도 최소의 노선이탈률을 기록했었다.

토의과제

1. 항공운송산업에 있어서 인적자원의 역할에 대해서 설명하시오.
2. 국내 항공사의 전략적 인적자원관리에 대해서 조사하시오.

제1절 전략적 인적자원관리의 의의

21세기에 들어서서 기업 환경은 이전과 매우 다른 양상으로 급격하게 변화하고 있으며 경쟁은 무한경쟁 내지 국경을 초월한 경쟁으로 불리울 만큼 거세어지게 되었다. 기업은 경쟁환경에서 생존하고 성장하기 위하여 다양한 자원을 활용한다. 기업이 활용할 수 있는 자원으로 물적자원(공장, 설비, 기술, 입지 등), 조직적 자원(조직구조, 계획·통제·조정시스템, 집단관계 등), 인적자원(구성원의 지식, 숙련, 기능, 경험 등)이 있으며 기업은 이러한 자원들의 효율적 관리를 통해서 경쟁환경에서 경쟁우위를 추구한다. 앞에서 든 세 종류의 자원 가운데 조직적 자원과 인적자원은 인적자원관리 기능과 직접적으로 연계되어 있다.

조직의 전략경영은 경쟁우위 확보를 위하여 자원을 확보하고, 배분하고, 관리하는 것을 필요로 한다. 조직이 경쟁환경에서 경쟁우위를 확보하기 위해서 인적자원관리가 조직의 전략경영 프로세스에 통합되어야 할 것이 요청된다. 이를 위하여 인적자원관리에 있어서 다음이 요구된다.

- 조직의 전략목표에 대한 이해
- 전략수립에 사람 관련 이슈 및 인적자원 역량의 반영
- 전략이 실행되기 위해서 요청되는 구성원의 태도, 행동, 역량에 대한 지식 보유
- 전략의 성공적 실행을 위하여 구성원들에게 요구되는 태도, 행동, 역량을 개발하는 프로그램 개발

1. 전략경영의 개념

전략이라는 용어는 원래 군사병법에서 나온 것이다. 전략의 의미를 가진 Strategy라는 영어 단어는 그리스어 Stratagos에서 기원한 것인데 이 말은 군대를 의미하는 Stratos와 이끈다의 의미를 가진 -ag가 합쳐진 것이다. 즉, 전략은 말 그대로 군대를 전쟁에서 승리하도록 이끄는 총괄계획이다. 오늘날 전략은 기업경영에 도입되어 기업이 불확실한 상황 및 경쟁환경에서 나아가야 할 방향을 설정하고 기업의 목적을 달성하기 위하여 체계적이고 합리적인 대응노력을 기울이도록 하는 기본방침 또는 계획의 의미를 갖고 있다.

과거에는 기업이 상대적으로 안정적 환경에서 경영활동을 하였지만 최근 기업환경은 예전과 전혀 다른 양상을 나타내고 있다. 급격한 기술혁신, 기업간 경쟁의 격화, 노동조합·소비자·시민단체 등 이해관계자들의 기업에 대한 사회적 요구의 증대 등 기업의 외부환경이 급격하게 변화하고 있다. 기업은 이러한 환경변화에 효율적으로 적응해야 살아남을 수 있다는 인식을 갖게 되었고 이와 관련된 경험과 지식들을 체계화시키고 발전시키는 과정에서 전략경영의 개념이 대두하게 되었다.

전략경영은 특히 중·장기적 관점에서 기업이 불확실한 경영환경의 미래를 예측하고, 자신의 능력과 지식을 개발·활용하려는 계획적이고 포괄적인 일체의 노력을 포함한다. 전략경영은 다음의 기능을 통해 변화하는 환경 속에서 기업이 경영성과를 극대화하면서 장기적으로 생존·성장할 수 있게 한다.

첫째, 전략경영은 기업이 환경변화에 유연하게 대처할 수 있도록 조직의 환경적응능력을 촉진한다. 외부환경의 변화속도가 완만하고 변화의 폭이 크지 않다면 경영자는 과거의 경험을 바탕으로 미래를 계획할 수 있겠지만, 오늘날과 같이 환경이 급변하는 상황에서 단순한 과거의 경험은 더 이상 믿을만한 지침이 될 수 없게 되었다. 따라서 기업은 외부환경의 변화를 미리 예측하고, 이에 대해 체계적인 대응책을 강구해야 되는데, 전략경영은 바로 이러한 기능을 담당한다. 구체적으로 전략경영은 기업이 외부환경과 내부능력 사이에 실행 가능한 조화를 이룰 수 있도록 함으로써, 외부환경에서 주어지는 기회와 위협에 능동적으로 적응해 나갈 수 있게 한다.

둘째, 전략경영은 기업의 경영자원을 전사적 관점에서 효율적으로 배분하도록 한다. 즉, 기업이 미래에 어떤 사업을 강화해야 하고, 현재 어떠한 경쟁우위가 축적되어야 하는가를 밝혀줌으로써, 기업 내 각 부문의 자원할당의 우선순위를 합리적으로 평가하여 전 사업단위들을 포괄하는 관점에서 경영자원을 효율적으로 배분할 수 있도록 한다.

셋째, 전략경영은 기업내부의 다양한 경영활동의 통합에 기여한다. 즉, 사업에 필요한 계획이나 경영활동에 대한 지침을 제공함으로써 기업내부의 능력을 결집시키는 역할을 한다. 기업활동은 여러 사람들의 협동으로 이루어지기 때문에, 이들의 행동과 의사결정을 어떻게 통합하느냐 하는 것이 경영성과 달성을 위한 핵심과제가 된다. 전략경영은 기업의 존재가치와 사명을 명확히 하고, 이를 달성하기 위한 장기적 전략목표와, 목표달성을 위한 활동방향과 행동경로를 제시함으로써 조직 내에서 이루어지는 다양한 의사결정과 행동들을 통합하는 역할을 하게 된다.

2. 전략경영의 과정

전략경영 과정은 전략수립과 전략실행의 두 단계로 구성된다. 전략수립단계에서는 기업의 사명, 비전 및 목표, 외부환경의 기회와 위협, 조직내부의 강점과 약점을 분석하여 전략방향을 설정하게 된다. 그리고 전략대안들을 도출하고, 기업의 사명, 비전 및 목표를 달성하는데 있어서 각 대안의 역량을 비교한다.

전략실행단계에서는 선택한 전략대안을 실행하게 되는데 여기에는 조직구조 설계, 자원배분, 인력확보, 보상 시스템 개발 등이 그 내용이 된다.

전략경영의 과정을 구체적으로 설명하면 다음과 같다.

첫째, 기업의 사명, 비전 및 목표를 설정한다. 기업의 사명, 비전 및 목표는 기업이 존재하는 이유와 무엇을 해야 하는지에 대한 근거를 제공한다. 기업은 사명, 비전 및 목표에 근거해서 전략을 수립하고 평가한다.

둘째, 기업 외부환경을 분석한다. 외부환경 분석은 기업이 당면하고 있는 전략적 기회와 위협들을 도출하기 위함이다. 이때 분석의 대상이 되는 외부환경은 정치, 경제, 사회, 문화 등 거시적 요인들 뿐만 아니라 기업이 속해 있는 산업의 경제적 구조 등을 포함한다.

셋째, 기업내부의 자원과 역량을 파악한다. 내부분석은 기업의 강점과 약점을 파악하기 위한 것이다. 이를 위하여 기업이 보유하고 있는 자원의 양적 · 질적 수준을 평가하고, 경쟁우위를 가져다주는 기업의 독특한 내부역량을 파악한다.

넷째, 전략적 대안들을 도출하고 가장 바람직한 전략을 선택한다. 설정된 기업목표, 내부 강점과 약점, 외부환경으로부터의 기회와 위협을 종합적으로 고려하여 가능한 전략적 대안들을 도출하고, 이 중 가장 바람직한 전략을 선택한다. 즉, 환경적 기회를 최대한으로 활용하고 자신의 강점을 살릴 수 있는 전략을 선택해 나간다.

다섯째, 선택된 전략을 실행하기 위해 조직구조와 통제 시스템의 설계, 인력의 확보 및 개발, 자원배분, 보상 시스템 개발 등 조직내부를 정비한다. 어떠한 전략을 실행하느냐에 따라 요구되는 조직구조의 특성과 조직통제의 방법이 달라진다. 따라서 선택된 전략에 적합하도록 조직구조와 통제 시스템을 설계하여야 한다.

여섯째, 전략실행의 결과를 평가하여 향후 의사결정에 피드백한다. 선택된 전략이 실행되면 그 결과가 기업목표의 달성에 어느 정도 기여했는지를 평가한다. 그리고 평가결과를 다시 다음 단계의 전략수립과 실행에 반영한다. 그리하여 기존의 기업목표와 전략이 적절한지, 아니면 변화시켜야 하는지를 결정한다.

그림 3-1. 전략경영의 프로세스

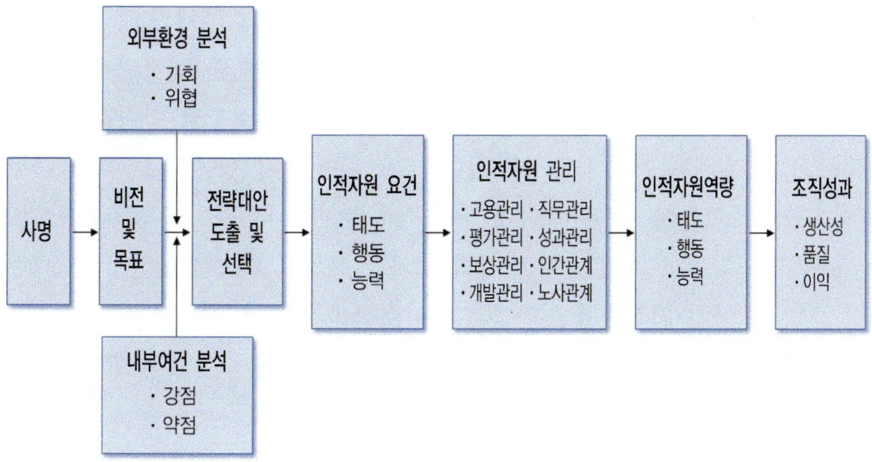

위와 같은 전략관리의 구성요소들은 합리적인 전략의 수립과 실행을 통하여 목표달성에 유리한 방향으로 외부환경과 상호작용하도록 하는데 그 목적이 있다. 전략경영의 성공에는 인적자원관리의 관여 및 지원이 크게 작용한다.

3. 전략경영과 인적자원관리

전략대안 결정을 위해서는 기업이 사명과 목표를 달성하기 위하여 어떻게 경쟁해야 하는가의 문제에 대해 검토가 이루어져야 한다. 이는 구체적으로 '어디에서 경쟁할 것인가', '어떻게 경쟁할 것인가', '무엇으로 경쟁할 것인가'를 결정하는 일이다. 이 세 가지 의사결정은 모두 다 중요하다. 그런데 이 가운데 '무엇으로 경쟁할 것인가'의 문제는 상대적으로 소홀히 취급되는 경향이 있어서 이로 인해 전략결정을 실패로 이끄는 경우가 많다.

펩시사는 1980년대에 고객기반확대를 위하여 켄터키 프라이드치킨, 타코 벨, 피자헛의 패스트푸드 체인을 인수하였다. 그런데 인수 당시 대부분 전문직인 펩시의 기존 인력과 패스트푸드 산업의 대부분 저숙련 인력 및 아르바이트 고등학생 인력간 차이를 제대로 인식하지 못하였고 또 패스트푸드 산업의 인력을 관리할 수 있는 역량도 보유하지 못했었다. 이는 펩시가 패스트푸드 체인을 매각했었던 이유 중 하나가 되었다.

펩시는 시장에서 경쟁해야 할 자원, 즉 '무엇으로'에 대해서 충분한 이해가 없이 '어디에서' 경쟁할 것인가에 대해서 결정했던 것이다.

보잉 역시 경쟁전략 결정에서 '무엇으로 경쟁할 것인가'의 문제를 간과해서 전략 실행에 실패한 적이 있다. 보잉이 경쟁사인 에어버스와 치열한 가격경쟁에 들어가게 되었을 때 보잉은 기존의 고객 서비스 전략에서 비용감축전략으로 방향을 전환하였다. 이 전략으로 보잉은 매출에서 큰 성공을 거두게 되어 많은 항공사로부터 대규모 주문을 받게 되었다. 그런데 보잉은 그동안 비용감축을 위해 대규모 인력감축을 했었기 때문에 그 결과 인력이 부족했고 이에 따라 생산성 향상에 필요한 생산기술도 부족하게 되었다. 보잉은 어떻게 경쟁할 것인가의 의사결정에 있어서 '무엇으로' 경쟁할 것인가를 소홀히 한 결과 납기를 지키지 못하게 되었고, 그 결과 주문했던 항공사에 막대한 위약금을 물게 되었다.

표 3-1. 전략대안 선택시 고려사항

1. 어디에서 경쟁할 것인가?
   - 어느 시장(산업, 제품, 기타)에서 경쟁할 것인가?
2. 어떻게 경쟁할 것인가?
   - 어떤 기준 또는 차별적 특성으로 경쟁할 것인가? 비용? 품질? 신뢰성? 납기?
3. 무엇으로 경쟁할 것인가?
   - 어떤 자원이 우리를 경쟁에서 이기게 할 것인가?
   - 이 자원을 어떻게 획득, 개발, 활용할 것인가?

4. 전략수립과 인적자원관리

앞의 예에서 보듯이 '무엇으로 경쟁할 것인가'의 문제는 전략경영 과정에 있어서 인적자원관리에 대한 고려가 중요하다는 점을 나타내고 있다. 인적자원관리에 대한 고려에 따라 전략대안이 제한되기도 하고 또 선택한 전략의 성공적 실행을 위해 필요한 인적자원을 확보하고 개발하는 방법과 내용을 경영층이 검토해야 할 수도 있다.

예를 들어 펩시의 인사관리 책임자는 사내에 패스트푸드 레스토랑 인력을 관리할 수 있는 전문가가 없다고 경영진에게 보고할 수 있었을 것이고, 또 전문가 부족을 이유로 경영진에게 패스트푸드 체인 인수를 반대했을 수도 있었을 것이다. 또는 패스트푸드 레스토랑 인력관리 능력을 갖춘 전문인력을 확보하는데 드는 비용에 대해서 경영층에게 보고해서 이를 패스트푸드 레스토랑 인수의사결정에 반영할 수 있도록 할 수 있었을 것이다.

기업의 전략경영 의사결정의 프로세스는 CEO, CFO, 사장, 부사장 등으로 구성되는 최고위 수준의 전략기획 그룹에서 이루어진다. 여기에서 논의되고 결정되는 대부분의 사안은 사람 이슈를 포함하고 있다. 따라서 전략결정에 있어서 인적자원관리가 함께 논의되는 것이 필요하다. 포춘지가 500대 기업의 115개 사업단위에 대해 실시한 최근의 한 연구에서 49%에서 69% 사이의 기업이 인적자원관리와 전략간 연계를 가지고 있는 것으로 나타나고 있다.

전략과 인적자원관리의 연계 수준은 기업마다 차이가 있는데, 일반적으로 행정적 연계, 일방적 연계, 쌍방적 연계, 통합적 연계의 네 수준으로 분류될 수 있다.

1) 행정적 연계

행정적 연계(administrative linkage)는 인적자원관리와 전략간 연계의 수준이 가장 낮은 것으로 여기에서는 전략수립과 인적자원관리가 별개로 이루어진다. 전략수립은 인적자원관리 이슈에 대한 고려 없이 이루어지고 인사부서는 전략결정 및 전략실행의 과정에서 배제되어 있다. 인사전략의 수립은 전략과 무관하게 독자적 환경분석을 통해서 이루어지며, 인사부서는 기업의 핵심사업과 무관하게 단순히 행정적 업무만 수행한다.

2) 일방적 연계

일방적 연계(one-way linkage)에서는 기업이 전략을 수립하고 이를 인적자원관리 부서에 알린다. 이에 따라 인적자원관리 부서에서는 전략실행을 지원하는 시스템과 프로그램을 개발한다. 일방적 연계에서는 전략실행에 있어서 인적자원관리의 중요성을 고려하고 있지만, 전략수립시 인적자원 이슈에 대한 고려가 배제되어 있다. 그 결과 일방적 연계의 수준에서는 성공적으로 실행될 수 없는 전략들이 수립되는 경우가 종종 있다.

3) 쌍방적 연계

쌍방적 연계(two-way linkage)에서는 전략수립에 있어서 인적자원 이슈가 고려된다. 쌍방적 연계는 다음의 3단계로 이루어진다. 첫째, 전략팀은 인적자원관리 부서에 기업이 고려하고 있는 다양한 전략대안들에 대한 정보를 제공한다. 둘째, 인적자원관리 부서는 각 전략대안에 있어서의 인적자원관리의 영향 및 관계, 이슈 등을 분석하고 그 결과를 전략팀에 보고한다. 셋째, 전략 결정이 이루어진 후 이를 다시 인적자원관리 부서에 통보하여 전략을 실행할 프로그램을 개발하도록 한다. 여기에서는 전략수립 기능과 인적자원관리 기능이 쌍방적으로 연계되어 상호 영향을 미치게 된다.

4) 통합적 연계

통합적 연계(integrative linkage)는 가장 높은 수준의 연계로 매우 역동적이고 다양한 측면을 가지고 있다. 쌍방적 연계에서는 인적자원관리와 전략이 순차적으로 상호작용하지만 통합적 연계에서는 동시적이고 계속적으로 상호작용이 일어난다. 통합적 연계방식에서 인적자원관리 책임자는 일반적으로 상위경영자들로 구성되는 전략팀의 일원이 된다. 따라서 통합적 설계방식에서 인적자원관리는 전략수립 프로세스 및 전략실행 프로세스에 바로 통합되기 때문에 전략대안들을 검토할 때 인사관련 이슈는 재무나 마케팅 등 여타 부문의 이슈와 함께 고려되고 검토된다. 통합적 연계는 전략적 인적자원관리의 취지에 가장 부합한다고 볼 수 있다.

그림 3-2. 전략계획과 인적자원관리

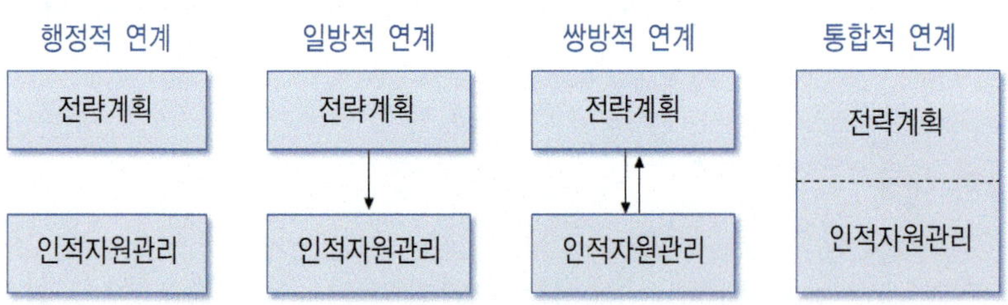

전략적 인적자원관리에서 인사기능은 전략의 수립 및 실행의 양 과정에 모두 관여한다. 인적자원관리 부서는 전략팀에 인적자원 역량에 대한 정보를 제공한다. 이 정보는 각 전략대안의 성공적 실행가능성에 대해 판단할 수 있는 내용을 담고 있어서 최고경영자가 최상의 전략을 결정할 수 있게 도움을 주게 된다. 전략대안이 결정되고 나면 인적자원관리 부서에서는 전략실행에 요청되는 능력을 구성원들이 갖출 수 있도록 인적자원관리 제도와 프로그램을 개발하고 실시해야 하는 일을 해야 한다.

5) 전략적 인적자원관리의 의미

전략적 인적자원관리는 1990년대 이후 학계와 실무현장에서 광범위하게 확산되었다. 인적자원관리의 발전단계는 크게 네 단계로 구분될 수 있는데 전략적 인적자원관리는 여기에서 마지막 단계에 위치하고 있다.

첫 단계는 '원시적 인사관리'인데 이때는 인사관리 각 기능이 제도화되지 못하고 종업원 인적사항 등의 기록과 문서의 보관 및 관리에 치중하는 특징을 나타낸다. 둘째 단계는 '인사관리(personnel management)'인데 이는 인사관리의 개별 기능들이 합리화되고 제도화되었으나 각 기능들이 서로 통합되지 못하고 분리되어 운영되는 단계이다. 셋째 단계는 '인적자원관리'로서 조직 내에서 인적요소의 중요성에 대한 인식이 확산되면서 그 동안 통용되던 인사관리라는 명칭이 인적자원관리(human resource management)로 바뀌고, 효과적인 인적자원의 확보・개발・활용을 위해 개별 기능들이 점차 통합되어 가는 단계이다. 넷째 단계는 '전략적 인적자원관리(strategic human resource management)'인데 인적자원관리가 그 외연을 넓혀 조직의 전략과 목표와 연계되어 설계되고 운영되는 단계이다(배종석, 1999).

전략적 인적자원관리는 구체적으로 다음의 세 측면에서 기존의 인적자원관리와 구분된다.

첫째, 전략적 인적자원관리는 조직의 전략적 수준, 즉 조직수준의 경영성과에 영향을 미친다. 이전의 인적자원관리 연구에서 주요 종속변수로 사용되었던 것은 조직구성원 개개인과 관련된 변수들, 즉 동기, 이직, 조직몰입, 개인의 직무수행성과 등이었다. 그 기저에 놓여 있었던 가정은 조직구성원 개개인의 성과가 증대되면 그것이 조직수준의 성과로 이어진다는 믿음이었다. 그러나 그것은 어디까지나 암묵적으로 받아들여진 가정일 뿐, 인적자원관리가 실제 조직의 경영성과에 어떠한 영향을 미치는가에 대한 실증연구들은 많지 않았다. 그런데 전략적 인적자원관리는 일차적으로 인적자원관리가 이윤, 투자수익률 등과 같은 조직수준의 경영성과에 어떠한 영향을 미치는지 관심을 기울이기 시작했다.

둘째, 전략적 인적자원관리는 인적자원관리가 조직의 전략과 연계될 때, 즉 인적자원관리가 조직의 전략과 외적 적합성을 확보할 때 조직의 경영성과가 높아진다고 가정하고 있다. 이는 상황이론에 뿌리를 두고 있는데, 동일한 인적자원관리 제도 혹은 시스템이라 하더라도 그 제도나 시스템이 운용되는 조직의 상황요인에 따라 그 효과가 달라진다는 의미이다. 따라서 전략적 인적자원관리는 인적자원관리 시스템의 외부

요인인 조직의 제반 조건들, 그 중에서도 조직의 전략과 인적자원관리 시스템간의 적합도가 조직의 성과에 어떠한 영향을 미치는지에 대하여 관심을 가진다.

셋째, 전략적 인적자원관리는 인적자원이 지속적 경쟁우위의 원천, 즉 전략적 자산이 될 수 있다는 자원기반이론의 명제와 깊이 연계되어 있다. 전략적 자산이란 해당 조직의 가치창출과 경쟁우위 확보에 있어서 매우 중요한 역할을 감당하면서도, 희소하고 경쟁조직이 모방하기 어려운 속성을 갖는 자산을 가리킨다. 1990년대 들어 주목받기 시작한 자원기반이론에 따르면, 한 조직이 지속적 경쟁우위를 확보하는 관건은 그 조직내부에 전략적 자산을 보유하고 있는지 여부에 의해 좌우된다. 이러한 맥락에서 조직 내 특정자원이 전략적 자산이 될 수 있기 위해서는 가치창출, 희소성, 비모방성, 비대체성이라는 특성을 가져야 한다. 따라서 이러한 관점에서 볼 때 한 조직 내에 형성된 인적자원은 위의 조건을 충족시키기에 가장 적합한 자원 중 하나라는 것이다. 전략적 인적자원관리는 조직 내 인적자원을 지속적 경쟁우위 확보의 원천으로 만들기 위한 방안을 모색하는데 주의를 기울여왔다.

제2절 전략수립

전략경영 프로세스에서 전략수립에는 다음의 다섯 가지 요소가 있다.

첫 번째 요소는 조직의 사명(mission)이다. 사명은 조직이 존재하는 이유를 기술한 것으로 일반적으로 고객, 가치, 사용기술 등을 구체화하고 있다.

조직의 비전 및 목표는 조직의 사명에 입각하여 조직이 중·장기 미래에 달성하고자 희망하는 것이다. 기업은 보통 이익극대화 목표를 가지고 있으며, 해당 목표를 실천하기 위해서는 장기비전을 수립하여야 한다.

외부환경분석은 기업이 당면하고 있는 전략적 기회와 위협을 도출하기 위하여 실시된다. 기회요인의 예로서 미개척시장, 기술발전, 미활용인력 등이 있으며, 위협요인의 예로서 잠재적 인력부족, 신규경쟁자의 시장진입, 기업에 부정적 영향을 미치게 될 법률의 제정, 경쟁업체의 기술혁신 등이 있다.

내부분석은 기업의 강점과 약점을 파악하기 위하여 실시된다. 여기에서는 조직이 활용 가능한 자원(재무자원, 자본, 기술, 인적자원 등)의 양과 질에 초점을 두어 각 자원이 조직의 강점인지 또는 약점인지를 정확하게 평가해야 한다.

외부분석과 내부분석이 결합되어 SWOT(Strengths, Weaknesses, Opportunities,

Threats) 분석이 이루어진다. SWOT 분석 실시후 조직은 전략대안들을 도출하는데 필요한 정보를 가질 수 있게 된다. 전략관리자는 각 전략대안을 조직의 전략목표 달성 가능성 측면에서 비교해서 전략선택(strategic choice)을 하게 된다. 전략선택은 바로 조직의 전략으로 사명을 충족시키고 장기목표를 달성하기 위해 노력하는 방법을 나타낸다.

외부환경의 기회요인과 위협요인의 많은 부분은 사람과 관련되어 있다. 조직에서 인적자원의 중요성이 증대함에 따라 조직은 이제 고객에 대해서 뿐만 아니라 인적자원에 대해서도 경쟁을 하고 있다. 인적자원과 관련된 외부환경의 기회와 위협, 예를 들어 잠재적 노동력 부족, 경쟁업체 임금수준, 고용관련 법규 및 정부정책 등, 특히 인적자원관리 기능과 직접 관련된 외부환경에 대해 인적자원관리는 항상 관심을 기울여야 한다.

기업내부의 강점과 약점의 분석 역시 인적자원관리 기능에 대한 고려를 필요로 한다. 오늘날 점차 많은 기업들은 인적자원이 기업의 가장 중요한 자산이라는 것을 깨닫고 있다. 기업이 현재 보유하고 있는 인력의 강점과 약점에 대하여 충분히 고려하지 않은 경우 실현불가능한 전략이 선택될 수도 있다. 예를 들어 한 기업이 기술발전을 통한 비용감축전략을 택하고 이에 따라 컴퓨터 통합생산 시스템을 갖춘 최첨단 공장을 설립하였다. 이 전략선택은 처음에는 잘된 것으로 보였으나 기업은 곧 심각한 문제에 봉착하게 되었다. 종업원들이 새 장비를 운영할 수 없게 되었을 뿐만 아니라 신기술 도입으로 종업원들의 25%가 탈기능화되어 버렸기 때문이다.

전략계획의 수립에 있어서 전략적 선택을 하기 전 통합적 연계를 통하여 모든 사람 관련 이슈들을 검토하는 것이 필요하다. 사람관련 이슈들은 조직의 사명과 목표, 기회와 위협, 강점과 약점 등과 관련하여 검토되고 조직으로 하여금 보다 현명한 전략적 선택을 하도록 이끌게 된다. 이러한 프로세스가 반드시 성공을 보장하는 것은 아니지만, 사람관련 이슈를 중시하는 조직은 성공하게 될 전략선택을 할 가능성이 높게 된다. 최근의 연구는 인적자원관리 책임자가 전략수립에 참여하여야 할 필요가 있다고 주장한다.

미국 정유산업을 대상으로 한 연구에서 전략과 인적자원관리의 연계 수준이 경영자의 인적자원관리의 효과성에 대한 평가와 정의 관계를 갖는 것으로 밝혀졌다. 제조업 대상의 다른 연구에서는 최고경영자가 종업원을 기업의 전략적 자산으로 인식할 때 전략수립에 대한 인적자원관리의 관여가 가장 높고 이직률이 낮게 나타난 결과를 보이고 있다.

제3절 전략실행

조직이 전략을 선택하고 나면 이제 선택한 전략을 실행해야 한다. 이는 전략을 조직 내 일상적 활동에서 기능하게 하는 것이다. 전략은 인적자원 니즈를 가지고 있다. 전략실행이 성공적이 되기 위해서는 과업들이 목표달성을 위해 수행되어야 하고, 구성원들이 과업을 수행할 수 있는 능력을 보유해야 하고, 또 능력을 효율적으로 발휘하게끔 동기부여되어야 한다. 조직이 전략을 실행할 때 조직은 다양한 구조와 프로세스 가운데에서 선택할 수 있고, 어떠한 선택을 하느냐에 따라 성과가 달라진다. 전략실행의 성공여부를 결정하는 주요 변수로 조직구조, 과업설계, 인력의 선발 및 개발, 보상 시스템, 정보 시스템의 다섯 가지가 있다.

[그림 3-3]에서 보듯이 인적자원관리는 다섯 변수 중 과업, 사람, 보상 시스템의 세 변수에 대해서 직접 책임이 있다. 또한 나머지 두 변수인 조직구조, 정보 및 의사결정 프로세스에 대해서도 직접 영향을 미칠 수 있다. 전략이 성공적으로 실행되기 위해서는 먼저 과업설계와 직무분류가 효율적이고 효과적인 방법으로 이루어져야 한다. 다음으로 전략실행에 있어서 요청되는 지식, 능력, 스킬을 보유한 인력을 확보해야 한다. 그리고 구성원들이 전략실행을 위해 일하도록 이끌 인사평가 시스템과 보상 시스템을 개발해야 한다.

그림 3-3. 전략 실행시 고려 변수

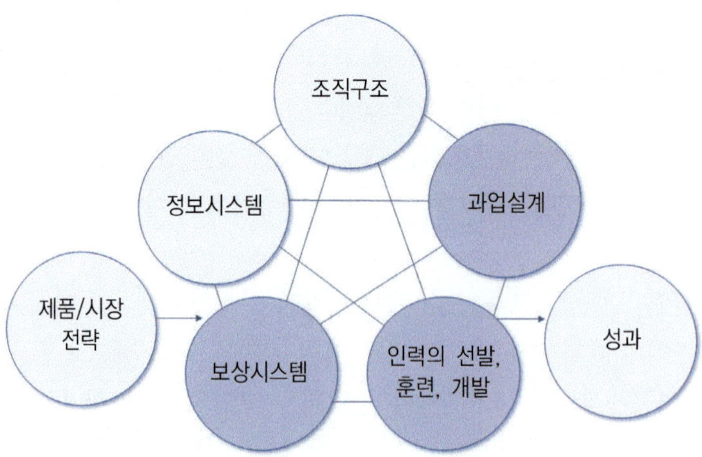

이제 인적자원관리의 역할은 기업이 전략계획이 요구하는 유형의, 적절한 수준의 능력을 갖춘 적절한 수의 인력을 보유하게끔 하고, 구성원들이 전략계획의 구체적 목표를 달성하는 데 도움이 되도록 행동하게 하는 통제 시스템을 개발하는 것이 된다. 인적자원관리는 이러한 역할을 인적자원관리의 다양한 활동, 즉 직무분석, 직무설계, 모집, 선발, 교육, 훈련, 개발, 성과관리, 보상, 노사관계관리 등을 통해서 수행한다. 각 활동에 대한 상세한 내용은 이 책 전체에 걸쳐서 설명되고 있다. 아래에서는 인적자원관리 활동의 개요와 전략실행에 있어서의 이들의 역할을 살펴보기로 한다.

그림 3-4. 전략실행

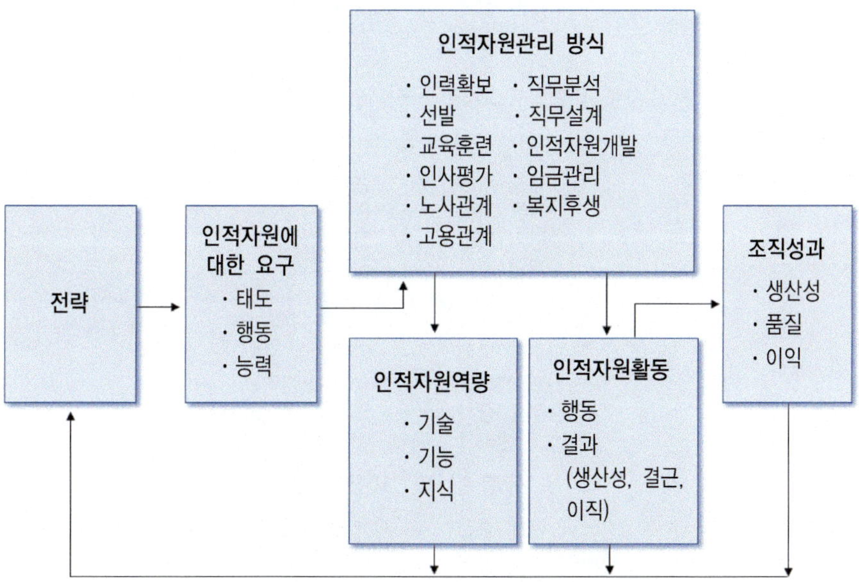

1. 인적자원관리 방식

인적자원관리 기능은 기업이 전략실행을 위한 최적의 선택을 말하는데 일반적으로 직무분석 및 직무설계, 모집 및 선발, 교육 훈련 및 인적자원개발, 인사평가 및 성과관리, 임금 및 복지후생, 노사관계 및 고용관계와 같은 기능을 포함하고 있다.

표 3-2. 인적자원관리 방식

	직무분석 및 직무설계	
소수의 과업	↔	다수의 과업
단순한 과업	↔	복잡한 과업
소수 기능 요구	↔	다기능 요구
구체적 직무기술서	↔	포괄적 직무기술서
	모집 및 선발	
외부 자원	↔	내부 자원
제한적 사회화	↔	광범위한 사회화
전문적 역량 평가	↔	범용적 역량 평가
좁은 경력 경로	↔	넓은 경력 경로
	훈련 및 개발	
현재 직무능력 지향	↔	미래 직무능력 지향
개인 지향	↔	집단 지향
소수 인력 개발	↔	전체 구성원 개발
수시적, 비계획적 교육	↔	계획적, 체계적 교육
	인사평가	
행동 기준	↔	결과 기준
개발 지향	↔	관리 지향
단기 기준	↔	장기 기준
개인 지향	↔	집단 지향
	임금 및 복지후생	
임금 및 복지후생 중시	↔	인센티브 중시
단기 인센티브	↔	장기 인센티브
내부공정성 중시	↔	외부공정성 중시
개별 인센티브	↔	집단 인센티브
	노사관계 및 고용관계	
단체 교섭	↔	개별 교섭
하향적 의사결정	↔	참여적 의사결정
공식적 고충처리 절차	↔	고충처리 절차 없음
종업원을 비용으로 인식	↔	종업원을 자산으로 인식

1) 직무분석 및 직무설계

기업에서 제품과 서비스가 산출되기 위해서는 여러 과업들이 수행되어야 하고, 다양한 과업들이 묶여서 직무를 형성하게 된다. 직무분석은 직무에 대해 상세한 정보를 획득하는 과정이며, 직무설계는 어떤 과업들이 특정직무로 묶여야 하는가를 결정하는 일이다. 직무설계의 방법은 조직의 전략과 중요하게 연계된다. 왜냐하면 전략은 새롭고 어려운 과업들을 요구하거나 또는 동일한 과업의 경우 상이한 수행방식을 요구하기 때문이다. 또 전략 가운데 많은 경우가 신기술 도입을 요청하므로 전략은 과업이 수행되는 방식에 큰 영향을 미친다.

직무들은 좁은 범위의 과업군에서 복잡한 기능을 요구하는 넓은 범위의 과업군까지 매우 다양하게 분포한다. 과거에는 생산성 향상을 위하여 좁은 방식의 직무설계가 이루어져 왔다. 그런데 TQM(Total Quality Management, 전사적 품질경영)의 발전 및 Quality Circle과 같은 종업원 참여 프로그램의 확산으로 직무설계는 많은 직무들에 있어서 좁은 방식에서 넓은 방식의 방향으로 이동하고 있다.

2) 모집 및 선발

모집은 조직이 고용을 위해 지원자를 찾는 과정이며, 선발은 조직이 목표를 달성하는데 도움이 되는 지식, 능력, 숙련, 기타 특성을 보유한 지원자를 찾아내는 과정이다. 상이한 전략을 추구하는 기업들은 상이한 유형의 인력을 필요로 한다. 이와 같이 기업이 추구하는 전략은 기업이 모집과 선발을 위해 찾는 인력의 유형에 직접 영향을 미친다.

3) 훈련 및 개발

훈련과 개발을 통해 종업원들은 기능을 습득하게 된다. 훈련은 종업원에게 직무관련 지식, 기능, 행동의 학습을 추진하는 계획된 활동이라고 할 수 있으며, 개발은 현재 존재하는 직무 또는 미래 직무들의 도전에 대한 종업원들의 대응능력을 향상시키는 지식, 기능, 행동의 획득을 포함한다. 전략의 변화는 일반적으로 종업원 능력의 유형과 수준의 변화를 요구하게 된다. 따라서 전략수행에 요청되는 기능을 획득하는 것은 전략실행에 있어서 필수요소가 된다. 예를 들어 최근 많은 기업들이 제품의 품질을 강조하며 그 일환으로 TQM 프로그램을 실시하고 있다. 그런데 이 프로그램은 전체 구성원들에게 TQM 철학과 방법에 대한 광범위한 훈련을 요구하고 있다. 기업은 전략실행을 할 수 있는 인적자원을 모집, 선발, 훈련, 개발을 통해서 획득할 수 있다.

4) 인사평가

인사평가는 종업원의 행동과 성과를 조직의 목표와 일치하도록 촉진하는 목적을 가지고 있다. 인사평가는 성공적 전략실행을 가져올 행동 및 성과를 구체화한다. 예를 들어 안정적 기업은 상사의 주관적 인사고과제도를 인사평가 시스템으로 운영하는 경향이 있다. 이는 일이 어떻게 수행되어야 하는지에 대해 일선관리자가 가장 잘 알고 있다는 사실에 근거한 것이다. 반면 다각화된 기업은 관리자평가에 있어서 양적 성과 지표를 사용하는 경향이 크다. 이는 최고경영자가 부하들의 일이 어떻게 수행되어야 하는지에 대해서 잘 알고 있지 못하다는데 그 이유가 있다. 이와 유사하게 효과적 성과를 이끄는 행동에 대해 잘 알고 있는 경영자는 부하의 행동에 초점을 둔 평가 시스템을 활용한다. 반면 특정행동이 효과적 성과를 이끄는데 대해서 이해가 부족한 경영자는 부하에 대해 객관적 성과결과의 평가를 중시하는 경향이 있다.

5) 임금 및 복지후생

임금시스템은 전략실행에 있어서 중요한 역할을 한다. 경쟁업체에 비해 높은 수준의 임금과 복지후생은 기업매력도를 제고하고 우수인력을 유지하는데 도움을 주지만 인건비를 증가시키기도 한다. 또 임금을 성과와 연계시킴으로써 기업은 종업원들로부터 구체적 활동과 성과수준을 이끌어 낼 수 있다. 하이테크 산업과 전통적 산업을 대상으로 보상 시스템과 전략의 관계에 대해 실시한 연구에서 성장기 하이테크 기업들은 인센티브에 상대적으로 높은 비중을 두고, 임금과 복지에는 상대적으로 낮은 비중을 두는 것으로 나타났다. 반면 성숙기 기업들은 하이테크와 전통적 산업 모두에서 인센티브에 낮은 비중을 두고 복지후생에 높은 비중을 두는 것으로 나타났다.

6) 노사관계

기업 내 노동조합의 존재 유무와 무관하게 기업이 종업원과의 관계에 대해서 어떠한 접근방법을 취하느냐 하는 것은 기업이 경쟁환경에서 경쟁우위를 갖는데 큰 영향을 미친다. 1970년대 후반 미국의 클라이슬러사는 파산상태에 처하게 되었는데 이때 신임회장 아이아코카는 기업회생을 위해 노동조합에게 임금과 근로조건의 양보를 요청하였다. 노동조합은 이에 동의하였고 그 대가로 성과배분 및 이사회에 노동조합 대표의 참가를 보장받았다. 그 결과 회사는 노동조합의 지원에 힘입어 몇 년 후 파산상태에서 벗어나 이익을 내게 되었다.

기업은 종업원을 자원의 투자가 요구되는 자산으로 볼 수도 있고 또는 최소한으로 절감되어야 하는 비용으로 볼 수도 있다. 기업은 이 가운데 하나를 선택해야 하며 종업원들의 의사결정과정에의 참여여부, 종업원들의 권리, 종업원들에 대한 기업의 책임 등에 대해서 결정해야 한다. 이러한 의사결정사안에 대해서 기업이 어떠한 접근방법을 취하는가에 따라 기업이 목표를 성공적으로 달성할 수도 있고 또는 반대로 시장에서 퇴출될 수도 있다.

성과와 생산성을 극대화하는 인적자원관리 방식을 기업이 어떻게 개발하는가에 대해서 최근 많은 연구가 실시되고 있다. 예를 들어 전 세계 자동차업체 대상 연구에서 높은 생산성과 높은 품질을 나타낸 공장은 '인적자원관리 베스트 프랙티스'를 활용하고 있는 것을 발견하였다. 그 내용은 모집과 선발의 중시, 성과연계 보상, 낮은 수준의 사내 지위격차, 신입직원 및 기존직원에 대한 높은 수준의 교육 실시, 팀 및 문제해결집단 등의 조직을 통한 근로자 참여 등으로 구성되어 있다. 또 다른 연구에서는 엄격한 선발도구, 교육훈련, 성과평가, 태도조사, 근로자 참여, 정보공유 등의 내용을 가지고 있는 인적자원관리 시스템이 높은 생산성, 높은 재무적 성과, 낮은 근로자 이직을 야기하는 것으로 나타났다.

2. 경쟁전략과 인적자원관리

1) 경쟁전략

개별 사업단위들이 어떻게 하면 해당 사업에서 경쟁우위를 확보할 수 있도록 하느냐가 바로 경쟁전략이다. 본원적 경쟁전략(generic competitive strategy)은 산업 내에서 효과적으로 경쟁할 수 있는 일반적인 형태의 전략유형을 의미한다. 마이클 포터(Michael Porter)는 높은 투자수익률을 확보하고 장기적으로 산업 내에서 경쟁우위를 가질 수 있는 본원적 경쟁전략으로 원가우위전략, 차별화 전략, 집중화 전략의 세 가지 유형을 제시하였다. 아래에서는 이 가운데 원가우위전략과 차별화 전략을 중심으로 살펴본다.

(1) 원가우위전략

원가우위전략(cost leadership strategy)은 원가절감을 위한 여러 가지 기업활동 기능상의 방책들을 통해 해당 산업에서 우위를 달성하려는 전략으로, 어떻게 하면 경쟁기업들에 비해 상대적으로 원가 우위를 달성할 수 있느냐 하는 것에 초점을 맞춘다. 원가 우위를 확보한 기업들은 시장에서 강력한 경쟁적 요인들이 있다 할지라도 산업 평균 이상의 수익을 얻을 수 있다. 왜냐하면 경쟁과정에서 이윤이 다소 희생되더라도 원가 우위로써 이를 메워 나갈 수 있기 때문이다.

(2) 차별화 전략

차별화 전략(differentiation strategy)은 구매자가 중요하다고 여기는 속성을 선택해서 그 요구에 맞추어 기업이 판매하는 제품이나 서비스를 경쟁기업과 차별화시키는 기업의 전략적 경영활동을 말한다. 즉, 자사제품을 산업 전체에서 다른 모든 제품이나 서비스와 구별되는 독특한 것으로 인식시키는 전략이다. 일반적으로 차별화 전략을 추구하는 기업은 차별화를 이루기 위해 광범위한 연구개발이나 제품 디자인, 양질의 원자재 사용, 고객들의 선호를 유도하기 위한 광고 및 판매촉진활동 강화 등을 위해 많은 비용을 필요로 한다. 차별화 전략의 성공은 고객들이 더 비싼 가격을 지불하고서라도 그 제품을 구매할 만한 가치가 있다고 느낄 수 있을 정도로 차별화를 달성할 수 있느냐에 달려있다. 즉, 차별화 전략을 추구하는 기업은 다른 제품이나 서비스와 구별되는 독특한 제품이나 서비스를 제공하는 대가로 높은 가격의 보상을 받을 수 있는 차별화 방법을 탐색해야 한다.

2) 경쟁전략유형과 인적자원관리

모든 전략은 기본적으로 유능한 인력을 필요로 한다. 하지만 각 전략마다 전략에 맞는 유형의 행동과 태도를 가진 서로 다른 유형의 인력을 필요로 한다. 상이한 전략은 상이한 능력을 가진 종업원을 요구하며 이들 종업원에게 상이한 역할행동을 요구한다.

원가우위전략을 추구하는 기업은 산출량 중시, 단기 초점, 안정 및 위험회피 추구 성향을 가진 종업원을 요구한다. 이러한 종업원들은 비교적 반복적, 그리고 독립적 또는 자동적으로 수행되는 역할행동을 나타내도록 기대된다. 원가우위전략을 추구하는 기업은 생산효율성에 초점을 두기 때문에 요구하는 스킬을 구체적으로 규정하고 이를 종업원들에게 교육시킨다. 기업은 성과에 기초한 보상요소를 가진 행동중심 인사평가 시스템을 운영한다. 승진에 있어서 주로 내부승진을 실시하고 상사와 부하간 임금격차가 큰 임금체계를 운영한다. 또 근로자 참여를 통해서 효율성을 제고하고자 하며 생산의 효율성 제고를 위해 직원의 아이디어를 구하고자 하는 노력을 한다.

반면 차별화 전략을 실시하는 기업의 종업원에게는 고도의 창의성과 협력, 생산량에 대해서는 보통 정도의 관심, 장기지향, 모호성에 대한 관용, 위험선호의 태도가 요구된다. 그리고 타인과 협력, 새로운 아이디어의 개발, 과정과 결과에 대해 균형 있는 자세를 취하는 역할행동이 요구된다. 기업은 직무에 대해 넓게 규정해서 창의성을 많이 발휘할 수 있게 한다. 조직 내부보다 외부에서 더 많은 인력을 충원하고, 신입직원의 사회화를 중시하고, 광범위한 경력경로를 제공한다. 보상 시스템은 외부공정성을 중시한다. 이는 외부채용 필요성에 의해 영향을 많이 받기 때문이다. 관리자들의 위험부담을 촉진하기 위하여 결과에 기초한 평가 시스템과 사업부성과평가를 실시한다.

미국 철강산업의 인적자원관리에 대한 최근 연구에서 업체가 추구하는 전략에 따라 사용하는 인적자원관리 시스템이 다르다는 것이 밝혀졌다. 원가우위전략을 추구하는 기업은 높은 수준의 집권화, 낮은 수준의 참여, 낮은 수준의 교육훈련, 낮은 수준의 임금 및 복지후생의 특성을 가진 '통제지향 인적자원관리 시스템'(Control oriented HRM)을 사용하는 경향이 있으며, 반면에 차별화 전략을 추구하는 기업은 통제지향 인적자원관리 시스템의 각 특성과 반대되는 특성을 가진 '전념지향 인적자원관리 시스템'(Commitment oriented HRM)을 사용하고 있었다. 이후의 연구에서 전념지향 인적자원관리 시스템을 가진 기업이 통제지향 시스템을 가진 기업보다 높은 생산성, 낮은 불량률, 낮은 이직률을 나타낸 것으로 밝혀졌다.

3. 전략유형과 인적자원관리

앞에서 살펴본 것과 같이 전략을 유형화하는 것은 산업 내에서 각 조직이 경쟁하는 방식을 분류하는데 있어서 도움이 된다. 마찬가지로 조직의 규모확대(성장)나 규모축소(다운사이징)가 인적자원관리에 미치는 영향에 대해서 이해하는 것도 필요하다. 예를 들어 기업이 현재 생산하고 있는 제품의 개발에 투자를 확대해야 할지 또는 제품다각화를 시도해야 할지를 결정해야 할 경우가 있다고 하자. 이때 인적자원관리 측면에서 각 전략의 성공가능성을 평가하고 그 결과 선택된 전략이 성공적으로 실행될 수 있도록 이를 지원하는 프로그램을 개발하는 것이 요청된다. 기업이 목표를 달성하기 위해 사용하는 전략으로 집중화 전략, 내부성장전략, 외부성장전략, 축소전략의 네 가지가 있는데 이들 전략과 인적자원관리의 관계는 다음과 같다.

1) 집중화 전략

집중화 전략(focus strategy)은 시장점유율, 운영비용 등을 강조하고 있는데 시장에서 현재 해당 기업이 가장 잘 하는 것에 초점을 둔다. 집중화 전략은 특정 구매자집단, 제품라인의 일부분, 지역적으로 한정된 특정시장을 집중적 목표로 삼은 전략이다. 원가우위전략이나 차별화 전략이 산업 전체를 대상으로 목표를 추구하는데 반해, 집중화 전략은 특정목표만을 집중적으로 겨냥하면서 모든 기업활동을 이에 맞추어 전개시켜 나간다는 점에서 뚜렷한 차이가 있다. 즉, 집중화 전략은 광범위한 영역에서 경쟁을 벌이는 다른 기업들과 달리, 한정된 전략목표를 보다 효과적이고 능률적으로 달성할 수 있다는 전제하에 특정산업을 배타적이고 집중적으로 공략함으로써 경쟁우위를 확보하고자 하는 전략이다.

집중화 전략은 기업 내 현재의 역량을 유지하는 것을 요구한다. 따라서 기업 내 인력들이 보유하고 있는 역량을 유지할 수 있도록 하는 교육훈련 프로그램을 개발하고 이 역량을 보유하고 있는 인력에 대한 보상 시스템을 개발하는 것이 요청된다. 집중화 전략에 있어서는 사업환경이 비교적 안정적이고 또 업무성과를 내기 위해 요구되는 직무행동은 장기간의 직무경험을 통해 형성되는 경향이 강하기 때문에 인사평가에 있어서 행동측면이 중시된다.

2) 내부성장전략

내부성장전략(internal growth strategy)은 시장개발, 제품개발, 혁신, 조인트벤처(joint ventures) 등에 초점을 두는 전략이다. 이 전략을 추구하는 기업은 자원을 기존의 강점을 강화하고 활용하는데 사용한다. 내부성장전략은 기업이 기존사업으로부터 확보한 자본과 능력, 자원을 바탕으로 새로이 진출하고자 하는 사업에서 새로운 생산시설, 새로운 유통관계, 새로운 판매력 등을 포괄하는 새로운 사업단위를 독자적으로 창조하는 전략이다.

내부성장전략은 일반적으로 내부성장과정을 통해 새로운 지식, 기술, 시장에 대한 이해를 지속적으로 기업내부에 축적할 수 있다는 점, 인수·합병전략과 비교하여 점진적 변화를 요구하기 때문에 다른 사업활동에 미치는 영향이 적다는 점, 진출초기에 일단 적은 자본을 투자하여 진입할 수 있기 때문에 업무개발을 위한 자본을 여러 사업부문에 분산투자할 수 있다는 점, 인수·합병전략을 사용하는 과정에서 나타날 수 있는 법률적 문제나 다른 기업을 인수함으로써 나타날 수 있는 기존기업과 인수한 기업간의 문화적 차이로 인한 마찰을 피할 수 있다는 점 등의 이점이 있다.

내부성장전략은 인적자원관리 측면에서 고려해야 할 많은 이슈를 가지고 있다. 성장은 기업으로 하여금 지속적으로 인력을 채용하고, 이동하고, 승진시켜야 할 것을 요구하며 현재와 다른 시장으로의 확장은 종업원들이 보유해야 할 필요능력을 변화시킬 수 있게 된다. 인사평가에서 행동평가는 특정 제품시장 내에서의 효과적 행동에 기반하여 이루어지고, 결과평가는 성장목표의 달성에 초점을 둔다. 보상 패키지는 성장목표달성에 대한 인센티브에 높은 비중을 둔다. 교육훈련 니즈는 내부성장의 방법에 따라 달라진다. 기업이 시장을 확대하고자 하는 경우에는 교육은 각 시장에 대한 지식에 초점을 두게 된다. 반면 기업이 혁신이나 제품개발을 추구하는 경우에는 교육은 기술적 측면이 보다 강조되고, 팀 빌딩과 같은 인간관계 스킬에 중점을 두게 된다. 조인트 벤처는 두 개의 서로 다른 조직문화의 인력을 하나로 결합하는 일이 특히 중요하기 때문에 갈등해결기법의 교육을 필요로 한다.

3) 외부성장전략

외부성장전략(external growth strategy)에는 수평적 통합, 수직적 통합, 다각화 등이 있다. 외부성장전략은 신규사업의 획득이나 창출을 통해 기업의 자원을 확장하거나 시장지위를 강화하고자 시도되는 것으로 대부분 인수·합병을 통해서 실행된다. 인수·합병전략이란 기업(매수기업)이 타기업(피매수기업)의 주식이나 자산을 인수·합병하여 새로운 사업에 진출하는 전략이다. 여기서 합병(merger)이란 두 개 이상의 기업이 보유주식을 상호 교환함으로써 최종적으로 하나의 기업만이 생존하는 거래형태로서, 일반적으로 유사한 규모와 우호적 관계를 가지고 있는 기업들 간에 행해진다. 이에 반해 인수(acquisition)는 한 기업(피매수기업)이 다른 기업(매수기업)에 의해 매수됨으로써 그 기업의 부문이나 활동보조단위로 흡수되는 것을 말한다. 인수는 합병과 달리 매수기업이 피매수기업의 주식의 일부만을 취득하여 상대기업이 계속 독립·존속하는 경우도 있다.

일반적으로 기업은 다음의 이유로 인수·합병전략을 선택한다. 첫째, 인수·합병전략은 내부성장전략에 비해 상대적으로 저렴한 비용으로 새로운 사업에 신속히 진출할 수 있게 한다. 그리고 매수기업의 상표인지도, 유통경로 등을 이용함으로써 진입장벽을 보다 쉽게 뛰어넘을 수 있도록 한다. 둘째, 인수·합병전략을 사용하여 신규진출을 하는 경우, 해당 산업에 새로운 사업이 추가되는 것이 아니기 때문에 경쟁사와 마찰을 피할 수 있다. 셋째, 특정 자산과 능력을 내부적으로 획득하는데 자금조달의 어려움이 있지만, 인수·합병전략을 사용하는 경우 증권을 통한 자금조달이 용이하다. 넷째, 동종기업을 매수(수평적 통합)함으로써 규모의 경제를 확보하여 시장지배력을 확대하거나 매수대상기업의 능력을 활용하여 부족한 기업능력을 보완할 수 있다. 다섯째, 타 기업을 인수·합병하는 경우 이월결손금, 상속세, 증여세 등의 세금이 경감되는 등 조세절감의 효과를 얻을 수 있다.

인수·합병은 사람 관련 이슈를 내포하고 있다. 인수·합병의 결과가 당초 기대에

못 미치는 경우가 적지 않은데 그 주요 원인의 하나는 바로 사람 문제이다. 따라서 인수·합병 전 피인수기업의 기업문화에 대해서 충분히 검토하는 것이 필요하다. 인적자원관리는 인수·합병 가능성의 평가에 있어서 뿐만 아니라 인수·합병의 실행에 있어서도 역할을 수행해야 한다. 기업이 외부성장전략을 추구할 때 갈등해결교육이 필요하다. 외부성장은 신규사업의 인수 또는 개발을 통해 이루어지는데 신규사업은 기업의 기존 문화와 상이한 문화를 갖고 있는 경우가 많다. 따라서 인적자원관리 프로그램은 이를 기업 내 통합하고 표준화해야 하는 문제에 직면하게 된다. 그런데 이에는 각 사업의 고유한 환경조건, 양 기업에 기대되는 통합 정도 등이 고려되어야 한다. 예를 들어 임금관리와 관련하여 기업은 구성원들의 조직 내 공정성 제고를 위하여 하나의 임금체계를 결정할 수 있다. 반면 임금이 주로 외부시장임금에 의해 크게 영향을 받는 기업이 있는데 이 경우 기업이 인수·합병 후 조직 내 단일 임금체계를 유지하고자 하면 문제가 발생할 수 있게 된다.

4) 축소전략

기업은 경영상태가 나쁜 경우 사업활동의 규모나 다양성을 감소시키는 축소전략(divestment or downsizing strategy)을 사용하게 된다. 축소전략은 전반적 경기침체, 이자율 상승, 시장수요의 급격한 감소, 정부규제 증가, 내부자금위기 발생과 같은 어려운 조건하에서 철수와 감량경영을 통해 실행되는 전략으로 방어적 성격을 갖는 전략이다. 지금까지 축소전략은 경영자들에게 부정적으로 인식되어 현실경영 및 이론적 측면에서 소홀히 취급되었다. 하지만 최근 국제경쟁의 심화, 규제완화, 인수·합병 증대, 급격한 기술변화, 경기침체, 저성장체제 진입 등에 효율적으로 대응하기 위해 구조조정의 중요성이 강조되면서 사업재구축전략의 중요한 부분으로 자리잡게 되었다. 축소전략에는 다음의 세 가지 유형이 있다.

① **방향전환전략**(turnaround) : 경영상의 문제점을 해결하고 운영능률을 제고하기 위해 인건비와 그 밖의 경비를 절감한다든지 조직을 재구조화(restructuring) 한다든지 또는 운영을 합리화하려는 전략으로 실행결과는 상당수의 인력감축으로 나타난다.

② **부분매각전략**(divestiture) : 비용절감이나 운영능률 개선을 위해 조직의 일부를 매각하고 조직 특유의 강점을 살릴 수 있는 활동만을 집중적으로 시도하는 전략이다.

③ **해산(청산)전략**(liquidation) : 회사의 자산을 완전 매각하거나 파산선언을 함으로써 경영활동을 중단하는 전략이다.

오늘날 치열한 경쟁환경에 있어서 조직의 구조조정(downsizing)에 있어서 인적자원관리 역할의 중요성은 점차 증대하고 있다. 인적 구조조정은 인적자원관리에 긍정적·부정적 영향을 동시에 미친다. 인적 구조조정은 인력구조를 개선해서 의사결정의 효율성을 제고함으로써 경영효율성을 향상시키고, 노동비용 절감을 가져오는 등 경영성과에 긍정적으로 작용하게 된다. 특히 그간 인적자원관리가 방만하게 운영되어 적정수준 이상의 인원을 보유하고 있는 대기업이나 공조직의 경우 인적 구조조정은 조직효율성을 증대시키는 좋은 기회가 될 것이다. 반면 인적 구조조정은 장기적으로 근로자의 충성심과 직무만족도를 감소시키고, 남은 근로자는 업무과중으로 인한 스트레스 증가와 생산성 저하를 경험하고, 해고된 직원에 투자한 교육·훈련비용이 낭비된다. 해고된 사원을 대체할 신입사원을 채용할 경우 채용비용 및 교육·훈련비용이 증가하는 등 오히려 기업경영 성과에 악영향을 미치게 된다.

인적 구조조정은 인적자원관리에 있어서 기회와 도전을 야기한다. 도전의 측면으로 인적자원관리는 성과가 낮은 종업원만을 골라 이들을 잘라내는 외과수술적 인력감축을 실시해야 한다. 그런데 이는 어려운 일이다. 왜냐하면 유능한 인력은 다른 곳으로 쉽게 옮겨갈 수 있고 또 스스로 옮기고자 하는 경우도 적지 않기 때문에 이미 구조조정 실시 전에 유능인력이 회사를 자발적으로 떠날 수 있기 때문이다.

인적 구조조정 후 남은 인력의 직무만족과 조직전념의 저하는 업무성과에 부정적 영향을 미칠 수 있다. 이들의 신뢰와 전념을 구축하기 위해서는 개방적 커뮤니케이션이 필요하다. 구조조정 실시전 다운사이징의 목적, 절감하고자 하는 비용, 구조조정 실시기간, 구조조정이 추구하는 전략 등에 대한 정보가 전체 종업원에게 제공되어야 한다. 인적 구조조정을 실시하는 기업은 기업성과와 개인보상을 연계시키는 보상 프로그램을 개발하는 경우가 많다. 구조조정 결과 종업원지주제도가 생겨나기도 하고, 경제적 어려움에 직면한 기업에서 스캔론플랜과 같은 성과배분제도가 생겨나기도 한다.

인적 구조조정은 이러한 도전과 더불어 기회도 제공한다. 인적 구조조정은 성과불량자를 제거할 수 있는 기회를 제공하고 새로운 아이디어의 창출을 촉진한다. 다운사이징은 또 조직문화를 바꿀 수 있는 좋은 기회를 제공하기도 한다. 적대적 노사관계를 가진 기업에서 인적 구조조정은 노사당사자에게 서로 협력하고 새로운 긍정적 관계를 형성하도록 촉구하기도 한다. 구조조정은 또 최고경영층에게 기업의 궁극적 성공에 있어서의 인적자원의 중요한 가치를 제시해 준다.

4. 전략평가 및 통제

전략경영 프로세스의 마지막 요소는 전략평가 및 통제이다. 이제까지 전략의 수립과 실행에 대하여 다루었는데 기업이 이 두 프로세스의 효과를 지속적으로 평가하는 것은 매우 중요하다. 전략수립 및 실행에 대한 지속적 평가는 기업으로 하여금 문제영역을 확인하고 그 결과 현재의 구조와 전략을 수정하거나 새로운 구조나 전략을 개발할 수 있도록 조직에 피드백을 제공하게 된다.

제4절 인적자원정보 시스템과 e-HRM

1. 인적자원정보 시스템의 의의

기업환경의 급속한 변화는 전통적인 인사관리의 대상과 범위의 변화를 요구하고 있다. 예를 들어 조직 내 인력구성이 다양화되고 개인의 경력가치에 대한 욕구가 구체화, 적극화됨에 따라 전통적 인사기능의 변화 압력이 증가하고 있다. 기존의 대면관계나 순차적 의사소통에 의존하는 전통적 인사관리기법으로는 다양화되고 있는 현장의 니즈에 신속하고 효과적으로 대응하는데 한계가 있다. 다양한 종업원 및 현장의 니즈를 수용하고 신속히 대응하기 위해서는 첨단기술을 활용한 적극적인 새로운 관리기법 도입을 필요로 하는데, 인터넷, 음성정보기술 등 정보통신기술은 짧은 시간 내에 다양한 니즈에 신속히 대응하고, 효율적으로 정보관리를 가능하게 해주는 효과적인 수단이 된다.

21세기 기업경영에서 특히 중요하게 요청되는 스피드와 유연성을 정보기술을 활용해 실현하는 것이 인적자원관리 분야에서도 필수불가결한 과제가 되고 있다. 인사기능의 스피드화, 유연화를 가능하게 하는 툴로서 e-HRM(electronic Human Resource Management)이 나타났다. e-HRM은 인터넷, 정보처리기술 등을 활용한 인적자원의 확보 및 유지, 활용 등으로 인사비용을 최소화하고 효과의 극대화를 추구하는 것으로 과거의 인적자원정보 시스템(HRIS: human resource information system)에 비해 그 규모나 활용, 효과측면에서 한 차원 더 발전된 것이다. 기존의 인적자원정보 시스템은 단순히 인사부서만을 위해 필요한 정보들을 관리하는 시스템이었으나,

e-HRM은 전종업원이 접근 가능한 시스템으로서 기업 내 정보를 보다 더 적극적으로 활용 가능하다.

인적자원정보 시스템은 조직의 인적자원과 인사관리 및 조직단위의 특성에 관한 데이터들을 수집, 저장, 유지, 복구, 타당화시키기 위한 체계적 과정이다. 인적자원정보 시스템은 노동력의 공급과 수요예측을 위한 정보, 고용평등과 이직 및 지원자의 자격요건에 대한 정보, 교육훈련 프로그램 비용과 피교육자의 작업성과에 관한 정보 등을 가지고 인적자원의 계획, 충원, 개발을 지원한다. 또한 임금에 관한 정보, 계약협상과 종업원지원 필요성에 대한 정보를 가지고 노사관계를 지원한다. 모든 경우에 있어서 인적자원 이해관계자의 이해가 요구되거나 또는 인적자원 의사결정을 지원해주는 정보를 제공하는 것을 목적으로 한다.

인적자원정보 시스템의 구조는 충원계획, 교육계획, 업무평가계획, 인건비예산계획 등의 인력계획을 지원하는 계획 시스템과 예산분석, 교육훈련분석, 성과 및 업적분석, 보상효과분석, 이직률분석, 경력개발분석, 근태관리 등에 관한 관리업무를 지원하는 관리 시스템, 그리고 직무기술서, 인사활동보고서, 인사기록, 교육훈련보고서, 급여관리 등의 기본업무를 지원하는 거래처리 시스템으로 이루어진다.

e-HRM은 기존의 인적자원관리 기능과 정보통신기술의 통합 및 연계를 통해 등장한 새로운 인적자원관리 방식이다. 정보통신기술과 네트워크를 기반으로 디지털 경영환경 변화에 능동적이고 효율적으로 대처하면서 진화하는 인적자원관리의 새로운 패러다임을 형성한다. e-HRM은 단순히 정보통신기술의 활용을 통한 인사기능의 자동화, 전산화에 그치는 것이 아니라, 인적자원의 활용과 개발이라는 인적자원관리의 본질적 가치에 중점을 두고 이를 구현하려는 시도이다.

2. e-HRM의 발전

e-HRM은 인사기록을 데이터베이스로 관리하고, 인사서비스를 전자우편과 연계하는 데에서 출발하는 경우가 많다. 초창기에는 서류작업과 전산작업이 병행하는 경우도 많으나, 직원 각자에게 PC가 지급되고 네트워크와 서버가 향상되는 것과 함께 점차 더 많은 작업이 전자적으로 처리되어 간다. 그 과정에서 인사부서는 단순반복적인 지원기능을 줄이고 전략적인 기획기능으로 전환하게 된다.

e-HRM은 1990년대 후반부터 웹 사용이 일반화되면서 본격적으로 대두되었다. e-HRM의 수단과 역할, 그리고 웹기술의 활용정도에 따라 발전단계를 구분할 수 있

는데 인사업무의 중심이 되는 종업원 인사 서비스에 활용된 수단과 역할에 따라 초기, 웹 활용, 사내포탈의 3단계로 구분할 수 있다.

1) 초기단계

기존의 인적자원정보 시스템을 중심으로 종업원의 셀프서비스 개념을 도입, 적용하는 단계이다.

2) 웹 활용단계

웹과 인트라넷의 일반화로 인적자원정보 시스템을 웹으로 전환하는 동시에 기업정보시스템으로 통합되는 단계이다. 여기에서는 쌍방향 커뮤니케이션이 가능한 인사정보서비스를 제공하고 현장관리자 및 종업원에 대한 권한위양이 강화된다. 현재 인적자원정보 시스템을 구축하고 있거나 인트라넷을 통한 업무수행이 이루어지는 대다수의 기업들이 웹 활용단계에 해당된다. 웹 기술의 발전과 인터넷 보편화에 따라 기업내 인트라넷 구축이 활발하게 추진되는 단계로서 웹 기술의 활용정도에 따라 다시 다음의 5단계로 구분이 가능하다.

(1) 정보안내단계(information publishing)

웹 기술을 활용하기는 하지만, 일방적인 커뮤니케이션을 통해 아주 단순한 인사정보의 안내수준에 불과한 단계

(2) 데이터베이스 활용단계(database inquiry)

인사정보를 인사부서가 축적, 가공, 활용하는 단계로 종업원의 주된 문의사항을 데이터베이스화하여 인트라넷으로 대응하는 수준

(3) 인사정보 서비스 제공단계(simple HR transactions)

커뮤니케이션의 방식을 일방향에서 쌍방향으로 전환시키게 되는데, 종업원이 직접 참여하여 자신의 신상정보나 기본사항을 수정하고 선택하게 하는 수준으로 소위 종업원 셀프서비스가 이루어지는 단계

(4) 고급인사정보 서비스 제공단계(complex HR transactions)

웹 기술의 발전으로 가능하게 된 쌍방향 커뮤니케이션 기능을 효율적으로 활용함으

로써 온라인으로 실시간처리가 가능한 수준으로 종업원과 인사부서간의 실질적인 커뮤니케이션이 가능

(5) 완결적 업무처리단계(HR workflow over the web)

쌍방향 커뮤니케이션을 통해 인사업무 전반에 걸쳐 이상적인 e-HRM의 기능들이 구현되는 단계로서 기업 내 다른 업무 프로세스와 연계되고 통합된다면 곧바로 사내 포탈 단계로 전환이 가능한 수준

3) 포탈단계

인사업무뿐 아니라 회사 내 생활 및 업무수행에 필요한 종합적 정보나 서비스를 제공하는 종합 포탈 형태이다. 사내 포탈 단계는 단순히 인사기능에 국한된 e-HRM이라기 보다는 기업경영 전체와 연계된 디지털 경영의 형태로 향후 e-HRM이 지향해야 할 장기적인 방향과 결부되어 있다.

3. e-HRM의 도입 효과

1) 인사기능 개선을 통한 비용절감

e-HRM의 도입을 통하여 페이퍼리스 오피스(paperless office)의 실현이 추구된다. 즉, 기존에 인쇄물로 제작하였던 인사 관련 서류, 안내서, 매뉴얼 등을 전산화하여 사내 인트라넷으로 제공하게 되어 비용과 시간의 절감이 가능하게 된다. 또 웹상으로 자료관리가 이루어지게 함으로써 데이터 내용의 상시 업데이트가 신속하게 이루어지고, 데이터 갱신에 따른 추가비용을 최소화할 수 있게 된다.

e-HRM은 인사업무의 자동화를 통해 시간과 비용이 많이 들지만, 기본적으로 인사부서가 수행할 수밖에 없었던 단순반복적인 인사기능의 대폭 축소를 가능하게 한다. 또한 e-HRM은 웹 기술을 적용하여 인트라넷 상에서 종업원이 직접 자신의 신상변동 내용을 수정・변경할 수 있는 여건을 마련함으로써 인사 데이터 입력의 오류를 최소화하여 인사부서의 중복적 업무수행을 방지한다. 이에 따라 인사 관련 데이터에 대해 인사부서가 일괄적으로 처리하던 부담(입력, 오류수정, 확인 등)이 대폭 경감되고, 또 인사업무 중 정보관리가 전산화됨으로써 인적자원관리의 데이터에 근거한 과학적 접근이 가능하게 된다.

2) 종업원에 대한 서비스 개선을 통한 종업원 만족도 제고

과거의 인사 서비스는 종업원의 선택폭이 제한되었고, 인사부서 담당자가 있어야만 업무가 진행될 수 있었다. 그런데 e-HRM은 종업원 규모나 인사 서비스 종류에 상관없이 '언제 어디서나 실시간으로 서비스를 받을 수 있는 여건'을 마련하여 종업원 맞춤형 서비스 제공이 가능하게 된다. 최근 e-HRM에 기반이 되는 사내 포탈은 업무에 관련된 다양하고 수많은 정보를 종업원 필요에 따라 걸러 주고 해당 정보를 실시간으로 제공하는 등 지식경영의 툴로서 기능하고 있다.

e-HRM은 일선관리자에 대한 임파워먼트를 통해 현장중시관리가 가능한 여건을 마련함으로써 실질적인 종업원 만족제고에 기여하게 된다. e-HRM을 통해 기존의 인사업무가 일선관리자에게 위임되어 현장에서 직접 관리되고 필요에 따른 변경이 가능하게 된다. 관리자들이 직접 온라인상으로 직무관리와 인사평가 시스템을 운영할 수 있으며, 보상관리도 인사부문의 승인없이 관리자들이 재량권을 가지고 운영할 수 있어 현장중심의 인사관리가 가능하게 된다. 인사업무의 실질적 현장위양이 가능하게 하는 툴로서 e-HRM이 중시되고 있으며, 이는 현장관리의 신속화, 유연화에 기여하게 된다.

또 개인 인사정보의 입력과 관리책임을 종업원에게 부여하여 자율적 인사관리의 근거를 제공한다. e-HRM은 종업원에게 신상변동에 대한 정보를 스스로 입력하게 하여 인사정보의 정확성과 참여도를 높이는 종업원 셀프서비스를 구현하고 있다. 종업원 스스로 자기 신상정보를 수시로 확인, 수정할 수 있는 환경이 마련되어 자율성과 책임감, 그리고 인사정보의 정확성이 제고될 수 있게 된다. 종업원 신상변동 발생시 종업원이 웹(web)상에 변동내용을 입력하면 관련된 정보가 자동적으로 인트라넷을 통해 인사부서의 인적자원 데이터, 복리후생, 급여정보, 보험정보 등에 연결되게 된다. 예를 들어 종업원이 결혼을 하였을 때, 웹상으로 신상정보를 변경하면 인트라넷을 통해서 곧바로 인적자원 데이터에 반영되어 복리후생, 급여정보가 수정되고, 엑스트라넷을 통해서 보험회사에 전달되어 자동 처리된다.

3) 인적자원관리의 전략기능 강화

e-HRM은 인사업무의 전산화와 높은 편의성을 제공하는 인터페이스의 제공을 통해 상시적으로 발생하는 단순반복업무를 쉽게 대체할 수 있게 한다. 단순반복업무의 부담이 경감되면, 인사담당자의 전문성 심화가 용이해지며, 전략적 업무인 인재 확보

및 인력개발에 더 많은 시간과 비용을 투입할 수 있게 되어 인적자원관리상의 자원배분과 투자효율성을 제고할 수 있게 된다. 또한 최고경영자뿐만 아니라 현장관리자에게도 적합하고 적시에 필요한 인사정보를 제공하여 현장경영 능력을 배양시키는 동시에 현장의 인사문제에 대한 전문가적 자문역할을 수행할 수 있게 된다. e-HRM은 이렇게 궁극적으로 인사부서가 경영의 전략적 파트너로서 제 역할을 수행할 수 있는 기반을 제공한다.

4) 기업문화 변혁

e-HRM을 통해 급변하는 환경에서 인사부서가 변화관리의 주체로서 능동적으로 변화를 수용하고 촉진하는 선도자로서의 기능을 수행할 수 있게 된다. e-HRM제도의 시행에 따라 인사부서는 인사정보의 활용과 접근의 장애를 무너뜨림으로써 적극적으로 변화를 리드하는 부서로 전환이 가능하게 된다.

e-HRM은 또한 종업원 개인별 인사 서비스에 초점을 맞추고 이용편의성을 극대화함으로써 단순한 인사정보의 관리 및 서비스 기능을 넘어서는 하나의 사내 커뮤니케이션 툴로서 기능하게 된다. e-HRM은 인사정보 서비스 제공뿐 아니라 정보공개 및 이용자 폭 확대로 자율적 기업공동체 형성에 기여한다. 반면 과거의 인적자원정보 시스템은 인사담당자를 위한 정보 시스템으로 종업원에 대한 인사 서비스 보다는 인사관리기능에 치중해 왔다. 인적자원정보 시스템에서는 시스템 도입 및 운영의 목적상 인사담당자의 업무효율화에 초점을 맞추어 이용자가 제한되었으며, 인사부서 내 취합, 축적되는 인사정보는 인사담당자만이 향유하는 아주 특별한 정보로 인식되었다. 그러나 e-HRM에서는 운영목적이나 이용방식, 이용범위 등의 확대와 공개를 통해 경영진, 관리자와 종업원간, 또는 종업원간 활발한 커뮤니케이션을 유도하는 효과적 툴로서 기능하게 된다.

4. e-HRM의 활용영역

e-HRM은 인사부서의 업무 전반에 큰 변화를 일으키고 있지만, 그 가운데서도 셀프서비스, 온라인 채용, 웹 기반 인사평가와 교육훈련 등이 대표적 영역이다.

1) 셀프서비스(self-service)

종전에는 관리자나 직원이 인적자원관리에 관한 업무에 접근하기 위해서 인사부서

담당자와 접촉하는 것이 불가피하였고, 이는 인사부서의 업무부담을 가중시키는 요인이 되었다. 셀프서비스는 그 가운데 정형화된 것들은 당사자가 시스템에 직접 접속하여 원하는 정보를 얻고 자료를 수정하는 등의 작업을 하는 것이다. 이를 통하여 각자 원하는 정보를 쉽고 빠르게 얻을 수 있고, 인사부서는 높은 부가가치를 창출하는 업무에 더 많은 노력을 기울이는 것이 가능해진다. 또한 정보의 정확성, 최신성 등을 높일 수 있고, 인사평가 등에서 제도의 취지와 관행 사이에 존재하던 괴리를 줄이는 효과도 기대할 수 있다.

2) 온라인 채용(on-line recruitment)

신문광고, 채용설명회, 입사지원서 배부, 우편접수, 전보통지 등으로 이어지는 것이 종전의 일반적인 채용방식이었다. 오늘날에는 홈페이지에 모집공고를 게시하고, 전자우편 등을 통해 지원서를 접수받는 것이 일반적이다. 온라인 채용은 이에 그치지 않는다. 지원희망자가 기간 제약 없이 홈페이지를 통해 자신의 인적사항을 입력하는 즉시 그 내용이 데이터베이스에 반영된다. 어느 부서에서 결원이 생겼거나 추가 충원이 필요한 경우 시스템에 접속하여 적격자를 검색한다. 그 결과로서 출력된 후보자 목록을 기초로 해당 부서에서는 직접 전자우편이나 전화 등을 이용하여 지원자와 접촉하여 원하는 사람을 선발할 수 있다. 종전의 단순 반복적이고 업무지원적인 일들은 해당 부서가 시스템을 통해 처리할 수 있게 됨으로써, 인사부서는 적극적인 홍보, 지원자의 입력사항 개발, 데이터베이스의 관리, 적격자 선발방식의 개발, 전체적인 관점에서의 적재적소 실현방안 모색 등 창의성이 높은 지식집약적 부서로 전환되고 있다.

3) 웹 기반 인사평가(web-based assessment)

인사평가 실시는 단순히 일이 많은 것을 넘어서 절차나 계산방법이 복잡하기 때문에 상당한 작업량이 발생한다. 현재 각자가 자신의 PC에서 자신과 다른 사람에 대한 평가결과를 입력하는 형태로 바뀌고 있다. 평가결과를 체계적으로 축적·관리하고 다양하게 활용할 수 있기 때문에 기업은 이러한 방식의 인사고과 시스템을 갖추고 있다. 인사부서는 평가표의 배부나 결과입력, 자료관리 등 단순반복적인 작업 대신 평가시기의 조정, 평가지표 및 방법의 개발, 결과의 활용방안 모색 등에 주력할 수 있게 된다.

4) 웹 기반 교육훈련(web-based training)

교육훈련에 있어서 교육생의 수준이 다양해지고 또 필요로 하는 강좌의 종류가 점차 많아지고 있다. 이는 이제 교육훈련에서도 종전의 소품종 대량생산방식으로부터 다품종 소량생산방식으로의 전환이 요구되고 있다. 교육생을 교육원에 모아서 교육하는 종전의 방식으로 이러한 요구에 부응하는 것은 용이하지 않지만 대신 인터넷과 멀티미디어 기술을 결합하는 등, 효과적으로 해결하는 길이 열리게 된다. 뿐만 아니라 한 번 개설된 강좌는 언제 어디서라도 접속하여 이용할 수 있고 추후 업데이트가 가능하기 때문에, 교육내용의 양과 질을 한꺼번에 높일 수 있는 계기가 된다. 기업과 대학이 웹을 통한 교육방식을 개발하는 데 노력을 기울여 왔으며, 이미 상당부분의 교육이 사이버 공간으로 옮겨졌다.

학습문제

1. 인적자원 이슈로 인한 전략실패의 사례를 국내기업에서 찾아서 논의하시오.
2. 자신이 소속한 조직의 SWOT분석을 통하여 발전전략을 수립하시오.
3. 인수합병시 효과적인 인력통합 및 구조조정 방안에 대해서 논의하시오.
4. 디지털시대의 인적자원관리의 전개방향에 대해 설명하시오.
5. e-HRM이 야기하게 될 문제점에 대해서 설명하시오.

참고문헌

공선표(2000), "미래형 한국기업의 인적자원관리전략", 「한국인사관리학회」, 238~240.

김성국(1997), 『트렌디 인사관리』, 서울: 명경사.

김식현(2011), 『인사관리론』, 서울: 무역경영사.

박건실(2003), "e-Business 환경에서의 인적자원관리의 새로운 패러다임 - HRIS의 도입과 활용방안", 「임금연구」, 제11권 제3호, 4~35.

배종석(1999), 경쟁우위와 인적자원관리: 전략적 인적자원관리의 비판적 고찰과 연구방향 분석, 「인사조직연구」, 제7권 2호, 43~82.

최종태(2012), 『현대인사관리론』, 서울: 박영사.

Yeung, A. & Brockbank, W.(1995), Reengineering HR through Information Technology, Reprinted with permission from *Human Resource Planning*, 18, No. 2, Copyright by the Human Resource Planning Society.

Bernardin, H. J.(2003), *Human Resource Management: An Experiential Approach*, 3rd ed., New York: McGraw-Hill.

Harris, M.(1997), *Human Resource Management: A Practical Approach*, The Dryden Press, Hartcourt Brace College Publishers.

Ivancevich, J. M.(2004), *Human Resource Management*, 9th ed., New York: McGraw-Hill.

Letart, J. F.(1998), A Look at Virtual HR: How Far Behind Am I?, *HR Magazine*, June.

Mathis, R. L. & Jackson, J. H.(2003), *Human Resource Management*, 10th ed., Cincinnati: Thompson-South Western.

Milkovich, G. T. & Boudreau, J. W.(1997), *Human Resource Management*, 8th ed., New York: McGraw-Hill.

Mondy, R. W. & Noe, R. M.(1990), *Human Resource Management*, Boston: Allyn and Bacon.

Noe, R. A. & Hollenbeck, J. R., Gerhart, B. & Wright, P. M.(2003), *Human Resource Management: Gaining A Competitive Advantage*, 4th ed., New York: McGraw-Hill.

Sherman, A. W. Jr., Bohlander, G. W. & Snell, S.(1996), *Managing Human Resources*, South-Western College Publishing.

제4장
인적자원계획

4 인적자원계획

opening case 4. 노·사·정 모두 구한 폴크스바겐의 일자리 나누기

독일의 자동차기업인 폴크스바겐그룹은 지난 1937년 나치 독일 치하에서 히틀러의 명령에 따라 국영기업으로 탄생했다. 이후 1960년 주식을 공개해 민영화한 후 9년 뒤 그룹의 또 다른 축인 아우디 그룹을, 이어 1990년에는 스코다를 인수해 유럽 최대 자동차 메이커로 성장했다. 현재 폴크스바겐 산하 브랜드는 폴크스바겐, 스코다, 벤틀리, 부가티(이상 폴크스바겐 브랜드), 아우디, 세아트, 람보르기니(이상 아우디 브랜드), 포르쉐, 만, 스카니아, 제일기차(FAW), 유롭카(렌터카 사업체) 등 12개에 달한다.

위기는 90년대에 찾아왔다. 1993년 폴크스바겐의 독일 내 종업원 수는 10만3000명으로 최대 수준에 달했으나 공장은 전혀 수익을 내지 못했다. 노동자들의 임금은 포드, 오펠 등 경쟁사보다 20% 가까이 높았다. 독일 공장의 생산성은 업계 최하위 수준으로 조사됐다. 반면 1992년 순이익은 1억4700만 마르크에 그쳐 전년보다 무려 87%나 급감했으며 93년에는 19억4000만 마르크 적자로 돌아섰다. 93년 판매량은 80년대로 돌아갔다. 일본 업체의 유럽 진출이 본격화한데다 통일 후 생겨났던 경기 거품이 빠진데 따른 후유증에 제대로 대처하지 못한 탓이 컸다. 당시 독일 언론이 앞 다퉈 폴크스바겐을 구조조정 0순위 업체로 지목할 정도였다.

위기를 타개하기 위해 회사는 혁신을 단행했다. 제품 생산과정에서 발생하는 고비용구조를 뜯어고치기 시작했고 현지 시장에 발맞춘 마케팅전략을 새로 세웠다. 무엇보다 93년 노사가 협상 4주 만에 일자리나누기 도입을 합의한 '생산입지와 고용안전을 위한 기업협약'이 새로운 회사를 만들어냈다. 무려 3만 명을 해고하려 했던 사측과 '정리해고 결사 반대'를 외치던 노조가 극적인 결과물을 만들어냈다.

1994년부터 실시한 일자리나누기의 핵심은 사측이 노동자의 고용을 보장하는 대신 노조는 임금 보전 없는 근로시간 단축(주4일제 도입으로 주당 노동시간 36시간에서 28.8시간으로 단축)에 합의한 것이다. 이를 통해 노동시간이 20% 줄어들고 노동자 소득은 최고 16% 줄어들었으나 고용이 안정돼 노와 사의 신뢰가 쌓였다. 노동유연성을 위한 조치도 마련했다. 95년에는 감산으로 조업이 단축될 경우 노동자에게 기존 근로시간에 해당하는 임금을 보장해주고 결손된 조업시간은 이후 증산 시 결산하는 등의 내용을 담은 '노동시간계좌제'를 도입했다. 이로써 회사는 수요 변동에 따라 생산량을 유연하게 조정할 수 있는 기반을 마련했다. 교대제 또한 설비 특성에 따라 1교대제~3교대제 등 다양하게 분화시켰다. 조업이 줄어든 노동자는 정부가 최대 6개월까지 유급 직업교육을 보장하는 블록시간제 혜택을 얻었다. 이로써 노동자는 유휴시간에도 업무숙련도를 높일 수 있었고 회사는 인건비를 절감했다. 다단계모델 역시 고용안정을 위한 조치였다. 도제생은 도제 후 부분 근무를 하고, 나이든 노동자는 정년퇴임 전까지 노동시간을 단계적으로 줄여나가도록 해 노동조건을 안정시켰다.

효과는 곧바로 나타났다. 도입 첫 해 16억 마르크 상당의 인건비를 절감했다. 93년 25%에 달하던 매출액 대비 인건비 비중은 6년 후 16%까지 낮아졌다. 고용안정을 보장받은 노동자들의 노동생산성은 6%포인트가 올라갔다.

2000년대 다시 위기가 찾아왔다. 2003년 순이익은 전년대비 61% 급감했고 세계 시장점유율은 2001년 9.2%에서 8.2%(2005년)로 낮아졌다. 무엇보다 급성장하던 중국 시장에서 경쟁에 뒤쳐짐에 따라 한때 50%가 넘던 점유율이 17.3%로 급락했다. 여전히 고비용구조를 완전히 탈피하지 못한 데다 브랜드 간에 경쟁모델이 우후죽순으로 나와 사내경쟁이 일어난 탓이 컸다.

10년 넘게 이뤄진 시스템 혁신과 발맞춰 2001년과 2004년 노사가 일자리나누기 확산을 협약해 위기를 벗어나기 시작했다. 특히 2001년 협약에 성공한 '아우토5000' 프로그램은 실업난에 시달리던 독일경제에 놀라운 사건으로 칭송받았다.

독일 내 새로운 공장을 만들어 노동자 전원을 장기실업자 및 청년실업자로 채용한 아우토5000 프로젝트는 노사는 물론 사회적으로도 큰 성공을 거뒀다. 실업자들은 폴크스바겐 평균 노동자 임금보다 10~15%가량 낮은 임금을 받고 직장을 얻었다. 노동시간은 다시 주5일로 전환하면서 35시간으로 연장됐으나, 임금체계를 성과에 연계해 지급함으로써 생산성을 끌어올렸다. 노동시간계좌제는 기존 200시간에서 최대 400시간으로 늘려 노동유연성을 더욱 끌어올렸다. 생산성 향상은 물론 기업의 사회적 책임까지 이행한 프로젝트였던 셈이다. 아우토5000 프로젝트를 적용한 볼프스부르크 공장은 우수한 원가경쟁력을 확보하면서 인기 스포츠유틸리티차량(SUV) 티구안을 생산하는 성공작으로 자리매김했다. 현재 이 공장은 독일 내에서도 유일하게 생산량이 증가하는 곳이다.

일자리나누기로 큰 성공을 거둔 폴크스바겐 노사는 지난 2004년, 2011년까지 노동자 전원 고용보장과 3년간 임금동결을 주고 받았다. 그룹 내 타회사 파견까지 수용하는 등 노동자의 큰 희생이 뒤따르는 조치였으나 이 모델은 결과적으로 노동자의 정리해고를 막은 것은 물론, 새 일자리까지 창출해냈다. 사측도 노동유연성을 얻었다. 지난 2007년 현재 폴크스바겐 노동자의 평균 근로시간 계좌 적립시간은 300시간으로, 400시간의 계좌를 가진 만큼 총 700시간을 노동자가 활용 가능해 휴식이 필요할 경우 최대 5개월 휴가로 사용 가능하다. 반면 앞으로 생산량이 더 감축하더라도 노동시간적립분 만큼 노동자의 고용을 유지할 수 있게 됐다.

(자료: 프레시안)

토의과제

1. 한국의 자동차산업에서는 경영위기 발생시 어떻게 대응해 왔는지 토론해 보시오.

2. 폴크스바겐 사례가 한국 자동차산업에 주는 시사점을 설명해 보시오.

제1절 인적자원계획의 의의

조직이 환경변화에 대응하여 필요로 하는 인적자원을 적시에 확보하지 못할 경우 인적자원 부족으로 조직경쟁력이 약화될 수 있다. 반대로 인적자원의 과잉상태가 발생하는 경우에도 고비용과 인력정체문제가 초래된다. 즉, 조직이 인적자원 수요·공급의 균형을 제대로 유지하지 못하여 인적자원 부족이나 과잉이 발생하면 조직성과에 지장이 초래된다. 인적자원계획은 조직 목표달성을 위하여 인적자원의 조직외부에서 내부로의 흐름, 조직내부에서의 흐름 및 조직내부에서 외부로의 흐름을 균형있고 원활하게 유지하기 위하여 수립되는 것이다.

인적자원계획은 현재 및 장래의 각 시점에서 기업이 필요로 하는 인원의 수를 예측하고, 이에 대한 사내외 인력공급을 계획해서 인력의 수급을 조정하는 계획활동이다. 이에 따라 인적자원계획은 노동력의 부족 및 과잉을 예측하고 그 결과에 따라 인력을 감축하거나 조달하고 또 구성원능력을 개발하는 내용을 포함하게 된다. 인력수급계획에 있어서 인원수와 같은 양적 측면뿐 아니라 기능, 지식, 능력과 같은 질적 측면도 중요하다.

인적자원계획은 경영전략을 실행하기 위한 인적자원의 수급에 대한 계획이다. 경영전략은 궁극적으로 사람을 통해서 실행된다. 기업이 훌륭한 사업계획과 전략목표를 설정해도 이를 추진할 인력을 확보하지 못하면 실천이 불가능하다. 또한 인력의 양적 공급이 이루어지더라도 질적 측면에서 조직이 필요로 하는 능력과 가치를 보유한 인력을 확보하지 못하면 경쟁기업에 대해서 시장에서의 경쟁우위를 확보하기 어렵게 된다. 기업특유의 기술과 문화를 체득한 핵심인력은 외부노동시장에서 조달하기 어렵다. 이러한 인력은 인적자원계획에 따라서 조직내부에서 장기적으로 육성되어야 한다. 인적자원계획은 조직의 장기적 인력구성과 인력의 질을 계획하는 활동으로 볼 수 있다.

인적자원계획은 기업의 전략목적과 인적자원관리 목적 그리고 인적자원관리 목적과 개별 인적자원관리 활동의 목적을 연계시키는 역할을 한다. 예를 들어 인력예산의 제약하에서 총인력수준이 결정된다. 인력계획은 고용관리를 위해서 뿐만 아니라 승진, 이동관리, 훈련계획, 임금계획 등과도 밀접한 관련을 가지고 있다. 계획적 승진 및 이동을 위하여 사전에 조직 내 각 직위의 필요인원수와 현재인원의 변동관계를 파악해야 하기 때문이다. 또 임금예산은 인원수에 의하여 영향을 받기 때문에 인적자원계획과 밀접한 관계를 가지게 된다.

인적자원계획은 조직활성화에 영향을 미친다. 인력 공급은 외부노동시장을 통해서도 이루어지지만 조직내부로부터도 이루어진다. 사내인력의 승진 및 이동을 통한 필요인력의 충당은 비록 교육비용이 들지만 구성원들의 사기와 학습의욕을 높이는데 크게 기여한다. 뿐만 아니라 내부인력은 외부인력보다 능력 및 인성평가에 있어서 훨씬 용이하다. 이러한 이유로 오늘날 대부분의 기업은 내부고용 우선방침을 채택하고 있다. 그러나 기업이 내부인력만으로 필요인력을 채울 수 없는 경우에는 경력을 가진 사람을 외부에서 채용하여야 한다. 이는 조직 내 활력을 불어넣는 측면에서 유용하다. 왜냐하면 내부승진이 지나치게 강조되고 특히 승진이 연공에 의해 결정되는 경우 조직분위기가 무사안일해질 가능성이 높기 때문이다.

제2절 인적자원계획의 수립과정

인적자원계획 수립은 조직의 외부환경 및 내부환경 분석을 토대로 현재 보유하고 있는 인적자원의 질과 양을 평가하고 앞으로 어떠한 유형의 인적자원을 얼마나 필요로 할 것인가와 아울러 그러한 인적자원이 얼마나 공급될 수 있을 것인지를 예측하여, 수요와 공급의 불균형이 예상될 경우 이를 조정할 수 있는 방안을 결정하는 절차를 통하여 이루어진다. 인력계획은 일반적으로 환경분석, 인적자원 수요예측, 인적자원 공급예측, 인적자원 수요와 공급 조정방안 결정의 과정으로 이루어진다.

1. 환경분석

환경분석은 조직에 영향을 미치는 경제적 환경, 기술적 환경, 사회·문화적 환경, 정치적·법적 환경 등의 외부환경이 조직의 인력의 수요와 공급에 어떠한 영향을 미칠 것인가를 분석하는 것과, 또 조직이 추구하고자 하는 전략계획 및 제반 계획들과 현재 보유하고 있는 인력의 질과 양을 검토하여 향후의 인력수급에 영향을 미치게 될 요인들을 분석하고 평가하는 것을 말한다. 인력의 수요와 공급에 영향을 미치는 요인은 외부환경 요인과 조직내부 요인으로 나누어 볼 수 있다. 조직은 외부환경과 내부환경을 분석해서 기회와 위협, 강점과 약점을 찾아내어 이를 토대로 전략을 수립하는데, 이러한 전략계획은 조직 전체의 움직임을 결정하는 것이므로 조직이 필요로 하는 인적자원의 수요와 공급에 대해 기본 틀을 제공해 준다.

2. 인적자원 수요예측

인적자원 수요예측은 조직이 미래에 필요로 하는 인적자원의 양과 질을 추정하는 과정을 말한다. 인적자원에 대한 수요는 조직의 전략계획과 사업계획 등 조직이 어떠한 활동을 할 것인가에 의해 직접적인 영향을 받는다. 즉, 조직이 어떠한 방향으로 나아가고자 하느냐에 따라 필요로 하는 인적자원의 양과 질이 결정된다. 조직의 전략계획과 제반 계획은 외부환경을 고려하여 수립되기 때문에 기술변화, 소비자의 욕구 및 구매행동 변화, 국내외 경제환경의 변화, 수주상황의 변화, 가치관 및 라이프스타일 변화, 정치적·법적 환경의 변화 등 수많은 외부환경요인의 변화가 조직이 필요로 하는 인적자원의 유형과 양을 변화시키는 근본 원인이 된다. 인적자원 수요를 예측하는 데는 전문가들의 직관과 식견에 의존하는 방법에서 매우 정교한 수학적·통계적 기법에 이르기까지 다양한 방법들이 활용된다.

3. 인적자원 공급예측

인적자원 공급예측은 장래의 특정시점에서 조직이 필요로 하는 유형의 인력을 어느 정도 확보할 수 있을 것인가를 추정하는 과정을 말한다. 조직이 인적자원을 확보할 수 있는 공급원은 조직 내부와 외부로 나누어질 수 있는데, 인적자원 공급예측은 이러한 내부공급원과 외부공급원을 활용하여 충당할 수 있는 인력의 규모가 얼마나 될 것인지를 알아보는 과정인 것이다. 내부공급인원을 예측하려면 조직이 현재 보유하고 있는 인적자원의 유형별 규모와 아울러 승진, 배치전환, 퇴직, 사직, 해고, 휴직 등 조직 내 인력변동 추이를 파악해야 한다. 인적자원의 유형별 규모를 파악하기 위해서는 기능목록 분석이나 대체도 분석이 활용될 수 있으며, 인력변동추이 분석에 마코브체인 분석이 활용될 수 있다. 외부공급인원 예측은 과거의 신규채용 패턴과 외부노동시장의 수급상황을 고려하여 이루어진다.

4. 인적자원 수급불균형 조정

인적자원의 수요와 공급이 예측되면 그 균형 여부를 살펴서 적절한 조치를 마련해야 한다. 수요와 공급이 균형을 이룬다면 현재의 인력수급상태를 유지시키는 방안을 마련하면 되겠지만, 수요와 공급에 불균형이 예상되면 이를 조정하는 방안을 마련해야 한다. 인적자원의 부족이 예상되는 경우에는 조직내부 인력과 외부 인력을 적절히 활용하여 수요를 충당하는 방안을 마련해야 하며, 인적자원의 과잉이 예상되는 경우에는 인력을 감소시키는 조치를 강구해야 한다.

제3절 환경분석

인적자원계획 수립을 위한 첫 단계로서 조직의 환경에 대한 분석이 요청된다. 조직의 환경변화에 따라 인적자원에 대한 수요와 공급이 직접적으로 영향을 받기 때문이다. 환경분석은 외부환경분석과 내부환경분석으로 이루어진다.

1. 외부환경분석

조직의 외부환경인 경제적 환경, 기술적 환경, 사회·문화적 환경, 정치적·법적 환경 등이 인력계획에 미치는 영향을 살펴보면 다음과 같다.

기업의 활동은 전반적 경제상황에 따라 범위가 확대되기도 하고 축소되기도 하기 때문에 인적자원에 대한 수요와 공급은 경제적 환경에 따라 달라진다. 경제가 성장할 때에는 조직규모의 확대, 조직의 전문화, 인력의 전문화 등이 이루어져 인적자원에 대한 수요가 공급을 초과하는 것이 보통이다. 반면, 경기침체시 기업 활동도 축소되어 인력과잉이 발생하게 된다. 또한 기업의 사업계획은 경제상황에 따라 그 성격과 범위가 변화하기 때문에 기업이 필요로 하는 인력의 유형과 양을 변동시킨다. 예컨대, 현재 진행되고 있는 세계화의 추세로 말미암아 세계 각국의 교역, 교류, 기술이전 등이 활발해짐에 따라서 조직의 경계 및 인력수급이 지역과 국가의 테두리를 벗어나 전세계로 확장되고 있는데, 이는 국제화 감각을 지닌 인력에 대한 수요를 증가시키고, 또한 인적자원의 공급원(특히 외부공급원)을 전세계로 확대하고 있다. 그러므로 경제환경의 변화를 정확히 예측하여 어떠한 분야에서 인력수요가 증대할 것이고 어떠한 분야에서 인력과잉이 발생할 것인가를 예상해서 인력계획을 수립하지 않으면, 인력부족 또는 과잉인력 발생의 어려움을 겪게 될 것이다.

기술발전은 특정산업을 도태시키고 새로운 산업을 발전시키며 동시에 조직 내에서 기존의 직무와 기술을 도태시키고 새로운 직무와 기술을 발전시킨다. 기술발전에 따라 특정유형의 인력에 대해서 수요가 감소하기도 하고, 또 새로운 지식과 기능에 대한 수요를 충족시키는 데 허용되는 시간은 점점 더 짧아질 것이다. 이에 따라 기업은 인력과잉과 인력부족을 동시에 경험하게 될 것이다. 따라서 기술예측을 통하여 특정유형의 인력에 대한 수요의 증감을 면밀히 분석해야 한다. 특히 컴퓨터기술과 정보통신기술의 발전은 인간 노동 중 육체노동의 비중을 줄어들게 하고 정신노동의 비중을 점점 증대시키고 있다. 이는 화이트칼라와 블루칼라의 전통적인 구분을 희석시키고 대부분의 근로자들을 지식근로자로 변화시키고 있다. 특히 정보통신기술 발전은 반드시 직장에 출근하여 정해진 시간만큼 근로를 해야 한다는 근로의 시간적·공간적 제약을 무너뜨리고 있을 뿐만 아니라 특정조직과 고용계약에 근거한 근로를 해야 할 필요성을 점차 약화시키고 있다.

정보기술은 관리층의 수를 줄이고 의사결정의 분권화를 촉진시킨다. 정보기술은 일상적 업무를 전산화함으로써 기존 직무를 폐지하거나 통합시킨다. 나아가 정보기술을 다루는 새로운 직무를 창출하고 기존 직무담당자의 기능요건을 변화시킨다. 정보기술은 이와 같이 조직이 필요로 하는 인력의 종류와 수에 영향을 미친다.

개인의 신념, 가치관, 태도, 행동규범, 견해, 라이프스타일 등 사회·문화적 환경요인도 빠르게 변화하고 있다. 사회·문화적 환경은 특정사회의 역사와 전통 그리고 문화적·종교적 유산에 의해 영향을 받아 비교적 장기간에 걸쳐 형성되는 것이지만 다른 환경요인들이 급속히 변화함에 따라 사회·문화적 환경도 빠르게 변화하고 있다. 사회·문화적 요인들이 변화하면 사람들이 선호하는 제품이나 서비스의 형태도 바뀌게 되는데, 사람들이 요구하는 제품과 서비스가 바뀌면 기업의 활동도 그에 따라 변화한다. 이에 따라 기업이 필요로 하는 인적자원의 질과 양도 바뀌게 된다. 또한 조직내부 인력과 외부인력들의 사회·문화적 성격변화는 특정직무에 대한 선호도를 변화시켜 인력공급을 변동시키게 된다. 소위 3D업종에 대한 기피와 사무직, 서비스직, 전문직 선호현상은 사회·문화적 환경변화가 조직의 인력수급을 변동시킨 예의 하나이다.

정치적·법적 환경은 조직의 활동에 대한 기준을 제시해 줌으로써 조직의 특정활동을 제약하기도 하고 특정활동을 장려하기도 한다. 정부의 각종 규제의 신설, 완화,

철폐는 조직의 활동을 위축시키기도 하고 활성화시키기도 하기 때문에 인적자원에 대한 수요와 공급을 변화시키는 요인으로 작용한다. 또한 정부는 법률제정을 통하여 특정인력(예컨대, 여성, 장애인, 고령자 등) 고용을 촉진시킴으로써 인력의 수요와 공급에 직접적 영향을 미치기도 한다. 노동조합도 인력수급에 영향을 미치기도 한다. 기업의 인력수급조정이나 고용조정은 법의 제약을 받고 노동조합과의 교섭을 통해서 이루어진다.

2. 내부환경분석

인적자원의 수요와 공급에 영향을 미치는 내부환경에는 조직의 구조, 전략, 의사결정, 과업구조, 인력수급상태 등 많은 요인들이 있다. 이 가운데 특히 조직의 전략은 인적자원 수요에 매우 큰 영향을 미친다. 전략은 조직의 장기목표 달성을 위하여 수립되므로 여기에서 장래에 필요한 구성원들의 질과 양이 결정된다. 조직의 장기목표를 달성하기 위해서는 전략의 실행을 효과적으로 지원하는 장기인력계획이 수립되어야 한다. 단기적으로 필요로 하는 인적자원의 양은 예산의 형태로 결정된다. 단기적으로 볼 때 예산의 증감은 조직의 인적자원 수요에 가장 큰 영향을 미친다. 인적자원 수요는 조직의 생산활동 및 영업활동의 규모에 따라서도 바뀌기 때문에 생산예측 및 판매예측은 인적자원의 수요와 공급의 변화에 민감한 영향을 미친다.

조직이 신규사업에 참여할 때에도 조직 내 인적자원 수요와 공급의 변동이 불가피하다. 만일 신규사업을 처음부터 조직내부에서 시작할 경우에는 인력계획수립 담당자는 장단기고용계획을 수립하여 인적자원의 수급을 조정해 나가야 한다. 신규사업 참여를 인수·합병에 의해서 할 경우에는 대규모의 조직개편과 직무재설계가 이루어지는 것이 보통이므로 인적자원의 수요와 공급에 큰 변화가 일어난다. 조직개편은 조직 내 각 부문별로 인적자원 수요와 공급에 큰 변동을 초래하며, 또한 직무재설계도 조직이 필요로 하는 기능의 성격을 변화시킨다. 기업의 인수·합병, 신규사업 참여, 신규부서설치, 사업철수 이후에 발생하는 인력 수급조절 등에 의존하여 전략 수립이 이루어지게 되는 것이다.

인적자원의 수요와 공급은 조직구성원들의 승진, 배치전환, 퇴직, 사직, 해고, 휴직 등 조직 내의 인원변동에 의해서도 영향을 받는다. 이러한 인력변동은 내부 정책(승진, 경력개발, 퇴직 정책 등)에 의해 이루어지기도 하고 구성원의 자발적 이동(사직 등)에 의해 이루어지기도 한다. 인력변동에 대해서는 과거의 승진율과 배치전환 패턴, 이직률 등을 통하여 그 추세를 파악할 수 있다. 그러나 인력변동이 항시 정해진 패턴에 의하여 이루어지는 것은 아니기 때문에 인력계획을 수립할 때에는 최근의 변화추세에 항시 민감하게 반응해야 한다.

제4절 인적자원 수요예측

인적자원 수급에 대한 환경분석이 끝나고 나면 어떠한 자질을 갖춘 인적자원을 언제, 얼마나 필요로 할 것인가를 추정하는 수요예측이 이루어져야 한다. 인적자원의 수요를 예측하는 방법은 주관적이고 개략적인 방법에서부터 객관적이고 정교한 기법에 이르기까지 매우 다양하다. 인적자원 수요예측은 보통 과거의 추세와 현재의 상황, 그리고 미래에 대한 가정에 입각하여 이루어진다.

수요예측기법 중 계량적 기법들은 과거의 추세가 미래에도 지속될 것이라는 가정하에 미래의 인력수요를 예측한다. 예를 들어, 매출액이나 생산량의 추세를 기준으로 소요인력을 예측하는 경우가 여기에 해당된다. 그러나 기업의 환경이 급변하는 경우에는 이러한 전제가 성립되기 어렵기 때문에 전문가의 직관이나 경험 또는 판단에 근거한 판단적 방법 또는 정성적 방법에 의한 예측이 바람직한 경우도 많다. 결국 인력계획에 있어서는 예측방법의 근저에 있는 가정을 고려해서 보다 적합한 기법을 선택해야 한다. 인적자원 수요예측을 위한 계량적 방법과 정성적 방법을 설명하면 다음과 같다.

1. 계량적 방법

계량적 방법은 하나 또는 그 이상의 기준요소를 설정해서 이를 근거로 소요인력을 예측하는 방법이다. 계량적 방법으로 인력수요와 관련된 각종 변수들을 동시에 사용하여 소요인력을 예측하는 추세분석, 회귀분석, 선형계획법 등이 있다. 아래에서는 이 가운데 추세분석과 회귀분석을 살펴보기로 한다.

1) 추세분석

추세분석(trend analysis)은 인적자원의 수요와 밀접한 관계를 가진 변수 하나를 선정하여 그 변수와 인적자원 수요간의 관계가 과거에 어떠한 추세로 전개되었는가를 살펴봄으로써 이를 기준으로 미래의 인적자원 수요를 예측하는 기법이다. 추세분석은 미래의 사건을 과거의 자료에 의해서 예측하는 비교적 단순한 방법이다. 과거 인적자원 수요에 관한 자료를 월별, 분기별 또는 연별로 작성하고 그 추세를 그래프에 나타낸 것이 추세선 또는 경향선(trend line)이 되며, 이를 수학적으로 확장하여 미래의 인력을 예측하게 된다. 추세분석기법은 다음의 단계로 이루어진다.

첫째, 과거 인력변화에 관련된 요인이 무엇인가를 확인한다. 예를 들어 경기의 호황이나 불황, 조직 구조조정, 사업투자액 변화 등이 있다.

둘째, 과거 인력변화 요인과 인력규모에 대한 관련성을 파악한다. 조직이 재무구조 악화나 노동생산성 악화로 인해 인력감축을 했다면, 몇 명을 해고했는지에 대한 자료가 그 예가 될 것이다.

셋째, 종업원의 연간생산량을 계산하고, 과거의 자료로 노동생산성 추이를 파악한다.

넷째, 노동생산성의 미래 추이를 파악한다. 과거자료에 의해 미래 노동생산성 추이를 예측하는 것으로 종업원 연간생산량을 토대로 미래를 예측할 수 있다.

다섯째, 미래 특정시점의 수요인력을 예측한다. 노동생산성 추이를 토대로 이에 필요한 소요인력이 어느 정도 되는지를 파악할 수 있다.

추세예측기법은 인적자원 수요를 변동시키는 요인이 어느 정도 일정하게 유지되리라는 가정을 하고 있으며, 인적자원 수요와 깊은 관계가 있다고 판단되는 하나의 변수만을 이용하여 예측하는 기법이기 때문에 단기적인 인적자원 수요를 개략적으로 예측하는데 활용될 수 있을 뿐이다. 따라서 추세예측기법은 장기적인 인적자원 수요를 예측한다든지 또는 상당히 정확한 예측을 해야 하는 경우 등에 있어서는 그다지 바람직한 방법이 아니다. 그 이유로 추세분석의 문제점으로 과거의 추세가 미래에도 계속된다고 하는 보장이 없다는 점을 들 수 있다. 처음에 고려한 모든 상황들이 변함이 없을 경우에는 정확하지만 필요한 종업원의 수나 종류에 영향을 주는 요인들이 미래에 어떻게 변할지 불확실하기 때문이다.

2) 회귀분석

회귀분석은 조직의 인적자원 수요결정에 영향을 미치는 다양한 요인들의 영향력을 계산하여 조직의 미래 인적자원 수요를 예측하는 기법이다.

인력수요예측을 위하여 회귀분석을 실시하는 경우 먼저 인력수요결정에 영향을 미치는 변수들을 나열한다. 예를 들어 매출액, 생산량, 수익, 설비투자 등이 있다. 회귀분석결과 얻은 방정식에 각 변수의 수치를 대입하면 인력수요가 계산된다.

$$Y = a + bX_1 + cX_2 + dX_3 + eX_4$$

Y = 인력수요
a = 고정인력
b, c, d, e = 가중치
X_1 = 매출액
X_2 = 생산량
X_3 = 수익
X_4 = 설비투자

위의 식을 풀이하면 인력수요라는 종속변수에 현재 a라는 고정인력과 더불어 각각의 X_1~X_4까지의 설명변수들이 영향을 미친다는 것이다. a, b, c, d, e를 회귀계수라고 부르는데, 이 계수들이 취하는 값들은 인력수요와 설명변수들에 대한 과거 데이터를 이용해 통계적 방법으로 추정된다. 이 과정에서 설명변수들 가운데 어느 것이 인력수요에 가장 영향력이 큰 것인가를 알 수 있다. 회귀분석기법은 현재의 자료를 통해 미래를 보다 과학적으로 예측할 수 있게 해주는 장점이 있다. 그렇지만 희귀방정식 도출에 필요한 충분한 과거 자료가 있어야 하고, 설명변수들과 인력수요 사이의 유의한 상관관계가 존재할 때에만 회귀분석기법이 활용될 수 있다.

2. 정성적 방법

정성적 방법은 인적자원관리에 전문적 식견을 지니고 있다고 판단되는 전문가가 자신의 경험과 직관 그리고 판단에 의존하여 조직이 필요로 하는 인적자원의 수요를 예측하는 방법이다. 전문가들은 조직의 과거와 현재의 상황, 전략 등을 기초로 앞으로 조직이 어떠한 질을 갖춘 인적자원을 얼마나 필요로 할 것인지를 자신의 판단에 따라 예측하게 된다. 이 방법에서 인적자원 수요예측은 주관적이고 비공식적으로 이루어진다. 따라서 이 방법은 조직의 규모가 비교적 작고 조직의 전략적 목적달성에 작용하는 변수들이 비교적 간단하게 파악될 수 있는 경우에 활용되는 것이 보통이다. 그렇지만 사정상 다른 기법을 활용하기 어렵거나 환경변화가 심한 대규모 조직에서도 활용될 수 있다. 소규모 기업에서는 중역이나 인적자원관리 담당자가 인적자원 수요를 전부 파악할 수도 있을 것이다. 하지만 대규모 기업에서는 중역이나 관리자들이 조직 전체의 인적자원 수요를 전부 파악하기가 불가능한 것이 보통이기 때문에 여러 실무자들이 인적자원 수요에 대해 판단하고 있는 내용을 수렴하거나 외부전문가들의 조언을 받아 조직 전체의 인적자원 수요를 예측하는 경우가 많다. 조직내부와 외부의 전문가들의 의견을 보다 체계적으로 수렴하여 인적자원 수요를 예측하는 데 아래의 명목집단기법과 델파이기법이 활용될 수 있다.

1) 명목집단기법

명목집단기법(nominal group technique: NGT)은 서로 다른 분야에 종사하고 있는 사람들을 명목상의 집단으로 간주하고 그들로부터 자유로운 아이디어를 받되, 서면으로 받음으로써 문제의 답에 대한 익명성을 보장하고 반대논쟁을 극소화하는 방식으로 문제해결을 시도하는 기법이다. 여기서 명목집단이라고 부르는 이유는 원래 집단이란 구성원들 간의 활발한 상호작용을 전제로 하는 것임에 반해, 명목집단기법에서는 구성원들 간의 대화와 토론 등의 상호작용을 억제하기 때문에 진정한 의미의 집단이라기보다는 말 그대로 '명목상의 집단'이 되기 때문이다. 인적자원 수요예측에 있어서 명목집단기법은 다음의 과정으로 이루어진다.

첫째, 여러 부서의 관리자들 또는 전문가들을 소집하여 '우리 조직의 향후 인적자원 수요는 얼마나 되겠는가?'의 질문을 던지고 이에 대한 답을 생각하게 한다.

둘째, 각자 제시된 문제에 대해 혼자서 생각하고 서면으로 자기의 아이디어를 작성한다.

셋째, 각자 순서대로 아이디어를 제출하고 이를 칠판이나 차트에 기록한다. 이때 특정 아이디어가 누구의 것인지 알지 못하게 한다.

넷째, 칠판에 적힌 모든 아이디어에 대해 장점, 타당성 기타 여러 측면에서 토론한다.

다섯째, 집단은 아이디어들에 대해 투표를 한다. 최종적으로 가장 많은 점수를 얻은 것을 집단의 결정으로 한다.

명목집단기법에서는 모든 구성원들이 타인의 영향력을 받지 않고 독립적으로 문제를 생각해 볼 수 있다는 장점을 가지고 있다. 그리고 의사결정을 하는 데 시간소요가 많지 않은 것도 장점이다. 반면 이를 이끌어 나가는 리더가 자질과 훈련을 갖추고 있어야 한다는 것과 한 번에 한 문제밖에 처리할 수 없다는 단점이 있다.

2) 델파이기법

델파이기법(Delphi technique)은 특정문제에 있어서 다수 전문가들의 의견을 종합하여 미래의 상황을 예측하고자 하는 방법이다. 이 기법은 일종의 집단의사결정기법이며 다양한 분야에 활용될 수 있는 기법으로, 외부의 인적자원 전문가, 내부의 관리자, 전문 스탭들을 대상으로 하여 의견을 수렴하고 종합하여 인적자원 수요를 예측하는데 유효하게 활용될 수 있다.

집단토론에서 개인은 서로 지위의 차이에 의해서 영향을 받기도 하고 어떤 아이디어에 타협을 해버리는 점이 있기 때문에, 이 기법에서는 직접대면을 회피하고 있다. 즉, 전문가에게 문서상의 피드백을 하면서 예측에 관한 질문서를 계속적으로 보냄으로서 직접 대면의 단점을 메우고 있다. 전문가들은 대개 해당 기업의 경영전략, 생산 및 판매 등 기업내부의 제정보에 가까이 갈 수 있는 사람들로서 일선 감독자에서부터 최고경영층까지 다양하다. 경우에 따라서는 외부에서 전문가를 초빙하여 해당 기업의 정보를 공유하게 하기도 한다.

델파이기법은 일반적으로 다음의 과정으로 이루어진다.

첫째, 조직의 인적자원 수요에 대해 전문적 식견을 지니고 있다고 판단되는 사람들을 조직 내부 및 외부에서 선정한다.

둘째, 선정된 사람들에게 조직의 단기 인적자원 수요와 장기 인적자원 수요에 대해 익명으로 묻는 설문지를 발송한다.

셋째, 응답결과를 수집하여 종합한 뒤 종합된 결과를 응답자들에게 되돌려 준다.

넷째, 종합된 결과를 참조하여 인적자원 수요에 대한 예측을 다시 하게 한다.

다섯째, 지금까지의 과정을 몇 차례 반복한다.

여섯째, 응답내용이 일정한 내용으로 수렴되면, 이러한 결과를 인적자원 수요 예측치로 활용한다.

델파이기법은 인적자원 수요를 예측하는데 있어서 여러 관리자들이 예측한 내용에 대해서 익명성을 보장하기는 하되, 다른 사람들이 어떻게 예측하는가를 특정전문가들에게 알려 그들의 예측내용을 수정하게 함으로써 전체적인 예측치를 도출해 내는 방법인 것이다.

델파이기법의 장점은 전문가들을 대면회합을 위해 한 장소에 모이게 할 필요 없이 그들의 평가를 끌어낼 수 있다는 점이다. 그리고 명목집단법과 마찬가지로 타인의 영향력을 배제할 수 있다. 그러나 단점으로 시간이 많이 소요된다는 점이 있다. 모든 사람들이 응답을 하고 그것이 요약되고 정리되어 다시 피드백되는 과정이 합의에 도달될 때까지 계속되어야 하기 때문이다. 또 응답자에 대한 통제력의 결여도 단점으로 지적될 수 있다. 즉, 전문가가 응답 도중 여러 이유로 탈락될 수도 있고 회신이 늦어질 수 있다. 그렇지만 델파이기법은 인력계획과 같이 비구조적인 주제분야에 대해서 기본적인 통찰을 하는데 있어서 유용하게 활용될 수 있다.

제5절 인적자원 공급예측

인적자원 수요예측이 이루어지고 나면 그 다음에는 필요한 인적자원을 어떻게 조달할 것인가를 결정해야 한다. 즉, 필요로 하는 인적자원에 대한 공급이 어떻게 이루어질 것인가를 예측해야 하는 것이다. 인적자원의 공급원천은 조직내부와 조직외부가 있다. 내부공급원은 현재 조직 내에 존재하면서 여러 직무들에 충원할 수 있는 인력들을 말하는데, 이러한 내부공급원은 승진이나 배치전환 등을 통하여 조직 내 공석을 충원하게 된다. 외부공급원은 현재 조직 내 존재하지는 않지만 조직 내 직무에 충원될 수 있는 외부인력들을 말한다. 즉, 현재 다른 조직에 종사하고 있거나 고용되지 않은 상태에 있는 인력들을 말하는 것이다.

1. 내부공급

인적자원의 공급예측을 위해서는 우선 내부적으로 조달 가능한 인력을 파악해야 한다. 내부적으로 조달 가능한 인력을 파악하는 것은 현재 조직에 종사하고 있는 구성원들의 수를 확인하는 일이다. 조직 내부에서 공급될 수 있는 인적자원을 예측하기 위해서 우선 현재 조직구성원들이 보유하고 있는 기술과 역량 등 질적 측면을 파악해야만 한다. 현재의 조직구성원들이 보유하고 있는 기능과 역량이 파악되어야 현재 조직 내 존재하고 있는 직무와 미래 특정시점에 존재할 직무들 중 어느 정도를 현재의 조직구성원들로 충원시킬 수 있을지를 결정할 수 있기 때문이다. 여기에 유용하게 활용될 수 있는 것이 바로 기능목록과 대체도이다.

내부적으로 조달 가능한 인력을 예측하기 위해서 조직 내 인력변동이 어떻게 이루어질 것인가도 파악해야 한다. 조직 내에서 구성원들의 승진, 배치전환, 퇴직, 사직, 해고, 휴직 등으로 인하여 끊임없는 인력변동이 이루어진다. 이러한 인력변동을 고려하여 인력의 내부공급을 예측하는 데는 마코브체인모형이 유용하게 활용될 수 있다.

아래에서는 인적자원의 공급을 예측하는 데 활용할 수 있는 기법들에 대해 살펴보기로 한다.

1) 기능목록

기능목록(skill inventory)은 개인의 직무적합성에 대한 정보를 정확하게 찾아내기 위한 도구이다. 경영자가 모든 종업원의 기능을 빨리 확인할 수 있다면, 조직 내에서 승진이나 전환에 가장 적합한 개인을 뽑는 데 유익할 것이다. 비관리직 구성원들이 보유하고 있는 기능과 능력을 조사하여 결과를 요약해 놓은 자료를 기능목록이라고 부르며, 관리직 구성원들의 기능과 능력을 요약해 놓은 자료를 관리직목록이라고 부르기도 한다. 이처럼 비관리직과 관리직 구성원들의 기능 및 능력에 대한 정보를 구분하기도 하지만, 일반적으로는 관리직, 비관리직 여부와 무관하게 기능목록이라고 한다. 기능목록은 조직 내 현 인력들로부터 확보할 수 있는 기능은 어떠한 것이며 그 양은 얼마나 되는가를 파악하게 해 준다.

기능목록에 포함되는 내용에는 일반적으로 보유기능, 조작가능 기계·장비·도구, 현재 담당하고 있는 직무의 내용 및 책임정도, 교육수준, 경력, 교육훈련, 직무성과, 강점 및 약점 등이 포함된다. 조직의 필요에 따라 기타 다양한 정보들이 추가될 수 있다. 관리직 기능목록은 이에 추가하여 감독하는 부하직원의 수, 감독하는 부하직원들의 유형, 책임을 지고 있는 예산의 규모, 부하직원의 임무, 과거 관리경력 등을 포함하기도 한다.

기능목록은 일반적으로 전산화되어서 주기적으로 갱신되며 활용되고 있다. 최근에는 개인 및 조직에 관한 각종 정보와 기능목록이 담고 있는 정보를 연계시켜서 보다 폭넓은 용도로 활용 가능한 인사정보시스템으로 통합하고 있다. 기능목록의 예는 〈표 4-1〉과 같다.

표 4-1. 기능목록의 예

<table>
<tr><th colspan="10">기능목록</th></tr>
<tr><td colspan="5">성명: 정 현 진
사번: 9825110</td><td colspan="5">작성일자: 2019. 3. 1
부서코드: 119</td></tr>
<tr><th colspan="5">핵심 직무</th><th colspan="5">경력</th></tr>
<tr><td colspan="5">직무 / 내용 / 활동
1. 인사 / 데이터분석 / 계획
2. 교육 / 기획 / 계획
3. 노사관계 / 노무관리 / 감독 및 분석</td><td colspan="5">1. 2003~2009 채용관리
2. 2009~2015 복지후생
3. 2015~2019 교육훈련</td></tr>
<tr><th colspan="3">학력</th><th colspan="4">특별연수</th><th colspan="3">회원</th></tr>
<tr><td colspan="3">1. 학사 경영학 2000
2. 석사 인사관리 2002</td><td colspan="4">1. 인사관리세미나 2007
2. ASTD 2011</td><td colspan="3">1. 한국경영학회
2. 한국인사관리학회</td></tr>
<tr><th colspan="2">자격증</th><th colspan="2">외국어 능력</th><th colspan="2">희망직위</th><th colspan="2">희망근무지</th><th colspan="2">취미</th></tr>
<tr><td colspan="2">1. 공인노무사</td><td colspan="2">1. 영어 유창함
2. 일어 독해가능</td><td colspan="2">1. 인사관리
2. 노사관계</td><td colspan="2">1. 서울
2. 울산</td><td colspan="2">1. 축구
2. 바둑</td></tr>
<tr><td colspan="5">종업원 서명: 정 현 진
날 짜: 2019. 3. 1.</td><td colspan="5">인사부서 담당자 서명: 최 종 균
날 짜: 2019. 3. 1.</td></tr>
</table>

2) 마코브분석

마코브분석(Markov chain analysis)은 시간 흐름에 따른 개별 종업원들의 직무이동확률을 파악하기 위해서 개발된 것으로 내부노동시장의 안정적 조건하에서 종업원들의 승진, 이동, 이직 등의 일정비율을 적용하여 미래 각 기간에 걸쳐 현재 인원의 변동을 예측하는 방법이다.

마코브분석은 현재의 직무에 계속 재직할 가능성, 조직 내 다른 직무로 이동할 가능성, 조직을 이탈할 가능성 등에 관한 확률을 이용한 전이행렬(transition probability matrix)에 기초하고 있다. 전이행렬은 매년 초 각기 다른 직무에 종사하고 있는 사람들의 숫자를 이동예상률과 곱하여 나타낸다. 이 결과를 통해 매년 말 각 직무에 남게 될 사람이 몇 명인가를 알 수 있다. 전이행렬을 개발하는 단계는 다음과 같다.

제1단계

인력이동을 알고자 하는 직무를 나열한다.

제2단계

과거 추세를 통해 해당 직무의 이동률에 관한 자료를 수집한다.

〈표 4-2〉는 특정기업의 직무간 예상이동률을 나타내고 있다. 여기에서 제시된 예는 연초(time 1)에 A직무에 근무했던 종업원의 15%가 연말(time 2)에 회사에서 퇴직하였고, 10%는 B직무로 이동하였으며, 5%는 C직무로 이동했음을 보여준다. 이 표에서 제시된 직무 A, B, C, D는 직급(부장, 차장, 과장, 대리, 사원)에 적용시켜 활용할 수도 있다.

표 4-2. 직무 간 예상이동률

	예상이동률				
	time 2				
time 1	직무 A	직무 B	직무 C	직무 D	퇴직
직무 A	0.70	0.10	0.05	0	0.15
직무 B	0.15	0.60	0.05	0.10	0.10
직무 C	0	0	0.80	0.05	0.15
직무 D	0	0	0.05	0.85	0.10

제3단계

제2단계의 이동률에 대한 정보를 가지고 연초 인력을 대입시켜 전이행렬을 작성하여 미래의 인력을 예측한다.

〈표 4-3〉에서 제시된 바와 같이 time 2(연말)에서의 인력을 예측하기 위해서는 먼저 현직 종업원의 각각의 상황(직무간 이동 내지 조직이탈)에 해당될 가능성을 매트릭스에 곱하여 준다. 예를 들면 직무 A에는 연초에 종업원이 62명이었다. 이 중 15%(0.15 × 62 = 9)는 조직을 떠났고 10%(0.10 × 62 = 6)는 직무 B로 옮겨갔고, 5%(0.05 × 62 = 3)는 직무 C로 옮겨갔다. 이에 따라 연초부터 계속해서 직무 A에 종사해온 사람은 44명이었다. 그런데 직무 B에 종사하던 75명중 15%(0.15 × 75 = 11)가 직무 A로 이동했다. 결국 연말에 직무 A에 종사하는 직원 총수는 55명(44 + 11 = 55)이었다.

표 4-3. 전이행렬 계산(예)

time 1		time 2(연말)				
		직무A	직무B	직무C	직무D	퇴직
직무A	62	44(0.70)	6(0.10)	3(0.05)	0(0.00)	9(0.15)
직무B	75	11(0.15)	45(0.60)	4(0.05)	8(0.10)	7(0.10)
직무C	50	0(0.00)	0(0.00)	40(0.80)	2(0.05)	8(0.15)
직무D	45	0(0.00)	0(0.00)	2(0.05)	38(0.85)	5(0.10)

$$[62,\ 75,\ 50,\ 45] \times \begin{bmatrix} 0.70 & 0.10 & 0.05 & 0.00 & 0.15 \\ 0.15 & 0.60 & 0.05 & 0.10 & 0.10 \\ 0.00 & 0.00 & 0.80 & 0.05 & 0.15 \\ 0.00 & 0.00 & 0.05 & 0.85 & 0.10 \end{bmatrix} = [55,\ 51,\ 49,\ 48,\ 29]$$

만일 time 3에서의 인력이동에 대한 예측치를 구하려면 time 2에서의 각 직무별 인력(직무 A: 55명, 직무 B: 51명, 직무 C: 49명, 직무 D: 48명, 퇴직: 29명)에 다시 앞의 〈표 4-2〉에서 제시한 방식대로 전이행렬을 작성하여 계산할 수 있다. 이러한 계산방식을 계속 적용하여 해당 기업에서의 목표연도에서의 각 직무별, 직급별, 직군별 등 공급인력을 구할 수 있는 것이다.

제4단계

마코브분석 결과에 대한 평가를 하는 단계이다. 위에서 언급된 예에서는 직무별로 전이행렬을 구하여 연초에 연말의 직무이동과 인원수를 알 수 있었다. 그러나 직무이동뿐만 아니라, 전이행렬을 이용하면 직위별 이동도 구할 수 있다. 직무대신 직위를 대입하여 전이행렬을 구하면 된다.

마코브분석은 적용하기 쉬운 장점이 있다. 그렇지만 마코브 체인을 이용한 내부인원 공급량예측은 조직내부의 인력흐름이 비교적 안정적 패턴을 보일 경우에만 그 유효성이 보장된다. 만일 승진과 퇴사 등의 인력변동 추세가 연도별로 심한 격차를 보인다면 이 방법을 적용하는 것은 바람직하지 않다. 조직 내의 인력흐름 변동은 조직의 전략적 전환(신규사업 참여 등)이나 구조개편(부서 통폐합 등) 그리고 경력개발 및 교육훈련 프로그램이 어떻게 운영되는가에 따라 큰 영향을 받는다. 이러한 중요한 요인들을 고려하지 못하는 것이 마코브모형의 한계이다.

3) 대체도

대체도(replacement chart)는 조직 내 특정직무가 공석이 된다고 가정할 경우 누가 여기에 투입될 수 있을 것인가를 파악할 수 있게 작성된 표이다. 대체도는 구성원들의 연령, 성과수준, 승진가능성 등에 초점을 두어 이를 시각적으로 표시한 것으로 이를 통해 현재의 조직구성원들로서 충원될 수 있는 직무가 어떠한 것들이 있는가를 살펴볼 수 있으므로 특히 구성원들의 장기근속을 전제로 하는 기업에 있어서 매우 중요하다. 대체도는 전체 구성원들을 대상으로 작성될 수도 있지만, 관리직이나 주요 기술직 구성원들을 대상으로 작성되는 것이 보통이다. [그림 4-1]은 대체도의 예를 나타내고 있다.

그림 4-1. 대체도의 예

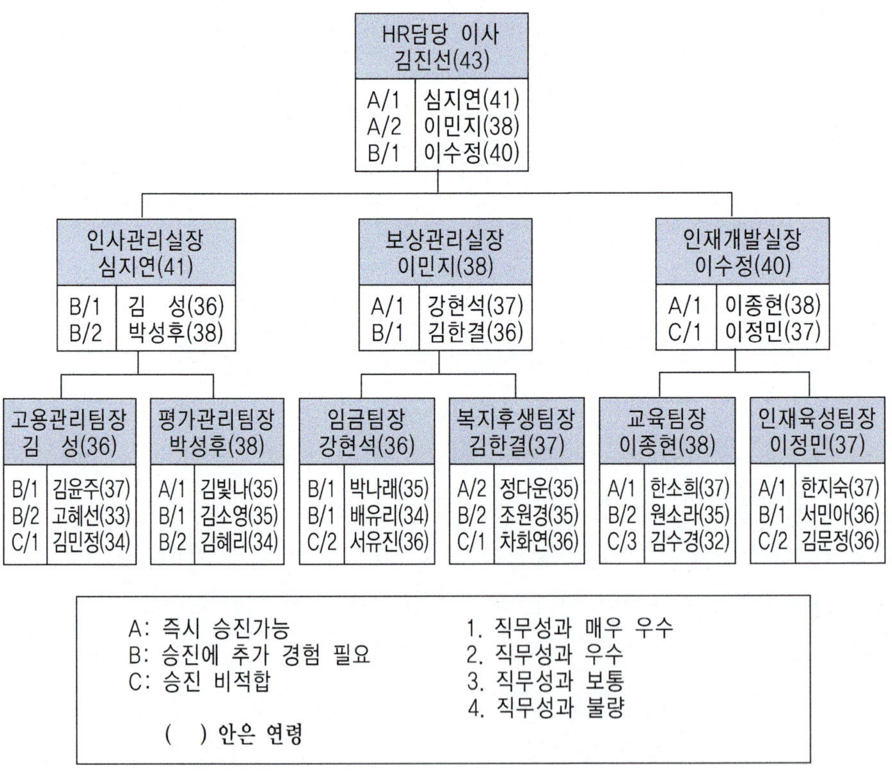

대체도는 조직도와 마찬가지로 조직 내 존재하는 다양한 직무를 나타냄과 동시에 각각의 직무로 승진할 수 있는 사람들을 나타낸다. 대체도에 포함되는 정보는 조직마다 조금씩 다를 수 있지만 대개는 각 구성원의 승진가능성과 현재의 직무성과가 기재된다. 직무성과는 대개 인사평가의 결과에 의거하여 기재된다. 승진가능성은 직무성과와 함께 해당 구성원이 앞으로 상위 직무를 수행할 역량을 갖추고 있는지 여부를 직속 상사가 판단한 내용을 근거로 기재된다. 또한 인사부서에서 각종 검사나 면접 그리고 다른 평가수단들을 동원하여 파악된 평가결과가 참조되기도 한다.

2. 외부공급

성장하는 기업에 있어서 소요되는 인력을 내부공급만으로 확보하기에는 어려움이 따른다. 따라서 기업은 조직내부로부터 공급받을 수 있는 인력을 추정하고 난 후 조직외부로부터 공급받을 수 있는 인력의 규모를 예측해야 한다. 인력의 외부공급은 외부노동시장의 여건에 크게 영향을 받는다.

외부노동시장의 여건을 확인하는 데에는 일반적으로 인구구조, 경제활동인구, 실업률, 산업별·직종별 고용동향 등에 대한 정보를 확용할 수 있다. 이러한 고용관련 정보는 고용노동부와 통계청의 홈페이지, 고용, 노동 및 경제관련 연구기관의 발간물 등을 통하여 구할 수 있다. 이와 더불어 외부 인력공급원이 되는 대학, 전문대학 등의 교육기관 및 직업훈련기관의 인력공급추이를 예측하는 것도 필요하다.

제6절 인적자원 수요와 공급의 균형

인적자원의 수요예측과 공급예측이 완료되면 수요와 공급을 비교하고 그 균형을 유지하기 위한 적절한 조치를 취해야 한다. 인력부족시와 인력과잉시의 인력수급 조정방안을 각각 살펴보면 다음과 같다.

1. 인력부족의 경우

인력부족 발생시 부족인력을 조직 내부와 외부에서 충원하는 조치를 마련해야 한다. 먼저, 내부인력 활용의 경우 작업시간을 늘려 초과근로를 실시하는 방법, 교육훈련제도・동기유발제도・보상제도의 변경, 직무재설계 등을 통하여 생산성을 향상시키는 방법, 새로운 기능 및 역량을 육성・개발하는 방법 등을 활용할 수 있다. 부족한 인적자원의 유형이 조직 내 이미 존재하고 있는 기능과 역량을 요구하고 부족량이 크지 않다면 초과작업과 생산성향상을 통하여 대처할 수 있을 것이다. 그러나 부족한 인적자원의 유형이 조직 내 존재하지 않는 기능과 역량을 요구하는 경우에는 기존인력에게 새로운 기능과 역량을 습득시키는 개발전략을 시행해야 할 것이다. 하지만 인적자원을 개발하는 데에는 상당한 시간과 비용이 요구되므로, 필요로 하는 인적자원을 내부에서 개발해야 할 것인지 또는 외부에서 영입할 것인지에 대해서는 면밀한 비용-편익분석을 실시해 보아야 할 것이다.

인력부족 현상이 발생했을 경우에 정규직 신규채용을 고려하기 이전에 다른 대안을 먼저 모색하는 것이 바람직하다. 예를 들어 퇴직연령에 도달한 사람들에게 계속 근무하도록 인센티브를 제공하거나, 이직원인을 분석하여 대비책을 마련하는 것이 대안으로 고려될 수 있다. 인력부족이 일시적 현상이라면 임시직을 고용할 수 있다. 또 비즈니스 리엔지니어링을 통해서 불필요한 직무와 업무절차를 줄임으로써 인력부족에 대처할 수 있으며, 파견근로나 아웃소싱, 하청을 이용하거나, 실업률이 높고 인건비가 싼 외국으로 진출할 수 있다.

인력부족의 대처방안인 초과근로 활용, 임시직 고용, 파견근로 활용, 아웃소싱에 대해 구체적으로 살펴보면 다음과 같다.

1) 초과근로 활용

인력부족 상황에 처해있는 기업에서 신규인력을 채용하기 곤란한 경우 기존인력의 근로시간을 연장하는 방안을 활용할 수 있다. 국내외 많은 기업들이 근로자들의 초과근로를 활용하고 있다. 초과근로에 대해서는 시간당 정규근로시간의 150%에 해당되는 초과근무수당을 지급해야 하지만 많은 기업은 신규근로자의 채용보다 초과근로를 선호하고 있다. 특히 제품이나 서비스에 대한 수요가 미래에 지속되지 않을지 모른다는 우려가 있는 경우에는 더욱 그러하다.

근로자들도 추가적 보상이 제공되는 초과근로를 선호하는 경우가 많다. 그러나 초과근로가 장기간 실시되면 과로와 스트레스에 시달리게 된다. 이와 관련하여 최근의 노사분규 가운데 신규인력채용에 대한 노동조합의 요구가 쟁점이 되는 경우가 증가하고 있는 실정이다.

2) 임시직 고용

임시직 고용으로 기간계약고용과 시간제고용을 들 수 있다. 기간계약고용은 임시직이라고도 하며 상용직과 반대되는 개념으로 정해진 기간 동안 근무하는 고용형태로서 1일 또는 수일간에서부터 수개월, 수년 동안 고용하는 방식이다. 고용계약기간의 장단을 기준으로 고용형태가 상용직, 임시직, 일용직으로 분류되는데 고용계약기간의 정함이 없거나 1년 이상인 경우는 상용근로자, 1개월 이상 1년 미만인 근로자는 임시근로자, 1개월 미만인 근로자는 일용근무자로 분류된다. 기간계약고용의 이점은 무엇보다도 고용의 유연성을 높여주면서 계약사원을 동기부여시켜 생산성을 높일 수 있다는 점이다. 상품의 라이프사이클이 급속히 짧아지고 신기술도입이 증가하면서 전문기술을 가진 근로자의 한시적 고용이 필요하기 때문에 향후 전문직·기술직에서도 기간계약고용의 비중이 증가할 것으로 예상된다.

적지 않은 기업이 노사분규 예방 측면에서 임시직 근로자를 선호하고 있으며, 노사분규의 우려가 있을 때는 정해진 기간이 만료된 근로자의 고용기간 연장을 하지 않는 등의 방법으로 노사분규 사전예방을 위해 임시직 고용을 선호하기도 한다.

시간제고용은 기준근로시간보다 짧은 시간동안 규칙적이고 자발적인 방식에 의한 고용을 의미한다. 시간제고용을 활용할 경우 기업은 인건비를 절감할 수 있다. 시간제고용의 경우 정규직원에 비해 상대적으로 낮은 시간급만 지급하면 될 뿐 복지후생비, 상여금, 퇴직금은 지급할 필요가 없기 때문이다.

시간제고용은 그 외에도 다음의 이점이 있다.

- 단순하고 정형적인 업무에 있어서 시간제고용을 활용하는 것이 인력의 효율적 활용에 유리하다.
- 업종에 따라 계절적으로 노동수요의 변화가 큰 곳이 있다. 이 경우에 특히 노동수요가 많은 계절에는 시간제고용을 활용하는 것이 바람직하다.
- 일반적으로 기업은 경기가 좋을 때와 나쁠 때가 있다. 경기가 좋을 때는 많은 인력이 필요하지만 경기가 악화되면 업무가 줄어들고 인력이 남아돌게 된다. 이러한 때에 대비해서 시간제고용을 활용하는 것이 필요하다.

기업으로서는 생산량 및 판매량의 증감, 경기의 변동에 따라 인력을 탄력적으로 고용할 것이 요청되고 있고 이를 위해서 시간제고용 등의 비정규직 고용을 확대할 필요가 있다.

3) 파견근로 활용

파견근로는 자기 기업에서 고용하고 있는 근로자를 다른 기업에 파견하여 그 지휘명령을 받아 근로하게 하는 형태이다. [그림 4-2]에서 보는 바와 같이 파견기업이 사원을 필요로 하는 회사(사용기업)에 대하여 사원을 파견하고 사용기업의 업무에 종사시킴으로써 그 대가로 파견요금을 받는다. 파견기업은 사용기업으로부터 받은 요금 중에서 파견사원의 임금을 지급한다.

그림 4-2. 근로자파견

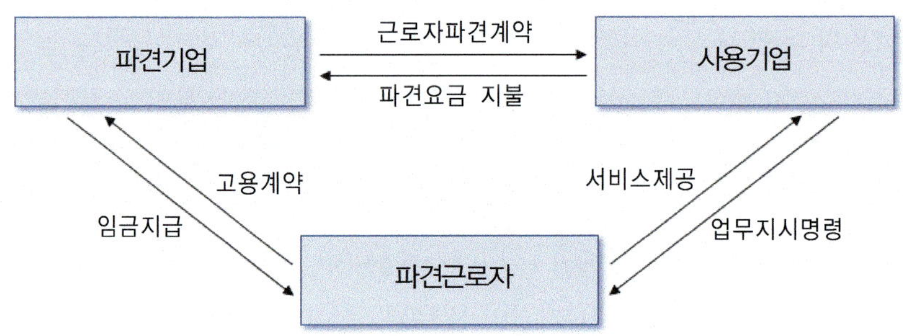

파견근로자 활용은 다음의 장점이 있다.

첫째, 인건비를 절감할 수 있다. 동일한 수의 근로자를 쓰더라도 파견근로자를 이용하게 되면 임금 및 관리비용이 줄어든다. 정규사원을 채용할 경우에는 임금 외에 상여금, 각종 수당, 사회보험료, 복지후생비, 퇴직금 등을 부담해야 하지만 파견사원의 경우에는 파견회사에 지급하는 파견요금만 부담하면 된다.

둘째, 계절적 고용변화에 완충작용을 한다. 파견근로자는 노동에 대한 수요가 계절적으로 크게 변동하는 부문에서 특히 광범위하게 이용된다. 파견근로자를 이용하여 피크타임대의 노동수요에 유연하게 대처할 수 있기 때문이다.

셋째, 일시적 노동수요 부족을 메울 수 있다. 상용근로자의 휴가, 질병, 가사 등의 사정으로 일시적으로 결원이 생기는 경우 이를 대처하기 위한 수단으로 파견근로자가 이용된다. 파견근로자로 하여금 결원을 보충함으로써 추가 상용근로자를 대기시켜둘 필요가 없어져 비용을 줄일 수 있다.

넷째, 장래의 불확실성에 대한 보장으로서 활용된다. 특별 프로젝트나 신규사업에 착수한 초기에 사업전망이 불투명할 경우 상용근로자를 고용하게 되면 장차 사업이 부진할 경우 해고가 어렵고 해고비용이 많이 들게 된다. 특히 조선업과 같이 대규모 주문에 의존하면서 계속적인 안정적 생산이 불가능한 경우에는 장래의 수주량 감소에 대비하여 파견근로자를 이용하는 경우가 바람직하다.

다섯째, 파견사원은 대체로 업무경험이 많은 베테랑이므로 채용일로부터 즉시 요긴하게 활용할 수 있는 경우가 많다.

파견근로는 파견근로자에게도 다음의 이점이 있다.

첫째, 근무시간의 유연성이 보장된다. 주부, 학생, 퇴직자 등 수입을 필요로 하지만 정규직 취업을 스스로 원하지 않는 사람들이나 혹은 일정한 근무시간에 맞추어 근무하기를 꺼리는 전문가의 경우 정규고용의 기회가 주어져도 근무시간의 유연성을 유지하고자 이를 거절하는 경우가 많다. 특히 최근 여성의 경제활동 참가가 증대하고 있고 전문직 종사자 중에서 특정직장에 얽매여 근무하기 보다는 근무시간, 근무장소, 근무형태 등을 자신이 스스로 선택하고자 하는 욕구가 높아지고 있는 것이 파견근로형태가 확산되고 있는 중요한 이유이다.

둘째, 일부 직종의 경우 파견근로자가 상용근로자에 비하여 더 높은 수입을 올릴 수 있다. 즉, 일부 전문직의 경우 단기간의 취업으로 고수입을 올릴 수 있으므로 파견근로형태를 원하는 경우가 있다.

셋째, 비교적 쉽게, 즉시 취업이 가능한 경우가 많다. 따라서 신규졸업자, 주부 등 노동시장 재진입자, 실업자, 타지역으로부터의 이동자 등이 정규적 일자리를 찾는 동안에 일시적으로 파견근로 형태로 취업하게 된다.

4) 아웃소싱

아웃소싱(outsourcing)이란 급속한 시장변화와 치열한 경쟁에서 살아남기 위해 기업에서 부가가치가 높은 핵심사업만을 남겨두고 부수적 업무는 외주에 의존하는 것을 말한다. 기업은 아웃소싱을 통하여 인원절감과 생산성향상의 이중효과를 기대한다.

기업은 아웃소싱을 효과적으로 활용하기 위해서 철저한 사전준비와 구체적 실행계획을 필요로 하며 구체적으로 다음을 고려해야 한다.

첫째, 아웃소싱 대상업무의 합리적 선정

조직내부에서 수행할 때 과다한 비용이 소요되고 부가가치가 낮은 업무를 대상으로 아웃소싱을 실시하여 비용절감 효과를 높여야 한다. 이와 함께 조직구성원들을 보다 부가가치가 높은 업무로 배치・활용하는 방안을 구체적으로 수립해야 한다.

둘째, 외주업체의 선정과 계약

아웃소싱 성패의 가장 큰 요인은 외주업체의 체계적 선정과 계약이라고 할 수 있다. 이 과정에서 서비스를 공급하는 외부업체와 보다 깊이 있고 원만한 관계를 형성하여야 한다.

셋째, 조직내부 구성원의 공감대 형성

아웃소싱은 실행시 내부의 장벽에 부딪칠 수 있다. 이를 극복하기 위해서 조직구성원들에게 아웃소싱이 단순한 비용절감의 수단이 아니라 조직내부의 업무가치제고를 위한 전략적 수단이라는 것을 인식시켜야 한다.

2. 인력과잉의 경우

인적자원 과잉이 발생한 경우 이를 해소하기 위한 조치가 취해져야 한다. 이를 위해서 신규채용을 중단하고 퇴사나 퇴직 등에 의한 인력의 자연감소분에 대해 충원을 하지 않는 자연감원방법을 활용할 수 있다. 자연감원만으로 인력과잉의 해소가 어려운 경우에는 조기퇴직을 유도하는 방안이 있다. 인원과잉이 심각하지 않고 부서간 인력불균형이 있는 경우에는 조직내부의 배치전환을 통해서 과잉인원을 해결할 수 있다. 인원과잉이 단기적인 것이라면 과잉인원을 해고시키지 않고 훈련을 받게 하거나 또는 보전업무 등에 종사하도록 할 수 있다. 근로시간 단축도 고려할 수 있다. 다른 대안으로도 어쩔 수 없는 경우 최후 수단으로 정리해고가 고려될 수 있다. 아래에서는 인력과잉의 경우에 대응하는 대안으로 직무분할제, 조기퇴직제도, 다운사이징, 정리해고에 대해 구체적으로 살펴보고자 한다.

1) 직무분할제

직무분할제(job sharing)란 하나의 풀타임 업무를 둘 이상의 파트타임 업무로 전환하는 것을 말한다. 이는 근로자가 직무에 대해 동등한 책임을 지는 수평적 분할을 의미하는 것으로 둘 이상의 근로자가 하나의 직무를 공유하는 것이다.

직무분할제를 통하여 하나의 직무를 두 사람 이상이 담당하도록 함으로써 그 직무의 적용범위뿐 아니라 그 직무를 수행하는 근로자들의 근로시간을 다양화할 수 있다. 따라서 자녀양육 등 가사일이나 개인적 시간이 필요한 근로자 개인에게 도움이 될 수 있다. 직무분할제는 예를 들면 어떤 하나의 업무에 대해 '갑'은 월요일, 화요일, 수요일 오전에 근무하고 '을'은 수요일 오후, 목요일, 금요일에 근무하는 형태이다. 이 경우 근무시간은 얼마든지 다양화할 수 있으며 근로자는 파트타이머가 아닌 정규근로자로 처우하게 된다.

직무분할제를 통하여 기업 내 직무분할이 가능한 업무를 선정하고 희망자를 모집하여 해당업무에 종사하게 함으로써 기업은 인건비 감축효과를 거둘 수 있고 근로자는 개인시간을 활용할 수 있는 장점이 있다. 최근 선진국에서는 직무분할제가 활발하게 도입되고 있는데 그 이유 중 하나는 노동시장에서 차지하는 여성인력의 비중이 늘어나고 있고, 맞벌이 부부나 파트타임 근로를 선호하는 젊은 근로자들이 더욱 많아지고 있기 때문이다.

직무분할제는 경영의 측면에서 볼 때 다음의 효과를 얻을 수 있다.

첫째, 인력활용의 유연성을 제고하게 된다. 직무분할제는 두 개의 파트타임 직무로 나누거나 시간을 줄일 수 없는 직위를 파트타임 근로를 가능하게 해 줌으로서 우수한 종업원을 보유하고 인력활용의 유연성을 제고할 수 있다. 이는 특히 상위계층의 직위에 적용 가능하다. 다만 어떤 직위가 한시적으로 두 사람이 분할할 수 있는 풀타임 직무로 규정될 경우에는 임금이나 복리후생 등 고용조건은 한 사람이 하는 것과 동일하게 이루어지는 것을 전제로 하고 있다. 따라서 총인건비 측면에서는 부담이 늘어나지 않으면서 고급인력을 효율적으로 활용함으로써 생산성을 증대시킬 수 있는 효과를 거둘 수 있다.

둘째, 업무의 적용범위 및 영속성의 유지가 가능하다. 직무분할제를 통해 하나의 직위를 두 사람이 담당하도록 함으로써 직무의 적용범위뿐 아니라 직무를 수행하는 근로자의 욕구를 충족시켜 줄 수 있기 때문에 다양하고 효과적인 작업일정을 개발할 수 있다. 따라서 분할직무 근로자가 서로 업무를 보완적으로 담당할 수 있을 뿐 아니라 한 사람이 직무를 담당할 수 없을 경우에도 업무의 영속성을 유지할 수 있는 장점이 있다.

셋째, 기능과 경험의 폭을 확대할 수 있다. "백지장도 맞들면 낫다"라는 말이 있듯이 직무분할제는 두 근로자의 기능과 경험을 활용함으로써 직무에 적용되는 능력의 범위를 증대시킬 수 있기 때문에 업무 효율성을 제고시킬 수 있다. 특히 기술발달로 인해 업무의 복잡성이 증대되고 있는 점을 감안할 때 직무분할제의 필요성이 높아지고 있다.

넷째, 직무분할제를 통해 특수업무팀을 만듦으로써 인적자원관리의 여러 목적을 효율적으로 달성할 수 있다. 구체적으로 예를 들면

- 정년을 앞둔 두 근로자의 직무를 분할하여 일하게 한다든지,
- 젊은 근로자가 나이와 경험이 많은 근로자와 직무를 분할함으로써 정년퇴임에 대비하여 경험을 전수받게 하거나,
- 승진을 앞둔 근로자가 승진 후에 맡게 될 직무를 분할하여 담당함으로써 미리 대비하게 할 수 있게 하거나,
- 신규근로자가 수습 혹은 훈련기간 동안 직무를 분할하여 담당함으로써 그 기간 동안에도 인력을 활용할 수 있는 동시에 능력을 육성할 수 있다.

2) 조기퇴직제도

조기퇴직제도(early retirement program)는 일정연령에 도달한 구성원이 조기에 퇴직하여 제2의 인생을 시작할 수 있도록 기회를 제공하면서 동시에 조직 내 인력과잉과 이에 따른 경력정체현상을 인원감소를 통해 완화하고자 하는 제도로 명예퇴직제도, 희망퇴직제도, 선택정년제도 등 다양한 명칭으로 불리어지기도 한다. 조기퇴직제도는 일반적으로 일정 연령에 도달한 종업원이 조기퇴직신청서를 제출하고 회사가 이를 인정하여 조기퇴직신청자에게 퇴직금 외에 특별가산금을 지급하고 또 경우에 따라서 이들의 전직이나 창업을 지원하는 과정으로 이루어진다. 조기퇴직은 종업원의 자율적 선택에 의해서 이루어지는 것이 원칙이다.

조기퇴직제도의 긍정적 효과로 다음을 들 수 있다.

- 인사적체 및 승진정체 해소에 기여할 수 있다. 조기퇴직에 따라 조직 내 승진의 기회가 늘어날 수 있게 되어 중간관리층과 하위계층의 사기가 향상되게 된다.
- 조직활성화에 기여할 수 있다. 조기퇴직은 조직 내 통풍역할을 하게 되어 보수적 조직분위기를 일신할 수 있게 된다. 조기퇴직의 실시로 인하여 새로운 아이디어와 혁신의 양이 증가될 수 있으며, 인력과 조직이 간소화되어 조직 유연성이 제고될 수 있다.
- 인건비 절감에 기여할 수 있다. 기업 내 인력의 고령화 현상이 심화되고 있고 연공급 임금체계, 지속적 임금상승으로 인하여 중고령 인력에 대한 인건비 부담이 증

대되고 있는데 조기퇴직제도로 인하여 장기적 측면에서 인건비 경감이 가능하게 된다.

- 조기퇴직제도의 실시는 인력충원에 유연성을 높인다. 조직의 상위계층에서 조기퇴직이 이루어지면 승진기회가 생기게 되고 또 조직 내 수평적 이동의 기회도 함께 제공되어 이를 통해 인적자원의 재배치가 가능하게 된다.
- 기업이 조기퇴직자들에 대해서 퇴직지원 프로그램(outplacement)을 실시해서 이들의 전직이나 독립을 적극 지원하게 되면 퇴직자들은 기업에 대해 좋은 이미지를 가지고 퇴사하게 되므로 기업의 사회적 평판이 향상될 수 있다.

조기퇴직제도는 그 효과에 있어서 양면성을 가지고 있다. 실제 기업이 의도했던 성과가 나타나기도 하고 또 시행과정과 결과에서 많은 문제점이 발생하기도 한다. 조기퇴직제도의 문제점으로 다음을 들 수 있다.

- 조기퇴직제도 시행에 있어서 무능인력방출이라는 기업의 의도와는 상반되게 오히려 유능한 인력이 퇴직하고 무능인력이 남아있게 되는 현상이 발생하기도 한다.
- 조기퇴직제도는 기업이 의도하는 인건비 절감의 효과를 거두지 못하고 실패로 끝날 위험을 내재하고 있다. 업무성과가 높고 조직에서 필요로 하는 유능한 종업원을 상실하는 반면 성과가 낮은 종업원은 남아 조직에 막대한 퇴직보상금의 부담만 안기고 기대하는 인건비 절감의 효과를 거둘 수 없게 될 수 있다.
- 노사관계에 있어서 불신과 갈등을 야기하기도 한다. 조기퇴직제도는 합법을 가장한 해고라는 분위기가 형성되면 협력적 노사관계는 더 이상 기대하기 어렵게 된다. 퇴직대상자의 선정, 조기퇴직금의 산정 및 지급방법결정 등에 있어서도 노사간 이해가 대립되는 경우가 많아서 산업평화가 위협받기도 한다. 또 조기퇴직제도가 단체협상의 대상이 되어서 노사관계의 갈등요인이 되는 경우도 있다.
- 조기퇴직자의 경우 회사로부터 갑자기 조기퇴직 권유를 받고 회사를 그만두게 되어 열등의식에 사로잡히거나 생활의욕을 잃어 가족들에게도 부정적 영향을 미치는 경우가 많다. 이들에게 퇴직은 정체성 위기를 야기시켜 사회적으로 와해되게끔 한다.
- 조기퇴직제도는 기업윤리문제를 제기한다. 기업의 사회적 책임 가운데 하나인 종업원에 대한 책임 중 가장 핵심적인 것으로 고용보장을 들 수 있는 바 조기퇴직제도가 야기하는 고용불안정은 기업내외에서 기업의 비윤리적 행위로 비난받을 수 있다.

- 남아있는 종업원에게도 다음에는 자기 차례가 될지 모른다는 고용불안을 야기해 평생직장의식 및 소속감을 약화시키게 된다. 이는 사기저하와 조직에 대한 충성심 저하를 낳게 되고 업무의 질 및 생산성의 저하가 그 결과로 나타나게 되어 기대했던 조직활성화 및 생산성향상에 오히려 부정적 영향을 미칠 수 있게 된다.

3) 다운사이징

다운사이징(downsizing)은 조직의 경쟁력 제고를 위하여 다수의 인력을 계획적으로 감축하는 것을 말한다. 다운사이징에 의해서 감축되는 일자리는 경기침체나 불황에 따라 일시적으로 줄어드는 것이 아니라 기업이 직면하는 심각한 경쟁에 기인하여 영구적으로 감축되는 것이다. 다운사이징을 실시하는 대부분의 기업의 이유는 현재 손실을 줄이기 위해서보다는 미래 경쟁력을 높이기 위해서이다. 조직이 다운사이징을 실시하는 이유는 다음과 같다.

- 인건비 감축을 위해서이다.
- 진부화된 공장을 폐쇄하거나 구식공장에 신기술을 도입하게 되는 경우 인력수요가 줄어들기 때문이다.
- 기업 인수·합병으로 인하여 간접부문 관리자와 전문 스탭의 인력수요가 줄어들기 때문이다.
- 많은 기업들이 경제적 이유, 특히 인건비 절감을 이유로 국내 다른 지역이나 외국으로 옮기기 때문이다.

다운사이징의 성과에 대해서는 평가가 엇갈리고 있다. 대부분의 연구에서는 다운사이징이 대규모 인력감축과 이에 연계된 생산성향상을 가져온 것으로 나타나고 있다.

그런데 포춘지 선정 100대 기업 중 52개 기업을 대상으로 한 연구는 대부분의 기업에서 다운사이징 실시 후 수년간 재무성과가 개선되지 않았고 오히려 악화되었음을 나타내고 있다. 다운사이징이 기업성과를 제고하는데 실패하는 이유는 다음과 같다.

- 초기의 비용절감은 단기적으로 이익이 되기는 하지만 적절하지 않게 실시된 다운사이징은 장기적으로 부정적 결과를 초래하게 된다. 즉, 인재손실을 야기할 뿐만 아니라 조직에서 창의성과 유연성을 제고하는데 필요한 사회적 네트워크를 파괴한다.

• 다운사이징은 많은 경우에 대체불가능한 자산으로 판명되는 사람들을 조직에서 나가게 한다. 한 조사에서 80%의 기업에서 퇴출한 사람을 재고용해야 한 경우가 나타나고 있다.
• 다운사이징에서 살아남은 종업원들은 시야가 좁고, 자기중심적이고 위험회피적이 되는 경향이 높다. 조직 내에서의 성장에 대한 희망이 사라졌기 때문에 모티베이션이 저하된다. 많은 종업원들은 다른 고용기회를 알아보기 시작하게 된다. 다운사이징과 관련된 부정적 여론은 노동시장에서 기업 이미지를 손상시켜 추후 인력채용에 어려움을 초래하게 된다. 이러한 이미지 손상을 방지하기 위해서 해고의 필요성이 충분히 설명되고 해고절차가 공정하게 이루어져야 한다.

4) 정리해고

인력감축을 위한 최후의 방안으로 고려할 수 있는 것이 정리해고이다. 정리해고는 '경제적 · 산업구조적 또는 기술적 성격에 기인한 기업합리화 계획에 따라 남는 근로자를 감축하거나 그 인원구성을 바꾸기 위해 행하는 해고'로 정의된다.

정리해고는 근로기준법에 명시된 요건과 반드시 일치해야 하고 정해진 절차를 준수해야 한다. 정리해고의 요건은 다음과 같다.

첫째, 긴박한 경영상의 필요발생

근로기준법에서는 경영상의 필요로 다음을 들고 있다.

- 계속되는 경영악화에 의한 경영위기
- 경영악화로 인한 일부사업 폐지
- 신기술 도입, 기술혁신 등에 의한 작업형태의 변경
- 경영악화를 방지하기 위한 사업의 양도, 인수 · 합병

둘째, 해고회피노력

사용자는 정리해고를 하기 전 '적극적 해고회피노력'을 해야 한다. 즉, 인원삭감을 실시하기 전 사용자는 신규사원 모집중지, 시간외 근로 중단, 분업, 단축시간 근로, 배치전환, 전출, 일시 귀휴, 희망퇴직 모집 등 다른 수단에 의한 해고회피의 노력을 할 의무를 가진다.

셋째, 합리적 정리기준의 설정과 선별의 공정성 확보

긴박한 경영상의 필요에 의하여 해고할 경우에는 해고대상 근로자가 복수로 존재하

는 것이 보통이므로 해고될 근로자를 선발할 때에는 합리적이고 공정한 해고의 기준을 정하고 이에 따라 대상자를 선발하여야 한다. 정리기준이란 전체종업원 중에서 해고하여도 무방하다고 생각되는 자를 우선으로 선정하는 기준이다. 객관적으로 합리적인 정리기준이라고 인정할 수 있는 것은 결근일수, 지각횟수, 규율(명령)위반 횟수 등의 근무성적이나 근속연수 등의 기업공헌도 등이 있다.

넷째, 노동조합 또는 근로자대표와의 성실협의

사용자는 해고를 피하기 위한 방법 및 해고의 기준 등을 해고 60일 전에 근로자대표에게 통보해야 하고 당해 사업장에 근로자 과반수로 조직된 노동조합이 있는 경우에는 노동조합, 근로자 과반수로 조직된 노동조합이 없는 경우에는 근로자의 과반수를 대표하는 자(근로자 대표)와 성실하게 협의하여야 한다.

다섯째, 해고실시

최종적으로 정리해고를 할 때는 해고 30일전에 노동부에 사전신고를 하여야 한다. 이때는 30일전에 해고예고를 하거나 통상임금의 30일분에 해당되는 수당을 지급해야 하고 여성과 18세 미만자에게는 귀향여비도 지급해야 한다. 근로자는 사용자의 결정이 부당할 경우 관할 지방노동위원회에 구제신청을 제기하거나 법원에 해고무효 확인소송을 낼 수 있다. 경영상 이유로 부득이 정리해고된 근로자는 2년 후 신규인력 채용시 우선적으로 재고용될 수 있다.

학습문제

1. 향후 10년간 노동시장에서의 인적자원의 공급추이를 예측하고 이에 대한 기업의 대책을 논의하시오.
2. 인적자원의 수요·공급예측에 있어서 통계적 방법과 정성적 방법의 장·단점 및 적용방안을 비교하시오.
3. 인적자원계획에 있어서 영향을 미치는 법적 규제에 대해서 설명하시오.
4. 인적자원의 내부조달과 외부조달의 장·단점과 적용방안을 논의하시오.
5. 인적자원수요에 영향을 미칠 기업 내부의 경영합리화 방안을 설명하시오.

참고문헌

김강식 · 안희탁(1996), 『명예퇴직제도의 설계와 운영』, 한국경영자총협회.
김식현(2011), 『인사관리론』, 서울: 무역경영사.
박경규(2010), 『신인사관리』, 서울: 홍문사.
박내회(2010), 『인사관리』, 서울: 박영사.
최종태(2011), 『현대인사관리론』, 서울: 박영사.

Bernardin, H. J.(2003), *Human resource management: an experiential approach*, 3rd ed., New York: McGraw-Hill.
Harris, M.(1997), *Human resource management: a practical approach*, The Dryden Press, Hartcourt Brace College Publishers.
Ivancevich, J. M.(2004), *Human Resource Management*, 9th ed., New York: McGraw-Hill.
Jung, H.(1999), *Personalwirtschaft*, 3. überarb. Aufl., München: Oldenbourg.
Mathis, R. L. & Jackson, J. H.(2003), *Human Resource Management*, 10th ed., Cincinnati: Thompson-South Western.
Mondy, R. W. & Noe, R. M.(1990), *Human Resource Management*, Boston: Allyn and Bacon.
Noe, R. A., Hollenbeck, J. R., Gerhart, B. & Wright, P. M.(2003), *Human Resource Management: Gaining a competitive advantage*, 4th ed., New York: McGraw-Hill.
Oechsler, W. A.(2000), *Personal und Arbeit: Grundlagen des Human Resource Management und der Arbeitgeber-Arbeitnehmer-Beziehungen*, 7. grundlegend überarb. und erw. Aufl., München: Oldenbourg.
Ridder, H.(1999), *Personalwirtschftslehre*, Stuttgart: Kohlhammer.
Scholz, C.(2000), *Personalmanagement: informationsorientierte und verhaltens-theoretische Grundlagen*, 5. neubearb. und erw. Aufl., München: Vahlen.
Sherman, A. W. Jr., Bohlander, G. W. & Snell, S.(1996), *Managing Human Resources*, South-Western College Publishing.

제 5 장
인적자원의 모집과 선발

인적자원의 모집과 선발

opening case 5-1. 확산되고 있는 AI 채용

■ 취직하고 싶어? 해고되기 싫어? 그럼 AI에게 잘 보여야

전국 아니 전 세계 수많은 '취준생'들은 이력서와 자기소개서를 수십번 고쳐 쓰며 인사담당자가 무슨 생각을 할지 고민한다. 직장인은 해고당하거나 승진 등에서 불이익을 받지 않기 위해 인사담당자와 좋은 관계를 유지하려고 노력한다.

그러나 이젠 인사담당자가 아닌 AI 눈치를 봐야 하는 시대가 올지도 모른다. 세계 최대 전자상거래 업체인 아마존에서 시작한 AI 채용이 직원 실적 관리 및 해고까지 다양한 규모와 산업의 기업으로 보다 넓게 확대되는 추세다. 먼저 채용 단계에서 이력서와 자기소개서 검토 및 인터뷰까지 AI를 활용하는 기업이 많아지고 있다.

미국 CNN 방송은 29일(현지시간) 프랑스 화장품 회사 로레알에 입사하고 싶은 청년은 AI와 대화할 준비를 해야 한다고 보도했다. 로레알은 작년부터 1차 기본 요건 검증과 2차 인터뷰에서 AI 프로그램을 적극적으로 도입해 활용하고 있다.

로레알이 채용 과정에 AI를 투입한 가장 큰 이유는 효율성 증대다. 로레알은 세계에서 가장 큰 화장품 회사로 150여개국에 34개 브랜드를 가지고 있으며 직원도 8만 명이 넘는다. 매년 대략 15000개의 채용공고를 내면 수 백만 명이 지원한다. 따라서 로레알 인사팀의 에바 아쥴레이는 "채용의 질을 높이고, 다양성을 확보하며, 지원자의 경험에 집중하는 동시에 시간을 단축하고자" AI를 도입했다고 CNN과의 인터뷰에서 밝혔다.

AI 프로그램은 채용 가장 첫 단계와 두 번째 단계에서 적극적으로 활용된다. 로레알에 지원하는 모든 구직자는 우선 가장 처음 '마야(Mya)'라는 인공지능 '챗봇'에게 기본 요구 조건이 충족되는지 검증받는다. 챗봇이란 질문을 입력하면 인공지능이 빅데이터 분석을 바탕으로 일상언어로 사람과 대화하는 대화형 메신저를 뜻한다. 마야는 지원자에게 비자 요건 등 가장 기본적인 질문을 던지고 이를 기반으로 지원자를 다음 단계로 넘길지 불합격시킬지가 결정된다.

마야가 기본요건이 충족됐다고 '오케이'한 지원자는 2단계에서 '시드링크(Seedlink)'라는 AI와 인터뷰를 하게 된다. 지원자는 3개의 개방형 인터뷰 질문에 대답을 하면 로레알의 주요 기업 가치와 역량을 알고리즘으로 학습한 시드링크가 이를 평가한다. 질문은 "프로젝트에 실패한 경험에 대해 말해주세요. 그 프로젝트를 통해 무엇을 배웠나요?"나 "당신이 확신을 가지고 있는 아이디어에 상사가 반대한 경험이 있나요? 어떻게 설득했는지 이야기해주세요" 등으로 지원자가 로레알 문화에 잘 어울리는 사람인지를 확인한다. AI는 지원자의 답안을 로레알 직원의 답변과 비교해 회사 문화와 얼마나 어울리는지 점수를 매긴다.

로레알은 AI 도입은 성공적이었다고 자평했다. 12000명의 지원자 중 80명을 뽑아야 했던 인턴십 프로그램의 경우, 200여 시간을 절약함과 동시에 지금까지 중 가장 다양한 인력을 채용할 수 있었다고 로레알측은 전했다.

(자료: 머니투데이, 2019.4.30.)

토의과제

1. 위 자료에는 직원 채용에 인공지능(AI)를 도입함으로써 효율성이 높아졌다는 기업들의 사례들이 제시되어 있다. AI를 활용하는 방식이 인사선발의 변별력을 높일 수 있다고 생각하는지 의견을 말해 보시오.
2. 우리나라 기업에서 AI 채용을 도입한다면 예상되는 문제점과 긍정적인 측면에 대해서 토의해 보시오.

opening case 5-2. 쌍방향 소통 방식의 메타버스 채용설명회

불과 몇 년 전까지만 해도 메타버스(Metaverse)는 온라인 게임이나 일부 젊은 세대의 소통을 위한 가상공간으로만 알려져 있었다. 그러나 최근 들어 메타버스의 범위는 엔터테인먼트, 교육, 제품 홍보 등 다양한 사회 커뮤니티 활동을 넘어 업무의 공간까지 확장되고 있다.

전자부품 제조기업인 LG이노텍은 스마트폰과 미래 자동차 등 첨단 IT산업의 혁신을 선도하는 글로벌 소재부품 기업으로서 HR 영역에서도 메타버스를 활용하여 잠재적 구성원과 임직원을 감동시킬 수 있는 다양한 혁신을 시도하고 있다. 그리고 최근 메타버스 활용의 첫 시작으로 국내 및 해외 대학생 400여 명을 대상으로 쌍방향 소통방식의 메타버스 채용설명회를 실시하였다.

오프라인에서 온라인으로의 전환

과거에는 매년 정기 공채 시즌이 되면 우리 회사를 비롯한 많은 기업들은 대학의 캠퍼스에서 채용설명회나 채용 상담 부스를 통해 직접 지원자를 만날 수 있었다. 이외에도 회사의 연구 분야와 연관성이 높은 대학원 연구실을 직접 방문하거나 반대로 회사에 학생들을 초청하여 설명회를 실시하는 등 직접 대면 소통방식의 채용 활동을 전개했다.

하지만 2020년 들어 코로나19가 확산되고 우리 LG이노텍의 채용방식이 정기 공채에서 수시 채용으로 전환됨에 따라 기존의 정기적인 오프라인 활동보다는 상시적인 온라인 활동이 중요해졌다. 수시 채용 공고를 온라인 영상을 통해 홍보하고, 유튜브 스트리밍을 통해 온라인 실시간 채용설명회를 열어 지원자들과 직접 소통했다.

온라인에서 오프라인의 강점 구현

코로나19가 장기화 되면서 온라인 방식의 채용설명회는 더 이상 새롭지 않을뿐더러 단방향의 온라인 소통 방식에 대한 잠재 구성원들의 피로감은 높아져 갔다. 오히려 기존 오프라인에서의 쌍방향 소통에 대한 갈망이 컸다. 최근 메타버스 플랫폼 중의 하나인 '제페토'에서 학생들에게 가장 인기있는 공간이 다름 아닌 '교실'이었고, 주된 사유가 온라인 수업이 아닌 교실에서 친구들을 만나고 싶어서였다는 것이 이를 반증한다.

온라인 영상 방식의 채용설명회는 불특정 다수의 사람들에게 회사의 인지도를 올리는 것에는 효과적이었다. 그러나 실제 회사의 직무와 채용정보를 알고자 하는 잠재 구성원들에게 맞춤형 정보를 제공하기에는 역부족이었다. 그나마 실시간 채용설명회로 참가자들과 소통을 시도하기도 하였으나, 대부분 사전에 접수된 질문에 대해 답변하거나 또는 일부 참가자들의 댓글을 통해 일괄적으로 답변하는 방식이 대부분이었다. 그래서 메타버스 공간에서 쌍방향 소통방식의 채용설명을 기획하게 되었다. 그야말로 기존의 오프라인 방식과 온라인 방식의 한계를 초월하는(Meta) 가상의 공간(Universe), 메타버스로의 첫 여정이 시작된 것이다.

400여명의 아바타가 모인 채용설명회

LG이노텍 메타버스 채용설명회는 다양한 메타버스 플랫폼 중 게더타운(Gathertown)을 통해 진행되었다. 많은 인원이 함께 접속하여 다양한 공간에서 쌍방향 소통에 용이하였고, MZ세대에게 익숙한 온라인 게임과 유사한 이미지와 조작방식도 채용설명회에 적합하였다. 수시 인턴십 채용 공고를 통해 채용설명회 신청을 안내하였고, 400여 명의 국내 및 해외 대학생들이 신청하였다. 신청자에게는 접속 URL과 조작방법이 정리된 초청장이 안내되었다.

행사는 회사 및 HR제도 설명회, 직무상담 부스, 신입사원과의 대화로 구성되었다. 30분씩 2회 실시한 회사 및 HR제도 설명회는 참가자가 대강당에 모두 모인 가운데 프리젠테이션 형식으로 진행되었다. 직무별 상담 부스는 메타버스 플랫폼의 쌍방향 소통방식이 가장 돋보이는 프로그램이었다. 총 9개 직무 부스에 해당 직무의 현업담당자가 배정되었고, 그 직무에 관심이 있는 참가자들이 자율적으로 부스로 이동하여 자유롭게 질문과 대답을 이어갔다.

또한 각 사업장의 현업담당자들이 출장이나 이동할 필요없이 각자의 자리에서 또는 재택근무 중 집에서도 채용 상담이 이루어질 수 있었다. 참가자들에게 가장 만족도가 높았던 프로그램이었다. 신입사원과의 대화는 최근 입사한 신입사원 4명과 실시간 토크콘서트 방식으로 진행되었고 참가자들이 자유롭게 드나들며 다양한 질문과 대답을 나누었다. 주로 근무환경과 조직문화에 대한 질문이 주를 이루었고, 신입사원들의 솔직한 답변들이 관심을 끌었다. 그 외에도 채용담당자들이 주요 공간 곳곳에 배치되어 수시로 1대1 상담을 실시하였다. 참가자들끼리도 사내 카페를 비롯한 다양한 공간에서 수시로 소통하며, 취업준비생으로서 서로 공감하고 정보를 나눌 수 있는 기회를 가졌다.

HR 메타버스의 끝없는 확장

메타버스를 활용하기에 가장 적합한 HR활동 중의 하나는 '교육'이다. 기존 온라인 교육에서는 참가자의 주도적인 참여와 몰입을 유도하기 어렵지만, 메타버스에서는 아바타의 자유로운 활동을 통해 참가자 본인 주도의 학습이 가능하다. 메타버스의 강점을 살려 신규인력 대상 체험형 학습, 개인 맞춤형 케이스스터디 및 분반 토론이 요구되는 교육과정을 중심으로 우선 적용할 계획이며, 신입사원 입문 교육 및 제품교육 과정이 8월부터 메타버스 공간에서 실시된다 그 외에도 각종 세미나와 회의 등 사내 커뮤니케이션 활동과 직원경험 공유 등에도 폭넓게 적용이 가능하다고 생각된다.

(자료: 정준호(LG이노텍(주) CHO부문 인사팀 책임), "쌍방향 소통 방식의 메타버스 채용설명회", 한국인사관리협회, 「월간 인사관리」, 2021년 7월호, 80~82.)

토의과제

1. 쌍방향 소통방식의 메타버스 채용설명회가 갖는 강점에 대해서 토의해 보시오.
2. 메타버스 방식의 채용설명회나 교육훈련이 보다 활성화되기 위해서는 어떤 점이 개선되어야 할지에 대해서 토의하시오.

제1절 인적자원 모집의 원천

1. 모집의 개념

한국경제신문사가 간행한 『2019 대한민국 트렌드』에는 일자리와 관련된 흥미로운 조사결과가 있어 사람들의 눈길을 끌고 있다. 한국 직장인들을 대상으로 한 이 조사에 의하면, 전체 응답자의 32.2%가 '어쩌다 보니 이 직장까지 왔다'고 말하고 있으며, '매번 상황에 따라 그때그때 최선의 선택을 하다 보니 여기까지 오게 되었다'고 응답한 비율도 32.0%나 되는 것으로 조사되었다. 어쩌다 선택한 직업이라는 뜻은 그 직업을 위해 장기간 준비하지 않았던 직업이라는 의미이다. 그리고 직업에 대한 자부심을 묻는 설문에서 전체 응답자의 44.4%만이 현재 하고 있는 일에 자부심을 갖고 있다고 응답하였다. 취준생도 취업 자체에만 급급하다 보니 자신의 적성에 맞는 직장을 선택하지 못하고 직장생활을 시작하게 되지만, 직장과 직업에 대한 자부심이 결여되어 있어 직장생활에 만족하지 않은 경우도 많다. 오늘날 국내기업에서도 1~2년차 신입사원들의 상당수가 퇴직을 고민하거나 결행하는 현상이 만연해 있다고 하는 데, 이는 개인으로 봐서도 바람직하지 않은 일이며, 기업과 사회에도 비용을 발생하는 일이 된다.

따라서 기업이 모집계획을 세우고, 개인이 취업계획을 잘 세우는 일은 사회적 비용을 줄이고 인재의 적재적소 배치를 통해 기업의 경쟁력을 높이는 일이 되기 때문에 모집은 인적자원관리에 있어서 매우 중요한 기능이다.

일반적으로 인력의 모집은 기업이 인력수요계획에 따라 기업이 필요로 하는 인력수요를 충족시키기 위해 구체적으로 사람을 구하는 작업이라고 정의할 수 있다. 여기서 사람을 구한다는 의미는 양적, 질적, 시간적으로 적합한 인재를 찾는 작업이라는 의미를 포함하고 있다. 즉, 기업이 필요로 하는 잠재적 인적자원이 공석이 되었거나 예상되는 직위에 지원할 수 있도록 장려하는 과정을 말한다(Snell & Bohlander, 2007). 기업이 필요로 하는 인적자원을 찾는 일에는 정량적 개념과 정성적 개념이 모두 포함되어 있는데 정량적 개념은 선발예정 인원보다 충분히 많은 지원자가 있어야 선발의 우수성이 확보될 수 있다는 의미가 담겨있으며, 정성적 개념에는 해당 기업의 해당 직위를 담당할 수 있는 자격과 능력을 갖춘 인적자원이 확보될 수 있어야 한다는 뜻이 담겨있다.

모집과정에서 중요한 것은 지원자들에게 모집대상이 되는 직위나 직책에 대한 정확한 정보가 주어져야 한다는 것이다. 일반적으로 지원자들에게 공개되는 정보는 다음과 같다.

- 선발 직위의 직무내용
- 선발 직위의 직무수행 요건 및 자격
- 선발 직위에 대한 경력관리 정보(직종, 직군 등)
- 선발 직위에 선발된 인적자원에 대한 인사상 처우
- 선발 인원(비공개인 경우가 많음)
- 지원 절차, 선발 절차 및 구비서류 등

성공적 모집이 성공적 선발을 이끄는 핵심 요소이다. 따라서 기업은 우수한 인적자원을 선발하기 위해서 전 단계에 해당하는 모집관리에 심혈을 기울이고 있다. 최근에는 모집관리에 따르는 비용을 절감하거나 전문성을 갖춘 모집을 실시하기 위해 외부 전문업체에 아웃소싱하는 경우가 증가하고 있다.

그림 5-1. 직무분석, 인적자원계획, 모집 및 선발간의 관계

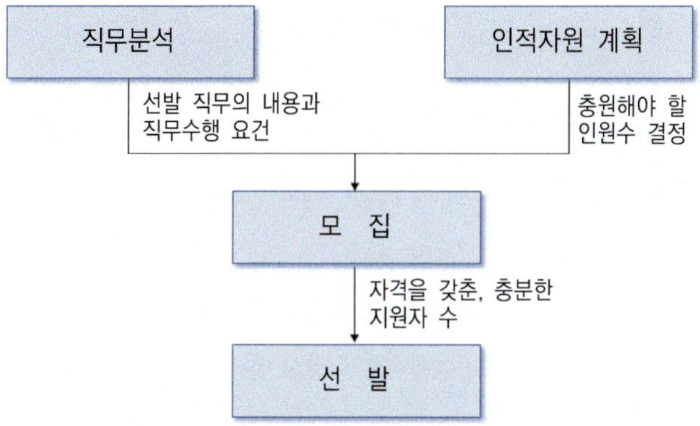

2. 모집에 있어서 회사선택에 영향을 주는 요인

기업으로서는 우수한 자격을 갖춘 인력을 가급적이면 많이 모집하고 모집된 인력 중에서 기업의 요구에 적합한 인재를 채용하려고 노력하게 된다. 그런데 모집에 노력을 경주하는 만큼 모집에 성공하는 것은 아니고 지원자들이 회사를 선택하는 기준에 부합되지 못하면 모집노력에도 불구하고 기업은 모집의 목표를 달성하기 어렵게 된다. 특히 요즘처럼 디지털 변혁이 일어나고 있는 상황에서 최첨단 기술을 가진 핵심인재를 선발하는 경우에는 과거와 같이 모집공고를 내고 지원자들이 알아서 오겠지 하

고 기다리는, 이른바 'post & pray'(채용 공고를 내고 기도하며 기다림) 전략은 이제 더 이상 효과가 없으며, 'engage & find'(기업이 적극적으로 나서서 우수 인재를 찾음) 전략이 디지털 변혁시대에 효과적이다. 다음은 구직자들이 회사를 선택할 때 중요하게 고려하는 요소들이다.

1) 기업의 평판도: Employer Branding

미국 갤럽의 2016년 조사에 따르면 밀레니얼 세대(millenials)의 빈번한 이직으로 인해 미국 경제가 감당해야 할 비용이 매년 305억 달러에 달한다고 한다. 나아가 설문응답자 중 60%에 달하는 밀레니얼 세대는 언제든지 이직할 준비가 되어 있다고 답했다. 한국경제신문사가 2019년에 출간한 『2019 대한민국 트렌드』에는 우리나라 대졸 신입사원의 27.7%가 입사 1년 안에 자발적으로 회사를 떠난다는 조사결과를 발표한 바 있다. 기업이 필요로 하는 젊은 인재들을 확보하고 유지하는 일은 과거와 달리 매우 까다롭고 어려운 일이 되고 있다. 인재확보와 유지를 위한 대안으로서 최근 '고용 브랜딩(employer branding)'이 부각되고 있다.

회사의 매력도를 나타내는 고용 브랜딩은 외부 브랜딩(external employer branding), 즉 구직자에게 회사의 비전 및 이름을 알리는 활동과 내부 브랜딩(internal employer branding), 즉 '다니기 좋은 회사'라고 구성원이 직접 말하고 느끼도록 하는 활동으로 구분할 수 있다.

HR 담당자에게 있어서 외부 브랜딩의 핵심은 잠재적 구직자가 많은 시간과 노력을 들이지 않고도 회사가 원하는 메시지를 효과적으로 받을 수 있도록 하는 것이다. 그런데 현실적으로 구직자들은 회사 정보를 수집하고 파악하는 데 어려움을 겪는 경우가 많다. 그 이유는 구직자와 회사간 '정보 비대칭성'이 있기 때문이다. 정보 비대칭성을 줄이기 위해서 회사는 밀레니얼 세대들이 자주 이용하는 소셜 미디어와 인터넷을 통해 회사의 정보를 적극적으로 알리는 활동이 필요하다. 예를 들면, SK 하이닉스의 경우 2017년부터 소셜미디어 링키드인과 글래스도어를 사용하여 구직자들과 소통하기 시작한 이후 링키드인의 경우 현재 팔로워 수가 7,000명을 넘었다고 한다. 현직 구성원들이 회사의 평을 남기는 테스티모니얼(testimonial) 기능사용 및 다양한 포스팅 업로드(연말파티, 봉사활동 등 이벤트 및 뉴스)를 통해 회사의 메시지를 효과적으로 전달하여 미래의 신입사원들에게 '현실적 직무소개(realistic job preview)'를 하고 있다.

내부 브랜딩의 경우 구성원들이 회사의 실제 모습을 직접 경험하고 느끼는 바를 공유하는 활동이다. 내부 브랜딩에는 일관성, 소통문화, 그리고 유대감 형성이 매우 중요하다. 일관성이란 회사의 비전이나 메시지 등의 신호를 보낼 때 일관성이 유지되는지를 주의해야 한다. 소통문화는 예를 들면, 미국 기업 Facebook의 경우 정기적으로 CEO인 마크 저커버그 및 임원들이 참가하는 'All Hands Meeting'을 개최하여 구성원들이 자유롭게 질문을 할 수 있는 기회를 제공함으로써 열린 소통문화를 직접 체험하게 해주는 것이다.

펜실베이니아 대학교 피터 카펠리 교수의 연구에 따르면, 구성원간 쌓은 소속감 및 유대감은 고민없이 이직할 구성원들도 이직여부에 대해 다시 한번 생각하게 만든다고 한다. 유대감 형성을 통해 구성원들이 부담감 없이 편하게 교류하고 의견을 나누고 친목을 도모할 수 있는 환경을 제공함으로써 기업도 좋은 영향을 받게 된다(이정인, 2019).

2) 직무의 매력도

구직자들이 직장을 선택하는 기준으로 회사보다는 맡게 될 직무에 더 관심이 큰 것으로 나타나고 있다. 직무의 매력도가 떨어지는 직무는 아무리 기업 이미지나 대우가 좋다고 해도 지원자들이 꺼리는 경향이 있다. 주로 단조롭거나, 위험이 따르거나, 사회적으로 덜 인정받는 직무에 있어서는 모집노력에 비해 많은 지원자들을 얻기 쉽지 않을 것이다.

3) 기업의 정책

기업의 경영정책, 특히 인사정책은 지원자들에게 매우 관심이 높은 사항이다. 기업의 인사정책이 신입사원들에게 불리하거나, 평가보상제도가 연공서열 중심이라면 능력있는 젊은 지원자들은 그러한 기업에 지원하지 않을 것이다. 반대로, 구글(Google)의 성공사례에서 보듯이, 직급파괴를 통해 수평조직을 실현하고 파격적 보상을 실시하는 회사에는 입사를 하려고 줄을 서 있다.

3. 모집의 원천

인력계획 또는 인적자원계획(human resource planning)은 인력의 모집, 선발, 배치, 그리고 퇴출 등 인적자원의 흐름(flow)을 계획하는 인사관리 기능을 말한다. 인력수요계획(HR demand planning)이란 미래에 기업이 필요로 하는 인력의 양적, 질적인 측면을 예측하여 인력이 모자라거나 남아돌지 않도록 인력의 수, 시간, 장소 측면에서 인력투입의 적정수준을 확보하는 기능으로서 인력계획의 하위기능에 속한다. 인력계획은 기업의 경영전략과 밀접한 관계를 지닌다. 예를 들어, 투자계획, 기술개발과 관련된 인적자원의 양적, 질적 수요변수들은 기업의 경영전략에서 파생되기 때문이다.

과거 우리나라의 기업풍토에서 사람을 구하는 작업, 즉 모집은 주로 내부노동시장을 통한 기업의 내부모집(internal search)에 의존하는 바가 컸다. 즉, 인력수요가 발생하면 외부노동시장에서 인력을 사오기(buy)보다는 내부인력을 키워서(make) 충당하는 것이 일반적 추세였다. 그러나 최근의 경영환경은 기업으로 하여금 모집의 원천을 변화시키도록 만들었다. 비록 외부모집(external search)에 의한 채용이 〈표 5-1〉에서 보는 것처럼 많은 단점이 있기는 하지만, 오늘날과 같은 지식의 폭발시대에는 인력의 'make'에는 한계가 있을 수밖에 없으며, 'buy'를 통한 조직의 지식 및 부가가치의 창출이 생존에 필수적이라는 인식이 확산되고 있다.

표 5-1. 모집원천별 장점과 단점

	장 점	단 점
내부 모집 통한 채용	• 승진기회 확대로 종업원 동기부여 • 모집에 드는 비용 저렴 • 모집에 소요되는 시간 단축 • 내부인력의 조직 및 직무지식 활용가능 • 외부인력 채용에 따르는 리스크(조직적응 실패, 기술·지식의 차이 등) 제거 • 기존의 인건비 및 급여수준 유지가능 • 하급직 신규채용 수요 발생	• 인재선택의 폭 협소 • 조직의 폐쇄성 강화 • 업무능력 보충을 위한 교육훈련비 증가 • 능력주의와 배치되는 패거리 문화 형성 • 인력수요를 양적으로 충족시키지 못할 가능성이 높음(내부승진으로 인해 전체인원이 증가하지 않으므로 항상 일정수의 인력부족)
외부 모집 통한 채용	• 인재선택의 폭 확대 • 외부로부터 인력이 유입되어 조직분위기 쇄신 • 인력수요에 대한 양적 충족 가능 • 인력유입으로 새로운 지식, 경험 축적 • 업무능력 등 자격을 갖춘 자를 채용하게 되므로 교육훈련비 감소	• 모집에 많은 비용 소요 • 모집에 많은 시간 소요 • 인건비 상승(스카우트 비용, 경력자들 위한 특별 보너스, perquisite 지원 등) • 내부인력의 승진기회 축소 • 외부인력 채용으로 실망한 종업원들의 이직 가능성 증가 • 조직분위기에 부정적 영향 • 외부인력의 채용에 따르는 리스크 발생(조직적응 실패, 기술·지식의 차이 등으로 성과부진)

1) 내부모집과 방법

내부모집의 원천은 공석(openings)이 발생했을 때 기존의 내부직원이 승진, 부서 또는 직무이동을 통해 빈자리를 채울 수 있도록 제도화되어 있는 경우, 공석이 된 직무에 지원할 수 있는 직원군이 내부모집의 원천이라고 말할 수 있다. 우리나라의 대기업은 신입사원 모집의 경우 대부분 공채를 통해 외부모집을 하고 외부에서 신입사원을 선발하는 원칙을 유지하고 있다. 최근에 이르러 정기공채 대신에 수시공채가 실시되기는 하지만, 공채라는 면에서는 큰 변화가 없다. 그러나 일단 선발되어 채용된 신입사원들은 특별한 일이 없으면 내부 승진을 통해 피라미드 상층부로 올라가며, 피라미드 중간층, 즉 중간관리자들은 주로 공채 출신들로 채워진다. 외부로부터 중도 채용자들이 있기는 하지만 소수에 그치고 공석이 발생하면 주로 '아래에서 위로' 승진을 통해 충원을 하는 경향이 강한 것이 한국 대기업의 모집관리의 전형이 되어왔다.

내부모집의 대표적 방법이 사내공모제도(job posting and bidding)이다. 사내공모제도는 직무에 공석이 생겼을 때 회사가 외부모집을 하기 전에 사내 직원들에게 공지하여 모집에 동일한 자격으로 지원할 수 있는 기회를 주는 방법이다. 공지를 위해서 사내 게시판이나 사보, 뉴스레터 또는 이메일이 사용된다. 공지의 내용으로 직무의 명칭과 자격요건, 급여 등 대우 등이 명시된다. 사내공모제도의 적용을 받는 대상은 주로 관리자 이하급의 사무직군이다. 사내공모제도의 장점은 모집에 있어서 투명성을 제고할 수 있고 내부 직원들의 승진과 성장 및 발전기회를 균등하게 제공할 수 있다는 것이지만, 단점으로 사내공모제도에도 불구하고 외부 지원자가 채용되었을 때 내부 직원의 사기저하, 불만과 갈등이 우려된다는 점이 있다.

2) 외부모집과 방법

오늘날 이러한 모집의 패턴은 큰 변화를 겪고 있다. 기업은 변화하는 경영환경에서 경쟁력을 확보하기 위해 핵심인력을 기업 내부에서 공급받는 데 한계에 봉착하고 과감하게 외부모집을 확대하여 외부노동시장에서 '준비된' 우수 핵심인재를 충원하기 시작하였고 오늘날에는 우리나라 기업에서 외부모집이 내부모집을 압도하는 현상까지 보이고 있다.

외부모집의 원천과 방법은 다음과 같이 매우 다양하다.

- **매체 광고** : 신문이나 방송, 전문잡지나 인터넷 포털 등 다양한 기업 외부의 매체에 직원모집 공고를 하여 지원자를 모집하는 것을 말한다.

- **고용 에이전시**(employment agencies) : 국공립 및 사립 인력알선업체나 헤드헌팅 회사(headhunters) 등을 통해 필요한 인력을 공급해주는 인력공급업체를 말한다.
- **교육기관** : 대학교나 직업훈련학교 등 교육기관에 의뢰하여 필요한 인력을 공급 받을 수 있다. 기업이 일선 대학교에 가서 기업설명회를 하는 경우나, 교육기관 들을 초대하여 대규모 취업박람회를 개최하는 방식도 이에 해당한다.
- **전문협회 및 학회** : 해당 직업과 관련된 전문가들의 협회나 학회에 인력의 추천과 공급을 의뢰할 수 있다.
- **군대** : 기술병과에 속한 장병의 경우, 제대 후 해당 기술분야에 취업하는 것이 일반적이므로 해당 기술관련 기업에서는 군대의 사병이나 장교들을 대상으로 모집 활동을 할 수 있다.

이 밖에도 노동조합이나 직업소개소, 취업박람회(job fair), 그리고 직접 모집하는 회사를 찾아 지원서를 제출하거나(walk-ins), 지원자가 먼저 회사에 이메일이나 편지를 통해 지원의사를 밝히는 경우(write-ins)도 모집의 원천이다. 그리고 현직 직원이 공석인 직무에 적합하다고 생각하는 친구나 지인을 추천해서 모집에 응하게 하는 '사원추천모집'의 경우도 외부모집의 원천이자 방법이라고 할 수 있다.

4. 사원추천 모집제도

1) 사원추천 모집제도의 내용

사원추천 모집제도란 '종업원 공모제도(employee referral)'라고도 하는데 이는 회사 내 공석이 생겼을 때 현직 종업원들이 적임자를 추천하도록 하여 신규직원을 채용하는 제도이다. 이 제도는 신규직원 모집에 있어서 현직 종업원이 자신이 잘 아는 친구나 친지를 채용에 응하도록 권유함으로써 모집원천의 신뢰성을 높이는데 기여한다. 사원추천제도는 무엇보다 경제적인 모집수단이라는 데 장점이 있다. 즉, 회사가 필요로 하는, 자격을 갖춘 인재들을 저렴한 비용으로 리쿠르트하게 되므로 모집의 효과성을 높일 수 있다.

연구조사에 의하면, 종업원 공모제도를 통해 입사한 직원들은 다른 모집방법으로 들어온 사람들보다 조직 내 체류연수가 더 길다고 한다. 그 이유는 이 제도로 입사한 인력들은 자신의 추천자로부터 회사에 대한 상세한 정보를 이미 접하고 의사결정을 하여 채용에 응한 사람들이므로 이른바 '현실적 직무소개(realistic job preview: RJP)'가 이루어진 상태라고 볼 수 있다. 따라서 기업으로서는 종업원 공모제도를 잘 활용하면 저렴한 모집비용으로 능력 있고, 믿을 만한 인재를 채용할 수 있으므로 모집의 경제성과 효율성을 달성할 수 있다.

사원추천제를 장려하기 위해서, 추천한 인력이 실제로 채용될 경우 보상금품을 지급하는 관례가 있다. 미국 마스터카드사는 1999년 신규 채용인력의 40퍼센트를 사원추천 방법을 이용하여 모집하였으며 최종선발을 통해 채용되는 인력 1명당 시간제 근로자는 1천달러, 전문직의 경우는 2천에서 3천달러를 추천자에게 보상금으로 지불하였다. 미국 IT업계의 블랙스톤사는 핵심인재를 추천한 직원들에게 추첨에 의해 BMW 승용차를 상품으로 주기도 했다.

최근 사원추천제는 핵심인재의 확보와 유지수단으로 적극 활용되는 경향을 보이고 있다. 우리나라에서도 1999년 현대백화점이 사원추천제를 최초로 도입한 이후 대기업, 외국계 기업을 중심으로 급속히 확산되어 현재 신입사원 중 20~30퍼센트가 사원추천제로 채용되고 있는 것으로 알려져 있다.

2) 사원추천 모집제도의 장점

사원추천제의 장점은 무엇보다 경제적 이익에 있다. 이 제도가 모집비용을 상당한 정도로 절감할 수 있다는 것이다. 2000년 미국 고용관리협회의 통계에 의하면, 공채 등 외부 모집방법에 의존할 경우, 평균 모집비용이 생산직의 경우 726달러, 관리직의 경우 2,884달러인데 비해, 사원추천제에 의존할 경우 모집비용은 각각 70달러와 500달러에 불과하다. 둘째, 직원들의 자질유지가 용이하다는 점이다. 사원추천제를 운영하면 직원들은 자신의 이름을 걸고 추천을 하기 때문에 해당 직위에 부적합하거나 신뢰성이 떨어지는 사람을 추천하는 경우가 드물다. 따라서 자질이 우수한 사원을 채용하는 데 도움이 된다는 것이다. 셋째, 선발에 걸리는 시간이 단축된다. 공채의 경우 신문공고, 원서교부 및 접수, 서류전형, 면접, 신원조회 등 일상적 선발과정에 상당한 시일이 소요되지만, 사원추천제를 활용할 경우 주로 추천과 면접을 통해 선발하기 때문에 시일이 단축된다. 넷째, 사원추천제로 입사하는 사람들은 기존 직원들과 친밀한 관계를 가지고 있기 때문에 이직률도 낮고 기업문화에의 적응도도 높은 것으로 알려져 있다. 다섯째, 사원추천제는 기존 사원들에게 직원추천 권한을 부여하고 채용될 경우 일정한 상금과 상품이 주어지기 때문에 기존 직원들의 동기부여와 사기 측면에 있어서 긍정적인 것으로 조사되고 있다.

3) 사원추천 모집제도의 문제점

이에 비해서, 사원추천제는 다음의 문제점을 안고 있다. 첫째, 사원추천제를 통해 채용되는 사람들은 기존 직원들과는 지역, 학력에 있어서 유사성이 높은 집단이기 때문에 회사 내 학맥, 인맥에 근거한 파벌조성의 부작용을 야기할 가능성이 있다. 둘째, 추천제 자체가 객관적인 채용방법이라고 보기 어렵기 때문에 채용에 있어서 공정성을 확보하기 어렵다. 셋째, 이 제도가 추천 받지 못한 사람의 취업기회를 원천적으로 봉쇄하는 것이기 때문에 많은 기업들이 이 제도를 확대 실시할 경우 사회적 문제를 야기시킬 수 있다. 넷째, 피추천 후보자가 채용면접에서 탈락하는 경우 추천자의 반발과 사기저하가 예상된다.

사원추천제는 핵심인재 확보가 어려운 업종, 종업원 참여제도가 확립되어 있는 기업, 강한 기업문화가 정착되어 있는 기업에서 활용빈도가 높은 것으로 알려져 있다. 사원추천제는 단점도 있으므로 모든 기업에 일률적으로 적용할 수 있는 제도는 아니다. 사원추천제를 도입할 경우 외부모집제도와 병행 실시하는 한편, 이 제도의 공정성과 객관성을 높여 문제점을 최소화하는 것이 이 제도의 정착을 위해 바람직하다.

5. 인공지능(AI)을 활용한 모집

디지털 변혁이 일상화되면서 종래의 모집방법에 큰 변화가 나타나고 있다. 최근 기업에서 모집관리에 인공지능(AI)을 활용하는 사례가 증가하고 있다. 일부 기업들에서 모집관리의 활성화를 위해서 인공지능이 탑재된 로봇의 일종이라고 할 수 있는 '챗봇(chatbot)'을 활용하는 사례가 늘고 있다. 챗봇은 잠재적 지원자들에게 다음과 같은 기초적 사항을 질문하고 응답을 저장하여 인사부서에 전달하는 기능을 수행한다. 챗봇이 묻는 질문은 대체로 직무경험, 현재 또는 과거의 소속 직장, 달성한 업무성과, 원하는 급여수준, 근무개시 가능일자, 연락 전화번호, 이메일 주소 등이다. 지원자들이 챗봇의 질문에 대답하는 데는 30초 정도 밖에 걸리지 않으며, 응답자가 다른 사람들에게 노출되는 것을 방지할 수 있기 때문에 최근 지원자들은 직접 인사부 직원을 대면하는 것보다 챗봇과의 대화를 보다 선호하는 것으로 알려져 있다. 챗봇에 저장된 인사정보들은 지원자가 실제로 해당 기업에 지원하였을 때, 중복 수집되지 않고 저장된 기존 정보를 활용하여 선발과정을 진행시킬 수 있다는 장점도 있다(BPM, 2016; 2017).

AI가 접목된 HR 소프트웨어를 통해 지원자 이력서와 자기소개서를 키워드를 중심으로 선별할 수 있으며, 지원자와 직무와의 적합성을 AI가 판단할 수 있을 정도로 AI 성능이 빠르게 향상되고 있다. 이렇게 되면, 향후에는 AI가 인지적 편견(cognitive bias)을 줄여주고 다양한 인재의 선발에 기여하게 될 것이다.

국내 IT기업 마이더스아이티(Midas IT)는 2017년 하반기부터 AI를 사용하여 인재를 채용하고 있다. 마이더스아이티는 뇌신경과학과 인공지능 기술을 접목한 AI채용 솔루션을 자체 개발하여 구직자의 역량을 과학적으로 분석할 수 있는 채용시스템을 마련했다. 이를 통해 채용기간과 비용은 줄이면서 자사에 적합한 인재를 선발하는 환경을 구축할 수 있었다.

일반적으로 인공지능을 채용과정에 활용할 경우 다음의 이점이 나타날 수 있다.

첫째, 우수인재 선발 가능성이 극대화될 수 있다. 온라인 기반의 AI 면접을 통해 시·공간의 제약없이 많은 수의 지원자와 면접을 진행할 수 있다.

둘째, 자사 맞춤형 인재를 선발할 수 있다. AI 채용솔루션은 직군별 고성과자 프로필과 패턴분석을 통해서 성과창출 가능성이 크면서도, 자사의 문화에 적합한 인재상을 선발하는 것을 가능하게 한다.

셋째, 객관적이다. 면접위원에 따른 주관적 평가를 통해 합격과 불합격을 결정하지 않고, 과학적이고 일관적인 기준으로 모든 지원자를 평가할 수 있다. 인공지능을 통해 편견없이 객관적으로 지원자가 회사에 적합한 우수인재인지 평가하는 것이 가능하게 되었다.

넷째, 채용과정을 빠르고 정확하게 단축할 수 있다. 다수의 지원자 면접과 평가를 동시에 진행하고 합격자 발표와 평가취합 등의 업무를 자동화하여 기존의 채용과정을 현저히 단축할 수 있다.

그러나 AI를 기업의 모집과 선발과정에 활용하는 것은 회사와 경영자의 선발권한을 제약해서는 안되며, 선발에 있어서 선발 의사결정자의 직관과 창의력이 존중되기 위해서 보조적 수단에 그쳐야 한다는 지적도 있다.

6. 소셜 리크루팅

소셜 리크루팅(social recruiting)은 소셜 미디어를 통한 채용활동을 의미한다. 링크드인(Linkedin)을 통해 채용대상자를 찾거나, 페이스북(Facebook)을 통해 구직자에게 메시지를 보내거나, 트위터(Twitter)를 통해서 채용공고 사이트를 트윗하거나,

인스타그램(Instagram)을 통해 직원 사진을 올리거나, 유투브(YouTube)를 통해 회사 행사 비디오를 잠재적 지원자들과 공유하는 활동들이 모두 소셜 리크루팅에 해당한다.

미국의 고용시장에서 소셜 리크루팅은 점점 확대되는 추세이다. 미국인사관리협회(SHRM)가 2016년 소셜미디어가 채용에 얼마나 사용되는 지에 대하여 설문조사한 결과 84%의 기업이 소셜 리크루팅을 진행하고 있었고, 9%는 향후 사용할 계획으로 응답했다. 그리고 링크드인이 실시한 최근 조사에 따르면 구직자의 75%가 회사 평판이나 고용 브랜드를 확인하고 실제 지원을 한다고 밝혔으며, 60%는 일을 하지 않는 상태여도 나쁜 평판이 있는 기업의 채용제안에는 응하지 않겠다고 응답했다. 나아가 기업의 83%는 고용 브랜드가 인재를 영입하는데 매우 중요한 역할을 한다고 밝혔다(박영희, 2019).

제2절 인적자원 모집의 효과

1. 모집의 효과성 평가

신입사원이나 경력사원을 채용할 때 먼저 모집을 하게 되는데 선발이 성공적으로 되기 위해서는 그 전단계인 모집이 성공적이어야 함은 두말할 필요가 없다. 그런데 기업이 사람을 채용하기 위해 동원하는 모집방법과 모집의 원천(recruiting source)이 매우 다양하기 때문에 모집의 성공여부를 가리기 위해서는 여러 지표를 측정하여 다양한 평가기준으로 평가할 필요가 있다. 모집의 효과성을 평가하는 방법에 대해 구체적으로 알아보기로 한다.

1) 비용-효익 분석

모집의 효과성을 평가하는 가장 기본적 방법 가운데 하나가 비용-효익 분석(cost-benefit analysis)이다. 실제로 기업의 모집활동에는 상당한 비용이 소요되기 때문에 투입된 비용 대비 달성한 성과(효과)를 측정하는 것은 모집평가에서 매우 중요하다. 회사입장에서는 최소 비용으로 최대 효과를 거두는 모집이 되어야 하기 때문이다. 모집에 지출되는 비용에는 직접비용과 간접비용이 있다. 일반적으로, 직접비용에는 광고비, 모집인(recruiter) 급여, 여행경비, 에이전시 수수료, 전화요금 등이 포함되고, 간접비용으로는 모집에 투입된 임직원들의 노력, 대외관계(PR), 기업 이미지 등을 들 수 있다. 각 모집의 원천을 통해 채용된 지원자들이 실제로 회사에 근무하는 근속기간을 그 사람에 투입된 모집비용과 비교하면 모집원천별 비용-효익 분석이 가능해지고 분석결과에 따라 해당 모집원천의 효과성을 측정할 수 있게 된다.

2) 공석을 채우는데 걸리는 시간측정

모집의 효과성을 평가하는 데 있어서 '공석(job openings)을 채우는데 걸리는 시간'을 측정하는 방법이 있다. 일반적으로 공석이 발생하여 오랫동안 채우지 못하고 방치되면 조직의 생산성에 악영향을 끼칠 수 있다. 공석을 채우기 위해 모집작업이 시작되고 노력의 결과로 공석이 된 직무에 자격을 갖춘 적합한 인원을 최종적으로 선발하여 채우기까지 걸리는 시간을 측정하여 평가하면 그 회사의 모집노력 정도를 계량적으로 측정할 수 있다. 시간측정 방법은 회사에서 처음 지원자를 접촉하는 시점과 최종 합격하여 채용되는 시점의 차가 들쭉날쭉할 경우(예: 경력사원 모집의 경우)에는 평균하여 사용하는 경우가 많다.

3) 모집의 정량적/정성적 평가

모집에 투입된 노력을 과거 자료와 타 회사의 모집성과와 비교하는 것도 모집의 중요한 방법이다. 모집원천별로(채용된 신입사원의) 직무성과, 근태, 훈련비용, 이직에 대한 정보는 미래의 모집을 개선하는데 매우 중요한 참고자료가 된다. 이 자료들은 정량적(quantitative) 자료와 정성적(qualitative)인 자료로 구성된다. 모집의 정량적, 정성적 평가 방법에는 다음과 같은 것들이 있다.

- **지원자의 수** : 모집 프로그램이 성공적이 위해서는 기본적으로 지원자 수가 충분한 풀(pool)을 형성해야 한다. 선발인원에 비해 모집인원이 충분히 크지 않으면 모집의 효과성을 저하시킬 수 있다. 이 경우, 설사 선발이 되었다 해도 과거에 비해, 타 경쟁사에 비해 자질이 낮은 인력이 선발될 가능성이 높다.
- **지원자의 질** : 지원자의 수가 충분히 크다고 해도 지원자의 자질이 평균에 미치지 못한다면 이 또한 모집의 효과성은 저하될 수 있다. 즉, 지원자 풀을 형성하는 지원자들의 평균적 자질을 과거나 타 경쟁사와 비교하는 것도 중요한 모집평가의 방법이다.

– **법률저촉 여부 체크** : 기업의 모집행위에 있어서 관계 법률을 위반하지 않았는지를 점검하는 것도 매우 중요하다. 모집과 관련해서 우리나라에서는 '근로기준법,' '남녀고용평등법,' '채용에 있어서 성차별적 고용관행 개선 권고,' '남녀차별금지 기준' 등 법률과 권고 등이 있으므로 이러한 법규에 저촉되지 않는지 사전에, 그리고 모집이 시행되는 과정에 면밀히 모니터링 하는 것이 중요하다.

4) 모집평가 관련 주요 지표

(1) 산출률(Yield Ratio)

산출률이란 지원자들이 모집과 선발의 각 단계에서 어떻게 인원이 선택되고 축소되는지를 보여주는 비율이다. 모집평가를 위해서 산출률을 측정하는 이유는 각 선발단계에서 선발이 효과적으로 되기 위해서 필요한 적정한 지원자 풀(pool)이 형성되고 있는지 점검하려고 하는 것이다. 산출률은 각 단계별로 모집과 선발과정에서 지원자 중에서 선택되는 인원을 비교하여 측정한다. [그림 5-2]에서 보듯이, 선발단계를 거치면서 선발되는 인원이 줄어들기 때문에 전체적으로 피라미드 모양을 형성하게 되어 '산출률(Yield Pyramid)'라고 부른다. 피라밋 각 단계별 산출률의 변화를 예를 들어 설명하면 다음과 같다.

그림 5-2. 모집에 있어서 'Yield Pyramid'

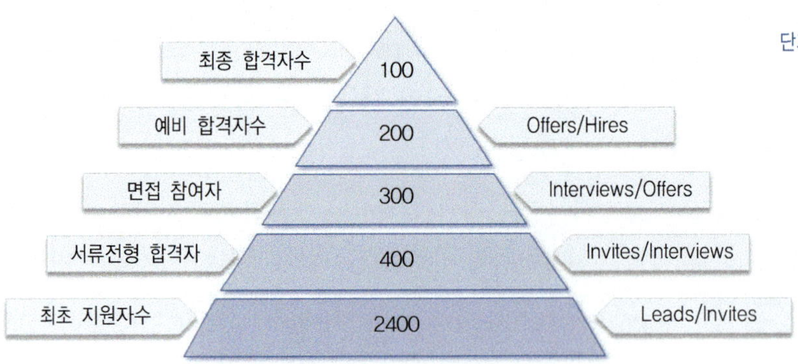

한 기업이 신입사원을 선발하기 위해 모집공고를 한 결과 총 2,400명이 지원하였다. 최초 지원자 총수를 '리드(lead)'라고 하는데, 리드는 효과적 모집을 위해서 요구되는 적정한 총 지원자 수를 의미한다. 적정한 리드가 응모하지 않았다면 일단 모집의 질이 낮아진다고 예상할 수 있다.

지원자 총수 2,400명 중에서 회사는 서류전형을 통해 400명을 추려서 예비 면접에 초대하였다면 선발의 첫 단계인 서류전형에 있어서 산출률(yield ratio)은 2,400: 400 = 6:1이 된다(16.7% 로 표시할 수도 있다). 서류전형을 통과한 400중에서 예비 면접에 합격한 사람이 300명이라면 이 단계에서의 산출률은 400:300 = 4:3이 된다. 또 예비면접 합격자 300명이 본 면접에 참여하여 그 중 200명이 예비 합격자로 분류되었다면, 본 면접 단계의 산출률은 300:200 = 3:2가 된다. 예비 합격자로 통보된 200명의 지원자 가운데서 회사의 최종선발 제의(offer)에 응하여 최종 입사하게 된 사람이 100명이라면 이 최종단계의 산출률은 200:100 =2:1이 된다. 결국 처음 이 회사의 신입사원 모집에 지원한 2,400명 중에서 선발의 단계들을 모두 통과하고 최종 합격하여 실제로 입사하게 된 인원은 100명이 되는 셈이다. 이 회사는 일반적으로 신입사원 모집에 있어서 총 리드(lead) 2,400명 대비 100명의 실제선발인원, 즉 24:1의 총 산출률을 보이고 있다고 말할 수 있다. 만약 24:1 보다 산출률이 높아진다면 그만큼 모집에 있어서 부진하였다는 의미가 된다.

이와 같이 조직은 과거의 모집자료와 경험을 통해 각 선발단계별로 적정 산출률이 얼마인지를 파악한 다음, 해당 모집과 선발에서 단계별로 적정 산출률이 지켜지는지 점검해 볼 필요가 있다. 만약, 모집을 위해서 신문이나 방송 같은 매체에 모집광고를 하였다면, 매체별로 단계별 산출률을 측정해 볼 필요가 있다. 산출률이 높은 매체일수록 그 매체를 접하고 지원한 합격자를 많이 배출했다는 뜻이므로 다음번 모집광고에 있어서 매체를 선택할 때 중요한 정보를 제공한다. 산출률이 높은 매체에 우선을 두고 광고를 해야 모집의 효과가 상승될 수 있을 것이다.

(2) 선발률(Selection Ratio)

선발률이란 지원자 가운데 최종 선발된 인원의 비율을 말한다. 선발률은 특정집단의 인력 중에서 실제 선발되는 인력이 얼마인지를 보여준다. 예를 들어, 실업률이 낮아질수록 기업이 원하는 특정집단의 선발률은 저하될 것이다. 반대로, 실업률이 높아지면 회사가 선발하기 원하는 집단의 선발률은 높아지게 된다.

(3) 수용률(Acceptance Rate)

수용률이란 선발에 최종합격하고 회사측으로부터 채용제의(job offer)를 받은 지원자가 실제로 채용제의를 받아들여 입사하는지를 나타내는 지표인데, 최종합격자 가운데 입사자의 비율로 측정한다. 수용률은 해당 조직이 채용하기를 원하는 지원자를 성공적으로 유치할 수 있는 능력을 나타낸다. 만약, 특정회사의 수용률이 과거나 타 경쟁사에 비해 낮다면 그 회사의 모집과 선발에 문제가 있다는 것을 의미한다. 수용률이 낮은 것은 여러 이유가 있겠으나 합격자가 해당 회사보다 더 나은 직업기회나 타조직 근무를 선택했다는 뜻이므로 그런 선택을 한 이유, 입사를 거부한 이유를 철저히 분석하여 대책을 강구함으로써 수용률을 높이는 조치가 필요하다. 입사예정자의 거부율(rejection rate)이 높아지게 되면 모집의 효과성이 저하되고 적정 인력을 적시에 채용하지 못하게 되므로 회사의 생산성과 이미지에 타격을 줄 수 있다.

(4) 기초율(Base Rate or Base Rate of Success)

기초율 또는 기초성공률은 모집의 질적 성공을 측정하는 지표이다. 기초율은 지원자들 가운데서 선발과정을 거치지 않고 무작위로 선택하여 채용했을 때 일정기간 경과 후 업무수행에 성공적인 사람이 얼마나 있는지를 보여주는 비율이다. 또한 기초율은 지원자 가운데 채용될 경우 성공적으로 회사직무를 수행하고 이직하지 않은 지원자가 얼마나 되는지를 측정하는 지표이다.

기초율이 높다는 의미는 총 지원자 가운데 자격을 갖춘 지원자의 수가 많다는 의미이다. 기초율은 속성상 과거 자료를 기초로 현재 모집여건을 비교하는 방법을 사용한다. 기초율은 모집하고자 하는 업무의 난이도와 성격에 따라 달라진다. 예를 들어, 단순반복 업무를 수행할 인력을 선발할 때 지원자들의 기초율은 높을 것이지만, 첨단기술이나 고난도의 직무선발에 있어서는 지원자의 기초율은 낮을 수밖에 없다.

2. 모집의 효과성을 높이는 방법

모집의 효과성을 높이는 것은 회사가 필요로 하는 우수한 인재를 선발하는 데 있어서 전제가 되는 중요한 일이다. 기업은 모집의 효과성을 높이기 위해서 과거의 모집관련 자료를 잘 관리하고 분석하여 모집과 선발에 반영하는 노력을 경주해야 한다. 모집의 효과성을 높이는 방법은 다양하다. 선발의 타깃이 되는 인력에 대한 데이터를 관리하여 이들이 모집에 응할 수 있도록 유인하는 방법, 노동시장에서 폭 넓게 지원자를 획득할 수 있도록 노력하는 한편, 모집인에 대한 교육을 실시하여 모집능력을 키우는 방법, 우수인력을 획득하는데 공을 세운 모집인에 대한 인센티브 지급 등을 들 수 있다.

현실적 직무소개(realistic job preview: RJP)를 통해 지원자들이 담당할 업무, 근무조건, 급여수준, 복리후생 등 사전에 회사의 정책이나 처우에 대해 충분한 정보를 갖고 모집에 응할 수 있도록 하는 방법은 회사가 원하는 우수집단에 대한 선발률을 높이고 채용제의를 받아들이는 수용률을 높일 수 있는 좋은 방법이라고 판단된다. 또한, 우수인재들을 적극적으로 유치하기 위해서 개별적으로 접촉하고 추가적 인센티브를 약속하는 등, 이른바 '타깃 리크루팅(target recruiting)'도 모집의 효과성을 높이는 방법이 될 수 있을 것이다.

제3절 선발의 원리와 선발의사결정

1. 선발의 개념

선발(selection)이란 선발하고자 하는 직위와 관련된 자격을 갖춘 지원자들의 숫자를 줄여서 기업이 원하는 인적자원을 선택하는 과정을 말한다. 선발의 요체는 선발과정에서 선발기준을 적용하여 성공이 예상된 지원자가 실제 선발 후 회사업무에서도 성공하는 것이다. 이 말을 뒤집으면, 실패가 예상된 지원자가 선발과정에서 잘 걸러져야 좋은 선발이라는 것을 의미한다.

'인사가 만사'라는 말을 자주 한다. 여기서 인사라는 말의 뜻에는 인사선발을 내포하는 경우가 많다. 그 만큼 인재를 선발하는 일은 기업의 명운이 걸린 중요한 사건이라는 데 반대할 사람은 별로 없을 것이다. 미국의 경영자들이 흔히 잘 쓰는 말에도 "hire easy, manage hard 보다도 hire hard, manage easy가 훨씬 낫다"는 말이 있다. 즉, 직원들을 선발할 때 엄격하게 하는 것이 나중에 관리할 때 쉬워진다는 뜻이다. 사람을 너무 쉽게 선발하게 되면 나중에 관리에 애를 먹는다는 그들 나름의 경험법칙을 이야기하고 있다.

기업이 필요로 하는 우수 인재를 과학적, 효율적으로 선발하기 위해서는 무엇보다도 인사선발의 예측치와 준거치 개념을 선발과정에 적용할 필요가 있다.

2. 선발의 예측치와 준거치

선발의 예측치(predictors)란 우리가 흔히 사용하는 서류심사 점수, 인터뷰 점수, 필기시험 점수 등 선발도구(selection tools), 그 가운데서도 주로 점수(scores)를 일컫는다. 인사선발에서 선발도구의 점수를 얻고자 하는 목적은 이 점수들이 선발대상자들의 미래 근무성과를 예측하는 능력이 있다고 믿기 때문이다. 즉, 인터뷰에서 좋은 성적을 올린 후보자는 채용이 된 후에 좋은 업무성적을 낼 것이라고 예측할 수 있다는 말이 된다.

최근 우리나라 대기업들이 인재를 선발하는데 있어서 지원자들의 예측치에 대해서 과거와 다른 인식을 가지고 있는 것으로 나타났다. 과거와 달리 학력이나 어학성적 등 이른바 '스펙(spec)'을 중시하는 관행을 지양하고 '직무적합도 테스트'를 도입하여(삼성그룹의 예) 스펙보다 지원자와 직무간 적합도가 높은지를 검증하는 데 선발의 초점을 옮기고 있다. 삼성그룹에서 시작된 이러한 변화는 대부분의 다른 대기업에도 영향을 주고 있다고 볼 수 있다. 최근 우리나라 대기업에서 채용시 중시하는 지원자의 역량은 대체로 ① 조직 및 직무적합도, ② 성과창출, ③ 성장가능성으로 요약할 수 있고, 이 세 가지가 선발에 있어서 새로이 고려하는 주요한 예측치로 부각되고 있다.

〈표 5-2〉는 우리나라 대기업 인사담당자들이 가장 중요하게 평가하는 지원자의 역량을 설문조사를 통해 파악한 결과를 보여주고 있다. 조사결과에서 보듯이, 가장 중요한 지원자의 역량으로서 인성, 근무의욕, 전문지식, 인턴경험 등 지원분야 경력 등을 주요하게 평가하고 있는 것으로 나타났다.

표 5-2. 우리나라 기업인사담당자가 중요시하는 지원자의 역량

▶ 인사담당자가 꼽은 신입사원 채용 시 가장 중요한 항목은?

(기업인사담당자 577명, 2019. 12, 취업포털 잡코리아)

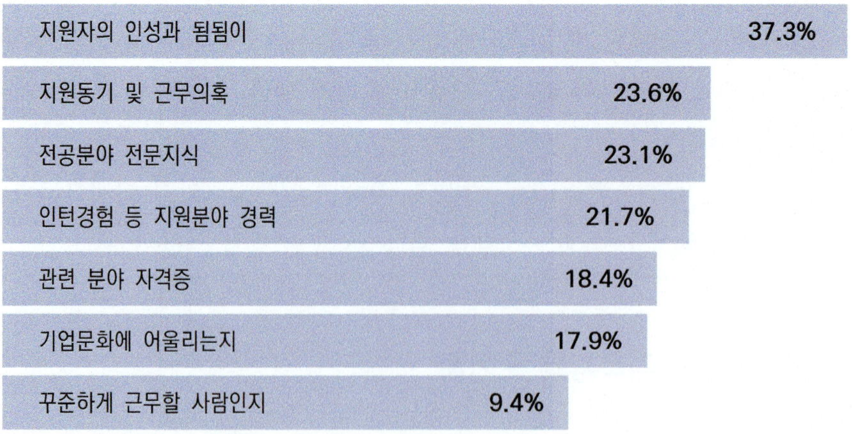

준거치(criterion)란 후보자가 선발되어 채용이 된 후 근무를 통해 달성하게 될 업무의 성과기준을 의미한다. 즉, 인사선발의 성공여부는 선발과정을 거쳐 선발된 자의 미래의 직무성공에 달려있다고 볼 수 있다. 따라서 직무성공을 무슨 기준으로 정하는지는 선발을 위해서 매우 중요한 요인이 된다. 일반적으로 실무적으로 많이 사용하는 준거치로 개인의 근무평정 점수, 기업의 매출액과 생산성, 사고감소율, 기업성과에의 기여도 등을 들 수 있다.

인사선발이란 예측치와 준거치를 결합(combination)하는 의사결정을 의미한다. 예측치와 준거치를 통계적 방법에 의하지 않고 경영자가 경험에 의해 직관적 방법(intuitive combination)으로 결합하는 경우도 있다. 예를 들면, 어떤 기업에서 서류전형에 있어서 학부성적이 우수한 집단을 그렇지 못한 집단보다 우선적으로 선발한다든지, 필기시험 성적보다 면접점수에 더 큰 비중을 두고 선발하는 관행이 정착되어 있다면 그 회사에서는 오랜 선발과정을 통해 경영자들이 나름대로 학교성적 및 면접점수와 근무성적간에 정(正)의 상관관계가 있다는 것을 경험을 통해 알기 때문에 그런 의사결정을 하는 것이다. 통계적 방법(statistical combination)으로 예측치와 준거치를 결합하는 방법으로는 다중회귀분석방법(multiple regression analysis)과 복수 컷오프(multiple cut-offs)방법을 들 수 있다. 전자는 예측치에 가중치를 부여하여 각 가중치의 합을 만족시키는 회귀함수를 산출하여 최적해를 구하는 방식이며, 후자는 예측치와 준거치에 합격기준(cut-off)을 설정하여 일정 수준을 상회하는 후보자를 합격자로 선발하는 기법이다. 다중회귀분석방법은 몇몇 분야에만 국한하여 좋은 성적을 올린 후보자가 몇몇 다른 분야에 성적이 나빠도 무사히 합격할 수 있는 반면에, 다중 합격선방법은 이른바 '과락'제도가 있기 때문에 특정분야의 성적이 나쁜 후보자를 가려낼 수 있다는 특징이 있다. 그러나 예측치와 준거치를 결합하는 방법에 있어서 경영자의 경험과 직관에 의한 판단과 통계적 방법 가운데 어느 것이 항상 더 우월하다고 말하기는 어렵다. 정교한 통계적 방법을 사용하지 않는다 하더라도 선발의사결정을 내리는 경영자의 경험이 선발 타당도(selection validity)가 높은 경우가 많기 때문이다. 문제는, 예측치와 준거치에 대한 정확한 정의와 오랜 기간 동안의 데이터 수집을 통해서 회사 나름의 결합 노하우를 개발하는 노력이 중요하다.

그림 5-3. 선발에 있어서 예측치와 준거치, 그리고 결합방법

예측치

〈선발 도구〉
- 학교성적
- 추천서
- 입사시험 성적
- 면접 점수
- 심리검사(인지능력검사, 지능검사, 적성검사, 인성검사 등)
- Biodata
- 자격증

〈결합 방법〉
① 임상적 방법
② 통계적 방법

준거치

〈직무성공 지표〉
- 근무성적(인사고과)
- 업무실적
- 생산성
- 매출액
- 이익률
- 조직기여도
- 사고발생률
- 승진여부

3. 사람과 직무의 적합성

1) 인지 능력

인사선발과 관련해서 적재적소(適材適所)라는 말을 많이 사용한다. 적재적소라는 말에는 선발에 있어서 "사람과 직무의 적합성(person-job fit)"이 중요하다는 의미가 담겨 있다. 또 이와 별도로, 인사선발과 관련하여 "우리 사람을 뽑는다"는 개념이 존재한다. 가령, 직무가 동일하거나 유사한 기업이라고 하더라도 기업문화가 다를 경우 선발되는 인재도 달라질 수가 있다. 이 경우 "사람과 조직의 적합성(person-organization fit)"이 중요한 역할을 하는 것이다. 어떤 적합성을 더 중시하는가 하는 것 역시 선발의사결정에 있어서 쟁점이 된다. 아이오와 대학의 Kristof-Brown(2000)의 연구결과에 의하면, 미국 기업의 선발 의사결정자들은 사람과 직무의 적합성을 측정하기 위해서 후보자의 지식(knowledge), 기술(skill), 능력(ability)을 사용하는 경향이 크며, 반면에 사람과 조직의 적합성을 측정하기 위해서는 후보자의 가치관(values)과 인성적 특질(personality traits)을 사용하여 선발의사결정을 하는 경향이 강하다고 한다.

먼저, 지식, 기술, 능력(이른바 KSA)은 전통적으로 후보자의 직무능력을 측정하는 도구로 널리 사용되어 왔다. 최근 미국 등 선진국 기업의 연구들에서는 인지적 능력(cognitive ability)이 후보자의 채용후 직무성과와 높은 정의 상관관계가 있다는 연구결과가 발표되고 있어 인지적 능력에 대한 관심이 높아지고 있다. 인지적 능력은 '인지능력 검사'에 의해 측정되는 것이 보통이다. 인지능력 검사 도구로는 미국에서 군인들을 위한 Armed Services Vocational Aptitude Battery(ASVAB), Armed Forces Qualification Test(AFQT), 그리고 공무원 임용을 위한 General Aptitude Test Battery(GATB)가 있다. 민간기업을 위한 인지능력 검사도구들도 있으나 미국의 경우 유색인종에 대한 차별의 우려 때문에 실시를 꺼리는 기업들이 많다. 민간기업에 일반적으로 사용되는 대표적 인지능력검사로서는 Wesman Personnel Classification Test(WPCT)를 들 수 있다. 이 테스트는 60개의 언어적, 비언어적 문항으로 구성된 검사이다. Goldstein 등(1998)은 평가센터(assessment center)에서 실제로 참가자들의 인지능력을 측정하는 한편, 인지능력을 14개 차원으로 구분하여 사용하였는데 이 14개 차원이 대체로 인지적 능력의 범주를 대표하는 것으로 볼 수 있다. 인지능력 14개 차원은 〈표 5-3〉과 같다.

표 5-3. 인지능력의 14차원

구분	차 원
1	지도력과 동기부여 능력(Lead and Motivate)*
2	권한위양과 통제 능력(Delegating and Control)*
3	기획 능력(Planning)
4	조직 능력(Organizing)
5	세부적인 일을 다루는 능력(Handling Details)
6	인간관계 능력(Human Relations)
7	주도 능력(Initiative)
8	업무 및 관리 지향성(Work and Management Orientation)
9	판단력(Judgement)
10	혁신 능력(Innovation)
11	구두 의사소통 능력(Oral Communication)
12	서면 의사소통 능력(Written Communication)
13	스트레스 하에서의 효율적 업무처리 능력(Effectiveness under Stress)
14	개인 적응력(Personal Adjustment)

* 주: 리더십과 권한위양과 관련된 능력들은 주로 경력사원이나 관리자 선발시에 적용된다.

2) 인성 특질

사람과 조직의 적합성을 측정하는데 많이 사용되는 후보자의 인성적 특질(personality traits)에 대하여 알아본다. 학자들은 인성적 특질 가운데 인사선발에 가장 많이 사용되는 다섯 가지 대표적 특질을 중시하고 있다. 이 다섯 가지를 "다섯 가지 요인(Five-Factor Model: FFM)"이라고 하기도 하고 "Big Five"라고 일컫는다. 이 다섯 가지 특질은 성실성, 동의성, 개방성, 외향성, 정서적 안정성이다. 〈표 5-4〉에서 보는 바와 같이 이 다섯 가지 대표적 특질의 이니셜을 따서 NEOAC이라고 부르기도 하고, CLUES라고 부르기도 한다.

〈표 5-4〉는 이 다섯 가지 대표적 특질을 구조화된 선발 인터뷰(structured selection interview)에 적용한 예를 보여주고 있다. 인터뷰시에 면접자는 후보자들이 "Big Five" 특질을 어느 정도 지니고 있는지를 집중적으로 질문하게 되는데, 주로 후보자의 직접체험을 묻는 형식을 취하고 있다. 또한, 긍정적 질문형태와 부정적 질문형태가 혼합되어 있다.

표 5-4. 인성 특질 "Big Five"

인성특질	NEOAC	CLUES
성실성	Conscientiousness	Conscientiousness
동의성	Agreeableness	Likability
개방성	Openness	Undogmatic Thinking
외향성	Extroversion	Extroversion
정서적 안정성	Neuroticism	Emotional Stability

4. 예측치와 준거치의 결합방법

인사선발의 핵심은 예측치와 준거치를 적절히 결합하여 적재적소의 인재를 선발하는데 있다. 그런데 예측치와 준거치의 결합은 실제에 있어서 그리 쉽지 않다. 기업에 따라 결합하는 방식에 있어서 차이가 있으며 그 결합에는 기업의 인재상과 경영철학이 녹아있다. 일반적으로 예측치와 준거치의 결합방식에는 임상적 접근법과 통계적 접근법이 있다.

1) 임상적 접근법(Clinical Approach)

임상적 접근법은 선발에 있어서 의사결정자가 직무에 대한 나름대로의 이해와 경험, 그리고 해당 직무를 성공적으로 수행한 사람들의 자질과 특성을 근거로 주관적, 직관적으로 적임자를 선발하는 방식을 말한다. 예측치와 준거치의 결합에 있어서 마치 의사가 환자를 치료해온 임상적 경험과 지식으로 결합하는 것이다. 이 접근법의 장점은 경영자 선발에 대한 오랜 경험과 지식을 활용하여 인재를 선발할 수 있다는 것이지만, 선발 의사결정에 개인의 편견과 고정관념(stereotype)이 작용할 수 있다는 단점이 있다.

2) 통계적 접근법(Statistical Approach)

통계적 접근법은 선발의사결정에 있어서 객관적, 통계적 방법에 의존하는 것을 말한다. 이 방법은 타당성이 있는 예측치들을 확인하고 이들을 정교한 통계적 방법으로 가중치를 부여하여 준거치와 결합시켜 적임자를 선발하는 방법이다. 통계적 방법의 장점은 선발 의사결정에 있어서 개인적 편견과 스테레오 타입이 원천적으로 배제된 과학적 방법이라는 점이다. 단점으로는 경영자의 선발경험과 인재상이 선발과정에 반영되지 못한다는 점이다.

5. 선발의사결정의 원리

여기서는 통계적 접근법을 통해서 실제로 선발의사결정을 어떻게 하는지를 살펴보기로 한다. 통계적 접근법에는 프로파일 방법, 다중회귀분석 방법, 복수 컷오프 방법 등이 있다.

1) 프로파일 방법

프로파일 방법은 기업이 업무수행에 성공하는 종업원들의 평균적, 표준적 자질을 과거 데이터를 축적, 분석하고 파악하여 이를 '이상적 프로파일(ideal profile)'이라 정의하고 개별 지원자의 자질을 측정하여 이상적 프로파일과 유사한 자질을 가진 자를 선발하는 방법이다.

일반적으로 이상적 프로파일과 개별 지원자의 프로파일간 유사성을 검증하는 기준은 다음 두 가지이다.

(1) 수준(level)

수준이란 한 자질의 값과 이상적 자질 사이의 절대적 차이를 말한다. 수준차가 크면 클수록 적임자일 가능성은 희박해지고 그만큼 선발될 가능성이 낮아진다. 이상적 자질보다 지원자의 자질수준이 높으면 'over-qualification'이고, 이상적 자질보다 낮으면 'under-qualification'으로 간주되어 적임자가 아닐 가능성이 높기 때문이다([그림 5-4] 참조).

그림 5-4. 두 프로파일이 수준(level)은 동일하나 형태(shape)가 다른 경우

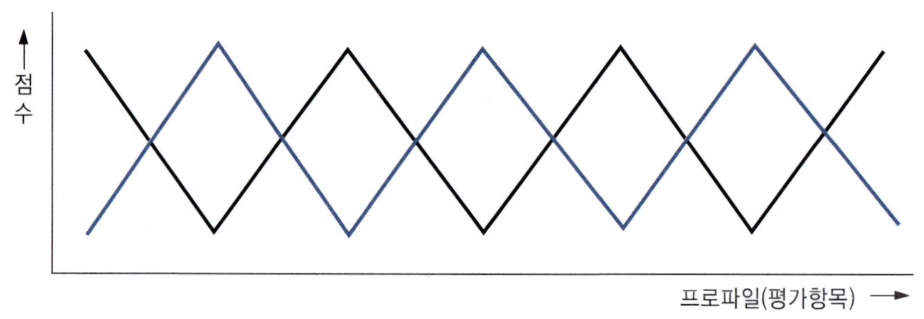

(2) 형태(shape)

형태는 지원자의 각 자질의 값과 이상적 자질간 상관관계를 구했을 때 상관계수 값이 높게 측정되었다면 절대적 수준차이에도 불구하고 그 지원자는 적임자라고 판단하고 선발이 된다. 왜냐하면 그 사람의 자질은 이상적 자질과 동일한 형태로 진행하기 때문에 같은 '끼'를 지녔다고 보여져 입사 후 그 직무에서 성공을 거둘 가능성이 높기 때문이다([그림 5-5] 참조).

그림 5-5. 두 프로파일이 이 형태(shape)는 동일하나 수준(level)이 다른 경우

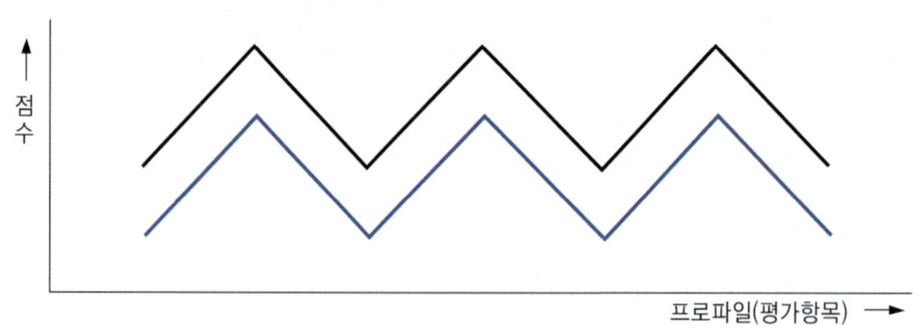

프로파일 방법으로 선발을 하는 예를 들면 [그림 5-6]과 같다. 그림에서 보는 바와 같이, 어떤 기업에서 입사시험을 치룬 지원자 A와 B의 성적분포는 그림과 같다고 한다.

그리고 회사가 지금까지 해당 직무에 성공을 거둔 현직자(incumbents)들의 성적평균을 산출하여 구한 이상적 프로파일(ideal profile)은 역시 그림과 같다고 하자. 지원자 A, B의 성적은 각기 수준과 형태에 있어서 상이한 분포를 보이고 있다. 만약 이 회사가 입사시험 성적의 평점평균(average)보다 구체적 프로파일에 대한 '끼', 즉 형태를 중시하여 선발하는 정책을 고수한다면 평점평균이 높은 지원자 A보다 지원자 B가 선발될 가능성이 높다.

그림 5-6. 이상적 프로파일에 기초한 인사선발의 예

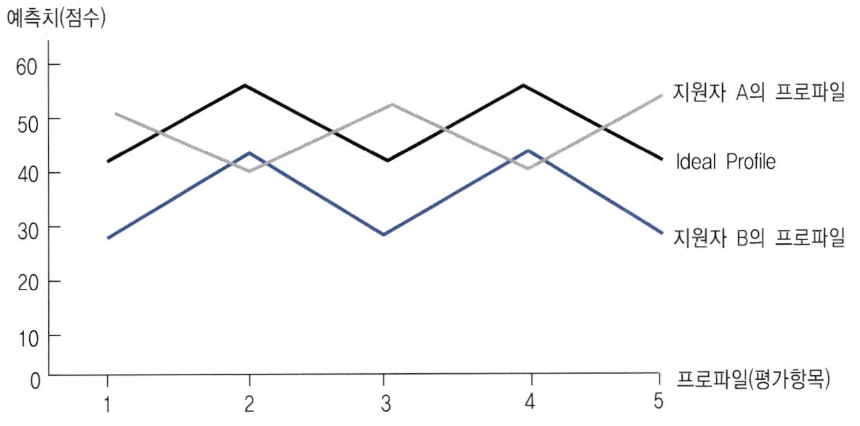

2) 다중회귀분석 방법

다중회귀분석(multiple regression analysis) 방법은 예측치와 준거치를 결합하는 방법으로서 준거치를 종속변수로, 예측치들을 독립변수로 하여 다중회귀분석을 실시하여 준거치가 높은 선발 대안을 선택하는 방법이다. 일반적인 회귀방정식(regression equation)은 다음과 같다.

$$Y = a + b_1X_1 + b_2X_2 + b_3X_3 + \cdots\cdots\cdots + biXi$$

Y : 준거치(예: 직무성과)의 추정치
bi : 예측치의 가중치(weight)
Xi : 예측치의 실제 점수
a : 상수

다중회귀분석은 기업이 과거의 선발자료를 분석하여 선발도구의 예측치간 가중치를 산출할 수 있어 가중치가 높은 선발도구를 집중적으로 활용하고 가중치가 낮은 선발도구를 도태시킬 수 있다는 장점이 있다. 그러나 단점으로는 선발자료가 충분히 축적되지 않으면 독립변수들을 알기 어렵다는 점과, 회귀분석의 부가성(additivity) 때문에 독립변수의 수가 많으면 많을수록 회귀방정식의 설명력이 높아진다는 점이다. 즉, 가중치가 높지 않은 프로파일이라도 많이만 축적하면 직무성과의 예측력이 높아진다는 단점이 있다.

다시 말하면, 회귀분석 방법만으로 사람을 선발한다면 거의 모든 선발항목에서 평균 이상의 점수를 획득한, '특징이 없는' 인재가 선발에서 최종합격할 가능성이 높아진다는 뜻이다. 이것은 최근 차별성이 있는 '튀는 인재'를 뽑고자 하는 앞서가는 회사들이 원하는 방향이 아니다. 이를 보완하기 위해 과목별(프로파일별) 컷오프 방법이 동원된다.

3) 복수 컷오프(multiple cut-off) 방법

복수 컷오프 방법은 선발과 관련된 자료들을 활용하여 탈락시키는 점수, 즉 컷오프를 정하고 복수의 컷오프를 통과하는 지원자를 걸러내는 방법을 말한다. 빈번하게 사용되는 방법으로서 Taylor-Russell 방법이 있는데 이것은 선발도구의 타당성, 선발률, 직무성공률, 기초율간의 관계를 구명하여 선발에 활용하는 방법이다. 이를 구체적으로 설명하면 다음과 같다.

(1) 예측치의 타당성

예측치의 타당성이란 선발 도구로서 적용된 예측치가 얼마나 정확성을 가지는가를 나타내는 것이다. 예측치(입사시험 성적)와 준거치(직무 성공도)간 상관관계 계수가 높을수록 타당성이 높은, 정확한 선발도구라는 의미이다.

[그림 5-7]에서 좌측(A의 경우)은 상관계수가 0인 매우 부정확한 선발도구의 경우, 지원자들이 획득한 성적은 예측치와 준거치간 어떤 연관도 없는 상황을 보여주고, 우측의 경우(B의 경우)는 상관계수가 0.75로서 예측치와 준거치간 상관관계가 매우 높아서 지원자들의 획득한 성적을 기준으로 우수자와 비우수자를 가릴 수 있는 기초가 마련되었다고 볼 수 있다.

그림 5-7. 선발 예측치의 타당도

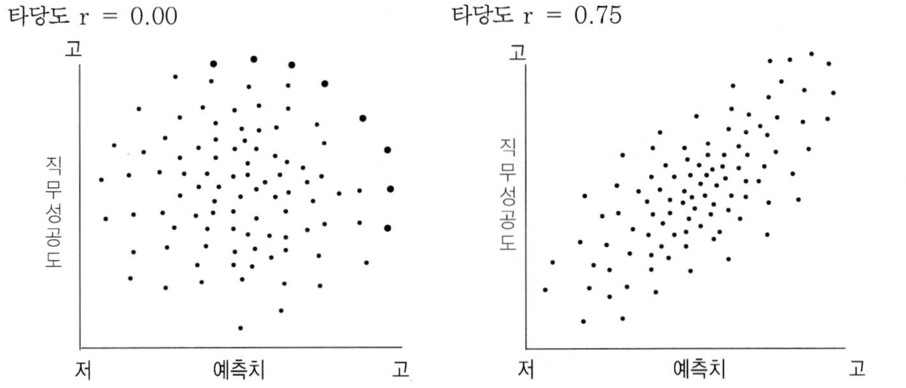

흔히 '커트 라인'이라고 부르는 컷오프는 지원자가 획득한 성적(점수)을 참고하여 준거치와 예측치의 일정한 값을 컷오프로 설정할 수 있다. 이때 준거치에 설정한 컷오프는 해당 직무수행에 있어서 성공(success)과 실패(failure)를 결정짓는 컷오프가 되고, 예측치에 설정되는 컷오프는 합격(accept), 불합격(reject)을 구분하는 합격선(커트라인)이 될 것이다([그림 5-8] 및 [그림 5-9] 참조).

그림 5-8. 준거치에 설정된 컷오프

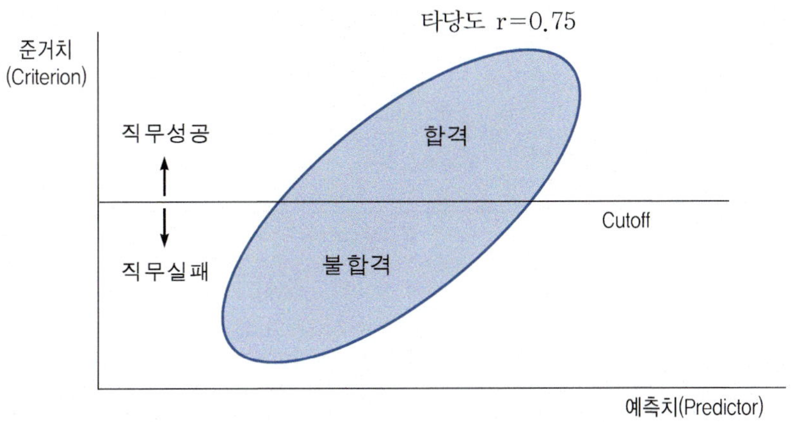

그림 5-9. 예측치에 설정된 컷오프

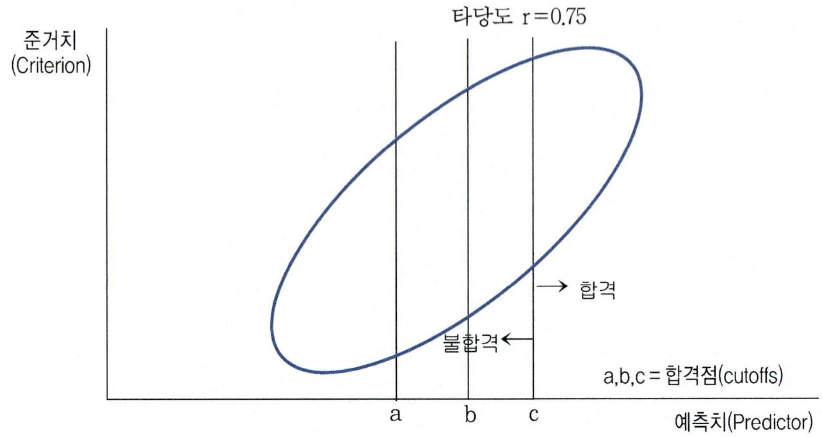

그림 5-10. 복수 컷오프를 통한 인사선발 개념도

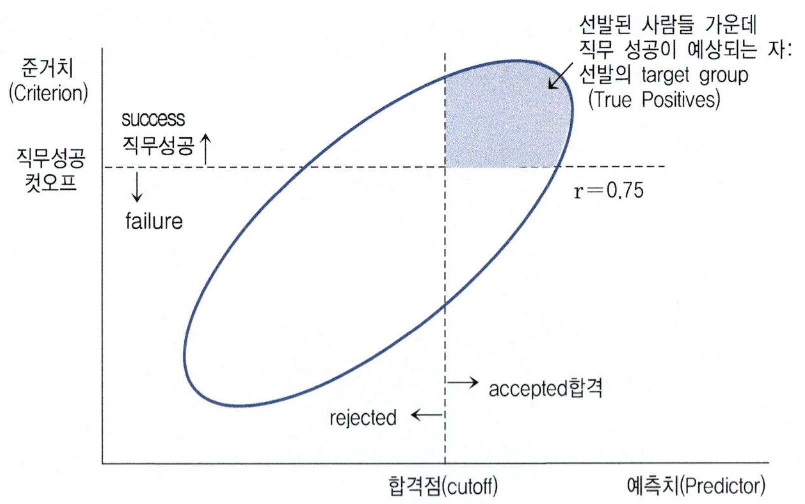

(2) 선발률, 직무성공률, 기초율

선발률(selection ratio)은 최종합격자를 지원자로 나눈 값이다. 직무성공률은 선발된 인원(입사자) 중에서 일정기간 후 성공적 직무수행자의 비율을 말한다. 기초율은 총 지원자 가운데 성공적 직무수행자의 비율을 뜻한다([그림 5-11] 참조).

그림 5-11. 복수 컷오프를 통한 인사선발 개념도

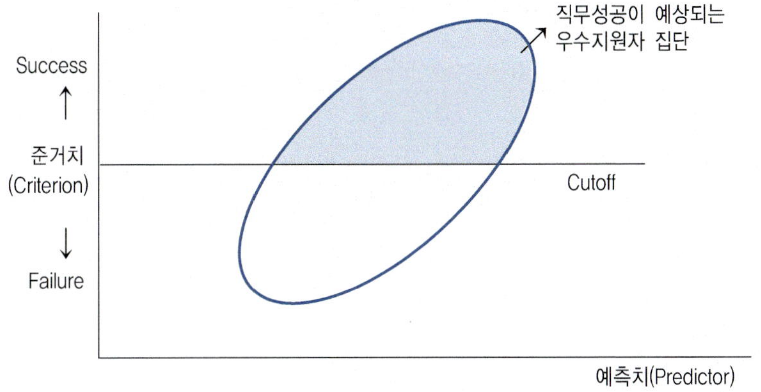

$$선발률(selection\ ratio) = \frac{최종\ 합격자}{총\ 지원자}$$

$$직무성공률(success\ rate) = \frac{성공적\ 직무수행자}{선발된\ 인원}$$

$$기초율(success\ base\ rate) = \frac{성공적\ 직무수행자}{총\ 지원자}$$

다음 [그림 5-12]는 심리학자 Taylor와 Russell이 개발한 Taylor-Russell 그래프의 예이다. 또 〈표 5-5〉는 기초율(Base Rate of Success : BRS)까지도 고려한 Taylor-Russell Table의 예이다(Ghiselli & Brown, 1955).

그림 5-12. Taylor - Russell Graph

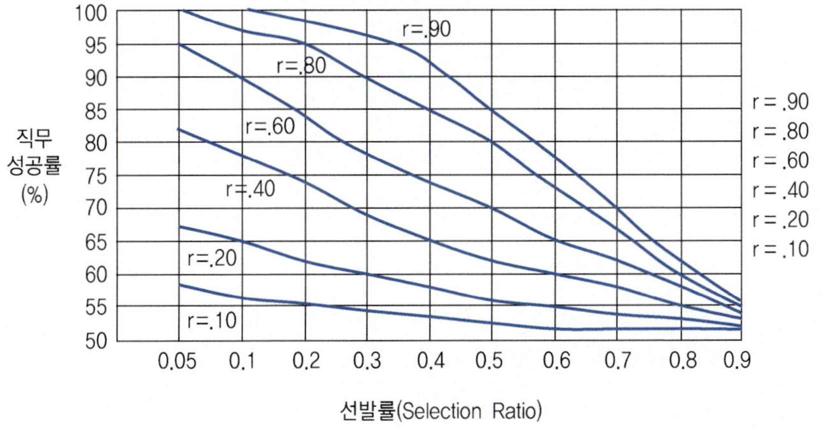

표 5-5. Taylor – Russell Table

r \ SR	.05	.16710	.20	.30	.40	.50	.60	.70	.80	.90	.95
.00	.50	.50	.50	.50	.50	.50	.50	.50	.50	.50	.50
.25	.79	.67	.64	.62	.60	.58	.56	.55	.54	.52	.51
.50	.88	.84	.78	.74	.70	.67	.63	.60	.57	.54	.52
.75	.99	.97	.92	.87	.82	.77	.72	.66	.61	.55	.53

SR = 선발률 r = 타당성 Cell 안의 숫자: 직무성공률

(3) 컷오프에 의한 선발의사결정의 효과성

복수 컷오프에 의해 적격자를 선발하는 의사결정에 있어서 선발도구 예측치의 타당성이 완벽하지 못하기 때문에 선발에 있어서 오류를 막을 수 없다. 일반적으로, 선발의사결정을 하게 되면 다음과 같은 네 가지 결과를 발생하게 된다([그림 5-13] 참조).

그림 5-13. 선발의사결정의 효과성 검증

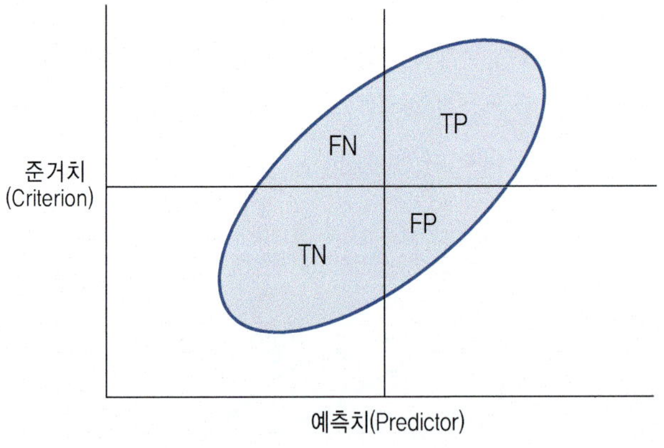

① **False Positive Error(FP)** : 입사 후 부적격자로 판명된 지원자를 선발하는 오류(erroneous acceptance 라고도 함)

② **False Negative Error(FN)** : 선발되어 근무를 하였다면 나중에 적격자로 판명될 지원자를 탈락시키는 오류(erroneous rejection이라고도 함)

③ **True Positives(TP)** : 입사 후 적격자로 판명된 지원자를 선발함(correct acceptance 라고도 함)

④ **True Negatives(TN)** : 선발되어 근무를 하였다면 나중에 부적격자로 판명될 지원자를 탈락시킴(correct rejection 이라고도 함)

여기서 ③과 ④는 선발의사결정을 올바르게 행사하여 오류를 회피한 경우이고, ①과 ②의 경우는 선발에 있어서 피하기 어려운 오류가 발생한 것으로 볼 수 있다. 이러한 오류를 방지하고 감소시키는 대책에는 여러 가지가 있을 수 있다. 손쉬운 방법은 선발률을 낮추어 요행히 선발에 합격하는 사람을 줄일 수 있을 것이다. 그러나 이 경우 전체 선발인원이 축소되므로 당초 목표한 선발인원을 채우지 못할 우려가 있다. 지원자가 입사후 직무에 성공할지 미리 예단하는 것은 어려운 일이므로 인턴십이나 수습기간을 부여하여 신입사원의 근무성적을 체크하여 최종 채용여부를 결정하는 방법도 선발오류를 줄일 수 있는 대안이 될 수 있을 것이다.

제4절 선발도구의 신뢰성, 타당성, 효용성

1. 선발도구의 신뢰성

선발도구(selection tool)란 지원자들 중 적격자를 선발하는 데 사용되는 도구를 말한다. 예를 들면, 어학시험성적, 인성검사성적, 면접점수 등이 대표적 선발도구들이다. 선발도구의 신뢰성(reliability)이란 선발도구의 측정결과가 일관성(consistency)과 안정성(stability)을 보인다는 뜻이다. 선발도구가 신뢰성이 있어야 지원자들을 대상으로 그 선발도구를 적용할 수 있고 선발도구의 측정결과, 즉 예측치가 정확하다는 전제하에서 기업은 선발의사결정을 내릴 수가 있다. 신뢰성을 검증하는 방법에는 실시-재실시방법과 완전 일치하지는 않지만 유사한 방법으로 재실시하는 방법이 있다.

1) 실시 - 재실시 신뢰성(Test-retest Reliability) 검증

실시-재실시 신뢰성 검증은 선발도구의 측정결과가 안정적인지를 알아보기 위해서 동일한 테스트를 동일한 집단을 대상으로 시간적 간격을 두고 재실시하여 두 측정치(첫 번째와 두 번째)가 일치하는지 정도를 검증하는 방법을 말한다([그림 5-14] 참조).

그림 5-14. 신뢰성의 의미

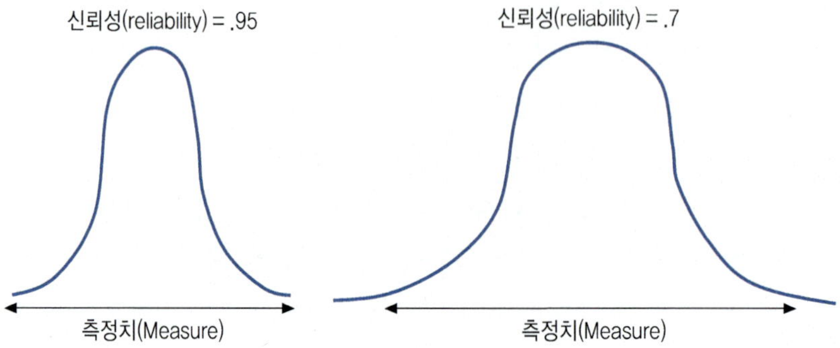

두 평가척도가 모두 연속적 척도(continuous scale)일 경우, 일반적으로, 두 측정치간 상관계수(correlation coefficient)가 0.8 이상일 경우에 신뢰성이 있는 것으로 판정하는 경향이 있다.

2) 대체형식에 의한 신뢰성(Equivalent Form Reliability) 검증

필기시험 문제처럼 동일한 문제를 사용하여 재시험을 보게 되면 피평가자가 이미 첫 번째 시험을 통해 지식을 획득하였으므로 재실시가 의미가 없게 된다. 이럴 경우에는 동일 유형의, 난이도가 유사한 시험을 재실시하여 신뢰성을 검증한다. 이 경우를 대체형식(equivalent or alternate form)에 의한 신뢰도 검증이라고 한다.

3) 평가자간 신뢰성(Inter-rater Reliability) 검증

복수 평가자가 동일 시점에 동일한 평가대상을 평가할 때 평가자들이 얼마나 동일하게 평가하는지를 검증하는 것을 말한다. 올림픽 피겨스케이팅 심사처럼, 평가자들의 일차 평가결과 가장 높은 점수와 가장 낮은 점수를 제외하고 나머지 점수를 평균해서 평가치를 결정하는 방법은 예외적 평가(outliers)를 배제하고 평가자간 신뢰성을 높이기 위한 노력이라고 볼 수 있다.

4) 내적 일관성 신뢰성(Internal Consistency Reliability) 검증

특정 피평가집단에 대해서 하나의 평가표로 측정한 결과만 있을 때 평가항목 점수들 간의 관계의 일관성(consistency)을 산출한 신뢰성을 말한다. 내적 일관성으로 신뢰성을 측정하는 방법에는 다음의 방법들이 있다.

(1) 항목점수간 상관관계의 평균 : 측정항목 점수간 상관관계를 산출하고 각 항목점수간 상관관계의 평균을 계산하는 방법

(2) 전체점수와 항목점수간 상관관계의 평균 : 예를 들어, 5개 항목으로 구성된 면접채점의 경우 5개 항목 전체점수를 구한 뒤 각 항목점수간 상관관계의 평균을 계산하는 방법

(3) 반분신뢰도(split-half reliability): 하나의 평가표를 임의로(예를 들면, 짝수 문항과 홀수 문항) 둘로 나누어 각각 측정한 다음, 두 평가표의 전체점수간의 상관관계를 계산하여 내적 일관성을 측정하는 방법

(4) 크론바하 알파(Cronbach's alpha) : 평가문항에 대하여 조합이 가능한 모든 반분신뢰도를 계산하여 신뢰도를 추정한 값으로서 SAS나 SPSS 통계패키지를 이용하여 크론바하 알파값을 산출하는데, 대체로 Cronbach's alpha가 0.7 이상이면 신뢰성이 있는 것으로 간주한다.

2. 선발도구의 타당성

인사선발에 있어서 평가도구의 가장 중요한 자질은 피평가자(입사 지원자)의 미래 직무성과 또는 직무학습능력을 예측하는 데 있다. 이와 관련된 기본적인 물음은 "과연 평가도구(시험, 면접 등)에서 높은 성적을 얻은 사람은 나중에 직무를 수행함에 있어서 높은 성과를 낼 것인가?"하는 것이다. 피평가자의 미래 직무성과를 예측하기 위해서 평가도구 성적과 직무성과 측정치간의 상관관계(correlation)를 구하는 방법이 일반적이다. 이때 구해진 상관관계 값을 '타당성 계수(validity coefficient)'라고 한다.

선발도구의 측정치가 일관성 있고 안정적으로 나타났다고 해서, 즉 신뢰성이 높다고 해서 선발된 직원들이 모두 회사에 입사하여 직무수행에 성공을 거둔다고 단언하기는 어렵다. 선발도구가 우수하다고 인정을 받기 위해서는 신뢰성도 갖추어야 하지만, 선발도구를 통해 선발된 사람들이 실제 근무에 있어서 성공적이어야 선발목적을 달성하게 된다. 이러한 개념을 타당성(validity)이라고 부른다.

선발타당성은 선발에 있어서 측정하고자 하는 대상을 올바르게 측정하고 있으며, 그 측정결과가 과연 측정하고자 하는 목적에 부합되는지를 나타내는 지표이다. 타당성의 특정방법은 앞에서 서술한 상관계수법 이외에도 요인분석(factor analysis)이 주로 사용되며 타당성의 유형에는 다음과 같은 것들이 있다.

1) 준거관련 타당성(Criterion-related Validity)

준거관련 타당성이란 선발도구의 측정치(예를 들면, 입사시험 성적)와 지원자의 근무성적간의 관계를 측정하여 타당성을 검증하는 것을 말한다. 이에는 근무성적을 적용하는 시점에 따라 동시 타당성과 예측 타당성으로 구분된다.

(1) 동시 타당성(Concurrent Validity)

선발도구의 측정치가 그 직무를 담당하는 종업원(현직자)들이 달성하고 있는 수준의 직무행위 측정치(예, 직무성과)와 관련되어 있는 정도를 말한다. 이 경우 준거치와 예측치의 적용시점은 동일하다(concurrent). 즉, 현재 그 일을 하고 있는 기존직원들의 수준을 지원자가 '현재' 달성할 수 있는지를 검증하는 것이다. 예를 들면, 소방공무원을 선발하는 시험의 경우, 당장 화재현장에 달려가 불을 끌 수 있을 정도의 체력과 순발력을 테스트 하는 것이 중요할 것이다. 따라서 소방공무원 시험에 있어서 지식을 측정하는 필기시험 보다는 체력을 측정하는 실기시험에 더 큰 비중을 둠으로써 동시 타당성을 중시하는 선발제도가 필요할 것이다.

(2) 예측 타당성(Predictive Validity)

선발도구의 측정치가 선발대상자(지원자)가 '미래'에 달성할 수 있는 직무성과와 관련되어 있는 정도를 말한다. 이 경우 준거치와 예측치의 적용시점은 동일하지 않고 시차가 존재한다. 정신노동에 종사하는 화이트칼라 근로자를 선발하는 경우, 인지능력과 적성검사 등을 실시하는 것은 당장 성과를 낸다기 보다는 입사 후 적응기를 거치게 되면 직무성과를 낼 것이라고 선발시점에서 '예측'하게 된다. 이렇게 예측치(예: 입사시험 성적)와 준거치(예: 근무성과)간 상관관계를 측정하는 것은 타당성을 입증하기 위한 것이다.

2) 기술적 타당성(Descriptive Validity)

기술적 타당성이란 선발도구가 측정하는 항목과 내용 자체를 검증하는 것으로서 항목과 선발도구를 기술하는 과정이 적정한지를 검증하는 것이다. 기술적 타당성에는 내용타당성과 구성타당성이 있다.

(1) 내용타당성(Content Validity)

선발도구가 측정하는 내용이 실제로 근무하는데 있어서 작업상황과 직무행위에 얼마나 유사한 내용을 담고 있는지를 나타내는 것이다. 내용타당성이 높다는 것은 측정항목이 실제 작업상황과 직무행위를 편견없이 잘 대표하고 있다(unbiased representation of the domain)는 것을 의미한다. 내용타당성은 주로 해당 분야 전문가들의 의견을 참고하여 측정한다. 전문가들의 판단에 의해 내용타당성을 판정하게 되므로 전문가들의 주관적 견해가 내용타당성을 결정하는데 큰 역할을 한다는 것과, 피평가자가 평가를 받는 영역(domain)에 있어서 지식을 가지고 있어야 한다는 것이 전제될 때 내용타당성을 적용할 수 있다는 한계를 지니고 있다.

(2) 구성타당성(Construct Validity)

구성타당성은 공인타당성이라고도 부르는데 선발도구의 측정치가 이론적 구성 또는 특질(theoretical construct or trait)을 가지고 있는 정도를 나타낸다. 선발도구의 측정항목들이 얼마나 이론적 속성에 부합되고 논리적인지를 표시하는 지표이다. 구성타당성을 공인타당성이라고 부르는 이유는 구성타당성이 충분히 높아야 그 측정항목 구성이 외부적(때로는 국제적) 공인을 받을 수 있기 때문이다.

가령, 지능검사를 통해 IQ를 측정할 때 표준적 측정도구인 Stanford 검사의 경우, 언어능력(verbal reasoning), 연산능력(quantitative reasoning), 추상적-시각적 능력(abstract/visual reasoning), 암기력(short-term memory) 등 4대 영역에 걸쳐서 도합 15종류의 테스트를 하게 되어 있다. 그런데 이 4대 영역 가운데 어느 한 영역이라도 IQ테스트에서 누락된다면 그 IQ점수는 표준 측정도구로서 국제적 공인을 받을 수 없다. 왜냐하면 이론적, 논리적으로 반드시 구성에 포함되어야 할 영역이 포함되지 못해 구성타당도에 문제가 생기기 때문이다. 이때 공인받지 못한 테스트 점수는 타 IQ테스트 점수와 비교할 수도 없게 된다.

다음 〈표 5-6〉은 최근 미국의 산업 및 조직심리학자인 Schmidt와 Hunter(1998)가 인사선발에 자주 사용되는 평가도구들을 각각의 타당성 계수를 측정하여 발표한 것이다.

표 5-6. 일반적 선발도구의 타당성(직무성과의 예측력)

집체 평가	타당성	개별 평가	타당성
1. 워크샘플(work sample)	0.54	1. 동료에 의한 평가(peer ratings)	0.49
2. 일반적 심리검사 (general mental ability)	0.51	2. 행동일관성 또는 성취기록 (behavioral consistency or achievement record)	0.45
3. 구조화 면접 (structured interview)	0.51	3. 신원조회(reference check)	0.26
4. 직무 지식(job knowledge)	0.48	4. 직무경험(job experience)	0.18
5. 직무 시연(job tryout)	0.44	5. 훈련 및 경력점수 (training & experience point method)	0.11
6. 성실성 테스트(integrity)	0.41	6. 교육년수(years of education)	0.10
7. 비구조화 면접 (unstructured interview)	0.38	7. 관심사(interests)	0.10
8. 평가센터(assessment center)	0.37	8. 필적감정(graphology)	0.02
9. 전기적 자료(biodata)	0.35	9. 연령(age)	-0.01
10. 양심 테스트(conscientiousness)	0.31		

자료 : Schmidt & Hunter, J. E.(1998), 262~274.

표에서 보는 바와 같이, 평가도구들은 먼저 집체평가(assembled assessment)와 개별평가(unassembled assessment)로 구분된다. 집체평가란 피평가자들이 한 자리에 모여 평가를 받는 방식을 말하며, 개별평가는 피평가자들이 한 장소에 모이지 않고 각자가 개별적으로 평가에 임하는 방식을 말한다. 집체평가는 고교생들이 치르는 대입 수능고사(미국에서는 SAT)같은 평가를 예로 들 수 있으며, 개별평가는 입사지원자들이 작성하여 개별적으로 회사에 제출하는 입사지원서(application blank)같은 것을 예시할 수 있다. 미국의 경우, 연방공무원 선발의 60% 정도가 서류심사와 같은 개별평가에 의한다고 보고되고 있다. 즉, 미 연방공무원 선발에 있어서, 교육경력과 직무경험을 토대로 서류심사를 실시한 후 선택된 소수 인원을 대상으로 인터뷰를 실시하는 방식이 선호되고 있다는 뜻이다.

그런데 〈표 5-6〉에서 보는 바와 같이, 집체평가가 개별평가에 비해서 타당성이 대체로 높은 것으로 조사되고 있다. 집체평가 가운데서 지원자가 채용후 수행할 업무의 샘플을 실제로 수행하도록 되어 있는 워크샘플(work sample) 테스트가 타당도, 즉 미래의 직무성과 예측력이 가장 높은 것으로 나타났다(0.54). 타당성이 0.54라는 의미는 워크샘플 테스트를 통해 사람을 선발하는 경우, 선발된 사람이 나중에 실제 근무하면서 달성하는 업무성과간 0.54만큼의 상관관계가 있다는 뜻이 되므로 예측력이 매우 높다고 평가할 수 있다. "백번 보는 것보다 실제로 한 번 해보는 것이 낫다"는 상식을 선발에 활용한 것이 워크 샘플 방법이라고 볼 수 있다. 지원자는 미래 수행할 실제업무를 평가자 앞에서 실제로 수행함으로써 업무성공 가능성을 평가받는다. 실제업무와 다른 점이 있다면 지원자가 수행하는 업무는 전체업무가 아니라 추출된(sampled) 일부업무이며, 시간제약이 따른다는 점이다.

워크 샘플 다음으로 타당성이 높은 것은 일반적 심리검사(0.51), 구조화된 면접(0.51)의 순이다. 이들은 모두 0.5 이상의 예측력을 가지고 있는 우수한 선발도구로 평가된다. 개별평가 방법에 있어서는 동료에 의한 평가가 가장 타당성, 즉 예측력이 높은 선발도구로 조사되고 있다. 그러나 동료에 의한 평가방법은 여러 이유로 선발에 실제로 사용되는 예는 드물다. 그 이유는 우선 자료의 수집이 동료직원들 내부에서 수집되어야 하므로 객관성을 담보하기 어렵고, 또 사회적 인기도(social popularity)에 의해 평가결과가 크게 영향을 받기 때문이다. 개별평가 방법으로서 다음으로 타당성이 높은 테스트는 행위일관성 테스트(behavioral consistency method)이다. 이 기법은 성취기록(accomplishment record)이라고도 부르는데, 미국의 OPM(U.S. Office of Personnel Management)에서 개발한 테스트이다. 행위일관성 테스트에서는 지원자가 과거에 달성한 업무의 성취에 대해 묻고 앞으로 담당하게 될 업무를 수행하면서 높은 수준의 성취도를 달성할 수 있는 가능성에 대해 스스로 기술하도록 되어 있다. 이 테스트는 과거 업무성취도와 미래 업무성취도간의 일관성 또는 적합성을 측정하는 것이라고 볼 수 있다.

개별평가방법 가운데 가장 널리 사용되는 것이 훈련 및 경력점수 방법이라고 할 수 있다. 이 방법은 훈련과 경험의 연수(years)를 단순히 측정하는 것으로서 정량적 지표이기 때문에 측정과 계산이 용이하다는 장점이 있는 반면에, 훈련과 경험의 질(quality)을 측정하는 정성적 지표가 아니라는 단점이 있다. 따라서, 실무에서 사용되는 빈도가 높은 데 비해서 타당성은 그리 높지 않다(0.11).

〈표 5-6〉에서 제시된 선발도구들은 각각 특정 목표를 가지고 있으며 개별적으로 한계가 있다. 예를 들면, 워크 샘플이나 심리검사는 개별적 업무수행능력, 인지능력을 측정하는 것이지 사회적 능력(social competencies)을 측정하는 데는 한계가 있다. 따라서, 선발의 예측력을 높이기 위해서는 복수의 선발도구를 사용하여 그 결과를 종합(combine)함으로써 타당성을 높이는 방안이 바람직하다.

선발도구의 타당성이 말해주는 것은 그 선발도구에서 높은 점수를 획득한 사람은 그 직무를 수행하는 데 있어서 높은 성과를 올릴 수 있다는 것이며, 이것은 인사선발에 있어서 선발도구를 사용하는 기본적 논리이다. 그러나 분명한 사실은, 타당도가 완벽한 예측치(predictor)는 아니라는 사실이다. 이것은 어디까지나 통계적 · 수학적 방법이며 인사선발에 있어서 범하기 쉬운 오류(errors)를 감소시키는 데는 우수성이 입증되고 있으나, 실제로 조직이 원하는 가장 적합한 인재, 즉 미래의 업무수행에 있어서 성공확률이 높은 사람을 '선발'해주는 기능에 있어서는 미흡한 점이 있다. 그리고 통계적 선발방법은 선발오류를 감소시키기는 하지만 완전히 제거해주지는 못하고 있다. 선발도구의 타당성이 높다는 것은 어디까지나 지원자가 그 선발도구를 통해 선발되었을 경우 해당 직무를 성공적으로 수행할 기대치(expectancy)가 높다는 뜻이며, 확률이 높다는 의미이다.

따라서 경험 많고 숙달된 경영자(또는 인사관리자)의 직관적 방법(intuitive method)에 의한 선발이 반드시 통계적 선발기법 보다 우수하지 않다고 말하기 어렵다. 다만, 말할 수 있는 것은 경영자의 직관에 의한 방법은 개인적 편견(personal bias)이나 후광효과(halo effect), 그리고 사회적 고정관념(stereotyping)에 영향을 받기 쉽다는 점이다. 경영자가 어느 정도의 직관을 가지고 워크 샘플, 심리검사, 구조화된 면접 등과 같은 통계적으로 검증된 방법들을 종합적으로 사용한다면 그것이 오히려 타당성을 높이는 방법이 될 수가 있다.

"인사가 만사이다"라고 흔히 말하는데 이는 인사선발이 어렵다는 말을 빗대어 하는 말이라고 생각된다. 그만큼 선발이 어렵다는 뜻이다. 과거나 현재의 능력을 측정하여 사람의 미래의 업무성과를 예측하는 데는 여러 가지 제약이 따르며, 종합적 방법을 사용하여야 하기 때문이다. 기업은 우수인재를 선발하기 위해서 풍부한 선발경험과 건전한 직관, 그리고 우수한 통계적 기법을 병행하는 노력을 경주해야 할 것이다.

3. 효용성(Utility)

선발에 있어서 정확성을 높임으로써 선발의 효과성(effectiveness)을 본질적으로 높일 수 있는지를 나타내는 지표로서 효용성(utility)을 들 수 있다(이를 유용성이라고도 부른다). 선발의 효용성이 높으면 선발에 있어서 평가도구 성적이 미래 직무성과를 예측하는 능력이 크므로 선발비용도 절감되고 우수한 사람을 선발할 가능성이 높아짐으로써 조직에 효익을 준다는 의미가 된다.

가령, 선발의 정확성을 높이기 위해서 면접관으로 외부에서 전문가를 모셔오고 각종 심리검사를 실시한다면 선발의 비용이 높아지게 되는데 이러한 추가비용을 들여서라도 선발의 정확성이 획기적으로 높아진다면 비용 대비 효과성이 높아질 수 있지만, 막대한 비용을 들였지만 선발의 정확성을 조금밖에 높이지 못했다면 비용 대비 효과성이 낮다고 볼 수 있다.

예를 하나 들어보자. A사에서는 총 1,000명이 지원하여 판매원을 모두 10명을 선발하였고 같은 시기에 경쟁사인 B사에도 모두 1,000명이 지원하여 모두 20명의 판매원을 선발하였다. A사와 B사의 선발에 있어서 선발도구의 효용성을 비교하기 위해 선발률(selection rate)을 비교하면 A사의 경우 선발률은 10/1,000 = 1%이고 B사의 선발률은 20/1,000 = 2%이다. 물론, A사와 B사에는 능력과 자질면에 있어서 유사한 지원자들이 지원하였다고 가정한다. 만약, A사와 B사의 최종 선발된 10명과 20명의 판매원들이 입사후 유사한 판매실적을 올리고 있다고 가정하면 A사의 선발효용성이 B사에 비해서 크다고 말할 수 있다. 왜냐하면 유사한 능력을 갖춘 인재를 선발하는데 있어서 B사는 A사보다 두 배나 되는 인원을 선발하느라고 선발비용을 더 많이 들였기 때문이다.

일반적으로, 선발의 효용성을 측정하는 방법은 선발을 통해 입사한 직원들이 달성하는 직무성과치(제품 및 서비스의 양과 질)를 선발에 투입된 총비용(각종 테스트 비용 등)으로 나누어 계산한다.

제5절 선발 방법 및 절차

1. 선발의 방법

1) 선발 테스트

선발 테스트의 방법에는 다음과 같이 여러 가지 형태가 있다.

(1) 인지능력 테스트

지원자의 생각, 기억력, 언어능력, 연산능력 등 인지능력을 주로 필기시험 형식을 통해 측정한다.

(2) 체력 테스트

지원자의 힘, 근력, 지구력 등 체력을 측정한다.

(3) 정신-근 운동 테스트(psychomotor test)

손가락 운동, 손과 눈의 조정능력 등 정신운동과 근력이 통합되어 움직이는 능력을 측정한다. 예를 들면, 레이더 감시원을 선발할 때 레이더상에 나타난 물체를 얼마나 신속히 지적해내는지를 측정하는 것을 말한다.

(4) 업무표본 테스트(work sample test)

실제 직무 가운데 대표적인 표본을 추출하여 지원자에게 시켜봐서 직무수행의 성공 여부를 측정하는 방법이다.

(5) 평가센터법(assessment center)

평가센터에서 2~3일 정도 유숙하면서 지원자들이 일련의 심리검사와 연습문제를 풀게 하고 복수의 평가자들이 평가하게 함으로써 선발의 타당성을 높이는 방법이다.

(6) 인성검사(personality test)

성격검사와 같은 심리검사를 실시하여 해당 직무에 적합한 인성적 자질을 갖추었는지를 판단한다. 성격검사에는 MBTI, MMPI 등이 많이 쓰인다.

(7) 정직성검사(honest and integrity test)

지원자의 정직성을 측정하기 위해서 심리검사나 필적검사들을 실시한다.

2) 면 접

면접(interview)은 오늘날 기업이 신입사원을 선발할 때 가장 많이 사용하는 방법으로 알려져 있으나 다른 선발도구에 비해서 타당성이 그리 높지 않기 때문에 면접만으로 선발하는 것은 문제가 있다. 그러나 경영자 입장에서 지원자를 직접 대면하고 평가를 할 수 있다는 장점 때문에 선발방법으로 보편적으로 사용되고 있다.

면접의 방법에는 구조화된 면접과 비구조화된 면접이 있다.

(1) 구조화된 면접(structured interview)

구조화된 면접이란 회사가 표준적 질문을 미리 구성해 놓고 면접시 모든 지원자에게 동일한 질문을 던져 그 반응을 표준적으로 측정하는 면접방법을 말한다. 이 방법은 지원자간 상호비교가 가능하므로 면접을 통해 일정수의 적격자들을 가리는데 유용한 방법이다. 면접관 개인의 편견과 스테레오 타입을 어느 정도 배제할 수 있어 선발의 신뢰성과 타당성을 높일 수 있고, 돌발적・즉흥적 질문으로 지원자간 비교 가능성을 저해하거나 법적인 문제를 야기시킬 가능성이 적어 기업에서는 대체로 구조화된 면접을 선호하고 있다. 단점은, 구조화된 면접질문들은 대체로 보편적・상식적 질문이 대부분이므로 지원자들이 사전에 질문에 대비하고 면접에 임하게 되어 지원자의 본심을 파악하는 데는 미흡하고 면접질문이 유출되는 경우, 나중에 정보를 접한 지원자가 유리해지므로 보안에 유의해야 한다는 점이다.

(2) 비구조화된 면접(unstructured interview)

비구조화된 면접은 면접관이 주제에 구애되지 않고 지원자에 따라 자유롭게 질문을 할 수 있도록 설계된 면접방법이다. 비구조화된 면접의 장점은 지원자에 따라 자연스러운 질문을 하고 지원자는 자신에게 해당되는 질문에 자연스럽게 답변할 수 있다는 점이다. 그리고 지원자마다 받게되는 질문이 다를 수 있으므로 질문의 보안도 지켜질 수 있고 사전에 질문에 대한 연습이 필요없게 되어 지원자의 본심을 잘 파악할 수 있다는 점도 장점으로 제시할 수 있다. 그렇지만 비구조화된 면접의 단점으로 질문에 일관성이 없고 모든 지원자에게 동일하게 질문이 주어지지 않게 되므로 비교가능성이 저해되어 지원자의 면접 점수를 상호 비교하기 어렵다는 문제가 제기된다. 그리고 면접관 개인의 편견이나 스테레오 타입, 그리고 면접상황에 따라 면접과정이 영향을 받을 수 있다.

구조화된 면접과 비구조화된 면접이 나름대로 장・단점이 있기 때문에 선발과정에서 면접을 2회 이상 실시하는 경우, 1차 면접은 구조화된 면접, 2차나 최종면접은 비구조화된 면접을 실시하는 경우가 많다.

(3) 집단면접

지원자의 팀워크 등 조직 적응력과 인화력을 테스트하기 위해서 5~7명을 한 집단으로 편성하여 공통 주제를 주어 토론하게 하고 면접관들이 이들의 팀 활동을 평가하는 집단면접도 기업에서 많이 도입하고 있다. 집단면접에서는 자신이 아는 지식을 과시하는 것도 중요하지만 집단전체가 주어진 주제에 적절한 솔루션에 도달하는데 기여하는 방향으로 행동하는 것이 중요하다. 집단토론에서 별로 발언을 하지 않는 소극적 자세를 보이는 지원자는 좋은 성적을 받기 어렵다.

(4) 스트레스 면접, 이색적 면접

최근 기업의 채용면접에서 압박면접 또는 스트레스 면접을 활용하는 사례가 늘고 있다. 압박면접 또는 스트레스 면접은 한 마디로 매우 황당한 질문을 해서 피면접자들의 예상을 뒤엎음으로써 피면접자로 하여금 극도로 스트레스를 받는 상황으로 유도한 다음 그러한 위기상황에서 피면접자의 학습되거나 연출되지 않은 본 바탕의 생각과 사고방식, 그리고 상황대응능력을 측정하는 데 목적이 있다. 당황스러운 상황을 어떻게 유연하게 잘 대처하는가 하는 것은 조직의 일상생활에서 늘 요구되는 자질이기 때문에 위기대처능력을 집중적으로 측정하는 이러한 '이색면접'은 나름대로 장점이 있는 면접기법이다. 디지털 정보와 네트워크 시대를 맞이하여 생각에도 속도를 요구하는 시대인 만큼, '상황감각과 판단력'을 테스트하는 것이다. 빠른 상황인식, 상황판단, 상황대응을 보기 위해서이다.

마이크로 소프트사의 빌 게이츠는 황당면접을 통해 기업의 핵심인재를 직접 선발하는 것으로 유명하다. 그는 바쁜 스케줄에도 불구하고 핵심인재 채용면접에 자주 입회하여 압박면접을 실시한다고 한다. 그 만큼 지식정보기업에 있어서 그가 핵심인재의 중요성을 인식하고 있다는 증거가 된다. 빌 게이츠가 자주 묻는 황당질문 가운데 하나는 "미국 내 교도소 수가 모두 얼마인가?"이다. 그가 요구하는 것은 피면접자가 정확한 수를 맞추라는 것은 아니다. 단지, 프로그래머의 핵심자질로 요구되는 논리력과 유연성을 황당한 질문을 통해서 시험해 보고자 하는 것이다. 이 질문에 적당히 숫자를 대거나 얼버무리면 불합격하게 된다. 그러나 미국 내 범죄발생률, 인구당 교도소 수감인원 비율, 50개주.... 대충 이런 지표를 나열하고 적절한 숫자를 대입해서 논리적, 체계적으로 답을 어프로치해 나가면 합격이다.

스트레스 면접은 제2차 세계대전 중 연합군이 적진에 침투할 공작원을 선발하는 과정에 주로 사용했다는 기록이 있다. 적진 깊숙이 침투되어 활동하는 공작원들에 있어서 요구되는 최고의 자질은 임기응변력과 상황적응력일 것이다. 스트레스 면접을 통해서 의도적으로 피면접자에게 스트레스와 압박을 가해서 내재된 임기응변력과 적응력을 시험하려고 시도한 것이다.

압박면접, 스트레스 면접이 사용되는 빈도가 높아지는 것은 최근 정보통신기술이 눈부시게 발달하고 시대가 빠르게 변화하면서 제품 수명주기가 날이 갈수록 짧아지고 시장경쟁이 치열한 환경을 반영하고 있다. 이러한 환경에서 비즈니스를 하는 것은 전쟁 중 적진에 침투되어 암약하는 공작원이나 진배없을 것이다.

오늘날 기업은 개인의 잠재능력을 육성하고 현업에 투입하여 미래 이익을 창출하는 종전 인재육성방식은 더 이상 경쟁력을 가질 수 없다고 생각하고 있다. 아이디어와 제품, 시장이 발빠른 기업에 선점당하여, 경쟁에서 밀리기 십상이기 때문이다. 압박면접과 스트레스 면접을 통해 감각을 갖추고 변화무쌍한 경영환경에 쉽게 적응하는 '준비된' 인재를 선발하려고 하는 이유가 여기에 있다.

기업의 채용면접시 실제로 활용되는 황당질문들의 예를 열거하면 다음과 같다.

- 로또 복권에 1등 당첨된다면 가장 먼저 하고 싶은 일은?
- 서울 시내버스는 몇 대 정도라고 생각하는가?
- 지구상의 바퀴벌레 숫자는 몇 마리인가?
- 3차 대전이 일어난다면 살아남아야 할 사람은?

이러한 질문은 정확한 숫자를 정확히 제시하라는 얘기가 아니다. 상황인식과 그 대응력을 보기 위한 것이다. 감각과 그에 따른 의사결정, 위기 대처 능력과 도전정신은 학력이나 성적순에서 나오는 것이 아닌 타고난 능력이나 본능에서 비롯되는 것일 수 있다. 생각의 속도와 고객에 대한 대응속도가 기업경쟁력이므로 상황인식과 대응력의 자질을 판단하여 인재를 선발하자는 것이다.

퀴즈 면접은 넌센스 퀴즈나 회사와 연관되는 사항에 대한 퀴즈를 풀면서 진행하는 면접방식이다. 자유로운 분위기에서 유연성과 창의적인 아이디어를 보기 위해서이다. 순간적인 재치와 기지는 유연한 사고와 행동에서 나오기 때문인데 이러한 면접으로 창의적인 아이디어를 가진 인재를 찾아내자는 것이다. 호프집 면접이나 새벽 여섯시 면접처럼 면접방식이 황당한 면접도 결국 피면접자의 허를 찌르면서도 위기관리능력과 대응능력을 보려는 의도가 내재되어 있는 것이다.

이러한 압박면접, 스트레스 면접에서 좋은 성적을 거두려면 이미 잘 알려진 사건이나 사물에 대해 새로운 시각에서 바라보는 능력, 그리고 전략적 의사결정을 통해 문제를 해결하는 능력을 평소에 배양할 필요가 있다.

3) 면접선발의 한계

인사채용방식이 유연화되면서 정기공채에서 수시채용으로 패턴이 변하면서 차별화되고 경쟁력 있는 핵심인재를 확보하는데 면접의 비중이 커지고 있다. 많은 기업들이 인사선발에 있어서 다양한 선발도구를 사용하지만, 면접을 생략하는 경우는 거의 없다. 다른 선발방식과 달리, 면접은 선발대상자를 직접 대면하여 보면서 언행이나 자세, 태도를 직접 관찰하면서 정보를 수집한다는 장점을 갖고 있어서 결코 포기할 수 없는 선발기법으로 자리 잡고 있다.

그러나 면접은 본질적 한계를 지니고 있다.

첫째, 면접은 불과 몇 분이라는 주어진 짧은 시간 안에 채용의사결정을 해야 하므로 피면접자에 대한 사전정보(예를 들면, 입사서류 기재사항)나 복장, 외모 등 지엽적 정보를 통한 인상으로 채용이 결정되는 수가 많다.

둘째, 면접을 통해 피면접자에 대한 좋지 못한 정보가 수집될 때, 면접자는 이에 결정적 영향을 받아 결국 채용의사결정에 부정적으로 작용하는 수가 많다. 예를 들면, 피면접자가 전 소속직장에서 해고된 사실을 알게 될 때, 그 이유를 따지기에 앞서, 면접자는 그 피면접자에 대해 일반적으로 부정적 인상을 갖게 되며, 추후 다른 항목에서 아무리 좋은 면이 보인다고 해도 한 번 각인된 부정적 인상을 뒤집기가 어려운 경향이 있다.

셋째, 면접에는 후광효과(halo effect), 고정관념(stereotype), 각종 편견 등이 작용하기 때문에 면접자가 이러한 평가오류로부터 벗어나기 어렵다.

2. 선발의 절차

일반적으로 선발의 절차는 다음 [그림 5-15]와 같다.

그림 5-15. 선발의 절차

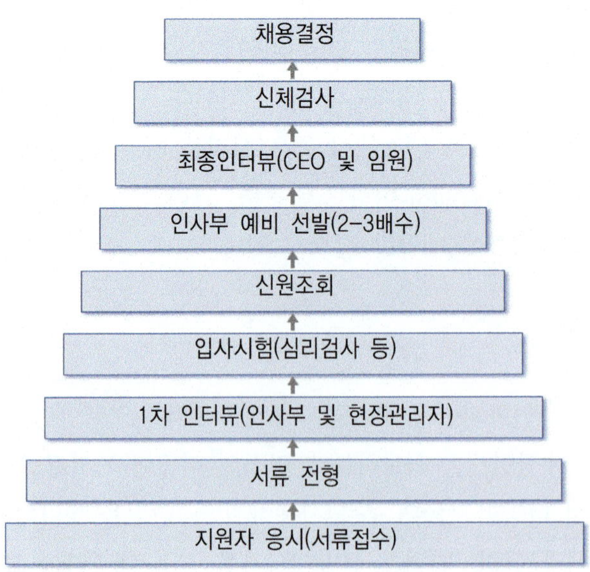

선발이 성공적으로 수행되기 위해서 인사부서와 인사담당자는 사전준비와 사후관리를 철저히 하여야 한다. 인사부서와 인사담당자 입장에서 본 인사선발의 절차는 다음의 단계를 거친다.

제 1 단계 : 공석중인 직무의 파악과 직무분석

공석(opening)을 확인하고 해당 직무의 수행에 필요한 요건을 확정한다.

제 2 단계 : 선발에 있어서 예측치와 준거치의 설정

성공적인 직무수행에 대한 준거치를 설정하고 사용할 예측치를 선택한다.

제 3 단계 : 수행측정(Performance Measurement)

조직 내 현직자(incumbents)의 직무수행을 측정하여 측정치를 얻는다.

제 4 단계 : 예측치의 타당성 측정

동시타당성과 예측타당성을 산출하여 예측치의 타당도를 평가한다.

제 5 단계 : 예측치의 효용성(utility)결정

예측치의 타당성이 높다면, 타당성, 선발률, 기초율, 비용 등에 따라 그 변인이 선발의 질을 얼마나 높일 수 있는지 판단한다.

제 6 단계 : 재 분석

시간이 경과함에 따라 직무와 지원자 집단이 변하기 때문에 예측치는 그 타당성이 낮아질 수가 있다. 따라서, 주기적으로 고용조건이 예측치와 준거치와의 관계를 변화시켰는지 여부를 재분석하고 재평가해야 한다.

학습문제

1. 모집원천별 장점과 단점을 설명하시오.
2. 사원추천 모집제도의 장 · 단점을 설명하시오.
3. 모집평가 관련 주요 지표를 설명하시오.
4. 선발의 예측치와 준거치를 설명하시오.
5. 인성특질 Big Five를 설명하시오.
6. 선발도구의 신뢰성과 타당성을 설명하시오.
7. 구조화된 면접과 비구조화된 면접의 차이를 설명하시오.

참고문헌

공현아(2018), AI로 진화하는 채용, 한국인사관리협회, 『월간 인사관리』, 2018년 8월호, 41~43.

김성국(1997), 『트렌디 인사관리』, 서울: 명경사.

김성국(2003), 『인적자원관리 뉴패러다임』, 서울: 명경사.

김성국 · 김민수(2004), 『이슈중심 인사관리』, 서울: 삼영사.

김성국(2019), 독일인사관리협회가 제시한 HR트렌드 8가지, 한국인사관리협회, 『월간 인사관리』, 2019년 1월호, 56~59.

박영희(2019), 소셜 리크루팅, 채용 소프트웨어 통합 및 AI, 지원자 경험, 한국인사관리협회, 『월간 인사관리』, 2019년 4월호, 34~37.

윤광희(2004), 『만점면접 노하우』, 서울: 도서출판 물푸레.

이정인(2019), 회사매력도 올리는 Employer Branding 전략, 한국인사관리협회, 『월간 인사관리』, 2019년 5월호, 64~65.

한국경제신문사(2019), 『2019 대한민국 트렌드』.

한국인사조직학회(2019), 『매니지먼트 이론2.0』, 서울: 클라우드나인.

Bundesverband der Personalmanager(BPM), (2016) *Recruitng Kompakt,* Berlin.

Bundesverband der Personalmanager(BPM), (2017) *Employer Branding Kompank,* Berlin.

Bundesverband der Personalmanager(BPM), (2018) *Agile HR*, Berlin.

Cascio, W. F. (2003), *Managing Human Resources: Productivity, Quality of Work Life, Profits*, 6th ed., Mew York: McGraw-Hill.

Feldman, D. C. & Klaas, B. S.(2002), "Internet Job Hunting: A Field Study of Applicant Experiences with On-line Recruiting", *Human Resource Management*, Summer, 41, 2, 175~192.

Ghiselli, E. E. & Brown, C. W.(1955), *Personnel and Industrial Psychology*, 2nd ed., New York: McGraw-Hill.

Goldstein, Yusko, Braveman, Smith & Chung(1998), "The Role of Cognitive Ability in the Subgroup Differences and Incremental Validity of Assessment Center Exercises", *Personnel Psychology*, 51, 2, 357~374.

Gomez-Mejia, L. R., Balkin, D. B. & Cardy, R. L.(2004), *Managing Human Resources*, Upper Saddle River: Pearson Prentice-Hall.

Handy, C.(1989), *Age of Unreason,* Harvard Business School Press.

Ivancevich J. M.(2001), *Human Resource Management*, 8th ed., New York: McGraw-Hill.

Kristof-Brown, A.(2000), "Perceived Applicant Fit: Distinguishing Between Recruiters' Perceptions of Person-Job and Person-Organization Fit", *Personnel Psychology*, 53, 643~672.

Landy, R. J.(1989), *Psychology of Work Behavior*, 4th ed., Pacific Grove: Brooks/Cole Publishing Co.

Mathis, R. L. & Jackson, J. H.(2003), *Human Resource Management*, 10th ed., Cincinnati: Thompson-South Western.

Noe, R. A., Hollenbeck, J. R., Gerhart, B. & Wright, P.M.(2003), *Human Resource Management*, 4th ed., New York: McGraw-Hill.

O'Leary, B. S., Lindholm, M. L., Whitford, R. A. & Freeman, S. E.(2002). "Selecting the Best and Brightest: Leveraging Human Capital," *Human Resource Management*, Fall, 41, 3, 325~340.

Ulrich, D.(2000a), From eBusiness to eHR, *Human Resource Planning*, 12~21.

Walker, A. J. & Perrin, T(2002), "Web-Based Human Resource", McGraw-Hill.

제 6 장
직무관리

6 직무관리

opening case 6. '직무중심' 인사제도 다시보기

최근 국내기업에서는 과거 연공에 기반한 인사관리에서 탈피하여 대부분 직무중심 인사제도를 설계, 운영하고 있다. 시장 내 경쟁이 심화되어 가는 가운데 체계적으로 인적자원을 관리하기 위한 시도로써 도입했던 직무중심 인사관리는 성과지향 및 역량기반 HR과 어우러지며 유기적인 HR시스템의 전형이 되었다.

'직무(직무에 포함되는 주요 업무 뿐 아니라 '역할 · 책임 · 지식 · 기술의 수준'까지 정의된 것을 의미)'가 인적자원관리의 기본 단위로 관리되기 시작하면서 초래한 가장 큰 변화는 직무를 중심으로 제반 인사의 모듈이 유기적으로 연결됨으로써 하나의 시스템 관점에서 인적자원관리가 가능해졌다는 사실이다.

기존 어떠한 HR체계에서도 채용부터 평가 · 보상 · 승진 · 이동 · 배치 · 교육 등 사람을 관리 · 육성하기 위한 체계를 망라하여 시스템적으로 구현하기가 쉽지 않았기 때문이다.

이에 따라 직무중심 HR의 도입 이후 사람을 관리하는 요소는 말 그대로 '시스템화'가 가능해졌다. 더욱이 글로벌화가 가속화되는 시점에 시스템화의 기준 단위로 벤치마크 직무를 활용하면서 일하는 방식에 있어 글로벌 스탠다드를 접목시킬 수 있는 계기가 되기도 했다.

물론 일부 기업은 필요에 따라 직무중심 HR을 도입했다기보다 주변의 다른 기업이 앞다투어 도입하는 상황에 불안감을 느끼고 무작정 도입한 경우도 있을 것이다.

최근 경영환경의 불확실성과 복잡성의 제고, 예측하지 못한 경쟁자의 등장에 따라 구성원의 유연함과 창의성이 중요해지게 되었다.

조직 전반적으로 창의적인 아이디어가 요구됨에 따라 자발적으로 일하는 환경을 조성할 필요성이 높아진 것이다.

일각에서는 직무중심 인적자원관리가 지나친 경직성으로 인하여 구성원의 유연함과 역동성을 저해한다는 문제를 제기하고 있다. 정태적 · 안정적 시장에서 효율과 전문성을 담보할 수 있던 직무중심 HR체계가 앞으로의 시장환경에서는 제대로 기능하기 어려울 수 있으며 시대에 뒤떨어지는 개념이라는 의미이다.

자연스럽게 사람중심의 관리체계로 유명한 사우스웨스트 항공(Southwest Airlines), 구성원 자율성을 극대화하기로 유명한 고어(Gore), 업무적인 한계를 규정짓지 않는 자포스(Zappos) 구성원 스스로 역할 및 책임을 결정하는 모닝스타(Morring Star) 등의 사례가 두드러지기 시작하면서 사람 및 역량중심의 인적자원관리 체계가 HR의 새로운 트렌드로 부각되고 있다.

하지만 이러한 트렌드가 부각된다고 해서 직무가 대체가능하다거나 중요하지 않다는 말은 아니다. 인적자원을 '관리 · 개발 · 육성'하겠다는 관점으로 접근하기 시작한 순간부터 직무는 HR시스템의 근간이었기 때문이다.

개선을 위해서는 관리되어야 하며, 관리하기 위해서는 측정되어야 한다. 아울러 측정을 위해서는 단위가 필요하다. 직무의 개념이 생기기 전에는 HR 전반을 시스템으로 보고 측정할 수 있는 적절한 단위가 없었다.

물론 요소나 과업, 크게는 기능과 같은 업무의 묶음이 직무를 대신한다고 생각할 수 있다. 하지만 직무가 본격적으로 관리 및 육성체계의 기본 단위로써 기능할 수 있었던 것은 직무에 '역할 · 책임 · 지식 · 기술수준' 등의 관리적 요소가 부여되기 시작했을 때부터다.

다시 말해 유기적인 시스템 관점에서 인적자원을 관리한 이후부터 직무는 HR의 필수적인 요소이자 재료로 보는 것이 바람직하다. 역량중심 · 사람중심의 인적자원관리 체계와 같은 개념은 직무의 대체가 아닌 조직의 인사철학이나 정책방향에 가깝다고 볼 수 있다.

오히려 지금 시점에서는 직무를 하나의 철학이나 방향으로 바라보며 집착하지 말고 HR시스템의 재료로 적절히 응용하려는 노력이 필요하다. 결론적으로 HR에 있어 기본의 충실함에 운영의 묘를 더해 유연함을 극대화시키는 것이 중요하다는 말이다.

이와 같은 측면에서 본다면 직무중심 인적자원관리라는 말보다 '직무기반'이라는 표현이 더 적합할 수 있다. 앞으로는 직무가 HR의 전면에 부각되지 않더라도 직무기반의 인사 시스템을 비효율적이거나 시대착오적이라고 생각할 필요는 없을 것이다.

(자료 : 한국인사관리협회, 「월간 인사관리」)

토의과제

1. 직무중심의 인사제도가 우리나라 기업에 도입된 배경에 대해 살펴보시오.

2. 직무가 인사관리의 육성체계의 기본 단위가 되면 어떤 유익이 있는지에 대해 토론해 보시오.

제1절 직무분석

1. 직무분석의 개념

직무분석은 직무에 대한 상세한 정보를 획득하는 과정이다. 즉, 직무분석은 인적자원관리에 필요한 직무정보를 제공할 수 있도록 직무의 내용을 체계적으로 밝히는 활동을 말하는데 구체적으로 직무에 대한 정보를 수집하고 수집된 정보를 분석하여 직무의 내용을 파악한 다음, 각 직무의 수행에 필요한 지식, 능력, 숙련, 책임 등의 제요건을 명확히 하는 일련의 과정을 의미한다.

직무분석에 있어서 먼저 직무 및 관련 개념들에 대한 이해가 필요하다. 직무의 관련 개념으로 과업, 직위, 직군, 직종 등이 있다.

■ 과업

과업(task)은 종업원에게 할당된 일의 단위를 의미하는데, 독립된 목적으로 수행되는 하나의 명확한 작업활동으로 조직활동에 필요한 기능과 역할을 가진 일을 뜻한다. 예를 들면, 데이터분석, 기계운전 등이 이에 해당된다. 과업은 직무분석에 있어서 분석단위가 된다. 과업이 보다 세분된 것이 동작(motion)이며 이는 동작연구나 시간연구의 분석단위가 된다. 예를 들어, 집어 들기, 기계에 넣기, 크랭크 돌리기 등이 이에 해당된다.

■ 직위

직위(position)는 한 개인에게 할당된 과업의 집합을 말한다. 즉, 한 사람이 맡고 있는 여러 과업이 합쳐져서 하나의 직위가 이루어진다. 따라서 종업원의 수가 직위의 수가 된다.

■ 직무

직무(job)는 작업의 종류와 수준이 비슷한 직위들의 집합으로서 인사관리상의 필요성으로부터 생성된 개념이다. 즉, 직무는 어느 정도 비슷한 업무내용을 가진 직위들을 하나의 관리단위로 설정한 것이다.

직종

직종(job family)은 직무보다 넓은 개념으로 유사한 업무내용을 가진 직무들의 집합을 의미한다. 예를 들어 정비직, 운전직, 상담직 등이 직군이 된다.

직군

직군은 직종보다 넓은 개념으로 유사한 직종의 집단을 의미한다. 예를 들어 사무직, 관리직, 영업직, 생산직 등의 구분이 직종이 된다.

그림 6-1. 직무관련 개념의 예: 야구선수

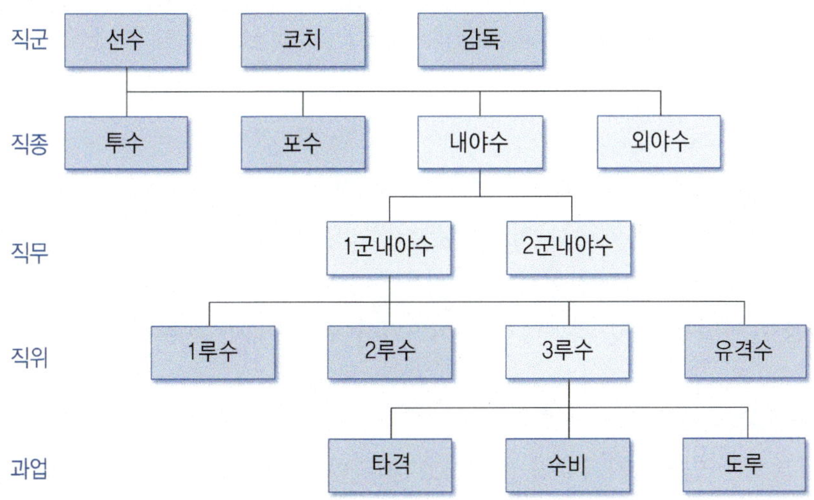

2. 직무분석의 활용

직무분석은 인사관리 모든 업무에 있어서 기초자료로 활용할 정보를 제공한다. 인적자원의 선발, 훈련 및 개발, 인사평가, 직무평가, 경력개발, 직무재설계, 인적자원계획 등 인적자원관리의 거의 모든 활동들이 직무분석을 통해 수집된 직무정보를 필요로 하고 있다.

인적자원계획

조직은 환경변화에 대응하여 사업전략과 업무목표를 설정하고 이와 관련한 인적자원의 수요와 공급을 예측하여야 한다. 인적자원의 수급계획을 수립하기 위해서는 각 직무의 수행요건에 대한 정확한 정보가 필요하게 된다. 직무분석은 인적자원계획에 있어서 요청되는 기초정보를 제공하게 된다. 인적자원계획에서는 직무분석에서 도출된 직무담당자의 자격요건에 대한 정보를 바탕으로 필요한 지식, 기능, 능력을 보유한 사람들의 수요와 공급을 계획하게 된다.

선발

인적자원의 선발은 지원자 가운데 가장 우수한 사람을 찾아내는 일이다. 이를 위해서는 채용될 인력이 수행할 과업들과 이를 효과적으로 수행하기 위해서 보유해야 할 지식, 기술, 능력 등을 확인하는 것이 요청되는데 이러한 정보는 직무분석을 통해 획득될 수 있다.

인사평가

인사평가는 구성원들의 업무수행을 평가하여 우수한 자에게 상응하는 보상을 제공하고, 성과가 낮은 자에게는 성과향상방안을 모색하고자 실시하는 것이다. 직무분석은 인사평가의 기준을 제공한다. 즉, 직무분석에서 도출된 직무행동 및 직무성과의 표준과 실제 작업행동 및 직무성과가 비교되어 인사평가가 이루어진다.

인적자원개발

직무분석은 인적자원개발의 기초자료가 된다. 직무수행능력은 직무분석을 통해서 도출되기 때문이다. 직무분석에서 직무를 구성하는 과업들이 확인되고, 각 과업이 효과적으로 수행되는데 요청되는 지식, 스킬, 능력의 내용과 수준이 도출되는데 이러한 지식, 스킬, 능력이 인적자원개발의 내용과 목표가 된다.

보상관리

직무분석은 합리적 임금관리, 특히 직무급과 직능급의 확립에 활용된다. 직무급체계에서는 직무의 상대적 가치를 평가하여 이를 임금결정의 기준으로 하며, 직능급체계에서는 직무수행능력을 임금차별화의 기준으로 한다. 직무의 상대적 가치 및 직무수행능력을 결정하기 위한 선행단계로서 직무분석이 요청된다.

3. 직무분석의 절차

직무분석은 논리적 과정에 의하여, 전문적 기법이 활용되어 이루어져야 한다. 직무분석은 예비조사인 직무확인에서 시작해서, 직무별로 직무의 내용과 직무담당자의 자격요건에 대한 조사를 거쳐서, 직무기술서와 직무명세서의 작성으로 끝나게 된다. 예비조사는 분석할 대상직무를 결정하는 단계이다. 직무별 조사는 직무담당자나 상사 또는 전문가와 같은 정보원천을 설정하고 질문지, 면담, 관찰, 실험 등의 매체를 통해서 정보를 수집하는 과정이다. 마지막으로 수집된 정보를 분석해서 직무기술서와 직무명세서를 작성한다.

직무분석의 절차는 다음의 다섯 단계로 나눌 수 있다. 그런데 이는 기업실무에서 분석대상 직무의 수에 따라 달라질 수 있다.

배경정보 수집

이는 예비조사의 단계에서 대부분 이루어진다. 조직도, 업무분장표, 기존의 직무기술서 및 직무명세서와 같은 이용 가능한 배경정보를 수집한다.

대표직위 선정

직무정보 수집을 위하여 모든 직위를 분석할 수도 있지만 이에는 시간과 비용의 문제가 따르게 되기 때문에 일반적으로 대표직위를 선정하여 이를 중점적으로 분석한다. 그렇지만 조직의 전략적 목표달성에 필수적인 직무와 학습이 곤란하거나 직무의 성격과 내용이 변하는 직무는 분석대상에 포함시키는 것이 필요하다.

직무정보 획득

이 단계를 보통 직무분석이라고 한다. 여기서 직무의 성격, 직무수행에 요구되는 종업원행동, 인적요건 등을 구체적으로 분석한다.

직무기술서 작성

앞에서 얻은 정보를 토대로 직무기술서를 작성하는 단계이다. 이는 직무의 주요 특성과 함께 직무의 효율적 수행에 요구되는 활동들에 관하여 기록한 문서를 말한다.

직무명세서 작성

직무명세서는 직무수행에 필요한 인적 자질, 특성, 기능, 경험 등을 기술한 것을 말한다. 이는 기업실무에 있어서 직무기술서에 같이 기술되는 경우도 많다.

4. 직무정보 수집방법

직무분석을 성공적으로 수행하기 위해서는 직무에 대한 정보수집이 효과적으로 이루어져야 한다. 직무정보 수집방법으로 관찰법, 면접법, 질문지법, 작업기록법, 중요사건법 등이 있다.

1) 관찰법

관찰법(observation method)은 직무분석자가 직무수행자를 직접 집중적으로 관찰하는 방법으로 정보를 수집하는 것이다. 관찰법에서 자료는 보통 대화형식, 체크리스트 혹은 작업표로 기록된다. 관찰법은 직무가 직무담당자나 상황, 시간의 흐름에 따라 크게 바뀌지 않는 것을 전제로 하고 있다. 이에 따라 관찰법은 수작업 및 표준화되거나 짧은 순환과정을 가진 활동이 많은 직무에 보다 적절하다. 따라서 정신적 작업 및 집중을 요구하는 직무보다 생산직이나 기능직 직무에 더욱 적절하다.

관찰법은 실시하는데 간편하다는 장점이 있는데 다음의 몇 가지 문제점도 가지고 있다.

- 작업자의 육체적 활동은 관찰 가능하지만 정신적 활동은 관찰 불가능하다.
- 시작에서 종료까지 장시간이 소요되는 직무에는 적용하기 곤란하다.
- 직무관찰과정에서 직무수행자의 작업수행에 방해될 수도 있다.
- 획득한 정보의 신뢰도에 문제가 있을 수 있다. 즉, 직무수행자가 본인이 일하고 있는 것이 관찰되고 있다고 인지할 경우 직무수행에 영향을 미쳐 왜곡현상이 나타날 수 있다.

2) 면접법

면접법(interview method)은 직무분석자가 직무수행자에게 면접을 실시하여 직무정보를 획득하는 방법이다. 면접은 직무를 수행하는 한 명의 작업자, 또는 동일 직무를 수행하는 작업자집단, 경우에 따라서는 직무수행자의 감독자를 대상으로 한다. 직무분석담당자는 준비된 질문항목을 가지고 면접에 임한다.

직무분석자는 직무담당자로부터 직접 정보를 얻을 수 있는 면접을 사용함으로써 관찰법이 지니고 있는 문제점들을 극복할 수 있다. 특히 직무수행주기가 긴 경우 직무담당자는 자신의 작업수행을 요약하여 설명할 수 있다. 또한 관찰자가 알 수 없는 정신적인 작업과정을 설명할 수 있기 때문에 정신적, 육체적 행위가 모두 기술될 수 있다.

면접법은 몇 가지 단점도 지니고 있다. 면접법에서는 직무분석자가 피면접자와 친밀한 관계를 유지해야 하며, 또 이들이 직무분석을 호의적이고 유용한 것으로 받아들일 수 있도록 하는데 이는 그렇게 쉬운 일이 아니다. 또 피면접자가 직무분석의 결과로 인해 자신이 피해를 입을지 모른다고 판단하는 경우에 직무에 대해 정확한 정보제공을 기피하는 경우가 발생하기도 한다.

3) 질문지법

질문지법(questionnaire method)은 사전 설계한 표준화된 질문지를 활용하여 직무정보를 수집하는 방법이다. 질문지에는 직무분석의 대상이 되는 직무의 내용, 수행방법, 수행목적, 수행과정, 직무수행자가 갖추어야 하는 자격요건 등에 대한 질문이 포함된다. 질문지법의 장점으로 정보수집을 위한 시간과 비용이 절약되며 폭 넓은 정보를 수집할 수 있다는 점을 들 수 있다. 질문지법의 단점으로는 질문지 개발에 많은 시간과 노력이 소요된다는 점, 질문지 문항에 대한 직무수행자의 정확한 이해부족 등 커뮤니케이션의 문제가 발생할 수 있다는 점, 대면적 방법으로 얻게 되는 협조와 동기부여 효과의 결여, 사용시 융통성이 없다는 점 등이 있다. 또 직무수행자가 얼마나 성의를 가지고 정확하고 정직하게 응답을 해주느냐 하는 신뢰도 문제도 제기된다.

4) 중요사건법

중요사건법(critical incidents method)은 직무수행자의 직무행동 가운데 성과와 관련하여 효과적 행동과 비효과적 행동을 구분하여 사례들을 수집하고, 그 사례들로부터 직무성과에 효과적인 행동패턴을 추출하여 분류하는 방법이다. 이 방법은 직무행동과 직무성과간의 관계를 직접적으로 파악할 수 있다는 장점이 있다. 단점으로는 수집된 직무행동을 분류, 평가하는데 많은 시간과 노력이 소요되며, 또 여기서 얻은 정보만 가지고는 해당직무에 대한 포괄적인 정보의 획득에는 제약이 있다는 점을 들 수 있다.

이상에서 직무분석을 위해 정보를 수집하는 방법을 몇 가지 소개하였는데, 이 가운데에서 직무분석의 주목적, 분석대상이 되는 직무들의 특성, 직무수행자의 특성, 직무분석을 위해 투입할 수 있는 인력과 시간 등을 고려하여 가장 적합한 방법을 찾아야 한다. 기업에서는 어느 한 방법만을 선택하기보다 여러 방법을 병행하는 경우가 많으며 특히 질문지법과 면접법을 병행하는 경우가 많다.

5. 직무분석기법

직무분석기법은 직무분석의 대상이 되는 직무의 내용과 직무수행자에게 요구되는 자격요건에 대한 정보의 내용을 어떤 관점에서 수집, 분류하느냐에 따라 기능적 직무분석법, 직위분석 설문지법, 관리직 직무분석법, 과업목록법 등이 있다.

1) 기능적 직무분석

기능적 직무분석(functional job analysis: FJA)은 미 노동성에 의해서 개발된 것으로 원래 취지는 직무배치와 상담에 사용하기 위한 것으로 직무를 간략하게 분류하는데 유용하다. 기능적 직무분석은 직무정보를 모든 직무에 존재하는 3가지의 일반적 기능, 즉 자료와 관련되는 기능, 사람과 관련되는 기능, 사물과 관련되는 기능의 정보로 분류하고 정리한다. 정보수집 방법으로는 작업자의 업무일지 및 메모사항, 작업자 및 그의 상사와 면접을 하여 또한 작업의 진행사항을 관찰하기도 한다.

표 6-1. 기능적 직무분석에서의 작업기능

자료관련 기능	사람관련 기능	사물관련 기능
1. 비교	1a. 지시받음 1b. 서비스 제공	1a. 조작 1b. 원료공급 1c. 손질
2. 복사	2. 정보교환	2a. 조종 2b. 작동/통제 2c. 운전/통제
3a. 계산 3b. 정리	3a. 코칭 3b. 설득 3c. 변형	3a. 조준 3b. 설치
4. 분석	4a. 자문 4b. 지시 4c. 처리	
5a. 혁신 5b. 조정	5. 감독	
6. 종합	6. 협상	
	7. 멘토링(mentoring)	

주 : 척도가 높을수록 기능은 복잡해짐.

이 방법으로 미국의 직업사전(Dictionary of Occupational Titles: DOT)이 만들어졌는데 직업사전을 활용하여 특정 직무를 간단하게 분류하는데 유용하게 활용할 수 있으며 특히 중소기업에서 쉽게 사용할 수 있다. 기능적 직무분석은 다른 방법과 결합해서 직무분류와 직무평가에 유용하게 활용될 수 있다.

2) 직위분석 질문지법

직위분석 질문지(Position Analysis Questionnaire : PAQ)는 맥코믹(E.J. McCormick) 등에 의해서 개발된 것으로서 작업자 활동과 관련된 187개 항목과 임금관련 7개 항목을 포함하여 총 194개 항목으로 구성된 질문지로서 작업에 대한 표준화된 정보를 수집하는 대표적 방법이다. 설문항목은 투입정보, 정신적 과정, 과업성과, 다른 사람과의 관계, 직무환경, 기타 직무특성의 총 6개의 범주로 구성되어 있다. 직위분석설문지의 직무부문의 예는 〈표 6-2〉와 같다.

표 6-2. 직위분석질문지의 내용

부문(요소의 수)	내 용
1. 정보의 투입(35개)	직무수행에 필요한 정보를 어디서, 어떻게 얻는가?
2. 정신적 과정(14개)	직무수행에 포함되는 논리, 의사결정, 계획, 정보처리 활동은 무엇인가?
3. 작업산출(49개)	직무수행에 필요한 육체적 활동은 무엇이며 어떤 도구, 수단이 사용되는가?
4. 다른 사람과의 관계(36개)	직무수행에서 다른 사람과의 어떤 관계가 요구되는가?
5. 작업환경 및 직무상황(19개)	직무가 수행되고 있는 곳의 물적·사회적 상황은 어떠한가?
6. 기타 측면(41개)	직무와 관련된 다른 활동, 조건, 특성은 무엇인가?

각 질문항목은 주관적으로 평가하는 알파벳 기호, 즉 활용빈도, 소요시간, 직무에의 중요성, 발생가능성, 응용가능성, 특수한 코드의 6개의 척도 중 반드시 하나를 사용하여 평가한다. 구조화된 직무분석기법들 중에서 직위분석설문지는 다른 것보다 더 철저히 연구된 것이며 변형 없이 넓은 범위의 직무에 사용가능하고 많은 자료원에 대한 비교를 가능케 한다. 직위분석설문지는 선발과 직무분류 용도로 널리 활용되고 있다. 그러나 인사평가와 교육훈련용도로는 활용되고 있지 않다. 왜냐하면 직위설문지는 매우 다양한 직무를 쉽게 분석할 수 있고 직무평가용도로 널리 활용되고 있지만, 성과표준이나 훈련내용을 설문지의 점수로부터 도출해내기가 어렵기 때문이다.

3) 관리직위기술 질문지법

직무분석 중에서 관리직무의 경우에는 비교적 복잡하다. 관리자의 직무는 계획, 조직, 조정 등의 다양한 활동으로 이루어져 있으며, 유사한 직무가 직무담당자에 따라 다르게 수행될 수 있고 또 직급, 직종, 지역적 여건, 조직성격에 따라서도 달라지기 때문에 이러한 점들을 고려하여 직무차원을 구별하고 측정하는 것은 간단한 일이 아니다.

토나우(W.W. Tornow)와 핀토(P.R. Pinto)는 책임, 관계, 제약, 요구, 활동 등에 관하여 관리직무를 객관적으로 기술하기 위한 관리직위기술질문지(Management Position Description Questionnaire: MPDQ)를 개발했다. 이 질문지는 과업중심

표 6-3. 관리직 질문지의 구성

번호	범 주	정 의
1	제품, 마케팅, 재무전략 계획수립	장기적 사업성장과 기업의 안정성을 얻기 위해 생각하고 계획 수립하는 것
2	타 부서와 인력에 대한 조정	관리자가 직접 통제하지 못하는 개인과 집단의 활동을 조정하는 것
3	내부 경영통제	기업의 재무적, 인적, 기타 자원을 검토하고 통제하는 것
4	제품과 서비스에 대한 책임	생산시기와 품질을 확실하게 하기 위해 제품과 서비스의 기술적 측면을 통제하는 것
5	대중 및 고객과의 관계	고객과 대중에 대해 직접 접촉을 통해 기업의 명성을 유지시키는 것
6	높은 수준의 컨설팅	조직에서 제기되는 특별한 문제를 다룰 수 있는 기술적 능력을 적용하는 것
7	행동의 자율성	직접적 감독 없이 직무활동을 수행하는 것
8	재무적 약속의 승인	조직에서 행한 재무적 약속을 승인하는 것
9	스탭 서비스	사실확인, 기록정리 등의 스탭 서비스를 상사에게 제공하는 것
10	감독	부하들과 대면 접촉을 통해 작업을 계획, 통제, 조직화하는 것
11	복잡성과 스트레스	마감시간을 맞추고 요구되는 직무활동을 수행하기 위해 높은 스트레스를 받으며 작업하는 것
12	높아진 재무적 책임	기업의 성과에 직접적으로 영향을 줄 재무적 투자와 기타 재무적 의사결정을 하는 것
13	폭넓은 인력에 대한 책임	기업 내에서 종업원에 영향을 미치는 인적자원관리와 정책에 대해 폭넓은 책임을 지는 활동과 관련되는 것

적인 방법으로 다양한 직능, 직급, 회사에 걸쳐 시험된 208항목으로 구성되어 있다. 많은 관리자들의 응답이 통계적으로 분석되어 13종류의 직무기술요인들이 밝혀지고 해석되었다.

관리직위기술 설문지는 보상관리를 위해 새로운 관리직무를 분석하고 평가하는 수단으로 처음 개발되었다. 직위분석설문지와 마찬가지로, 항목의 포함여부를 위한 중요성 수준이 결정되고, 직무수행에 필요한 지식, 기능, 능력이 추론된다. 이 방법은 새로운 직무로 이동하기로 되어 있는 관리자의 교육필요성을 진단하고, 새로운 직무의 직무분류, 직무평가에 유용하다. 관리자들의 개인적 자질과 직무의 행동적 요건, 조직성과의 측정을 연계시키는 것이 과제이다.

4) 과업목록법

과업목록법(task inventory procedure)은 미공군에서 기원한 것으로 설문지를 이용하여 분석하고자 하는 직무의 모든 과업을 열거하고, 이를 상대적 소요시간, 빈도, 중요성, 난이도, 학습의 속도 등의 차원에서 평가한다. 이것은 특정과업에 대한 구체적 정보를 수집하는 대표적인 방법이다. 과업목록법은 특정직업을 단위로 직업을 구성하는 각 직무별로 수행되기 때문에 일반화된 양식은 없다. 과업목록법은 개발비용이 많이 들지만 일단 개발되면 교육용도로 매우 효과적으로 활용된다. 또 과업을 매우 세부적이고 체계적으로 분석할 수 있고, 종업원 인터뷰를 통해 획득한 설문항목을 사용하기 때문에 현실적 직무내용을 파악할 수 있다는 장점이 있다. 그러나 직무간 비교가 어렵기 때문에 직무평가 등의 용도로는 적합하지 않다.

6. 직무기술서와 직무명세서

직무분석의 결과 직무기술서와 직무명세서가 작성된다. 기업이 직무분석을 실시하는 목적에 따라 그 내용이 다소 다를 수도 있지만 일반적으로 직무기술서(job description)에는 직무의 내용, 직무수행방법 및 절차, 그리고 작업조건 등이 기록된다. 직무명세서(job specification)는 해당 직무를 수행하는 작업자가 갖추어야 하는 자격요건, 즉 직무수행요건을 기술한다. 그런데 기업실무에서는 편의상 직무기술서에 직무명세서 내용을 같이 기술하고 있는 경우도 많다.

1) 직무기술서

직무기술서는 직무분석의 결과에 의거하여 직무수행과 관련된 과업 및 직무행동을 일정한 양식에 기술한 문서를 말한다.

(1) 직무기술서의 내용

직무기술서에 포함되는 요소들은 일반적으로 다음과 같다.

- 직무명칭
- 직무활동과 절차, 수행되는 과업, 사용되는 원재료·기계, 다른 작업자와의 공식적 감독의 성격과 범위
- 작업조건, 열, 조명, 소음, 작업장소, 물리적 위치, 위험한 조건 등
- 사회적 환경, 예를 들어 작업집단의 인원수와 작업수행에 필요한 대인간 상호작용의 양에 관한 정보
- 고용조건, 작업시간, 임금구조, 임금형태, 부가급부, 공식조직에서 직무의 위치, 승진, 이동의 기회 등

(2)) 직무기술서의 작성

직무기술서는 직무에 대한 정확한 정보를 기술해야 한다. 직무기술서의 작성에 유의할 점을 들면 다음과 같다.

- 표현이 단순명료해야 한다.
- 직무를 정의함에 일의 범위와 성격을 확실하게 지적하도록 해야 한다.
- 구체적이어야 한다. 예컨대 일의 종류, 복잡성의 정도, 요구되는 기능의 정도, 문제가 표준화되는 정도, 일의 각 단계에 있어서 작업자의 책임정도, 보고의무의 정도와 종류를 기술한다.
- 감독책임을 나타내야 한다.

표 6-4. 직무기술서의 예

직열	여신	직무명	여신기획	직무코드	40100

직무개요

여신관련 규정의 제정, 개정, 여신금리 결정모델의 개발 및 유지, 수익성 분석 및 여신 기획

직무내용

1. 여신관련 규정 제정 · 개정
 - 여신관련 규정 제정 · 개정
 - 관련 부서 협의
 - 시행에 따른 업무 처리 개발 및 유지
2. 여신 금리 결정 모델 개발 및 유지
 - 금리 변동에 따른 내용 조사, 분석
 - 금리 변동에 따른 영향 분석
 - 관련부서 협의 및 모델 결정
 - 금리결정 기준 시달
 - 선진 기법 도입을 위한 연수 및 연구
3. 수익성 분석
 - 분석대상 업체의 수익성 분석
 - 수익성 분석표 및 결과 보고서 작성
4. 일반여신 계획
 - 여신제도 개발 및 기존제도 개선 유지
 - 영업점 업무지도

직무수행요건

1. 숙련요건
   숙련 소요시간: 12개월
   사전 경험직무: L/C업무, 외환업무 전반, 융자업무 전반
2. 교육내용
   행내: 업무연수
   행외: 은행실무법률, 신용분석 기초, 외환업무기초(한국금융연수원)
3. 지식요건
   기초지식: 법학, 경제학, 경영학
   실무지식: 대출관련규정, 한국은행 통화신용정책 등
4. 능력요건
   기획력, 창의력, 분석력, 협의조정력
5. 책임요건
   완결문서의 관리, 비효율적 부분의 개선

2) 직무명세서

직무명세서는 직무분석 결과에 의거하여 직무수행에 필요한 종업원의 행동, 기능, 능력, 지식 등을 일정 양식에 기록한 문서를 말한다. 직무명세서는 직무의 인적요건에 초점을 둔 것이므로 직무기술서의 과업에 대한 기술로부터 인적요건을 이끌어내는 것이 보다 유용성이 높다고 할 수 있다. 이것은 물적 환경, 과업과 책임, 고용조건 등에 대하여 기술하는 것이 아니라 직무수행에 필요한 인적 특성을 결정하는 것에 목표를 두고 있다. 즉, 인적 특성이 직무성과를 예측하도록 하는 것이 직무명세서의 주된 목표라고 할 수 있다.

(1) 직무명세서의 내용

직무명세서에는 다음의 내용이 포함된다.

- 직무명칭
- 교육 : 최소 교육연수, 교육의 형태, 직무와 관련된 특정분야의 교육내용
- 육체적 특성과 건강 : 일반적 신체적 특성, 정서적 안정성 등
- 지적능력 : 지수화
- 특수 능력 : 타인과의 협동작업 능력, 손을 사용한 기능 등
- 과거 직업경험 : 다른 분야에서 종사한 경험
- 특수 지식 혹은 기능 : 서류파일, 기록 확인, 자료정리, 보고서 작성 등에 관한 지식, 기능
- 성숙 가능성 : 2년 이내 증가되는 책임을 담당할 수 있는 가능성
- 기타 : 2년 이내 직무담당자가 승진할 준비가 될 수 있는가 여부

(2) 직무명세서의 작성

직무명세서는 직무분석 결과에 근거하여 직무담당자, 직무분석자, 감독자들의 개인적 판단에 의해 작성되기도 하며, 통계적 분석에 의하여 작성되기도 한다. 통계적 분석은 개인적 특성과 직무성과와의 체계적 관계에 대한 분석을 하는 것이며, 인사고과, 객관적 작업성과, 근속, 승진 등의 기준을 사용한다. 이 방법에 의한 직무명세서는 공정하고 명확한 내용이 될 수 있다. 판단에 기초를 두어 직무명세서를 작성할 경우, 직무활동을 분석하고 이해하지 않으면 직무명세서의 신뢰성과 타당도가 낮아질 가능성이 많다.

제2절 직무평가

1. 직무평가의 의의와 목적

1) 직무평가의 의의

직무평가는 조직 내 직무들을 일정 기준에 의해 서로 비교하여 직무들 간 상대적 가치를 결정하는 체계적 활동이다. 직무가치는 일반적으로 기업목표 달성에 대한 직무의 공헌도로서 평가된다. 기업목표의 달성에 더 크게 공헌하는 직무가 그렇지 않은 직무에 비해 더 가치가 높은 것으로 평가된다. 예를 들어 항공사의 업무 가운데 항공기 기내청소업무와 조종업무를 비교할 때 후자가 더 높은 가치로 평가된다. 그렇지만 현실적으로 기업의 많은 업무들을 기업목표에의 공헌도로 비교하는 것은 용이하지 않다. 하나의 직무의 수행결과가 최종적으로 기업목표 달성까지 연결되는데는 많은 직무들이 중간에 개입하고 있고, 이 직무들의 성과도 다른 직무들의 성과와 높은 상호의존성을 가지고 있기 때문에 어느 것이 공헌도가 더 큰 것인가를 구분하는 것은 쉬운 일이 아니다. 이러한 이유로 직무가치의 평가는 기업목표 달성의 공헌도라는 기본정신을 바탕으로 해당직무를 수행하는데 요구되는 작업상황의 양적, 질적 측면에 대한 가치를 평가하는 간접적 방법을 택하게 된다. 이 가운데 몇 가지를 든다면 다음과 같다.

- 직무수행에 요구되는 자격요건의 수준은 어느 정도인가?
- 직무수행에 요구되는 정신적·육체적 노력의 부담은 어느 정도인가?
- 직무수행에 있어서 위험요인은 어느 정도인가?

2) 직무평가의 목적

직무평가의 목적은 다음과 같다.

(1) 임금수준 결정

직무평가의 기본목적은 직무평가 결과를 기준으로 임금수준을 결정하는데 있다. 직무가치에 의해서 임금이 결정되는 경우 이를 직무급체계라 한다. 직무평가에서 기업의 목표달성에 대한 개별직무의 중요도, 수행상의 난이도, 작업환경상의 위험도 등이 조사되어 중요도, 난이도, 위험도가 높은 직무에 더 높은 점수를 부여하여 그렇지 않은 직무보다 더 가치가 높게 평가된다. 따라서 직무평가는 직무가치를 측정하고 이를 개별임금의 차별화의 근거로 하는데 주 목적을 두고 있다. 직무가치 기준에 의해 임금의 공정성이 확보되면 기업은 인건비 지출의 합리성을 높이며 임금과 관련된 종업원과의 갈등을 최소화시킬 수 있게 된다.

(2) 인력의 확보와 배치

기업 내 각 직무는 중요도, 난이도 등에서 차이가 있으며, 기업구성원들도 기술적 · 정신적 · 육체적 능력수준에 있어서 서로 차이가 있다. 인력을 채용할 때나, 배치할 때 직무와 사람의 적합관계가 이루어지도록 하여야 하며 이때 직무의 중요성, 난이도 등 직무가치의 정도에 따라 종업원 능력을 기준으로 인력배치의 합리성을 제고시킬 수 있다.

(3) 구성원 능력개발

구성원 능력개발을 위해서 직무이동경로를 설계할 때 중요도와 난이도가 낮은 곳에서 높은 곳으로 이동해 가도록 설계하는 것이 필요하다. 본인의 능력을 초과하는 직무를 먼저 수행하고 쉬운 직무를 나중에 하게 되는 경우 직무수행에 있어서 문제가 발생하고 담당자의 능력개발도 늦어지기 때문이다. 그러므로 종업원의 승진, 이동, 배치에 있어서 직무 수준에 따라서 합리적으로 이동경로를 설계해야 한다.

2. 직무평가의 방법

직무평가의 방법에는 크게 종합적 평가방법과 분석적 평가방법의 두 가지 방법이 있다. 종합적 평가방법은 직무수행의 난이도를 기준으로 포괄적 판단에 의하여 직무가치를 상대적으로 평가하는 방법으로서, 이에는 서열법과 분류법이 있다. 분석적 평가방법은 직무분석에 따라 직무를 기초적 요소 또는 조건으로 분석하고, 이를 계량적으로 평가하는 방법으로서, 이에는 점수법과 요소비교법이 있다.

그림 6-2. 직무평가의 방법

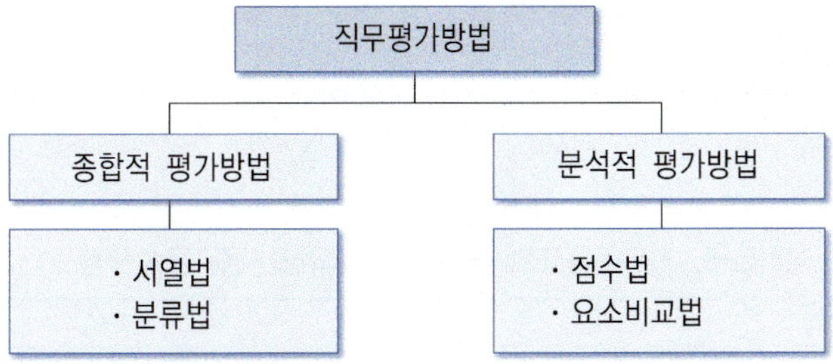

1) 서열법

서열법은 직무의 상대적 가치를 기업의 목표달성 관련 중요도, 직무수행상의 난이도, 작업환경 등을 포괄적으로 고려하여 그 가치에 따라 서열을 매기는 방법이다. 서열법은 빠르고 쉬운 방법으로 전체적, 포괄적 관점에서 각 직무를 상호 비교하여 순위를 결정하는 방법이다.

서열법은 간단하고 신속하게 활동할 수 있는 장점이 있지만 다음의 몇 가지 단점을 가지고 있다.

- 평가자의 주관이 개입될 소지가 크다.
- 평가결과 직무간 서열이 매겨졌을 때 서열간 직무가치의 차이 정도를 파악할 수 없다.
- 평가대상 직무가 많을 때 직무평가자의 평가능력의 한계가 예상되어 평가의 신뢰도를 확보하기가 어렵다.
- 유사직무가 많을 경우 서열을 매기기 어렵다.

서열법의 장·단점을 고려해 볼 때, 서열법은 소규모 기업에서는 도입이 가능하지만 대기업에서는 측정상의 신뢰도를 확보하는데 어려움이 많기 때문에 도입이 바람직하지 않다.

2) 분류법

분류법(job classification)은 등급법(job grading method)이라고도 하는데 미리

몇 개의 등급을 만들어 놓고 각 등급에 해당되는 직무요소들의 기준을 설명해 놓은 다음에 직무를 조사하여 각 기준에 부합되는 등급에 분류 배치하는 방식이다. 예를 들면 1등급은 '매우 단순하고 반복적인 직무이며 경험도 별로 필요없는 경우'라고 미리 정해 놓고 이에 해당되는 직무를 1등급으로 분류하는 방식이다. 직무등급표의 예는 〈표 6-5〉와 같다.

표 6-5. 직무등급표의 예: 독일 니더작센 주 금속산업

등급	정 의	임금
1	단기 숙련후 상세한 지도에 따라 수행되는 직무	81.0%
2	단기 숙련후 지도에 따라 수행되며 등급1의 일보다 상위 수준의 직무	82.4%
3	일정경험 및 숙련을 필요로 하며 단기교육을 필요로 하는 직무	85.3%
4	등급3보다 상위의 실무지식 및 작업지식, 추가경험을 필요로 하는 직무	88.6%
5	특정 교육, 관련 실무경험, 광범위한 실무지식 및 작업지식, 숙련을 요하는 직무	90.5%
6	2년의 교육 이수 또는 등급5의 교육에 추가로 장기간 경험을 통해서 획득되는 특별능력을 필요로 하는 직무	94.5%
7	전문적, 체계적 교육을 통하여 획득된 능력을 필요로 하는 전문적 직무 전문적, 체계적 교육을 이수하지 않은 경우에는 교육을 이수한 것과 동일한 수준의 전문능력 및 전문지식을 요하는 직무	100% (기준임금)
8	특별한 숙련과 장기 경험을 필요로 하는 전문 직무	110%
9	전문능력, 전문지식을 필요로 하고 독립성 및 고도의 책임을 요하는 고난이도 또는 높은 가치의 전문 직무	120%
10	높은 능력, 자립성, 계획능력, 광범위한 책임 및 이론지식을 필요로 하는 높은 가치의 전문 직무	133%

분류법은 직무평가에 있어서 주어진 등급에 분류만 하기 때문에 다른 직무평가 방법보다 실시가 간단하고 용이한 장점이 있다. 분류법은 평가대상 직무들이 가지고 있는 자격요건의 등급이 소수인 경우 효과적으로 적용될 수 있다. 그렇지만 분류법을 활용하는데 있어서 각 등급의 정의를 내리는 것이 용이하지 않다는 문제도 있다. 평가대상 직무를 특정 등급으로 분류하기 위해서는 각 등급의 정의가 명확해야 하는데 특히 중간등급에 있어서 등급간 명확하게 차별화되는 정의를 내리기가 쉽지 않다. 또 직무평가시 어느 등급으로 분류하느냐에 대한 의사결정에 주관적 판단이 개입될 소지도 적지 않다.

3) 점수법

점수법은 직무가치를 점수로 나타내어 평가하는 방법이다. 즉, 직무를 평가요소로 분해하고, 각 요소별로 그 중요도에 따라 점수를 준 후, 이 점수를 합계하여 직무가치를 평가하는 방법이다. 점수법에서의 직무평가 과정은 다음과 같다.

제 1 단계: 평가요소 선정

제 2 단계: 평가요소별 가중치 설정

제 3 단계: 평가요소별 점수부여

평가요소가 갖추어야 할 조건은 다음과 같다.

- 각 직무에 공통적으로 존재하며 직무간 차이가 나타날 것
- 직무내용을 구성하는 중요한 것이며 직무수행에 중요한 영향을 미치는 것
- 객관적으로 측정 가능할 것
- 노사 쌍방이 수용할 것

1950년 ILO 제네바 국제회의에서 합의를 본 평가요소는 〈표 6-6〉과 같다.

표 6-6. 직무평가요소

숙련	• 지식 • 경험 • 응용능력
책임	• 설비에 대한 책임 • 재료 및 제품에 대한 책임 • 안전에 대한 책임 • 타인의 작업에 대한 책임
노력	• 정신적 노력 • 육체적 노력
작업조건	• 작업환경 • 위험

평가요소가 선정된 다음에 각 평가요소의 가중치를 선정해야 한다. 왜냐하면 각 평가요소는 직무가치를 구성하는 과정에서 중요도를 달리하기 때문이다. 가중치를 어떻게 설정하며, 또 이를 어떻게 배분할 것인가는 직무평가의 주요 과제이다. 가중치 설정은 업종 및 규모에 따라 다르기 때문에 기업의 사정에 맞도록 적절히 조정해야 한다.

가중치는 가능한 한 객관적 사실을 기준으로 하여 결정하여야 한다. 가중치 설정의 일반적 조건으로는 경영전체 관점에서 본 중요도, 직무에 있어서 각 평가요소가 표현하는 가치의 정도, 평가요소의 신뢰도 또는 확률 등의 세 가지 조건이 중시된다.

점수법은 직무의 상대적 차등을 명확하게 정할 수 있으며 종업원으로부터 평가결과에 대하여 이해와 신뢰를 얻을 수 있다는 장점이 있다. 그러나 실제로 각 직무에 공통되는 적합한 평가요소의 선정이 용이하지 않으며, 더욱이 평가요소에 대하여 등급을 정하고 그 등급에 따라 점수를 배정하는 과정, 즉 중요도를 설정하는 것은 상당히 어려운 일이다. 따라서 점수법의 실시에 있어서는 평가자의 전문적 기술과 아울러 많은 준비 및 비용이 필요하게 된다.

표 6-7. 평가요소의 가중치의 예

요소 \ 등급		1	2	3	4	5	6	가중치
기능	지 식	2	5.6	9.2	12.8	16.4	20	20
	경 험	1	2.8	4.6	6.4	8.2	10	10
	응 용	1	2.8	4.6	6.4	8.2	10	10
노력	육체적 노력	1	2.8	4.6	6.4	8.2	10	10
	정신적 노력	1.5	4.2	6.9	9.6	12.3	15	15
책임	대물 책임	0.5	1.4	2.3	3.2	4.1	5	5
	대인 책임	1	2.8	4.6	6.4	8.2	10	10
작업조건	작업환경	1	2.8	4.6	6.4	8.2	10	10
	위 험	1	2.8	4.6	6.4	8.2	10	10
합 계								100

4) 요소비교법

요소비교법(factor-comparison method)은 기업이나 조직에 있어서 핵심이 되는 몇 개의 기준직무를 선정하고 각 직무의 평가요소를 기준직무의 평가요소와 비교함으로써 모든 직무의 상대적 가치를 결정하는 방법이다. 요소비교법은 직무의 상대적 가치를 임금액으로 평가하는 것이 특징이다. 말하자면 임금액을 가지고 바로 평가하여 점수화할 수 있다는 것이다. 이와 같은 방법은 전술한 점수법을 개선한 것으로서 점수법이 각 평가요소의 가치에 따라 점수를 부여하는 데 반하여, 요소비교법은 각 평가요소별로 직무를 등급화하게 된다. 구체적인 평가과정은 다음과 같다.

표 6-8. 평가요소 및 가중치: 독일 북부 바덴뷔르템베르크 지역 금속산업

평 가 요 소	비 중
1. 작업 지식	1.0
2. 숙련	0.8
3. 정신적 노력	0.8
4. 본인 일에 대한 책임	0.8
5. 타인의 일에 대한 책임	0.6
6. 타인의 안전에 대한 책임	0.9
7. 정신적 부담	0.9
8. 육체적 부담	0.8
9. 불결	0.3
10. 먼지	0.3
11. 기름	0.2
12. 온도	0.3
13. 습도, 산, 알칼리	0.2
14. 가스, 증기	0.2
15. 소음*	-
16. 진동	0.1
17. 조명 장애	0.2
18. 감기 위험	0.2
19. 사고 위험	0.3
20. 안전복 착용	0.1

* 소음은 별도의 계산식에 의해서 계산됨

첫째, 몇 개의 기준직무를 선정한다. 기준직무는 업무내용이 명확하고 지불되는 급여액이 적절하다고 인정되는 것이어야 한다. 기준직무의 수는 예정하는 직무등급 수와 같게 해야 한다.

둘째, 평가요소를 결정한다. 일반적으로는 정신적 노력, 숙련, 육체적 노력, 책임, 작업환경의 5개 요소가 많이 사용된다.

셋째, 기준직무가 각 평가요소에 대하여 요구하는 중요도에 따라 평가요소별로 기준 평가요소별로 배분하는 것을 뜻하며, 실제로는 수 명의 평가위원이 수회에 걸쳐 배분한 결과를 종합, 평균하여 모든 기준직무에 대한 최종적인 순위를 평가요소별로 결정하는 것이다. 예컨대, 평가위원 A가 각 기준직무의 시간당 현재임금(또는 평균임금)을 요소별로 배분한 것(〈표 6-9〉)과 같은 방법으로 수명의 평가위원이 수회에 걸쳐 배분한 결과를 요소별로 종합, 평균하여 기준직무요소별 임금배분표를 작성하게 된다. 〈표 6-9〉는 예컨대 기계공의 시간당 임금 9,200원 중 숙련에 대하여 얼마가 지급되고 있으며 책임에 대해서는 얼마가 지급되고 있는가를 일목요연하게 표시한 것이다. 이 경우 임금의 요소별 배분에는 일정한 기준이 있는 것이 아니고 평가자의 판단에 의한다. 그러므로 수명의 평가위원이 평가한 결과를 종합, 평균할 필요가 있다.

표 6-9. 평가위원 A의 평가요소별(임금) 배분의 예

기준직무	회 수	정신적 노력	숙 련	육체적 노력	책 임	작업조건	임금 (시간당)
기계공	1	3,000	3,300	900	1400	600	9,200(원)
	2	2,700	3,200	1,100	1500	700	
	3	2,600	3,300	1,100	1600	600	
수위	1	600	300	1,600	500	1,200	4,200(원)
	2	500	500	1,700	400	1,100	
	3	400	400	1,800	400	1,200	

넷째, 평가하고자 하는 직무를 요소별로 기준직무 요소별 배분표에 위치하는 장소를 찾아 요소별로 임금액을 결정한다. 그리하여 이들 요소별 임금액을 합계하여 그것을 그 직무의 임금액으로 한다. 따라서 이 임금은 동시에 그 직무의 상대적 가치를 표시하게 되는 것이다.

요소비교법은 복잡하고 실시에 있어 노력이 많이 드나 기준직무만 적절히 선정되면 점수법보다 훨씬 합리적이어서 널리 사용되고 있다. 그러나 기준직무의 정확성이 결여되거나, 내용에 변화가 생긴다면 자연히 평가결과에 영향을 미치게 되므로 전체의 측정척도는 변경되지 않으면 안 된다.

점수법은 주로 기능직에 국한하여 사용되지만, 요소비교법은 기능직은 물론 사무직, 기술직, 감독직, 관리직 등 모든 직무에 널리 이용될 수 있다. 뿐만 아니라, 이 방법은 임금결정과 직결되므로 기업에 있어서 현행 임금액이나 그 결정방법의 타당성을 검토하는데 활용될 수 있는 동시에 직무급제도의 실시에 기여하게 된다.

제3절 직무설계

1. 직무설계의 의의

직무설계(job design)는 조직 내 업무를 수행하기 위해 요구되는 다양한 과업들을 서로 연결시키고 짜 맞추어 조직화하는 것이다. 과업들을 어떻게 조직화하느냐에 따라서 직무수행의 효율성과 담당작업자들의 직무만족도가 결정된다.

직무설계에서는 일반적으로 직무의 기술적 측면과 사회·심리적 측면이 모두 고려된다. 직무의 재설계에 의해서 작업은 더욱 의미가 있게 되고, 종업원들은 자신의 직무가 중요하고 가치가 있다는 것을 느끼게 된다. 직무설계에 있어서 의미있는 과업이 추가되거나 직무에 더 큰 책임과 복잡성이 포함되게 되면 종업원의 만족이 증대하고 성과가 높아지게 된다는 가정하에 여러 방식이 제시되고 있다. 기업경영의 초창기부터 직무설계에 대한 관심은 매우 높았고 바람직한 직무설계방법은 지금까지 계속 개발되고 있다. 이는 직무를 보다 이상적으로 설계해 보려는 노력의 일환이기도 하지만 다른 한편으로는 직무의 내용 자체가 계속 변하고 있기 때문이기도 하다. 그런 의미에서 이미 한 번 설계했던 직무를 새롭게 다시 설계한다는 직무재설계(job redesign)란 말을 쓰기도 한다.

직무설계는 조직목표 달성을 위해 종업원을 동기부여하기 위한 전략으로서 이를 효과적으로 수행하게 되면 직무만족 증대, 불만족 감소, 작업생산성 향상, 이직 및 결근율 감소, 제품품질 향상, 인간관계 개선 등의 효과가 나타날 수 있다. 이와 같이 직무설계는 조직 생산성과 종업원 동기부여 및 집단사기 모두에 영향을 미치고 있기 때문에 장기적으로 전략적 차원에서 신중하게 다루어져야 한다.

2. 직무설계의 전통적 접근방법

산업화 이후 조직에서 업무가 양적으로 늘어나고, 질적으로 복잡해짐에 따라 조직은 협동작업으로 업무를 수행하는 것이 생산성을 높인다고 깨닫고 업무를 협동해서 처리하게 되었다. 처음에는 단순했던 협동이 일의 성격이 복잡해짐에 따라 '분업에 의한 협동'으로 발전했다. 분업으로 인해 단순하고 쉬워진 부분노동은 작업시간을 단축시킴은 물론 작업공정을 바꿀 때 생기는 작업손실을 경감시킬 수 있어서 전체적인 노동생산성을 올릴 수 있었다. 분업은 다시 작업방법과 작업도구를 전문화시켰다.

애덤 스미스(Adam Smith)는 그의 저서『국부론』에서 핀 제조공장의 예를 들어 분업의 효과를 설명하고 있다. 핀을 한 사람이 혼자서 만들면 하루에 평균 10개 정도 생산하게 된다. 그런데 핀 제조공정을 ① 철사를 기계에서 뽑아내어 ② 반듯하게 만들고 ③ 절단해서 ④ 끝을 뾰족하게 한 다음 ⑤ 핀의 머리를 만드는 등, 18가지로 나누어 이를 10명의 작업자에게 각각 한 가지 일만 하도록 분담시킨다. 즉, 그동안 한 사람이 핀 제조 전체공정을 수행하던 것을 공정을 10분의 1로 나누어 10명에게 분담시켜 분업화하는 것이다. 이때 10명이 하루에 생산한 핀은 무려 48,000개나 되었으며 1인당으로는 4,800개이다. 분업을 통하여 생산성이 480배 증가한 것이다.

20세기 초에 탄생한 테일러(F. W. Taylor)의 과학적 관리법(scientific management)은 산업화가 진행되면서 나타난 비능률과 저생산성을 극복하기 위한 직무설계방식을 제시하고 있다. 과학적 관리법에서의 직무설계의 근간이 되는 것은 단순화(simplification), 표준화(standardization), 전문화(specialization)를 추구하는 소위 3S개념이다. 단순화란 회사 내의 직무를 최소단위까지 나누어 한 곳에서 하나의 부품이나 하나의 제품만을 담당하게 하라는 것이다. 그렇게 되면 직무도 단일직무가 되어 반복, 숙련의 효과나 분업효과도 클 것이기 때문이다. 또한 작업방법이나 도구나 부품을 표준화한다면 직무의 속도나 숙련이 빨라질 것이고, 한 사람에게 한 가지의 직무만 맡도록 전문화하면 작업능률을 올릴 수 있다고 생각했던 것이다. 과학적 관리법에서는 이러한 직무설계방법을 활용하기 위해서 모든 직무를 매우 작은 작업단위로 세분화하고 세분된 작업단위를 수행하기 위해 필요한 절차를 표준화하였으며 작업능률을 높일 수 있도록 종업원들을 교육, 훈련하였다.

과학적 관리법은 이후 세계 각국에 널리 도입되었으며 일관작업공정은 널리 채용되고 있다. 과학적 관리법은 각종 형태의 작업에 적용되었지만 특히 관리적 단위로 세분화될 수 있고 능률성을 제고시키기 위한 전문화가 가능한 직무에 집중적으로 적용되었다.

과학적 관리법의 도입으로 인한 경영상의 이점은 다음과 같다.

- 직무는 과학적 분석·검토를 통해서 작업자의 능률을 극대화할 수 있도록 최대한으로 전문화되고 단순하게 설계될 수 있다.
- 직무가 고도로 전문화된 단위로 세분될 수 있다면 이는 미숙련근로자도 얼마든지 수행할 수 있고 또한 미숙련근로자는 비교적 싼 임금으로 언제든지 획득가능하다.
- 기술상의 숙련도가 문제되지 않기 때문에 종업원에 대해서는 작업수행상 필요한 최소한의 교육만 실시되면 되며 여기에서 비용이 절약된다. 종업원에게 요구되는

최소한의 교육요건과 저숙련도는 종업원을 기계의 부품처럼 호환성을 높임으로써 종업원들의 다른 직무로의 배치전환이 공정진행에 별 지장 없이 시행될 수 있다.
– 과학적 관리법은 작업의 양과 질에 대해 관리자에게 고도의 통제권을 부여해 준다.

이상을 요약하면 과학적 관리법으로 능률적인 직무설계가 가능하게 되며 낮은 비용으로 높은 성과를 달성할 수 있게 된다는 것이다.

직무설계의 전통적 접근방법은 애덤 스미스의 분업에 의한 전문화가 가져오는 생산성 향상에 초점을 두어 왔고, 이러한 접근방법은 최근까지 직무설계의 기본원리가 되어 왔다. 여기에서 인간은 기계와 설비에 종속된 존재로 보았다. 즉, 전통적 입장에서 주요 관심사는 기술과 생산이어서 이에 인간을 적응시키는 능률의 논리를 중시하고 있다.

20세기 초에 대두된 과학적 관리법 역시 이러한 기계론적 인간관에 입각한 것으로서 인간을 경제적 동물로 보았다. 작업개선의 모든 노력은 과업을 수행하는 개인의 사회적, 개인적 욕구를 지향한 것이 아니라 과업 그 자체를 지향하였다. 과학적 관리법에 의거하여 공학적 기준에 의해서만 설계된 직무는 직무수행자에게 불만족, 직무에 대한 무관심, 몰개성화, 소외감, 개인적 성장 및 성공기회의 결여 등을 초래한다. 이는 결국 정신건강 문제의 발생과 같은 사회적 질병과 함께 태업, 노사분쟁, 높은 이직 및 결근, 변화에 대한 저항, 제품의 낮은 질 등과 같은 경제적·조직적 문제를 유발한다. 결국 단조롭고 권태로운 직무의 심리적 비용은 예상되는 경제적 효과를 상쇄하게 되는 것이다.

3. 직무설계의 현대적 접근방법

오늘날 산업사회는 과학과 기술문명이 고도로 발전함에 따라 물질적 부와 풍요로움을 가져다주게 되었다. 그러나 능률과 생산성이라는 물질적 가치만을 지나치게 강조한 나머지 인간적 요소는 무시되어 인간이 마치 기술조직의 일부나 도구로 여겨질 정도가 되었다. 이러한 현상은 기업에도 나타나서 종업원의 직무는 능률의 논리에 따라 최대한 세분화되어 기업목적을 달성하도록 설계되었다. 이에 따라 종업원들은 직무의 단조로움과 반복성으로 인하여 직무불만족, 노동의 소외, 근로생활의 질 저하 등을 경험하게 되었고, 이는 다시 기업목적 달성에도 지장을 초래하게 되었다. 이제 기업은 전문화 원리에 기초하여 성과만을 강조하고 종업원의 욕구충족을 등한시하는 종래의 방법으로는 기업목적의 달성이 용이하지 않다는 것을 깨닫기 시작하고 이러한 문제를 해결하기 위해 다각적인 방법을 모색하게 되었다.

직무설계는 전통적 의미에서의 직무설계와 현대적 의미에서의 직무설계로 구분될 수 있다. 전통적 직무설계는 직무를 중심으로 사람을 어떻게 적응시키도록 하느냐 하는데 초점을 두고 있는 반면에 현대적 직무설계는 사람을 중심으로 직무를 어떻게 설계하느냐 하는데 초점을 두고 있다. 즉, 전통적 직무설계는 기술적 욕구의 충족에 초점을 두고 있는 한편, 현대적 직무설계는 여기에다가 사회적·인간적 욕구까지도 충족시킬 수 있도록 직무내용, 작업방법 및 작업 상호간의 관계를 결정하는 것이다.

오늘날 행동과학에 근거를 둔 직무연구가 이루어지면서 기술적 측면뿐만 아니라, 자아성취에 대한 인간의 욕구도 함께 고려하는 입장에서 현대적 직무설계가 행해지고 있다. 직무설계에 의한 직무변화를 통하여 종업원의 모티베이션이 향상되리라는 기대에서 '직무가 사람에게 적합하도록' 설계되고 있다. 이러한 현대적 직무설계의 이론적 근거는 "생산성이 물적자원 및 인적자원의 효율적 이용의 함수이기 때문에 모티베이션의 개선이 생산성의 향상에 꼭 필요하다"는 것이다.

그림 6-3. 직무설계

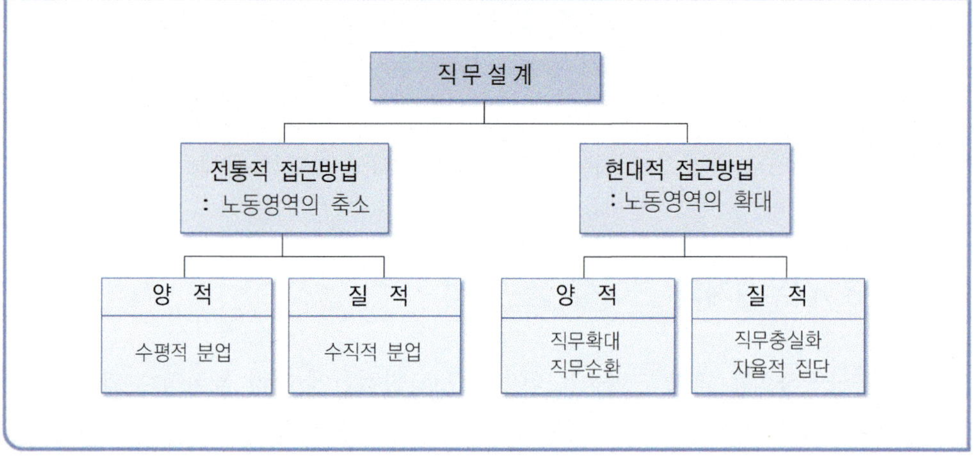

1) 관련이론

(1) 직무특성모형

직무특성모형(job characteristic model)은 핵크만과 올드햄(Hackman & Oldham)에 의해 제시된 이론으로 현대적 직무설계의 이론적 지침이 되고 있다. 이 모형은 5가지 직무특성을 확인하여 이들의 상호관련성과 종업원의 생산성, 동기유발 및 만족에 미치는 영향관계를 설명하고 있다. 직무특성모형에서는 5가지의 직무특성을 핵심직무차원(core job dimensions)이라고 하며 다음과 같이 설명하고 있다.

- **기술다양성**(skill variety) : 작업자가 많은 상이한 기술이나 재능 및 기술을 활용할 수 있도록 직무가 다양하고 상이한 활동을 요구하는 정도
- **과업정체성**(task identity) : 직무가 전체 단위의 완성을 요구하는 정도, 그리고 직무가 정체성을 가질 수 있는 '한 부분의 작업'을 요구하는 정도
- **과업중요성**(task significance) : 직무가 다른 사람의 작업이나 생활에 실질적인 영향을 미칠 수 있는 정도
- **자율성**(autonomy) : 작업자들이 직무수행에 필요한 작업의 일정계획과 작업방법 및 작업절차를 결정, 선택하는 데 있어서 작업자 개인에게 부여되어 있는 자유, 독립성 및 재량권의 정도
- **피드백**(feedback) : 직무가 요구하고 있는 활동의 수행결과에 관하여 작업자가 그 효과성 여부에 대하여 직접적이고 명확한 정보를 얻을 수 있는 정도

[그림 6-4]는 직무특성모형을 나타내고 있다. 여기에서 핵심직무차원의 첫 3가지 차원, 즉 기술다양성, 과업정체성, 과업중요성은 작업자에게 작업의 의미충만성을 부여한다. 즉, 이 3가지 특성이 직무에 존재하게 되면 작업자는 자신의 직무를 중요하고 가치있고 보람있게 생각하게 된다. 자율성이 높은 직무는 직무담당자에게 작업결과에 대한 책임감을 갖게 한다.

그림 6-4. 직무특성모형

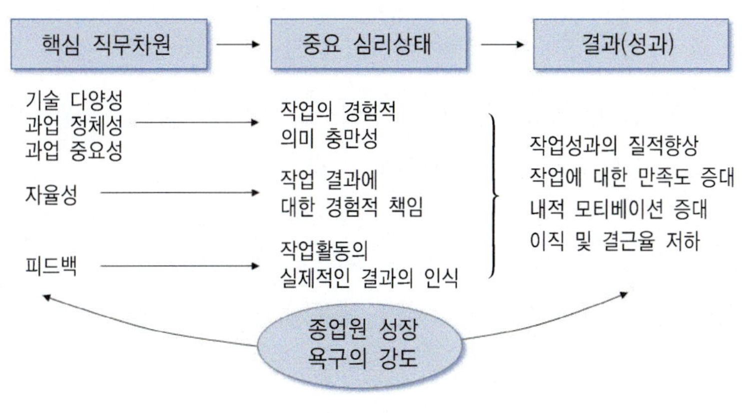

직무의 특성이 작업자에게 피드백이 제공되도록 되어 있으면 작업자는 자신의 업무수행이 어느 정도로 효과적인가를 알 수 있게 된다. 작업자가 의미있는 과업을 자기책임하에 수행할 수 있고, 또 수행의 결과를 본인이 확인할 수 있을 때 내재적 보상을

경험하게 된다. 직무에 이러한 특성들이 더 많이 내재될수록 종업원의 동기유발, 업무수행성과 및 만족수준은 그만큼 커질 것이고, 결근이나 이직의 가능성은 그만큼 저하될 것이다.

[그림 6-4]의 직무특성모형이 제시하고 있는 바와 같이 핵심직무차원들과 결과와의 관계는 작업자 개인의 성장욕구 강도에 의해 조절되고 있다. 성장욕구 강도란 종업원의 자존과 자아실현에 대한 열망의 정도를 말한다. 성장욕구 강도에 의해 직무차원들과 작업결과간의 연결이 조절되고 있다는 것은 다음을 의미한다. 직무가 충실화될 때 높은 성장욕구를 가진 종업원들은 낮은 성장욕구를 가진 종업원들 보다 중요심리상태를 경험하게 될 가능성이 더 높고, 중요심리상태에 대하여 낮은 성장욕구를 가진 종업원들 보다 더 긍정적으로 반응하게 된다.

직무의 동기유발잠재력을 측정하기 위해 핵심직무차원들을 분석, 결합하여 [그림 6-5]와 같이 단일지수로 나타낼 수 있다.

그림 6-5. 동기유발잠재력 점수

동기유발잠재력 점수(motivating potential score)

$$= \left[\frac{\text{기술다양성} + \text{과업정체성} + \text{과업중요성}}{3} \right] \times \text{자율성} \times \text{피드백}$$

직무특성모형에 대한 연구결과 다음의 사실들이 나타나고 있다.

- 핵심직무차원의 점수가 높은 직무를 수행하고 있는 사람들은 그렇지 않은 사람들보다 더 동기유발되고 더 만족해하며 더 생산적이다.
- 강한 성장욕구를 가진 사람들은 약한 성장욕구를 가진 사람들보다 동기유발 잠재력이 높은 직무에 대하여 더 정적(긍정적)으로 반응한다.
- 핵심직무차원들은 작업결과에 대하여 심리적 상태를 통하여 간접적으로 영향을 미친다.

(2) 사회・기술시스템이론

사회・기술시스템이론(socio-technological system theory)은 1950년대 사회학자들에 의해 제시된 것으로 여기에서는 조직을 테일러적인 단순한 기술 시스템 또는 인간관계적인 단순한 사회 시스템만으로 보지 않고, 이들을 거시적 입장에서 통합한 사회·기술 시스템으로 파악한다.

사회·기술 시스템이론에서 기업 시스템은 기계설비 및 이의 조작지식이라는 기술 시스템과 생물적 및 사회·심리적 원칙에 지배받는 종업원의 심리상태와 종업원간의 사회시스템으로 구성된다. 기업이 전체 업무를 최적화하기 위해서는 각각의 시스템이 상대방의 방해를 받지 않고 독자적 기능에 따라 충분히 기능할 수 있도록 관계를 설정하는 것이 필요하게 된다. 즉, 기술적 요구와 인간적 요구의 동시최적화를 추구하면서 환경적 조건에도 부합되어야 한다. 사회·기술 시스템은 인간적인 삶을 위한 노력은 직무의 변화에서부터 시작되어야 한다는 사상을 가지고 있다. 사회·기술 시스템이론은 1960년대 중반 이래 직무설계분야의 발전과 노르웨이, 스웨덴 등의 북부지역을 중심으로 한 노동의 인간화 및 근로생활의 질 향상(QWL)에 많은 영향을 미쳤다.

사회·기술 시스템은 기술적 하위 시스템과 사회적 하위 시스템의 공동최적화에 필요한 방향으로 직무의 객관적 특성을 변화시킬 것을 제시하고 있으며 직무설계원칙으로 다음을 들고 있다.

- 직무 내 과업의 최적다양성
- 전체과업에 관계되는 의미 있는 과업형태
- 최적 작업주기
- 성과기준 설정에 있어서의 재량권과 결과의 피드백
- 경계과업을 포함하도록 과업의 경계를 확장
- 어느 정도의 기능을 필요로 하는 가치있는 과업
- 전체 생산과정에 뚜렷한 기여를 하는 과업

사회·기술시스템이론의 공헌 가운데 하나로 자율적 작업집단의 도입을 들 수 있다.

(3) 노동의 인간화

노동의 인간화(humanization of work)는 1830년대에 유럽에서 처음 논의가 시작되었으며, 1970년대 초반에 들어 북유럽국가들을 중심으로 본격적으로 논의되기 시작하여 노동의 인간화라는 용어가 이때부터 널리 사용되었다. 노동의 인간화에 대한 논의는 스웨덴, 노르웨이, 독일 등의 유럽북부지역 국가에서 시작되어 전세계로 확산되었으며, 그간 학계, 노동조합, 기업, 정부의 연구와 실천노력으로 노동의 인간화는 이론과 실천의 측면에서 많은 발전이 이루어져 왔다.

노동의 인간화는 기존의 노동이 비인간적으로 설계되어 이루어지고 있다는 인식에서 출발하고 있다. 능률의 논리를 강조하는 테일러리즘에 입각한 전통적 노동 및 직무설계는 인간성을 고려하지 않는 비인간적 노동이며, 이에 따라 노동에서 인간의 소외가 야기되고 있다는 것이다. 테일러리즘의 핵심내용은 분업을 통한 능률의 향상으로, 근로자들로 하여금 전체의 일이 아닌 분업화되어 파편화된 부스러기 일을 수행하도록 하여 근로자들의 미숙련화와 미성숙화를 야기한 것이다. 노동의 인간화는 노동의 주체인 인간에 초점을 두어 인간의 동기부여와 만족의 제고, 성장 발전 및 자아실현에 기여할 수 있게 노동을 재설계하는 것이라 할 수 있다.

그동안 노동의 인간화에 대한 논의는 이론적 영역에서 주로 노동의 인간화의 정의 및 개념설정, 목표설정, 실행전략 수립 등이 중심과제가 되어 왔으며, 실천적 영역에서는 기업이 주체가 되어 실시하는 경영의 각 영역에 있어서의 노동의 인간화 실천방안에 대한 논의가 중심과제가 되어 왔다.

노동의 인간화의 개념은 관련 연구에서 다음과 같이 설명되고 있다.

- 노동하는 사람의 자아실현에 대한 요구가 노동의 인간화의 핵심이다.
- 노동의 인간화는 기업을 사람에게 적응시키고, 사람에게 개인의 존엄성을 지키고, 개인적 성장을 가능하게 하는 것이다.
- 노동의 인간화는 개인의 이해관계와 기업의 이해관계간 갈등을 완전하게 해소하는 것을 의미하지는 않는다. 노동의 인간화는 개인의 이해관계를 고려하면서 기업의 업무를 설계하는 것이다.
- 인간을 완전한 존재로 보아야 한다. 노동의 인간화란 작업조건을 인간의 자율성에 따라 형성시키는 것이다. 이는 작업조건과 같은 물리적 측면에 국한되지 않는다.
- 위험이 제거되어 있을 뿐 아니라 그 가운데에서 자신의 정체성이 확인될 수 있고 기쁘게 수행할 수 있는 일이 인간적인 일이다.
- 노동의 인간화는 활동영역의 확장에서 나타난다. 활동영역의 확장은 수평적 직무차원과 수직적 의사결정 및 통제의 두 차원에서 이루어질 수 있다.
- 노동의 인간화는 현 사회 기반의 근본적 변화를 의미한다. 현재의 모든 근로조건의 개선과 그리고 특히 정신노동과 육체노동을 더 이상 분리하지 않는 것이 매우 중요한 과제이다.
- 노동의 인간화란 직업인의 상황을 보다 인간적으로 만드는데 적합한 모든 방안이다.
- 노동의 인간화의 내용은 인간상에 따라 달라진다. 금전적 욕구 및 안정욕구를 중시하는 사람에게 있어서는 노동의 인간화의 전통적 영역, 즉 노동안전, 건강보호, 작업장 설계, 작업도구・작업환경・물질적 생활조건의 개선 등이 노동의 인간화의

주된 내용이 되며, 강한 비물질적 욕구를 가지고 이에 상응한 기대를 갖는 사람에게는 보다 광범위한 노동의 인간화 내용이 요청된다. 이에는 확장된 업무 및 책임, 인정, 사회적 관계 등이 있다.

– 노동의 인간화는 인간성 위협요인의 부재나 감소를 뜻한다. 인간성 위협요인으로는 기업목표와 개인목표의 괴리, 높은 노동강도, 고도의 분업, 컨베이어벨트시스템, 의사결정에서의 배제 등이 있다.

이상에서 보듯이 노동의 인간화 개념은 연구자마다 차이가 있어서 하나의 통일된 개념의 도출은 쉽지 않다. 그렇지만 노동의 인간화의 핵심은 한편으로 노동과 관련된 위험이나 어려움을 해소하는 것(소극적 의미)과 다른 한편으로 노동하는 사람이 일 가운데에서 성장·발전 및 자아실현을 할 수 있도록 하는 것(적극적 의미)이라고 할 수 있다. 노동의 인간화의 주체는 기업, 노동조합, 정부 등이 될 수 있지만 기업수준에 있어서의 노동의 인간화 방안의 실시에 있어서는 기업이 가장 중요한 주체가 된다.

기업 내 노동의 인간화 방안은 구체적으로 다음과 같다.

- 작업조건의 인간적 설계
  - 작업장소의 인간적 설계
  - 작업시간의 인간적 설계
- 직무의 인간적 설계
  - 직무순환
  - 직무의 수평적·수직적 확대
  - 준자율적 작업집단
- 인간적 경영관리
  - 인적자원개발
  - 인적자원계획
  - 성과참가 및 자본참가
  - 민주적 리더십

이 가운데 특히 인간적 직무설계가 중요한 비중을 차지하고 있다. 노동의 인간화를 실현하기 위해서는 노동의 사회적인 외재적 가치증대의 대상인 노동조건 및 환경개선과 더불어 노동의 내재적 가치를 증대하는 작업내용의 충실화가 이루어져야 한다. 노동이 조직구성원의 자아실현과 발전의 수단이 될 때 노동은 내재적 가치를 지니게 된다. 구성원으로 하여금 직무에 만족하고 조직에 애착을 갖도록 하려면 자기가 수행하고 있는 노동을 통하여 자아실현의 욕구를 충족시킬 수 있고, 또 자기성장과 발전을 기할 수 있어야 한다. 직무는 노동의 내재적 가치를 충분히 살릴 수 있도록 설계되어야 한다. 즉, 노동을 통한 구성원의 공동체의식 형성과 노동을 통한 구성원의 자기실현 및 발전이 이루어지도록 직무가 설계될 때 구성원은 소외감을 느끼지 않게 될 것이다. 노동에는 고통스런 측면과 보람된 측면이 동시에 존재한다. 노동의 인간화 측면에서의 직무설계는 일의 고통과 보람의 두 측면 중 부정적인 측면을 최소한으로 줄이고 긍정적인 측면을 최대한으로 신장시키기 위해서 노동(일)의 내재적 가치가 충만하도록 직무를 설계하는 것이다.

2) 직무설계방법

(1) 개인수준 직무설계

가) 직무확대

직무확대(job enlargement)는 직무의 범위를 수평적으로 확장하는 것으로 직무를 구성하는 과업의 수를 늘리는 것이다. 즉, 개인의 직무에서 기본작업의 수를 증가시키거나, 또는 기존에 세분화되어 여러 작업자에 의해 수행되던 작업들을 통합하여 소수 인원의 작업이 되도록 직무내용을 재편성하는 것이다. 예를 들면 생산라인에서 생산업무(production)만 수행하는 작업자에게 보전(maintenance)이나 품질관리(quality control)업무를 함께 하도록 직무의 범위를 확장시키는 경우를 들 수 있다. 직무확대의 목적은 현재의 직무에 유사한 과업을 추가해 줌으로써 기술다양성과 과업정체성이 높은 직무를 작업자에게 제공하기 위한 것이다.

직무확대에 있어서 작업자가 수행하는 과업의 수는 늘어나게 되지만 의사결정권한이나 책임의 증대는 동반되지 않는다. 직무확대는 이와 같이 직무를 수평적으로 확대한다는 점에서 수평적 직무확대라고도 한다. 한 사람의 종업원이 전과업 사이클을 수행하도록 직무가 확대될 때 일관작업열의 조립작업자들이 완전한 작업단위를 독립적으로 조립하는 경우와 마찬가지로 직무확대는 작업성과에 대한 피드백을 제공해 준다.

직무확대를 실시함에 있어서 다음의 효과가 기대된다.

- 단순반복업무에서 발생하는 단조로움, 지루함, 싫증을 줄일 수 있게 된다. 그 결과 직무만족의 향상, 결근율 및 이직률의 감소를 가져올 수 있다.
- 작업자에게 보다 많고 다양한 과업을 수행하게 함으로써 작업자의 학습 및 능력개발을 제고할 수 있다.

- 구성원들의 다기능화로 기업측에서는 업무배치 범위가 확대되어 인력활용의 유연성이 제고되며, 근로자측에서는 노동시장에서의 상품가치가 제고된다.

직무확대는 다음의 한계 내지 문제점도 가지고 있다.

- 직무확대로 기존의 직무에 추가되는 과업이 단조롭고 흥미 없는 것일 경우 오히려 작업자의 실망이 더 커지게 된다.
- 작업자에 따라 새로운 과업의 추가를 귀찮아하고 싫어하는 경우도 있다. 작업자의 성장욕구 강도에 따라 직무확대에 대한 태도가 다를 수 있다.
- 직무확대로 직무의 범위가 넓어지고 다양해지기는 하지만 권한과 책임의 증대가 동반하지 않음으로 해서 근로자를 적극적으로 동기유발하는데는 한계가 있다.

나) 직무충실화

직무충실화(job enrichment)는 단순히 과업의 수를 늘려서 직무를 구조적으로 확대하는(enlarge) 것이 아니라, 직무의 내용을 풍부하게(enrich) 만들어 작업상 책임을 늘리며, 능력을 발휘할 수 있는 여지를 크게 하고, 도전적이고 보람 있는 일이 되도록 직무를 구성하는 것을 의미한다. 즉, 직무충실화는 개별 직무에 있어서 다양한 작업내용이 포함되게 하고, 보다 높은 수준의 지식과 기술을 요하게 하며, 작업자에게 본인의 업무를 스스로 계획, 실행, 통제할 수 있는 자율성과 책임이 부여되고, 의미있는 작업경험을 쌓을 수 있게 하고, 개인적 성장의 기회가 제공될 수 있게끔 직무의 내용을 재편성하는 것이다.

허쯔버그(Herzberg)는 직무충실화를 위해 직무가 갖추어야 할 요소로 직접적 피드백, 고객과의 관계, 학습기회, 작업일정수립 기회의 제공, 전문적 능력의 배양, 자원의 통제, 상하간의 직접적 커뮤니케이션, 직무에 대한 개인적 책임의 확대의 8가지를 들고 있다(Herzberg, 1974).

직무충실화에서 강조되고 있는 점은 전통적으로 관리자의 고유기능에 속하였던 계획(planning)과 통제(controlling)기능을 작업자에게 위양하는 것이다. 전통적으로 관리자는 부하의 작업을 계획하고 조직하고 통제하는 역할을 수행해 왔고, 작업자는 단지 작업의 실행(doing)만을 담당해 왔다. 그런데 직무충실화는 작업자로 하여금 작업의 실행뿐만 아니라 계획과 통제도 어느 정도 담당하도록 하여 구성원들에게 일의 보람과 자아성취감을 느낄 수 있게 해서 동기유발과 생산성향상을 이루고자 하는 것이다.

이와 같이 종업원에게 업무의 실행뿐 아니라 계획 및 통제도 함께 수행하도록 하여 전체 업무를 수행하도록 하는 것을 수직적 직무확대(vertical job enlargement)라 한다. 수평적 직무확대(horizontal job enlargement)가 직무의 양적 확대를 꾀하는데 비하여, 수직적 직무확대라 불리는 직무충실은 직무의 질적 개선을 뜻한다고 볼 수 있다.

직무충실화는 직무특성모형에서 높은 동기유발잠재력을 위해 요구되는 모든 조건을 거의 다 충족시켜 주고 있다. 감독자가 수행하던 과업의 일부를 작업자가 맡아 수행하도록 허용함으로써 직무가 충실화된다. 그래서 충실화된 직무들은 수직적으로 확대되어 종업원들이 작업을 계획, 실천 및 검사할 책임을 추가적으로 떠맡게 된다. 직무가 충실화되면 책임의 증가 외에도 종업원의 자율성과 독립성이 증대되고, 작업자가 완전한 전면적인 활동을 할 수 있도록 과업이 조직화되며 피드백이 제공되도록 하여 작업자 자신들이 자신들의 업적에 대해 수정조치를 취할 수 있게 된다.

성공적인 직무충실화 프로그램은 종업원의 직무만족을 증대시킨다. 그러나 조직은 종업원의 만족만을 창출해 내기 위해 존재하는 것이 아니기 때문에 직무충실화를 통해 조직에 직접적인 유익이 있어야 한다. 직무충실화가 낮은 결근율과 이직에서 오는 비용 감소를 가져온다는 연구결과들이 있으나, 생산성에 대한 영향과 관련된 연구결과는 아직 결론이 나지 않은 상태에 있다. 어떤 상황에서는 직무충실화가 생산성의 증대를 가져왔고 다른 상황에서는 오히려 생산성이 감소되었다. 그러나 생산성이 감소하였을 때는 자원활용률이 높았고 제품이나 서비스의 보다 높은 질을 강조하고 있었다. 즉, 능률면에서 보아 동일한 투입으로 보다 높은 질의 산출을 얻고 있다.

(2) 집단 수준의 직무설계

가) 직무순환

직무순환(job rotation)은 집단을 대상으로 하는 직무확대모델의 하나로 작업자에게 다양한 직무를 순환하여 수행하도록 함으로써 기술다양성을 증가시키게 하는 것이다. 직무순환의 전제는 작업자들에 의해 수행되는 여러 과업이 호환성이 있고, 작업자는 작업흐름에 큰 지장을 주지 않고 이 과업에서 저 과업으로 순환 가능하여야 한다는 것이다. 직무활동이 더 이상 도전적이 아닐 때 유사한 기술이 사용되는 동일수준의 다른 직무에 종업원을 순환근무하도록 하는 것이 좋다. 직무순환의 실시로 기대되는 효과는 다음과 같다.

첫째, 작업자가 장기간 같은 직무만 하게 되면 지루하기도 하고 한 가지 기술밖에 익힐 수 없게 되지만 동료들과 자리를 바꾸면 지루함도 감소될 수 있고 여러 직무도 배울 수 있다.

둘째, 작업자에게 다양한 직무를 수행하게 함으로서 작업자의 기능다양성을 제고시키게 되어 기업은 인력활용의 유연성을 높일 수 있다.

셋째, 작업자에게 보다 수준 높은 직무수행의 기회를 제공하여 능력개발을 촉진할 수 있으며 경력개발을 지원한다.

직무순환의 실시에 있어서 고려되어야 할 점의 하나는 직무체류기간이다. 이는 한 작업자가 신규직무로의 이동 전 한 직무에 얼마나 오래 머무를 것인가의 결정에 대한 것으로 직무체류기간의 결정에 있어서는 직무난이도, 직무적응기간, 직무성과 변화 등이 고려되어야 한다. 또 이동될 직무가 가지고 있는 권한의 크기, 난이도, 스트레스 정도가 사전에 파악되어야 하며 직무이동의 순서가 결정되어야 한다.

직무순환은 다음의 문제점도 가지고 있다.

첫째, 비용문제이다. 종업원을 이 직무 저 직무로 순환근무하게 하는데는 비용의 문제가 수반된다. 동일수준의 기술을 가정한다고 하더라도, 단기간에 있어서는 생산성 저하가 발생하기 때문이다. 장기간의 업무수행에서 축적되는 직무경험이 업무능률 향상에 중요한 작용을 하는데 직무순환으로 이러한 능률의 많은 부분이 손실된다. 그렇지만 이 비용은 직무순환으로 인한 근로의욕상승에 따른 생산성향상과 비교하여 평가하는 것이 필요하다.

둘째, 직무순환은 작업진행에 방해를 초래하기도 한다. 작업집단의 구성원들은 신입작업자에게 적응해야 하고, 감독자도 신입작업자를 감독하고 교육하는데 많은 시간을 소비해야 하기 때문이다.

셋째, 직무순환은 직무의 의미충만성을 제고시키는데 있어서 제한적 영향을 미칠 뿐이다. 이에 따라 직무순환은 동기유발잠재력지수가 낮은 직무의 해결책으로는 약하다는 점이 있다. 직무순환은 본질적으로 직무자체를 바꾸는 것이 아니고 단지 직무와 종업원간의 결합을 바꾸는 것이기 때문에, 일년에 한 가지 일 대신에 네 가지의 지루한 일을 수행한다고 해서 종업원들이 더 큰 의미충만성을 경험하지는 않게 되는 것이다.

넷째, 직무순환은 단기적 해결책일 뿐이라는 지적을 받고 있다. 직무순환이 가능한 일들은 비교적 낮은 수준의 일이며, 업무의 수준이 높아질수록 직무순환의 적용이 어려워진다는 것이다. 또한 작업자의 기대나 직무는 크게 바뀌지 않고 일시적으로 단조로움이나 권태감만 완화되고 또 다른 일련의 단조로움에 접하게 될 뿐이라는 비판을 받고 있다.

나) 직무교차

직무교차(overlapped workplace)는 집단 내 각 작업자의 직무의 일부분을 타 작업자의 직무와 중복되게 하여, 직무의 중복된 부분을 타 작업자와 공동으로 수행하게 하는 직무설계방식이다.

직무교차는 집단을 대상으로 도입할 수 있는 수평적 직무확대에 속한다. 직무교차는 본질적으로 개인수준의 직무확대와 크게 다르지 않지만 중요한 차이는 직무확대가 한명의 작업자를 대상으로 개별적으로 설계할 수 있는데 반해, 직무교차는 반드시 직무의 일부분을 다른 작업자와 공동으로 수행해야 한다는 것이다.

직무교차 모델을 그림으로 나타내면 [그림 6-6]과 같다.

그림 6-6. 직무교차 모델

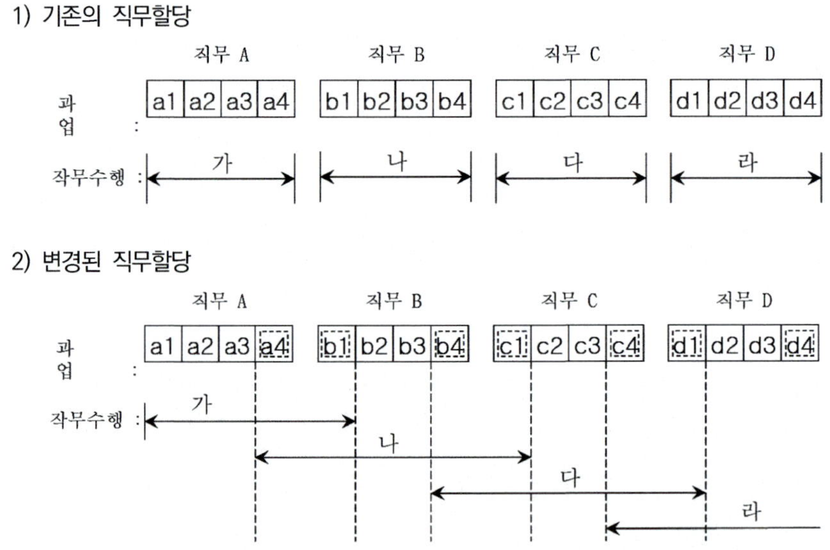

자료 : 박경규, 2004: 93.

[그림 6-6]에 나타난 바와 같이 직무교차 모델을 도입하기 전 작업자 '가'는 과업 a1, a2, a3, a4로 구성된 직무 A를 수행했으나, 직무교차 모델에서는 '가'의 직무 범위가 '나'가 수행하고 있는 직무 B의 과업 b1에까지 확대되는 것이다. 작업자 '나'의 경우 역시 기존직무 B에서 직무 A의 과업 a4 그리고 직무 C의 과업 c1에까지 확대되는 것이다.

직무교차 모델은 본질적으로 협의의 직무확대 모델과 크게 다르지 않지만 중요한 차이는 직무확대 모델이 한 명의 작업자를 대상으로 개별적으로 설계할 수 있는데 반하여 직무교차 모델은 반드시 직무의 일부분을 다른 작업자가 공동으로 수행해야 하는 것이다. 직무교차 모델이 추구하는 목적은 다음과 같다.

- 작업자들 간의 상호협동을 제고시켜 능률향상을 추구한다.
- 직무수행에 있어서의 단조로움을 감소시킨다.
- 직무의 범위를 확대함으로써 작업자의 기능의 폭을 넓힌다.

직무교차는 직무전문화가 가져다주는 작업자간 협동부족에서 오는 소외를 줄일 수 있는 효과를 가지고 있다. 왜냐하면 교차된 직무를 동료 작업자와 수행함으로써 작업공간에서의 인간관계형성의 가능성을 열어 주기 때문이다.

직무교차의 약점은 교차된 직무를 수행하는 작업자들이 서로 직무를 소홀히 하게 되면 생산성에 문제가 발생할 수 있다는 것이다. 따라서 직무교차를 작업장에 도입할 경우 작업자들 간 협동 시스템의 구축을 위한 체계적 교육이 필요하다. 교차된 과업의 성과저하에 대한 책임을 두 작업자 모두가 지게 하는 것도 소극적 방법이기는 하나 상호협동의 제고를 위해서는 효과가 있다.

다) 자율적 작업팀

자율적 작업팀(autonomous work team)은 직무충실화 프로그램이 집단수준에서 실시되고 있는 경우에 나타나는 기법으로 팀이 수행하고 있는 작업을 수직적 통합을 통해서 심화시키는 방법이다. 자율적 작업팀에서는 작업팀에게 달성해야 할 목표가 부여되고 작업할당, 휴식시간, 검사절차 등을 자유로이 결정하여 처리하도록 일임한다. 전적으로 자율적인 작업팀의 경우에는 작업팀의 구성원이 될 사람을 팀 스스로 선발하며, 구성원들은 서로의 업적을 평가한다. 그 결과 감독직책의 중요성이 감소되어 감독직책이 없어지는 경우까지 있다.

자율적 작업팀의 자율성 기준은 다음 사항에 의해 결정된다.

- 생산목표 설정에 관한 결정
- 작업장소 및 작업시간에 대한 결정
- 작업방법 및 속도에 관한 결정
- 작업집단에 공석이 생겼을 때 신규 작업자의 선정 결정
- 해당 작업집단 내 작업할당에 대한 결정
- 해당 작업집단의 책임자결정 등

작업팀이 이 기준들을 완전히 결정할 수 있는 의사결정권한을 부여받았을 때 '완전 자율적 작업팀'이 되겠지만, 기업에서는 위의 자율성 기준을 작업팀에게 전부 허용하기 곤란한 경우가 일반적이며 따라서 대부분 제한된 자율성이 부여된다. 이러한 '준자율적 작업팀(semi-autonomous work team)'은 작업집단 내 직무들 간의 상호 의존성이 높을 때, 그리고 직무들이 심리적 스트레스를 많이 야기시킬 때 그 효과가 보다 높게 나타난다.

스웨덴의 볼보자동차회사를 시작으로 그동안 많은 기업들이 자율적 작업팀 모델을 도입했다. 자율적 작업팀은 작업에 대한 통제 및 조정기능을 작업팀에 위임했기 때문에 기업의 공식조직에 대한 통제 및 조정기능의 경감을 가져다주고, 팀에 부여된 자율성으로 인한 생산성이 향상되며, 팀 내 구성원들 간 작업상의 노하우를 상호 전수함으로써 기업의 교육훈련비가 경감된다. 자율적 작업팀의 문제점으로는 기업과 자율적 팀간의 갈등발생과 작업팀내 구성원간 갈등문제를 들 수 있다.

학습문제

1. 대학생으로서의 본인의 직무기술서와 직무명세서를 작성하시오.
2. 직무평가 각 방법의 장·단점을 설명하시오.
3. 자동차산업 직무설계 방식의 변화를 조사해서 설명하시오.
4. 팀제의 바람직한 직무설계에 대해서 논의하시오.
5. 노동의 인간화 실시 사례를 찾아서 그 내용 및 성과를 토의하시오.

참고문헌

김식현(1999), 『인사관리론』, 서울: 무역경영사

박경규(2001), 『신인사관리』, 서울: 홍문사.

박내회(2000), 『인사관리』, 서울: 박영사.

최종태(2001), 『현대인사관리론』, 서울: 박영사.

Bernardin, H. J.(2003), *Human Resource Management: An Experiential Approach*, 3rd ed., New York: McGraw-Hill.

Harris, M.(1997), *Human resource management: a practical approach*, The Dryden Press, Hartcourt Brace College Publishers.

Ivancevich, J. M.(2004), *Human Resource Management*, 9th ed., New York: McGraw-Hill.

Jung, H.(1999), *Personalwirtschaft*, 3. überarb. Aufl., München: Oldenbourg.

Mathis, R. L. & Jackson, J. H.(2003), *Human Resource Management*, 10th ed., Cincinnati: Thompson-South Western.

Mondy, R. W. & Noe, R. M.(1990), *Human Resource Management*, Boston: Allyn and Bacon.

Noe, R. A., Hollenbeck, J. R., Gerhart, B. & Wright, P. M.(2003), *Human Resource Management: Gaining a competitive advantage*, 4th ed., New York: McGraw-Hill.

Oechsler, W. A.(2000), *Personal und Arbeit: Grundlagen des Human Resource Management und der Arbeitgeber-Arbeitnehmer-Beziehungen*, 7., grundlegend überarb. und erw. Aufl., München: Oldenbourg.

Ridder, H.(1999), *Personalwirtschftslehre*, Stuttgart: Kohlhammer.

Scholz, C.(2000), *Personalmanagement: informationsorientierte und verhaltens-theoretische Grundlagen*, 5. neubearb. und erw. Aufl., München: Vahlen.

Sherman, A. W. Jr., Bohlander, G. W. & Snell, S.(1996), *Managing Human Resources*, South-Western College Publishing.

제 7 장
인적자원의 평가

7

인적자원의 평가

opening case 7-1. 구글의 성과관리체계 OKR

명확한 목표를 정하고 뛰는 사람과 그렇지 않고 뛰는 사람은 같은 시간을 뛰어도 결과가 다를 수밖에 없다. 뚜렷한 목표는 직원과 회사의 성과를 한층 높이는 데 도움이 된다. 구글에서는 종종 성취가 어려워 보이는 야심 찬 목표 세우기를 즐겨한다. 누군가는 그 목표를 보고 지레 포기할 수도 있겠지만 사실 깜짝 놀랄 만큼 야심 찬 목표는 최고의 인재을 끌어들인다. 또한 일을 신나게 만든다. 구글에서 통용되는 '문샷씽킹(Moonshot Thinking)'이 OKR (Objectives Key Results)과 맞닿아 있는 지점이다.

구글 문화의 일부 OKR '목표설정' 도구

구글에서 OKR은 목표설정을 위한 도구이다. 조금 강조해서 말하자면, 목표설정부터 달성까지의 과정 중에서도 목표설정의 과정 그 자체가 매우 중요하다는 뜻이다. 예컨대 널리 알려진 2012년 유튜브의 목표(Objective)인 '하루 시청 시간을 10억 시간으로 늘리기'가 유튜브 직원들에게 발표되었다고 하자. 유튜브 전체를 아우르게 될 이 OKR을 바라보면서 조직내 모든 리더와 팀장, 그리고 구글 직원들은 이 한 가지 고민을 하게 된다. '하루 10억 시청 시간에 도달하기 위해서 우리 조직이, 우리 팀이 혹은 내가 기여할 수 있는 일은 무엇인가?' 한 번이라도 고민해 본 적이 있는 사람이라면 이런 질문에 대한 답을 내는 것이 결코 간단한 일이 아니라는 것을 알고 있다. 이 과정은 조직 전체의 미션과 목표를 팀 레벨, 그리고 개인 레벨까지 연결시켜 끌고 내려오는 과정이며, 고민을 제대로 하는 직원이라면 바로 이 과정에서 가슴 뛰는 동기부여를 경험하게 된다. 예를 들어 각 팀과 직원들은 스스로 다음과 같은 질문들을 던질 것이다.

- 하루 시청 시간 10억? 왜 이게 중요하지? 우리 조직은 왜 이런 목표를 잡았을까? (미션, 일의 의미)
- 유튜브 조직 내에서 나의 역할은 무엇인가? (역할)
- 내가 가지고 있는 역량은 무엇인가? (핵심 역량)
- 내가 가지고 있는 자원은 무엇인가? (자원)
- 위의 모든 것을 고려했을 때, 유튜브 10억 시청 시간 달성을 위해 내가 창출할 수 있는 최고의 고유가치는 무엇일까? (창출할 가치)

개인이나 팀은 회사 전체의 미션에서 시작하여 미션과 목표를 연결해 보고 개인 및 팀의 역할과 존재 이유, 정체성을 확인해 보게 되며, 가지고 있는 역량과 자원까지 고려하는 전략적 사고의 과정을 거쳐 가장 가치 있을 만한 팀 목표 혹은 개인 목표를 도출해 내게 된다. 이 과정에서 직원 개인은 일의 의미를 찾고 스스로 주도하는 이 과정의 재미를 맛보게 된다.

목표를 정하고 나서도 생각할 것은 더 남아 있다. 내가 이 목표(Objective)를 통해서 실제로 임팩트 있는 기여를 했다고 말할 수 있으려면, 내 일의 결과물(Key Results)은 무엇이어야 할까? 의미 있는 목표를 달성하는 즐거운 상상은 현실적으로 측정 가능한 결과를 고민하는 가운데 단단하고 뾰족하게 다듬어진다.

구글 OKR 운영의 주요 특징

• Objectives는 야심차다. 마음이 불편할 만큼

크고 야심 찬 목표는 가슴을 뛰게 하지만, 동시에 두렵고 불편하게 만드는 것이 정상이다. 리더는 실패를 배움의 기회로 생각하는 문화를 통해 두려움이 주는 불편한 마음을 감수할 뿐 아니라, 오히려 그 긴장감을 긍정적인 에너지로 바꿀 수 있도록 돕는다.

• Key Results는 측정 가능하다. 점수를 매길 수 있도록

구글에서 OKR 점수는 0에서 1.0 사이이다. Key Results는 보통 지표화된 수치이거나, 최종 결과에 도달하기까지 거쳐 가야 하는 중간단계의 결과일 때도 있다. 예를 들어 2021년 말까지 브랜드 지표를 10% 올린다는 Key Result가 있다면 '1분기 말까지 소비자 연구를 통해 주요 인사이트 3개 이상 확보하기' 역시 중간단계를 위한 Key Result가 될 수 있을 것이다.

• OKRs은 공개가 기본. 누구나 다른 동료가 무슨 일을 하고 있는지 알 수 있도록

구글에서 OKR은 가능한 한 넓은 범위로 공개하도록 하고 있다. 가장 큰 이유는 전사적으로 한 방향으로 가려면 함께 일하는 조직간, 팀간 OKR을 서로 이해하고 있어야 하기 때문이다. 이와 함께 OKR이 공개되면 처음부터 서로 OKR을 공유하는 파트너 팀이 아니더라도 유기적으로 협업이 일어날 수 있다. 뿐만 아니라 다른 팀이나 개인이 OKR은 종종 읽는 것만으로 영감을 불러일으킨다.

• OKR의 '적정 점수'는 60~70%, 계속 100% 달성하고 있다면 당신은 조금 야심의 크기를 키울 때가 됐다.

야심찬 OKR이라면 달성이 어려운 것이 당연하다. 더구나 현재는 같은 결과라 할지라도 매우 높게 세운 목표를 바라보며 60~70%에 도달한 사람은 그보다 쉽게 수립한 목표의 100%에 도달한 사람보다, 그다음 단계로 가기 위한 역량과 경험을 더 많이 쌓아오고 있었을 가능성이 크다.

• 점수가 낮다면? 다음 OKR을 더 잘 디자인할 수 있도록 도와주는 소중한 데이터

예컨대 야심 차게 프로젝트를 시작했으나 생각보다 자원이 많이 드는 일이라는 것을 알게 되어 프로젝트에 문제가 생겼다면? 그것은 그 일을 하는 데에 필요한 자원이 실제로 얼마나 드는지 배울 수 있는 기회인 것이다. 이에 따라 다음 분기에는 필요한 자원을 다시 계산하고 자원을 확보하는 일을 OKR에 포함하여 수정하면 된다. 실패가 아니라 새로운 배움을 토대로 조직은 여전히 앞으로 나아가는 것이다.

• OKR은 평가도구가 아니며, 할 일 리스트도 아니다

구글에서 OKR은 성과평가 도구가 아니다. OKR 점수가 곧 성과점수가 되는 것은 더더욱 아니다. OKR 점수가 곧 성과점수가 된다면 어느 누구도 야심 찬 목표를 설정하려 하지 않을 것이다. OKR은 목표를 설정하기 위한 도구이며, 동시에 목표를 효율적으로 소통하고 실행과정에서 목표달성을 위한 조직내 대화를 돕는 도구이다.

OKR은 또한 '활동'을 나열하는 리스트가 아니다. 직원들은 많은 '활동'으로 바쁘게 지낼 수는 있지만 그 바쁜 활동들이 항상 의미있는 임팩트로 이어지는 것은 아니다. 다시 말해 바쁘게 일했어도 고객이나 회사에 바뀌는 것이 하나도 없다면, 그 OKR은 잘 만들어진 OKR이 아닐 가능성이 높다는 것이다.

이렇게 해서 OKR이 잘 작동했다면 그 결과는 어떨까? 구글의 성장과정에서 OKR은 가장 중요한 것에 전사가 함께 '집중'할 수 있도록 도움을 주었다. 훌륭한 인재들이 모인 조직이라 할지라도 각기 다른 방향으로 간다면 자원이 낭비가 심할 수밖에 없다. 시의적절하고 전략적인 목표를 중심으로 역량을 집중한 것은 성장의 중요한 열쇠가 되어 왔다. 또한 조직 간 목표가 잘 조율되면 자연스럽게 협업이 쉬워진다. 직원 10만 명이 넘는 현재도 유연한 네트워크 조직으로 협업을 지속할 수 있는 배경에도 명확한 목표와 목표의 소통이 도움을 주고 있다.

(자료: 민혜경(구글 한국 Market HR Leader), "문화로서의 OKR", 한국인사관리협회, 「월간 인사관리」, 2021년 6월호, 44~46.)

토의과제

1. 구글이 성장하는데 OKR이 어떤 식으로 도움을 주었다고 생각하는지 말해 보시오.
2. OKR이 기존의 목표관리법인 MBO(Management by Objectives)와 다른 점이 무엇인지를 말해 보시오.

opening case 7-2. 선진 기업의 성과관리 솔루션 소개

어도비(Adobe)의 체크인(Check-In)

어도비는 2012년 '체크인'이라는 새로운 성과관리 솔루션을 도입했다. 등급 중심의 제도를 폐기하고, 직원들이 동료와의 비교를 통해 성과를 인정받아야 하는 관행을 없앴다. '체크인' 솔루션의 특징은 관리자와 직원들이 목표를 결정할 때 더 많은 자율권을 부여받는 데 있다. 연 단위 관행에 구애받지 않고, 수시로 목표를 추가하고 진척도를 관리하는 기능을 제공한다.

더불어 지속적인 실시간 피드백이 시스템을 통해 관리되도록 했다. 월, 분기별 실시하는 관리자와의 상시적인 면담은 페이퍼워크(paperwork)가 철저히 배제되며, 기대 수준, 피드백, 성장과 개발의 세 가지 주제에 대한 대화를 중심으로 체크인이 이루어진다.

이를 통한 생산성 향상은 성과 리뷰에 소요되던 시간을 혁신적으로 줄였고, 단순화한 시간만으로도 관리자들이 연간 총 8만 시간을 절약했다고 알려져 있다. 솔루션을 통해 보다 투명하고 공개적으로 소통하는 방식은 제도에 대한 직원들의 신뢰도는 물론 몰입을 향상시켰다. 구성원의 78%가 관리자가 자신들의 의견에 개방적이라고 느끼고, 과정의 투명함을 통해 자발적 이직률은 30% 이상 감소하였다. 관리자들 또한 직원들에게 하기 어려운 대화와 의사결정이 보다 용이 해지고, 그 능력도 향상되었다고 보고하고 있다.

마이크로소프트(MS)의 커넥트(Connect)

건강하지 못한 직원 간 상호경쟁, 응집력이 없는 팀워크 등으로 '잃어버린 10년'이라 불릴 만한 경영성과 하락을 경험했던 MS는 2013년 강제 서열화의 상징인 'Bell Curve'를 폐기하고, 'Connect'라 불리는 새로운 성과관리 시스템을 도입한다. 이 시스템은 의미있는 토론과 협업을 권장하고,

구성원 간 학습을 통해 성과를 촉진하는 데 역점을 두었다.

관리자들은 더 이상 특정 분포의 직원을 저성과 그룹으로 낙인해야 할 필요가 없어지고, 시스템상의 투명성 하에서 무의식적인 편견에 따른 차별적 행위 등도 방지하는 효과를 얻고 있다. 나아가 보상과 인정에 대한 유연성을 제공하여, 특징적인 기여에 대해 적시에 보상을 제공할 수도 있다.

GE의 PD@GE

GE는 2015년 강제적 상대 분포화(Rank and Yank) 관행을 폐기한다. 새로운 솔루션은 직원들 스스로에게 보다 유용한 장단기 목표를 설정하고, 관리자와 자주 대화할 수 있도록 하며, 실시간 피드백을 언제든지 주고받을 수 있는 것을 핵심으로 하고 'PD@GE'로 명명하였다. 이 모바일 애플리케이션을 통해 관리자들은 1년 내내 수시로 변화하는 회사의 성과 정의와 목표를 추적할 수 있게 되었다. 또한 피드백 요청과 응답을 용이하게 기록하고 축적하고 있다. 더 이상 익명에 기대지 않은 투명한 피드백을 통해 직원과 관리자 간 신뢰가 높아지고, 미래 지향적인 실시간 피드백을 통해 새로운 솔루션을 활용하기 시작한 초기, 생산성이 5배 향상되었다고 알려져 있다.

3만 명 이상의 직원을 대상으로 한 파일럿 기간에 가장 우려했던 부분은 능력주의였다. 투명하고 수평적으로 보이는 제도가 자칫 기여와 역량이 높은 구성원들에게 제공하던 인정과 보상을 약화시킬 수도 있다는 우려 때문이다. 하지만 관리자들은 늘어난 피드백 결과와 잦은 직원과의 접촉을 통해 등급 없이도 보상과 관련한 의사결정 차별화는 가능한 것으로 인식하였다.

(자료: 백승아, "성과관리 솔루션의 새로운 트렌드 '직원 경험'", 한국인사관리협회, 「월간 인사관리」, 2019년 12월호, 47~48.)

토의과제

1. 어도비의 체크인(Check-In), 마이크로소프트의 커넥트(Connect), GE의 PD@GE 등 세 기업의 성과관리 제도를 간략하게 요약하고 서로 비교해 보시오.
2. 우리나라 기업의 성과관리 제도로 가장 적합한 것은 위 세 가지 중에서 어떤 것이라고 생각하는지 말하고 그 이유를 설명해 보시오.

제1절 인사평가의 개념과 중요성

1. 인사평가의 의의와 목적

인사평가(performamce management)는 인적자원관리 시스템의 핵심적 기능의 하나로서 피드백 기능을 수행한다고 볼 수 있다. 조직구성원들에게 지금까지 수행한 성과에 대해 얼마나 잘 했는지, 또 앞으로 업무성과를 개선하고 개인의 능력을 신장해 나갈 것인지를 결정하고 소통하는 도구가 된다.

인사평가는 근무평정, 인사고과, 성과관리 등 여러 이름으로 부르고 있다. 인사평가는 조직내 여러 직무에 종사하고 있는 구성원의 근무성적, 능력, 업적, 태도 등을 조직에 대한 유효성의 관점에서 정기적으로 검토, 평가하여 이들의 가치를 조직적으로 결정하고자 시행하는 제도이다. 또한 구성원들의 근무성적과 잠재능력을 체계적으로 분석·파악하여 효과적 활용과 능력개발·육성을 위한 인사관리의 도구인 것이다.

인사평가는 전통적으로 과거의 실적이나 인적특성에 따라 서열이나 우열을 판정적인 태도로 비교·추정하는 것이 일반적이었으나, 근래에는 각 직무담당자의 성과를 평가함과 동시에 잠재적 능력의 확인 및 개발 가능성에 초점을 둠으로써, 구성원 동기부여의 수단으로 활용하고 있을 뿐만 아니라 평가결과를 목표달성을 위한 종합적인 통제의 한 과정으로 활용하고 있다.

이상과 같이 인사평가의 목적은 크게 다음의 다섯 가지로 나누어 볼 수 있다.

① **적정배치** : 종업원의 적성, 능력 등을 정확히 평가하여 적재적소의 배치를 실시함으로써 종업원의 적성과 능력을 효과적으로 활용한다.

② **능력개발** : 종업원의 현재능력 및 잠재능력을 평가하여 기업과 종업원 모두의 성장기회를 충족시킨다.

③ **인력계획 및 인사기능의 타당성 측정** : 기업의 장·단기 인력개발수립에 요청되는 양적·질적 자료를 제공한다. 아울러 해당 종업원의 선발과 승진 등이 과연 타당하였는가를 측정하는 도구로도 활용된다.

④ **성과측정 및 보상** : 종업원의 성과를 측정하여 종업원의 관심사인 승급, 상여금, 임금결정 및 승진에 활용된다.

⑤ **조직개발 및 근로의욕증진** : 고과를 통하여 직무담당자의 직무수행상 결함을 발견하고 개선할 계기를 찾는다. 뿐만 아니라 종업원의 성취의욕의 자극제로 활용된다.

2. 인사평가의 중요성과 활용

인사평가는 조직에서 사람을 평가하는 방법을 제도화한 것이다. 따라서 인사평가보다 더 큰 개념인 평가의 기본철학을 먼저 이해하는 것이 중요하다.

오늘날 모든 사회단위에서 우리는 의식적이건 무의식적이건 서로를 평가하면서 살아가고 있다고 해도 과언이 아니다. 조직에 있어서도 모든 사람들은 타인의 평가에 영향을 받거나 또는 어떤 평가를 기대하며 행동한다. 평가라고 하는 것은 인간이 보다 나은 상태로의 변화를 위한 동경과 신념을 가지고 가치창조의 활동을 행할 때 필연적으로 뒤따르는 비판적 사고의 과정이다. 그러므로 평가의 중요성은 바로 이 같은 일련의 가치창조를 위한 인간의 노력에서 찾을 수 있다. 즉, 인간이 하나의 행동 결과에 대한 잘잘못을 반성하려고 할 때, 어떤 목적 내지 방법을 선택・결정하려고 할 때, 여행과정에 있어서 착오나 오류를 밝히려할 때, 평가는 언제나 활용되었던 것이라고 할 수 있다.

과거에는 평가라고 하면 피평가자를 일정한 점수나 척도상의 분류・선택・판정하고 등급을 가늠하는 입장에서 기능하는 것으로만 보았다. 그러나 현대에 들어와서는 이와 같은 입장은 물론이지만, 이 보다는 피평가자 개인이 모든 과제 및 활동에 대해서 보다 효과 있고 완전한 성취를 이룰 수 있도록 하는 지원・보좌・개선・개발의 기능을 전제로 한 평가를 기본적 내용으로 하고 있다.

이러한 평가철학에 기초를 두고 조직에서 구성원 개개인의 잠재능력, 성격, 근무태도, 업적 등을 평가하려는 제도를 인사평가 또는 근무평정이라고 하는 것이다. 특히 업적을 중심으로 평가할 경우에는 이것을 업적평가(performance rating)라고 한다.

인사평가는 조직에서의 평가수단으로서 매우 중요할 뿐만 아니라 현대 인적자원관리의 거의 모든 영역에 영향을 미치는 기초자료의 역할을 하고 있다. 이러한 인사평가의 중요성은 다음과 같다.

첫째, 종업원의 능력개발을 위한 기초자료가 된다.

경영자들은 조직구성원 개개인의 능력이 최대한으로 발휘되도록 유도하는데 있어 인사평가를 통하여 이를 위한 정보를 얻게 된다. 인간의 능력은 일반적으로 적성이 경험과 연결되어 형성되는 것이기 때문에 여기에 알맞은 배치와 순환관리가 필요하다. 또 이것과 병행해서 각각의 직무에 필요한 지식·기술·태도를 몸에 익히는 교육훈련을 계획적으로 실시하여, 능력신장과 능력발휘를 촉진한다. 이를 위해서 경영자는 현재 부족하거나 장래 부족이 예상되는 지식 등의 질과 정도를 파악하여야 하는데, 이에 필요한 정보를 인사평가에 의해 얻을 수 있는 것이다.

한편 종업원들도 직장에서나 업무수행과정에서 각양각색의 욕구를 가지고 있다. 즉, 자기의 적성과 능력을 살려 자기에게 적합한 일을 하고 싶어 하며 노력의 성과를 바로 평가받기를 바라고, 능력이나 노력에 적합한 처우(임금·승진 등)를 받고 싶어 하며 자신의 능력을 향상시키려고 노력한다. 인사평가는 종업원들의 이와 같은 욕구에 직접 혹은 간접으로 부응하는 수단이 된다.

둘째, 인사평가는 업적향상을 위한 기초자료가 된다.

조직에서는 평가결과의 피드백을 통하여 그동안의 작업습관이 보다 효율적이도록 개인의 행위를 수정 혹은 변경시키는 기초를 마련해 준다. 즉, 경영자는 개개인의 업적은 물론, 업적의 기초가 되는 능력이나 자질을 평가하여 그 결과를 종업원들에게 알려줌으로써 업적향상을 기대하게 되는 것이다. 이러한 정보를 수집하고 평가하는 기초자료가 인사평가를 통하여 마련된다.

셋째, 인사평가는 종업원의 처우수준 결정을 위한 중요한 기초자료가 된다.

인사평가에 의한 자료가 바로 종업원들의 승진이나 보수의 결정에 매우 중요한 요소가 되기 때문이다. 경영자가 인사에 관한 의사결정을 하기 위해서는 각 개인의 능력·업적·특성 등을 파악하지 않으면 안 된다. 능력 있는 자에게 힘든 업무를 할당한다거나 경영활동의 성과를 조직에 공헌도에 따라 배분하는 일은 당연한 것으로 인식되고 있다. 여기에서 처우수준 결정을 위한 적정한 격차를 만드는 판정수단으로써 인사평가가 필요하다.

3. 인사평가의 3대차원

인사평가는 인사관리의 여러 기능 중에서 핵심적 위치를 점하고 있다. 인사평가는 종종 '인사평가 시스템'이라고 부르는데, 시스템이라고 부르는 이유는 평가작업이 여러 단계를 거치는 것이 보통이며, 평가의 차원에 따라 평가요소들이 다양하며 이 모든 것들이 어우러져 인사평가가 이루어지기 때문이다.

인사평가 시스템은 인사관리 시스템의 하위 시스템으로서 피드백 고리(feedback loop)에 해당한다. 인사관리라는 전체 시스템이 순기능을 하기 위해서 항상 산출요소(output)와 투입요소(input)간의 비교·분석을 통한 피드백 기능이 제대로 작동되어야 한다. 따라서, 인사평가는 인사관리 시스템의 성패를 가름하는 중요한 하위 시스템으로 간주되는 것이다. [그림 7-1]에서 보는 바와 같이 인사평가는 성과지향적 인사관리의 사이클상에 보상과 인적자원 개발을 위한 문지기(gatekeeping) 역할을 하는 것이다. 즉, 인사평가를 통해서 공정한 보상관리와 효과적 인적자원개발이 가능한 것이다.

그림 7-1. 인적자원관리의 순환도와 인사평가의 역할(Michigan Approach)

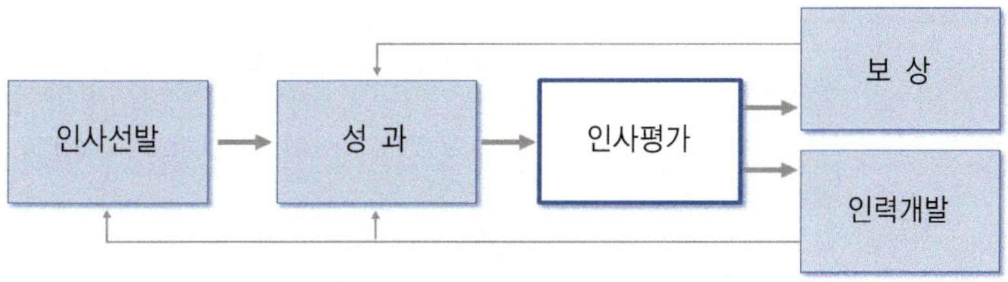

자료 : Tichy et al.(1982).

인사평가에는 세 가지 차원이 존재한다. 첫째 차원은 평가대상 또는 평가의 관할권이다. 평가의 관할권이란 누가 누구를 대상으로 평가를 하는가 하는 차원이다. 평가의 관할권에 있어서 전통적 인사평가와 최근의 새로운 인사평가가 차이가 있다. 과거에는 주로 상급자인 관리자가 하급자를 평가했으나, 최근에는 평가의 대상과 평가자가 다양해졌다. 즉, 동료에 의한 평가, 자기평가(self-appraisal)는 물론, 하급자에 의한 상급자의 평가도 실시되고 있다. 서비스 업종에서는 고객에 의한 종업원의 평가도 채택되고 있다. 인사평가의 두 번째 차원은 평가의 내용이다. 평가내용으로서는 산출요소에 해당하는 업적(performance), 투입요소에 해당하는 행동(behavior), 그리고 피평가자의 인성적 특질(traits)을 들 수 있다. 세 번째 차원은 인사평가의 시간적 지향성(time orientation)으로서 과거지향적 평가와 미래지향적 평가로 구분될 수 있다(〈표 7-1〉 참조).

표 7-1. 인사평가의 3대 차원

평가의 차원	구 체 요 소	성 격
1. 평가 대상 (평가 관할권)	상급자에 의한 하급자 평가	하향식 인사평가
	동료에 의한 동료 평가	수평적 인사평가
	자기 평가	동기유발
	하급자에 의한 상급자 평가	상향식 인사평가
	외부자에 의한 평가	고객, 인사전문가 등
2. 평가 내용	업적(개인, 집단, 조직)	산출요소
	행동(개인, 집단)	투입요소
	인성적 특질(개인)	주관성의 개입
3. 평가의 시간지향성	과거지향적 평가	결점 지적, 평가
	미래지향적 평가	인적자원 개발

이제 평가의 각 차원에 있어서 문제점은 무엇이며, 바람직한 개선방향이 무엇인지를 살펴봄으로써 인사평가 시스템의 성능을 높이는 비결을 배우고자 한다.

1) 평가대상

먼저, 평가대상에 있어서 과거에는 상급자에 의한 하급자 평가가 일반적이었으나 1990년대 이후로 우리나라에서도 하급자에 의한 상급자 평가제도가 기업에 도입되어 평가대상(평가자와 피평가자)이 변화하고 있다. 이른바 360도 평가(상향식, 하향식, 수평식 및 조직외부)가 바람직한 평가로 자리를 잡아가고 있다. 이렇듯 평가대상에 있어서 변화가 가능한 이유는 조직의 변화(조직의 분권화 진행으로 평가자-피평가자의 관계 자체가 변화)와 종업원의 가치관 변화(360도 평가에 대해 평가자나 피평가자가 큰 거부감이 없이 수용하고 있는 추세임)를 들 수 있다.

2) 평가내용

평가의 내용으로서는 전통적으로 업적, 행동, 인성적 특질을 주요 평가요소로 들고 있으나 이를 좀 더 구체적으로 구분하면 다음 〈표 7-2〉에서 보는 바와 같이 세분할 수 있다.

표 7-2. 평가요소 및 세부내용

<table>
<tr><th colspan="2">평가 요소</th><th>세부 내용(예)</th></tr>
<tr><td colspan="2">1. 업적중심의 평가요소</td><td>• 업적의 양적 측면
• 업적의 질적 측면</td></tr>
<tr><td rowspan="3">2. 행동중심의 평가요소</td><td>2.1 자격요소</td><td>• 업무관련 전문지식 습득정도
• 업무관련 전문기술 습득정도</td></tr>
<tr><td>2.2 의지적 요소</td><td>• 업무에 임하는 자세
• 책임성 있는 행동
• 열의와 시간관리
• 업무추진력
• 스트레스를 받는 정도</td></tr>
<tr><td>2.3 사회적 행동</td><td>• 협동
• 관리행동
• 고객 및 거래선과의 접촉행동</td></tr>
<tr><td colspan="2">3. 인성적 특질</td><td>• 적극성
• 예의성
• 도덕성
• 창의성</td></tr>
</table>

평가요소를 평가기준이라고도 하는데 인사실무자의 주요 임무는 각 사의 업무와 근무여건에 적합한 평가요소를 개발, 선택하고 이를 실제 평가에 활용하는 데 있다. 그런데 평가요소는 다음의 원칙에 입각하여 선택되고 평가에 적용되어야 한다.

첫째, 완전성의 원칙으로서 업무와 관련된 중요한 자질들이 평가요소에 포함되어야 한다.

둘째, 명료성의 원칙으로서 각 평가요소가 다른 요소들과 명확히 구별될 수 있어야 한다.

셋째, 전체성의 원칙으로서 평가요소들이 나름대로 한 체계(system) 내에서 유기적 관계를 가질 수 있어야 한다.

넷째, 실행가능성의 원칙으로서 평가요소들은 전문적인 관련지식이 없이도 평가자가 실무에서 용이하게 실행할 수 있는 것이어야 한다.

평가요소의 선택도 중요하지만 선택된 평가요소들에 등급을 매기는 일도 매우 중요한 일이다. 평가요소들을 그 정도에 따라 적절한 거리를 두어야만 평가의 신뢰성과 타당성이 유지될 수 있기 때문이다. 전통적 평가에 있어서는 대체로 평가요소들 간의 적절한 거리를 유지하는 것을 좋은 평가방법으로 간주하고 정도에 따라 5점 척도나 7점 척도와 같이 등간간격(interval scale)을 매기거나 서열을 표시하는 방법을 선호하였다.

그러나 최근에는 이러한 등급 또는 서열을 통한 평가방법으로 인해 인사평가가 단순히 점수를 내기 위한 의식으로 전락되고 개별 종업원이 가지고 있는 개인적 특성이 반영될 여지를 봉쇄하여 결국 평가를 통한 동기유발(motivation)에 실패한다는 비판이 제기되어 점수를 내지 않고 각 평가영역이나 요소별로 피평가자에 대한 평가내용을 글로 표기하는 나레이션(narratives) 또는 에세이(essay)방식이 선호되는 추세에 있다. 나레이션 또는 에세이 방법이 지니는 강점은 피평가자에게만 해당되는 특수한 근무상황이나 개인별 특성을 평가에 충분히 반영할 수 있으므로 개인의 사기앙양과 동기유발에 도움이 될 수 있다는 것이다. 그러나 평가의 객관성과 비교가능성이 저해되므로 실제로 적용하는 데 문제가 많다는 비판도 있다. 평가요소별로 평가자가 글로 표현하는 방법은 주로 고위관리자나 중역들의 인사평가에 적용되고 있다.

우리나라 기업에서는 전통적으로 인성적 특질을 평가요소에 포함시키고 있으며, 이를 매우 중시하는 경향이 강하다. 인성적 특질의 최대 약점은 이를 객관화시키기 어렵다는 것이다. 즉, 개인적 편견이나 평가오류가 개입될 소지가 많기 때문에 평가결과에 대한 불신을 초래하기 쉽다. 구미선진국에서는 약간의 인성적 특질을 사회적 행동요소로 일부 반영할 뿐이고, 그것도 관찰이 가능한 요소만을 대상으로 하기 때문에 개념이 애매모호하여 객관적 평가나 행동관찰이 쉽지 않은 인성적 특질 요소가 포함되는 경우는 거의 없다. 최근 우리나라에서는 전통적으로 중시되어온 인성적 특질의 비중이 감소되거나 아예 평가에 포함하지 않는 추세가 늘고 있으며, 반면 업적이나 능력요소가 중요한 요소로 강조되고 있다.

3) 평가의 시간지향성

인사평가의 세 번째 차원인 시간지향성(time orientation)에 대해 언급하고자 한다. 전통적으로 인사평가는 정해진 평가기간 동안의 피평가자의 업적, 업무관련 행동 등을 평가자가 기억을 하고 기록을 해놓았다가 이를 평가에 반영하는, 시간적으로 과거지향적 평가방식이었다. 평가는 일반적으로 평가(evaluation)와 개발(development)을 목적으로 하는데 우리나라 기업의 전통적인 과거지향적 평가는 개발목적을 도외시하고 평가목적을 우선시하는 측면이 강했다. 따라서, 평가는 사전 예방적 기능보다 단점을 찾아내는 처벌적이고 사후 평가적 기능이 부각되었으며, 이러한 풍토에서는 구성원들의 잠재력을 개발, 측정하여 이를 인사평가에 반영하기보다 당장 눈앞에 드러난 결과에 집착함으로써 인사평가를 통한 인적자원개발의 기회가 거의 상실되었다.

잠재력 평가가 갖는 장점은 개별 종업원의 능력(competency)과 적성, 소질을 파악하고 이에 적절한 업무분야에 배치할 수 있으며, 조직이 미래에 예견되는 환경변화에 대처하기 위해 능력 있는 구성원들을 미리 길러낼 수 있다는 것이다(〈표 7-3〉 참조). 과거지향적 인사평가로는 급격한 환경변화가 예상되는 미래상황에 적절히 대처하기 어려울 것이다. 인사평가가 갖는 본연의 개발목적에 부합하고 미래에 필요한 인재를 확보, 양성하기 위해서 잠재력 평가를 강화할 필요가 있다.

표 7-3. 전통적 인사평가와 잠재력 평가의 차이 비교

	전통적 인사 평가	잠재력 평가
평가 목표	구성원이 현재 담당하고 있는 업무와 관련한 목표달성 정도, 업적(성과)결과, 사회적 행동 등을 측정	조직의 미래 근무상황에 대비하여 개인과 집단의 잠재력을 확인하고 예측
시간지향성	과거지향적 평가로서 평가대상 기간이 단기간(1년에 1회 이상)	미래지향적 평가로서 평가대상 기간이 중·장기(2~5년 마다 한번씩)
평가 요소	업적, 능력, 인성적 특질	지식, 적성, 소질에 중점을 두고 경향, 특기, 기질, 끼 등을 평가요소에 포함
표준화 정도	평가방법에 있어서 유연성이 있음 (비표준적, 표준적 평가방식이 모두 가능함)	평가의 비교가능성을 높이기 위해 주로 표준화된 평가방법을 채택
평가결과 분석단위	주로 부서별, 집단별 분석	주로 기능별, 직위별, 집단별, 팀별 세분화된 분석
평가자	직속상급자 또는 차상급자	상급자, 인사전문가, 조직 내 특정구성원
평가결과의 활용	MBO, 관리자를 위한 피드백, 행동의 개선, 보상 및 교육훈련관리를 위한 자료로 활용	능력과 소질에 맞는 적정 인사배치, 인적자원개발, 경력개발, 인사정보 시스템 구축, 인력계획, 조직분석을 위한 자료로 활용

제2절 인사평가의 방법

1. 인사평가의 기초

인사평가를 실시하기 위해서는 평가 기초자료를 수집하는 과정이 필요한데 이는 관찰(observation)과 판단(judgment)의 두 과정이다. 관찰과정을 통해서 평가자는 피평가자의 행동과 그 결과에 대한 정보를 수집하며, 판단과정은 수집된 피평가자의 정보와 자료를 분류하고, 분석하고 통합하여 평가를 하는 과정을 말한다.

관찰과 판단이 효과적이 되기 위해서는 직무분석과 성과표준이 미리 작성되어 있어야 한다. 직무분석은 피평가자가 수행하고 있는 직무의 성격과 요건을 기술한 것이고, 성과표준은 피평가자가 수행한 행동과 결과가 직무요건에 비추어 만족할 만한 수준인지 아닌지를 가름하기 위한 기준을 말한다. 인사평가의 정확성을 높이기 위해서 평가자의 관찰과 판단이 정확해야 하겠지만, 그에 앞서 직무분석이 정확하게 실시되어 직무기술서와 직무명세서가 마련되어 있어야 하며 직무성공도를 확인할 수 있는 성과표준이 미리 준비되어 있는 것이 중요하다.

2. 상대평가와 절대평가

인사평가제도를 도입하여 경영관리의 한 수단으로 운영하기 위해서는 기업의 규모, 업종, 관리수준, 사용목적, 평가능력, 직종 등을 고려하여 해당 기업의 상황에 맞는 평가방법을 개발해야 한다. 기업에서 택할 수 있는 평가방법에는 종업원을 상호 비교하여 평가하는 상대평가법과 종업원을 일정한 기준에서 그 수준을 평가하는 절대평가법이 있다.

이 중 어떤 방법이 적당한가 하는 것은 기업이 처해 있는 상황을 고려해서 결정하여야 하지만 가장 중요한 것은 평가의 목적을 어디에 두느냐 하는 것이다.

표 7-4. 상대적 평가방법과 절대적 평가방법

상대적 평가방법	절대적 평가방법
서열법(rank order) 쌍대 비교법(paired comparison) 강제할당법(forced distribution)	에세이 방법(narrative essays) 행동 체크리스트법(behavior checklists) 평정척도법(graphic rating scales) 중요사건 서술법(critical incidents)

1) 상대평가법(Relative Rating Systms)

(1) 서열법(Rank Order)

서열법은 순위법이라고도 하는데, 이는 피평가자의 업적이나 가치에 대해서 가장 우수한 사람과 가장 미흡한 사람까지 피평가자들의 서열을 매기는 방법이다. 이러한 서열법은 일반적으로 평가가 용이하며 관대화 경향이나 중심화 경향과 같은 개인 간 오차를 줄일 수 있다는 장점을 가지고 있다. 그러나 피평가자의 수가 너무 많을 때는 평가가 어렵고 반대로 피평가자가 너무 적을 때는 평가에 대한 의미가 적다는 단점이 있다.

(2) 쌍대 비교법(Paired Comparison)

쌍대 비교법은 비교가 될 만한 두 사람을 비교하여 우위에 있는 사람을 선택하고 다른 한쪽은 제외시킨 후 다음 사람과 비교하는 식으로 측정하여 결국 피평가자 집단 중에서 가장 우수한 피평가자를 순차적으로 가리는 방법을 말한다. 피평가자가 많을 경우 시간이 오래 걸리는 단점이 있다.

(3) 강제할당법(Forced Distribution)

강제할당법은 사전에 범위와 수를 결정해 놓고 피평가자를 일정 비율에 맞추어 강제로 할당하는 평가방법이다. 예를 들면, S등급을 상위 5%, A등급은 15%, B등급은 60%, C등급 15%. D등급 5%와 같이 피평가자의 성적을 사전에 결정된 분포에 강제로 할당하는 방법을 말한다.

이 방법은 관대화나 중심화 경향을 사전에 방지할 수 있는 장점을 가지고 있으나 피평가자의 능력과 업적이 정규분포곡선이나 강제분포비율과 일치할 수 있느냐가 문제이며 평정단위간 피평가자의 수가 상이함에 따라 피평가자의 평가결과가 유리 또는 불리하게 나타나는 단점을 가지고 있다.

이와 같이 옥석을 구분하겠다고 실시하는 평가가 상대평가 때문에 오히려 옥석이 정확히 구분되지 않는 모순이 생긴다. 이러한 약점을 극복하기 위해 절대평가제도를 도입하고 있지만 이에도 문제는 있다. 그렇지만 최근 우리나라 기업의 인사평가는 종래의 선별의 논리에 충실한 상대평가보다는 육성의 논리를 앞세운 절대평가로 전환되는 추세를 보이고 있다.

2) 절대평가법

육성형 인사평가라고 할 수 있는 절대평가의 특징은 직원들 간 우열을 가리기 보다는 직원 개개인의 육성에 초점을 맞추는 인사평가라고 할 수 있다. 절대평가의 특징은 기대상을 명확히 하고, 인원배분에 상관없이 피평가자의 실제 업무수행의 사실(facts)에 기초한 평가라고 말할 수 있다.

(1) 에세이 방법(Narrative Essays)

주로 일정한 능력수준 이상의 고위직(예컨대 임원급)의 평가에 주로 사용되는 방법으로, 일정한 형식이 없이 에세이 방식으로 피평가자의 활동에 대한 평가를 서술식으로 기록하는 평가방법이다.

예를 들면, "○○ 이사는 부하직원들로부터 존경을 받고 있으며, 업무의 판단력이 뛰어나다..."라는 식으로 서술식으로 평가하는 방법을 말한다. 에세이 방법은 고위직에 대한 질적 평가에 효과적이라는 장점도 있으나 평가자의 주관적 편견이 개입될 소지가 있으며, 평가결과를 점수화하기 어렵고 따라서 타 피평가자와의 비교가 어렵다는 단점이 있다.

(2) 행동 체크리스트법(Behavior Checklist)

직무상 행동을 구체적으로 표현하여 피평가자를 평정하는 방법으로써 피평가자의 행동을 사전에 평가항목을 정해놓고 이것에 의하여 체크하는 방법이다. 각 평가항목별로 가중치를 부여하여 평가할 수도 있다.

(3) 평정척도 평가법(Rating Scales)

평정척도 평가법은 피평가자의 능력과 업적 등을 일련의 연속척도 또는 비연속척도에 의하여 평가하는 방법으로 평가방법 중 가장 오래되고 많이 쓰인다. 그러나 평가에 있어서 평가자의 편견과 오류가 많이 작용할 수 있는 방법이기 때문에 상관관계분석 및 요인분석 등 과학적 방법에 의한 평가요인의 선정, 평가자 훈련에 의한 오류의 축소, 피평가자의 참여, 척도의 역배치 등 제도개선이 많이 필요한 평가방법이다.

표 7-5. 평정척도법의 예

평가요소	매우 미흡	미흡	보통	우수	매우 우수
신뢰성			V		
창의성				V	
근면성					V
협조성				V	

(4) 중요사건 서술법(Critical Incidents)

중요사건 서술법은 피평가자의 실제행동 가운데 직무와 관련하여 특별히 효과적이거나 비효과적인 행동을 관찰하여 기록을 남긴 후 평가시 검토하여 인사평가에 있어서 참고하는 방법을 말한다. 다음은 중요사건 서술법의 한 예이다.

"2019년 2월 3일, 영업부 창구직원 김지영은 업무수행 중 정전이 되어 시스템이 다운된 경우에도 당황하지 않고 고객들을 안심시킨 다음 침착하게 해당 거래를 수작업으로 전환하여 빠른 시간 내에 정확하게 처리함으로써 고객의 불편을 상당부분 해소시켰으며, 고객들로부터 감사하다는 인사를 받았다."

3) 상대평가와 절대평가의 비교

최근 상대평가와 절대평가의 문제가 실무적으로 극복해야 할 이슈로 등장하고 있다. 우수집단과 비우수집단이 혼재되어 있는 조직에서 집단과 부서의 속성을 고려하지 않고 획일적으로 상대평가제도를 도입한다면 이는 잘못된 의사결정이다. 이 경우에는 우수집단의 사기앙양과 동기유발을 위해 절대평가제도의 도입이 바람직하다. 물론 절대평가제도를 도입할 경우, 표준화된 평가의 잣대가 없어지고 집단간 부서간 비교가능성이 저해되어 자칫 평가가 혼란스럽고 불공정하게 되는 위험이 없지는 않지만, 모든 사람을 같은 잣대로 평가한다는 것은 개성과 특기를 강조하는 21세기 시대 상황에 맞지 않을 뿐더러 잠재력과 핵심역량의 육성을 중요시하는 최근의 인사관리 분위기에도 부합되지 않는다. 다만, 절대평가제도가 안고 있는 관대화 경향, 고득점자 양산, 주관성, 편견개입의 문제를 해결하기 위해서 인성적 특질 같은 주관성이 개입될 소지가 많은 평가요소는 지양해야 한다.

다음 〈표 7-6〉은 기업의 인사평가에 있어서 상대평가와 절대평가의 이론적·실무적 차이를 비교하여 제시하고 있다.

표 7-6. 상대평가와 절대평가의 비교

절 대 평 가	상 대 평 가
① 평가 기준이 명확하다(업무기준, 직능기준). 따라서 피평가자가 한사람이라도 평가할 수 있다.	① 평가의 착안점은 정해져 있더라도 사람과 사람을 비교하는 것이므로 기준이 일정치 않다. 피평가자가 한 사람이면 평가할 수 없다.
② 피평가자가 받은 성적의 정규분포를 생각할 필요가 없다.	② 기준이 없으므로 정규분포를 사용하여 A, B, C, D 등급의 %를 정할 필요가 있다.
③ 모두 B이상의 기준을 충족시키면 C는 없어도 좋다.	③ 노력하여 전체의 수준이 향상되어도 A, B, C, D로 나누어야 한다.
④ 팀이 협력하여 기준을 충족할 수 있게 된다. 따라서 화합을 깨뜨리지 않는다.	④ 아무리 향상되어도 A, B, C, D로 나누어지므로 동료는 적대관계가 되고 팀웍을 깨뜨리기 쉽다.
⑤ 평가의 기준이 명확하므로 장·단점이 뚜렷하여 자기 개발이나 교육에 사용할 수 있다.	⑤ 사람과 사람을 비교하기 때문에 장점, 단점이 뚜렷하지 않고 자기 개발이나 교육에 사용하기 힘들다.
⑥ 평가자는 평가하기 쉽고, 피평가자도 납득성이 높다.	⑥ 절대적 기준이 없으므로 평가하기 어렵고, 납득성도 낮다.
⑦ 평가항목의 구체성이 요구된다. 따라서 직무분석에 의해 업무기준이나 직능기준의 설정이 필요하다.	⑦ 사람과 사람을 비교하게 되므로 평가항목의 구체성이 꼭 요구되는 것은 아니다. 따라서 비교적 용이하게 만들 수 있다.
⑧ 평가결과의 조정이 필요한 경우 기준에 의하여 행해지므로 비교적 용이하다.	⑧ 평가결과를 조정할 경우, 대인비교가 되므로 기준이 없고 하기 힘들다.
⑨ 업무기준이나 직능기준에 밀착한 평가로 승급, 상여에 연결시켜도 납득성이 있다.	⑨ 업무기준, 직능기준, 평가결과는 직결되지 않으므로 승급, 상여와 연결시키면 납득성은 얻기 힘들다.
⑩ 도전목표가 뚜렷해지므로 해야 한다는 의욕을 창출해 낼 수 있으며 업적향상에 도움이 된다.	⑩ 도전목표가 명확치 않으므로 의욕과 연결시킬 수 없으며 업적향상에 도움이 되기 힘들다.
[개발, 육성의 논리] • 어떤 일을 상호 합의한 목표에 비추어 어느 정도 행하였는가?하라고 한 일을 했는지 여부의 판단 • 업무수행능력 기준에 비추어 어느 정도 수준에 있는가? 도달한 능력수준을 치밀하게 분석, 판단하는 것	[선별의 논리] • 일정 집단 내에서 각 평가요소에 대해 누가 좋다, 나쁘다 또는 잘했다, 못했다 등의 우열과 순위를 매기거나 우수, 양호, 부족으로 나누거나 강제배분에 의한 평가방법

3. 인사평가의 접근법

인사평가의 접근법에는 행위자지향 접근법(performer-oriented approach), 행위지향 접근법(behavior-oriented approach), 결과지향 접근법(result-oriented approach), 비교지향 접근법(comparision-oriented approach)을 들 수 있다(Mohrman, Resnick-West & Lawler, 1989). 행위자지향 접근법은 피평가자 개인의 인성적 특질, 능력 또는 역량, 태도 등 개인 속성을 평가대상으로 삼는 것을 말하며, 행위지향 접근법은 업무와 관련된 행동, 결과지향 접근법은 업무수행 결과로서 달성된 결과(성과)를 대상으로 삼는 평가를 말한다. 비교지향 접근법은 전형적인 상대평가로서 개인과 개인, 집단과 집단간의 비교를 통해 평가하는 접근법을 말한다(〈표 7-7〉 참조).

표 7-7. 인사평가의 접근법과 평가 기준 및 방법

접 근 법	평가기준 및 방법
행위자 지향 접근법 (Performer-oriented approach)	• 인성 특질(Traits) • 능력(Ability) /역량(Competency) • 태도(Attitudes)
행위지향 접근법 (Behavior-oriented approach)	• 중요사건 서술법(Critical Incidents) • 행위기준 평가법(BARS) • 행위관찰 평가법(BOS)
결과지향 접근법 (Result-oriented approach)	• 목표관리법(MBO)
비교지향 접근방법 (Comparison-oriented approach)	• 서열법(Rank Order) • 강제할당법(Forced distribution) • 쌍대비교법(Paired comparison)

4. 평가에 있어서 행위지향 접근법

1) 행위기준 평가법(BARS)의 의의와 특징

인사평가에 있어서 행위지향 접근법은 인성특질(personal traits)을 중시하는 전통적 인사평가 방법에 대한 비판에 기초하여 피평가자의 실제 행동을 관찰하여 평가하는 방법이다. 인성특질을 중시하는 평가에서는 '성실성', '근면성', '협조성'과 같은 추상적 평가 항목들을 사용하고 있는데, 이들은 실제 행동을 측정하기 보다는 평가자가 피평가자에 대해 갖고 있는 주관적 인상(impression)에 기초하는 경우가 많아 후광효과(halo effect)나 스테레오타입(steveotype) 같은 평가오류가 발생할 가능성이 높아 공정한 평가를 본질적으로 어렵게 만들 수 있다.

이러한 전통적 인사평가의 취약점을 극복, 보완하고 피평가자가 업무수행 과정에서 실제로 보이는 행동을 기준으로 평가를 함으로써 평가의 객관성과 공정성을 높이고 피평가자의 바람직한 행위를 유도하는 행위지향 접근법을 활용한 대표적 인사평가방법으로 '행위기준 평가법'(behaviorally anchored rating scales: BARS)과 '행위관찰 평가법'(behavior observation scales: BOS)을 들 수 있다.

BARS와 BOS는 중요사건 서술법을 응용하여 피평가자의 구체적 행동을 측정하여 평가한다는 공통점이 있지만, BARS는 평가범주 마다 제시된 대표적 행동 패턴 가운데 하나를 선택하여 등급을 매기는 방식으로 평가하는 데 비해서, BOS는 피평가자의 해당 행동의 빈도를 관찰하여 빈도를 측정하는 방식으로 평가한다는 차이가 있다. BARS는 오늘날 미국 등 선진국 기업에서 빈번하게 사용되고 있는 인사평가방법이다.

BARS의 주요한 특징은 다음과 같다.

첫째, 다양하고 구체적인 직무에 적용이 가능하다.

둘째, 특정직무에 대한 성과를 정의하고 그에 따른 평가방법과 가중치를 공개하여 직무수행자(피평가자)가 그것을 인식하고 업무를 수행할 수 있도록 함으로써 업무개선 효과를 거둘 수 있다.

셋째, 목표관리(Management By Objectives: MBO)의 일환으로 사용될 수 있다. BARS는 어떤 행동이 목표달성과 관련이 있는지를 인식하게 하므로 피평가자는 주어진 목표를 달성하기 위해 노력하게 된다.

2) BARS 개발절차

BARS는 다음과 같은 절차에 의해 개발되는 것이 보통이다.

제1단계 : BARS 개발위원회 구성

평가자와 피평가자 측에서 현업 경험이 풍부하고 지식과 기술, 능력을 충분히 갖춘 대표 직원들을 선발하여 개발위원회를 구성한다.

제2단계 : 중요사건의 열거

개발위원회에서 해당 직무를 수행하는 과정에서 일어날 수 있는 중요사건(critical incidents)을 열거하되, 바람직한 행동과 바람직하지 못한 행동을 충분히 나열한다.

제3단계 : 중요사건의 범주화

일단 중요사건들이 충분히 확보되면 위원회에서 토론을 통해 대표성이나 중요성이 떨어지는 행동을 솎아내고 남은 행동들에 대해 범주를 분류하고 동일 범주에 속하는 행동들을 묶는 작업을 한다.

예를 들면, 백화점 매장에서 근무하는 종업원의 업무행동은 다음의 범주로 분류할 수 있다.

① 지식과 판단력 ② 정직한 업무수행 ③ 대인 관계
④ 상품포장의 능숙도 ⑤ 협동 및 조직능력 ⑥ 관찰력

제4단계 : 중요사건의 재분류

BARS 개발작업의 정확성과 공정성을 기하기 위해서 1차 개발위원회를 해체하고 2차 개발위원회를 노와 사측에서 공히 선발하여 구성한다. 1차 개발위원회에서 개발하고 분류한 행동들을 재검토하고 중요도나 대표성에 있어서 문제가 있다고 판단되는 행동들을 제거하고 범주를 재분류하는 작업을 실시하여 최종 범주와 해당 행동들을 확정한다.

제5단계 : 중요사건의 등급화(점수화)

확정된 범주와 개별 행동들에 대해서 토론을 통해 조직성과를 올리는 데 바람직한 행동과 바람직하지 않은 행동으로 구분하고 7점척도 또는 9점척도를 사용하여 행동을 등급화한다. 등급화 작업을 3차 개발위원회에 일임하는 것도 가능하다.

제6단계 : 확정 및 시행

등급분류가 끝나면 BARS는 완성된다. BARS가 시행되면 평가자는 각 범주에 있어서 등급으로 제시된 각 행동에 대해서 피평가자의 평소 행동으로 미루어 가장 기대되는 행동등급을 부여하는 방식으로 BARS를 실시한다.

3) BARS의 장점과 단점

행위기준 평가법은 다음과 같은 장점과 단점이 있다.

(1) BARS의 장점

- 피평가자의 구체적 업무관련 행동을 측정하므로 평가의 객관성, 정확성, 공정성을 높일 수 있다.
- 평가자간 신뢰성(interrater reliability)을 올릴 수 있다.
- 조직이 원하는, 바람직한 행동을 표준화하여 제시하기 때문에 성과향상과 업무개선 효과가 있다.
- 일관성 있는 평가기준을 제시할 수 있다.
- 피평가자에게 평가결과 피드백이 용이하다.

(2) BARS의 단점

- 개발에 시간과 비용이 많이 든다.
- 평가의 타당성을 확보하기가 쉽지 않다.
- 평가의 대상이 되는 행동지표에 영향을 받게 되므로 피평가자의 다른 행동을 고려하거나 회상하기가 어렵다.
- 직무와 조직의 변화에 따라 성과수준이 변화하면 평가의 타당성이 위협 받게 된다.

〈표 7-8〉은 구성원의 "신기술 적응능력"을 측정하는 BARS 항목이다.

표 7-8. BARS의 예

신기술 적응능력
: 기술발전에 지속적인 관심과 호기심을 갖고 변화에 대응하기 위해 정보, 지식 및 기술을 갖추어 이를 업무에 활용하는 정도

등 급	중요사건(예시)
5: 매우 높은 성과	수시로 인터넷이나 책등을 통해 신기술에 관련된 정보를 수집하고 숙지한다.
4: 높은 성과	새로운 기술 동향을 빠르게 파악하여 동료나 고객에게 알려주려 한다.
3: 보통 정도 성과	회사가 제공하는 신기술만을 알고 있다.
2: 나쁜 성과	새로운 기술 교육을 받기보다 현재의 업무를 우선한다.
1: 매우 나쁜 성과	신기술에 무관심하며 남이 가르쳐 주기를 바란다.

[그림 7-2]는 한 대기업 기획부서에 근무하는 팀장의 "업무환경 변화에 대한 팀원들의 저항에 대처하는 능력"을 행위관찰평가법(BOS)방식으로 측정한 예이다. 각 평가항목별로 제시된 피평가자의 행동의 빈도를 5점 척도로 측정하고 있다.

그림 7-2. BOS의 예

다음 문항에 대해 피평가자(팀장)에 해당되는 곳 한 숫자에 V표 하시오.

평가항목: 업무환경 변화에 대한 저항에 대처하는 능력

1. 업무환경 변화에 대해서 부하직원들에게 상세히 이야기 한다.
   그런 일은 거의 없다 1 2 3 4 5 항상 그렇게 한다

2. 왜 변화가 필요한지에 대해 설명한다.
   그런 일은 거의 없다 1 2 3 4 5 항상 그렇게 한다

3. 변화가 도입되면 팀원들에게 어떤 영향을 미치게 될지에 대해 논의한다.
   그런 일은 거의 없다 1 2 3 4 5 항상 그렇게 한다

4. 팀원들의 우려하는 목소리에 귀를 기울인다.
   그런 일은 거의 없다 1 2 3 4 5 항상 그렇게 한다

5. 변화가 성공적으로 추진되게 하기 위해서 팀원들에게 도움을 청한다.
   그런 일은 거의 없다 1 2 3 4 5 항상 그렇게 한다

6. 변화추진 시 팀원들의 적응을 위해 모임을 갖는다.
   그런 일은 거의 없다 1 2 3 4 5 항상 그렇게 한다

총점: ________________

총점 평가 (V 표)	탁월 26~30	우수 21~25	보통 16~20	적절 11~15	미흡 6~10

5. 목표관리(MBO) 평가방법

1) MBO 평가방법의 정의와 조건

목표관리(Management by Objectives: MBO)에 의한 평가는 6개월 또는 1년의 기간 내에 달성할 특정목표를 평가자와 피평가자의 협의에 의해 설정하고, 그 기간이 종료된 후에 목표를 양적, 질적으로 달성하였는지를 평가하는 결과지향적 평가방법이

다. 회사 전체 목표가 설정되면 그에 따라 사업본부 및 부서의 목표가 할당되고 개인은 부서에 할당된 성과목표 가운데 달성할 수 있는 일정한 목표를 상사와의 협의에 의해 설정하게 된다.

MBO 평가가 성공을 거둘 수 있기 위해서는 다음의 세 가지 조건이 충족될 수 있어야 한다.

첫째, 피평가자가 자신의 목표를 계획하고 설정할 수 있기 위해 성과를 측정할 수 있는 방법을 결정할 수 있어야 하고 목표를 달성하기 위해서 피평가자의 높은 수준의 몰입과 능력이 필요하다.

둘째, 목표설정에 있어서 평가자와 피평가자가 충분히 대화를 하고 민주적 분위기에서 충분히 협의할 수 있어야 한다.

셋째, MBO는 결과지향적 평가방법이기 때문에 목표는 명시적, 객관적, 측정 가능한 것이어야 한다. 가령 '협조적', '창의적'과 같은 추상적 단어로 구성되어서 안 되고 측정 가능한 지표로 구성되어야 한다. MBO평가에서 설정 가능한 목표를 예시하면 다음과 같다.

- 매월 최소한 다섯 명의 고객으로부터 주문을 받을 것
- 인건비 지출을 매출액의 10% 이내로 유지할 것
- 불량품 비율을 5% 이내로 유지할 것
- 인력 손실이 발생할 경우 30일 이내로 충원할 것

2) 목표설정의 'SMART 원칙'

MBO평가에 있어서 위의 조건들을 충족시키고 효과를 거두기 위해서는 목표설정에 있어서 다음과 같이 "S.M.A.R.T"원칙이 적용되어야 한다.

S : Specific(목표가 구체적이어야 하고),
M : Measurable(측정 가능해야 하고),
A : Achievable(달성 가능하면서도 도전적이어야 하고),
R : Results-oriented(결과 지향적이고),
T : Time-bound(시간제약적이어야 한다. 평가기간 이내에 처리할 수 있어야 한다)

3) MBO평가의 절차

MBO평가는 보통 다음의 단계를 거쳐 시행된다.

(1) 직무기술서 검토

피평가자의 직무기술서를 상급자와 하급자가 함께 검토하여 직무의 범위와 핵심 활동을 파악한다.

(2) 성과표준 개발

상·하급자가 성과 표준을 공동으로 개발한다. 예를 들면, 매월 다섯 대의 승용차를 판매하는 것이 자동차회사 세일즈맨의 표준적 성과인지 여부를 검증하여 표준을 정하는 것이다.

(3) 목표 합의

평가자와 피평가자가 협의를 거쳐 목표를 합의하는 과정이다. 가령, 전년 대비 개선된 수준을 목표로 정한다든지, 일상적 목표가 아닌 전략적 목표를 설정할 수 있는데 이 경우 상급자는 하급자를 잘 설득하고 위험이 높은 과업목표는 그만큼 평가점수나 수익도 높다는(high risk-high return) 원칙을 적용하여 적절한 자극과 동기부여를 한다.

(4) 목표달성의 중간점검 및 지속적 논의

일단 목표가 설정되었다고 하여도 평가시점 이전에 수시로 중간목표 달성여부 및 근무여건 변화를 점검하여 상·하급자간에 지속적으로 논의할 수 있다.

다음 [그림 7-3]은 모 기업의 마케팅 팀장의 목표설정과 성과측정, 그리고 최종 업적평가의 예를 보여주고 있다.

여기서 KPI는 "핵심성과지표(Key Performance Indicators)"로서 목표달성여부를 구체적으로 측정할 수 있는 성과지표를 말한다.

그림 7-3. MBO 평가의 예시

MBO 평가대상: 마케팅 팀장

MBO목표	달성방안	KPI	목표 수준	평가 가중치	달성 수준	달성도 (%)	평가 등급	가중치 적용점수
· 경상이익 향상	· 판매촉진방안 확대 · 판매비용의 절감	· 경상이익률	· 20%	0.4	18%	90%	A : 4	1.6
· 신규 브랜드 매출 신장	· 차별화 집중 · Target 고객 확대	· 신규브랜드 매출액	· 10억	0.3	12억	120%	S : 5	1.5
· 리더십 강화	· 리더십 교육 참여 · 팀원들과의 지속적인 면담	· 팀원의 리더십 평가	· (정성적 평가)	0.1	(정성적 평가)	-	A : 4	0.4
· 우수인재 확보	· 적극적인 행동 · 현 우수인재의 이직 예방	· 신규채용 인원수 · 연평균 팀인원수	· 4명 · 10명	0.1 0.1	4명 11명	100% 110%	A : 4 A : 4	0.4 0.4

합계		
	총점(5점 만점)	4.3
	100점 만점 환산 점수	86
	최종 업적평가등급	A

4) MBO평가의 장 · 단점

MBO평가는 다음과 같은 장점을 가지고 있다.

- 전사적 목표 또는 조직 목표와 개인 목표를 연계시킬 수 있다.
- 관리자와 부하직원의 노력을 목표달성에 집중시킬 수 있다.
- 과정관리(process management)를 통한 성과향상을 기할 수 있다.
- 목표설정(goal-setting)에 참여시킴으로써 종업원이 동기부여된다.
- 개인과 팀이 평가기간 동안 해야 할 일이 명확해진다.
- 임파워먼트(empowerment)가 빈번하게 이루어진다.

그러나 MBO평가는 다음의 단점을 가지고 있다.

- 평가 관련 행정 업무(paperworks)가 증가한다.
- 경영환경이 급변하는 경우에는 목표설정이 어려워진다.
- 전략적 목표보다 당장 시급한 업무적 목표가 우선시 되는 경향이 있다.
- 종업원들이 너무 쉬운 목표를 세우려고 하는 경향이 있다.
- 평가의 기준선(bottom line) 없이 막연히 '몇 % 향상'이라는 성과기준을 설정함으로써 경쟁력 향상과는 괴리가 발생할 수 있다.
- 직무성격에 따라 목표관리가 적합하지 않은 직무와 직군이 존재한다.
- 비정형적 업무가 많아 업무계획을 세우기 어려운 조직에서는 적용하기 어렵다.
- 양적 목표와 질적 목표를 구분하지 않을 경우 질적 목표는 우선순위에서 밀리는 경향을 보일 수 있다.
- 평가자 교육에 많은 시간과 비용을 투입해야 한다.

5) MBO, CSF, KPI의 관계

핵심성공요인(Critical Success Factor: CSF)은 기업 또는 단위 사업영역의 존재목적을 달성하고 목표시장에서 만족할 만한 성과를 거둘 수 있도록 하는 요소 및 요구조건들을 말한다. CSF는 주로 개념이나 추상명사 형태로 존재하는 경우가 많으며 MBO평가와 관련하여 주로 비계량적 목표를 세울 때 도움이 되는 전략적 개념이다. CSF의 구체적 예로서, 고객만족, 핵심인재 확보 등을 들 수 있다.

핵심성과지표(Key Performance Indicator: KPI)는 CSF를 구체적으로 측정하기 위한 기준으로서 KPI는 금액, 시간, 빈도, 정도 등 객관적 측정 수치로 제시되는 경우가 많다. KPI는 측정이 용이하다는 장점이 있어 기업이나 부서의 전략적 의사결정에 핵심 역할을 하는 단위가 되며 조직과 개인을 위한 책임경영과 목표관리를 가능하게 하는 역할을 한다. KPI의 예로서 인건비 10% 절감, 이직률 5% 미만 유지 등을 들 수 있다.

다음 [그림 7-4]는 업적평가시 목표설정 과정, 목표구체화 과정, 점수화 과정에서 CSF와 KPI가 어떻게 적용되는지를 예시한 것이다.

그림 7-4. 업적평가제도의 설계

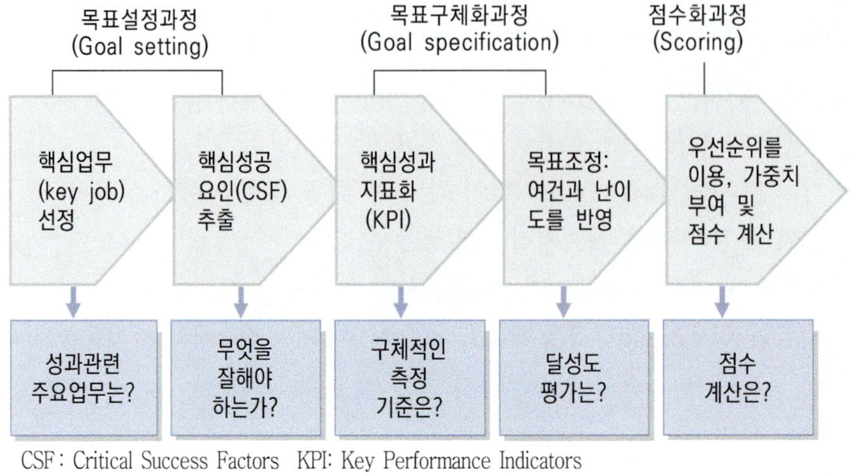

자료 : 한국인사관리협회(2007).

6) 목표-핵심결과(OKR)

목표관리 평가방법으로 최근에 제조와 IT 기업들을 중심으로 활발하게 도입되고 있는 것이 OKR이다. OKR(Objective Key Results)은 문자 그대로 목표(Objective)와 핵심결과(Key Results)로 구성되어 있다. 목표는 성취해야 할 대상이고, 핵심결과는 달성 여부를 확인할 수 있는 결과를 말한다. 핵심결과가 모두 이루어지면 목표가 성취되었다고 말할 수 있다. OKR의 창시자인 앤드 그로브(인텔의 CEO)는 "목표란 '우리가 지금 어디로 가고 있는가'에 대한 답이고, 핵심결과는 '가고자 하는 곳에 도달했는지 알려면 어떻게 나의 진행 상황(Pace)를 알 수 있는가'에 대한 답이다"라고 OKR에 대해 설명했다.

구글도 1999년 전설의 투자자인 존 도어의 권유를 받아들여 2000년대 초부터 본격적으로 OKR을 도입하였다. 존 도어는 "OKR이란 조직 전체가 동일한 사안에 집중하게 만드는 경영도구이며, 비즈니스 운영방식이다."라고 말했다. 단순히 목표의 핵심결과를 기록하는 것을 넘어서 성취할 목표에 집중하고 전념하여 목표를 달성하도록 만드는 '비즈니스 도구'가 바로 OKR이다.

OKR의 수립과 운영원칙은 5가지로 요약할 수 있다.

첫째, OKR은 3개 이하의 목표와 3개 내외의 핵심결과를 세우도록 하고 있다.
둘째, OKR은 50~60% 상향식으로 수립하도록 하고 있다.
셋째, 목표달성 수준이 60~70%이면 매우 잘한 것으로 볼 정도로 상당히 도전적인 목표를 설정하도록 한다.
넷째, OKR은 기본적으로 분기 단위로 수립해서 운영하는 것이 효과적이다.
다섯째, 공동의 OKR을 달성하기 위해 동료간 '수평적 OKR'을 수립하도록 한다.

OKR은 목표나 과업을 지시하는 방식이 아니라 조직의 목표에 기여하기 위해 자발적이고 주도적으로 수립하기 때문에 타 부서 및 동료들과 자연스러운 협업이 이루어진다. 그래야 자신의 역량이나 업무범위를 초월하는 조직목표에 기여할 수 있다. 그동안 MBO와 Control에 의한 목표관리에 익숙한 조직환경에서는 OKR이 즉각적으로 정착되기가 쉽지 않다.

오랫동안 일해 온 방식, 습관, 사고 때문이다. OKR이 성공하기 위해서는 조직이 자율, 도전, 협업의 문화로 변화될 것이 요구된다. OKR은 구성원들의 계속적인 소통과 공유를 촉진하는 수평적 목표관리 평가방법이라는 특징을 가지고 있다(이길상, 2019).

6. 다면평가

1) 다면평가의 개념

다면평가(일명 360도 평가)란 상급자가 하급자를 평가하는 하향식 평가의 단점을 보완하여 상급자에 의한 평가 이외에도 평가자 자신(자기 평가), 부하직원, 동료, 고객, 외부전문가 등 다양한 시각을 가진 평가자들에 의한 평가를 말한다.

다면평가를 영어로 'three-sixty(360°) feedback'이라고 한다. 다면평가는 엄밀히 말해서 평가라기보다 '피드백'이다. 즉, 평가를 해서 사람을 특정 포지션에 배치하거나 임금을 결정하고 사람을 줄이는 의사결정에 사용하기보다는 본질적으로 피평가자에게 피드백을 줌으로써 사람을 개발시키는 데 목적이 있다. 그런데 우리나라에서는 개발보다는 사람을 요직에 선발하거나 다운사이징 하는 목적, 즉 인사 의사결정용으로 사용하는 경우가 있다.

그림 7-5. 360도 다면평가

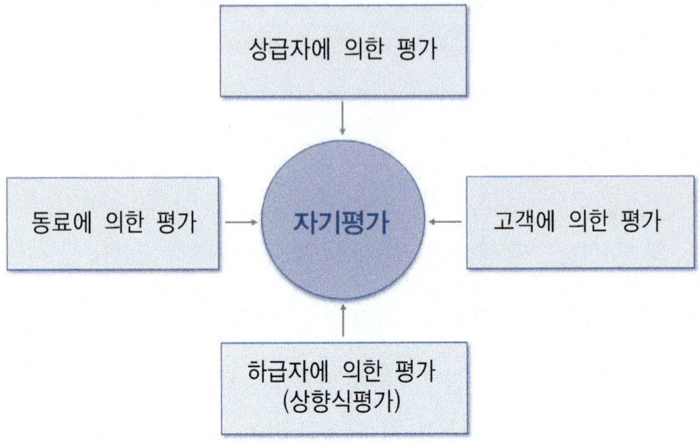

다음 〈표 7-9〉는 다면평가의 주체와 주체별 평가의 특징을 정리한 것이다.

표 7-9. 다면평가의 평가주체와 평가 특징

평가주체	평가 특징	결과 활용	비 고
자기	• 업적, 역량 등을 스스로 평가함 • 일반적으로 과장되게 평가함	• 평가에 직접 영향을 미치지 않음 • 상사의 평가에 간접적으로 영향을 미칠 수 있음	
상사	• 가장 일반적 형태의 평가 • 1차 평가자의 의견이 가장 많이 반영되어야 함 • 평가오류가 가장 많이 발생함	• 임금인상, 승진, 교육훈련, 전환배치	고과결과가 공개되고 피드백 되어야 함
부하	• 상사가 가장 긴장하는 평가자 • 일반적으로 인정하고 싶지 않은 결과가 도출됨 • 일반적으로 직속 부하가 평가함	• 리더십 개발, 승진(경영자)	구성원 수가 많지 않을 경우 고과자 선정에 문제, 고과자 신원이 보호되어야 함
동료	• 평가자 선정이 어려움	• 전환배치, 승진	주고 받기식이 될 우려가 있음
고객	• 서비스를 이용한 고객이 평가자가 됨		사외고객, 사내고객
외부전문가	• 전문적인 집단에 대한 평가시 활용 • 평가의 신뢰성을 높이기 위해 평가센터를 운영하는 방법도 활용됨	• 고위직 승진 및 승계 후보자 선정 • 특수프로젝트 구성원	

자료 : 한국인사관리협회(2007).

2) 다면평가의 타당성

다면평가의 타당성(validity)이란 간단히 말해서, 다면평가가 당초 평가목적 달성에 성공하는 정도라고 정의할 수 있다. 그렇다면 다면평가의 당초 목적은 무엇인가? 그것은 피평가자의 역량, 기술, 행동이 조직의 목표달성을 위해 배열되어 있는 것을 평가를 통해 확인하는 것이다. 그러면 타당성의 구성요소에 대해서 살펴보기로 한다.

첫째, 공정성(fairness)이 중요한 타당성 요소이다. 평가자들이 충분히 대표성이 있는 사람들로 구성되어 있으며 또한 선발과정도 공정했는지 여부가 다면평가 타당성의 잣대가 될 수 있다.

둘째, 정확성(accuracy)이다. 과연 다면평가를 하는 사람에게 평가에 대한 충분한 정보가 주어져 있는지를 따져봐야 한다. 하급자가 과연 상급자의 평소 업무와 행동에 대해 정보를 잘 수집하고 처리하는 능력이 있는지, 또 평가오류가 최소화될 수 있도록 평가기준이 명확한지를 살펴야 한다.

셋째, 협조성(cooperation)이다. 다양한 집단의 사람들이 평가에 참여해야 하므로 참가자들의 자발적 동기와 협조가 다면평가 성공을 위해 긴요하다. 평가자가 마지못해 평가에 임하고 형식적으로 수행한다면 다면평가의 효과가 감소될 수 있다.

넷째, 신뢰성(reliability)이 확보되어야 타당성을 갖게 된다. 다면평가가 전통적 평가와 다른 점 가운데 하나는 평가관련 정보의 원천(source)이 복수라는 점이다. 다양한, 복수의 평가측정치간의 상관관계가 높아야 한다. 이를 위해서 측정치의 내적 일관성뿐만 아니라 평가자들 간 일치도가 높아야 한다.

다섯째, 익명성(anonymity)이다. 다면평가에 있어서 익명성은 매우 중요하다. 특히, 상향식 평가나 동료에 의한 평가는 평가자에 대한 익명성이 보장되지 않으면 조직 내 갈등을 유발시키고 평가결과에 대해 문제가 제기될 수 있기 때문이다. 따라서 평가자의 집단 내 인원수가 적을 때는 모두가 평가자로 평가에 참가하는 방식으로 익명성을 높여야 한다.

여섯째, 수용성(acceptance)이다. 피평가자가 평가 결과에 납득을 하고 받아들일 수 있어야 한다. 다면평가가 사전에 어떤 의도나 예단에 의해 요식행위로 진행된다고 여기는 피평가자는 평가 결과를 수용하기가 어려울 것이다. 결국, 수용성을 높이려면 공정성과 정확성이 확보되어야 한다.

3) 다면평가의 성공을 위한 당사자들의 노력

다면평가가 소기의 성과를 달성하기 위해서는 평가에 관련된 세 당사자(평가자, 피평가자, 조직) 각각에 책무성이 요구된다.

먼저, 평가자에게 요구되는 책무성을 살펴본다. 다면평가에 있어서 평가자는 성실하게 평가하여 결과를 피평가자에게 피드백 할 수 있도록 최선을 다해야 한다. 그러기 위해서 평가자는 피평가자를 잘 알고 있는 사람으로서 신뢰할 만하고 정확한 평가를 할 수 있는 위치에 있어야 한다. 그리고 평가의 정확도를 높이기 위해 평가자는 익명성이 보장되는 범위 내에서 평가를 앞두고 훈련을 받을 필요가 있다.

다음으로 피평가자에게도 책무성이 요구된다. 피평가자에게 평가 결과를 피드백하는 방법에도 두 가지 방식이 있다. 하나는 평가 결과를 제3자(주로 평가담당부서 담당자 또는 고위경영자)가 평가 결과를 수합하고 정리하여 통보하는 방식이 있고, 다른 하나는 제3자를 통하지 않고 평가자가 평가한 내용이 피평가자에게 직접 통보되며(익명성이 보장되는 방식으로) 평가담당부서나 상급자가 내용을 모르는 경우이다. 후자의 경우는 피드백의 내용이 비밀에 부쳐지므로 내용이 부정적인 것이라도 부담 없이 수용할 수 있으며 피드백 내용을 비교적 객관적인 것으로 간주하는 경향이 있다. 이 경우 피평가자는 단지 피드백의 최종결과만을 제공받고 결과에 대해서 어느 누구와도 의견을 공유할 필요가 없으므로 시행에 있어서 수용성이 높아질 수는 있다. 그러나 이런 경우 피평가자의 행동변화를 기대하기는 힘들다.

반면에, 제3자를 통해 전달받는 경우 피드백 내용이 공개되고 비록 제한된 범위지만 다른 사람들과 정보가 공유되므로 피드백 내용이 부정적인 경우 피평가자는 충격과 분노와 같은 격한 감정을 표출할 수 있고 평가 결과에 대해 반발하거나 변명을 하려들 것이다. 그러나 공개하는 경우, 조직이 개입하여 피평가자의 발전을 위한 대책을 세울 수 있으므로 이 방식이 반드시 피평가자에게 불리하다고 볼 수는 없다. 피평가자는 다면평가를 통해 자신의 리더십과 업무수행능력을 한 단계 향상시킬 수 있는 기회라는 인식을 가지고 성실하고 적극적으로 평가에 임할 필요가 있다.

끝으로, 조직은 다면평가를 실시하는 목적이 구성원의 개발목적인지, 아니면 구체적 인사의사결정(선발, 배치전환, 보상, 다운사이징)을 위한 목적인지 분명히 해야 한다. 가급적 다면평가는 인적자원개발 목적으로 시행하는 것이 바람직하다. 왜냐하면 다면평가의 본래 의도가 관리자의 행동변화와 스킬 개발, 그리고 리더십 능력 개선에 있기 때문이다. 다면평가가 인사관련 의사결정을 위한 수단으로 주로 사용되면 건전한 방향으로 구성원 행동변화를 유도하기보다는 불신풍조 형성과 함께 의도적으로 남을 모함하거나 흠집을 내는, 바람직하지 못한 조직분위기가 조장될 수 있다.

4) 다면평가의 장 · 단점

다면평가는 평가자의 숫자가 많아지고 다양한 시각에서 피평가자를 평가함으로써 타당성이 증가할 수 있다는 장점에도 불구하고 비전문가들이 평가에 개입함으로써 평가에 부정적 영향을 미치는 것으로 알려져 있다. 다면평가의 장점과 단점은 〈표 7-10〉에 정리되어 있다.

표 7-10. 다면평가의 장점과 단점

장 점	단 점
• 조직 내 커뮤니케이션의 활성화 • 평가자가 다양해짐으로써 피평가자에 대한 장단점 파악에 효과적 • 평가의 신뢰성 향상(다수의 평가의견을 종합하며 외부 전문가 집단을 활용할 수 있으므로) • 조직구성원의 평가능력 향상에 도움을 줌	• 평가가 인기투표 방식으로 전락할 위험성이 있음 (특히, 부하에 의한 상향식 평가) • 동료에 의한 평가시에는 주고받기 식으로 전락할 가능성이 있음 • 평가자 신원에 대한 기밀이 지켜지기 어려움 • 평가에 많은 노력과 시간, 비용이 소요됨 • 경영진에 대한 평가결과가 우호적으로 나오지 않을 경우 폐지될 가능성이 높음

7. 평가센터방법

1) 평가센터방법의 특징

평가센터방법(Human Assessment Center Method)은 기업이 주로 관리자 선발을 위하여 사용되는 방법인데, 후보자들을 2~3일 동안 합숙시키면서 훈련받은 관찰자들이 이들을 집중적으로 관찰하고 평가함으로써 관리자 선발이나 승진의사결정에 있어서 신뢰성과 타당성을 높이기 위해 시행되는 체계적인 선발방법이다. 이 평가센터방법은 비단 관리자의 신규선발 때 뿐 아니라 기존 관리자들의 공정한 평가와 인력개발(management development)을 위해서도 활용되고 있다.

이 방법의 특징을 살펴보면 다음과 같다.

① 복수(보통 6~12명 정도)의 참가자의 행동을 집단적으로 관찰, 평가한다.
② 참가자들에게 주어지는 조건들을 가급적 통일한다.
③ 관찰되고 평가되는 것은 주로 참가자들의 '행동'이다.
④ 관찰자와 평가자는 복수이며 사전에 철저한 훈련을 받는다.
⑤ 평가센터에서는 참가자들에 대한 일련의 표준화된 테스트가 행해진다(적성검사, 인터뷰, 시뮬레이션, 역할연기 등).
⑥ 선발 대상이 되는 관리자의 직무에 대해 요구되는 자질(profile)이 미리 확정되어 있어야 한다.
⑦ 참가자의 전반적인 인간성 파악이 목적이 아니라 특정 관리자 직위(position)에 대한 적성(aptitude)을 파악하는 것이다.
⑧ 평가기준이 명확하기 때문에 주관적 판단을 감소시킬 수 있다.
⑨ 실제 담당하게 될 직무와 관련된 사항을 가지고 평가하기 때문에 평가 결과가 예측력이 높으며, 실무에 적용이 가능하다.
⑩ 선발의 예측력이 높기 때문에 부적격 관리자 선발로 인한 인사비용을 절약한다.

이러한 특징으로 인해 평가센터방법은 관리자로서의 리더십 잠재능력을 파악할 수 있고, 리더십 능력과 그 능력의 강점은 무엇이고 약점은 무엇인지에 대해 충분한 정보를 제공해 준다는 점에서 관리자 선발기법으로써 서구에서 널리 활용되고 있다.

평가센터의 진행절차를 살펴보면, 먼저 평가대상이 되는 선발 또는 승진 후보자를 선정하고 관찰자와 평가자에 대한 훈련을 실시한 후 관찰 및 평가기준을 정하는데 이때는 협동심, 의사소통, 경쟁력, 조직 내 행동, 독립심, 감정 통제, 자신감, 추진력, 대화 및 설득력 등을 주요 기준으로 삼는다. 그 다음 연습 및 테스트를 하게 되는데 6~12명 정도가 한 그룹이 되어 다음과 같은 테스트를 적절히 결합하여 실시한다.

- 적성검사
- 인터뷰(개인별 또는 그룹별)
- 필기시험
- 의사결정게임(business game 등)
- 사례학습(case study)
- 발표 및 연설
- 역할 연기(role play)
- 인바스켓 기법(in-basket method)
- 선발 시뮬레이션

테스트까지 완전히 끝나면 사전에 합의된 기준에 따라 참가자들의 행동이 분석되고 평가된 후, 이 결과를 선발(참가자 중에서 적합한 자를 선발)과 인력개발(재교육, 배치, 전환)에 사용하게 된다.

이 방법의 신뢰성과 타당성은 각기 2가지 차원에서 검증 가능하다. 먼저 신뢰성은 평가자간 신뢰성 측정(inter-rater reliability)과 재검증 신뢰성 측정(test-retest reliability)에 의해 검증가능하고, 타당성은 평가센터 출신 가운데 승진하는 관리자의 수, 사후급여의 증가도, 책임의 증가, 도달한 직위 등에 의한 외적타당성(external validity) 검증과 사회 심리적 요구자질의 고려정도, 참가도, 커뮤니케이션, 기준의 명료성 등에 의한 내용타당성(content validity)으로 검증 가능하다.

평가센터방법은 오늘날 IBM, GE, GM, Shell 등의 선진기업들에서 사용되고 있으며 우리나라에서도 다수의 기업에서 사용하고 있다.

2) 평가센터방법의 문제점

평가센터방법은 많은 장점이 있음에도 불구하고 문제점과 비판도 많다. 일반적으로 지적되는 문제점과 비판은 다음과 같이 정리할 수 있다.

첫째, 평가센터방법이 종래의 다른 관리자 선발방법에 비해서 예측치와 사후 업무성공도간 상관관계가 높은 편이기는 하지만, 평가센터에서 제시된 상황이 관리자가 실제로 기업조직에서 맞닥뜨리는 상황과는 차이가 있다는 점이다. 즉, 평가센터 방법이 선발되는 관리자가 실제 접하게 되는 직무상황을 완벽하게 시뮬레이트(simulate)하지는 못한다는 점이다.

둘째, 평가센터에서 시행하는 일련의 테스트는 주로 지원자의 언어능력(verbal ability)과 관련된 것이 많다. 예를 들면, 개인별 또는 그룹별 인터뷰, 사례학습시 토론, 발표 및 연설, 역할 연기, 인바스켓 기법들은 언어구사 능력이 있는 사람은 그렇지 못한 사람보다 좋은 점수를 받을 가능성이 많다. 즉, 언어능력이 뛰어나다는 것이 다른 능력을 측정하는 데 현혹효과(halo effect)로 작용 가능성이 있다는 것이다. 또 관리자로서 필요한 능력은 언어능력 외에도 보고서 작성능력, 판단력, 창의력, 기획력, 부하 육성 능력 등이 있는데 유독 언어관련 능력을 집중적으로 측정하게 되어 있는 평가센터방법이 예측치의 대표성을 갖는 데 문제가 있다는 지적도 있다.

셋째, 관찰자가 사전에 잘 훈련되고 의사결정상에 문제가 없어야 평가센터방법의 신뢰성과 타당성이 높아질 수 있는 데 실제로는 그렇지 않은 경우가 있을 수 있다는 것이다. 관찰자의 훈련이 미흡하거나 관찰자 가운데 영향력이 큰 한 두 사람의 의견에 관찰자 전체가 따라간다면 평가센터의 신뢰성이 떨어지게 된다.

넷째, 평가센터방법은 여러 기법들을 동원하고 그 결과를 종합적으로 평가하는 방법이기 때문에 방법의 표준화(standardization)가 어렵다. 즉, 동원된 기법의 수준과 수, 관찰자의 수와 사전훈련의 정도가 다르면 대상이 동일하다고 하여도 측정결과는 얼마든지 달라질 수 있기 때문에 특정 측정결과를 표준화하기 어렵다.

다섯째, 평가센터는 관리자선발을 주 목표로 삼는데 있어 예측타당성(predictive validity)이 문제될 수 있다. 즉, 평가센터에 참가하는 지원자는 아직 관리자로서 직무를 수행한 경험이 없는 자가 대부분인데, 테스트하는 항목은 관리자로서 5~10년 후에나 일어날 수 있는 사안이기 때문에 과연 이것이 타당성 있는 선발도구인지에 대해서는 논란의 소지가 있다.

끝으로, 평가센터방법은 시간과 비용이 많이 드는 방법이기 때문에 기업에서 실제 적용하기가 쉽지 않고 탈락자들의 반발이 크다.

이와 같은 많은 문제점과 비판에도 불구하고 평가센터방법은 관리자 선발방법으로 선진국 기업에서 선호되고 있는 추세이다. 우리나라 속담에 "하룻밤을 자도 만리장성을 쌓는다"는 말이 있는 것처럼, 예비관리자에 대한 신상정보와 능력을 비교적 짧은 시간에 파악할 수 있다는 장점이 있고, 가식적인 행동이 아니라 그 사람의 깊은 속을 알 수 있는 기회가 된다는 점에서 시간과 비용의 문제점에도 불구하고 시행해 봄 직하다고 생각된다.

제3절 인사평가의 신뢰성, 타당성, 오류

인사관리 시스템에 있어서 평가관리는 항상 중요 이슈가 된다. 그리고 인사평가와 둘러싼 이슈에 있어서 문제가 되는 것이 대부분 평가기준에 관한 것이다. 어떤 잣대로 업적과 개인의 능력을 평가하는가의 문제가 평가에서 매우 중요하다. 정확한 잣대로 평가를 한다는 신뢰가 형성되면 피평가자들은 평가 결과를 납득하고 수용할 수 있지만, 잣대에 대한 의심이 조금이라도 있는 경우 결과에 납득하지 않게 되고 인사평가 결과로 시행되는 인사처우에 대해서도 승복하지 않게 된다.

그렇다면 인사평가 측정결과를 검증하는 기준(criteria), 즉 평가기준에는 어떤 것들이 있는지 알아보기로 한다.

1. 인사평가의 검증기준

1) 전략적 수렴성(strategic congruence)

수렴성은 평가 시스템이 조직의 전략과 목표, 그리고 조직문화에 수렴하는 직무성과와 관련된 정도를 의미한다. 인사평가를 통해 측정하려는 것이 조직의 전략, 목표, 문화에 수렴할 때 그 측정기준, 즉 잣대는 정확하다고 인정할 수 있을 것이다. 예를 들면, 고객 서비스를 기업의 전략과 목표로 중시하는 은행에서는 창구직원들의 인사평가는 고객 서비스에 초점을 둔 잣대로 구성되어야 한다. 일반적으로, MBO(목표관리법)는 전략적 수렴성이 매우 높은 평가방법으로 간주된다. 부서와 개인의 목표달성도를 주요 평가기준으로 삼기 때문이다.

2) 평가의 타당성(validity)

타당성이란 직무성과와 관련성(relevance)이 있는 내용을 측정하는 정도를 말한다. 즉, 타당성은 평가를 통해 측정된 결과가 실제 직무성과와 얼마나 관련성이 높은가를 나타내는 것이다. 물론, 실제 성과와 측정된 결과가 근접할수록 타당성이 높아진다. 반대로, 측정결과치가 직무성과의 모든 영역을 대표하지 못하거나 관련성이 낮은 경우는 타당성이 떨어진다. 예를 들면, 관리자의 성과를 측정하면서 당연히 포함되어야 할 부하육성능력이나 사회적 책임같은 중요한 항목이 누락되어 있다면 그 평가결과는 타당성이 낮다고 볼 수 있다.

3) 평가의 신뢰성(reliability)

신뢰성은 한 마디로 성과측정에 있어서 결과치의 일관성 또는 안정성을 나타내는 지표이다. 신뢰성 검증에는 세 가지 기준이 흔히 사용된다. ① 평가자간 결과의 일관성으로 검증된다. 즉, 동일 피평가자(개인 또는 집단)에 대해 평가한 복수의 평가자들의 결과치들이 서로 일관성이 높으면 신뢰성이 높다고 말할 수 있다. ② 내적 일관성(internal consistency)도 신뢰성의 중요 검증지표인데, 이것은 평가에 사용된 항목들(items)이 내적으로 일관성이 있는 것을 말한다. 예를 들면, 홀수 번호의 평가항목과 짝수번호의 평가항목들에 대한 평가자의 점수를 대비시켜 상관관계를 계산했을 때 상관계수 값이 높게 나오게 되면 내적 일관성이 높으며, 따라서 신뢰성이 높다고 인정할 수 있는 것이다. ③ 실시-재실시 신뢰성(test-retest reliability)으로 검증하기도 한다. 즉, 동일하거나 유사한 평가를 일정 시간을 두고 다시 실시했을 때도 유사하거나 동일한 평가결과를 얻는다면 그 평가는 신뢰성이 높다고 말한다.

4) 수용성(acceptability)

수용성은 평가도구를 사용하는 사람들(평가자 및 피평가자)이 효과 있는 평가 잣대로 받아들이는 정도를 말한다. 수용성은 평가기준뿐만 아니라, 평가과정에 있어서 공정성(fairness)도 의미한다. 따라서, 평가결과에 대한 구성원의 수용성을 제고시키기 위해서 평가절차의 공정성과 평가결과의 공정성이 확보되어야 함은 물론, 평가과정에 있어서 대인관계 공정성(interpersonal fairness)이 지켜져야 한다. 대인관계 공정성이란 평가자가 자신과의 친소관계를 떠나서 편견없이 피평가자를 관찰하고 평가할 수 있는 공정성을 의미한다. 대인관계 공정성이 확보되기 위해서는 지금까지 기술한 평가오류가 배제되어야 함은 물론이다.

5) 구체성(specificity)

평가는 피평가자에 있어서 구체적인 가이드 역할을 할 수 있어야 하는데, 구체성이란 피평가자가 평가측정이 기대하는 행동이나 업적, 그리고 그 기대를 충족시키기 위해서 구체적으로 어떻게 해야 할지에 대해 알려주는 정도를 가리킨다. 예를 들면, 자동차 판매사원에게 1년에 자동차를 최소한 12대 이상을 판매해야 그 자리를 유지할 수 있다는 가이드라인을 준다거나, 화장품 회사의 판매왕이 되려면 연간 판매실적이 10억원을 상회해야 한다는 지침같은 것이 평가의 구체성의 예로 들 수 있다. 일반적으로 행위지향 접근법(BARS, BOS 등)이 매우 구체성이 높은 평가기법으로 간주된다.

6) 민감도(sensitivity)

평가도구는 해당 성과에 대해 높은 성과를 내는 사람과 낮은 성과를 내는 사람들 간에 측정치간 차이를 충분히 차별적으로(민감하게) 측정할 수 있는 것이어야 한다. 측정도구가 충분히 민감하지 못하면 한 쪽으로 치우친 결과를 얻을 수 있다. 예를 들면, 특정과업의 업적을 평가하는 데 있어서 평가 잣대를 너무 높은 기준을 적용하거나 너무 낮은 기준을 적용하면 그 기준으로 평가받는 대상 숫자가 극소수로 나타나 평가의 변별력을 저해하게 된다. 이상적인 평가는 평가 결과 최소치와 최대치에 따른 인원이

고루 분포될 수 있는 경우일 것이다. 이 경우 평가기준의 민감도와 변별력이 충분히 확보될 수 있다.

7) 실행가능성(practicality)

평가를 실제로 측정하는데 어려움이 없어야 하며 자료의 수집이 실제 상황에서 용이해야 한다는 의미이다. 아무리 평가기준이 합리적이라고 해도 실제로 평가자가 측정하는데 문제가 있으면 소용이 없는 것이다.

이상 언급한 일곱 가지 검증기준을 적용하여 평가측정에 임하면 평가를 통해 기대하는 소기의 성과를 달성할 수가 있다고 할 수 있다. 이상 일곱 가지 검증기준들은 상호 배타적인 것이 아니고 상호 보완적인 면이 강하므로 복합적인 평가기준을 마련하면 할수록 그만큼 평가는 완벽에 가까운 평가가 될 수 있다. 하지만, 엄격한 검증기준을 통해 설계된 평가도구라 할지라도 실제로 사용하는데 있어서 인간적 오류(human errors)가 극복되는 것은 아니다.

2. 인사평가의 오류

인사평가에 있어서 발생하는 일반적 오류에는 여러 가지가 있으나 대체로 다음과 같다.

1) '나와 유사성(similar to me)오류'

평가자는 피평가자가 자신의 입장과 처지와 높은 유사성을 보일 경우, 대체로 관대하게 평가하는 경향이 있다. 예를 들면, 아이를 세 명을 둔 주부사원을 평가하는 여성관리자가 공교롭게도 세 명의 자녀를 두고 있다면, 같은 여성이라는 점과 같은 수의 자녀를 두었다는 유사성 때문에 판단에 오류가 발생할 가능성이 높아진다. 즉, 이 경우 다른 사람(예컨대, 남자 직원으로서 미혼인 자)보다 관대한 점수를 줄 확률이 높다는 것이다.

2) 분배적 오류(distributional errors)

평가자가 평가측정을 하여 다수의 피평가자들에게 점수를 부여할 때 점수의 분포가 특정방향으로 쏠리는 현상을 분배적 오류라고 한다. 이에는 관대화 경향, 가혹화 경향, 중심화 경향, 양극화 경향을 들 수 있다. 분배적 오류는 업적에 대한 평가자 개인의 평가기준점이 다른데서 기인하므로 평가자훈련을 통해 기준점을 수렴시키는 노력이 반드시 필요하다.

그림 7-6. 분배적 오류의 유형

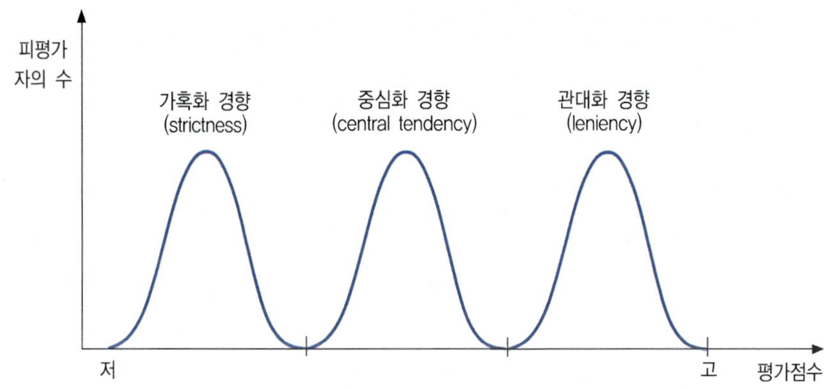

3) 현혹효과(halo/horns errors)

현혹효과에는 후광오류(halo errors)와 뿔오류(horns errors)가 있는데 후광오류(후광효과)는 피평가자의 지엽적 사항을 가지고 그 사람의 전체적 평가를 긍정적으로 하는 경향을 말하며, 뿔오류(뿔효과)는 반대로, 피평가자가 가지고 있는 지엽적 사항을 침소봉대하여 그 사람에 대한 전반적 평가를 부정적으로 내리는 현상을 말한다.

4) 상동적 태도(stereotyping)

상동적(常同的) 태도란 타인에 대한 평가가 그가 속한 사회적 집단에 대한 지각을 기초로 해서 이루어지는 것을 말하며 일종의 '고정관념'이라고도 할 수 있다. 이는 본인이 생각하고 있는 특정집단 구성원의 자질이나 행동을 그 집단의 모든 구성원에게 일반화시키는 경향에서 발생한다. 즉, 상동적 태도는 집단 내 개인의 특성을 인지하지 못하고 집단 구성원들을 유형화시켜서 이를 개인에게 귀속시킴으로써 발생하는 지각적 오류이다. 예를 들어 어떤 사람이 특정대학 출신이라고 해서 그 사람을 무조건 본인이 생각하고 있는 특정대학 집단의 특성에 맞추어 평가하려는 경우가 이에 해당한다. 또한 여성은 남성에 비해 더 감성적이고, 남성은 여성에 비해 더 적극적이라는 등의 평가의 예가 이에 해당한다. 이러한 상동적 태도는 민족, 출신지역, 특정집단, 나이, 성별 등과 관련하여 많이 나타난다.

5) 대비오류(contrast errors)

여러 명의 피평가자를 동시에 평가할 때 객관적인 표준을 잣대로 사용하지 않고 피평가자간 비교에 의해 평가를 수행할 때 흔히 발생하는 오류이다. 예를 들면, 평균 이상의 업적을 달성한 피평가자의 평가에 있어서 그 사람 주변의 사람들(동일 팀 또는 부서) 보다 못하다는 이유만으로 평균 또는 평균 이하의 업적밖에 달성하지 못한 것으로 평가한다면 이 경우 대비오류가 발생한 것으로 볼 수 있다.

이상의 평가오류들은 평가 잣대가 타당하고 신뢰할 수 있는지의 여부보다는, 평가자 개인의 지각과 인식의 차원이라고 할 수 있다. 평가기준의 신뢰성과 타당성이 아무리 높다고 하여도 평가자가 평가오류를 범하면 평가 전체의 공정성과 정확성은 저해될 수밖에 없기 때문에 평가오류의 극복이 중요하다.

평가오류를 줄이기 위해서 평가가 실시되기 전에 평가자훈련(rater training)이 실시되어야 한다. 평가자훈련의 내용은 첫째, 평가오류가 무엇이라는 것을 평가자가 인식하고 이를 회피하는 방법을 가르치는 오류극복훈련과 둘째, 평가자의 인식의 틀(frame of reference) 훈련으로 구성된다. 인식의 틀 훈련에 있어서는 평가가 다차원적 성격을 지닌다는 것을 인식시키고 각 평가차원이 지향하는 내용에 대해 숙지시키는 노력이 포함된다. 또한, 피평가자 행동을 체계적으로 관찰-회상-보고하는 평가자 능력을 배양시키는데 초점을 두어 평가자의 평가능력을 향상시킨다.

그러나 평가자훈련만이 능사는 아니며, 평가오류를 유발하기 쉬운 평가측정이 있으면 평가양식을 변경시키는 등 조치가 병행되어야 한다. 그리고 평가오류를 줄이기 위해서 평소 평가자가 피평가자의 행동을 관찰할 수 있는 다양한 기회를 제공하는 것이 중요하다. 관찰의 빈도가 높을수록 그 만큼 평가자의 비의도적 오류가 감소될 수 있다.

다음 〈표 7-11〉은 인사평가시 발생빈도가 높은 후광효과, 관대화 경향, 중심화 경향을 예방하는 방안을 제시한 것이다.

표 7-11. 주요 평가 오류의 예방 방안

평가의 종류	평가 오류 예방 방안
후광 효과 (Halo effect)	• 평가자에 대한 체계적 훈련 실시 • 새로운 평가방법(BARS, MBO 등)의 개발, 도입 • 평가표 상의 평가 항목의 순서 조정 • 평가자 수첩의 활용을 통한 피평가자 행위 및 성과에 대한 관찰기회 증대 • 통계적 조정(사후)
관대화 경향 (Leniency tendency)	• 구체적 사실(facts)에 의한 평가 • 절대평가 도입, 실시 • 사적 관계에 기인한 감정요소 배제 • 평가 점수에 따른 인원비율 설정 • 중간점수를 기준으로 정규분포가 되도록 평가자에게 요구 • 평가자 훈련 실시
중심화 경향 (Central tendency)	• 평가자에 대해 평가의 구조, 평가요소, 평가방법을 이해 시킴 • 피평가자에 대한 평소 지도를 통해 특성을 파악함 • 평가점수에 따른 인원비율을 설정 • 중간점수를 기준으로 정규분포가 되도록 평가자에게 요구 • 평가척도가 짝수가 되게 하거나 세분하여 평가점수의 분산 유도

제4절 균형성과표(BSC)에 의한 평가

1. 균형성과표(BSC)의 기원과 의의

균형성과표(Balanced Scorecard: BSC)는 1992년 하버드대학의 교수인 로버트 캐플란(Robert Kaplan)과 컨설턴트인 데이비드 노튼(David Norton)에 의해서 처음 개발되었다. 1990년에 캐플란과 노튼은 재무성과지표들이 현대의 경영환경에 효과적이지 못하다는 믿음하에 새로운 성과측정 대안에 대해 연구하는 과정에서 고객, 내부프로세스, 직원활동 및 주주 관련 이슈 등 조직 전반에 걸친 경영활동과 관련한 성과지표들을 개발했다. 캐플란과 노튼은 이 대안적 평가도구를 BSC라 명명했고, 나중에 '하버드 비즈니스 리뷰(Harvard Business Review)'에 그 개념과 관련한 요약본을 게재하여 일반의 주목을 받게 되었다.

BSC는 과거 재무제표에 의한 경영성과 평가와 달리 기업경영의 비재무적 관점을 포함하고 있어서 오늘날 인사평가에 있어서 BSC관점에서 피평가자의 재무적, 비재무적 역량을 전략적이고 전체적으로 평가하려는 새로운 시도가 보이고 있다. 인사평가의 목적이 개인과 집단의 조직 전체 성과에의 기여도를 평가하는 것이기 때문에 개인의 성과를 조직 전체의 경영 관점에서 평가하는 BSC평가가 성과관리(performance management)차원에서 효과가 있는 평가수단으로 인식되고 있다. 우리나라 기업에도 임원이나 부서장 및 간부사원들을 대상으로 한 BSC 평가를 도입하는 기업이 늘고 있다.

2. BSC의 정의

BSC는 조직의 전략으로부터 도출되어 신중하게 선택된 평가지표들의 합으로 정의할 수 있다. BSC로 선택된 지표들은 경영진이 조직의 미션(mission)과 전략적 목표를 달성하기 위한 성과요인들과 그 결과를 종업원과 외부 이해관계자들에게 제공하는 정보라고 볼 수 있다. BSC는 오늘날 기업의 성과측정 시스템, 전략경영 시스템, 그리고 의사소통 도구로 활용되고 있다.

3. 성과측정 시스템으로서 BSC

기업의 경영성과를 평가하는 지표로서 재무제표가 오랫동안 사용되어 왔고 지금도 사용되고 있으나, 재무제표, 즉 재무성과지표들은 평가지표로서 한계를 내포하고 있다. 재무적 성과지표는 과거에 발생한 사실을 잘 반영할지는 모르지만 지식과 관계 네트워크 등의 무형자산이 중요시되는 오늘날 조직의 가치창출 메커니즘에 대해서는 설명해 주지 못한다. 우리는 재무성과지표를 후행지표라 부른다. 재무성과지표는 과거에 이루어진 행위에 대한 결과물이다. BSC는 이러한 후행지표들을 미래의 경제성과 동인, 즉 선행지표들을 통해 보완하는 역할을 한다.

BSC는 장기적 관점에서 직원들의 의사결정에 제대로 방향성을 제시해 주지 못하는 재무통제 시스템에 초점을 맞추기 보다는, 전략 수행과 관련된 주된 요인들을 묘사하는 측정지표를 채택하고 있다. 이러한 측정지표의 사용은 전략 달성에 중요한 요인이 된다. BSC는 재무적 성과지표를 계속 유지하는 반면에 다른 세 가지 관점인 고객, 내부 프로세스, 학습 및 성장관점으로 재무제표의 한계점을 보완한다고 볼 수 있다.

그림 7-7. 균형성과표(BSC)

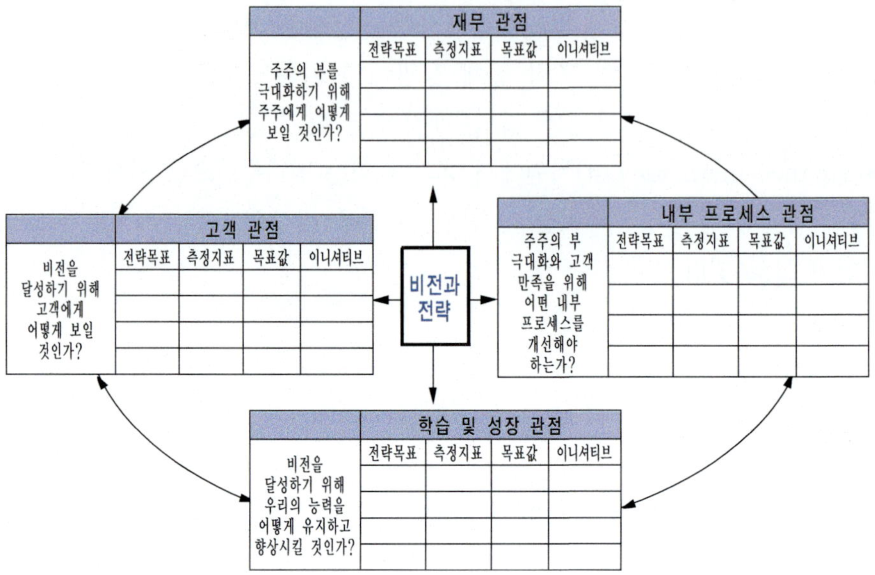

자료 : Kaplan & Norton(1996), 76.

4. BSC의 네 가지 관점

BSC는 고객, 내부 프로세스, 학습 및 성장, 그리고 재무 등 네 가지 관점(perspectives)에서 기업의 성과를 측정한다.

1) 고객관점

고객관점(customer perspective)은 시장과 목표 고객관점에서 기업의 경영성과를 평가하는 것이다. BSC에서 고객관점과 관련된 성과지표로 시장점유율, 고객수, 고객확보(신규고객수), 고객만족, 고객유지(고객 유지율, 상실 고객수) 등을 들 수 있다. 트리시와 위어즈마는 다음 세 가지 요소를 고객관점에서 평가할 것을 제안하였다(Treacy & Wiersema, 1995).

- **운영의 우수성** : 운영의 우수성 원칙을 추구하는 기업은 낮은 판매가격, 편의성에 초점을 맞춘다.

• **제품 선도력** : 제품 선도기업들은 끊임없이 제품을 개발하고 지속적 혁신을 통해 시장에 가장 좋은 제품을 공급하기 위해 노력한다.
• **고객 친밀성** : 고객의 독특한 요구를 충족시키기 위해서는 어떤 일이라도 하는 것이 고객 친밀을 추구하는 기업들의 특성이다.

2) 내부 프로세스 관점

BSC의 내부 프로세스 관점(internal perspective)에서는 고객과 주주에게 가치를 지속적으로 제공하기 위해서 기업이 어떤 프로세스에서 남보다 탁월해야 하는가에 대해 살펴본다. 내부 프로세스 관점에서 해야 할 일은 특정한 내부 프로세스를 인식하고 추적 가능한 측정지표를 개발하는 일이다. 고객과 주주들의 기대를 충족시키기 위해서는 현재의 활동들을 점진적으로 개선하기보다 완전히 새로운 내부 프로세스를 개발하는 것이 좋을 수도 있다. 경영 시스템(관리비, 제안건수), 제품개발, 생산, 품질, 적송, 사후 서비스, 정보기술 등이 이러한 관점과 관련된 것들이다.

3) 학습 및 성장 관점

BSC의 학습과 성장 관점(learning and growth perspective)의 성과지표들은 나머지 다른 세 가지 관점들을 가능하게 하는 요소들이다. 궁극적으로 그것들은 BSC의 초석이 된다. 고객, 내부 프로세스 관점과 관련한 성과지표와 더불어 관련 이니셔티브를 인식했다면, 직원의 숙련도나 정보 시스템 등과 관련된 현재의 조직 인프라가 목표달성에 요구되는 수준과 차이가 있다는 것을 발견할 수 있다. 이 관점에서 설정한 성과지표들은 이러한 차이를 줄여서 미래의 지속적인 성과달성을 도모한다. 직원숙련도, 직원만족, 정보획득 가능성, 연구개발(R&D) 등이 바로 그것들이다.

4) 재무 관점

재무적 측정지표는 특히 영리조직에 있어서 BSC의 중요한 요소이다. 재무 관점(financial perspective)에서의 성과지표들은 우리가 다른 관점과 관련된 성과지표들을 이용해서 실행한 전략이 향상된 결과를 낳는지 알려 준다. 비재무적 성과지표에 기업이 노력을 쏟는다 하더라도 그것이 조직의 재무적 성과에 영향을 주지 못한다면 그것은 무의미한 일이 될 것이다. 재무적 측정지표로는 자기자본이익률, EVA (Economic Value Added), 수익성 등을 들 수 있다.

5. BSC 평가의 기대효과

우리나라에 BSC가 도입되기 시작한 2003년을 기점으로 많은 기업들이 BSC 구축을 완료하였다. 현재 대부분의 정부기관들이 BSC를 도입하였으며 사업과 구성원에 대한 평가자료로 활용하고 있다.

오늘날 BSC는 평가도구를 넘어서 기업의 전략경영 시스템을 확립하고 개선하는데 기여하고 있다. BSC를 통해 조직이 추구하는 기대효과는 크게 두 가지 역할이다. 첫째, 전략수립 및 실행에 대한 조력자로서의 역할, 둘째, 조직운영체계의 전반적인 혁신 기능이 그것이다. BSC도입을 통해 기업이 예상할 수 있는 기대효과에 대해 구체적으로 살펴본다.

1) 전략실행 모니터링

BSC는 조직의 비전과 전략수립의 기본 방향을 제시함과 동시에 전략의 실질적인 달성촉진 도구로서 활용된다. BSC를 통해 네 가지 관점에서 수행된 전략이 성공을 거두고 있는지 검증할 수 있고 이를 토대로 차기의 전략적 액션을 취할 수 있도록 지침을 제시한다. 네 가지 관점에 있어서 성과 감소가 발생하였다면 그 원인을 분석하고 해결방안을 신속하게 제시하는 도구로 BSC가 활용될 수 있다.

2) 사업 포트폴리오 최적화

사업 포트폴리오 최적화는 회사 내에서 추진되는 여러 가지 사업들의 상대적 중요성을 고려하여 전사적 관점에서 시너지를 극대화할 수 있도록 사업을 구성하는 전략적 의사결정이다. BSC 평가는 경영자들이 다양한 사업의 성과를 전사적 전략관점에서 조망하여 이에 따르는 신속한 의사결정을 하게 해준다.

3) 조직운영체계 혁신

조직의 운영 효율성을 높이겠다고 추진하는 활동들이 의외로 상호 중복적으로 수행되는 경우가 많다. BSC는 전략수립에서부터 세부 실행에 이르기까지 조직의 전반적 활동을 모두 다루기 때문에 업무 중복을 방지하고 일관성 있게 추진하여 조직 운영체계를 통합할 수 있다.

4) 균형된 평가를 통한 목표달성 지원

BSC 평가의 요체는 각 사업부(SBU)에 성과에 대한 책임을 지게하는 것이다. 또한 BSC는 과거지향적 평가와 재무중심적 평가에서 벗어나, 미래지향적이고 재무, 비재무적 측면의 균형된 성과평가를 위한 기준을 제시한다.

5) 전사적 자원관리

BSC가 전사적 자원관리(Enterprise Resource Planning: ERP)에 도움이 되는 이유는 조직의 가장 상위 의사결정인 전략에서 성과지표 및 목표에 이르는 실행 의사결정까지를 모두 포함하고 있기 때문이다. BSC를 통해 조직 내 한정된 자원을 어떻게 전략적으로 활용하고 할당할 것인가를 결정하는데 도움을 주며, 궁극적으로 차기의 전략 수립과 실행을 위해 조직의 자원과 역량을 가장 효율적으로 관리하는 방안을 제시한다.

6) 협력적 조직문화 활성화

전략을 해석하는 BSC의 틀을 통해 조직은 직원들을 명확한 방향으로 행동하게 하는 새로운 지표를 만들 수 있다. BSC는 핵심성과지표, 목표설정 및 피드백 그리고 그 결과에 대한 평가와 보상이라는 구체적 기준과 방법을 통해 조직구성원들이 스스로 변화하게 만든다. 그리고 BSC는 조직구성원들에게 '나와 우리 조직이 왜 변화해야만 하는가'에 대한 당위성을 제시함으로써 협력적 조직문화를 형성하는데 구심점 역할을 한다.

그림 7-8. BSC 기대효과

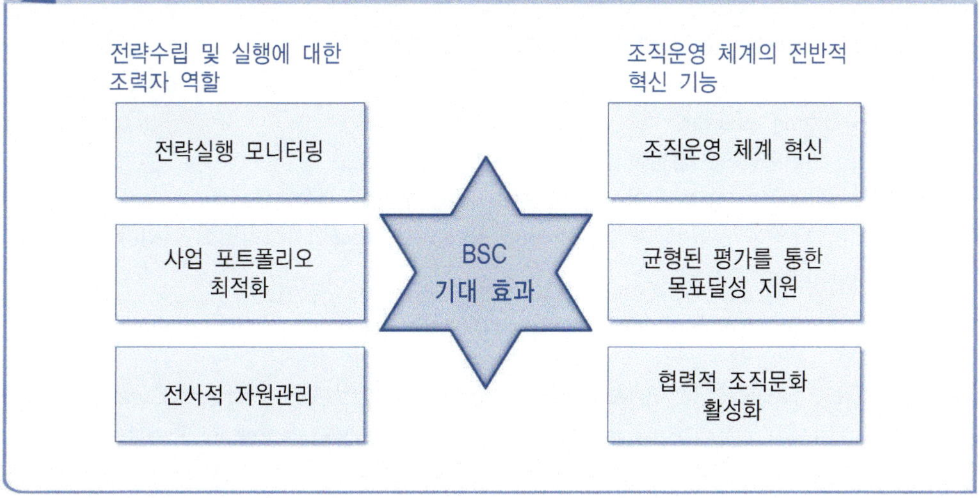

자료 : 성은숙(2009), 68.

전략이 성공적으로 실행되려면 회사의 모든 부분이 전략을 이해하고 그것에 입각해 행동해야 한다. BSC는 이른바 '캐스케이딩'(cascading, 전사적 목표→부서의 목표→개인의 목표로 이어지는 전략과 목표의 연계)을 통해 전사적 전략목표가 조직의 하부단위까지 일관된 관점하에서 잘 연계될 수 있도록 도와준다. 이 캐스케이딩을 통해 자연스럽게 성과지향적 조직문화가 형성될 수 있을 것이다.

학습문제

1. 인사평가의 3대 차원을 설명하시오.
2. 인사평가의 중요성을 논하시오.
3. 상대평가와 절대평가를 비교, 설명하시오.
4. 다면평가의 장점과 단점에 대해 설명하시오.
5. 인사평가의 검증기준(criteria)을 설명하시오.
6. 인사평가에서 발생하는 일반적 오류를 설명하시오.
7. BSC 평가의 네 가지 관점과 기대효과를 설명하시오.

참고문헌

김성국(2003), 『인적자원관리 뉴패러다임』, 서울: 명경사.

김성국・김민수(2004), 『이슈중심 인사관리』, 서울: 삼영사.

니븐, P. R.(2003), BSC Step by Step : 성과창출과 전략실행, 삼일회계법인 경영컨설팅본부 역, 서울: Sigma Insight.

성은숙(2009), 『전략 BSC 성과혁신』, 서울: 시그마인사이트.

올브, N. G. 외(2000), 송경근 역, BSC : 구축 & 실행사례, 서울: 한・언.

이길상(2019), 탁월한 성과를 만드는 경영시스템 OKR, 한국인사관리협회, 『월간 인사관리』, 2019년 9월호, 86~87.

한국인사관리협회(2007), 인사고과제도 운영실무(Hrivy 자료).

Becker, R. E., Huselid, M. A. & Ulrich, D.(2001), *The HR Scorecard : Linking People, Strategy, and Performance,* Boston: Harvard Business School Press.

Kaplan, R. S. & Norton, D. P.(2004), *Strategy Maps,* Boston: Harvard Business School Press.

Mathis, R. L. & Jackson, J. H.(2003), *Human Resource Management,* 10th ed.,

Cincinnati: Thompson-South Western.

Mohrman, A. M., Resnick-West, S. M. & Lawler, E. E. III(1989), *Designing Performance Appraisal Systems : Aligning Appraisals and Orgrnizational Realities,* Jossey-Bass.

Schmidt, F. L. & Hunter, J. E.(1998), "The Validity and Utility of Selection Methods in Personnel Psychology: Practical and Theoretical Implications of 85 Years of Research Findings, *Psychology Bulletin",* 124, 2, 262~274.

Tichy, N., Frombrun, C. & Devanna, M.(1982), "Strategic Human Resource Management", *Sloan Management Review,* 23, 47~52.

Treacy, M. & Wiersema, F.(1995), *The Discipline of Market Leaders,* Reading: Perseus Books.

제 8 장
교육훈련과 인적자원개발

8 교육훈련과 인적자원개발

opening case 8-1. 비대면 교육과 New 인재육성 전략

팬데믹 상황이 장기화 되면서 비대면 비즈니스 뿐만 아니라 비대면 교육의 중요성이 증대되고 있다. 국내 기업이 실시하고 있는 비대면 교육의 유형을 살펴본다.

비대면 교육의 유형

- 언택트 러닝 – 언택트 러닝(Untact Learning)은 본래의 의미로는 사람들 사이의 접촉을 최소화하면서 학습의 효율성과 효과성을 극대화하고 구성원과 조직의 성과를 높이는 테크놀로지 기반의 자기주도학습 방법, 상호작용학습 방법, 혼합형 학습 방법을 적용한 학습을 의미한다.
- 이러닝 – 이러닝(e-Learning)은 컴퓨터를 활용하여 본인이 주도적으로 학습하는 대표적인 교육훈련 방법이다. 하지만 이러닝은 정해진 차시를 순차적으로 들어야만 학습으로 인정되는 방식 때문에 자기주도학습임에도 불구하고 많은 사람들로부터 학습 효과성에 대한 비판을 받아왔다. 이러한 단점의 대안으로 떠오른 것이 바로 마이크로 러닝이다.
- 마이크로 러닝 – 마이크로 러닝(Micro-Learning)은 많은 컨텐츠를 한 번에 학습자에게 주입하기보다는 잘게 갈라진 콘텐츠를 학습자가 원하는 시간에 반복적으로 학습하는 것이 훨씬 효과적이라는 가정에서 출발하였다. 글로벌화 된 지금 시대에 가장 적합한 자기주도학습 방식이라 할 수 있다.
- 스마트 러닝 – 스마트 러닝은 데이터를 기반으로 학습자에게 필요한 내용만을 엄선하여 콘텐츠를 큐레이션하여 추천해 주는 방식의 자기주도학습을 스마트 러닝(Smart Learning)이라고 한다. 이 방식은 빅데이터를 기반으로 맞춤형으로 콘텐츠를 제공해주기 때문에 미래 인재육성 전략의 중요한 한 축을 담당할 것으로 예측된다.
- 소셜 러닝 – 대표적인 상호작용 방식의 사회적 학습으로 소셜 러닝(Social Learning)을 들 수 있다. 학습조직이나 CoP(Community of Practice)는 소셜 러닝의 범주에 포함된다. 소셜 러닝도 SNS 같은 테크놀로지를 활용한다.
- 비대면 실시간 교육 – 팬데믹 상황에서 폭발적으로 활성화되고 있는 대표적인 상호작용학습 방법은 비대면 실시간 교육, 즉 Virtual Training이다. 이 방식은 웹 기반 강의실 플랫폼을 사용해 멀리 떨어진 장소에서도 참가자끼리 연결되며 그들과 함께 높은 수준의 상호작용을 할 수 있는 동기식(synchronous) 강사주도 학습을 의미한다.

■ 새로운 인재육성 전략 3가지

비대면 교육이 활성화되면서 인재육성 부서는 기존과는 다른 학습 전략이 필요하다. 첫째, 블랜디드 러닝(Blended Learning)의 활성화이다. 테크놀로지를 기반으로 한 비대면 방식을 혼합한 블랜디드 러닝은 비대면 시대에 필수로 간주된다.

둘째, 비대면 실시간 교육의 확대이다. 재택근무가 활성화 되면 구성원들을 위한 학습 방식도 자연스럽게 비대면 실시간 방식으로 전환될 확률이 높다.

셋째, 자기주도적 학습의 생태계를 구축할 필요가 있다. 기존의 인재육성은 교육부서가 주도권을 가지고 구체적인 연간 교육프로그램을 만든 후 필요한 구성원이 교육을 선택하여 집합교육 중심으로 학습하는 형태였다. 하지만 팬데믹 이후의 교육은 테크놀로지를 기반으로 본인이 주도적으로 필요한 내용을 선택하여 학습하고 업무에 적용하는 형태로의 학습 패러다임의 전환이다.

(자료: 이진구(한국기술교육대학교 테크노인력개발전문대학원 교수), "비대면 교육과 New 인재육성 전략", 한국인사관리협회, 「월간 인사관리」, 2021년 4월호, 40~43.)

토의과제

1. 기업에서 실시할 수 있는 비대면 교육 유형들 중에서 선호하는 유형을 말하고 선호하는 이유를 제시하시오.
2. 기업에서 자기주도적인 학습 여건을 갖추기 위해 힘써야 할 사항에 대해서 토의해 보시오.

opening case 8-2. AT&T 임직원 재교육 프로그램 'Workforce 2020'

AT&T의 'Workforce 2020'은 기업이 주도적으로 재교육을 추진하여 임직원의 큰 호응을 받은 대표적인 재교육 성공사례이다. AT&T는 자체적인 리서치를 통해 2012년 현재 10만 개의 업무가 2020년까지 소멸되고 새롭게 생성될 것이라고 전망하였다.

외부적으로는 산업의 구조적 변화로 인해 기존 주력사업인 하드웨어 기술이 쇠퇴해가고 있었고, 내부적으로 콜센터를 제외할 경우 평균 근속연수가 22년에 달할 정도로 충성도 높은 직원을 보유하고 있었다. 이에 따라 신규채용보다 기존인력 재교육에 집중하여 평생학습을 기업문화로 정착시키기로 결정하고 개개인이 새로운 역량, 역할, 경험을 추구하도록 장려하였다.

무엇보다 AT&T는 신규 비즈니스 모델에 맞는 기술혁신을 이룰 수 있는 인재를 내부 자원으로 확보하기 위해 데이터 사이언스, 소프트웨어 네트워크, 사이버 보안 등의 새로운 기술교육에 3천억 원을 투자하고, 임직원에게 350억 원을 투자하고, 임직원에게 350억 원의 학자금을 지원하고, 2,400만 시간의 연수교육을 진행하였다.

AT&T Workforce 2020 프로그램은 직무역할을 재정비하고, 인력관리제도를 개선하며, 경력개발 도구와 교육 프로그램을 제공하였다. 우선 직무역할을 정비하여 역할을 단순화, 표준화하고 250개의 역할을 80여 개의 역할로 통합하였다. 현재 보유하고 있는 기술과 미래 필요로 하는 기술을 조사하고

'FRP-미래 역할 프로필'을 작성하여 어떤 기술이 필요하게 될 것인지 전망하였다. 이와 동시에 디자인, 개발, 테스트 등의 17개 역할을 '소프트웨어 엔지니어'로 통합하여 인적자원이 유연하게 활용될 수 있도록 하였다.

또한 인력관리제도를 개선하여 성과측정지표를 단순화하고 성과보상제도를 개편하는 등 성과기대치를 높이고 연공 서열을 지양하였다. 이용자의 역량, 업무경험, 자격을 평가해주는 커리어 프로필 도구와 사내 채용동향과 다양한 직무 프로필을 분석해주는 커리어 인텔리전스 도구, 이용자가 각 직무에 얼마나 적합한지 분석해주는 잡 시뮬레이션 도구와 같은 경력개발 도구들을 제공하여 구성원 자신의 현재 커리어를 자가진단 하고 미래 업무를 탐색할 수 있게 하였다.

아울러 일정 조건을 갖춘 임직원이라면 누구나 참여할 수 있는 온라인 강의, 자격증, 학위 프로그램을 제공하였다. Udacity와 Georgia Tech의 파트너십을 통한 온라인 과정, 인증 및 학위 프로그램을 운영(주 5~10시간)하여, Georgia Tech 파트너십 온라인 과정 이수자에는 온라인 마스터 학위를 수여하고, Udacity의 소프트웨어 엔지니어링 이수자에는 나노 학위를 수여하였다. 인당 연 최대 8천 달러까지 학자금을 지원하여 임직원의 교육비용에 대한 부담을 줄였다. 교육과정은 외부에도 오픈하여 지원자격을 갖춘 외부 인력 Pool도 사전에 준비할 수 있도록 지원하였다.

그 결과 직원들은 160만 개의 웹 기반 혁신 과정을 이수하였으며, 직원 5만 명에게 11만 개의 '배지(일종의 자격인증)'를 수여하였다. 현재 1천 명 이상의 직원들이 나노 학위 프로그램에 등록 중이며, 조지아 공대 컴퓨터과학 온라인 석사과정(Georgia Tech Online Master of Science in Computer Science Program)에 400명 가까운 직원이 합격하였다.

2012년부터 2015년까지 20% 이상 늘어난 STEM(Science, Technology, Engineering and Math) 일자리의 대부분을 내부직원으로 활용할 계획이다.

(자료: 정태희(re:BOX Consulting 대표이사), "어떻게 재교육할 것인가! -4E 원리에 의한 Re-skilling, Up-skilling-", 한국인사관리협회, 「월간 인사관리」, 2019년 11월호, 31.)

토의과제

1. AT&T가 임직원 재교육 프로그램 'Workforce 2020'를 도입하게 된 배경과 이유에 대해서 말해 보시오.
2. 우리나라 대기업에 AT&T의 'Workforce 2020' 재교육 프로그램을 도입하는데 있어서 예상되는 문제점 또는 긍정적 효과 등에 대해 토의하시오.

제1절 교육훈련

1. 교육훈련의 의의

교육훈련(training & development)이란 구성원들이 직무를 수행하는 데 필요한 지식과 기술, 그리고 능력을 배양시켜 조직의 목적을 달성하도록 돕는 프로세스라고 정의할 수 있다(Mathis & Jackson, 2003). 교육훈련이 기업의 경쟁력을 높이는데 기여한다고 믿기 때문에 오늘날 기업은 구성원들의 교육훈련에 많은 비용을 투자하고 교육의 기회를 확대하려고 노력하고 있다.

그렇지만 경기가 나빠져서 기업이 긴축예산을 편성할 때 많은 기업들이 먼저 교육훈련비를 삭감하는 관행이 있는 것도 사실이다. 그러나 모토롤라나 마이크로소프트 같은 세계적인 초우량기업들은 교육훈련을 미래 수익의 원천으로 인식하고 꾸준히 교육훈련비를 증액하고 있으며 이를 통해 기업의 경쟁력은 향상되고 있다. 교육훈련의 장점은 기업이 필요로 하는 지식, 기술, 능력을 습득하는 것 이외에도 구성원들의 애사심을 함양할 수 있으며, 고객만족을 높일 수 있다는 데 있다.

기술진보의 속도가 눈부시게 빨라지는 오늘날 디지털 환경에서 개인과 조직의 미래 역량을 키우기 위해서 교육훈련은 강화되어야 한다. 교육훈련은 단순한 비용이 아니라 미래수익이 될 수 있다.

2. 교육훈련 프로세스

교육훈련은 일련의 프로세스를 통해 이루어진다. [그림 8-1]에서 보는 바와 같이 교육훈련은 ① 교육훈련 수요조사, ② 프로그램 설계, ③ 교육훈련 실시, ④ 교육훈련 평가 등 4단계의 과정을 거쳐 시행된다.

그림 8-1. 교육훈련 프로세스

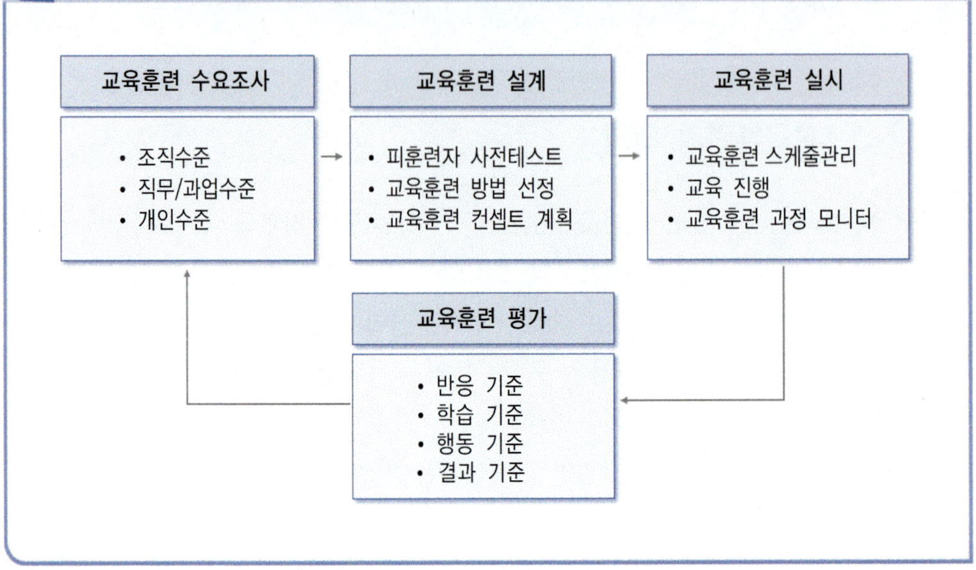

1) 교육훈련 수요조사

교육훈련의 정의에서도 보듯이, 교육훈련은 조직의 목표를 달성하는 데 그 목적이 있다. 따라서, 교육훈련을 실시하기 위해서 조직의 목표를 정확히 파악하고 그 목표를 달성하기 위해 교육훈련이 도울 수 있는 방안을 모색하는 일이 선행되어야 한다. 즉, 조직목표를 달성하기 위해 조직이 어떤 교육훈련을 필요로 하고 있는지 수요조사를 해야 된다는 뜻이다.

교육훈련의 수요조사(assessment of training needs)는 크게 세 가지 수준에서 파악되어야 할 것이다.

(1) 조직수준의 수요분석

교육훈련 수요조사를 위해서 먼저, 조직 전체 수준에서 어떤 교육훈련이 필요한지를 파악해야 한다. 조직 전체의 성과를 올리는데 어떤 문제가 있다면 그것을 해결하기 위해서 교육훈련을 실시할 수 있다. 예를 들면, 불량률을 줄인다든지, 종업원들의 고충과 불만사항을 줄인다든지, 신입사원이 입사를 했다든지 새로운 장비가 도입되어 기존 직원들이 이를 효율적으로 사용할 수 있도록 하기 위해 교육훈련이 필요하다고 파악되면 교육훈련을 도입할 수 있을 것이다.

(2) 직무 및 과업수준의 수요분석

직무와 과업수준에서 교육훈련 수요조사가 이루어져야 한다. 해당 직무나 과업이 요구하는 요건을 충족하여 일을 성공적으로 수행하기 위해 종업원의 지식, 기술, 능력을 향상시킬 필요성이 제기되면 교육훈련이 실시될 수 있다. 또한, 정보기술 발전으로 새로운 직무가 생겨났다면 이를 성공적으로 수행할 종업원을 위해 교육훈련이 실시되어야 할 것이다.

(3) 개인수준의 수요분석

개인수준에서 교육훈련 수요조사가 이루어져야 한다. 개인별 인사평가(performance appraisal)의 결과 직무수행에 부적합한 요소가 확인되면 그 부분을 보충하기 위해 교육훈련이 실시될 수 있다. 그리고 개인이 받기를 원하는 교육희망도 개인수준의 수요분석에서 파악되어 희망에 따른 교육훈련이 실시될 수 있다. 개인수준의 수요분석을 위해서 직원대상 설문조사, 기술력 테스트, 기술 재고조사(skills inventory) 등의 조사가 수행될 수 있다.

그림 8-2. 교육훈련 수요조사의 수준

조직 수준

- 직원들의 고충과 불만
- 제품 불량률
- 신입사원 입사
- 새로운 장비 도입 등

↓

직무 및 과업수준

- 직원의 지식, 기술, 능력
- 새로운 직무의 생성 등

↓

개인 수준

- 인사평가
- 개인의 교육훈련 희망
- 설문조사
- 기술력 테스트
- 기술 재고조사 등

2) 교육훈련의 설계

교육훈련 수요조사의 결과 교육의 대상과 목표가 결정되면 구체적으로 교육훈련을 설계해야 한다. 교육훈련의 설계에는 학습자의 준비정도, 학습자의 학습 유형, 훈련의 전이 등이 고려되어야 한다.

(1) 학습자의 준비정도

교육훈련의 목적과 프로그램이 아무리 훌륭하여도 교육훈련을 받는 학습자(피교육자)가 학습능력이 떨어지거나 자발성이나 모티베이션이 결여되면 교육훈련의 성공을 기대할 수 없다. 따라서 학습자의 준비정도에 맞게 교육훈련이 설계되어야 한다.

가) 학습능력

교육대상 직원의 학습능력이란 교육을 충분히 소화해낼 수 있는 기초지식이나 기술, 그리고 기초적 지각능력을 의미한다. 예를 들어, 자동차 운전면허가 없거나 자동차에 대한 기초지식이 없는 직원에게 자동차 판매교육을 실시해봤자 교육의 효과를 올리기 어려울 것이다.

나) 학습 모티베이션

학습자의 자발성을 무시하고 회사가 일방적으로 차출하여 교육훈련을 실시하는 경우, 또는 교육훈련 결과가 직원의 경력발전과 상관이 없는 경우 학습자의 모티베이션은 결여될 수밖에 없고 교육 성과를 기대하기 어렵다. 따라서 교육훈련을 설계할 때는 교육대상의 기초능력과 관심사, 그리고 경력관리에 대한 정보를 사전에 수집해야 한다.

(2) 학습자의 학습유형

학습자의 학습유형도 교육훈련 설계에 반드시 고려해야 할 사항이다. 예를 들면, 오디오형 학습자(auditory learner)는 교육내용을 듣는 것을 통해 가장 잘 학습을 하며, 촉각형 학습자(tactile learner)는 물건을 직접 손으로 만져보아야 가장 잘 학습하는 스타일이다. 그리고 비디오형 학습자(visual learner)는 그림이나 동영상 등 자료를 활용하여 보여주는 스타일로 교육을 해야 가장 잘 학습하는 유형이다. 특히, 신세대들은 영상세대라 불리는데 이들은 영상매체를 사용하여 실시하는 교육훈련에서 가장 학습의 효과가 있다고 한다.

기업에서 실시하는 교육훈련은 성인들을 대상으로 하는 교육이므로 이들은 스스로 교육훈련을 리드하기를 원하고 추상적이고 이론적인 내용보다는 실무 지향적이고 자신이 하는 업무와 직접적으로 관련이 있는 교육내용을 잘 받아들이는 특성이 있다. 따라서 성인교육인 기업교육은 학습자가 스스로 문제해결을 할 수 있으며 업무와 관련성이 높은 내용을 학습할 수 있도록 설계되어야 한다.

(3) 교육훈련의 전이

교육훈련의 전이(transfer of training)란 피훈련자(trainee)가 교육훈련을 통해 획득한 지식, 기술, 능력을 자신의 업무에 효과적이고 지속적으로 적용하는 것을 말한다(Broad & Newstrom, 1992). 교육훈련의 전이가 일어나면 교육훈련 참가자는 자신의 담당업무에 교육훈련 받은 내용을 적용하고 업무의 성과를 향상시킬 수 있다. 여기서 전이(轉移)는 업무의 개선을 수반할 경우에는 긍정적 효과를 의미하며, 교육훈련의 전이가 오히려 업무의 성과를 저해할 경우에는 부정적 효과가 될 것이다(Bladwin & Ford, 1988).

긍정적인 교육훈련의 전이를 극대화시키기 위해서 교육훈련 프로그램의 설계에 있어서 다음과 사항을 고려하여야 한다.

① 교육훈련 상황과 업무상황간의 유사성을 최대화한다.
② 피훈련자들에게 최대한 학습받는 과업, 개념, 기술에 대한 경험을 쌓게 함으로써 교과서의 사례와 같지 않은 상황도 실무적으로 잘 처리할 수 있도록 한다.
③ 엔지니어나 투자분석사 또는 시스템 분석사들을 훈련하는 경우, 피훈련자들에게 원리를 잘 이해할 뿐만 아니라 원리를 적용하여 문제를 해결하는 법에 대해서 잘 학습할 수 있도록 한다.
④ 교육훈련의 내용과 직무 내용간에 연관성을 높일 수 있도록 한다
⑤ 팀 훈련의 경우, 전이를 최대화하기 위해서 팀내 정보를 공개할 뿐 아니라 접근을 제한하지 않는 분위기 조성이 필요하다.
⑥ 피훈련자들의 상급자와 동료의 역할이 중요하다. 상급자와 동료들이 피훈련자가 배운 것을 현업에 적용할 경우 보상을 해주어야 교육훈련 전이가 강화될 수 있다.

3) 교육훈련의 목표와 타당성 검증

교육훈련을 잘 설계하기 위해서 교육훈련 프로그램이 교육훈련의 당초 목표를 달성할 것인지를 예상하여 검증하거나 교육을 실시하고 난 후에 평가의 일환으로 목표달성도를 체크하는 하는 것이 일반적인데, 교육훈련의 타당성(validity of training) 검증은 이를 위한 방법이 된다. 교육훈련의 타당성 검증이란 “과연 교육훈련이 당초 목적한 바를 충족시키는가?”는 물음에 답하는 것이다.

골드스타인(Goldstein)(1986)은 교육훈련의 타당성을 다음의 네 가지 카테고리로 분류하고 각 카테고리별로 타당성에 관한 질문에 답을 할 수 있는지 여부를 검증하고자 시도하였다.

(1) 훈련 타당성(training validity)

훈련 타당성 검증은 "피훈련자가 훈련기간 동안 무엇을 학습하였는가(또는 할 것인가)?"라는 질문에 답을 하는 것을 말한다. 아무리 재미있는 훈련이라고 하여도 교육을 통해 배우는 내용이 없으면 훈련 타당성이 없는 것으로 판단한다.

(2) 전이 타당성(transfer validity)

전이 타당성 검증은 "피훈련자가 교육훈련에서 학습한 지식, 기술, 능력(KSA)을 현업에서 어느 정도나 성과의 개선과 연계하였는가(또는 연계할 것이가)?라는 질문에 답을 하는 것으로서, 예를 들면, 피훈련자들이 맡고 있는 직무에 대한 기본적인 직무분석을 하지 않은 상태에서 직무교육을 시행하면 교육훈련의 전이가 일어나기 어렵다.

(3) 조직 내 타당성(intra-organizational validity)

조직 내 타당성을 검증하기 위해서 "새롭게 교육훈련 프로그램을 이수한 피훈련자 집단의 성과가 동일한 기업조직 내 당초 피훈련자 집단의 성과와 비교해서 유사한 결과를 보이는가?"라는 질문에 답을 하는 방법으로 검증할 수 있다. 잘 설계된 교육 프로그램은 개발 직후에 교육을 받은 첫 번째 집단(1기)의 성과와 후속 집단(2기나 3기)의 성과와 유사하여야 한다는 논리에 기초하고 있다. 두 성과간 차이가 크다면 교육훈련 프로그램의 타당성에 문제가 있다고 볼 수 있다.

(4) 조직간 타당성(inter-organizational validity)

조직간 타당성 검증은 "한 기업에서 성공적으로 실시한 교육훈련 프로그램이 다른 기업에서도 효과적으로 실시될 수 있는가?"라는 질문에 답을 하는 방법으로 검증될 수 있다. 예를 들면, 컴퓨터 교육이나 어학교육 같은 교육은 속성상 조직과 업종, 산업에 크게 구애받지 않고 실시할 수 있는 교육이기 때문에 조직간 타당성이 비교적 높은 교육이라고 할 수 있다. 타 기업에서 성공했다고 알려진 교육 프로그램을 타당성 검증도 없이 무분별하게 도입하게 되면 교육훈련의 성공을 보장할 수 없는 것도 조직간 타당성 검증에 문제가 있을 수 있기 때문이다.

그림 8-3. 교육훈련의 타당성 유형

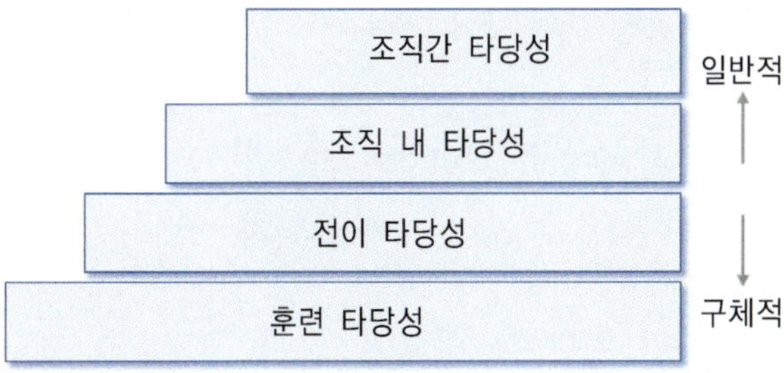

자료 : Landy (1989), 343.

4) 교육훈련 방법

교육훈련이 설계되면 시험과정을 거쳐 실제 교육훈련이 시행될 수 있다. 교육훈련이 시행되는 단계에서는 교수방법이 중요해진다. 교수방법에 문제가 발생하면 아무리 잘 설계된 교육훈련도 효과가 저하된다. 따라서, 교육훈련의 대상과 주어진 조직환경에 따라 교수방법을 적절히 선택해야 한다.

교수방법, 즉 교육훈련의 방법에는 크게 조직 내부에서 실시하는 내부교육(internal training)과 조직 외부에서 실시하는 외부교육(external training)으로 구분된다.

(1) 현장직무훈련(On-the-Job Training: OJT)

현장직무훈련(OJT)은 내부교육의 가장 일반적 형태로서 조직 내 모든 계층에서 손쉽게 실시할 수 있는 직무교육이다. OJT는 업무시간 중에 실제 업무를 수행하면서 동시에 실시하는 교육으로서 상급자가 하급자에 대해 실시한다. OJT의 종류로는 도제식 훈련(apprenticeship program), 직무 오리엔테이션(Job Instruction Training: JIT), 인턴십, 멘토링 등을 들 수 있다. OJT의 장점과 단점은 다음과 같다.

OJT의 장점

- 일을 실제로 수행하면서 학습할 수 있다(learning by doing).
- 훈련자(상급자)와 피훈련자(하급자)간 의사소통이 원활해진다.
- 훈련받은 내용을 즉시 활용하여 성과에 반영할 수 있다.
- 훈련비용을 절감할 수 있다.

OJT의 단점

- 현재 관행을 반복적으로 후임자에게 전수하므로 피훈련자들은 잘못된 교육내용을 무비판적으로 답습할 가능성이 높다.
- 훈련자 역량에 따라 훈련 효과는 크게 달라질 수 있다.
- 업무 우수자가 반드시 우수한 훈련자가 아니다.
- 훈련자가 전문가가 아니므로 훈련 효과를 믿기 어렵다.

(2) 외부 훈련(Off-the-Job Training: Off JT)

외부 훈련(Off JT)은 직무가 수행되는 장소를 벗어나 시간적 · 공간적으로 격리된 상태에서 교육훈련을 받는 것을 말한다. 기업 연수원 교육이나 외부 위탁교육이 이에 속한다. 외부 훈련의 종류로는 세미나, 학회, 컴퓨터 기반교육(computer-based training : CBT), 시뮬레이션, 비디오 교육(IVD), 가상현실, 평가센터(assessment center), 감수성 훈련 등이 있다. 외부 훈련은 현장 교육의 단점을 보완할 수 있으며, 특히, 전문성을 갖춘 훈련자에 의해 체계적이고 심층적인 교육훈련을 실시할 수 있다. 그러나 실제 업무환경을 벗어나기 때문에 업무에 지장을 줄 수 있다.

(3) 이러닝(E-learning)

E-learning은 인터넷이나 사내 인트라넷(intranet)을 사용하여 실시하는 온라인 교육을 의미한다. 오늘날 정보기술 발전과 이러닝 컨텐츠 개발로 E-learning을 실시하는 기업이 크게 증가하고 있다. 사이버연수원 또는 원격교육이라고도 부르는 E-learning은 시간과 장소에 구애받지 않고 피훈련자가 학습 속도를 조절하면서 교육훈련을 실시할 수 있다는 장점 때문에 날로 확대되는 추세에 있다.

그러나 E-learning을 도입하기 위해서는 직원들의 컴퓨터 사용능력이 어느 정도 갖춰져 있어야 함은 물론, 최초 도입기에 많은 비용이 예상되므로 최고경영자의 이해와 후원이 필수적이다. E-learning의 장점과 단점은 다음과 같다.

E-learning의 장점

- 시간과 공간의 제약을 초월하여 동시에 많은 직원을 대상으로 교육을 실시할 수 있다.
- 피훈련자는 스스로 학습시간을 조정할 수 있다.
- 양방향 교육, 상호작용적 교육이므로 오류를 즉시 수정할 수 있다.
- 교육내용의 전수가 표준화되어 있어 훈련의 일관성이 유지된다.
- 연습문제를 풀고 모범답안을 피드백 받을 수 있다.
- 프로그램 내에 안내문이나 보충설명이 포함되어 있다.

- 교육내용을 언제든지 업데이트 할 수 있다.
- 훈련자 주도의 교육훈련이 이루어진다.

E-learning의 단점〉

- 피훈련자를 불안하게 할 수 있다
- 모든 피훈련자가 E-learning을 잘 받아들이지는 않는다.
- 컴퓨터(인터넷) 접속이 용이하지 않을 수 있다.
- 주제에 따라 E-learning이 적합하지 않을 수 있다.
  (실무나 실기가 많이 요구되는 교육훈련에는 부적합)
- E-learning 도입실시를 위해서 비용이 많이 들 수 있다.
- 학습의 효과가 그리 높지 않은 것으로 조사되고 있다.
- 최고경영자의 적극적 후원이 없으면 성공하기 어렵다.

(4) 메타버스(Metaverse)를 활용한 교육훈련

가공, 추상을 의미하는 메타(Meta)와 현실 세계를 의미하는 유니버스(Universe)의 합성어로 현실을 초월하는 디지털 세상을 의미한다. 게임, SNS 등 기존 가상세계 활동을 넘어 온라인 경험이 현실 세계의 경제, 사회, 문화 활동과 연결되는 개념으로 확장된 것을 말한다. 2010년 이후 5세대 이동통신 상용화 등 통신기술이 발달하고, 가상현실(VR), 증강현실(AR), 혼합현실(MR), 확장현실(XR) 등 기술발전과 더불어 최근 코로나19 확산으로 메타버스에 대한 관심도가 높아지고 있다. 최근 언택트 사회로 급속히 변화되면서 민간과 공공을 막론하고 메타버스에 대한 관심이 증가하는 추세이다.

국내 SKT 등 이동통신 통신기업들도 플랫폼을 강점으로 XR기술을 접목하여 가상세계에서 양방향으로 소통하는 메타버스 비즈니스 모델을 개발하여 제2의 플랫폼을 구성하는 준비를 진행중이다. 메타버스 기술은 제조업, 의료산업, 교육훈련에 적용될 수 있다(박진호, 2021).

최근 국내외에서 메타버스 기술을 활용한 대학과 기업의 강의와 연수 등 교육훈련 프로그램들이 선을 보이고 있다. 가상세계의 내가 실제 세계에서 생활을 하는 것처럼 학교와 회사도 방문하고 나의 아바타(Avatar)가 교육훈련에 참가하는 것이 머지않아 일상화 될 것으로 전문가들은 내다보고 있다. 메타버스의 장점은 온라인과 오프라인의 경계를 넘나들면서 현실감 있는 풍부한 지식과 경험을 쌓을 수 있다는 점이다. 그러나 아직은 메타버스 환경을 조성하는 데 적지 않은 비용이 들기 때문에 개별 기업입장에서는 도입이 쉽지 않다는 단점이 있다.

5) 교육훈련 평가

교육훈련을 실시하고 난 후 개인과 조직에 효과가 있는지 검증하기 위해서 교육훈련의 결과를 철저하게 평가해야 한다. 평가시에 당초 교육훈련의 목표를 달성하였는지, 전이가 일어났는지를 살펴야 한다.

커크패트릭(D. L. Kirkpatrick)은 교육훈련 평가를 다음의 네 가지 기준으로 평가하는 것이 필요하다고 주장하였다.

그림 8-4. 교육훈련 평가의 네 가지 기준

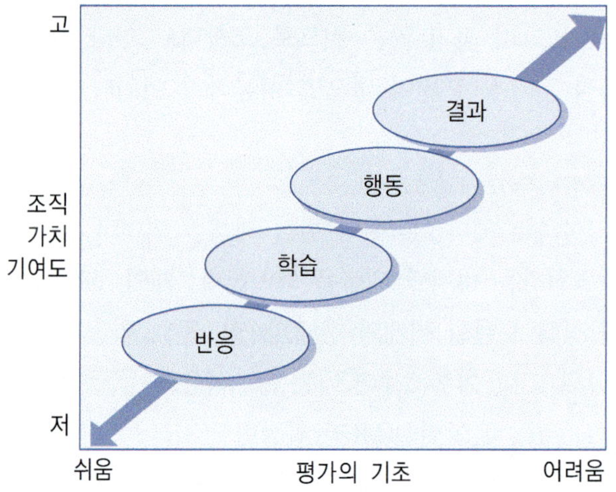

자료 : Mathis & Jackson(2003), 295.

(1) 반응기준(reaction criteria)

반응기준은 피훈련자가 교육훈련을 통해 받은 인상을 기준으로 교육훈련을 평가하는 것을 말한다. 주로 교육훈련이 끝난 직후 참가자들을 대상으로 설문조사를 실시하여 교육훈련이 유익하였는지, 배운 내용이 양적으로 질적으로 적절했는지, 흥미가 있었는지를 측정한다.

(2) 학습기준(learning criteria)

교육훈련 도중이나 직후에 배운 내용을 테스트해서 과연 학습이 일어났는지 측정하는 것을 말한다. 학교에서 실시하는 중간시험이나 기말시험, 연수원에서 실시하는 평가는 주로 학습기준에 의해 교육훈련을 평가하는 방법이다.

(3) 행동기준(behavioral criteria)

교육훈련의 결과 피훈련자가 직무에 돌아와 행동의 변화를 보여 실제로 성과에 영향을 미치는지를 측정하는 기준을 말한다. 교육훈련의 전이는 주로 행동기준으로 교육훈련을 평가하는 것이다.

(4) 결과기준(results criteria)

교육훈련이 조직의 목표와 관련된 중요한 결과를 달성하는 데 어떤 효과가 있는지를 측정하는 것을 말한다. 결과의 지표로서는 불량률, 매출액, 업무수행 시간, 비용, 직원이직률 등을 들 수 있다. 결과지표를 교육전과 교육후 특정시점을 비교하여 측정한다.

3. 교육훈련 평가지표로서 ROI

최근 기업의 전략경영이 강조되면서 경영의 각 부문에 대한 예산의 배정과 집행에 있어서 전략적 고려가 중시되고 있다. 이러한 추세는 인사관리 부문도 예외가 될 수 없다. 인사부서는 그들의 존재이유를 밝히기 위해서 인사부서의 효율성을 수치로 측정하여 공표함으로써 그 부가가치를 표현할 수밖에 없는 분위기로 유도되고 있다. 더욱이 인사기능이 기업의 전략적 핵심역량이고, 인적자원이 기업성공의 엔진이라는 주장이 끊임없이 제기되는 요즘, 이러한 주장을 뒷받침하기 위해서라도 인적자원개발과 관련된 프로그램의 성과에 대한 ROI(Return on Investment)의 측정과 활용은 그 중요성이 증대되고 있다.

1) ROI의 이해

과거에는 주로 직원들 인사 파일 관리, 인사관련 통계, 급여계산에 있어서 컴퓨터 프로그램이 사용되었지만 지금은 정교한 솔루션이 시장에 속속 등장하면서 인사관련 전략적 의사결정에 있어서 컴퓨터 프로그램의 도움을 받는 경우가 늘고 있다. 최근 e-Business의 도입으로 HR업무에 있어서 컴퓨터와 인터넷을 통한 e-HR의 필요성이 증가하고 있다. 인사관리 부문의 성과측정에 ROI분석이 요구되는 것은 이러한 추세를 반영한 것이다. ROI는 재무관리나 관리회계 영역뿐만 아니라 인사부문의 성과를 평가하는데 있어서 중요한 잣대로 부각되고 있으며 이를 도입하는 기업이 늘고 있다.

ROI의 도입과 활용은 다음과 같이 여러 면에서 기업에 유익을 가져다준다.

첫째, 인사부문, 특히 HRD와 관련된 예산이 점차 증가하고 있어 인사부문 투자경비에 대한 회계적 책무성(accountability)에 대한 요구가 증대하고 있다. 인사 프로그램의 성과에 대한 ROI의 도입은 이러한 요구에 부응할 수 있다.

둘째, 전사적 품질경영(TQM)의 도입과 조직의 업무 프로세스 개선이 중시되면서 성과 측정이 주요 이슈로 등장하고 있다. 이러한 측정의 압력이 인사관리 부문에도 불어닥쳐 인사관리부문 투자의 효율성을 측정하는 방법이 요구되고 있으므로 인사성과에 대한 ROI분석 도입은 기업의 품질경영 향상에 기여할 수 있다.

셋째, 최근 기업이 극심한 구조조정을 겪으면서 인사관리부서도 아웃소싱 또는 축소를 요구받고 있는데 인사관리부서가 존속하기 위해서 최고경영자에게 인사관리의 효율성을 실제 데이터를 사용하여 보고하고 존재이유를 제시할 필요성이 증대되고 있다. 인사성과에 대한 ROI분석의 도입은 인사관리 부서의 전략적 가치를 증명할 수 있다.

넷째, 최근 경제위기를 겪으면서 기업활동에 있어서 보다 지식집약적, 영업중심적, 재무적 이슈가 중시되고 있다. 따라서, 인사관리부문의 성과를 ROI같은 경제적 잣대로 표현하는 것은 기업의 경영전략의 강조점과도 일치하는 것이다.

다섯째, 기업성과의 회계적 책무성(accountability)이 중시되면서 과거에는 측정이 어렵다고 간주되어온 인사관리부문의 투자성과에 대해서도 계량적으로 보고할 필요가 증대되고 있다. ROI측정과 공표가 그 대안이 될 수가 있다.

2) ROI 도입의 목적

결국, 기업이 ROI를 도입하여 인사성과에 대한 계량적 분석과 평가를 시도하게 되면 인적자원의 효율적 관리가 가능해진다. 인사관련 프로그램들의 성과가 구체적 수치로 측정되므로 그 효율성과 성과를 토대로 인사관리가 한 차원 발전하는 계기가 될 수 있다. 물론, 인사부서의 기능과 활동을 모두 수치나 화폐가치로 측정할 수 있다는 말은 아니며, 인사성과 측정에 ROI를 도입한다고 해서 정성적 지표(qualitative indices)들이 무시되는 것이 아니다. 가령, 과거에는 정량적 측정에서 무시되었던 직무만족 같은 정성적 요인들도 ROI 측정에 고려하고 포함시키려는 시도는 인사관리의 ROI 분석을 보다 정교화할 수 있는 대안이 될 수 있다.

ROI는 오늘날 기업의 핫 이슈가 되고 있다. 기업경영을 하면서 비용과 그 비용투자의 결과에 대해 모르고 있다면 그것은 경영이라고 말하기 어렵다. 인사관리도 경영의

한 부문이므로 투자한 만큼 어떤 결과가 나왔는지 계산해서 밝혀야 한다. 그렇지만 인사관리 실무에 종사하는 사람들은 지금까지 인사부문의 성과를 계량화하여 회계보고하는데 적극적이지 않았으며 지금도 ROI같은 계량분석 기법의 도입을 꺼리는 입장을 보이는 경우가 많다. 인사부문의 성과를 계량적으로 측정해서 그 결과가 좋지 않으면 어쩌나 하는 우려가 깔려있다. 그래서 ROI 도입이 그리 순탄치 만은 않다. 단순히 ROI 기법 도입의 문제가 아니라 인사 프로그램의 계량적 평가에 대한 거부감이 문제이다. 즉, 제도가 아니라 태도의 문제이다.

오늘날 세계화・지식정보화 시대를 맞이하여 인사관리부서는 다음 두 가지 일을 해야한다.

① 활동(activity) 중심에서 부가가치(adding value) 중심으로 전환해야 한다.
② 인사관리가 부가가치가 있다는 것을 계량적으로 보여주어야 한다.

환언하면, 인사관리에 ROI를 도입하는 것은 '인사부서의 부가가치'를 높이는 일이 된다. 이를 위해 ROI 분석이 기여하게 되는 것이다. 인적자원에 투자하는 재무적 자원에 대한 회수(return), 즉 성과를 분석함으로써 인사관리 시스템의 개선되어야 할 포인트를 발견할 수 있으며 나아가 소중한 인적자산의 손실도 미연에 방지할 수 있는 효과를 거둘 수 있기 때문에 선진국 기업에서 ROI분석을 인사관리에 도입하고 있는 것이다.

그러면 ROI의 도입을 통해 측정하고자 하는 것이 무엇인가? 즉, 인사관리 부문에 있어서 ROI로 무엇을 측정할 것인가? ROI의 전도사로 자처하는 미국 Deloitte 컨설팅회사의 필립스(J. Phillips) 박사는 다음 아홉 가지를 제시한다.

① 인사모집과 선발의 성공여부에 대한 ROI분석
② 인력채용 과정의 금전적 절약분에 대한 ROI분석
③ 성과배분 프로그램의 성공여부에 대한 ROI분석
④ 종업원 복리후생 패키지의 변경에 대처하는 인사담당자의 반응에 대한 ROI분석
⑤ 소수집단의 다양성 관리에 대한 ROI분석
⑥ 새롭게 개편된 신입사원 오리엔테이션 프로세스의 효과성 검증을 위한 ROI분석
⑦ 관리자 교육 프로그램의 성과측정을 위한 ROI분석
⑧ 종업원 제안제도의 기여도에 대한 ROI분석
⑨ 성적 괴롭힘 방지 프로그램 도입의 재무적 이익측정을 위한 ROI분석

ROI 분석을 위해서는 설문조사, 인터뷰, 포커스 그룹 인터뷰 등을 통해 자료가 입수되어야 하며 인사 프로그램의 시행시간, 원가, 시간당 비용 등 자료가 충분히 확보되어야 한다. 그리고 이에 더하여 정성적 자료도 아울러 수집되어야 한다.

3) ROI를 이용한 교육훈련 성과 측정 실무

인사 프로그램 성과의 ROI 측정을 위해서 먼저 해야 할 것은 I(Investment, 투자 또는 비용)에 대한 분석이다. 즉, 얼마나 많은 비용(예산)을 인적자원을 위해 투자하는가이다. 인적자원 투자액은 급여총액, 복리후생 비용, 교육훈련 비용, 사용자가 부담하는 고용보험 납부액과 인사관리 관련 행정비용 등이 그것이다.

다음으로 R을 살펴보자. R(Return, 효익 또는 부가가치)을 확보하기 위해서는 R을 감소시키는 요인들을 살피고 이를 감소시킴으로써 조직이 얻게 되는 효익(절약액)을 계량적으로(화폐가치로) 파악하면 된다. 그러면 거꾸로 말해서, R을 감소시키거나 위협하는 비용들에는 어떤 것이 있는가? 이들 요인들의 비용실현을 막고 절약(save)하게 되면 R은 증가하게 된다.

첫째, 이직(turnover)비용이다. 한 사람의 종업원이 이직을 하게 되면 그 사람은 그 직장에서 취득한 노하우와 아울러 그 사람을 훈련시킨 비용과 시간을 앗아가 버리는 것이 된다. 이직을 통해 중요한 고객과 공급자를 잃게 되는 손실을 초래하기도 한다. 이직의 비용은 이것으로 그치지 않는다. 공석을 채우기 위해 모집과 선발비용, 교육훈련 비용도 계산에 넣어야 한다.

둘째, 근태(absenteeism)비용이다. 근태비용은 종업원의 결근, 지각, 조퇴 등으로 인해 발생하는 비용을 말한다. 좌절을 겪고 자신의 꿈이 실현되지 않는다고 느끼는 직원들이 스트레스를 주는 작업환경으로부터 벗어나고자 병가를 신청하는 경향이 높다. 근태비용을 계산하려면, 매일 일상적으로 한 종업원이 사용하는 비용에 근태로 손실되는 날수를 곱하면 된다.

셋째, 종업원의 보상비용(worker's compensation payment)이다. 특정직무를 수행하는 인력이 그 직무가 요구하는 교육훈련의 양과 질이 부족하거나 이직을 하게 되면 조직에 비용으로 작용하게 된다. 그 직무가 전략적으로 중요한 것일 때 그 비용은 더 커지게 된다. 기업은 이러한 비용을 줄이기 위해서 현재 근무하고 있는(우수 핵심) 종업원들에게 이직이나 이동을 통해 회사가 입을 수 있는 비용을 예방하기 위해 업계의 통상수준 이상의 급여를 지급하고 그 인력을 유지(retention)하려는 인사정책을 시행하게 된다. 이때 발생되는 비용을 종업원 보상비용이라고 한다.

넷째, 종업원의 사기(morale) 저하에 따르는 비용이다. 일반적으로, 종업원의 사기가 높을수록 그렇지 않은 경우보다 생산성이 더 높다고 믿어진다. 반대로, 사기가 떨어지면 조직에 비용을 부담지우게 될 것이다. 사기측정은 종업원에 대한 설문조사를 통해 이루어진다. 물론, 사기조사는 철저히 비밀이 유지되는 가운데 수행되어야 효과가 있다.

I와 R에 대한 정확한 정보가 수집되면 될수록 ROI의 결과는 정확한 것이 될 수 있다. ROI 측정과 분석에는 종종 전문지식이 동원되기 때문에 기업 외부 전문가가 동원되기도 한다.

표 8-1. ROI의 비용과 효익 요소 예시

I (Investment : 비용요소)	R (Return : 효익요소)
• 임금총액 • 복리후생 비용 • 교육훈련 비용 • 사용자가 부담하는 고용보험 납부액 • 인사관리 관련 행정비용 등	• 수익 창출액 • 각종 원가 절감액, • 이직 비용의 절감액 • 결근, 지각, 조퇴(근태)비용의 절감액 • 종업원 보상비용 • 교육훈련을 통한 개선효과(화폐적) • 사기저하의 방지 비용 등

I(비용)와 R(효익)에 대한 자료가 수집되고 화폐가치로 전환이 완료되면 다음으로 ROI를 어떻게, 즉 어떤 연산과정을 거쳐 산출할 것인가를 생각해야 한다.

ROI는 회계학적으로 정의한다면, ROI = 세후 영업이익 ÷ 자산이다. 즉, 기업이 자산(투자액)을 얼마나 수익성 있게 운영하였는지를 측정하는 지표가 바로 ROI이다. 그러나 이 공식은 회계적으로는 의미가 있으나, 인사관리 성과를 측정하기에는 미흡하다. 일반적으로 가장 많이 사용되는 ROI 산출공식은 다음과 같다.

$$\text{ROI}(\%) = \frac{\text{순효익}(\text{효익} - \text{비용})}{\text{비용}} \times 100$$

ROI는 퍼센트(%)로 표시되는 것이 대부분이며, ROI 값이 크면 클수록 그만큼 프로그램의 성과가 매우 높고 효율적이라는 의미로 받아들여진다.

인사관리 프로그램 성과에 대한 ROI 분석이 수행되면 기업 전체의 인적자원의 효율성에 대한 그림이 그려지게 된다. ROI는 인사 프로그램에 대한 효율성 지표도 되지만 궁극적으로는 기업의 인적자원(human resources)의 우수성을 입증하는 도구도 되는 것이다. 이러한 의미에서 ROI는 ROP(Return on People)라고 말할 수 있다.

4. 교육훈련의 3대 물결

기업 교육훈련에 있어서 역사적으로 신기원(innovation)이라고 부를만한 패러다임의 변화(paradigm shift)는 크게 세 번이 있었다. 혹자는 이를 세 차례의 물결이라고 부르기도 한다. 교육훈련의 '제1의 물결'은 1940년대에 기업교육에 이른바 'T-Group' 훈련을 도입한 일이었다.

T-Group훈련은 '감수성 훈련(sensitivity training)'이라고 부르기도 하는데, 조직구성원들이 다른 구성원과의 대면접촉(face-to-face contact)을 통해 타인에 관심을 가지고, 그들의 처지나 입장을 이해함으로써 마음의 벽을 허물고 인종, 지역, 학력, 출신 등 차이를 극복하고 협동을 하게 됨으로써 조직이 활성화되고 이를 통해 조직성과가 향상된다는 것이 제1의 물결의 골자이다. 이로써 조직개발(organization development) 기법이 크게 인기를 끌게 되었고 이를 활용하여 상당한 성과를 올리는 조직들이 많이 생겨났다. 개인별 훈련에 초점을 두고 있던 당시로서는 감수성 훈련은 혁명적 기법으로 받아들여졌다. 교육훈련의 두 번째 물결은 1950년대에 시작하여 1970년대에 꽃을 피운 '구조적 피드백(structured feedback)'기법을 꼽을 수 있다. 이것은 학습이론에 있어 중요 개념인 강화(reinforcement) 및 피드백(feedback) 개념을 교육훈련에 도입한 것으로서, 조직 내 인간행동이 그 결과에 대해 자신을 둘러싼 상사, 동료, 부하직원, 고객, 주주 등 이해관계자들의 평가에 의해 끊임없이 피드백을 받는다는 개념을 핵심으로 하는 이 훈련기법은 후세에 다면평가(또는 360도 인사평가) 등으로 발전하였다. 이 물결의 기본사고는 교육훈련에 있어서 중요한 것은 교육훈련을 통한 전이(transfer of training)이며, 이것이 이해관계자들의 피드백 반응으로 측정된다는 데 있었다. 이 두 번째 흐름은 이미 기업 교육의 주된 흐름으로 자리잡았고 우리나라에서도 인사평가와 교육훈련의 다면평가가 대기업을 중심으로 10여년 전부터 정착되어 가고 있다.

1990년대에 교육훈련에 있어서 '제3의 물결'이 밀려왔는데, 이 세 번째 물결은 기존의 교육훈련 패러다임을 근본적으로 흔드는 획기적인 것이다. 교육훈련의 제3의 물결이란 다름 아닌 Action Learning(AL), 즉, '행동을 통한 학습'이라고 할 수 있다.

표 8-2. 교육훈련의 패러다임 변화

교육훈련의 패러다임 변화	혁신 기법	주요 내용	시작 연대 (미국 기준)
제1의 물결	감수성훈련 (T-Group Training)	조직구성원들 간 대면접촉을 통한 마음의 벽 허물기, 조직개발	1940년대
제2의 물결	구조적 피드백 (Structured Feedback)	교육훈련의 전이 중시, 이해관계자들로 부터의 피드백에 의한 교육훈련 평가	1950~70년대
제3의 물결	행동을 통한 학습 (Action Learning)	직무상황에서의 행동과 실제 경험을 통한 학습	1980년대

자료 : Ulrich, Losey & Lake(1997).

1) 액션러닝의 기법

(1) 액션러닝의 정의

액션러닝(Action Learning)에 관한 표준적 정의로 간주되는 버크(W. W. Burke)의 정의는 다음과 같다.

> “조직 내 시시각각 발생하는 실무적 문제를 해결하는데 있어서 개인학습의 원리를 동원하여 문제해결을 보다 효과적으로, 그리고 협동작업을 통해 추진함으로써 조직의 학습과정을 획기적으로 개선하는 것이다. 즉, 이것은 학습을 학습하는 것(learning about learning)을 말한다”

버크의 정의를 통해 알 수 있는 것은 액션러닝이란 조직 내 문제해결을 하는 데 있어서 학습(learning)을 활용하는 것이며, 이러한 과정을 통해 조직 및 구성원들의 학습능력을 향상시키는, 실질적이고 행동위주의 교육훈련 방법이라고 이해할 수 있다. 액션러닝이 교육훈련에 있어서 ‘제3의 물결’이라고 말할 수 있을 정도의 패러다임 변화가 될 수 있는 이유는 이것이 교육훈련 실무에 있어서 다음과 같은 획기적인 개선을 할 수 있기 때문이다.

- 학습과 결과 활용간 소요시간을 획기적으로 단축시킨다.
- 개인과 집단의 실제 경험을 통한 지식에 토대를 두고 있다.
- 교육훈련의 결과와 과정 모두를 강조한다.
- 현재와 미래에 초점을 둔다.

- 교육훈련 비용을 감축시킨다.
- 조직구성원의 행동과 성과에 대해 유용한 피드백을 준다.
- 과거에는 해결할 수 없었던 문제에 대한 혁신적 해법을 제시한다.
- 구성원들의 조직몰입을 증가시킨다.
- 조직학습(organizational learning)을 향상시킨다.

결국, 액션러닝이란 "교육참가자들이 소규모 집단을 구성하여 개인과 집단이 팀워크를 바탕으로 경영상의 실제문제(real problems)를 정해진 시점까지 해결하도록 하여 문제해결과정에 대한 성찰(reflection)을 통해 학습하도록 지원하는 교육방식"으로 정리할 수 있다.

(2) 액션러닝의 실제

다른 각도에서 살피자면, 액션러닝은 사람들로 하여금 스스로 자신을 분석, 점검하여 자기 자신의 가치, 기본전제, 신념과 태도를 인식하게 만드는 교육훈련 방법이라고 말할 수 있다. 액션러닝의 목표는 조직구성원으로 하여금 자신이 누구인지, 그리고 자신이 하고 있는 일과 관련된 현실세계가 어떠한지를 발견하게 함으로써 현실세계를 창조하는 데 있어서 방관자가 아니라 주인공이 되도록 해준다.

표 8-3. 관리자 개발관련 5대 핵심사건

5대 핵심 사건	구체적 내용
① 업무 단계 관련	• 이전의 업무 경험 • 관리자로서 담당한 첫 직무
② 부하직원 설득 관련	• 프로젝트 팀 및 태스크포스 임명 • 라인과 스탭간 임무교체
③ 현장 지도 관련	• 바닥에서부터 출발 • 업무의 대전환 • 고 차원적 관리
④ 인간 관계 관련	• 상급자와의 관계
⑤ 업무상 애로 관련	• 개인적 상처 • 경력 정체 • 보직 전환 • 업무상 실수 • 부하직원 업무부진

자료 : McCall, Lombardo & Morrison(1988).

액션러닝에서 가장 중시되는 것이 현장경험(on-the-job experience)이다. 왜냐하면 학습은 경험을 통해 일어나며 경험을 통한 개인과 집단의 학습이 액션러닝의 핵심 내용이기 때문이다. 오늘날 수준 높은 관리자교육은 주로 관리자의 실제 경험을 강조하고 있다. 미국의 세계적인 관리자 교육훈련 기관인 CCL(Center for Creative Leadership)은 미국 내 6개 대기업에 근무하는, 성공적인 관리자 191명(모두 임원급)을 대상으로 설문조사를 실시하였는데 설문내용은 "귀하께서 지금까지 경력을 쌓아오시면서 관리능력을 향상시킨 계기가 된 핵심사건(key events)을 열거하고 그 사건에 대해 기술해 주십시오"였다.

CCL은 응답 설문지를 회수한 결과, 총 616개 핵심사건과 이를 통한 1,500여개의 교훈(lessons)을 수집할 수 있었다. 이를 내용분석(content analysis) 기법을 활용하여 총 32개 유형의 교훈으로 정리할 수 있었으며, 이를 다시 다음과 같이 크게 다섯 가지 사건과 교훈으로 분류할 수가 있었다.

CCL 연구의 결과는 관리자 개발(management development)에 매우 중요한 시사점을 던져주고 있다. 즉, CCL 연구결과를 한마디로 요약한다면, "관리자는 핵심사건을 통해 배운다"는 것이다. 관리자가 자신의 관리역량을 키울 수 있는 것은 업무와 관련된 중요한 사건을 경험하고 이를 극복하는 과정에서 보다 성숙한 관리자로 발전해 나간다는 것이다. 이 시사점이야말로 액션러닝에서 가장 중시하는 '현장경험을 통한 학습'인 것이다.

액션러닝이 현장경험을 강조하는 이유는 현장경험이라는 '살아있는 사례'들을 다룸으로써 관리자로서 리더십, 부하육성 능력, 문제해결 능력, 기회포착 능력 등 관리자 교육의 필수과목을 스스로 마스터할 수 있기 때문이다.

액션러닝이 개인의 직접적 현장경험만으로 수행되는 것은 아니다. 유사한 상황에 처한 다른 사람, 예컨대 동일 직종의 타 조직관리자의 경험을 전해 들음으로써 우수한 대리경험이 쌓이게 되고, 경험자들과의 토론을 통해 보다 바람직한 문제해결 방법에 접근할 수 있게 된다. 예를 들어, 해결하기 어려운 관리 문제를 가진 관리자 A는 다른 참가자의 발표나 자유토론을 통해 유사한 상황에 놓여 있는 타 관리자들에게 문제해결을 위한 처방을 요청할 수 있다. 유사한 경험을 지닌 타 조직 관리자 B, C는 자신의 경험을 토대로 A가 처한 문제상황에서 최선이라고 할 만한 해법을 제안하게 되고 여러 사람들의 제안을 종합하여 관리자 A는 자신의 문제를 해결하는 최적해법을 마련할 수 있게 된다. 혹자는 이러한 경험교환 토론회를 가리켜 '관리자 클리닉(management clinic)'이라고도 한다. 우리 속담에도 "병을 고치려면 병 자랑을 하고 다녀야 한다"는 말이 있듯이 조직의 문제를 해결하기 위해서는 이러한 경험교환 과정이 필요하다. 액션러닝은 이러한 management clinic의 장을 의도적이고 체계적으로 마련해 주는 것이다.

미국 University of Michigan이 운영하고 있는 인사담당자들을 위한 경영자개발 과정(management development course)은 전형적인 액션러닝의 예라고 할 수 있다. 이 과정은 각각 다른 회사에서 온 5~6명의 인사부서 관리자들이 하나의 피교육자 팀을 구성한다. 이 훈련팀은 일주일 동안 "인사전략과 경영목표와의 연계방법"이라는 주제를 놓고 이 대학교수의 지도하에 자체적으로 발표회(presentation), 인사실무 연습(exercise), 집단토론을 실시한다. 일주일간의 교육이 끝나면 참석자들은 모두 자신의 소속 회사로 복귀하여 인사실무를 수행하면서 훈련팀에서 듣고 배운 것들을 현장에서 적용할 수 있는지 테스트해본다. 현장복귀 4~5주 후에 이들은 다시 대학으로 돌아와 훈련팀의 일원이 되어 지난 4~5주 동안 변화담당자(change agent)로서 조직에서 행동한 활약상, 성공 및 실패사례, 느낌 및 경험들을 서로 교환하면서 학습을 공유하게 된다. 액션러닝은 이렇듯 철저히 '일을 통한 학습(learning by working)'이라는 원칙을 견지하고 있다.

액션러닝은 문자 그대로 직접행동을 통한 학습이기 때문에 교육훈련시간이 많이 소요된다. 또한, 개인이 실제 작업과 행동을 통해 경험을 축적하고 성장하는 기법이기 때문에 학습과 성장수준에 개인차를 배제할 수 없다. 이러한 점을 보완하기 위해서 시뮬레이션(simulation) 기법을 액션러닝에 도입하는 사례가 빈번하다. 시뮬레이션의 장점은 경험학습의 표준화의 결과 피드백도 어느 정도 가능하며 무엇보다 교육훈련의 시간을 절약할 수 있다는 데 있다. CCL에서는 관리자훈련을 위해 'Looking Glass'라는 시뮬레이션 기법을 사용하고 있다. 'Looking Glass 시뮬레이션'에서는 한 유리 제조회사를 대상으로 이 회사의 영업보고서, 재무제표, 제품설명서 등 회사정보가 마치 실제처럼 생생하게 주어진다. 그리고 피훈련자들은 이 회사의 대표이사부터 공장장에 이르는 20여 개의 고급 관리자 직위를 차지하고 3개 사업본부에서 발생하는 이 회사의 150개의 모의문제(in-basket)를 접하고 이에 대한 해법을 제시하는 훈련을 쌓게 된다. 참가자들은 각자 주어진 배역에 충실하게 행동하면서 실제 상황처럼 전화도 받고 전자우편도 접수하고 전략회의도 주재하면서 관리자로서 일상적으로 부딪히는 문제를 해결하는 대리경험을 통해 학습하게 된다.

시뮬레이션 기법 가운데 액션러닝에 보다 가까운 것으로서 'Outward Bound'라는 것이 있는데 이것은 피훈련자들이 실제 자연환경에 노출된 채 신체적, 정신적 능력을 발휘하는 것인데 주로 관리자로서 개인의 리더십을 훈련하는 시뮬레이션이다. 참가자들은 7명이 한 조가 되어 미국 Florida주 Key West항에서 30피트 짜리 보트에 승선하게 된다. 7명의 관리자는 일주일간 항해하면서 매일 한 명씩 선장을 돌아가며 맡는다. 일과가 끝나는 저녁시간에 선장을 포함한 선원들은 매일 그 날에 선장을 맡은 관리자의 행동과 성과에 대해 진지하게 분석하고 토론하는 시간을 갖는다. 이 훈련의 목적은 팀 협동을 통해 바람직한 결과를 얻기 위해서 관리자가 해야 할 행동, 그리고 하지 말아야 하는 행동을 터득하도록 하는 데 있다. 비록 일주일이라는 짧은 기간에도 불구하고 이 시뮬레이션은 관리자개발 훈련 프로그램으로 인기를 누리고 있다.

액션러닝은 미래의 교육훈련 기법으로 각광 받고 있다. 관리자들은 이제 더 이상 강의실 교육이나 과거 자료에 토대를 둔 '박제화된 교육'에 만족하지 않는다. 이들은 매일 매일의 직무상황에서 실시간(real time)으로 발생하는 문제에 대한 해답을 지금 요구하고 있다. 또 이들은 남이 손에 쥐어 주는 해법도 배격한다. 이들은 철저히 자신이 경험하고 거기에서 뭔가 얻기를 기대하고 있다. 일단 이들이 실제 경험과 행동을 통해 무언가를 깨닫게 되면 이들은 이러한 경험을 토대로 후진들이 쉽게 배울 수 있는 '살아있는 사례'를 개발하여 전수하는 능력을 얻게 된다. 공장과 사무실이 바로 교육장이 되고 오늘의 사건이 내일을 위한 훈련교과서가 되는 것이 바로 액션러닝의 묘미이다. 액션러닝이 미래지향적 교육이라는 찬사를 받는 것은 바로 이 때문이다.

그러나 액션러닝이 안고 있는 또 다른 문제점은 교육훈련 효과에 대한 실증적 분석이나 연구가 별로 없다는 점이다. 이것은 액션러닝의 태생적 한계이자 특성이라고 볼 수 있다. 개개인이 행동을 통해 배우는 것을 표준화하고 이를 계량적 방법으로 분석하는 것은 애당초 어려운 일이다. 실증분석이 어렵다고 해서 액션러닝의 존재이유가 도전받는다는 것은 아니다.

제2절 인적자원개발

1. 인적자원개발의 개념

인적자원개발(Human Resource Development: HRD)은 "조직의 현재 및 미래의 직무요구를 충족시킬 수 있도록 구성원의 능력과 기술을 향상시키는 체계적이고 계획적 활동"으로 정의할 수 있다. 인적자원개발은 인적자원관리(HRM)의 부분 영역이면서 그 자체가 하나의 기능으로 역할을 한다.

1980년대에 미국 훈련개발협회(American Society for Training and Development: ASTD)는 과거 기업 교육훈련의 개념을 확장한 인적자원개발(HRD)이라는 개념을 승인하기에 이르렀다.

그러나 인적자원개발의 개념에 대해서 학계와 실무계에서는 통일된 견해가 없이 사람들마다 다소 차이가 있는 정의와 해석을 하고 있어서 인적자원개발을 둘러싼 개념상 혼란이 발생하기 시작하였다. 특히, 인적자원관리(HRM)와 인적자원개발(HRD)을 구분하는데 어려움이 있었다. ASTD에서는 이러한 문제를 극복하기 위해 1980년대 후반 2년에 걸친 HRD의 정체성과 역할 및 기능에 대한 연구를 수행하였고 그 연구결과 이른바 다음과 같은 '인적자원 수레바퀴(Human Resource Wheel)' 개념이 채택되었다.

〈표 8-4〉에서 보는 바와 같이, ASTD의 연구결과에서는 인적자원개발의 핵심영역은

표 8-4. 인적자원 수레바퀴

종합적 개념	구 분	영 역	초 점
인적자원 결과 변수들의 향상 • 생산성 • 질 • 혁신 • 인적자원 성취 • 변화수용 태세	인적자원개발 핵심 영역	훈련 및 개발	현재 및 미래의 직무를 성공적으로 수행하기 위한 핵심역량의 개발
		조직 개발	부서간 및 부서 내 관계증진 및 변화관리
		경력 개발	개인과 조직의 욕구합치를 위한 개인과 조직의 경력관리
	인적자원개발 관련 영역	조직 및 직무설계	개인과 부서의 과업, 권한, 기능 등을 명확화
		인적자원 계획	조직 내 인적자원의 욕구, 전략, 철학의 명확화
		업적관리 시스템	조직목표 달성을 위한 개인의 역할과 목표를 체계화
		선발 및 충원	직무요건과 개인의 능력, 경력 목표와의 합치
	타 인적자원 관리 영역	보상 및 복리후생	보상의 공정성과 지속성
		종업원 지원제도	종업원의 고충 해소와 상담
		노사관계	노사평화, 노사관계의 건전성
		인적자원정보 시스템	인적자원 정보기반 구축

자료: McLagan, P. A.(1989), p. 53(일부 수정).

인적자원관리의 제 영역 가운데 ① 훈련 및 개발(training and development), ② 조직개발(organizational development), ③ 경력개발(career development)영역에 집중하는 것으로 이해하고 있다. 이 개념은 종래 인적자원개발을 교육훈련과 동일시 하던 미시적 관점을 크게 확장시키는 개념으로서 개발의 초점을 개인에서부터 조직으로 확대시키는 것이다. 이 연구결과에 따라 오늘날 학계와 실무계에서는 인적자원개발에 개인의 지식·기술·능력의 향상뿐만 아니라 부서, 팀, 조직 전체의 성능을 향상시키고 건전한 방향으로 유지, 변화시키는 역할과 기능까지도 포함하는 경향이 강하다.

전술한 바와 같이, 미국 훈련개발협회(ASTD)의 지원을 받고 연구용역을 수행한 팻 맥레간(Pat McLagan)은 인적자원개발의 정체성을 확립하고 인적자원개발의 영역을 확대한 업적을 남겼다. 그는 인적자원개발의 핵심영역을 다음과 같은 세 가지로 설정하였다(McLagan, 1989;1996).

- 교육훈련(Training and Development: T&D)
- 조직개발(Organization Development: OD)
- 경력개발(Career Development: CD)

1) 교육훈련(Training and Development)

교육훈련이란 근로자 개인의 지식, 기술, 태도를 변화시키고 향상시키는 활동을 말하며 크게 훈련(training)과 개발(development)이라는 두 기능을 포함하고 있다. 훈련기능은 근로자들로 하여금 특정 직무와 과업을 잘 수행할 수 있도록 지식과 기술을 연마하는 성격이 있는 반면, 개발기능은 장기적 시각에서 기업이 미래 경영활동에 필요한 직무와 과업을 잘 수행할 수 있도록 근로자들의 능력을 키워 이에 대비하는 성격이 강하다.

일반적으로 조직 내에서 실시되는 교육훈련은 그 성격에 따라 다음과 같이 구분할 수 있다.

- **신입사원 연수**(employee orientation) : 신입사원들이 입사시 회사에 적응하기 위해 받는 오리엔테이션 훈련
- **직무 교육**(skills and technical training) : 직무적응과 직무수행 능력 향상을 위해 받는 훈련

- **코칭**(coaching) : 근로자의 직무수행을 개선하고 성과를 달성할 수 있도록 직무와 관련된 문제를 해결하는 데 도움을 주고 책임의식을 심어주는 개발활동으로서 근로자를 개인과 조직의 목표달성을 위한 공동 파트너로 인정하는 기초 위에서 근로자를 지원하는 활동
- **카운슬링**(counseling) : 근로자들이 안고 있는 개인적 문제(스트레스, 약물 중독, 건강문제 등)를 상담을 통해 해결함으로써 개인적 문제로 인해 업무수행에 지장이 되지 않도록 예방하는 활동
- **경영자 교육**(management development) : 관리자 교육이라고도 하는데, 기업의 관리자들이 당면한 리더십 발휘와 관련된 문제, 관리자 직무를 성공적으로 수행하는데 필요한 지식과 스킬을 연마하는 교육

2) 조직개발(Organization Development)

조직을 이끌고 있는 경영자들은 조직분위기가 침체되어 있다고 느낄 때, 그리고 위기상황을 맞이하여 이를 극복하는 임팩트를 조직 내에서 찾기 위해 조직개발(organization development)을 위한 여러 가지 개입을 하게 되고, 조직구성원들을 변화시킬 적합한 프로그램을 구상하고 이를 도입하려고 하는 경향이 있다.

국내에서는 노사화합을 위한 "한 마음 모임"이라든지, 신입사원의 조직 조기적응을 돕기 위한 "신입사원 축제" 같은 프로그램은 대기업들이 자주 도입하는 대표적인 조직개발 프로그램으로 알려져 있다.

일반적으로, 조직개발이란 조직구성원들의 복지를 증진시키고 조직의 효과성(organizational effectiveness)을 높이기 위해 행동과학 기법을 통한 계획적 개입을 수행하는 과정으로 정의할 수 있다. 조직개발은 조직의 거시적 및 미시적 변화를 목표로 한다. 거시적 변화란 조직효과성을 궁극적으로 향상시키는 것을 의미하며, 미시적 변화란 개인과 팀, 부서의 인식변화를 말한다.

포라스와 실버(Porras & Silver, 1991) 같은 학자들은 개인이 조직개발을 통해 겪게 되는 인식변화(cognitive change)는 다음 네 가지 수준에서 일어날 수 있다고 설명하고 있다.

(1) **알파 변화**(Alpha change) : 기존 패러다임 내에서 업무 형태나 설계를 변경하지 않고 업무수행에 있어서 개인이 수준 변화를 인식하는 것을 말하는데, 예를 들면, 스킬 향상을 들 수 있다. 이른바 실무적으로 숙달이 되고 업무처리 속도가 빨라지고,

어려운 업무도 척척 처리해 내는 경지에 도달하여 이른바 '내공이 쌓였다'는 것을 개인이 느낄 수 있을 정도의 수준 변화를 알파 변화라고 말한다.

(2) **베타 변화**(Beta change) : 베타 변화는 기존 패러다임 내에서 업무형태를 바꾸지 않고 '업무가치'의 변화를 개인이 인식하는 것을 의미한다. 즉, 업무를 처리하는 데 있어서 우선순위가 바뀌는 등 업무의 중요도나 가치가 변경되어 결국, 업무표준(standard)에 변화가 발생하는 것을 개인이 인식하는 것을 말한다. 예를 들면, 과거에는 별로 대수롭지 않게 치부되던 소비자의 품평과 피드백을 반드시 다음 업무에 반영을 하도록 업무처리 순서가 조정되었다든지, 예전과 달리 특정업무를 처리하기 앞서서 노동조합 대표들과 협의과정을 거치도록 변경되었을 때 업무를 수행하는 개인이 느끼는 변화가 베타 변화에 속한다.

(3) **감마 A 변화**(Gamma A change) : 기존의 패러다임 내에서 업무형태 변화로 인해 개인이 인식하게 되는 변화를 말하는데, 예를 들면 '생산성 추구'라는 패러다임은 변경하지 않고 단지 '비용절감 우선'이라는 업무형태에서부터 '품질관리 우선'이라는 업무형태가 변경될 경우 개인이 인식하게 되는 변화를 감마 A 변화라고 정의한다. 패러다임이라는 큰 틀은 그대로 두되, 우선순위만 조정되는 것으로 이해할 수 있다. 예를 들어 '성과주의 인사관리'라는 패러다임은 변경하지 않으면서 그 패러다임 내에서 연봉제와 같이 보상관리에 먼저 적용하기 보다는, 성과를 제대로 측정할 수 있는 인사평가에 성과주의를 도입하는 것을 우선시하는 정책으로 변화할 때 개인이 느끼는 변화의 정도라고 설명할 수 있겠다.

(4) **감마 B 변화**(Gamma B change) : 마지막으로 감마 B 변화는 기존 패러다임이 새로운 패러다임으로 대체됨으로써 개인이 겪게 되는 인식 변화를 의미한다. 예를 들면, 기업이 오랫동안 금과옥조로 여겨오던 생산성 향상을 통한 이윤 증대라는 패러다임을 버리고 과거와는 다른 새로운 패러다임, 즉 '소비자 만족 제일주의'라는 패러다임으로 전환할 때 개인이 인식하고 느끼게 되는 정도가 큰 변화를 말한다.

조직개발이 성공을 거두려면 개인이 변화를 인식하고 느낄 수 있어야 한다. 기업에서 이따금 도입하는 조직개발 프로그램이 '그 나물에 그 밥'이라는 식으로 구성원들로부터 무시당하고 변화를 변화로 느끼지 못하게 된다면 기업이 당초 목적했던 조직개발이 달성되기 어려울 것이다.

조직개발이 궁극적으로 추구하는 목표는 개인의 인식변화를 통해 조직의 성과가 개선되거나 개인이 성장하고 발전하는 것이다. 그런데 개인이 변화를 느낄 수 있도록 하는 단계가 가장 넘기 어려운 고비라고 실무자들은 입을 모은다.

정작 변해야 할 대상이 변화를 심각하게 인식하게 하기 위해서 삼성그룹의 이건희 전 회장은 1993년 임원들을 국내가 아닌, 독일 프랑크푸르트에 불러 모아놓고, 변화의 필요성을 직접 나서서 역설한 다음 '마누라와 자식만 빼고 다 바꿔라'는 메시지를 전달했다. 그 결과는 효과적이었다. 국경을 넘어 해외에서 개최된 특별한 임원회의는 변화에 둔감했던 삼성그룹의 임원들에게 감마광선을 투과하는 효과를 주었다고 생각된다. 최고경영자의 변화의지를 단순히 아침햇살 정도의 강도로 인식하고 있던 임원들이 경쟁사들과의 치열한 전쟁이 벌어지고 있는 프랑크푸르트 현지에서 개최된 조직개발 임원회의에서 알파, 베타를 넘어 감마 수준의 변화로 인식되었고 이들의 태도변화가 결국 삼성의 "신경영"을 정착시키는데 주도적 역할을 한 것이라고 생각된다.

이렇듯 조직개발을 통한 변화관리에 있어서 결정적인 영향을 하는 것은 변화된 개인이 '변화 담당자', 즉 'change agent'의 역할을 자발적으로 수행하는 단계로 발전하는 일이다.

'변화의 베타 광선'을 쐬게 되는 구성원들은 X-광선을 조사한 세포에서는 세포 속의 구성물질이 변화되어 새로운 물질이 생성되고 새로운 형태로 발전되듯이 '변화 담당자'들이 되어 조직개발과 변화의 견인차 역할을 하게 되는 것이다.

조직이 진정으로 필요로 하는 것은 변화하는 시늉이 아닌 실제로 변화된 개인이다. 그리고 변화된 소수의 개인만 있어도 거대한 조직이 종국에는 변화되는 사례를 우리는 주위에서 많이 볼 수 있다. 결국 개인의 변화, 구체적으로 말하면, 개인이 감마 A, B 형의 변화를 인식하게 되면 조직은 조직개발 프로그램 도입에 성공하는 가능성이 높아진다.

3) 경력개발(Career Development)

경력개발은 조직 내에서 개인이 단계적으로 다양한 과업과 이슈들을 다루며 성장해 나가는 과정을 말한다. 경력개발은 크게 경력계획(career planning)과 경력관리(career management)로 구분되는데 경력계획은 근로자 개인이 경력 카운슬러의 도움을 받아 자신의 기술과 능력을 평가하여 현실감 있는 경력발전 계획을 세워나가는 활동을 말하며, 경력관리는 기업 측면에서 개인의 경력계획을 촉진하고 실현시키는데 필요한 조치를 취하는 것을 의미한다(경력개발에 대한 자세한 내용은 본서의 9장 참조).

그림 8-5. 생애능력주기와 복수직업

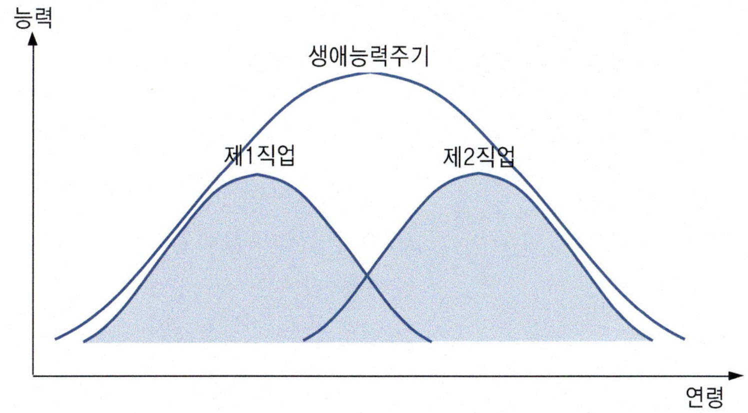

2. 인적자원개발과 마케팅

HRD에 마케팅 개념이 도입되는 추세에 있다. 인적자원개발에 마케팅을 적용한다는 것은 대상이 되는 종업원을 고객(client)으로 보고 고객의 욕구와 관심을 충족시키는 노력의 일환으로서 마케팅을 적용한다는 것이다. 전략적 마케팅 계획(strategic marketing planning)을 위해서 먼저 마케팅 활동의 사명(mission)이 무엇인지를 설정하고 내적·외적 환경을 분석한 다음, 마케팅 목표를 설정한다. 이에 따라 표적시장(target market)이 결정되며, 이에 따른 마케팅 믹스(marketing mix)가 선택되어 종합적 마케팅 전략이 수립되는 것이다([그림 8-6] 참조). 전략적 인적자원개발(strategic HRD)도 이와 동일한 과정을 통해 HRD전략이 수립된다. 다만, 마케팅과 다른 점이 있다면 마케팅은 상품과 서비스의 판매를 위한 노력이 기초가 되어 있다면, 인적자원개발은 조직구성원의 현재 및 미래 능력의 신장을 위한 노력에 기반을 두고 있다는 점이다.

그림 8-6. 마케팅과 HRD전략 수립 과정

마케팅전략 수립과정	사명파악 → 내·외적 환경분석 → 목표 설정 → 표적시장 결정 → Marketing Mix의 선택 → 마케팅전략 수립
HRD전략 수립과정	사명파악 → 내·외적 환경분석 → 목표 설정 → 표적시장 결정 → 4P Mix의 선택 → HRD전략 수립

마케팅에서 중시하는 마케팅 믹스(marketing mix) 4P's를 인적자원개발에 적용하면 다음 〈표 8-5〉와 같다.

표 8-5. 마케팅 믹스 4P와 인적자원개발

마케팅의 4 P's	인적자원개발
Product(제품)	교육훈련 프로그램
Price(가격)	훈련비용, 생산성 손실 비용
Promotion(촉진)	인적자원개발 촉진 프로그램, 홍보, 행동
Place(장소)	훈련장소, 장비

마케팅 전략은 4P를 적절히 믹스하여 최적 전략을 수립, 고객을 공략하는 데 있는 것처럼, 인적자원개발도 우수한 HRD 프로그램, 적절한 비용, 적절한 HRD 홍보, 편리한 장소를 잘 결합하여야 HRD 본연의 목적을 달성할 수 있다.

마케팅 전략에 있어서 흔히 사용되는 제품·시장 포트폴리오 분석(product-market portfolio analysis)도 인적자원개발에 적용될 수 있다. 마케팅에서는 특정제품의 시장성장 가능성과 현재 시장점유율을 분석의 틀로 사용하지만 인적자원개발에서는 인적자원의 중요성과 잠재력 등을 분석의 틀로 사용하는 것이 조금 다를 뿐이다.

3. 인적자원 포트폴리오

오늘날 '포트폴리오(portfolio)'라는 개념은 여러 분야에서 다양하게 사용되고 있다. 예술가에 있어 포트폴리오란 그 사람의 미술작품 또는 사진작품들 가운데 남에게 보여주기 위한 목적으로 대표작을 모아 놓은 '작품 모음집'을 의미한다. 재무적 자산에 투자하는 투자자의 시각에서 분석하는 재무적 포트폴리오는 개인이나 기관의 투자상품의 전체를 의미하며 포트폴리오 관리(portfolio management)는 위험을 회피하기 위해서 투자자산 또는 투자상품을 가급적 분산한다는 '분산투자 전략'을 의미하기도 한다.

'인적자원 포트폴리오(HR Portofolio)'는 인적자원의 다양한 스펙과 특성을 의미하며, 인적자원 포트폴리오 관리(human resource portfolio management)란 기업에서 내부노동시장과 외부노동시장의 동향을 파악하여 인적자원관리의 경쟁력을 확보하기 위해 다양한 인적자원들을 분산적으로 잘 관리하여 인적자원개발을 하는 것이라고 이해할 수 있다. 인적자원 포트폴리오 관리는 인적자원개발(HRD)에 있어서 개인별, 부서별 차별화를 말하며 마치 주식을 분산투자하여 위험을 줄이고 수익을 극대화하는 것이 재무 포트폴리오의 목적이듯이, 인적자원의 다양성을 존중하고 차별적인 HRD를 실시함으로써 인적자원의 능력과 성과를 향상시키고 인적자원 투자의 효율성을 높임으로써 궁극적으로 인적자원관리의 경쟁력을 높이는 데 그 목적이 있다.

인적자원 포트폴리오 분석과 관리는 기업의 인적자원관리 목표와 현재의 실행 상황을 지속적으로 비교, 분석함으로써 미래의 인력 부족과 인력 초과를 예측하고 이에 대한 대책을 강구할 수 있는 효과적인 인적자원 운영시스템을 개발, 운영하는 것을 말한다. 인적자원 포트폴리오 관리는 기업내부적 요인들 뿐만 아니라 법률 개정, 사회의 가치관 변화, 새로운 기술 등장 같은 기업의 외부요인들도 동시에 고려한다.

인적자원 포트폴리오 계량적 분석과 관리가 가능하려면 데이터베이스의 지원을 받는 인적자원 통제시스템(Human Resource Controlling System)이 기업 내 구축되어 있어서 다음 사항에 대해서 항상 새로운 데이터를 확보할 수 있어야 한다. 첫째, 인사비용에 관한 자료, 둘째, 인적자원에 관한 계량적 자료, 셋째, 종업원의 능력 및 자격획득 여부, 넷째, 종업원의 동기유발 정도(설문조사를 통해 얻어진 자료), 다섯째, 인적자원회계(Human Resource Accounting)에 관한 자료. 이와 같은 입력자료들을 활용할 수 있으면 시뮬레이션 기법을 통해 인적자원 통제를 보다 효율적으로 수행할 수 있다.

[그림 8-7]은 전형적인 인적자원 포트폴리오 분석도이다. 원래 이것은 마케팅의 '제품시장 포트폴리오 분석'에서 아이디어를 차용한 것이다. 마케팅에서는 특정제품의 시장성장 가능성이라는 측면과 현재 시장점유율이라는 측면에서 마케팅 믹스를 위한 전략을 수립하는데 이 포트폴리오 분석도를 사용하였다. [그림 8-7]에서는 개인과 부서의 업무성과와 잠재력이라는 두 가지 차원에서 포트폴리오 분석을 하여 인적자원관리 방향을 정하였다. 여기에는 계량적 분석이 뒤따른 것이 원칙이다. 포트폴리오 분석의 결과 가장 바람직한 상태는 '스타'이다. 업무성과도 높고 잠재력도 높기 때문이다. 따라서 업무성과는 높으나 잠재력은 낮은 '일하는 말', 그리고 잠재력은 높으나 업무성과는 낮은 '문제아'들은 각각 자질과 모티베이션을 향상시킴으로써 '스타'로 성장하도록 하는 것이 인적자원개발의 목표가 되어야 한다.

그림 8-7. 전형적인 인적자원 포트폴리오 관리

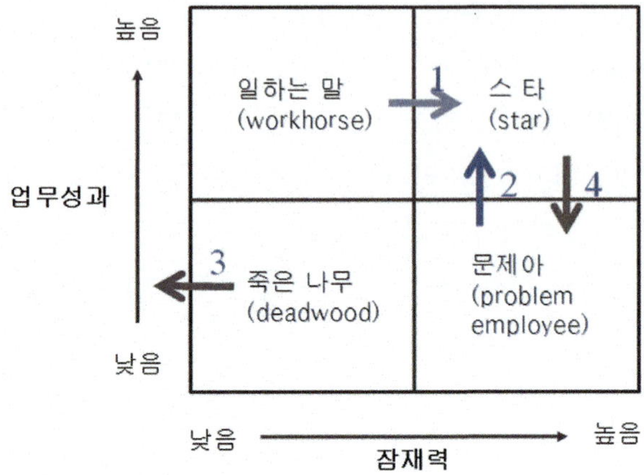

〈범례〉

1. '일하는 말'을 교육훈련시켜 자질을 향상시킴으로써 '스타'가 될 수 있도록 관리한다.
2. '문제아'들을 경영자가 리더십을 발휘하여 모티베이트 시킴으로써 '스타'가 될 수 있도록 관리한다.
3. '죽은 나무'에 대한 투자를 중단하고 조속한 시일 내에 퇴출될 수 있도록 관리한다.
4. '스타'같은 핵심인력에 대한 관리가 부실하면 '문제아'로 전락할 수 있으므로 모티베이션과 보상관리에 만전을 기한다.

이에 비해서 업무성과와 잠재력이 모두 낮은 '죽은 나무'는 현재의 성과도 낮을 뿐만 아니라 미래 성장가능성도 낮기 때문에 인적자원에 대한 투자를 계속하는 것은 의미가 없다고 판단된다. 이들을 위해서는 퇴직관리 프로그램을 가동하여 퇴출될 수 있도록 유도하는 것이 바람직한 관리방향으로 간주된다. 그리고 일단 '스타'로 평가 받았으나 경영자로부터 지속적인 관심과 관리가 소홀해지면 '문제아'로 전락할 위험이 항상 도사리고 있다. 그러므로 기업은 핵심인력관리 차원에서 '스타' 인력에 대한 지속적인 관심과 더불어 개인이 만족할만한 수준의 보상관리가 지속될 수 있어야 한다.

학습문제

1. 교육훈련의 프로세스를 설명하시오.
2. '훈련의 전이'개념에 대해 말해보시오.
3. 교육훈련의 평가를 설명하시오.
4. ROI 분석기법을 도입한 교육훈련의 평가에 대해 설명하시오.
5. 인적자원개발 프로그램의 포트폴리오 분석과 대응 전략을 설명하시오.
6. 교육훈련의 패러다임 변화를 설명하시오.

참고문헌

김성국(2003), 『인적자원관리 뉴패러다임』, 서울: 명경사.

김성국 · 김민수(2004), 『이슈중심 인사관리』, 서울: 삼영사.

박진호(2021), 또 다른 세상, 메타버스, 한국인사관리협회, 『월간 인사관리』, 2019년 7월호, 24~27.

Broad, M. L. & Newstrom, J. W.(1992), *Transfer of Training*, Reading: Addison-Wesley.

Burke, W. W.(1995), "Organization Change: What We Know, What We Need to Know", *Journal of Management Inquiry*, 4, 158~171.

Goldstein, I. L.(1974), *Training: Program Development and Evaluation*, Monterey: Brooks/Cole Publishing.

Goldstein, I. L.(1980), "Training in Work Organizations", *Annual Review of Psychology*, 31, 229~272.

Goldstein, I. L.(1986), *Training in Organizations*, 2nd ed., Monterey: Brooks/Cole Publishing.

Kirkpatrick, D. L.(1998), *Evaluating Training Programs : The Four Levels*, New York: Barrett-Kohler.

McCall, Lombardo & Morrison(1988), *The Lessons of Experience: How Successful Executives Develop on the Job*, Lexington: Lexingtonbooks.

McLagan, P. A.(1989), "Models for HRD Practice", *Training and Development Journal*, 41, 53.

McLagan, P. A.(1996), "Great Ideas Revisited", *Training and Development*, 50(1), 60~65.

Porras, J. I. & Silvers, R. C.(1991), "Organizational Development and Transformation", *Annual Review of Psychology*, 42, 51~78.

Werner, J. M. & DeSimone, R. L.(2006), *Human Resource Development*, 4th ed., Thomson: South-West.

Wunderer, R. & Dick, P.(hrsg.)(1997), *Frauen im Management: Kompe-tenzen-Führungsstile-Fördermedelle*, Neuwied.

제 9 장
인적자원의 경력관리

9

인적자원의 경력관리

opening case 9. 우수 인재를 통해 성장하는 P&G의 인재육성

이베이 사장을 지낸 멕 휘트만, GE의 제프리 이멜트, 그리고 마이크로소프트의 CEO인 스티브 발머가 가진 공통점이 무엇일까? 정답은 이들의 첫 직장이 모두 P&G였다는 사실이다. 그래서 P&G는 '인재사관학교'라고 불리며 회사의 구성원들은 언제나 최우선의 스카우트 대상이 되고 있다. P&G의 전임 CEO였던 래플리 회장도 "회사가 지속적 성장을 할 수 있는 가장 중요한 이유는 P&G의 독특한 인재육성 방식에서 기인한다"고 자부한다.

P&G의 우수 인재육성 시스템은 먼저 인재를 중시하는 문화에서 시작한다. 회사는 설립 초기부터 유능한 사람들을 채용해 공정하게 대우하고 각 개인에게 자신의 아이디어를 실천할 수 있는 기회를 부여하며 미래를 설계할 수 있도록 도움을 주는 문화를 정착시켰다. 직원을 제1의 자산으로 여기고 소모품이 아닌 인격과 개성을 가진 인재로 존중하는 인재관이 P&G가 인재사관학교가 되는 데 결정적인 초석이 됐다.

P&G의 우수 인재육성 전략은 인재상에 적합한 직원을 뽑는 것으로 시작된다. P&G는 자사가 원하는 인재상을 명확하게 정립하고 있기 때문에 그에 부합하는 사람을 선별할 수 있는 엄격한 검증 프로세스를 구축하고 있는 것으로 유명하다. 그리고 채용과정도 매우 엄격해서 회사가 중시하는 '혁신적인 아이디어 개발과 리더십' '신속한 의사결정' '전략적 사고와 기업가정신' '적극적인 실천을 통한 업무 수행능력' 같은 가치가 반영된 SAWs(Success Actions for Winning)라는 채용기준을 사용한다. SAWs는 리더십, 역량, 위험감수, 혁신, 해결, 협력, 숙련의 7가지 핵심역량으로 구성돼 있다.

엄격한 과정을 통해 선발된 신입사원은 1년 내 엄격한 360도 다면평가를 통해 평가를 받게 되고 이를 바탕으로 본인의 역량과 특성에 맞는 리더십 개발 계획이 수립된다. 이 과정에서 상사의 역할이 중요해진다. 직속 상사뿐 아니라 팀을 이끌고 있는 팀장과 사업부서의 부서장까지 공식적 멘토가 되어 직원의 역량과 리더십 개발을 위해 조언과 멘토링을 아끼지 않는다. 위에 살펴본 GE나 골드만삭스와 마찬가지로 매니저와 리더의 성과 평가에서 부하들의 역량개발에 얼마나 적극적이고 실질적인 도움을 주었는지가 중요한 항목으로 자리잡고 있다.

임원의 경우 P&G에는 3000명 가까이 되는 임원의 특성과 경력, 그리고 장단점이 데이터 베이스에 저장돼 있고(이를 내부에서는 Talent Development System이라 부른다), 이는 24시간 내에 필요한 임원을 필요한 포지션에 투입할 수 있는 인사상 '상시준비시스템'의 가장 중요한 근간이 된다. 'Build From Within'이란 시스템은 회사 내 50개에서 100개의 주요 자리를 언제든지 맡아서 업무를 수행할 수 있도록 3명의 후보를 항상 선정해 놓고 우수인재 개발의 핵심으로 활용하고 있다.

P&G의 우수 인재육성 시스템을 한마디로 정의하면 내부승진을 통한 몰입도 제고라 할 수 있다. 내부승진제도를 원칙(외부 인사 충원 방식의 승진 비율은 전체의 5% 미만)으로 하기 때문에 중간 간부들이 회사를 떠나도 아주 특별한 기술이나 경험이 필요해서 내부 구성원으로 대체할 수 없는 제한적인 경우를 제외하고는 그 자리를 그냥 비워 두었다가 내부 직원이 충분한 경험과 역량이 축적되면 승진시켜서 채우는 경향이 강하다. 이런 승진제도가 제대로 운영되려면 내부 모든 리더들이 우수 인재를 키우는 데 개인적인 책임감을 갖고서 좋은 인재를 뽑아 엄격한 평가를 하고 필요한 역량을 개발하기 위해 힘써야 한다. 특히 사업부서를 맡고 있는 임원들은 직원들의 역량 향상을 위해 그들의 직급보다 한 단계 높은 직책을 언제라도 수행할 수 있도록 도전적인 과제를 부여함으로써 우수 인재를 육성하는 것이 성과창출 못지않게 중요한 책임이라 인식된다.

(자료: DBR 118호, Issue 1)

토의과제

1. P&G 인재육성 시스템의 특성 및 강점을 설명해 보시오.
2. P&G 인재육성 시스템과 국내 대기업의 인재육성 시스템과의 차이는 무엇이며 P&G 사례는 한국 기업에 어떠한 시사점을 줄 수 있는지 토론해 보시오.

제1절 경력관리의 개념 및 과정

기업환경은 급속하게 변하고 있다. 기업이 환경변화 가운데에서 유지·발전해 나가기 위해서는 종업원 개개인의 직무능력을 지속적으로 개발하여야 한다. 조직은 조직성과를 증대시키고 종업원의 동기부여 및 자아실현의 욕구를 충족시킬 수 있는 장기적 인재육성 프로그램을 필요로 하며 이는 일반적으로 경력개발제도의 일환으로서 설계·운용된다.

1. 경력관리의 개념

경력관리와 관련하여 주요 개념인 경력, 경력관리, 경력개발에 대하여 설명하면 다음과 같다.

1) 경 력

경력(career)은 다양하게 정의되고 있지만, 일반적으로 '한 개인이 일생에 걸쳐 일과 관련하여 얻게 되는 경험'을 일컫는다. 여기에서 일과 관련된 경험은 광범위하게 적용되는 의미로서 직위, 직무와 관련된 의무나 활동, 일과 관련된 결정과 같은 객관적 사건이나 상황을 포함하며, 또한 일에 대한 열망, 기대, 가치, 니즈와 같이 일과 관련된 사건의 주관적인 해석도 포함된다.

경력에 있어서는 전문적인 일, 특정직종에서의 일, 승진 등의 경우만 해당되는 것은 아니다. 일에 관련된 모든 활동이 경력에 해당된다. 요즈음 조직이 수평조직화되면서 수직적 이동 기회가 제한되고 있고, 구조조정이 일상화되면서 개인이 한 조직에 계속 머물러 있기 어려운 것이 현실이다.

최근 다중경력경로(multiple career pathing)의 개념하에서 경력유형이 다음의 네 가지로 구분되고 있다. 첫 번째는 전통적 직선적 경력으로서 수직적 승진을 강조하는 유형이다. 두 번째는 전문가경력으로서 특정분야에서 오래 지속되는 유형을 의미한다. 세 번째는 나선형경력으로서 7년에서 10년 주기로 주요경력의 변화가 일어나는 유형을 의미한다. 네 번째는 단기적 경력으로서 매 3년에서 5년 정도씩 빈번하게 경력의 변화가 일어나는 유형을 의미한다. 개인은 자신이 추구하는 경력유형을 이해하고 자신이 선호하는 경력과 일치하는 결정을 내려야 한다.

한 직장에서 평생 일하고 충성과 헌신을 다하며 몇 십년을 일하고 정년 퇴직하는 것이 이전의 모습이었다면, 요즈음 이와 다른 경향이 나타나고 있다. 안정된 고용이 보장되는 경우가 줄어들고 있고 개인 역시 무조건적으로 자신을 희생하지 않으려고 한다. 이에 따라 오늘날 자신의 가치에 기초하여 자기주도적으로 스스로의 경력을 관리하는 프로티언경력(protean career)을 추구하는 개인들이 늘어나고 있다. 이는 조직이 아닌 개인이 자기주도적으로 자신의 경력을 관리하며 개발하는 개념으로 일, 사람과 관련하여 자신의 역량범위를 확대해 수평적 성장을 도모하는 것이다. 프로티언 경력은 변화무쌍하며 자기주도적이다. 기업에서의 승진 등에 매이지 않고 자기 나름의 성장을 중요시한다. 기준이 개인이다 보니 금전이나 승진 보다 주관적인 성공, 자아실현, 행복을 우선시 하거나 일과 삶의 균형과 통합을 중시할 수도 있다. 한 조직에 의존하지 않고 자신의 계획에 따라 경력을 관리해 가며 조직내 생존보다 시장에서 가치를 유지하고 높이기 위해 노력한다. 프로티언경력은 무경계경력(boundaryless career)과 함께 21세기 노동시장에서의 경력개발의 현상을 표현하는 대표적인 '새로운 경력개념(new careers)'으로 평가되고 있다. 무경계경력이 노동시장에서의 개인의 이동성(mobility)을 강조하는 반면, 프로티언경력은 개인의 책임을 강조하는 특징이 있다.

2) 경력관리

경력관리(career management)는 개인이 경력목표와 전략을 수립하고, 실행하며, 점검하는 과정으로 구체적으로 다음 과정을 가진다.

첫째, 자신 및 일의 세계에 대한 정보를 수집하고
둘째, 자신의 역량, 흥미, 가치, 선호하는 라이프스타일 및 직업, 직무, 조직에 대해 구체적으로 파악하고
셋째, 이러한 정보를 바탕으로 현실적 경력목표를 정하고
넷째, 이 목표를 달성하기 위한 전략을 수립하고 실행하고
다섯째, 이 전략의 효율성과 목표 관련성에 대한 피드백을 추구하는 지속적 과정을 갖는다.

경력관리는 개인의 활동이며 개인은 자신의 경력을 관리할 책임이 있다. 오늘날 점점 많은 조직들이 종업원의 경력에 대한 적극적 역할을 포기하고 경력관리를 종업원의 책임으로 떠넘기려 하는 경향이 있다.

3) 경력개발

경력개발(career development)은 개인측면에서 볼 때 '한 개인이 일생에 걸쳐 일과 관련하여 얻게 되는 경험을 통해 자신의 직무관련태도, 능력 및 성과를 향상시켜 나가는 과정'이며, 조직측면에서는 '한 개인이 입사에서 퇴직에 이르기까지 경력경로를 개인과 조직이 함께 계획하고 관리하여 개인욕구와 조직목표를 달성해가는 총체적 과정'이다. 경력개발은 다음의 의미를 가지고 있다.

○ **과정(process)으로서의 활동** : 경력개발은 개인과 조직의 공동참여를 중요시하는 과정개념이다. 즉, 경력개발은 조직구성원의 경력계획과정에서 개인욕구와 조직욕구를 조화시켜 나가는 일련의 과정이다.
○ **장기적 관점의 인재육성** : 경력개발은 한정된 시점에서의 인적자원개발을 도모하는 것이 아니라 입사에서 퇴사까지 조직구성원들이 희망하는 경력경로를 적재적소의 원칙에서 고려하고 조정하여 장기적으로 인적자원을 효율적으로 관리하는데 그 목적이 있다.
○ **개인의 주관적 관점의 강조** : 경력개발에 있어서 조직의 입장에서 바람직한 경력경로라 할지라도 당사자인 개인의 입장이 보다 중시되어야 한다.
○ **개인적으로는 자아개념의 확대를, 조직의 입장에서는 인적자원개발을 의미** : 개인적 차원에서 경력개발에 따른 직무 변화는 역할과 신분의 변화를 동반하게 되어 개인의 존재에 역할이 추가되면서 삶의 공간에 변화가 온다. 조직의 경우 직무순환을 통해 조직구성원의 직무간 흐름을 장기적 관점에서 계획하고 관리하여 인적자원을 효율적으로 개발할 수 있게 된다.

2. 경력관리의 과정

경력관리는 결국 여러 가지 결정을 내리는 일이다. 대학졸업후 어느 분야에서 경력을 쌓아갈 것인가? 마케팅 분야에서, 또는 회계나 컴퓨터, 인적자원관리 분야에서? 관리직으로 갈 것인가, 연구직 또는 영업직으로 갈 것인가? 현재 다니고 있는 회사를 계속 다닐 것인가, 회사를 옮길 것인가? 직장을 그만두게 되면 새 직장을 구할 것인가? 창업을 할 것인가?

이러한 문제들은 각각 다른 내용을 다루고 있지만 모두 적극적 경력관리와 의사결정을 필요로 한다는 데에서 공통점을 가지고 있다. 요즘과 같은 불확실한 상황에서 개인은 자신의 경력에 대해 적극적으로 책임을 질 필요가 있다. 경력관리는 개인이 자신의 일에 관해 합리적이고 적합한 결정을 내리는 과정이다.

경력관리모형은 개인이 자신의 경력을 어떻게 관리해야 하는지를 나타내는 것으로 [그림 9-1]과 같이 예시된다.

그림 9-1. 경력관리모형

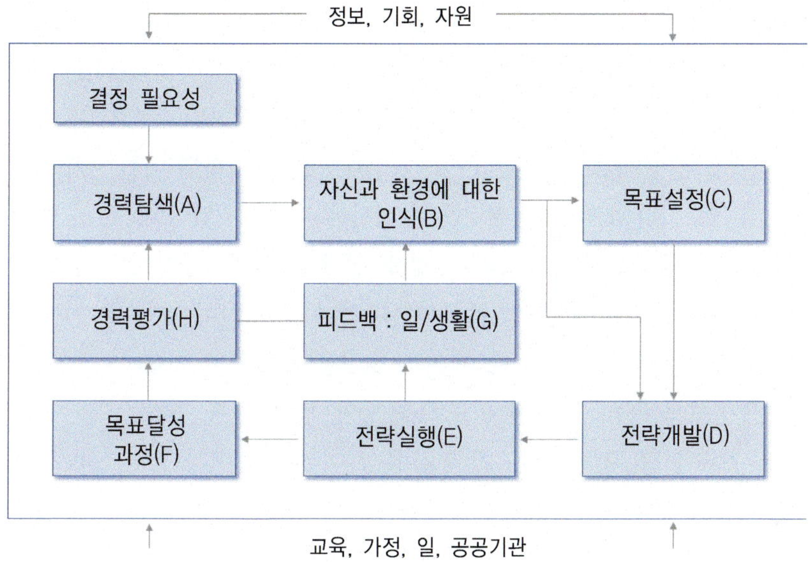

경력관리모형에서 첫 단계는 경력탐색 과정이다(A). 즉, 정보를 얻는 일이다. 자신에 대한 정보(자신이 즐기는 것, 재능이 있는 분야, 인생에서 일의 중요성)와 회사 내외부의 타직무에 대한 정보(공장관리자가 하는 일은? 경력직 엔지니어의 보수는 얼마나 되나?)와 조직에 대한 정보(연구직에서 관리직으로의 이동이 가능한가? 승진기회는 어떠한가?)가 수집대상이 된다.

경력탐색이 적절하게 이루어지면 자신과 환경에 관해 좀 더 잘 인식할 수 있게 된다(B). 즉, 자신의 가치, 흥미, 일, 일상생활에서의 재능 및 가능한 직무와 직무수행요건, 환경의 기회와 위협에 대해 좀더 잘 인식할 수 있게 된다.

경력탐색을 통해서 자신과 환경에 대해 정확하게 인식하게 되면 이를 토대로 본인이 추구할 경력목표를 결정한다. 경력목표의 예를 들면 특정기간 내 팀장으로 승진하는 것, 특정 프로젝트를 맡는 것, 당분간 현 직위에 그대로 있는 것 등이 있을 수 있다.

경력목표의 설정은 이제 경력전략, 즉 원하는 경력목표를 달성하기 위한 활동계획의 개발(D)과 실행(E)을 촉진하게 된다. 예를 들어 팀장 승진이 목표라면 회사에서 제공하는 관리자 개발과정을 이수하고, 상사에게 팀관리 업무를 할 수 있는 기회를 달라고 부탁하거나 팀 전체의 운영을 배우는 등의 활동을 할 수 있다. 합리적 경력전략을 실행함으로써 경력목표 달성에 한 걸음 더 다가갈 수 있다(F).

경력전략을 실행하는 과정은 개인에게 유용한 피드백을 제공할 수 있다. 이 피드백은 다른 일과 일상생활에서의 피드백과 함께(G) 자신의 경력을 평가하는데(H) 도움을 준다. 경력평가로부터 얻은 추가정보는 경력탐색을 위한 또 다른 수단으로 작용하며(H → A), 이러한 전 과정은 하나의 경력관리 사이클을 구성하게 된다. 예를 들어, 상사에게 부탁해서 담당하게 된 팀관리 업무를 제대로 처리하지 못했으며 이로 인해 자신의 목표수정을 생각해 보게 되었다. 하나의 대안은 관리직에 대한 미련을 버리는 것일 수 있으며, 또 하나의 대안은 전략을 수정하는 것일 수 있다(B → D). 예를 들어 대학원에 진학해서 석사학위를 취득하는 것을 생각해 볼 수 있다.

경력관리 사이클은 의사결정 및 문제해결과정이다. 개인이 자신과 주변환경에 대해 정보를 수집하고, 목표를 설정하며, 계획과 전략을 개발하고 실행하며, 지속적인 경력관리를 위한 정보를 구하기 위해 피드백을 얻게 된다.

경력탐색, 목표설정, 전략, 피드백의 유용성 여부는 주변사람과 조직으로부터 받는 지원에 달려있다. 예를 들어 대학이 제공하는 교육과정과 상담 프로그램, 회사가 제공하는 성과평가, 자기평가 워크샵, 멘토링과 훈련 프로그램, 가정의 지원은 모두 효율적 경력관리에 기여할 수 있다.

경력관리모형이 얼마나 성공적으로 기능할 수 있는지는 개인과 조직 모두에 달려있다. 개인은 자신의 경력에 대해 적극적이고 책임을 지려는 자세를 가져야 한다. 노력을 해야만 적합한 경력결정을 하는데 필요한 정보를 얻을 수 있다. 연구결과에 따르면 가정과 친구로부터 사회적 지원을 받는 사람은 좀더 안정감을 느끼고 자신의 경력개발을 잘 진행시켜 나갈 수 있다. 조직은 종업원과 정보를 공유하여야 하며, 필요한 자원을 이용 가능하도록 해 주고 종업원이 경력을 관리하도록 지원해 주어야 한다. 경력관리과정을 구체적으로 설명하면 다음과 같다.

1) 경력탐색

경력탐색은 경력관련 문제에 대한 정보를 얻고 분석하는 과정으로 개인특성에 대한 정보와 직업, 직무, 조직, 가정 등의 환경에 대한 정보가 분석대상이 된다. 경력탐색의 목적은 개인이 현실적 목표와 적합한 전략을 수립할 수 있도록 자신과 환경을 인식하는데 도움을 주는 것이다. 자신을 알고 업무환경을 이해하는 것은 합리적이고 의미 있는 목표를 정하고 경력변화를 위해 준비하는데 도움이 된다.

(1) 자기탐색

자기탐색은 경력결정과 관련 있는 개인의 특성과 태도에 관한 정보를 얻기 위하여 실시되는 것이다. 개인의 특성으로 가치, 흥미, 성격, 능력, 라이프스타일, 단점 등이 분석될 수 있다.

가치는 개인이 달성하고자 하는 추상적 성과이다. 가치는 일반적으로 이론적, 경제적, 미적, 종교적, 사회적, 정치적 가치 등 여섯 가지가 있는 것으로 알려져 왔다. 타인을 돕거나(사회적) 권력을 쟁취하는 데(정치적) 큰 가치를 두는 사람도 있고, 미를 창조하거나(미적) 지식을 발견하는 데(이론적) 큰 관심을 두는 사람도 있다. 사람마다 개인적으로 선호하는 가치가 다를 수 있기 때문이다. 개인의 가치구조를 이해하면 경력희망을 이해하는데 도움이 될 수 있다. 예를 들어, 물질에 높은 가치를 두는 사람과 정치에 높은 가치를 두는 사람은 임금이 낮고 리더십을 발휘할 수 있는 기회가 적은 직업에 만족하지 않을 가능성이 높다. 일반적으로 사람은 자신에게 중요한 가치를 실현할 기회가 있는 직무에 만족하는 경향이 있다.

흥미는 특정 활동이나 대상을 좋아하거나 싫어하는 것을 의미한다. 자신의 흥미와 부합되는 경력분야를 선택한 사람은 그렇지 않은 사람보다 높은 직무만족과 장기근속의 경향을 나타낸다. 홀랜드(J. L. Holland)는 개인의 성격, 가치, 선호 라이프스타일을 반영하는 여섯 가지 흥미모형을 제시하였다. 이는 앞에서 설명한 기본 삶의 가치와 유사한 것으로 각각 현실형(realistic), 탐구형(investigative), 사회형(social), 관습형(conventional), 진취형(enterprising), 예술형(artistic)이다. 현실지향적인 사람은 보다 실용적이고 과제지향적인 경향이 있으며, 탐구형인 사람은 보다 과학적이고 학구적이며 연구지향적이다. 사회형인 사람은 보다 인간적이고 가치지향적이며 대인관계 능력이 우수하다. 관습형인 사람은 구조화, 전통, 상세함을 지향하며, 예술형인 사람은 창의성과 자기표현이 가능한 구조화되지 않은 상황을 선호한다. 진취형은 기업가정신, 경영, 목표중심의 활동을 선호한다.

성격도 경력선택에 영향을 미치게 되는 자기탐색영역의 한 부분이 된다. 연구결과에 따르면 성격에는 일반적으로 다섯 가지의 기본성격 차원이 있다. 이는 각각 외향성(extraversion), 호감성(agreeableness), 성실성(conscientiousness), 정서적 안정성(emotional stability), 지적개방성(openness to experience)이다. 이 다섯 차원은 조직에서 인사선발, 종업원개발 및 자기평가를 위한 목적으로 널리 사용되는 성격검사의 토대로 활용된다.

능력도 경력관리에서 중요한 요소이다. 능력은 지식, 기술, 기능을 의미하며, 개인이 현재 무엇을 할 수 있는지 또는 적합한 훈련을 받으면 무엇을 잘 할 수 있을지를 나타낸다. 경력결정을 할 때 능력을 고려하는 것이 필요하다. 불행히도 많은 사람들은 자신이 갖고 있지 못한 능력을 요구하거나 갖고 있는 재능을 활용하지 못하는 직업이나 직무를 선택하고 있다. 능력은 학교, 직장, 그리고 다른 분야에서의 업적을 검토함으로써 파악될 수 있다.

흥미, 가치, 성격, 능력은 여러 측면에서 서로 관련되어 있다. 첫째, 흥미의 내면에는 가치가 기반하고 있다. 흥미는 또한 능력과 관련이 있다. 사람은 자신이 잘하는 활동을 즐기게 된다. 그리고 실습을 통해 자신이 즐기는 활동에 더욱 숙달될 수 있다. 결국 가치, 흥미, 성격, 능력은 모두 서로 연결되어 있는 것이다. 샤인(E. Schein)의 경력닻(career anchor) 개념은 이러한 사고를 잘 나타내고 있다. 경력닻은 자신의 직업에 관한 자기개념의 중심이 되는 재능, 동기, 가치를 합한 것으로 샤인은 경력닻 개념을 통해 서로 다른 경력지향성을 설명하였다. 사람은 자신의 이미지와 부합되는 직무나 조직을 선택하는 경향이 있기 때문에 이 닻은 경력선택의 토대로서의 역할을 할 수 있다. MIT 대학 동창생을 대상으로 한 연구를 통해 샤인은 다음의 8가지 경력닻을 발견하였다.

○ **전문역량 닻** : 주요 관심은 일의 실제내용이다. 전문역량 닻을 가진 사람은 일반적으로 전문분야(재무, 인적자원, 마케팅)에 종사하기를 원한다.
○ **관리역량 닻** : 주요 목표는 특정 전문영역 보다 일반적인 관리직에 있다. 관리역량 닻을 가진 사람의 주요 관심사는 다른 사람들의 노력을 잘 조정하고 전체 결과에 대해 책임을 지며 여러 다른 부서를 잘 통합하는데 있다.
○ **자율성/독립성 닻** : 주요 관심은 조직의 규칙과 제약조건에서 벗어나려는데 있으며, 언제 일하고 어떤 일을 하며 얼마나 열심히 일해야 하는지를 스스로 결정할 수 있는 경력을 선호한다. 자율성/독립성 닻의 소유자는 자율성 확보를 위하여 기꺼이 승진을 마다할 수 있다.
○ **안전·안정 닻** : 장기적 경력안정성이 기본핵심이다. 안전욕구는 동일조직, 동일산업 또는 동일지역에 있는 것으로 충족될 수 있다. 안전·안정 닻을 가진 사람은 일반적으로 안정적이고 예측 가능한 일을 선호한다.

○ **서비스/헌신 닻** : 주요 관심사는 타인을 돕는 직업에서 일함으로써 타인의 삶을 향상시키는 것과 같은 가치있는 성과를 달성하는 것이다.

○ **도전 닻** : 주요 관심사는 해결할 수 없을 것 같은 문제나 극복하기 어려울 것 같은 장애를 해결하는 것이다. 도전 닻을 가진 사람은 호기심, 다양성 및 도전을 추구한다.

○ **라이프스타일 균형 닻** : 주요 관심사는 인생의 모든 영역에서 균형을 얻는 것이다. 라이프스타일 균형 닻을 가진 사람은 가정과 경력활동간의 조화로운 통합을 원한다.

○ **기업가정신 닻** : 주요 목표는 장애물을 극복하고 위험을 무릅쓰며 개인적 탁월성을 성취하려는 것 등을 포함하는 새로운 어떤 것의 창조이다. 기업가정신 닻을 가진 사람은 자기 나름대로 자신의 사업을 설립하고 운영하는 자유를 원한다.

일은 사람에게 중요하기는 하지만 어떻게 보면 삶에서 중요한 여러 것 가운데 하나일 뿐이다. 일 이외의 생활의 분석도 다음과 같은 이유에서 필요하다. 첫째, 가치 가운데 일에서 충족되기 어렵거나 불가능한 것들이 있을 수 있다. 둘째, 일부 경력이나 직무의 경우 너무 많은 시간이나 노력을 요구해서 개인생활을 영위하기 어려울 수 있다. 적합한 경력결정을 내리기 위하여 일상생활의 중요성과 다양성을 검토할 필요가 있다. 셋째, 일상생활과 여가활동의 중요성은 일생 동안에 달라질 수 있다. 경력결정을 내릴 때 이러한 변화에 민감해야 한다.

바람직한 라이프스타일을 이해하기 위해서는 다음 질문의 답에 대한 이해가 필요하다.

- 자신의 삶의 중요한 가치는?
- 자신이 좋아하거나 싫어하는 활동은?
- 자신은 어떤 능력을 가지고 있으며 어떤 능력이 중요하고 의미가 있는가?
- 자신의 가치, 흥미, 능력 중 일 이외 생활에서 가장 중요한 것은?
- 자신에게 가장 중요한 가치, 흥미, 능력을 충족시키기 위해서 일과 일 이외 활동간 균형을 얻을 수 있는 방법은 무엇인가?

(2) 환경탐색

개인은 작업환경과 상호작용을 통해서 자신의 가치가 충족될 수 있고, 능력이 발휘될 수 있고, 흥미가 충족될 수 있다. 개인과 작업환경간의 적합관계는 직무만족, 근속연한, 경력성공에 중요한 영향을 미치며 개인은 자신의 흥미, 가치, 능력에 적합한 직무, 즉 개인-작업환경간 적합성이 높은 직무를 찾으려고 노력한다. 따라서 자기탐색 후 환경에 대한 탐색이 수반되어야 한다.

환경요소 가운데 직업, 직무, 조직, 가정의 네 가지가 경력관리에서 특히 중요하다. 환경탐색의 목적은 직업분야, 경력경로, 조직에 관한 결정을 내릴 때 이에 대해 충분히 아는 것이다. 개인은 환경탐색을 통해 자신의 가치, 흥미, 재능 및 라이프스타일을 충족시키는 상황을 파악할 수 있게 된다.

〈표 9-1〉은 환경탐색과 관련된 정보유형을 요약한 것이다.

표 9-1. 환경탐색과 관련된 정보의 예

직 업	직 무	조 직	가 정
과업 교육 및 능력 요건 경제적 보상 안전 대인관계 물리적 환경 라이프스타일과의 관계 • 업무 시간 • 직무 스트레스	과업 다양성 과업 유의성 교육 및 능력 요건 경제적 보상 안전 대인관계 물리적 환경 라이프스타일과의 관계 • 업무시간 • 직무 스트레스 • 독립심과 자율성 • 타직무와의 관계	회사의 전망 재정상태 경영전략 경력경로의 유연성 경력관리 제도와 정책 조직규모 및 조직구조 보상 시스템	배우자의 경력희망 배우자의 정서욕구 자녀들의 정서욕구 가족의 욕구 가정의 재정상태 가족이 희망하는 라이프 스타일 가족관계 본인 경력과 배우자 경력의 관계

직업은 무엇보다 수행하는 과업에서 차이가 있다. 예를 들면, 물리학자와 사회복지사는 각각 다른 과업을 수행한다. 과학에 흥미가 있고 지적 자극, 창의성 및 자율성에 가치를 두며 개념화 능력이 있는 사람은 물리학과 관련된 경력이 적합하다. 사회복지에 가치를 두고 타인과 일하는 것을 즐기며, 업무의 다양성을 추구하고 대인관계능력이 높은 사람에게는 사회복지분야의 경력이 매력적일 것이다. 직업의 내용이 되는 과업에 대한 이해는 자기평가와 경력결정을 연결시키는 데 있어서 중요한 역할을 한다.

직업에 따라 수입과 직무안정성에 차이가 있으며 물리적 환경, 타인과의 상호작용 정도 및 유형도 상이하다. 직업에 따라 과업이 다르고, 물리적 · 사회적 환경에 차이가 있기 때문에 라이프스타일에도 영향을 미치게 된다. 라이프스타일과 관련해서 직업에서 요구되는 시간, 직업과 관련된 스트레스 및 긴장 등이 검토되어야 한다. 직무에 너무 많은 시간을 보내야 하거나 스트레스가 많은 작업환경에서 일하게 될 때에는 일과 개인생활간 갈등이 발생할 수 있다. 지나치게 긴 업무시간을 요구하거나 스트레스를 유발하는 직업은 일과 가정 또는 여가생활간 균형을 취하려는 라이프스타일의 사람에게는 적합하지 않을 수 있다.

직무정보는 직업정보와 유사한 점이 많다. 직무는 직업을 구성하고 직업을 추구하는 하나의 수단이기 때문이다. 그렇지만 직업에 대한 탐색과 더불어 직무에 대한 탐색도 필요하다. 한 회사의 설계 엔지니어가 다른 회사의 설계 엔지니어와 동일한 일을 하며 동일한 보상을 받는 것은 아니기 때문이다. 따라서 조직 내 직무와 직위에 대한 탐색이 필요하다. 직무탐색과 관련해서 특히 다음 사항들이 고려되어야 한다.

첫째, 직무자율성은 조직마다 또는 동일조직 내 부서에서도 상당한 차이가 있을 수 있다. 두 회사의 판매직 사원은 기본적으로 동일한 일을 하지만 의사결정의 자율성은 한 회사에서 더 크게 허용될 수 있다. 자율성은 지적 자극, 독립심, 창의적 일에 대한 가치를 충족시킬 수 있기 때문에 자율성의 허용정도를 파악하는 것은 매우 중요하다.

둘째, 특정직무와 동일 회사나 타회사의 타직무와의 관계를 조사하는 것이 필요하다. 어떤 직무의 경우 타직무로의 이동이 극히 제한되어 있다. 그러나 다른 직무의 경우 이동가능성이 매우 높을 수 있다.

대부분의 직무는 조직과 밀접하게 관련되어 있다. 그러므로 직무를 시작하거나 현재 일을 하고 있는 경우 아래 사항들을 파악하는 것이 필요하다.

- 회사가 속한 업계의 전망이 경력기회에 영향을 미칠 수 있는지 여부
- 회사의 재정상태가 경력기회를 제한할 수 있는지 여부
- 회사의 경영전략이 필요로 하는 인적자원유형에 영향을 미쳐서 경력기회에 영향을 미치는지 여부
- 조직의 규모 및 구조가 경력기회에 영향을 미칠 수 있는지 여부
- 조직이 교육훈련 및 개발 프로그램, 성과평가 시스템, 사내공모제도, 경력 세미나 등의 제도를 통해 경력관리를 지원하는 정도에서 차이가 있는지 여부
- 조직의 경제적 보상, 비경제적 보상의 차이가 있는지 여부(예를 들면, 어떤 회사는 월급을 많이 주지만 도전적인 일을 할 수 있는 기회는 별로 없다)

조직의 문화, 전망, 재정상태는 구체적인 경력기회에 영향을 주며 경영전략, 인간관, 보상시스템 모두 경력관리에 중요한 영향을 미친다. 현실적으로 직무와 조직에 대한 탐색은 경력결정과 깊게 연관되어 있다.

2) 경력목표

경력목표는 개인이 달성하고자 하는 바람직한 경력관련 성과이다. 경력목표의 설정은 개인에게 다음의 영향을 미칠 수 있다. 첫째, 목표는 노력을 크게 증가시킬 수 있다. 둘째, 목표는 노력에 대한 방향을 제시한다. 셋째, 목표는 일에 대한 인내수준을 높일 수 있다. 넷째, 목표는 달성을 위한 전략수립을 도울 수 있다. 다섯째, 목표는 과업수행에 대한 피드백 기회를 제공한다.

경력목표는 특정 직무나 지위에만 초점을 두어서는 안 되며 업무경험을 토대로 광범위한 측면에서 접근해야 한다.

경력목표가 반드시 조직 내 승진을 의미할 필요는 없다. 경우에 따라서 조직 내 수평이동일 수도 있다. 또한 경력목표는 반드시 직무변화를 가져올 필요도 없다. 예를 들어 엔지니어의 경력목표는 현 직무에 그대로 있으면서 자신의 전문능력을 증대시키는 것일 수 있다.

경력목표 설정에 있어서 작업경험을 통해 얻게 되는 즐거움, 개인의 전반적 라이프스타일과 관심사가 고려되어야 한다. 경력목표는 또 만족과 성장을 가져올 수 있는 것으로서, 현 직무를 고려하여 도전적이며 융통성이 있어야 하며, 자신의 욕구와 가치를 충족시킬 수 있는 것이어야 한다.

경력목표가 구체적일수록 목표달성을 위한 효율적 전략을 개발할 가능성은 커진다. 예를 들어 경력목표가 3년 이내에 부서장이 되는 것이라면 그 직위에 오르기 위해서 어떤 직무경험, 교육, 자격 등이 필요할지를 분석할 수 있다. 반면 돈을 많이 벌거나 인생을 즐기는 것이 목표라면 목표의 불명확성으로 인해 어려움을 겪을 수 있다.

3) 경력전략

경력전략은 경력목표 달성을 위해 설계된 활동이다. 조직이 조직목표를 성공적으로 달성하기 위해 구체적인 전략계획을 개발하는데 이와 똑같은 전략계획의 원리가 개인의 경력관리에도 적용된다. 경력전략은 무엇을 투자하고 무엇을 피해야 하는지에 대한 개인의 신중한 선택과정을 포함한다. 개인의 경력전략은 〈표 9-2〉와 같다.

표 9-2. 개인의 경력전략

1. 현 직무에서의 역량 증대
   현 직무가 요구하는 지식, 기술을 향상시킨다.
2. 직무몰입 증대
   직장에서 자신의 역할을 위해 상당한 시간, 에너지, 정서를 쏟으려는 결정. 현 직무역량에 크게 기여하지만 가정과 일상생활을 방해할 수 있다.
3. 능력 개발
   교육, 훈련 및 직무경험을 통해 업무관련 기술과 능력을 얻거나 향상시키려는 시도. 자신의 현 직무수행을 돕거나 미래의 직무를 위해 사용될 수 있다.
4. 기회 개발
   자신의 흥미와 열망을 다른 사람에게 알리고 이러한 열망과 일치하는 기회를 인식하기 위해 설계된 행동
5. 지원관계 개발
   정보, 안내, 지원 및 기회를 받거나 제공하기 위해 중요한 사람과의 관계를 찾고, 맺고, 사용하기 위한 행동. 멘토링 과정의 주요 기능은 정보를 받는 것이지만 멘토링 관계는 단순히 정보만을 교환하는 것 이상을 의미한다.
6. 이미지 구축
   성공 및 성공 잠재성을 전달하려는 시도. 조직 내에서 자신의 명성을 쌓기 위해 어려운 과제를 수용하고 완수하는 것을 포함한다.
7. 조직내 정치활동
   바라는 성과를 얻기 위한 수단으로 아첨, 연합, 호의 표시, 영향력 등을 사용하려는 시도. 조직에서 다른 사람을 희생시키고 자신의 지위를 높일 수 있는 태업과 같은 직·간접적 행동 등을 포함할 수 있다.

경력전략은 직무유형, 산업형태, 조직의 제도 및 규범 등의 많은 요인들에 의해 달라진다. 특정 상황이나 환경에서 효과적인 것이 다른 환경에서는 효과를 발휘하지 않을 수도 있다. 경력전략에 대한 연구에서 다음의 경력전략 개발지침이 도출되었다.

- 모든 상황에서 똑같이 효율적인 최적의 전략은 없다.
- 특정 전략의 효율성은 경력목표의 성격에 달려 있다. 예를 들어 최고경영자가 되고자 하는 사람은 프로젝트 관리자가 되려는 사람과 다른 전략을 사용해야 한다.
- 전략의 효율성은 조직의 규범과 가치의 영향을 받는다. 예를 들어 어떤 조직은 비밀과 정치적 공작을 지원하는 반면 다른 조직은 협력과 개발을 강조한다.
- 개인은 하나의 특정전략에 얽매여서 안 되며 다양한 전략행동에 참여해야 한다.
- 전략은 경력목표에 도달하기 위해서 뿐만 아니라 목표에 대한 자신의 흥미와 몰입을 검증하기 위해서 활용되어야 한다. 자신과 환경에 대해 더 많이 알기 위한

과정으로서의 계획이 중요하다.
- 경력전략은 선택해야 할 단계뿐 아니라 피해야 할 영역도 포함해야 한다.

경력전략을 개발하기 위한 과정으로 다음의 다섯 단계의 과정이 있다.

첫째, 장기목표를 재검토한다. 이 목표가 자신의 바라는 활동, 보상, 라이프스타일을 포괄하며 특정 직업이나 직무가 목표를 충족시키는데 적합한지를 이해하도록 한다.

둘째, 장기목표에 도달하는데 도움이 되는 행동, 활동 및 경험을 파악한다. 그리고 이러한 각 요소가 목표를 얻는데 도움이 되는지, 또한 각 요소의 유용성 여부와 관계없이 그 행동을 하고 싶은지의 두 가지 질문에 대답할 필요가 있다.

셋째, 단기목표를 검토한다. 특히 단기목표와 장기목표간 적합성을 검토한다. 장기적 경력전략 관점에서 단기목표가 장기목표를 얻는데 수단이 되는가? 만약 그렇지 않다면 단기목표를 수정할 것인지를 검토한다.

넷째, 단기목표를 달성하는데 도움이 되는 행동, 활동, 경험을 파악한다. 둘째 단계에서와 같이 잠재적 유용성과 개인적 수용가능성이 전략을 평가하는 두 가지 준거가 된다. 단기목표를 달성하기 위해 중요하고 수용가능한 전략계획목록을 개발한다.

다섯째, 단기목표와 장기목표 목록을 조합한다. 두 가지 유형의 목표를 달성하기 위해 설계된 전략은 특히 중요하고 그 목록의 맨 위에 위치할 가능성이 높다. 전략활동을 논리적인 시간 순서대로 정리하여 목록을 쉽게 관리할 수 있도록 만든다.

4) 경력평가

경력전략이 합리적으로 보인다 할지라도 그 효율성을 검토하고 평가하는 것은 꼭 필요하다. 경력평가는 경력관련 피드백을 받고 활용하는 과정으로 다음의 두 가지 기능을 가지고 있다. 하나는 경력전략의 적합성을 검증하는 것이다. 즉, 전략이 자신의 목표를 달성하는데 효율적인지 검토할 수 있다. 다른 하나는 경력목표 자체의 적합성을 검증하는 것이다. 즉, 경력목표가 적합한지, 달성가능한지 검토할 수 있다. 그 결과 필요하면 목표와 전략을 수정해야 한다. 목표와 전략에 대한 피드백은 다음의 세 출처로부터 구할 수 있다.

첫 번째 출처는 자신의 행동을 관찰해 왔거나 유사한 경험을 한 다른 사람과의 사회적 상호작용이다. 상사, 부하, 멘토, 고객, 가족구성원, 친구, 친척 등이 이 범주에 속한다. 두 번째 출처는 일과 일상생활의 관찰이다. 영업실적이 계속 떨어지고 있는 영업사원은 자신의 성과에 대한 정보를 얻을 수 있다. 동료 가운데 다섯 명이 최근

승진한 것도 중요한 환경정보가 될 수 있다. 마지막으로 자기 스스로 피드백의 출처가 될 수 있다. 자신의 성과에 대한 판단은 다른 사람이 말하는 것과 다를 수 있기 때문이다. 성공적 경력평가를 위해서는 경력전략이 기대했던 대로 진행되고 있는지 또는 그렇지 않은지를 탐지할 수 있는 '조기경보 시스템'을 필요로 한다.

지속적 경력평가를 위해서는 다음의 지침이 고려되어야 한다.

첫째, 필요시 언제든지 목표와 전략을 수정할 수 있어야 한다. 사람들은 성공가능성이 낮음에도 불구하고 계속해서 지금까지의 행동을 지속하려는 상승효과(escalation effect)를 나타내는 경우가 있다. 자신의 결정이 옳았다는 것을 자신과 타인에게 정당화하기 위해 손해를 보면서도 행동을 지속하는 경우도 많다. 이는 새로운 자료를 수집하고 필요하면 과거의 결정을 수정할 것을 요구하는 효율적 경력관리와 일치하지 않는다.

둘째, 전략은 학습기회를 제공한다. 새로 취득한 정보를 토대로 목표의 적합성을 주기적으로 검토한다.

셋째, 상사와의 상호작용을 구조화한다. 자신의 현재 성과, 장단점, 그리고 조직의 니즈에 대해 상사로부터 제공되는 정보는 자신의 목표와 전략을 평가하는데 도움이 된다.

넷째, 신뢰할 만한 사람과 자신의 경험 및 감정을 공유해야 한다. 동료와의 솔직한 대화는 모두에게 도움이 될 수 있다. 가능하면 상호 피드백, 지도, 지원, 자극을 제공하는 네트워크를 형성할 필요가 있다. 네트워크 구성원들은 상호 신뢰와 개방적 풍토를 형성할 필요가 있다. 무엇보다 중요한 것은 구성원들이 서로 공유하고 도우려는 마음가짐이다.

다섯째, 일상생활에서도 피드백을 추구해야 한다. 일과 일상생활은 서로 영향을 미친다. 일과 관련된 결정은 가정생활에 영향을 미칠 뿐 아니라 가정생활도 일에 영향을 미친다.

경력관리는 일하는 동안 지속적으로 추구해야 할 공식적, 비공식적 활동을 합한 것이다. 자신이 성취한 것과 열망에 대한 주기적 재평가가 필요하다. 적극적 경력관리의 핵심은 자신의 경력을 책임지고 자신의 경력에 영향을 미치기 위해 필요한 행동을 취하며 필요하면 계획과 전략을 수정하겠다는 적극적 자세이다.

제2절 경력개발

1. 성인 생애발달

심리학에서 성인의 삶과 경력은 대체로 정해진 순서에 따라 발달한다고 보고 있다. 일반적으로 개인은 성인 초기, 중기, 말기의 단계에 따라 각각 다른 과제와 도전에 직면하게 된다.

1) 성인 초기

성인 초기는 보통 17세에서 시작하여 40세에 끝나게 되며 이 시기에 자신을 성인으로서 확립하며 성인세계에서 성공해 나가는데 집중하게 된다. 성인 초기 변환기(17~22세)에는 이제 막 청소년기에서 벗어나 성인사회에 둥지를 틀기 위해 노력한다. 이때 부모로부터 독립하는 과정을 시작하게 되며, 집을 떠나 재정적으로나 정서적으로 부모에게 덜 의존하는 경향이 있다.

초기 성인기에서 처음의 생애구조(22~28세)는 안정시기로서 성인세계로 들어서게 되지만 두 가지 잠재적 갈등과제에 직면한다. 첫째는 자신의 역할을 유지하면서 다른 역할(예: 다른 직무나 다른 사람과의 관계)을 시도하여 성인기를 탐색하는 것이고, 둘째는 정착해서 안정적 생애구조를 만드는 것이다. 일부는 탐색을 중시하고 사람이나 조직에 진정한 몰입을 하지 않는 경우도 있지만, 많은 사람들은 미래에 지속될 관계를 형성하려고 한다.

30세 변환시기(28~33세)는 자신의 현 생애구조를 재평가할 것을 요구한다. 자신의 내면으로부터 만일 삶을 변화하고 싶다면 지금 시작해야지 그렇지 않으면 늦는다고 생각한다. 바로 이 시기에 자신의 인생에 대해 다시 생각해 보는 기회를 갖게 된다.

이 처음 세 시기는 진정한 성인이 되기 위해 거쳐야 하는 성인 초기단계에서 시작단계를 나타낸다. 시작단계의 주요 과제는 앞으로의 인생을 어떻게 살아갈 것인지에 대한 꿈을 형성하고 이를 추구하는 것이다. 꿈은 보통 직업목표인 경우가 많지만 일을 벗어나서 가정 또는 사회에서의 자신의 역할에 관한 것일 수도 있다.

30세 변환시기 다음은 성인초기 두 번째 단계인 안정단계이다. 성인 초기의 정점인 이 시기(33~40세)에 성인은 두 가지 과제에 직면하게 된다. 첫째는 자신에게 중요한 삶의 영역, 즉 일, 가정, 여가 등에서 나름대로 위치를 확보하는 것이며, 둘째는 더 나은 삶을 위하여 정해진 계획에 따라 앞으로 나아가는 것이다. 일반적으로 30대 중반과 말기가 경력성공을 거둘 수 있는 생산적 시기이다. 이 정점시기에는 주로 꿈을 추구하는데 전념하게 된다.

2) 성인 중기

성인 중기에는 자신의 생애구조를 재평가하게 되고 조직에 기여하는데 관심을 갖게 된다. 성인 중기는 중년 변환기(40~45세)로부터 시작되는데, 바로 전 시기에 강력하게 추구했던 생애구조를 혼란과 고뇌 속에서 재평가하게 된다. 내가 지금까지 한 것이 무엇인가? 배우자, 자식, 친구, 일, 사회, 자신으로부터 무엇을 얻었고 무엇을 주었는가? 내 자신과 다른 사람들에게 진정으로 원한 것은 무엇인가? 레빈슨(D. J. Levinson)은 남성의 80%와 여성의 85%가 중년 변환기에 보통 또는 심각한 위기를 경험하였다는 결론을 내렸다.

레빈슨은 중년 변환기 다음에는 중년의 만족스러운 인생을 설계하기 위해 노력하는 안정기(45~50세)가 찾아오는 것으로 판단하였다. 중년기 성인은 융통성과 자율성을 통해 자신의 경력을 설계해 나가고 많은 대안을 추구하게 된다.

이 시기 다음은 50세 변환기(50~55세)로서, 이 시기에는 중년 변환기에 제기된 사항들과 새로 개발한 목표를 위해 더 노력한다. 그 다음은 안정기(55~60세)로서 성인 중년기의 남은 시기에 적합한 인생을 설계하게 된다.

3) 성인 말기

성인 말기에는 삶의 의미와 가치에 대해 생각하게 된다. 성인 말기 변환기(60~65세)는 성인 중기를 끝내고 성인 말기를 시작하는 시기이다. 신체적 퇴보가 급격하게 일어나고 가족과 친구 가운데 사망하는 경우가 발생하기 시작한다. 지위와 권력을 모두 잃게 되는 은퇴시기도 점점 가까워지게 된다. 성인 말기에는 삶의 마지막을 준비할 수도 있고 반면에 새로운 라이프스타일을 준비할 수도 있다. 일반적으로 나이든 사람도 적극적이고 생산적인 활동을 하는 한 스스로 늙었다고 생각하지 않으며 가족이나 친구 등 주변사람들도 그를 늙었다고 생각하지 않게 된다.

과거에는 성인 말기에 속한 사람은 전체 인구 중 일부에 불과했다. 그러나 평균수명이 연장되면서 1990년대에 태어난 사람들의 최대 수명은 130년 이상일 것으로 보고되고 있다. 이에 따라 성인 말기는 기간적으로 확장될 필요가 있다.

2. 경력개발단계

생애발달과 경력개발은 유사한 점이 많지만 경력개발은 특히 일과 관련된 문제에 초점을 두고 있다. 개인의 경력개발은 일정 단계에 따라 점진적으로 나아가며 각 단계마다 일련의 과제와 도전이 따르게 된다. 경력개발은 다섯 단계로 구분될 수 있다. 이는 〈표 9-3〉에 요약되어 있다.

표 9-3. 경력개발 5단계

1. 직업선택: 일을 위한 준비
   연령범위: 0~25세
   주요 과제: 직업 이미지 개발, 직업탐색, 최초 직업선택, 필요교육 이수
2. 조직 진입
   연령범위: 18~25세
   주요 과제: 원하는 조직에서 일자리를 얻음, 정확한 정보를 토대로 직무선택
3. 경력 초기: 확립과 성취
   연령범위: 25~40세
   주요 과제: 직무와 조직의 규칙과 규범에 대해 배움, 자신의 직업과 조직에 적응해 감, 역량을 증대시키고 꿈을 추구해 나감
4. 경력 중기
   연령범위: 40~55세
   주요 과제: 경력 초기와 성인 초기를 재평가하고 꿈을 수정하며, 성인 중기에 적합한 선택을 하고 지속적으로 열심히 일함
5. 경력 말기
   연령범위: 55세~퇴직
   주요 과제: 지속적으로 열심히 일함, 자존심 유지, 퇴직준비

1) 직업선택단계

경력관점에서 보면 이 단계에서 중요한 과제는 자신에게 적합한 직업상을 형성하고 여러 가능한 직업의 특성을 탐색하며 적어도 잠정적으로나마 직업을 선택하고 그 선택을 실행하는데 필요한 교육이나 훈련을 받는 것이다. 이를 성취하기 위해서 자신의 능력, 흥미, 가치, 바람직한 라이프스타일뿐 아니라 자신이 생각하는 직업분야에서 요구되는 사항, 가능성, 보상 등에 관한 충분한 이해가 필요하다.

이 단계에서 자신과 일의 세계에 대한 이미지 형성은 아동기, 청년기, 성인 초기를 거쳐 발전하게 된다. 그러나 직업선택은 다른 단계에서도 일어날 수 있기 때문에 직업선택과 관련된 과제는 일생을 통해 다시 나타날 수 있다.

2) 조직입사

조직입사는 개인이 조직 밖에서 조직 안으로 경계를 넘어서는 과정으로서 두 가지 동시적 활동으로 구성된다. 개인은 어떤 조직이 자신의 경력욕구와 가치를 충족시킬 가능성이 가장 높은지를 결정하기 위하여 조직을 평가한다. 또한, 조직은 개인의 역량을 평가하여 입사후 성공 가능성이 가장 높다고 판단되는 사람을 선발하게 된다. 구직자가 조직에 대해 결정을 하는 것처럼 조직도 구직자에 대해 결정을 한다.

조직입사과정은 모집, 선발, 오리엔테이션, 사회화의 네 단계로 구분할 수 있다. 모집은 개인과 조직간 상호 매력을 찾는 과정이다. 이 단계에서 개인은 직무와 회사에 대한 정보를 찾고, 조직은 구직자를 찾고 끌어들이는데 관심을 갖는다. 선발은 상호선택과정이다. 이 단계에서 개인은 면접, 평가를 거치고 최종선택을 하게 된다. 조직의 경우에는 개인을 평가하는 것이 주요 과제가 된다. 오리엔테이션은 최초 적응시기이다. 개인에게는 입사 스트레스에 대처해 나가는 것을 의미하며, 조직은 신입사원의 정서 및 정보욕구에 관심을 가져야 한다. 마지막 단계는 사회화로서 상호적응과정을 의미한다. 이 시기에 조직은 신입사원의 행동에 영향을 주고 조직에 동화될 수 있도록 여러 가지 제도와 기법을 사용하게 된다.

조직입사의 궁극적 목표는 개인과 조직간 조화를 이루는 것이다. 입사후보자의 능력과 직무요건은 개인의 욕구와 조직의 보상간의 관계와 같이 서로 조화를 이루어야 한다. 조화가 이루어지지 않을 경우 심각한 결과가 초래될 수 있다. 종업원의 관점에서 보면 부조화는 불만족과 실망을 가져올 수 있으며, 자존심에 상처를 주고 다른 회사 일자리를 알아보려는 결정을 내리게 할 수도 있다. 조직의 관점에서 보면 낮은 업적은 조직의 효율성을 떨어뜨리게 되며, 빈번한 이직은 종업원을 다시 선발하고 훈련시키고 능력을 개발해야 하기 때문에 고비용을 초래하게 된다.

지원자는 직무와 조직을 선택할 때 기대를 갖게 된다. 그런데 기대가 비현실적으로 증폭되는 경우가 적지 않다. 비현실적 직무기대는 급진적 경력변화(즉, 학교에서 직장으로의 이동), 모집과정 자체, 지원자가 조직에 대해 갖는 고정관념, 지원자의 과거 교육 및 업무경험, 그리고 사물을 있는 그대로가 아니라 자신의 잣대를 통해서 보려는 지원자의 태도 등에 의해 발생한다. 신입 종업원은 직무가 자신의 기대에 맞지 않는다는 것을 알게 되면 불만과 환멸을 느낄 수 있다.

조직입사과정에 조직이 수행해야 할 주요 과제는 다음과 같다. 첫째, 우수 구직자들로 하여금 조직에 관심을 가지게 해서 지원하도록 하여야 한다. 둘째, 지원자들이 조직에 대해 비현실적 기대를 갖는 것을 최소화하여야 한다. 셋째, 지원자들을 정확하게 평가하여 우수한 지원자들을 합격시켜야 한다.

조직이 우수한 지원자들을 모집하고 선발하기 위하여 사용할 수 있는 방법을 기술하면 다음과 같다. 지원자들 대부분이 처음 공식적으로 접하게 되는 조직의 사람은 채용담당자이다. 조직과 직무요건 그리고 지원자 배경에 대해 잘 알고 있는 채용담당자는 지원자에게 호의적으로 지각된다. 조직은 최초의 면접과정에서 조직에 대한 적절한 정보가 지원자에게 전달될 수 있도록 충분한 주의를 기울여야 한다. 이 정보를 잘 전달하기 위해서 채용담당자는 지원자의 관심을 더 잘 이해하고, 조직에 관해 더 많이 알며, 긍정적이고 관심 있는 이미지를 가져야 한다. 신중한 선발과 교육은 조직이 처음 시작해야 할 부분이다. 지원자는 합격통보 후 조직이 추가정보를 제공하기 위해서 접촉해 오고 지원자의 질문에 기꺼이 대답해 주며 자세한 고용계약에 관해서도 기꺼이 논의하려 할 때 회사에 대해 긍정적인 태도를 갖게 된다.

기업은 모집기간 중 지나치게 긍정적 측면만 제시하는 경향이 있다. 그 결과 비현실적 기대를 가진 지원자는 조직에 입사하면서 현실충격을 경험하고는 한다. 이는 종업원의 불만족과 이직을 유발하기도 한다. 현실적 모집은 지원자들에게 직무와 조직에 관해 왜곡되지 않은 정보를 제공하는 것을 의미한다. 현실적 정보를 전달하는 것을 '현실적 직무안내(realistic job preview: RJP)'라고 하는데 이는 지원자에게 직무와 조직에 대해 균형 있고 현실적인 정보와 직무의 긍정적, 부정적 측면을 모두 제시하는 것이다. 지원자에게 현실적 정보를 제공함으로써 입사 후 이들이 겪을 수 있는 현실충격, 불만족, 이직의향 등을 감소시킬 수 있게 된다. 또한 조직의 이미지를 정직하게 하고 종업원에게 관심 있는 조직으로 여겨지게 만들 수 있다.

현실적 직무안내는 구체적으로 다음의 기능을 한다.

첫째, 지원자의 기대를 적합한 수준으로 낮추게 된다. 현실적 직무안내는 신입 종업원이 현실에 직면할 때 실망, 환멸, 불만을 적게 느끼도록 최초 기대를 낮추는 역할을 하게 된다.

둘째, 직무에 대한 현실적 정보를 제시함으로써 지원자를 예방 접종하게 된다. 이에 따라 형성된 항체는 지원자가 실망스럽고 불만족스러운 직무에 대처해 나가는 것을 도와서 나름대로의 대처방법을 준비할 수 있게 된다.

셋째, 지원자에게 정직한 분위기를 전달하게 된다. 지원자는 현실 그대로를 이야기 해주는 솔직한 조직에 대해 애착을 가지게 되고 이직의향도 감소하게 된다. 또한 조직의 부정적 측면에 대해 정직한 얘기를 듣고 난 후 입사한 종업원은 충분한 정보를 가지고 스스로 판단하여 입사하였다고 판단하기 때문에 직무와 조직에 대한 몰입도가 높게 된다.

넷째, 현실적 직무안내를 통해 지원자는 조직의 직무에 대해 정확하고 균형 있는 정보를 얻게 되어 직무가 제공하는 보상이 자신의 욕구와 가치를 충족시킬 수 있을지 여부를 판단하여 입사결정을 하게 된다.

조직이 지원자를 끌어들이고 현실적 직무안내를 한 후 다음 단계는 최종평가와 선발이다. 조직은 선발시 개인의 지식, 기술, 능력과 직무요건간의 적합성을 찾는다. 또한 응시자와 조직의 가치, 문화, 전략 등과 같은 광의의 조직요인간의 적합성을 평가한다. 동시에 조직은 개인이 선호하는 작업환경과 회사 내의 다양한 문화, 풍토를 맞추어야 한다. 조직은 이러한 연결이 이루어질 수 있는 선발기법을 사용해야 한다. 즉, 조직은 특정직무에 적합하고 조직의 작업과 문화적 환경에도 적합한 사람을 선발해야 한다. 선발시 개인과 조직간 적합성을 제고하기 위하여 조직이 해야 할 것으로 다음의 4단계 활동이 있다.

첫 번째 단계로 조직은 직무성공을 결정하는데 중요한 특정조직 특성과 요인을 파악하기 위해 전반적인 작업환경을 평가해야 한다.

두 번째 단계로 조직은 특정직무를 수행하는데 있어서 요구되는 개인유형을 추론한다. 구체적으로 직무수행에 요구되는 지식, 기술, 능력, 개인적 특성을 결정하게 된다.

세 번째 단계로 조직과 개인의 적합성을 평가하는 프로그램을 사용한다. 조직의 경우 적합성평가에는 업무 시뮬레이션, 구조화된 직무면접, 과거 업무경험, 인지능력검사, 교육 및 성격검사와 같이 다양한 종류가 있다. 인지능력과 성격검사는 일부 논란이 있기는 하지만 종업원 선발에서 점점 많이 사용되고 있다. 개인과 조직의 적합성평가에는 시뮬레이션, 직무면접, 현장방문, 비공식적 접촉 등 다양한 방법이 사용될 수 있다. 앞에서도 설명했듯이 개인에게 있어서 직무를 평가하는 가장 중요한 도구는 현실적 직무안내이다.

네 번째 단계로 선발한 후 개인에 대한 강화를 실시한다. 특히 개인과 조직간의 관계를 강조하는 오리엔테이션, 훈련, 멘토링, 기타 다른 지원 프로그램들을 개인에게 제공해야 한다. 이를 통해 개인은 자신이 회사에서 인정받고 있다는 것과 회사의 중요한 구성원임을 느끼게 된다.

능력과 개인적 특성이 직무와 작업환경에 적합한 사람을 선발하게 되면 이직을 줄일 수 있고 더 열심히 일하며 생산성이 높아지기 때문에 조직에 긍정적 영향을 미칠 수 있다. 따라서 개인-환경 적합성을 증대시킬 수 있는 적절한 선발기법을 사용해야 한다.

개인도 조직 입사과정을 관리할 필요가 있다. 지원자는 자신이 선호하는 작업환경을 이해하고 조직을 파악하기 위해 네트워크를 형성하고 면접기술을 향상시키며, 조직을 정확히 평가하고 합리적 정보를 토대로 직무를 선택해야 한다.

3) 경력초기

(1) 정착시기

신입사원이 입사해서 처음 직무를 맡게 되면 우선적으로 해야 할 일은 조직에 적응하고 정착하는 것이다. 신입사원은 처음 맡게 된 직무에 익숙해져야 하고, 동료와 상사와 좋은 관계를 형성하고 이들로부터 인정도 받아야 한다.

가) 조직사회화

조직은 신입사원이 직무를 수행하고 조직에 적응하는 것을 배우는데 도와주어야 한다. 신입사원이 조직에 적응하는데 있어서는 단순히 업무기술만 익히는 것으로는 부족하다. 조직이 어떻게 돌아가고, 어떤 행동이 보상을 받거나 처벌을 받으며, 조직이 내세우는 것은 무엇인지 파악해야 한다. 조직은 신입사원이 조직의 철학을 수용하도록 만들어야 하고 이를 위해 신입사원을 새로운 작업환경에 사회화시켜야 한다.

개인이 자라면서 사회의 가치와 규범을 배우는 것처럼 신입사원도 조직에서 어떻게 행동해야 하는지 배워야 한다. 조직사회화는 '개인이 조직에서의 역할을 수행하고 조직구성원으로서 참여하는 데 필요한 가치, 능력, 기대되는 행동, 사회지식을 알게 되는 과정'으로 정의된다.

사회화는 본질적으로 개인이 예전의 역할(예: 대학생)에서 새로운 종업원 역할로 바뀌는 학습과정이다. 사회화는 개인의 동기, 직무만족, 조직몰입에 긍정적 영향을 미치게 된다. 이러한 변인들이 향상되면 개인과 조직의 성과가 높아지고 종업원의 이직이 낮아지게 된다. 신입사원의 사회화는 조직이 문화를 안정화시키고 지속시킬 수 있는 주요 메커니즘이 된다. 사회화는 종업원들에게 기업의 규범, 가치, 주요 임무를 받아들이게 하는 역할을 하기 때문에 기업이 장기적으로 존속하는 데 주요한 역할을 한다. 사회화 프로그램은 일반적으로 다음의 6가지 내용을 다루고 있다.

- **직무수행의 효율성** : 직무와 관련된 과업을 배워 나가는 것
- **사람** : 조직구성원들과 업무관계를 잘 정착시키는 방법

- **조직정치** : 조직 내에서 공식적, 비공식적 업무관계와 권력구조에 대한 정보를 성공적으로 얻을 수 있는 방법
- **언어** : 조직의 독특한 은어 및 속어, 전문·기술직의 언어에 대한 이해.
- **조직의 목표와 가치** : 조직의 구체적 목표와 가치, 권력 있는 구성원들이 신봉하는 비공식적 목표와 가치에 대한 이해
- **역사** : 조직의 전통, 관습, 신화, 의식, 조직 내에서 영향력 있는 구성원의 개인적 배경과 작업사에 대한 이해

그렇지만 사회화의 많은 부분은 공식적 프로그램보다는 다른 사람의 행동의 관찰을 통하는 등의 비공식적 방법으로 일어나게 된다.

나) 조직사회화 단계

사회화는 다음의 여러 단계를 거쳐 나타나게 된다.

(가) 1단계 : 선행사회화(anticipatory socialization) : 사회화 과정은 종업원이 조직에 입사하기 전부터 시작된다. 응시자는 자신의 역량, 가치, 흥미에 기반하여 모집과정에 임하게 되며 모집과정 동안 조직에서의 생활에 대해 기대를 갖게 된다. 의과대학이나 법학전문대학원 등의 전문교육기관에서 교육을 받는 학생들은 이미 대학시절에 향후 자신이 소속될 집단에 대해 어느 정도 사회화가 이루어진다. 파트타임으로 일하는 경우와 가족, 친지, 동료 등에 의해 영향을 받는 경우에도 입사 전에 이미 사회화가 진행된다. 오늘날 선행사회화 활동을 적극적으로 하고 있는 기업도 많다. 이들 기업은 인턴십, 산학협력교육, 직업교육 등의 제도운영을 통해 조직과 직무에 이미 어느 정도 익숙해진 입사후보자를 양성하고 있다.

(나) 2단계 : 입사 : 모집과정을 거쳐 조직에 입사하게 되면 새로운 환경에 접하게 된다. 실제로 환경은 많은 점에서 신입사원의 기대와 크게 다를 수 있다. 조직은 경력초기에 신입사원을 여러 방법으로 사회화한다. 사회화 방법에는 제도적 방법과 개인적 방법의 두 가지 유형이 있다. 제도적 방법은 공식적으로 모든 신입사원에게 제시되는 일반적 프로그램과 학습경험으로 구성되어 있으며, 개인적 방법은 특정개인을 대상으로 하는 독특한 활동과 학습경험으로 구성되어 있다. 조직에서 흔히 사용하는 사회화 프로그램은 다음과 같다.

- **모집** : 모집은 조직에서 필요로 하는 요건과 가장 적합한 후보자를 선발하기 위해 사용한다. 현실적 모집은 후보자의 기대감을 적정수준으로 유지함으로써 이들이 입사 후 경험하게 될 충격을 감소시키는 데 사용된다.

- **교육훈련** : 교육훈련은 신입사원에게 직무와 과업에 대한 지침을 알려 주고 조직의 목표와 제도를 안내하기 위해 실시한다.
- **자신감 손상경험** : 이는 신입사원에게 매우 어려운 과제를 부여하거나, 또는 반대로 매우 하찮은 과제를 주어서 신입사원의 자신감을 손상시키는 방식으로 사회화하는 방법이다.
- **보상과 통제 시스템** : 신입사원은 어떤 행동이나 성과가 보상을 받는지를 관찰함으로써 조직이 무엇을 중시하는지를 배우게 된다. 업적평가와 승진 등이 보상시스템의 일환으로 사용된다.

(다) 3단계 : 변화와 획득 : 입사후 일정 시간이 지나면 개인은 알게 모르게 어느 정도 조직이 바라는 방향으로 자신의 행동을 변화시키게 된다. 변화와 획득은 다음의 질문을 통해서 확인할 수 있다.

- 신입사원들은 직무에 대해 충분히 배웠는가? 이들이 업무를 성공적으로 처리하고 맡은 역할에서 성취감을 느낄 수 있도록 자신의 업무를 충분히 익히는 것이 중요하다.
- 신입사원들은 소속집단에 통합되었는가? 성공적으로 통합되기 위해서 적절한 수준의 상호신뢰와 수용이 요구되며, 그래야 집단이 효율적으로 기능할 수 있다. 신입사원은 집단의 기존의 제도, 규범, 가치에 적응해야 한다.
- 신입사원은 자신의 역할이 무엇인지 알게 되었는가? 조직에 내재되어 있는 애매모호한 점과 갈등을 처리할 수 있는가? 갈등은 일과 가정 또는 여가활동과 같은 일 이외의 생활에서 일어날 수 있으며 조직의 여러 집단 사이에도 일어날 수 있다.
- 신입사원은 시스템 내에서 일하는 방법을 알게 되었는가? 시스템 내에서 일하는 것은 상사 및 동료와 잘 지내고 새로운 아이디어에 대한 주변의 저항을 극복해 내며, 처음의 낮은 수준의 책임을 받아들이고 보상제도를 이해하는 것을 의미한다.
- 신입사원은 조직의 가치를 이해하고 수용하였는가? 신입사원은 회사의 중요한 부분으로 행동하고 생각하고 느끼기 시작하였는가? 신입사원의 개인가치가 조직의 가치와 일치하는 방향으로 점차 변해가고 있는가? 조직의 문화와 규범이 성공적으로 전달되었는가?

다) 상호수용과 심리적 계약

성공적 사회화는 상호수용을 통해서 이루어진다. 개인은 조직에 대한 관여, 동기, 몰입수준을 높이고 조직에 머물러 있겠다고 마음먹음으로써 조직을 받아들인다. 동시에 조직은 신입사원을 신뢰하고 중요한 구성원으로 받아들인다.

상호수용은 개인과 조직이 심리적 계약(psychological contract)을 체결하는 것이다. 심리적 계약에는 종업원이 조직을 위해 개인이 해야 한다고 생각하는 부분과 조직으로부터 받아야 한다고 생각하는 부분이 있다. 심리적 계약에는 관계적 계약과 거래적 계약의 두 종류가 있다.

관계적 계약은 일반적으로 장기적이며, 종업원의 충성에 대한 대가로 조직이 직무안정을 보장하고, 개인의 조직몰입 수준이 높게 나타난다. 반면 거래적 계약은 단기계약, 성과평가에 기반한 보상 시스템, 낮은 조직몰입 수준의 특징을 나타낸다. 관계적 계약은 조직과 개인간의 문서화되지 않은 사회적 계약을 통해 조직과 개인에게 안정을 제공하며, 종업원이 조직에 몰입하는 대가로 종업원의 직무안정성과 승진을 보장하는 것이다. 개인은 입사시 열심히 일하고, 높은 업적을 발휘하고, 조직에 충성하는 대가로 조직에 대해 재미있고 도전적인 일의 제공, 임금인상, 빠른 승진의 보상을 기대한다. 조직은 종업원이 조직의 이익을 위해 개인과 가정을 어느 정도 희생하리라고 기대한다.

많은 기업은 관계적 계약을 토대로 종업원들이 그때 그때 필요한 과업수행능력을 갖출 것을 요구하고 있다. 이제 많은 기업에서 구성원들은 조직이 더 이상 고용보장을 하지 않는 현실에 직면하게 되었다. 따라서 많은 종업원들은 회사에 대한 충성에 더 이상 큰 가치를 부여하지 않고 있으며, 자신의 경력에 적합한 조직을 지속적으로 찾아야 한다는 태도를 가지고 있다.

관계적 계약이 체결되었다 하더라도 종업원과 조직은 서로 검증하는 과정을 거쳐야 한다. 이 검증과정을 통하여 종업원과 조직은 각자 서로의 기대에 대하여 좀 더 정확하게 평가할 수 있게 된다. 개인은 자신의 노력에 대해 조직이 어떻게 반응하는지를 좀 더 잘 파악하게 되고, 조직은 종업원으로부터 기대할 수 있는 것이 무엇인지를 잘 이해하게 된다. 상호수용은 지속적 고용을 잠정적으로 승인하고 심리적 계약을 인준하는 것을 의미한다. 사회화를 통해 항상 상호작용이 일어나는 것은 아니다. 개인과 조직이 서로 잘 맞지 않는 경우도 많다. 개인이 조직의 기대에 부응하지 못했거나 조직이 개인이 기대했던 부분을 제공하지 못했기 때문일 가능성이 높다. 이와 같은 상황에서 개인의 만족도와 생산성은 저하되며 개인은 결국 조직을 떠날 수 있다.

라) 정착시기에서 조직의 과제

(가) 효율적 오리엔테이션 프로그램 : 효율적 오리엔테이션 프로그램은 신입사원이 조직에 통합되는 것을 돕고 조직의 정책, 복지, 서비스 등에 대한 정보를 제공한다. 신입사원 오리엔테이션은 일반적으로 다음의 기능을 한다.

- 회사 소개
- 회사의 주요 정책과 제도 안내
- 복지 프로그램 안내
- 회사의 기대 설명
- 동료와 시설 소개
- 직무 소개

(나) 도전적 과제 부여 : 많은 종업원들은 직무에 있어서 높은 수준의 도전과 책임을 기대한다. 신입사원에게 입사초기에 도전적 직무를 부여하면 조직이 자신에게 많은 것을 요구하고 있다는 것과 높은 책임감을 느끼게 된다. 신입사원은 조직이 도전, 책임, 성취를 강조하는 것을 알게 되면 이를 수용하고 이와 일치하는 방향으로 행동하게 된다. 경력초기 종업원들의 직무전념도는 업무에서 자율이 얼마나 보장되느냐에 달려있다. 상사의 기대 또한 부하의 행동에 영향을 미친다. 상사는 부하가 도전적 과제를 다룰 수 있을 것으로 기대할 때, 부하의 직무에 더 많은 도전과 지원, 격려를 제공하게 되고 그 결과 부하가 이 과제를 달성하게 되는 경우가 많다. 이를 자기성취적 예언(self-fulfilling prophecy)이라 한다.

(다) 피드백 제공 : 신입사원에게 도전적 과제를 부여하는 것만으로는 충분하지 않다. 신입사원은 자신이 과업을 얼마나 잘 수행하고 있는지 스스로 알 수 있어야 한다. 이를 위하여 기업은 신입사원들이 스스로에 대해서 이해하고 또 지속적으로 행동 변화를 이룰 수 있도록 피드백을 제공해야 한다. 피드백은 심리적 계약을 명확하게 하기 위하여 상사와 부하가 서로에 대한 생각과 기대를 논의할 수 있는 기회를 제공한다. 피드백은 건설적이고 도움을 주는 방법으로 제시될 때 효과가 있다. 많은 조직은 피드백을 향상시키기 위한 노력을 하고 있다. 그 일환으로 자기평가, 동료평가, 타인평가 등을 포함한 효과적인 인사평가 시스템 개발, 상사의 리더십에 대한 피드백 제도 등이 개발되고 실행되고 있다.

(라) 상사의 지원 : 신입사원에게 심리적 성공감과 다른 한편으로는 실수하고 배우고 성장하는 지원환경을 발전시키기 위한 도전과 자율을 의미하는 '지원적 자율성(supportive autonomy)'이 필요하다. 신입사원의 상사는 지원적 자율성을 제공하여야 한다. 상사는 코치, 피드백 제공자, 트레이너, 역할 모델의 역할을 수행해야 한다. 상사는 부하의 경력개발자로서의 역할을 수행해야 하고, 이 역할을 효과적으로 수행할 수 있도록 교육을 받고 또 이에 대해 보상을 받아야 한다.

마) 멘토 및 기타 지원관계의 확립

멘토링(Mentoring)은 다양한 발달기능을 제공하는 부하와 상사간 관계 또는 동료간 관계로 정의된다. 멘토(Mentor)와 관계를 맺는 것은 성인 초기의 중요한 사건 가운데 하나이며, 멘토를 찾는 것은 경력 초기에서 중요한 발달과제이다.

멘토라는 용어는 그리스 신화에서 유래된 것으로서, 트로이 전쟁에 출전한 오디세우스가 친구인 멘토르에게 자신의 아들인 텔레마커스의 교육을 부탁한 데서 유래한다. 멘토는 의무를 수행하기 위해 선생, 코치, 상담자, 친구 등의 다양한 역할을 수행했다. 이와 같은 역사적 의미에서 보면 멘토와 부하간의 관계는 포괄적이며(교육, 직업, 신체, 정신적 개발을 모두 포함), 높은 수준의 상호 애정과 신뢰를 토대로 한다. 멘토는 경력, 심리 사회적 기능의 역할을 한다. 경영실제에서 멘토링은 높은 수준의 경력 및 조직몰입, 인정, 만족, 경력이동, 다양한 긍정적 작업성과와 관련이 있는 것으로 나타나고 있다. 멘토의 긍정적 성과는 성별이나 직위수준과 관계없는 것으로 나타났다. 즉, 멘토링은 누구에게나 상관없이 개인의 직무와 경력성과에 긍정적 영향을 준다. 그런데 현대사회에서 종업원은 학습목적을 위해서 한 명의 멘토만 필요한 것은 아니며, 전문적 기술을 가르치는 데 흥미가 있는 사람과 관계를 맺고 조직의 정치현실에 대해 설명해 줄 또 다른 사람과 멘토관계를 가지며, 승진 때문에 고위직에 영향을 미칠 수 있는 또 다른 사람, 개인적 문제를 들어 주고 조언을 해 줄 수 있는 또 다른 사람과 멘토관계를 맺을 수 있다. 이들 모두는 전통적 의미에서 보면 멘토라고 할 수 없으나 모두가 종업원의 경력 초기에 중요한 역할을 할 수 있다. 다양한 형태의 지원/조언 관계가 가능하며, 이는 전통적 멘토에서부터 후원자(강한 보호자, 그러나 멘토보다 세력이 약함), 안내자(조직에 대해 설명해 주고 장애를 지적해 줄 수 있는 사람), 동료(정보를 공유할 수 있는 사람)까지 다양하다.

신입사원은 다양한 출처로부터 중요한 정보와 지원을 받을 수 있다. 조직은 신입사원이 다수의 사람들과 쉽게 상호 작용할 수 있도록 만들어 줌으로써 위와 같은 다양한 관계를 촉진시킬 수 있다. 토의집단, 세미나, 사교모임 등이 그 수단이 될 수 있다. 또한, 조직은 멘토에 쉽게 접근할 수 없는 신입사원을 위하여 다른 형태의 경력관리 도구를 활용할 수 있다. 공식적 멘토링 프로그램을 대치할 수 있는 도구로 상담과 코칭, 360도 피드백, 다양한 유형의 평가 등이 있다.

(2) 성취시기

신입사원이 안정화되고 어느 정도 정착되면 이제 적응에 대한 관심은 줄어들게 되고 성취, 권한, 책임 등에 대한 욕구가 강해진다. 성취시기에 종업원들이 관심을 갖는 주제는 다음과 같다.

- 업무역량의 지속적 발휘
- 책임과 권한의 증대
- 직무와 조직에 기여할 수 있는 방법
- 조직 내·외부의 다양한 기회
- 자신의 경력희망과 일치하는 장·단기 경력 개발
- 경력목표를 달성하기 위한 전략 개발·실행
- 환경변화에 적응

개인은 이 시기에 한편으로는 효율적으로 업무수행을 하고, 다른 한편으로는 경력목표를 설정하고 이의 달성을 위해 다양한 대안들을 검토하고, 조직의 지원획득을 위해 노력한다. 조직은 개인에게 경력탐색을 장려하고, 도전적 직무와 책임을 부여하며, 현실적이고 융통성 있는 경력경로를 구축하고, 건설적 성과평가를 제공하며, 종업원 개인이 경력관리계획을 구체화하도록 도와주어야 한다. 성취시기에서의 조직의 활동은 다음과 같다.

가) 충분한 도전과 책임의 제공

개인은 성취시기에 들어서면서 자신의 책임영역을 확대하고, 보다 높은 자율성과 독립성을 추구한다. 책임 확대는 승진, 이동, 직무확대를 통하여 실시할 수 있다. 조직은 개인에 대해 더 많은 도전과 책임을 제공하는 방법과 개인이 어느 정도의 도전적 업무를 처리할 수 있는 능력이 있는지를 잘 파악해야 한다. 참여적 목표설정, 예산통제, 직무달성방법에 대한 자유재량, 특정 프로젝트 참여 등은 도전과 책임수준을 높일 수 있는 방법이다. 그리고 직무순환은 특히 경력 초기의 종업원들에게 승진, 임금인상, 넓은 범위의 직무수행과 같이 경력성과에 긍정적 영향을 미친다.

나) 인사평가와 피드백

조직은 종업원의 승진, 훈련 및 개발, 임금인상 등에 대해 결정을 내려야 한다. 이를 위하여 인사평가는 꼭 필요하다. 또 개인은 지속적 피드백을 필요로 하며, 특히 경력목표와 관련해서는 더욱 그러하다.

다) 현실적이고 유연한 경력경로 구축

경력경로(career paths)는 종업원이 경력과정을 통하여 이동하는 직위의 연속적

과정을 의미한다. 예를 들어 마케팅 업무 담당자의 표준 경력경로는 마케팅 부서원, 지점 점장, 본사 스탭, 지방 마케팅 책임자, 본사 마케팅 중역의 직위를 거치게 된다. 그런데 이러한 전통적 경력경로는 급격하게 변화하고 있다. 기업합병, 다운사이징, 기술혁신, 리엔지니어링, 조직재설계 등의 새로운 환경의 출현으로 인해 조직 내 많은 경력경로가 없어져 버렸고, 따라서 현재의 직무경로에 근거하여 경력계획을 수립하는 것이 곤란해 졌다.

경력경로의 새로운 대안은 직무행동, 지식, 능력에서의 유사성을 토대로 개발될 수 있다. 이는 직무내용을 철저히 분석하고 유사한 직무를 하나의 '직무군(職務群)'으로 묶으며 직무군을 통해 나아가는 것이 가능한 경로를 파악하는 내용을 포함한다. 이러한 경력경로의 개발은 경력경로가 직무명칭이나 과거의 관행보다는 실제 직무행동요건에 의해 정의된다는 점에서 보다 현실적이다. 이렇게 되면 개인은 여러 부서를 이동할 수 있기 때문에 경력이동에서 유연성을 더 크게 갖게 된다.

라) 경력탐색 자극

조직은 종업원의 자기평가 지원을 위하여 워크샵, 세미나, 토의집단 및 상담을 지원할 수 있다. 또한 시의적절하고 건설적인 직무수행 피드백과 상사나 다른 중요한 인물과의 코칭 미팅은 자기평가에 도움을 준다.

조직은 종업원이 다른 직무기회에 대한 정보를 구하는데 도움을 줄 수 있다. 효과적 직무탐색을 위해서 직무와 행동, 지식, 능력, 보상 등에 대해 정확한 정보를 제공하는 최신의 직무기술서가 필요하다. 관리자에게 부하의 경력계획을 도울 수 있도록 직무와 경력경로에 대한 자세한 정보가 제공되어야 한다.

조직의 목표와 전략, 미래의 인적자원 니즈, 이동기회, 보상 시스템 등의 정보는 경력탐색에 도움을 줄 수 있다. 이러한 정보는 대부분 멘토나 상사와의 관계를 통해 비공식적으로 얻을 수 있기는 하지만 조직은 경영계획과 인적자원계획에 관한 정보를 제공할 수 있다. 조직은 또한 이동형태, 현실적 경력탐색에 관한 정확한 정보를 제공하여 종업원의 기대가 조직환경의 현실과 일치하게 해야 한다.

4) 경력 중기

경력 중기는 40세부터 55세까지의 약 15년간이다. 경력 중기는 개인에게 두 가지 중요한 과제를 제시한다. 하나는 개인이 경력 중기로의 전환에 직면하게 되어 개인적으로 지난 경력을 재평가하는 것이다. 많은 사람들은 젊음을 잃는 것을 두려워하고 승진기회의 한계를 깨닫고 좌절을 느끼기도 한다. 경력 중기 종업원이 이 시기에 반드시 위기를 경험하는 것은 아니지만 좀 더 생산적이고 발전적으로 나아가기 위해서 자신이 지금까지 성취한 것과 인생의 목표를 재평가할 필요가 있다.

또 하나의 과제는 생산성을 유지하는 것이다. 개인이 만약 더 이상 승진이 어려운 경력정체(career plateau)에 도달했다는 것을 깨닫게 되면 생산성이 크게 감소될 수 있다.

(1) 경력정체

경력정체가 발생하는 이유는 다음과 같다.

- 피라미드 조직구조는 상위계층으로 갈수록 직위가 점점 줄어든다. 따라서 조직구조상 위로 올라가면 갈수록 승진할 직위의 수는 적어지게 된다.
- 증가하고 있는 다운사이징으로 인해 상위직에 대한 경쟁이 점차 증대하고 있다.
- 이러한 문제는 성장속도가 느린 조직에서 더 크게 나타나고 있다. 또 회사의 경영전략이 성장 가능한 기회의 수와 유형에 영향을 미칠 수 있으며, 그로 인해 특정 경력경로에서 정체가 일어날 수 있다.
- 기술변화로 인해 특정경로가 없어지고 종업원들이 충분히 준비하지 못한 새로운 경력경로가 생겨난다.
- 일부 종업원은 현재 자신의 직위가 자신에게 충분하다고 생각하거나, 승진하기 위한 전문·관리능력이 부족하거나, 승진지향 전략을 세우는 데 필요한 경력관리기술이 부족하기 때문에 남들보다 정체에 이를 가능성이 높다.
- 좀더 균형 잡힌 인생을 살고 싶어 하는 욕구가 강해지면서 많은 종업원들이 가정 또는 여가에의 시간투자와의 갈등 때문에 더 이상의 승진을 바라지 않는 경우도 나타나고 있다.

정체된 종업원은 분노하고 좌절하고 따분함을 느끼며, 자신의 일에 관심이 줄어들고 의욕도 낮아질 수 있다. 궁극적으로 성과가 저하되고 소속 부서와 조직의 성과감소가 초래될 수 있다. 연구에 따르면 자신의 경력이 정체되었다고 지각하는 사람은 그렇지 않은 사람에 비해 직무만족, 회사 동일시, 경력계획 활동수준이 낮은 것으로 나타나고 있다.

경력정체가 반드시 부정적 결과만을 초래하는 것은 아니다. 사람에 따라 지리적 여건, 잠재적 압력 등과 같은 이유로 승진을 바라지 않을 수도 있다. 경력정체는 전문적이고 개인적인 측면에서 긍정적인 면도 있을 수 있다. 실제로 경력정체는 개인의 성장에 긍정적 영향을 줄 수 있다. 경력정체가 되면 시간적으로 안정성이 있기 때문에 새로운 기술을 배울 수 있고 예측 가능한 가정/개인 생활을 추구할 수 있으며 정신적 에너지도 재충전할 수 있다. 경력이 정체된 사람은 조직에 대한 동류의식과 몰입수준이 낮아지지만 동료 및 고객과의 개인적인 동류의식은 증가한다는 연구결과도 있다. 다른 연구에서도 경력정체의 긍정적 측면에 관한 결과와 일관되게 대부분의 관리자는 큰 어려움 없이 경력정체에 적응하고 있는 것으로 나타났다. 이러한 적응방법으로 직무 외 활동에 흥미를 갖고 승진의 부정적 측면을 강조하는 것 등이 있다. 실제로 이들의 직무성과는 크게 낮아지지 않았다.

(2) 쇠퇴

경력 중기에 나타나는 문제로 경력정체와 더불어 쇠퇴(obsolescence)가 있다. 쇠퇴는 '현재 또는 미래의 업무역할에서 효율적 수행을 유지하기 위해 필요한 최근의 지식이나 기술이 부족한 정도'로 정의된다.

쇠퇴는 변화로 인해 나타난다. 쇠퇴를 가져오는 변화로 직무변화와 개인변화가 있다. 직무변화에는 직업에서 필요한 사항의 변화, 관리방법의 변화 등이 있는데, 자신의 업무에서 새로운 부분을 배워 나갈 수 없는 사람은 쇠퇴에 이를 가능성이 많다. 개인변화는 중년 변환기와 다른 경험을 통해 일어나는 것으로서 성취지향 수준과 일에 대한 흥미수준을 낮추며, 결과적으로 현재의 일을 계속하려는 열망에 부정적 영향을 줄 수 있다.

그렇지만 모든 종업원들이 다 쇠퇴하는 것은 아니며, 또 동일한 속도로 쇠퇴하지도 않는다. 조직의 업무환경과 개인적 요인이 쇠퇴에 영향을 미치게 된다. 예를 들어, 전문교육을 받은 후 얼마나 시간이 흘렀는지가 쇠퇴 속도에 영향을 미칠 수 있다. 또 빠르게 변화하고 있는 분야에서 더 빨리 쇠퇴가 일어날 가능성이 높다. 개인적 요인들도 쇠퇴에 영향을 미친다. 어떤 사람은 새로운 지식을 획득하는 능력이 남보다 앞설 수 있다. 또한, 신경향을 따라가기 위해 열심히 노력하는 사람들도 있다. 중년기 성인들의 중요한 경력 관심사의 하나는 신경향을 따라가는 것으로 나타나고 있다.

조직의 업무환경 또한 쇠퇴를 막는 데 중요한 역할을 한다. 직무가 도전적일 때, 자극을 주고 지나친 전문화를 막기 위해 직무재배치가 정기적으로 이루어질 때, 일하는 데 충분한 책임과 자율이 주어질 때, 동료들과 자유로운 상호작용이 이루어질 때, 계속해서 최신의 것을 배우려는데 대해 보상이 주어질 때 쇠퇴는 잘 발생하지 않는다. 계속적 학습과 개발은 쇠퇴를 막는 데 매우 중요하다.

(3) 조직의 경력 중기 관리활동

조직이 경력 중기 종업원들의 경력관리를 도울 수 있는 관리활동은 다음과 같다.

가) 경력 중기에 대한 이해

조직은 이 시기의 종업원들이 직면하고 있는 문제를 이해하는 노력을 기울이고, 이에 대해 관리자를 교육시켜 부하가 경력 중기에 있을 때 나타나는 문제점들에 대해 도움을 줄 수 있게 한다. 세미나와 워크샵의 개최, 지원집단을 통해 구성원들이 자신의 감정에 대해 얘기하고 자신이 혼자가 아니라는 것을 인식하는 기회를 제공할 수 있다. 또 종업원에게 전문상담을 제공할 수 있다.

나) 이동기회 제공

이 시기에는 승진기회가 제한적일 수 있기 때문에 직무순환과 수평이동을 통해 정체된 종업원에게 자극적이고 도전적인 직무를 부여하고, 높은 동기를 유지하게 할 수 있다. 수평이동은 특히 정체된 종업원에게 도움이 될 수 있다. 정기적 순환과 수평이동을 잘만 활용하면 종업원의 쇠퇴를 늦출 수 있다. 일부 경력 중기 종업원들은 현재 직무의 압력을 다룰 수 없거나 다루지 않으려고 하기 때문에 이들의 개발과 자극을 위하여 지위를 낮추는 방법을 사용할 수 있다. 수평이동 및 지위를 낮추는 방법이 얼마나 성과를 거둘 수 있는지는 구성원이 이를 통해 추가적 도전, 기술활용, 새로운 자극을 어느 정도나 얻을 수 있느냐에 달려있다. 한 직무에 오래 있다 보면 부정적 태도나 침체가 발생할 수 있기 때문에 이동이 적절하게 이루어진다면 어떤 방향으로의 이동이든지 긍정적 태도와 동기를 증진시킬 수 있다.

다) 직무재설계

경력 중기 구성원이 승진을 기대하지 않는 경우에도 성취 및 자율성에 대한 욕구는 강할 수 있다. 수평적 이동에 대한 대안으로 다양성, 도전성, 책임감을 늘리는 방향으로 현 직무를 재설계할 수 있다. 태스크포스, 프로젝트팀 등에의 참여도 자극과 인정의 측면에서 긍정적으로 작용하게 된다. 명확한 업무내용과 합의한 업무목표, 정확한 피드백은 정체된 종업원의 성과를 향상시키는데 중요하다. 또 정확한 인사평가는 쇠퇴의 발생 및 발생가능성 여부를 확인하는 데 중요하다.

라) 멘토링 기법 강습

경력 중기의 구성원들은 젊은 종업원에게 멘토로서의 역할을 수행할 수 있게 된다. 이를 위해 이들을 대상으로 특강이나 집단토의를 실시하고, 또 멘토링을 위해 신입직원을 어떻게 코치하고 상담하며 피드백을 주는지에 대한 교육을 실시하는 것도 필요하다.

마) 지속적 교육

지속적 직무도전과 정기적 직무순환은 쇠퇴를 억제하는 데 가장 효과가 큰 것으로 알려져 왔다. 여기에 이를 보완하는 잘 계획된 지속적 교육 프로그램은 큰 도움이 될 수 있다. 교육은 경력변화를 바라는 경력 중기의 종업원들에게 도움을 준다. 지속적 교육은 향후 타 조직의 타 경력분야를 생각하고 있는 종업원에게 경력이동 준비를 하는데도 도움을 줄 수 있다.

바) 보상체계 확대

중년 정체를 겪고 있는 종업원의 성과의욕을 자극하는 데 있어서 전통적 보상방법인 임금과 승진 외에 재미있고 도전적인 직무, 자극적 과업, 인정, 칭찬 등의 다양한 보상방법을 활용할 수 있다. 자기개발을 위하여 지속적으로 노력하고, 도전적 직무에 성공하고, 교육 프로그램에 지속적으로 참여하는 종업원에 대하여 보상하는 것은 경력 중기의 쇠퇴를 막는데 효과적이다.

5) 경력 말기

조직은 고령 종업원에 대한 대책을 마련할 필요가 있다. 경력 말기의 종업원에게 능력과 생산성을 유지하도록 하는 것은 중요하다. 이 시기의 종업원이 생산성을 유지하는 데는 몇 가지 장애가 있다. 기술과 조직의 빠른 변화로 인해 경력 말기의 종업원에게 쇠퇴의 위협이 크게 발생한다. 경력 중기의 쇠퇴가 없어지거나 감소하지 않으면 경력 말기에서 상황은 더욱 나빠질 수 있다. 특히 조직의 비전, 구조, 기술의 변화로 인해 직무와 경력경로, 나아가서 부서가 없어지게 되면 매우 심각해질 수 있다. 정체 또한 경력 말기 종업원들의 업무수행에 부정적 영향을 미칠 수 있다. 쇠퇴와 정체는 경력 중기에서 일어나는 문제이지만 경력 말기에 더 악화될 수 있다. 장년의 종업원에 대한 사회의 고정관념과 편견은 이들의 효과적 직무수행을 어렵게 하고 있다. 장년층 종업원에 대해서 생산성, 효율, 업무능력, 야망, 새로운 생각의 수용, 적응, 새로운 기술개발 능력과 같은 다양한 부분에서 부족하다는 편견이 사회에 존재하고 있다.

많은 기업에서 장년층 종업원에게 능력을 개발하고 이동할 수 있는 기회가 결여되어 있기 때문에 사회의 고정관념을 타파할 수 있는 기회를 갖지 못하게 되는 자기성취 예언을 가져오게 된다. 이러한 고정관념은 이들에 대한 부정적 태도와 편견을 초래할 수 있다.

조직은 이러한 편견을 극복하고 이들의 가치를 재인식하여야 한다. 장년층 종업원들은 젊은 종업원과 비교해서 생산성이 뒤지지 않는다. 연구에 따르면 이들은 결근, 이직, 사고율이 낮고 직무만족이 높으며 긍정적 작업태도를 가지고 있다. 이들은 헌신적이고 생산적이며 열정적인 종업원이 될 수 있기 때문에 조직에서도 이들을 존엄과 존경으로 대하고 이들이 조직에 기여하는 가치를 인식해야 한다. 경력 말기 구성원의 관리방안으로 다음을 들 수 있다.

(1) 성과기준과 피드백

장년층 구성원들을 위한 성과기준을 개발하고 이를 이들에게 분명하게 전달해야 한다. 이들의 생산성이 낮은 경우에는 직무수행상의 문제가 무엇인지 확인하고, 비효율적 직무수행이 지속될 경우 나타나는 결과가 무엇인지를 파악하며 성과를 향상시킬 수 있는 방법을 탐색해야 한다. 또 정확하고 공정한 평가가 필요하다.

(2) 교육과 직무재설계

경력 중기에서 쇠퇴를 막거나 완화시키고 정체된 종업원을 관리하기 위해 제시한 여러 방법들 가운데 상당 부분은 경력 말기의 종업원에게도 적용될 수 있다. 지속적 학습기회, 높은 책임의 직무부여, 지속적 교육 등은 경력 말기 종업원들을 활성화시키는 데 중요한 기능을 할 수 있다.

(3) 퇴직준비 프로그램 개발

퇴직준비 프로그램(outplacement program)은 일에서 퇴직으로의 이동을 매끄럽게 할 수 있다. 퇴직준비 프로그램은 일반적으로 퇴직에 대한 도전, 건강, 안전, 주택, 시간관리, 법률적 문제, 재정계획과 같은 주제를 다룬다. 퇴직준비 프로그램이 성공적이 되기 위해서는 다음과 같은 점에 주의해야 한다.

- 퇴직준비 프로그램은 퇴직의 외적 및 내적 측면에 초점을 두어야 한다. 외적 요소는 재정, 주택, 법률적 문제 등을 포함하고 내적 요소는 일로부터 괴리되는 것과 관련된 다양한 심리적 문제를 포함한다.
- 프로그램은 소집단 중심으로 운영되어야 한다. 이를 통해 퇴직으로 인해 나타나는 사회적 결과 및 심리적 결과에 대해 솔직하게 논의할 수 있게 된다.
- 퇴직준비 프로그램에의 참여는 모든 문제를 충분히 다루기 위해서 적어도 퇴직이 예상되는 시점의 5년 전쯤에 시작하는 것이 이상적이다. 또 퇴직 후 일정기간 동

안은 상담활동이 계속되어야 한다.

- 이 프로그램에 정보획득과 역할 모델로서 이미 퇴직한 사람을 활용할 수 있다.
- 배우자가 프로그램에 참여하는 것은 도움이 될 수 있으며 참여를 장려해야 한다.
- 일에 대한 몰입이 특히 강한 종업원에게 특별퇴직준비 프로그램이 제공되어야 한다. 이들은 퇴직에 대처하는 것이 매우 어려울 수 있기 때문이다.
- 퇴직준비 프로그램은 퇴직 전의 종업원들에게 긍정적 태도와 업무수행을 유지하는 데 도움을 주는 방향으로 설계되어야 한다.

(4) 퇴직관리

조직은 유능하고 높은 성과를 발휘하는 경력 말기의 구성원들에 대해서는 퇴직을 늦추어서 계속 일하기를 바라고, 그렇지 않은 사람들은 조기 퇴직하기를 바란다. 이를 위해서 유연한 인사제도를 실시할 수 있다.

퇴직시기가 가까운 유능한 구성원에게 직무 재설계, 직무공유, 유연근무시간, 파트타임근무, 임시고용 등의 방법을 활용하여 조직에서 계속 일하게 할 수 있다. 경력 말기 문제 및 특히 퇴직에 대한 조직의 정책은 구성원들에게 큰 영향을 미칠 수 있는 상징적 의미를 갖는다. 회사가 퇴직자 관리를 어떻게 하는지는 남아있는 종업원들의 큰 관심사가 되기 때문이다.

제3절 승진관리

1. 승진관리의 기본방향

승진은 조직에서 구성원의 직무서열의 상승을 뜻하며, 승격은 자격서열의 상승을 의미한다. 승진에서는 지위의 상승과 함께 보수·권한·책임의 상승이 수반된다. 조직구성원의 입장에서 승진은 자아발전의 욕구를 충족시키게 되며 조직의 입장에서는 효율적인 인적자원관리의 근간이 된다. 이와 같이 조직과 구성원의 입장에서 다같이 중요한 의미를 가지고 있는 승진은 명확한 방침 아래 객관적이고 공정한 제도의 운영이 이루어질 수 있어야 한다.

승진관리에서 고려해야 할 기본적 과제는 연공주의와 능력주의의 조화에 관한 문제이다. 연공주의는 근무경력, 즉 시간의 차이에 의해 승진의 우선권을 부여하는 개념으로 근무기간에 비례해서 개인의 업무능력과 숙련도가 신장된다는 사고에 근거를 두고 있다. 연공주의는 측정의 신뢰성이 높아 객관적이며, 한국의 경우와 같이 유교적 문화가 강한 곳에서 사회제도와 이념을 같이 하고 있다. 연공주의는 대체로 안정성 경향을 강조하는 종업원들과 노동조합에 의해 널리 지지를 받아온 원칙이다. 저임금, 학력중시, 기술 정체, 사회질서 존중, 종업원의 기득권 중시 등의 여건이 연공주의의 배경이 된다.

반면 능력주의는 구성원의 업무수행능력을 승진의 기준으로 하는 것으로 합리적 사고방식을 강조하는 구미 각국에서 활용되고 있는 개념이다. 능력주의는 경영자들에게 널리 지지를 받아온 원칙으로서 임금의 급격한 상승, 기술혁신, 노동력 부족, 개방경제 등의 새로운 동향에 대응하여 조직구성원의 직무수행능력을 최대한 활용하여 기업의 효율성을 높이려는 것이다.

연공주의와 능력주의는 상호 배타적인 것이 아니라 상호보완적인 측면도 있으므로 여러 상황요소를 고려하여 조직의 실정에 맞게 적절한 조화를 시도하는 것이 바람직하다. 특히 우리나라와 같이 연공주의가 지배하고 있는 조직풍토에서는 연공주의의 장점을 최대한 살리면서 능력주의를 수용해 나가는 것이 필요하다.

2. 승진관리의 기본원칙

개별 기업마다 고유의 경영이념 및 조직문화 그리고 조직이 처한 환경 또는 맥락에 따라 인사관리의 기본방향이 있으며, 승진관리는 이러한 인사관리의 하위 시스템으로 인식된다. 조직이 추구해야 하는 승진관리의 기본원칙은 적정성의 원칙, 공정성의 원칙 그리고 합리성의 원칙으로 집약된다.

1) 적정성의 원칙

개인이 조직에 들어오면 조직목표 달성을 위해 공헌해야 하며, 그 대가로 조직으로부터 보수, 승진, 권한증대 등의 유인을 받게 된다. 적정성의 원칙이란 이러한 유인의 크기와 관련되는 것이다. 즉, 조직구성원이 일정한 정도의 공헌을 했을 때 어느 정도의 '승진보상'을 받아야 하는지 그 크기의 적정성을 말한다. 개인의 입장에서 볼 때 승진보상을 받을 수 있을 만큼 조직에 충분히 공헌을 했는데도 불구하고 그 보상을 받지 못한다면 이는 조직 내 정당성 측면에서 문제가 된다.

승진보상에 대한 적정성은 시간적 차원과 공간적 차원에서 접근할 수 있다. 시간적 차원에서 과거 구성원들이 받았던 승진보상과 현재 구성원들이 받고 있는 승진보상을 비교하고, 공간적 차원에서 동종 업체 등 유사 조직의 구성원들이 받고 있는 승진보상과 비교하는 것이다.

2) 공정성의 원칙

공정성의 원칙은 조직이 조직구성원에게 나누어 줄 수 있는 승진보상의 덩어리를 올바른 사람에게 배분했느냐와 관련되는 원칙이다. 이 원칙은 상대적인 것이기 때문에 지켜지지 않을 경우 조직 내 구성원들 간 갈등의 원인이 된다. 예를 들어 어떤 조직구성원이 이러한 원칙이 지켜지지 않은 상태에서 승진되었을 때 그는 다른 구성원에 대해 떳떳한 태도를 취할 수 없을 것이며, 오히려 죄스러운 감정에 사로잡힐 수 있다. 또한 승진탈락자들은 조직에 대해 심리적으로 멀어질 것이며 승진자와의 협동시스템 구축에 동조하지 않을 것이다.

따라서 개별조직의 승진제도는 승진기회가 비록 충분하지 않을지라도 그 기회는 공정하게 제공되어야 하며, 승진기준에 대한 평가의 신뢰도가 철저히 유지되어야 한다.

3) 합리성의 원칙

합리성의 원칙은 조직구성원이 조직의 목표달성을 위해 공헌한 내용을 정확히 파악하기 위해 어떤 것을 공헌으로 간주할 것인가에 관련되는 것이다. 예컨대 연고주의(지연, 혈연, 학연 등)에 입각한 기준에 따른 승진관리는 비합리적인 것이며 개인의 성과, 근속연수, 자질, 능력 등과 같은 조직의 업무수행이나 목표달성과 관련성이 있는 기준에 따른 승진관리는 그 합리성이 인정되고 있다.

기업은 조직의 업무수행이나 목표달성을 위해서 연공과 능력(자질)을 조화시키는 방향으로 승진기준을 합리적으로 설정하여야 하며 이러한 승진기준이 계층별 · 직종별로 세분화되어야 한다. 계층별로 볼 때 상위직으로 갈수록 능력의 비중을 높이고, 하위직으로 갈수록 연공의 비중을 높이는 것이 바람직하다. 직군 · 직종별로 볼 때 관리직에게 요구되는 조직 목표달성을 위한 자질 내지 능력과 생산직에게 요구되는 자질 내지 능력이 다를 것이며 이러한 것이 구분되어 승진기준에 반영되어야 할 것이다.

이상에서 제시한 승진관리의 기본원칙은 다음의 [그림 9-2]와 같다.

그림 9-2. 승진관리의 원칙

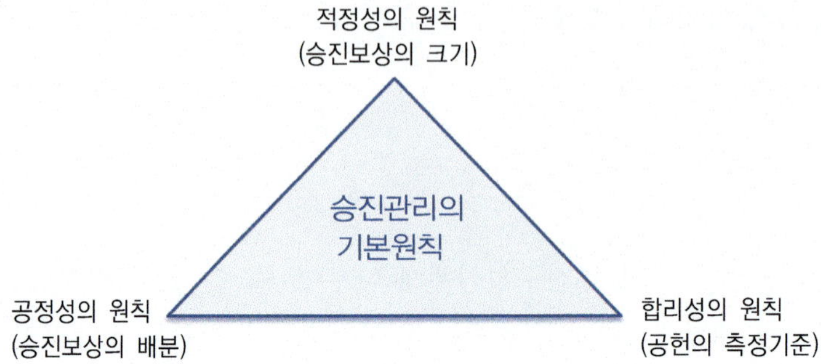

3. 승진의 유형

승진의 유형에는 크게 직계(직위)승진, 자격승진, 직책승진, 대용승진이 있다.

1) 직계[직위]승진

직계[직위]승진은 직무주의에 입각하여 직무의 분석·평가·분류가 이루어진 후 직무의 자격요건에 따라 적격자를 선정하여 승진시키는 방법이다. 직계(직위)승진에서는 구성원의 역량구조와 직계요건이 일치되어야 한다. 승진이 이렇게 이루어지게 되면 자리에 맞는 최적의 승진자를 선발하게 되어 이론적으로 최적의 승진제도라고 할 수 있는데 현실적으로는 구성원 역량구조와 직계요건의 일치가 어려운 경우가 있다. 또 급격한 환경변화에 따라 직무요건에 변화가 발생하는 경우가 많기 때문에 직계구조가 안정적이지 않은 경우도 적지 않다. 따라서 이 제도는 다른 승진제도와 보완하여 융통성 있게 활용되는 경우가 많다.

2) 자격승진

자격승진은 종업원이 갖추고 있는 자격에 따라 승진시키는 것이다. 자격승진은 상위직급의 공석과 무관하게 일정 자격을 취득하면 승진시킬 수 있으므로 합리적으로 운영될 수 있다.

자격승진에는 신분자격승진과 직능자격승진이 있다. 신분자격승진은 연공주의에 입각한 제도로서 직무의 내용이나 직무수행능력과 무관하게 개인의 인적 자격요건(근속연수, 학력, 연령 등)에 따라 승진시키는 방법이다.

직능자격승진은 직능자격제도에 의해 개인의 직무수행능력이 상위등급으로 이동할 경우 자격의 상승을 의미하기 때문에 승격이라고 부른다. 직능자격승진인 직능자격제도는 구성원들의 능력신장을 유도하고 승진정체 현상을 감소시키는데 유용하다. 그런데 능력신장은 이루어졌으나 그러한 능력수준에 대응하는 직무가 없는 소위 과잉능력 상황이 된다면 구성원들의 불만족이 초래된다. 그리고 기업입장에서는 능력급으로 임금이 지급될 때 직무는 하위직무를 수행하고 있는데 그의 능력은 상위직능이므로 실제 수행하고 있는 업무보다 더 많은 인건비가 지급된다는 모순이 있다.

3) 직책승진

직책승진은 역직승진이라고도 하는데 구성원이 상위의 직책으로 이동하는 것을 말한다. 직책 또는 역직이란 조직구조의 편성과 조직운영의 원리에 의해 설치된 것으로 조직단위별로 소속구성원을 효율적으로 지휘, 통제하기 위해 두어지는 것이다. 기업에서 직책의 예는 사원, 대리, 과장, 차장, 부장, 이사, 또는 팀원, 팀장, 본부장 등이 있는데 이러한 직책계층이 상향이동하는 것을 직책승진이라고 한다. 즉, 직책승진제도는 관리체계로서의 직위, 즉 라인직위계열상의 승진을 말한다. 이러한 승진이 가능하기 위해서는 상위직책 자리가 공석으로 비게 되든지 또는 새로운 직책이 신설되던지 해야 한다.

직책승진은 승진이 된 자에게는 권한과 책임, 보상의 증가가 이루어지게 된다. 그런데 조직에 따라 승진자격을 갖춘 대상자는 많고, 상위직책은 한정되어 있어서 승진정체현상이 발생하는 경우가 많이 나타나고 있다. 이 경우에는 구성원의 사기저하 및 유능인력의 이직현상이 초래된다.

4) 대용승진

대용승진(surrogate promotion)은 준(準)승진(quasi promotion)이라고도 불려진다. 이는 직무중심의 경영체제에서 그 경직성을 제거하고 융통성 있는 승진관리를 확립하려는 데서 비롯된 것으로서 특정 구성원에 대해 승진의 필요성은 있으나 마땅한 담당 직책이 없을 경우 인사체증과 사기저하를 방지하기 위해 직무내용상 실질적 변화 없이 직위명칭 또는 자격호칭 등의 상승만 이루어지게 하는 형식적 승진을 시키는 경우에 해당한다. 또 종업원이 대외업무를 수행하는 경우 접촉고객의 종업원에 대한 신뢰를 높이기 위해 단순히 직급만 높이는 경우도 있다.

학습문제

1. 최근의 기업환경 변화가 개인의 경력에 미치는 영향을 설명하시오.
2. 치열한 경쟁, 세계화, 기술혁신, 조직구조의 변화, 일과 생활의 문제 등이 경력관리에 어떠한 영향을 미치는지 설명하시오.
3. 본인의 경력계획을 설계해 보시오.
4. 여성의 경력개발과 남성의 경력개발의 차이가 있는 이유를 설명하시오.
5. 기업은 핵심인력에 대해 경력개발관리를 어떻게 하고 있는지 설명하고, 사례를 조사해서 토의하시오.

참고문헌

그린하우스, J. H. 외(2002), 탁진국 역, 『경력개발 및 관리』, 서울: 시그마프레스.

김식현(1999), 『인사관리론』, 서울: 무역경영사

김홍국(2004), 『경력개발의 이론과 실제』, 서울: 다산출판사.

박경규(2001), 『신인사관리』, 서울: 홍문사.

박내회(2000), 『인사관리』, 서울: 박영사.

최종태(2001), 『현대인사관리론』, 서울: 박영사..

Bandura, A.(1977), *Social learning theory*, Englewood Cliffs: Prentice-Hall.

Bernardin, H. J.(2003), *Human resource management: an experiential approach*, 3rd ed., New York: McGraw-Hill.

Hall, D. T.(1976), *Careers in Organizations*, Glenview: Scott, Foresman.

Hall, D. T.(1996), Protean careers of the 21st century, *Academy of Management Executive*, 10(4), 8~16.

Harris, M.(1997), *Human resource management: a practical approach*, The Dryden Press, Hartcourt brace college publishers.

Holland, J. L.(1985), *Making Vocational Choices*(2nd ed.), Englewood Cliffs.: Prentice-Hall.

Ivancevich, J. M.(2004), *Human Resource Management*, 9th ed., New York: McGraw-Hill.

Levinson, D. J.(1986), A conception of adult development, *American Psychologist*, 41(1), 3~13.

Mathis, R. L. & Jackson, J. H.(2003), *Human Resource Management*, 10th ed., Cincinnati: Thompson-South Western.

Miles, R. E. & Snow, C. C.(1978), *Organizational Structure, Strategy, and Process*, New York: Mc-Graw-Hill.

Mondy, R. W. & Noe, R. M.(1990), *Human Resource Management*, Boston: Allyn and Bacon.
Noe, R. A., Hollenbeck, J. R., Gerhart, B. & Wright, P. M.(2008), *Human Resource Management: Gaining A Competitive Advantage*, 6th ed., New York: McGraw-Hill.
Sherman, A. W. Jr., Bohlander, G. W. & Snell, S.(1996), *Managing Human Resources*, South-Western College Publishing.

제 10 장
임금관리(Ⅰ)

10 임금관리(Ⅰ)

opening case 10. 국내기업 성과급 제도 논란

성과급 논쟁으로 인해 이직 시장이 들썩인다. 소속된 기업에 대한 충성심(loyalty)은 낮아질 뿐 아니라 이탈자가 나오고 생산성도 떨어지기 일쑤다. 누가 승자가 될까? 성과급 논란의 장기화는 모두에게 손해란 입장으로 글을 시작한다.

2020년 연말 불거진 SK하이닉스의 성과급 논란은 최태원 회장의 '연봉 30억원 반납'에도 게임업계를 넘어 국내 대기업, 그리고 우리나라 산업 전반으로 확대된 모양새다. 먼저 첫 질문이다. 성과급은 사업성과에 따른 것일까?

SK하이닉스의 경우 전년 대비 영업이익은 2배 늘었는데 성과급은 지난해와 마찬가지로 임금의 20%를 지급하겠다고 밝히면서 직원들의 불만이 터져 나왔다. "도대체 기준이 뭐냐?" 우선 최근 성과급과 관련해 언론에 기사화 된 기업들의 사업보고서 배용을 좀 들여다보니 상황은 비슷했다. 임원과 직원들의 성과급 기준이 달라서일까? 들쭉날쭉이다.

국내기업 성과급제도 논란 현황

- 카카오 – 성장 속도만큼이나 빠르게 IT 인력을 유치하고 있는 카카오의 2020년 실적은 전년대비 매출 35%, 영업이익 120% 성장했다. 카카오 직원 평균 급여 역시 35% 늘어난 1억 800만원이다. 카카오의 여민수 공동대표는 스톡옵션 행사를 통한 44억 500만 원 포함 총 64억 7,900만 원을 수령했다. 조수용 공동대표는 34억 7,500만 원을 수령했다.
- 네이버 – 경쟁사 네이버 역시 20년 실적은 사상 최대이다. 전년 대비 21.8% 늘었고 영업이익은 1조 2,553억 원을 기록했다. 이 회사의 평균 급여는 1억 247만 원으로 2019년 대비 3% 증가했다. 한성숙 대표는 급여 12억 원, 상여급 22억 3,500만 원 등 34억 5,900만 원을 받았다. 하지만 네이버, 카카오 모두 성과급에 대한 직원들의 불만이 터져 나왔고, 두 기업 모두 창업자가 문제를 수습하기 위해 나섰다.
- 대한항공 – 기업 실적과 상관없이 성과급과 연봉이 조정된 기업도 있다. 대한항공이 대표적이다. 대한항공의 경우 코로나19로 인해 매출액은 전년 대비 38.4% 줄어든 7조 4,050억 원을 기록했지만 화물 운송을 늘리는 전략이 주효해 영업이익은 오히려 전년 대비 337억 원 늘어난 2,383억 원이었다. 하지만 직원 평균 연봉은 전년 대비 15.6% 줄어든 6,819만 원이었다. 코로나19로 인한 순환휴직 등 비상 경영 탓이다. 급여의 50%를 반납한 조원태 회장은 17억 3,231만 원을 받았다.

- 호텔신라 – 1,853억 원 영업손실을 기록했다. 하지만 이부진 사장의 급여는 코로나 이전과 비교해 50% 이상 늘어난 48억 9,200만 원이었다. 면세점 사업을 담당하는 한인규 사장 역시 급여 5억 9,700만 원 외에 상여금 18억 1,600만 원을 받았다. 하지만 일반 직원의 평균 연봉은 2019년 대비 15% 줄어든 5천만 원이었다.
- 은행권 – 대부분의 기업이 뚜렷한 기준보다는 '분위기'를 보고 성과급을 결정하고 있다. 물론 그렇지 않은 곳도 있다. 대표적인 곳이 은행권이다. 코로나로 인해 어려워진 가계와 기업대출이 급증하면서 은행들은 이자수익만 41조 원을 벌어들였고, 시중은행들 대부분 임금인상과 함께 풍성한 성과급 잔치를 벌였다. KB국민은행과 NH농협은행, 우리은행 직원들은 기본급의 200%를 성과급으로 받았고, 신한은행 역시 기본급의 150%는 현금과 30%는 주식으로 성과급을 지급 받았다.
- 삼성 · LG – 성과급 논쟁은 기업 내부에서도 벌어진다. 사업부서가 많은 대기업일수록 성과급에 대한 내부 불만은 크다. 삼성과 LG가 대표적이다. 삼성전자의 경우 스마트폰을 담당하는 IM 부문은 50%를 지급하겠다고 밝혔다. 하지만 역대 최고의 실적을 낸 생활가전 사업부는 37%, 영업이익에 가장 높은 기여도를 나타낸 반도체 사업의 DS부문은 스마트폰보다 적은 연봉의 47%를 성과급으로 받으면서 불만이 제기됐다.

  LG는 LG화학에서 분사한 LG에너지솔루션 직원들이 불만이다. LG에너지솔루션의 경우 배터리 부문이 지난해 사상 최고의 실적을 내며 200%대의 성과급을 받았지만 LG화학 석유화학 부문은 400%, 생명과학 부문은 300%의 성과급과 비교하면 적게 받았다는 게 이유다.

사례들을 보면 성과급에 대한 기업들의 모호한 기준에서 이번 논쟁이 시작되었음을 알 수 있다. 하지만 기업 입장에선 "성과급은 기업, 즉 사용자의 의무도 아니고 다양한 기업환경 속에서 주는 건데 왜 줘도 불만이냐"라고 항변할 수도 있다. 직장인들의 불만 호소 놀이터가 된 '블라인드'와 '잡플래닛'에서 성과급에 대한 불만의 근원을 찾아봤다.

◘ 감사합니다 vs. 왜 이러세요?

'기준이 없다는 것도 문제이지만 성과급은 우리가 열심히 일해서 얻은 권리 아닌가?', '부족한 연봉이라도 성과급 보고 참았는데', '성과급을 주면서 거저 주는 것처럼 CEO가 메일 보내는 거 좀 그래요.' 현재의 임원들에게 성과급은 말 그대로 '보너스'였을지 모른다. 하지만 사원급 직장인에게 성과급은 연말정산과 더불어 또 한 번의 월급이다. 그러니 성과급이라도 나오면 그저 감사하기만 했던 과거와 달리 성과급 액수를 보고 정색하며 '왜 이러세요'라고 따져 묻는 것이다.

◘ 성과급 논란, 두려움에서 촉발

"이번 성과급 논란은 불안정한 일터에서 성과급이라도 제대로 챙겨야 한다는 구성원의 불안과 본격적인 인재 전쟁을 앞둔 기업의 두려움이 만들어냈다." 구인 구직 플랫폼 담당자의 말이다. 코로나19로 인해 재택 또는 원격근무가 일상화 되면서 구성원들과 기업 둘 다 불안한 미래에 대한 두려움이 커졌다는 것이다. 일터에 대한 불안과 인재를 지키거나 데려와야 기업 경쟁력을 유지할 수 있다는 기업의 두려움이 성과급 논란을 확산시켰다는 것이다.

"많이 달라는 것이 아니다. 기준이 궁금한 것이다." 성과급 논란을 다룬 기사에 달린 댓글이다. 기업에서 이 문제를 해결해야 할 담당자들이 새겨야 할 말이 아닐까? 기준을 제대로 갖추고 소통해야 한다는 뜻도 되지만, 논란의 본질이 기분의 문제, 즉 감정에 있음을 알 수 있다. 분명한 것은 성과급 논란이 몇 % 더 받기 위해 촉발된 것이 아니다. "성과는 더 좋아졌는데 왜 성과급 수준은 지난해와 마찬가지냐?"고 기분 나빠 따져 물은 질문이다. 어쩌면 쉬운 문제다. 쉬운 문제를 틀리는 경우는 문제를 제대로 읽지 않아서이다.

(자료: 유부혁(중앙일보 기자), "국내기업 성과급제도 논란, 본질을 살펴라", 한국인사관리협회, 「월간 인사관리」, 2021년 5월호, 50~52.)

토의과제

1. 사례에 등장하는 성과급 논쟁을 보면서, 우리나라에서 성과급이 정착되기까지는 넘어야 할 산이 많다고 생각된다. 성과주의 보상제도에 기여할 수 있는 회사의 조치과 노력에 대해서 토의해 보시오.

2. 성과급의 기준은 우리나라 대기업의 경우 대부분 명시적으로 제도화되어 있다. 그럼에도 불구하고, 직원들이 성과급의 기준을 불신하는 이유는 무엇이라고 생각하는지 말해 보시오.

제1절 임금관리의 개념

1. 보상과 임금의 의의

1) 보상의 의의와 유형

조직은 구성원들에게 적절한 보상을 제공하여야 한다. 종업원들이 조직을 선택하거나 조직생활을 하면서 실제로 가장 많은 관심을 가지는 이슈는 보상, 특히 금전적 보상과 종업원의 사회적 신분의 위치라 할 수 있는 승진이다. 따라서 좁게는 보상관리로서의 임금관리와 신분관리로서의 승진관리는 현대 인적자원관리의 양대 지주라 할 만큼 중요한 요체가 되고 있다.

보상(compensation)이란 종업원이 조직에 제공한 노동 서비스에 대한 모든 형태의 대가로서 크게 금전적 보상과 비금전적 보상으로 구분된다. 금전적 보상(financial compensation) 혹은 경제적 보상은 노동의 대가를 금전적으로 보상해 주는 것으로 직접적 보상과 간접적 보상으로 구성된다.

직접적 보상(direct compensation)은 화폐적 임금으로 받는 보상으로 시간급, 일급, 주급, 월급, 연봉 등의 기본임금(base pay)과 작업성과와 연동되어 있는 상여금, 커미션, 스톡옵션 등의 성과임금, 즉 인센티브 임금(incentives)으로 구성된다. 간접적 보상(indirect compensation)은 화폐적 형태로 직접 제공받지는 않지만 금전적 성격이 강해 조직이 금전적 비용을 부담해야 하는 유형 서비스 및 혜택(Milkovich & Newman, 2008:9)이다. 직접적 보상에 포함되지 않는 4대 보험과 주택시설 및 금융지원 등 각종의 복리후생이 이에 포함된다.

비금전적 보상(nonfinancial compensation) 또는 비경제적 보상은 종업원이 직무 그 자체나 작업의 심리적, 물리적 환경으로부터 얻는 만족, 예컨대, 자기개발 기회 제공, 자율성, 탄력적 근로시간제, 재택근무 등의 작업장의 유연성, 쾌적한 작업환경 등을 말한다(Mondy et.al., 2002:313). 이러한 보상의 다양한 유형을 요약하면 [그림 10-1]과 같다.

그림 10-1. 보상시스템의 유형

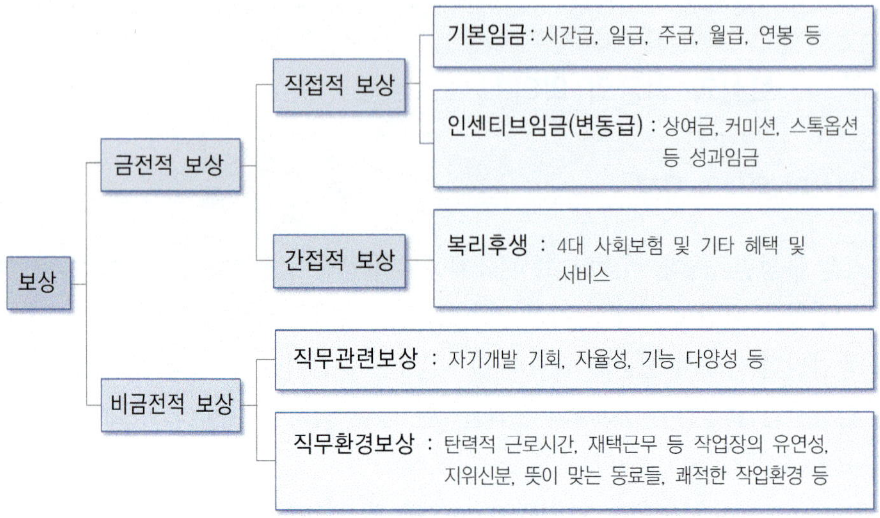

이처럼 종업원들이 받는 다양한 유형의 보상을 조직의 목적달성에 기여하도록 체계적으로 관리하는 과정을 보상관리(compensation management)라 한다. 그런데 다양한 보상의 내용들 중에서 임금이 차지하는 비중이 제일 크므로 가장 포괄적 의미로 사용되는 용어가 임금이다. 따라서 보상관리는 전통적으로 직접적 보상인 임금관리에 초점을 두고 간접적 보상인 복리후생관리도 포함하지만, 일반적으로는 임금관리를 의미한다. 본서에서는 보상관리를 임금관리와 복리후생관리로 구분해서 다룬다.

한편 금전적 보상은 종업원 입장에서 보면 노동의 대가로 받는 소득이기 때문에 생계비의 주 원천이 되고, 나아가 소득수준은 종업원의 사회적 지위를 상징하는 중요한 역할을 하므로 최대 관심영역이 되고 있다.

또한 기업 입장에서 보면 보상은 기업 전체 비용의 큰 부분을 차지하고 있어 비용관리 차원에서 매우 중요한 요소일 뿐만 아니라, 종업원에게 미치는 경제적, 심리적 영향을 통해 종업원의 태도와 행동에 영향을 미친다. 따라서 보상은 경쟁시장에서 유능한 인력을 유인하고 유지하며 나아가 종업원을 동기부여시켜 조직의 전략적 목적을 효과적으로 달성하기 위한 핵심적 전략영역이 되고 있다. 이와 같이 보상은 노사 모두의 최대관심사인 전략적 변수로서 오늘날 보상의 전략적 관리는 조직 인적자원관리의 핵심 과제이다.

2) 임금의 의의

임금은 보상의 형태면에서 보면 근로자가 제공하는 노동에 대한 대가로 사용자가 지급하는 금전적 · 직접적 보상을 말한다. 임금은 [그림 10-1]에서 보는 바처럼 광의로는 정기적으로 지불되는 통상의 임금인 기본급 또는 기준임금 이외에 각종 수당과 개인, 부서 및 조직단위의 성과에 기초를 두고 있는 상여금, 커미션 등 인센티브 임금과 같은 변동적이고 추가적인 임금도 포함하는 개념으로 사용되고 있다. 우리나라 근로기준법 제2조에는 "임금이란 사용자가 근로의 대가로 근로자에게 임금 · 봉급, 그 밖에 어떠한 명칭으로든지 지급하는 일체의 금품을 말한다."라고 규정하고 있다. 여기서 근로의 대가라 함은 근로자가 사용자의 지휘 · 명령을 받으면서 근로를 제공한 것에 대한 보상을 뜻한다. 또한 일체의 금품이라 함은 임금이 반드시 현금으로 지급되지 않아도 무방함을 의미하는 것으로 현금은 물론 현품을 포함하는 광의의 보상수단이라 할 수 있다. 뿐만 아니라 식대, 김장값, 추석 떡값, 월동수당, 체력단련비 등도 임금에 포함된다. 그러나 사용자가 단순히 의례적 · 호의적 의미로 지급한 경조금이나 실비를 변상하는 성격의 출장비, 교제비 등은 임금에 포함되지 않는다.

임금은 이를 받는 근로자를 중심으로 구별할 경우, 육체노동에 종사하는 생산직 근로자에게 일반적으로 지급되는 시간당 임금이나 일당 등을 임금(wage)이라 하고, 정신노동에 종사하는 사무직과 기술직 및 관리직 근로자에게 보통 월단위로 지급되는 임금을 봉급 또는 급여(salary)라고 한다. 본서에서는 근로의 대가라는 의미에서 임금이란 용어로 통일하여 사용한다.

이러한 임금은 앞서 언급한 바와 같이 근로자측에서는 생활의 원천이 되는 소득으로 가능한 많이 받기를 원할 것이고, 사용자측에서는 원가를 구성하는 노무비용으로 보기 때문에 비용을 절감하려는 경향이 있다. 따라서 임금은 노사간 이해가 상충되고 있어 갈등의 원천이 되기도 하고, 동시에 조직의 전략적 목적을 달성하기 위한 핵심요소가 되고 있다는 점에서 중요한 의의가 있다. 이에 대해서는 후술하는 임금관리의 중요성에서 보다 구체적으로 논의될 것이다.

2. 임금관리의 내용과 목적

1) 임금관리의 내용

임금관리(wage & salary management)는 인적자원관리의 하위 시스템으로 임금을 조직의 목적달성에 기여하도록 체계적으로 관리하는 과정을 말한다.

따라서, 임금관리는 노사간 이해대립적인 임금의 양면성을 극복해서 조직의 목표와 근로자의 욕구, 즉 개인의 목표를 균형적으로 달성함으로써 노사 공존공영을 이룩하는 방향으로 전개되어야 한다. 이에 따라 임금관리의 내용으로 임금수준 관리, 임금체계 관리, 임금형태 관리를 들 수 있다.

임금수준 관리는 종업원들에게 제공되는 임금액 크기와 관련된 것으로, 임금수준이 기업 입장과 종업원 입장, 기타 노동시장요인 등을 고려해서 기업과 종업원 모두에게 적정하다고 생각되는 수준이 되도록 결정하는 데 중점을 둔다. 기업은 적절한 임금수준 관리를 통해서 임금의 대외적 공정성을 달성함으로써 기업의 경쟁력을 확보하고 동시에 종업원의 생활안정도 실현할 수 있도록 하여야 한다. 우리나라의 경우 임금인상을 통한 임금수준 상승이 아직도 매년 노사간 대립과 갈등의 주된 원인이 되고 있어 경영성과를 종업원들에게 적절히 배분하는 임금수준 관리는 그만큼 중대하고 어려운 과제가 되고 있다.

임금체계 관리는 임금수준 관리에 의해 결정된 임금총액을 종업원들에게 공평하게 배분하는 방식의 문제와 관련된 것이다. 즉, 임금항목을 공정하고 타당한 배분기준에 입각하여 구성함으로써 종업원들 간 공정한 임금격차를 유지하고 이를 통해 종업원들의 임금만족과 동기를 유발시키는데 그 중점이 있다. 배분 기준으로는 일반적으로 연공기준, 직무가치기준, 직무수행능력기준 등이 있다.

임금형태 관리는 임금의 계산 및 지불방법에 관한 것으로 임금형태로는 시간급, 성과급 등이 있다. 학자들에 따라서 성과기준의 성과급을 임금체계 관리에 포함시키기도 한다. 이러한 임금체계 관리와 임금형태 관리는 임금의 내부적 공정성과 개인적 공정성 확보에 중점을 둔다.

이상과 같은 내용의 임금관리는 고용관리, 개발관리, 기타 인적자원관리 직능들과 밀접한 관련을 맺으면서 조직의 전략적 목적을 달성하기 위한 핵심영역이 되므로 승진관리와 더불어 인적자원관리의 양대 지주가 되고 있다.

2) 임금관리의 목적

오늘날 인적자원을 기업의 경쟁력강화를 위한 중요한 전략적 요소로 보고 기업환경변화에 대응하는 기업전략에 적합한 전략적 인적자원관리의 중요성이 대두됨에 따라 기업의 임금관리 역시 전략적 임금관리가 요청된다. 따라서 기업의 임금관리 시스템 역시 기업의 전략적 목적을 달성할 수 있도록 설계되고 운영되어야 하는 바, 전략적 임금관리의 기본적 목적은 다음과 같다.

(1) 공정성 확보

임금의 공정성 확보는 종업원들이 노동에 대한 대가로 받는 임금에 대해 조직 외부적으로나 내부적으로, 또는 개인적으로 공정성을 느낄 수 있도록 모든 종업원들에 대해 공정한 대우를 해주는 것을 말한다. 이를 통해 양질의 노동력을 확보·유지할 수 있고 종업원을 동기부여시켜 조직 유효성을 증대시킬 수 있다. 만약 노사의 협동 노력으로 산출된 경제적 성과가 공정하게 배분되지 않으면, 이는 다음의 성과산출에 나쁜 영향을 주게 되어 기업의 존속마저 어렵게 될 수 있다. 그러므로 노사 모두에게 공정한 임금 시스템을 구축하는 것이 임금관리의 단일의 목적(Ivancevich, 1998 : 309)이라고 할 정도로 임금의 공정성 확보는 임금관리의 근본적 목적이다.

(2) 동기부여와 조직유효성 증대

공정하고 효과적인 임금관리는 종업원들이 조직목표 달성을 위해 보다 높은 근로의욕을 갖고 일하도록 동기부여시키고, 이를 통해 기업의 경쟁력강화를 위한 생산성 향상과 품질개선, 고객 및 주주만족의 증대를 가져오며 또한 노무비를 효율적으로 통제함으로써 궁극적으로는 조직의 유효성, 즉 성과를 증대시킨다(Milkovich & Newman, 2008 : 16 ; Mathis & Jackson, 2002 :103 ; Anthony et al., 2006 : 392).

(3) 안정성 실현

임금은 종업원들의 기본적 욕구를 충족시켜 경제적으로 안정된 생활을 영위할 수 있도록 해야 한다. 기업 입장에서는 임금이 비용·효과성 측면은 물론 경영안정면에서도 기업의 지불능력을 초과하지 않아야 된다.

사실, 종업원은 안정된 소득과 생활을 위하여 고정비적 성격으로서의 임금안정성을 원하게 되고 이에 반해 기업은 경영의 안정을 위하여 지불능력과 연계된 변동비적 성격의 임금의 안정성을 원하게 됨으로써, 임금은 안정성 목표를 달성할 수 있도록 관리되어야 한다. 노사 이해대립의 안정성 목표를 이해공통의 안정성 목표로 전환될 수 있도록 하는 노사 공존공영을 위한 임금의 안정성 실현은, 근로자 생활안정을 위한 생계비와 관련해서 기본급을 고정급 성격으로 지급되도록 하는 동시에, 생산성과 관련해서는 변동급적으로 지급되도록 하는 부가적 임금의 설정과 관리를 서로 조화·양립시킴으로써 달성될 수 있다(최종태, 2000:185~186).

이러한 목적들은 임금관리 시스템 설계의 지침이 되고 임금관리 시스템의 유효성, 즉 성공을 평가하는 기준을 제공하기도 한다.

요컨대, 임금관리는 노사간 이해 상충적인 임금을 이해 공통적인 임금으로 전환시켜 종업원의 동기부여와 조직유효성 증대, 임금의 공정성 확보와 안정성 실현이라는 목적을 달성함으로써 궁극적으로 노사 공존공영을 도모하는 인적자원기능이다.

3. 임금관리의 중요성

임금관리는 보상관리의 기본적 과제로 금전적 보상인 임금은 다음의 기능을 수행하기 때문에 사용자와 근로자 모두에게 중대한 이슈가 되고 오늘날 인적자원관리뿐만 아니라 조직의 성패를 좌우하는 핵심적 전략분야가 되고 있다. 임금관리의 중요성을 기업에 노동 서비스를 제공하는 근로자의 입장과 노동 서비스에 대한 대가를 지불하는 기업의 입장에서 각기 살펴본 다음, 임금의 동기부여적 기능을 살펴본다.

1) 근로자의 입장

첫째, 임금은 경제적·물질적 면에서 근로자의 생계를 위한 수입의 원천으로 인간의 의식주에 대한 생리적 욕구를 충족시켜주는 가장 기본적 수단이다. 즉, 임금은 경제적·물질적 생활의 원천이 되는 소득으로 근로자 자신 및 부양가족의 생계를 유지하는 기능을 수행한다.

둘째, 임금은 근로자의 경제적·물질적 생활을 보다 풍요롭게 해 줄 뿐만 아니라 양질의 교육·건강 및 문화적 생활도 향유할 수 있도록 함으로써 근로자의 생활의 질(quality of life)을 향상시키는 기능을 수행한다.

셋째, 임금은 근로자의 사회적 욕구 및 존경욕구를 충족시켜 준다. 근로자는 임금을 갖고 결혼, 각종 사회단체의 가입과 사회활동을 원활하게 할 수 있고 상류사회계층에 진입할 수도 있어 사회적 욕구를 충족시켜 줄 수 있다. 더욱이 임금이 자신의 능력이나 조직의 성과를 반영할 때는 타인으로부터의 인정과 존경의 원천이 되고 성취의 척도가 되기도 하며, 조직상 지위와 나아가 사회적 위신이나 신분 및 성공을 상징하고 결정하는 역할도 한다. 이는 높은 임금을 받는 사람은 조직 내에서 뿐만 아니라 사회적으로 능력 있고 중요한 성공적인 인물로서 평가되는 경향이 크기 때문이다. 임금은 근로자에게 있어서 이상과 같은 기능을 수행하기 때문에 근로자에게 매우 중요한 의미를 지니게 된다.

2) 기업의 입장

첫째, 임금은 경영활동에 있어서 제품과 용역의 원가를 구성하는 노무비용으로서 원가의 상당 부분을 차지하고 있다. 이를테면, 많은 기업들의 경우 임금이 전체비용의 50%를 상회하고 있으며, 금융 및 전문 서비스업의 경우 임금이 차지하는 비율은 이보다 더 높다. 제품 단위당 노무비의 절감은 원가절감을 가져와 기업의 가격경쟁력 제고와 이윤 증대에 중대한 영향을 미친다. 따라서 기업은 불경기나 조직의 성숙기 및 쇠퇴기에는 물론 가격경쟁력 제고와 이윤 증대를 위해 원가절감 전략의 첫 번째 대상으로 기업 전체 비용의 큰 부분을 차지하고 있는 인건비의 절약을 종종 앞세우고 있다.

둘째, 임금은 기업이 노동시장에서 유능 인력을 확보하고 유지하는데 중요한 역할을 한다. 노동시장에서 경쟁기업의 임금수준과 최소한 비슷하거나 더 높은 임금을 제공하는 이유가 여기에 있다.

셋째, 임금이 종업원들에게 배분되는 방법은 경영자가 중시하는 인적자원관리의 가치관과 기대하는 종업원의 행동유형이 어떠한 지를 종업원들에게 알려주는 커뮤니케이션 역할을 한다.

넷째, 임금은 경영성과의 배분을 둘러싸고 본질적으로 노사 갈등의 주 원인이 되기 때문에, 공정하고 합리적인 임금관리는 노사 갈등을 해소하고 산업평화를 유지하는 기능을 수행한다.

3) 임금의 동기부여적 기능

앞서 살펴본 기업측면의 임금의 네 가지 기능과 더불어 최근에 특히 중요시되고 있는 것이 임금의 동기부여적 기능이다. 허쯔버그(Herzberg)는 이요인이론(二要因理論: dual factor theory)에서 임금은 동기요인(motivator)이 아닌 위생요인(hygiene factor)으로서 종업원에게 만족을 주지 못하고 단지 불만족을 감소시키는 작용을 하는 것으로 파악하였다(Herzberg, 1966). 그러나 근년의 많은 연구들은 임금의 동기부여적 가치를 인정하고 있다. 동기부여에 있어서 우선적 관심사는 조직구성원들이 조직이 제공하는 보상인 유인의 대가로 조직에 공헌한다는 것이다. 임금은 종업원의 조직목표 달성에 공헌한 대가로 조직이 제공하는 금전적 보상이므로 명백히 중요한 유인이다. 즉, 임금은 동기부여 요인으로서 근로자의 작업 및 고객에 대한 태도와 행동에 영향을 미쳐서 생산성 향상과 품질개선, 고객만족 증대 등 조직 유효성을 증대시키는데 핵심 역할을 한다는 것이다.

아담스(J. S. Adams)의 공정성이론(equity theory)에 의하면(Adams, 1965: 267~299) 종업원들은 자신들의 직무수행에 공헌한 투입물(예, 노력, 교육, 기능, 능력 등)과 이에 대한 보상으로 조직으로부터 받는 결과물(예, 임금, 복리후생 등)을 비교한 다음, 자신에 해당하는 비율(결과물/투입물)을 조직 내・외의 유사 직무군에 종사하는 다른 사람들의 그것과 비교함으로써 공정성을 판단한다. 만약 자신의 비율이 다른 사람의 비율과 동일하다면 공정하다고 지각하고 만족하게 된다. 그러나 두 비율에 차이가 있어 불공정한 것으로 지각하게 되면 긴장감이 유발되고, 종업원들은 불공정성을 줄이거나 제거하는 방향으로 동기부여된다. 이 경우 동기부여의 강도는 지각된 불공정성의 크기에 비례한다.

임금은 외재적 보상으로 그 중요성이 사람에 따라서 정도의 차이가 있기는 하지만 인간행동의 중요한 동기요인(pay as an motivator)으로 작용하고 있다. 이를테면 화폐적 보상으로서의 임금은 인간의 생리적 저차원적 욕구를 충족시켜줄 뿐만 아니라 사람에 따라서 상이한 상징적 의미를 가지고 있다. 또한 교환수단으로서 거의 무한한 가능성을 갖고 있어 다양한 고차원적 욕구를 충족시키는데도 이바지 할 수 있다. 즉, 인간생활의 일차적 욕구가 충족된 후에라도 각자가 화폐를 심리적 욕구, 예컨대 소속감, 애정, 인정, 권력, 자신감, 명예나 지위 등을 획득하는 것과 관련지어 생각하고 자아실현 욕구를 충족시키기 위한 유용한 수단으로 화폐가 활용될 수 있는 이상, 임금이 노동 성과와 직결되어 있는 경우 행위의 동기요인으로서 작용한다. 더욱이 조직에서 임금 인상이 개인의 성공적 직무성취의 결과로 얻어지거나, 책임 증가와 관련될 경우 임금은 직무성과 증대를 위한 동기요인으로 작용한다. 그리고 실제로 돈을 번다는 것이 일하기 위한 하나의 동인(motive)이 되기 때문에 인간행동의 동기요인으로서 작용을 한다는 것이다.

브룸(Vroom, 1964)의 기대이론(expectancy theory)에 의하면 종업원의 직무수행을 위한 모티베이션은 종업원이 노력하면 특정 결과(성과)를 가져올 것이라는 주관적 확률인 기대(expectancy)와 그러한 성과로 보상이 주어질 것이라고 믿는 수단성(instrumentality), 그리고 그러한 보상에 대한 매력인 유인가(valence)에 달려있다고 본다. 그러므로 임금이 보상인 이상, 기대이론은 만약 종업원들이 화폐를 매력 있는 유인가로 보고 노력을 해서 좋은 성과를 달성하면 보상도 증가될 것으로 확신하는 경우에 임금은 높은 성과를 유도한다는 것이다. 여기서 중요한 것은 보상과 성과간의 적합성, 즉 임금이 직무성과와 얼마나 밀접하게 연결되어 있느냐 하는 것으로 높은 성과가 보다 많은 임금을 가져다주리라는 종업원의 확신인 수단성에 대한 지각이 임금의 동기부여 기능의 성공적 열쇠가 된다.

요컨대, 임금 시스템에 있어서 공정성을 유지할 뿐만 아니라 종업원의 성과와 보상 간에 명확한 관계가 있고 종업원이 자신의 금전적 보상에 대해 매력을 가지면서 직접적 통제를 행할 수 있다면, 임금은 동기요인으로서 종업원의 성과달성을 위한 업무 모티베이션을 유발시켜 생산성 향상 및 기타 경영성과의 증대를 가져오게 된다. 이러한 임금의 동기부여 기능에 대한 가정은 명시적이든 묵시적이든 조직의 임금전략의 이론적 근거가 되고 있다.

4. 임금의 공정성

1) 임금 공정성의 의의

조직이 유능한 종업원을 확보하고 유지하며, 동기부여시키기 위한 목표를 달성하기 위해서는 종업원들이 그들의 동료나 다른 외부조직에서 비교 가능한 직무를 담당하고 있는 사람들과 비교해서 공정하게 보상을 받고 있음을 느껴야 한다. 따라서 기업의 경영자는 임금의 공정성 확보를 위한 노력이 필요하다(Mondy et al., 2002 : 314).

공정성(equity)은 어떤 가치 있는 것의 투자를 통해서 얻는 가치 있는 어떤 것으로 정의될 수 있다. 임금 공정성(pay equity)은 앞서 기술한 동기부여이론 중의 하나인 아담스의 공정성 이론에서 파생된 용어로 종업원이 받는 임금(결과물)이 수행한 작업가치(투입물)와 동일할 때에 달성된다(Sherman et al., 1998 : 348~349). 따라서 임금 공정성은 종업원이 받는 임금이 작업수행 가치와 동일하다고 느끼는, 즉 공정하게 대우를 받고 있다는 종업원의 지각을 말한다. 사실 보상은 모든 당사자들에게 공정하다고 지각되어야 한다.

만약 종업원들이 자신의 임금을 다른 사람들이 받고 있거나 혹은 자신이 마땅히 받아야 된다고 생각하는 임금과 비교해서 불공정하다고 느낀다면, 이러한 불공정성 지각은 종업원들의 근로의욕을 저하시켜 이직을 유발하거나 혹은 조직에 잔류하더라도 열심히 일하지 않고 비생산적이 되거나 잦은 지각이나, 조퇴, 결근 등을 하도록 함으로써 보다 큰 손실을 조직에 가져다 줄 수 있다(Anthony, 2006 : 420).

임금의 지각된 공정성이 임금 절대액 못지않게 중요한 것으로 밝혀짐에 따라(Rice et al., 1990), 경영자는 종업원들이 자신이 받는 임금의 절대액 뿐 아니라 조직 내·외에서 자기와 같거나 유사한 직무를 수행하는 사람들과의 비교를 통한 지각의 중요성을 인식하고, 임금 공정성을 확보할 수 있도록 임금 시스템을 설계하고 운영하도록 해야 할 것이다. 이러한 임금 공정성의 확보는 임금관리의 목적으로 임금 시스템 설계의 근간을 이루는 핵심적인 전략적 이슈가 되고 있다.

2) 임금 공정성의 유형

임금 공정성은 비교 대상에 따라 외부적 공정성, 내부적 공정성, 개인적 공정성으로 유형화할 수 있다(Mondy et al., 2002 ; 314 ; Noe et al., 2008 ; 488 ; 김식현, 1999 ; 312).

(1) 외부적 공정성(external equity)

임금의 외부적 공정성은 임금을 대외적으로 비교한 공정성으로 특정 조직의 종업원들이 자신의 임금액을 외부 조직의 유사 직무를 수행하는 사람들이 받는 임금액과 비교해서 거의 동일한 수준의 임금을 받는다고 지각할 때의 공정성을 의미한다. 즉, 종업원들이 임금의 대외비교에서 부족한 감정을 느끼지 않는 것을 의미한다. 여기서 외부의 다른 조직이란 일반적으로 동종업체나 경쟁 업체를 말한다. 따라서 외부적 공정성은 외부 노동시장 임금수준과 비교한 공정성을 뜻하므로 노동시장에서의 임금조사를 통해서 평가되는데, 이때 기본 임금뿐만 아니라, 인센티브 임금, 복리후생 등도 포함해서 평가하는 것이 중요하다.

이러한 외부적 공정성은 조직이 양질의 인력을 확보하고 유지하며 제품 및 서비스 시장에서 경쟁 우위를 확보할 수 있도록 영향을 미치므로 대외적 임금관리인 임금수준 관리의 지침이 된다. 따라서 조직은 임금조사를 통해 외부 노동시장과 관련된 자사의 적정한 임금수준전략을 선택해야 한다.

(2) 내부적 공정성(internal equity)

임금의 내부적 공정성은 동일조직 내에서 상이한 직무를 담당하고 있는 종업원들이 받고 있는 임금에 초점을 둔 공정성을 말한다. 즉, 종업원들이 맡고 있는 직무들의 상대적 가치에 따른 임금격차에 대해 지각된 공정성을 의미한다. 종업원들이 조직 내의 직무가치에 합당한 임금률이라고 믿을 때에 임금은 내부적 공정성을 유지하고 있다고 본다. 내부적 공정성은 팀워크가 조직의 성공에 중요한 조직의 경우 특히 중요하다. 따라서 조직 내 각 직무들의 상대적 가치를 평가하는 직무평가가 내부적 공정성을 평가하는 중요한 관리도구가 된다.

내부적 공정성은 종업원들의 일반적인 태도, 즉 조직 내부의 다른 직무로의 이동, 승진을 비롯한 종업원들 간의 협력적 태도와 조직몰입 등에 영향을 미친다.

(3) 개인적 공정성(individual equity)

개인적 공정성은 종업원 공정성(employee equity)이라고도 하는데, 동일 조직 내에서 동일 직무를 담당하고 있는 종업원들 간의 연공, 공헌, 성과수준 등과 같은 개인적 특성차이에 따른 임금격차에 대해 지각된 공정성을 의미한다(Mello, 2006 : 501). 개인적 공정성은 특히 종업원의 작업성과나 공헌에 대한 동기유발에 직접적 영향을 미친다.

임금의 내부적 공정성과 개인적 공정성 개념은 임금 공정성을 조직의 대외적, 대내적 기준으로만 구분하는 경우, 광의의 내부적 공정성(혹은 대내적 공정성)으로 분류되고,[1] 종업원들이 임금의 대내 비교에서 오는 불공평한 감정을 유발하지 않도록 조직 내부적으로 공정한 임금격차를 확보·유지함으로써 종업원의 동기유발과 생산성 향상을 도모하기 위한 임금체계 및 형태관리의 중요한 지침이 되고 있다.

지금까지 논의한 공정성 개념을 요약하고 임금관리 시스템과의 관계를 살펴보면 [그림 10-2]와 같다.

그림 10-2. 임금 공정성의 유형과 비교기준 및 임금관리 시스템과의 관계

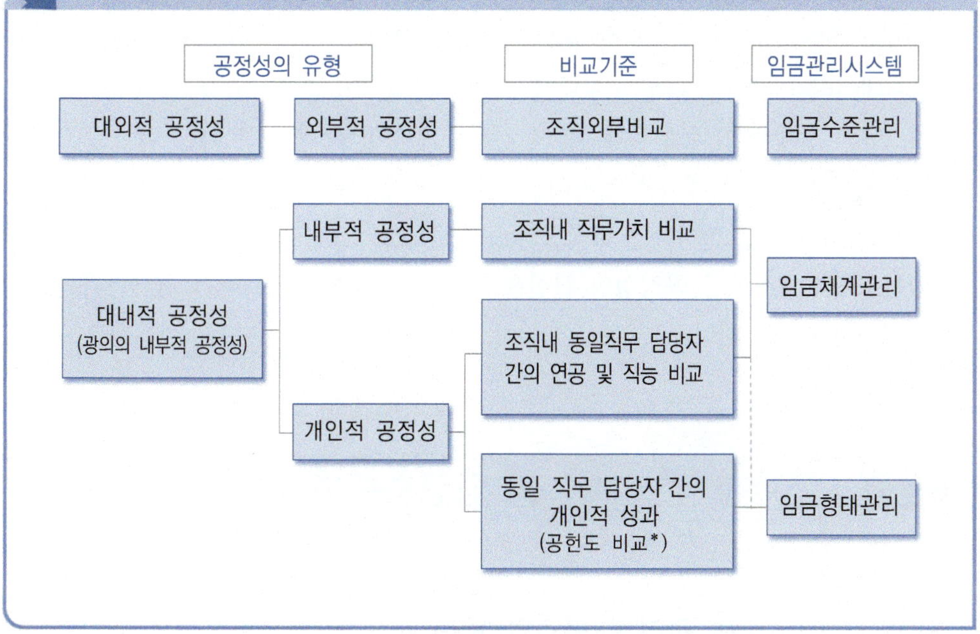

* 성과만을 기준으로 기본급을 설정할 경우 임금체계관리에 포함하기도 함

---

1) 이를테면 임금 공정성을 위에서 언급한 대외적 공정성과 기업내부의 공정성을 의미하는 대내적 공정성으로 분류하고, 대내적 공정성을 다시 조직의 직무와 직능, 연공 등에 따라 임금을 차별화하는 '조직적 공정성'과 조직 내의 직무, 직능, 연공이 비슷할지라도 종업원 개인의 노력이나 공헌도에 따라 임금을 차별화하는 '개인적 공정성'으로 구분하기도 한다(최종태, 2000 : 184 ; 박내회, 1997 : 305 참조).

요컨대, 이상의 세 가지 임금 공정성에 대한 지각은 종업원의 동기유발, 조직몰입, 조직성과에 직접적으로 영향을 미치므로, 조직은 세 가지의 공정성을 통합하는 공정한 임금 시스템을 설계하도록 해야 한다.

임금 공정성을 분배 공정성(distributive justice)과 절차 공정성(procedural justice)으로 구분하기도 한다(Milkovich & Newman ; 2008 : 72). 전자는 공정성의 초점을 임금결정 자체로서의 결과에, 후자는 임금결정의 과정에 둔다. 즉, 분배 공정성은 종업원들의 투입에 대한 실제 결과, 즉 종업원들에게 배분되는 임금액에 관한 공정성을 말한다. 앞서 언급한 3가지 유형의 공정성이 분배 공정성과 직접적인 관련이 있다.

절차 공정성은 임금에 관한 의사결정이 이루어지는 과정이나 시행되는 절차에 관한 공정성을 말한다. 임금결정 과정이나 방법은 임금결정의 결과만큼이나 종업원들에게 중요한데, 절차 공정성에 대한 종업원의 지각은 임금만족의 영향요인으로 임금결정 결과를 수용하는데 중대한 영향을 미치고, 조직을 보다 신뢰적인 조직으로 만들고 보다 높은 수준의 조직몰입을 가져온다(Folger & Konovsky, 1989).

절차 공정성은 임금제도가 ① 일관성 있게 모든 종업원들에게 적용되고, ② 종업원들의 참여와 주장이 포함되며, ③ 항의절차와 같은 고정처리절차 등이 이용가능하고, ④ 활용되는 데이터가 정확할 경우에 보다 높게 지각된다. 이 중에서도 특히 종업원들이 임금 시스템의 설계에 참여해서 자신들의 견해를 반영할 수 있도록 하는 것이 중요하다.

한편 이러한 공정성 개념은 조직내부의 윤리적 인사관리, 즉 조직과 종업원간의 고용관계에서의 윤리를 실천하는 조직정의(organizational justice)의 실체적 내용이 되고 있어, 조직에서 임금 공정성의 실현은 보상관리 측면에서 윤리적 인사관리를 실천하는 것이라 할 수 있다.

제2절 임금수준의 관리

1. 임금수준 관리의 의의와 목적

우리나라 기업에서 발생하는 많은 노사분쟁들의 주된 이슈가 바로 임금수준과 직결된 임금인상 이슈이다. 임금수준(pay level)이란 임금액의 크기를 나타내는 말로 사용자에 의해 종업원에게 지급되는 평균임금률이다. 그런데 일반적으로는 상여금을 포함한 임금총액을 종업원 수로 나눈 1인당 평균임금액을 의미한다. 따라서 임금수준 관리란 평균임금률 내지는 평균임금액의 관리를 의미한다.

임금수준은 고찰하는 대상범위에 따라 임금격차의 균형관계를 파악하는 관점에서 국가전체의 임금수준, 산업별 임금수준, 업종별 임금수준, 기업별 임금수준, 학력별 임금수준 등으로 나누어 고찰할 수 있다.

임금은 조직의 전략적 목적을 달성하기 위한 유용한 수단으로 기업의 임금수준은 조직의 제품시장 및 노동시장에서 대외적 경쟁력을 확보하는데 대단히 중요하다. 이는 임금수준이 제품시장에서의 조직의 경쟁적 지위확보와 노동시장에서 유능한 종업원들을 유인하고 유지하는 조직의 능력에 직접 영향을 미치기 때문이다. 따라서 기업의 임금수준 관리는 기업이 제품 및 노동시장에서 대외적 경쟁력을 확보하는데 그 목적이 있다.

임금수준 관리를 통한 제품시장에서의 경쟁력 확보문제는 임금이 제품과 서비스의 제조원가를 구성하는 노무비용으로 제품과 서비스의 판매가격에 직접 영향을 미치기 때문에 요청되는 과제이다. 조직은 제품시장에서 효과적으로 경쟁해야 되는데, 만약 다른 조건이 동일하다면 임금수준이 높을수록 노무비는 그 만큼 증가한다.

더욱이 자사의 임금수준이 경쟁기업의 임금수준에 비해 더 높을수록 비슷한 수준의 제품을 생산하거나 서비스를 제공하는 기업보다 비용이 상대적으로 그 만큼 증가하게 된다. 따라서 경쟁기업 제품의 평균가격보다 더 높은 가격을 책정해야 하는 기업의 경우 대외경쟁력은 그 만큼 약화된다. 이 경우는 특히 노무비가 총비용의 상당한 부분을 차지하고 있고, 제품수요가 가격변화에 민감한 영향을 받을 때에 기업에 상당한 압박을 주게 되고 자칫 사업의 손실을 초래할 수도 있다. 그러므로 경쟁기업과 생산성면에서의 차이에 대한 확실한 증거가 없을 경우에는 비용에 대한 엄격한 통제가 불가피하게 된다(Noe et al., 2008 : 489). 사실, 재무적 상태가 어려운 조직들은 비용절감을 통한 제품시장에서의 경쟁력 확보를 위해서 우선적으로 임금동결, 고용동결, 감원 등의 수단을 종종 활용하고 있는 실정이다. 따라서 임금수준 관리는 적절한 수준의 노무비 통제를 통해 제품시장에서 경쟁력 확보에 그 목적이 있다.

노동시장에서의 경쟁력 확보문제는 조직이 노동시장에서 경쟁력 있는 임금수준을 유지하지 못하는 경우 충분한 수의 유능한 인력을 확보하기가 어렵기 때문에 요청되는 과제이다. 따라서 기업의 임금수준은 경쟁기업의 임금수준과 비교해 볼 때 경쟁력을 가져 필요한 우수인력을 노동시장에서 유인하고 현재 인력이 대외적 임금격차로 인하여 외부로 유출되지 않도록 하는 수준이 되어야 한다. 이런 점에서 기업의 임금수준은 종업원의 관점에서 볼 때 자사 임금수준이 다른 기업 임금수준과 비교해서 어느 정도 비슷해서 공정한가를 말해주는 외부 공정성 개념을 반영하는 것으로 임금수준 관리는 곧 외부 공정성 관리라고도 할 수 있다.

여기서 노동시장에서의 경쟁기업은 전형적으로는 거의 비슷하거나 동일한 직무나 제품을 가지고 있는 기업들을 말하지만 비슷한 유형의 종업원들을 고용하는 상이한 제품을 갖고 있는 기업들도 포함이 된다. 예컨대, 만약 A컴퓨터 생산회사에서 B컴퓨터 생산회사와 동일 수준의 임금을 전기공학과 출신의 신입사원에게 지급할지라도 전기공학도를 필요로 하는 자동차 생산회사나 기타 회사들이 더 높은 임금을 지급한다면 컴퓨터 생산회사는 충분한 자질의 전기공학도를 확보할 수가 없을지도 모르기 때문이다.

요컨대, 기업의 임금수준 관리는 제품시장과 노동시장에서의 경쟁력 확보에 그 목적이 있으며, 이러한 목적을 달성하기 위하여 시장 임금조사가 유용한 관리도구로 사용된다.

임금수준은 종업원에게 생활의 원천이 되는 소득으로서 생계비와 직결된다. 따라서 기업의 임금수준은 종업원의 최저한의 생계비를 보장함으로써 생활의 안정을 보장할 수 있어야 한다. 아울러 노동력의 재생산도 확보할 수 있는 수준이 되도록 관리되어야 할 것이고, 이를 위해 생계비 조사가 관리도구로 사용된다.

그러므로 기업의 임금수준은 조직의 보상총액 상한선인 지불능력을 비롯하여 임금수준 결정에 영향을 주는 여러 요인들을 고려하여 종업원의 최저생계비를 보장하면서 기업의 대외 경쟁력을 확보할 수 있는 적정하고 공정한 수준이 되도록 관리되어야 한다. 이상의 내용을 요약하면 [그림 10-3]과 같다.

그림 10-3. 임금수준 관리의 목적과 관리도구

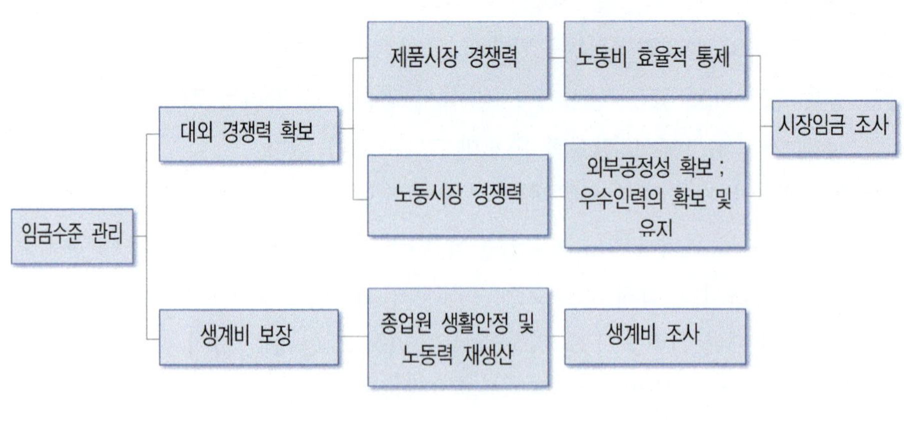

이러한 경쟁력 있는 합리적 임금수준 관리는 기업의 운영비와 종업원의 태도 및 행위에 영향을 미쳐 노무비의 효율성 증대, 유능한 지원자 수 증가, 종업원 자질과 경험 증대 및 생산성 향상, 유능한 종업원의 이직감소, 비노조 기업으로의 잔류가능성 증대, 종업원의 임금관련 불평과 작업중단 감소 등의 효과를 가져다준다(Milkovich & Newman, 2008 : 207).

2. 임금수준의 결정요인

임금수준에 영향을 미치는 요인은 기업측 요인으로서 기업의 지불능력, 종업원측 요인으로서 근로자의 생계비, 노동시장적·사회적 측면으로서 외부적 공정성 결정의 기준이 되는 노동시장의 임금수준(지배 임금률) 등의 세 가지를 들 수 있다.

기업의 임금수준은 최소한 종업원의 생계를 보장할 수 있는 수준이 되어야 하고, 한편으로 임금은 비용이므로 기업의 지불능력 범위 내에서 지불되어야 한다. 따라서 임금수준은 일반적으로 기업의 지불능력을 상한선으로 하고 종업원의 생계비를 하한선으로 하는 범위 내에서 노동시장의 임금수준에 따라 결정된다고 볼 수 있다. 그리고 법적 환경요인으로 정부의 최저임금제는 임금수준 결정에 규제적인 영향을 미친다([그림 10-4] 참조).

그림 10-4. 임금수준 결정의 기본모형

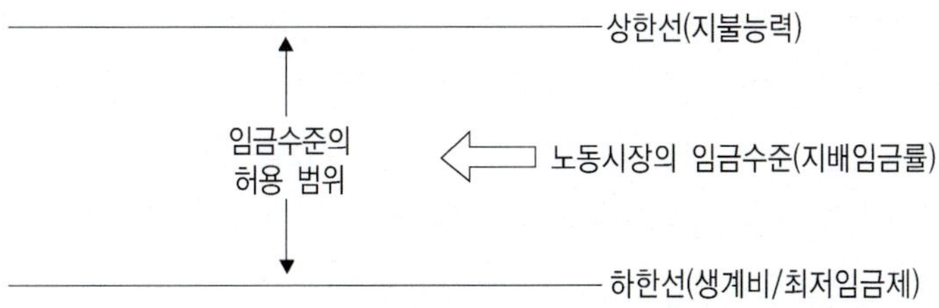

다음에서는 임금수준 결정의 기본적인 세 가지 요인과 최저임금제도에 관하여 구체적으로 살펴본다.

1) 기업의 지불능력

임금은 기업의 비용 성격을 가지고 있기 때문에 기업의 경영성과에 따른 지불능력은 경영 관점에서 보면 가장 중요한 요인으로 임금은 우선적으로 기업의 지불능력 내에서 결정되어야 한다. 기업의 지불능력이란 노사가 생산활동으로 창출한 부가가치 중에서 기업이 임금으로 어느 정도까지를 지불할 수 있는가를 나타내는 말로서, 기업이 안정적 성장을 지속할 수 있는 범위 내에서 임금으로 지불할 수 있는 기업의 재정능력을 의미한다. 기업의 지불능력을 파악하는 기준으로 생산성(productivity) 기준과 수익성(profitability) 기준의 두 가지를 들 수 있다.

(1) 생산성 기준

생산성 기준은 물가상승 없이 임금인상을 노동생산성 향상과 연계시켜 파악하는 방법인데 지불능력을 파악하는 기준으로 가장 많이 사용되고 있다. 생산성은 단위 생산요소의 투입량에 대한 산출량의 비율을 말하는데 투입요소에 따라 자본생산성과 노동생산성으로 분류된다. 임금수준 결정에 있어서 노동생산성이 많이 활용되는데, 이 경우 부가가치 노동생산성이 주로 활용되고 매출액 노동생산성도 참고로 활용된다.

가) 부가가치기준 분석

부가가치(value added)란 자본과 노동의 결합에 의하여 새로이 창출된 가치를 말하는데, 기업이 생산하여 판매한 총가치(매출액)에서 생산을 위하여 소비한 외부구입가치, 즉 원재료비, 동력비, 연료비, 부품비, 감가상각비, 구입부품비, 외주가공비, 소모품비 등을 공제한 금액이 부가가치액이 된다. 부가가치 중에는 인건비가 포함되어 있는데 부가가치에 대한 인건비의 비율을 (부가가치)노동분배율이라 한다. 노동분배율은 기업의 재무회계자료를 분석하여 지난 5~10년간의 자료를 갖고 계산하는데, 이 노동분배율이 적정인건비의 한 기준이 된다. 즉, 한 기업의 인건비 지불의 상한선은 당기의 부가가치액에 일정노동분배율을 곱한 액수(인건비총액)가 된다.

$$\text{임금수준(평균임금)} = \frac{\text{인건비총액}(W)}{\text{종업원수}(L)} = \underset{\text{(부가가치 생산성)}}{\frac{\text{부가가치}(V)}{\text{종업원수}(L)}} \times \underset{\substack{\text{(노동분배율)} \\ \| \\ \text{일정}}}{\frac{\text{인건비총액}(W)}{\text{부가가치}(V)}}$$

위의 식에서 기업의 임금수준은 결국 부가가치 생산성과 노동분배율에 의해 결정됨을 알 수 있고, 인건비총액을 종업원수로 나누면 평균임금수준이 계산된다. 따라서 종업원수와 노동분배율이 일정할 경우 평균임금수준을 높이기 위해서는 부가가치 생산성을 향상시키는 길 밖에 없다.

나) 매출액기준 분석

매출액에 대한 인건비총액의 비율을 분석하여 임금지불능력을 파악하는 방법으로 다음과 같이 산출한다.

$$\frac{\text{인건비총액}}{\text{매출액}} = \frac{\dfrac{\text{인건비총액}}{\text{종업원수}}}{\dfrac{\text{매출액}}{\text{종업원수}}} = \frac{\text{(평균)임금수준}}{\text{매출액노동생산성}}$$

위의 식에서 매출액에 대한 인건비총액의 비율이 안정적이라면, 기업의 지불능력 면에서 볼 때, 적절한 수준의 임금인상은 매출액 노동생산성의 증대범위 내에서 이루어짐을 알 수 있다.

(2) 수익성 기준

수익성은 지출에 대한 수익의 비율이다. 수익성을 분석하여 임금지불 능력을 파악하는 방법으로는 손익분기점 분석, 원가구성 분석, 매출 총이익 분석 등이 있는데 여기서는 손익분기점 분석만을 살펴본다.

손익분기점(BEP: break-even point)이란 변동비와 고정비를 합친 총비용과 총수익이 일치하는 점에서의 매출액 또는 매출량을 말한다([그림 10-5] 참조). 손익분기점에서의 매출액 산식은 다음과 같다.

$$\text{손익분기점의 매출액} = \text{고정비} \div (1 - \frac{\text{변동비}}{\text{매출액}})$$

[그림 10-5]에서와 같이 비용선(CD선)과 매출액선(OB선)이 일치하는 A점이 손익분기점으로 매출액 A점 이하에서는 손실이 발생하며, A점 이상에서 이익이 발생함을 알 수 있다. 따라서 매출액이 손익분기점을 넘게 되면서 부터 기업은 임금지불능력을 갖게 된다.

그림 10-5. 손익분기점 분석

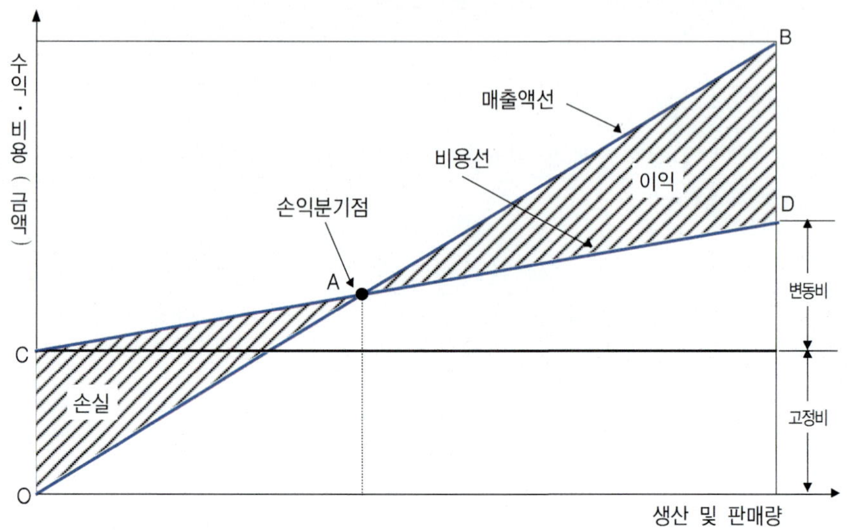

손익분기점 분석법은 손익분기점의 매출액과 인건비의 비율을 지불능력의 최고한도로 파악하는 방법인데 다음과 같이 식으로 나타낼 수 있다.

$$\text{지불능력의 최고한도} = \frac{\text{인건비총액}}{\text{손익분기점매출액}}$$

손익분기점 분석은 지불능력의 최고한도를 인건비비율로서 파악하므로 매출액만 결정되면 인건비총액을 구할 수 있다. 그러나 이 경우에도 기업은 이익이 0이 되는 점의 매출액이 아니라 정상적 경영을 하기 위해 배당금, 이자, 초과지출금, 준비금, 잉여금 유보 등도 고려한 목표이익 매출액에 관심을 두어야 한다. 따라서 이 경우의 인건비 비율이 지불능력의 적정한도라 할 수 있다.

손익분기점 분석법은 급변하는 시대에 기업환경이나 기업자체의 생산구조의 변화를 어떻게 고려하여 평가하느냐 하는 것과 고정비와 변동비의 구분이 어렵다는 데 문제점이 있다.

2) 생계비

임금은 근로자의 생계를 위한 원천적 수입원으로서 최소한 근로자와 그 가족의 생활을 보장해줌으로써 노동력의 재생산이 가능한 수준이 되어야 한다. 따라서 종업원의 생계비는 임금수준의 하한선을 결정하는 기준이 되며, 생계비의 내용과 수준을 분석·파악하는 생계비 조사는 임금수준 관리의 기초일 뿐만 아니라 개별임금관리로서 임금체계관리와도 밀접한 관련을 맺고 있다. 정부는 근로자의 최소한의 생계를 유지하도록 하기 위해 최저임금을 법적으로 강제하고 있다.

근로자의 생계비는 연령과 부양가족 수의 증가에 따라 증대하며, 일반적으로 그 내용과 산정방식에 따라 실태생계비와 이론생계비로 구별할 수 있다.

(1) 실태생계비

실태생계비는 이론생계비에 대응하는 개념으로서 근로자들의 가계를 조사해서 실제로 가계를 꾸려나가기 위해 식비, 피복비, 주거비, 광열비, 문화비 및 잡비 등으로 지출된 비용이 얼마인가를 조사하여 산정한다. 실태생계비는 현실성은 있으나 일반적으로 근로자의 수입에 의해 제약을 받기 때문에 객관적으로 바람직한 생계비 수준을 파악하는 데는 한계가 있다.

일반적으로 실태생계비는 이론생계비보다 낮게 나타나서 기업측에서는 이를 기준으로 노동조합과 임금교섭을 하려는 경향이 많다. 우리나라에서는 통계청에서 정기적으로 근로자 가계조사를 통해 실태생계비를 공표하고 있다.

(2) 이론생계비

이론생계비는 실제생활에서 지출되는 생계비가 얼마인가를 산정하는 것이 아니라 현실적인 소득이나 소비수준과는 무관한 이론상의 가계비용을 파악하는 것이다. 즉, 식품영양학, 생활과학, 노동과학 등의 이론에 입각하여 가족규모별로 생활에 필요한 지출항목을 이론적으로 구성하고 이에 해당되는 각 품목별 소요량과 단가를 곱한 것을 집계하여 산출한다. 예컨대, 식비의 경우 성인 1인이 섭취해야 할 식품의 종류와 양을 산정하고 여기에 가격을 곱하여 필요경비를 산출한다. 이러한 산정방식은 과학적이고 이상적이라고 할 수 있지만 현실성이 결여된다는 점에서 문제가 있다.

이론생계비는 어떤 생활모형을 설정하느냐에 따라 최저생계비, 표준생계비 등이 있으나, 최저인 것을 설정하는 최저생계비보다는 표준적인 생활을 영위하는데 필요한 표준생계비가 생활과 관계가 깊어 생계비 산정방식으로 가장 많이 이용되고 있다.

표준생계비의 산정에는 그 대상의 범위에 따라 전물량방식과 반물량방식이 있다. 전물량방식(market basket)은 생활에 필요한 전물량에 일정가격을 곱한 후 합산하는 방식이고, 반물량방식(엥겔방식)은 비교적 객관적 기준을 이용하여 설정할 수 있고 계산이 명확한 식비만 전물량방식을 적용하고 기타 내용은 실태생계비를 조사하여 산출된 엥겔지수를 이용하여 생계비를 산정하는 방식이다.

이러한 이론생계비는 노동조합이 근로자의 절대적인 생계비 보장과 생활개선을 위하여 사용자와 임금교섭을 할 때 많이 활용하고 있고, 단체협약에 자동임금조절 조항(에스컬레이터조항)을 포함시킬 때 그 기준으로도 이용된다.

3) 노동시장의 임금수준

임금수준이 기업의 지불능력을 상한선으로 하고 근로자의 생계비를 하한선으로 하여 그 범위가 설정되면, 이 상·하한선 내에서 임금의 대외적 공정성을 확보하는 수준의 임금을 결정하기 위해서는 노동시장에서의 임금수준 파악이 필요하다. 이를 지배임금률 또는 사회일반의 임금수준(사회적 균형)이라고 한다. 만약 기업이 동일지역, 특히 동일업종의 임금수준과 균형을 이루지 못하고 낮은 수준의 임금을 결정하게 되면 필요 인력을 확보하고 유지하기 어렵고 생산성 향상을 기대하기 어렵게 된다. 따라서 노동시장에서의 지배임금률을 고려해서 임금수준을 결정해야 한다. 오늘날 조직의 임금수준을 노동시장과 연결시키는 것은 이것이 노동력의 질 확보뿐만 아니라 조직의 상대적인 총노무비에도 영향을 미치기 때문에 임금의 전략적 정책의 주요 이슈가 되고 있다.

지배임금률을 파악하기 위해서는 임금조사(wage survey)를 해야 한다. 임금조사란 다른 기업들이 지급하는 임금에 대한 정보를 수집하고 판단하는 체계적 과정을 말한다. 임금조사를 실시할 때에는 i) 요구되는 직종이나 기능, 지리적 범위 등을 기준으로 한 관련 노동시장의 범위를 규정하고 ii) 조사대상 기업체의 선정, iii) 조사대상(기준)직무의 선정, iv) 수집할 정보의 내용 결정, v) 자료수집 기법의 선정 등이 적절하게 이루어져야 한다(Milkovich & Newman, 2008 : 215~217; Anthony et al, 2006 : 398~399). 특히 비교대상 기업을 선정할 때에는 임금조사의 신뢰성과 타당성 및 종업원의 수용도를 제고시키기 위하여 동일한 노동시장뿐만 아니라 제품시장의 공통성도 아울러 고려해서 노사간 충분한 협의를 거치는 것이 바람직하다. 요컨대, 사용자는 경쟁기업들의 임금조사를 통해서 후술하는 바와 같이, 노동시장의 지배임금률에 적절히 대응하는 임금수준을 결정해야 할 것이다.

이외에 노동시장 관련요인으로서 임금수준 결정에 영향을 미치는 요인들로 노동력의 수요와 공급 상황, 노동조합의 단체교섭력 등이 있다.

4) 최저임금제도

(1) 최저임금제도의 의의

임금수준결정의 법적인 외부환경요인으로서 대표적인 것이 최저임금제도이다. 최저임금제도(minimum wage system)란 국가가 저임금 근로자의 생활을 보호하기 위하여 노・사간의 임금결정과정에 개입하여 임금의 최저수준을 정하고, 사용자에게 이 수준 이상의 임금을 지급하도록 법으로 강제하는 제도이다. 따라서 최저임금을 일명 법정임금이라고도 한다.

임금수준은 노동시장에서 노동이라는 생산요소에 대한 수요와 공급 상황에 따라 노사간의 교섭을 통해서 결정되는 것이 원칙이다. 그러나 임금수준이 사회적으로 용납하기 어려울 정도로 지나치게 낮을 때에는 예컨대, 최저생계비에도 미달될 경우에는 사회적 정의와 형평의 구현이라는 차원에서 제3자인 국가가 임금결정과정에 개입하여 임금의 최저수준을 결정하고 사용자로 하여금 이에 따르지 않을 수 없도록 법률로써 강제할 필요가 제기된다. 이처럼 최저임금제는 노동시장에서의 자율적 기능에 의한 임금결정원리를 사회정책적 관점에서 제약을 가해 수정한 사회적 제도라 할 수 있다. 최저임금제는 1894년 뉴질랜드의 노동쟁의조정 및 중재법을 효시로 하여 호주(1896), 영국(1909)에서 법제화되었고, 제2차 세계대전을 계기로 많은 선진국에서 법제화가 시작되었으며 그 적용범위도 확대되어 왔다. 오늘날에는 ILO회원국 중 다수 국가들이 최저임금제도를 실시하고 있다.

(2) 최저임금제도의 목적과 효과

최저임금제의 도입목적은 다음과 같다.

첫째, 최저임금제의 기본적 목적은 사회정책적 목적으로 최저생계비에 미달되는 저임금 근로자의 임금을 정부가 개입하여 최저생계비에 접근하는 수준으로 인상시켜 저임금근로자의 생활을 보호해 주는데 그 일차적 목적이 있다. 호주와 영국에서 최저임금제가 도입된 이유는 고한업종에서 고한노동의 방지를 통한 저임금 근로자의 보호에 있었다. 아울러, 가내근로자, 미숙련근로자를 비롯한 비조직 근로자들의 노동력 착취를 방지하고 이들을 보호하는데 그 목적이 있었다.

둘째, 일반적으로 기업들은 저임금을 통한 생산비 절감을 도모하고자 하는데, 최저임금제를 실시함으로써 기업간 과당경쟁에 의한 임금의 부당한 절하를 방지하는 동시에 저임금 의존식 경영을 지양하고, 장기적으로 기술개발과 경영합리화를 통한 생산성 향상 노력을 자극하고 기업간 공정한 경쟁을 유도할 수 있다. 또한 생계비에 미달되는 저임금으로 인한 노사분쟁을 사전에 예방할 수 있다.

셋째, 최저임금제는 불황기에 임금수준의 저하를 방지해서 유효수효 감소를 방지해 준다.

이러한 목적을 가진 최저임금제는 국가적 차원에서 최저생계비를 보장해 줌으로써 근로자의 저임금 해소와 빈곤퇴치, 산업간·직종간 임금격차의 해소, 경영합리화와 생산성 향상, 기업간 공정한 경쟁의 유도, 노사관계의 안정화 등의 긍정적 효과를 기대하고 있다. 그렇지만 최저임금 인상이 소득과 고용에 미치는 영향에 대해서 상이한 연구결과들이 제시되고 있다. 다수의 연구는 최저임금 인상이 소득과 고용에 부정적 영향을 미치는 것을 확인하고 있으며 일부 연구에서는 이들 간에 영향관계가 없는 것으로 나타나고 있다.

(3) 우리나라의 최저임금제도

우리나라는 헌법 제32조 제1항 "국가는 법률이 정하는 바에 의하여 최저임금제를 시행하여야 한다."라는 규정에 의거하여, 1986년 12월 31일에 최저임금법이 제정·공포되었고 1988년 1월 1일부터 시행되고 있다. 이 법에서 최저임금은 매년 최저임금위원회의 심의·의결을 거쳐 고용노동부장관이 결정·고시하도록 되어 있다(동법 제8조 제1항, 제10조 제1항). 최저임금위원회는 노동부에 설치된 최저임금 결정기구로 근로자위원·사용자위원·공익위원 각 9인으로 구성되고 임기는 3년으로 하되 연임이 가능하다(동법 제14조). 본 위원회에서 최저임금은 근로자의 생계비, 유사근로자의 임금, 노동생산성 및 소득분배율 등을 고려하여 정하고, 이 경우 사업의 종류별로 구분하여 정할 수 있다(동법 제4조). 고용노동부장관은 최저임금위원회의 최저임금안에 의거하여 매년 8월 5일까지 최저임금을 결정·고시하고, 고시된 최저임금은 다음 연도 1월 1일부터 효력을 발생한다(동법 제10조 제2항). 최저임금은 근로자를 사용하는 모든 사업 또는 사업장에 적용(동법 제3조)되는데, 상용근로자뿐만 아니라 임시직·일용직·시간제 근로자, 외국인 근로자 등 고용형태나 국적에 관계없이 근로기준법상 근로자이면 모두 포함된다.

최저임금위원회는 2022년도 최저임금을 2021년보다 5.1% 오른 시급 9,160원으로 결정했다고 밝혔다. 월급으로 환산하면 1,914,440원(월 209시간 기준, 주휴수당 포함)으로 2021년보다 91,960원이 인상되었다.

그림 10-6. 최저임금 인상 추이

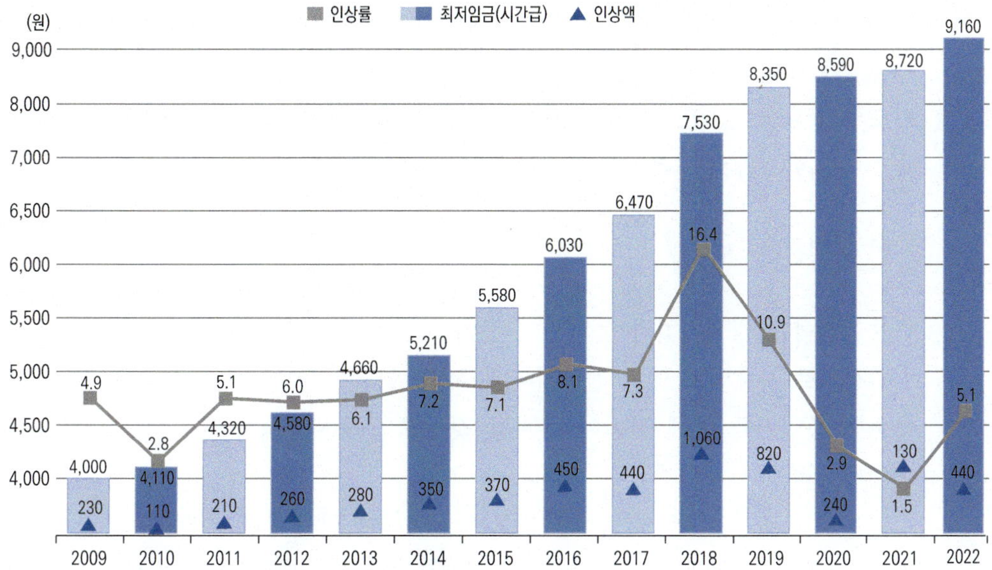

자료: 최저임금위원회, 고용노동부.

3. 임금수준 결정의 전략적 대안

조직이 외부적 공정성을 확보해서 노동시장에서 경쟁력 있는 임금수준을 결정하는데는 선도(lead), 동행(match), 추종(lag), 혼합(hybrid)전략이 있다(Milkovich and Newman, 2008 : 200~203).

1) 선도전략

선도전략은 임금을 종업원의 조직선택 의사결정에 있어서 가장 중요한 요소로 가정하고, 노동시장에서 경쟁기업보다 더 높은 수준의 임금을 지급하는 고임금전략을 말한다. 선도전략은 사용자가 유능한 종업원을 유인하고 유지하여 그들의 능력을 최대화시키고 종업원의 임금에 대한 불만족을 최소화시켜 준다. 또한 결근율과 이직률을 감소시키며 직무의 비매력적 특성을 상쇄시킬 수 있다. 선도전략에 의해 유능한 종업원이 채용되어 훈련기간이 단축되고 생산성이 증가한다면 높은 노무비가 상쇄될 수 있다.

그리고 임금이 총비용 중에서 낮은 비중을 차지하거나 소속 산업이 법적으로 크게 규제되어 있을 경우에는 종종 높은 임금을 소비자에게 전가시킬 수도 있다.

그러나 선도전략은 다른 전략에 비해 비용이 많이 소요되고, 조직내부의 부조화와 사용자에 대한 종업원의 불만을 회피하기 위하여 사용자로 하여금 임금수준을 증가시키도록 강요할 수 있으며, 후일에 높은 이직을 가져올 수 있는 부정적 직무특성(예컨대, 도전적인 직무의 부족)을 엄폐할 수 있는 약점도 있다.

2) 동행전략

동행전략은 경쟁기업과 동일한 수준의 임금을 지급하는 시장임금 전략으로서 가장 일반적으로 사용되고 있는 전략이다. 조직의 임금수준이 경쟁자의 임금수준에 미치지 못하면 종업원들 간에 불만이 야기될 것이고 노동시장에서 유능한 인력을 확보하기 어렵게 된다.

많은 비노조기업들은 기업의 노조화를 회피하기 위하여 동행전략이나 심지어는 선도전략을 취하는 경향이 있다. 동행전략이 제품시장에서 제품가격 면에서는 경쟁기업과의 불리한 위치를 피할 수 있지만, 노동시장에서 경쟁우위를 제공할 수 있는 것은 아니다.

3) 추종전략

추종전략은 경쟁기업보다 낮은 수준의 임금을 지급하는 저임금전략으로 노동시장에서 유능인력의 확보를 어렵게 할 것이다. 그러나 장래에 높은 보상을 약속하고(예컨대, 벤처기업 초창기에 우수인력 확보를 위한 스톡옵션제도) 낮은 임금을 지불한다면, 이러한 약속은 조직구성원의 조직몰입과 팀워크를 강화시켜 생산성 증대를 가져올 수 있다.

추종전략을 사용하는 조직은 종업원들이 단순히 임금 이외에도 다른 많은 보상들을 고려하고 있다고 믿는 바, 종업원들이 경쟁기업보다 낮은 임금을 수용할 수 있도록 기타 보상안들을 제공함에 있어서 종업원들의 생활양식과 인간적인 면에 깊은 통찰력이 요구된다. 저임금을 제외하고는 경쟁기업보다도 앞서는 다른 보상들, 예컨대, 승진 기회, 다른 인센티브제도, 양호한 작업장소나 작업환경 보장, 도전적 직무, 고용안정 등을 제공함으로써 낮은 임금을 상쇄할 수 있다(Mello, 2006 : 501).

이 전략은 미국의 경우 앤더슨컨설팅사가 대졸 신입사원을 모집할 때 사용하고 있으며 우리나라에서는 중소 벤처기업에서 창의적이고 우수한 경영자나 종업원을 확보하기 위한 전략으로 빈번히 사용되고 있다.

이상의 전통적인 세 가지 전략이 각기 많이 사용될 수 있는 적합한 상황을 살펴보면 다음과 같다. 고임금의 선도전략은 고기능이나 기술을 소지한 종업원들에게 크게 의존하는 조직구조나 기술을 가지고 있어 분권적 의사결정을 강조하는 조직이나, 조직이 종업원들의 성과를 관찰하고 통제하기 어려워 이들이 최대의 노력을 하도록 자극을 주기를 원할 경우에는 높은 임금의 이점이 높은 비용을 능가함으로써 적합한 전략이라 할 수 있다(Noe et al., 2008 : 490). 또한 선도전략은 높은 수익률을 가지고 분화된 제품을 생산하는 자본집약적 산업에서도 주로 사용된다.

시장임금의 동행전략은 경쟁적인 노동시장에서 후발기업에 의해서 주로 사용된다. 저임금의 추종전략은 낮은 수익률을 갖고 경쟁시장에서 분화되지 않은 제품을 생산하는 노동집약적 산업이나 낮은 질의 노동력을 활용하는 산업에서 주로 사용되며 노동시장의 변화에 민감하다(최종태, 2000 : 192).

4) 혼합전략

혼합전략은 종업원 집단이나 직군별로 세 가지 전략을 달리하거나, 종업원에 대해 기본급, 상여금 등의 인센티브 임금, 스톡옵션, 복리후생 등에 대해서 상이한 전략을 사용하는 것으로 이를 유연전략이라고도 한다.

이상의 네 가지 임금전략은 임금관리의 목표를 달성하는 조직의 능력에 영향을 미쳐 조직의 성과에 〈표 10-1〉과 같이 상이한 효과를 가져다준다.

표 10-1. 임금수준전략과 조직성과와의 관계

전략	조직성과					적합한 상황
	종업원 유인능력	종업원 유지능력	노무비 절감	임금 불만족 감소	생산성 증대	
선도전략	+	+	?	+	?	• 고기술 종업원의 분권적 조직 • 높은 수익률, 분화된 제품생산의 자본집약적 산업 • 종업원의 성과통제가 어려운 경우
동행전략	=	=	=	=	?	• 후발기업
추종전략	−	?	+	−	?	• 저수익률 · 미분화제품의 노동집약적 산업, 저질의 노동력 산업
혼합전략	?	?	+	?	+	?

자료: Milkovich and Newman(2008), *Compensation*, 9th ed., McGraw-Hill p.201. 수정보완

한편, 최근 문재인 정부의 경제정책으로 소득주도성장론이 이슈가 되고 있다. 소득주도성장론은 가계의 임금과 소득을 늘리면 소비도 늘어나 경제성장이 이루어진다는 이론으로, 포스트케인지언(Post-Keynesian) 경제학자들이 주장한 임금주도성장론을 바탕으로 하고 있다. 소득주도성장론은 줄어들었던 중하위 계층의 소득을 증가시키면 분수효과를 통해 자연스럽게 소비, 생산, 투자, 일자리가 늘어나는 선순환 효과가 발생할 수 있다고 한다. 그러나, 근로자의 임금 상승은 생산비용과 제품가격을 증가시켜 수입품의 경쟁력을 강화시킬 수 있고, 임금상승으로 부담을 느낀 기업이 외국으로 생산기지를 옮길 수 있으며 결국 국내기업의 경쟁력 약화로 고용이 감소되어 근로자들의 소득이 오히려 감소되는 부작용이 우려될 수 있다.

제3절 임금체계의 관리

1. 임금체계관리의 의의와 목적

임금체계(wage structure)란 임금지급 항목의 구성내용 또는 개별 종업원의 임금을 결정하는 기준을 말한다. 즉, 형식면에서는 종업원들에게 지급되는 임금이 어떠한 항목들로 구성되어 있고, 내용면에서는 각 항목이 어떠한 기준에 의해 설정되어 개별 임금의 격차가 공정하게 결정되는가를 나타내는 개념이다. 전자를 광의의 임금체계, 후자를 협의의 임금체계라고도 한다. 그러나 엄격한 의미에서 임금체계는 후자, 즉 임금격차(wage differential)의 구조를 말한다.

앞서 언급한 임금수준 관리가 기업의 전체적인 평균임금 결정과 관련된 총액 인건비 관리이고 대외적 공정성을 확보하는 관리라고 한다면, 임금체계관리는 임금총액을 개별 종업원들에게 기업 내에서 어떠한 항목으로 어떠한 기준에 의하여 공평하게 배분하느냐에 관리의 초점을 둠으로 개별인건비 관리이고 대내적으로 공정성을 확보하는 관리라 할 수 있다.

기업의 임금체계는 일국의 문화, 사회적 관습, 업종 및 개별 기업의 특성, 조직의 목표와 가치 등의 차이에 따라 다양한 유형이 있다.

임금체계를 임금항목의 구성 형식면에서의 체계와 임금의 내용 성격면에서의 체계로 나누어 볼 수 있다.

1) 임금항목 구성 형식면에서의 체계

먼저 임금항목의 구성 형식면에서의 임금체계를 살펴보면 일반적으로 [그림 10-7]에서 보는 바처럼 크게 기준내임금, 기준외임금, 상여금으로 구성된다.

그림 10-7. 임금체계의 예

기준내임금은 정상적 근로조건 내 노동에 대하여 지급하는 임금으로 기본급과 기준내수당으로 구성된다. 기준내수당으로는 정상적 근무와 관련된 직책수당·자격수당 등의 직무수당과 생활보조를 위한 가족수당, 물가수당, 주택수당 등의 생활수당, 기타 정·개근수당, 근속수당 등의 장려수당으로 구성된다. 기준임금 특히, 기본급(base pay)은 임금체계 내에서 기준이 되는 부분으로 금액에서 가장 큰 비중을 차지할 뿐만 아니라 상여금, 복리후생, 퇴직금 나아가 승진, 승급 등의 산정기준으로 사용되기 때문에 임금총액 중에서 기본급의 항목과 비율을 합리적으로 설정하는 것이 중요하다. 기본급은 흔히 본봉이라고도 불린다. 일반적으로 기업에서는 인건비 절약을 목적으로 정상적 노동과 관련된 임금인상이 필요할지라도 기준내임금에 포함시키지 않고 수당의 인상이나 신설로 대체하려는 경향이 있어 노사간의 마찰원인이 되기도 한다.

기준외임금은 근로자가 정상적 근로조건을 초과하여 제공하는 노동에 대하여 지급하는 임금이다. 기준외임금은 연장근로수당, 휴일근로수당, 야간근로수당 등과 같은 초과근무수당과 위험한 작업 및 심야작업에 대한 특별근무수당으로 구성된다.

고용노동부에서 발간하는 매월노동통계조사에서는 임금항목을 크게 기준내임금인 정액급여와 기준외임금인 초과급여, 특별급여로 구분하고 있다. 또한 정액급여를 다시 기본급과 통상적 제수당, 예컨대 직책수당, 가족수당, 근속수당 등으로 구분하고 있다. 초과급여는 연장근로수당, 휴일근로수당, 야간근로수당 등과 같은 변동적 수당으로 구성되어 있고, 특별급여는 상여금, 기말수당, 학자금지원 등으로 구성되어 있다. 이러한 임금항목의 금액을 합산해서 임금총액을 산출한다.

한편, 이상과 같은 임금구성 형식면과 관련해서 최근에 특히, 정기상여금이 통상임금에 포함되느냐 하는 문제가 쟁점으로 부각되고 있다.

임금은 평균임금과 통상임금으로 구별되기도 한다. 평균임금이란 이를 산정하여야 할 사유가 발생한 날 이전 3개월 동안에 그 근로자에 대하여 지급된 임금 총액을 그 기간의 총일수로 나눈 금액을 말한다(근로기준법 제2조 1항 6호). 평균임금은 퇴직금, 휴업수당, 연차유급휴가수당, 재해보상금 등을 계산하는 기준이 된다.

통상임금은 근로자에게 정기적이고 일률적으로 소정근로 또는 총 근로에 대하여 지급하기로 정한 시간급 금액, 일급 금액, 주급 금액, 월급 또는 도급 금액을 말한다. 통상임금은 해고예고수당, 연장·야간 및 휴일근로수당, 연차휴가수당의 계산기준이 되는 임금단위이다.

그런데 통상임금은 그것이 정기적·일률적으로 지급되는 고정적인 것이면 통상임금에 속하지만, 정기적·일률적으로 지급되는 것이 아니거나 실제의 근무성적에 따라 지급 여부 및 지급액이 달라지는 것과 같이 고정적인 임금이 아닌 것은 통상임금에 해당하지 않는 것으로 본다(김형배, 2012 : 373~374).

2013년 12월 대법원 전원 합의제판결에서는 통상임금의 3대 요건으로 정기성(분기별 혹은 매년처럼 정기적으로 지급), 일률성(일정한 조건 또는 기준에 달한 모든 근로자에게 지급), 고정성(성과나 업적과 상관없이 지급)을 명시하고 있다. 요컨대, 정기상여금이 통상임금에 포함되기 위해서도 위 3가지 조건을 충족시켜야 한다는 것이다.

사례 근무일수 충족 등 조건붙은 상여금, 통상임금 아니다

정기 상여금이 통상임금에 포함되는지 여부를 놓고 현대자동차 노조가 제기한 소송에서 법원이 사실상 회사 측의 손을 들어줬다. 노조는 정기 상여금이 통상임금에 포함된다고 주장했으나, 법원은 근무일수 충족 등 조건이 붙은 정기 상여금은 통상임금이 아니라는 취지의 판결을 했다.

1월 16일 서울중앙지법은 현대차 직급별 대표 근로자 23명이 "상여금 등 6개 항목을 통상임금에 포함해 달라"고 제기한 소송에서 사실상 원고 패소 판결을 내렸다. 재판부는 "상여금이 통상임금에 포함되려면 모든 근로자에게 업적이나 성과와 상관없이 정기적·일률적·고정적으로 지급되어야 하지만, 현대차의 경우 고정성이 결여됐다"고 판결했다. '2개월중에 15일 이상 근무해야 상여금을 지급한다'는 현대차의 상여금 지급조건을 근거로 해서 정기 상여금의 고정성이 결여됐다고 판결한 것이다.

(자료 : 조선일보, 2015.1.17)

2) 임금의 내용 성격면에서의 체계

임금의 내용 성격면에서의 임금체계는 개별임금의 결정기준, 즉 개별임금의 격차를 무엇을 기준으로 결정하는가를 의미하는데, 일반적으로 기본급의 성격에 의해 규정된다. 왜냐하면 기본급은 단일 임금항목으로는 가장 큰 비중을 가져 임금의 기본적 부분을 구성하고 또한 모든 종업원들에게 공통적 · 고정적으로 지급하는 항목이기 때문이다.

따라서 일반적으로 임금체계라고 말한 때는 기본급체계를 말한다. 그래서 기본급을 어떠한 기준에 입각해서 설정하느냐 하는 것이 임금체계 관리의 핵심 과제가 된다.

임금은 종업원이 노동력을 제공하고 그 대가로써 사용자로부터 받는 생활의 원천이 되는 보상이므로 기본급을 결정할 때에는 기본적으로 보상관리의 2대 원칙이라고 할 수 있는 생활보장의 원칙과 노동대가의 원칙이 지켜지도록 해야 한다. 이때 생활보장의 원칙과 관련해서 종업원의 필요 생활비를 반영하기 위하여 일반적으로 고려하는 기준요소로는 개인의 연공요소인 연령, 근속연수 등이 있고, 노동대가의 원칙과 관련해서 고려해야 할 기준요소로는 종업원이 담당하고 있는 직무의 가치, 직무수행능력, 그리고 투입한 노력으로 달성한 성과(업적) 등이 있다. 이에 따라 기본급이 연공요소를 기준으로 결정되면 연공급체계, 직무가치를 기준으로 결정되면 직무급체계, 직무수행능력을 기준으로 결정되면 직능급체계, 성과가치를 기준으로 결정되면 성과급체계라고 일컫는다([그림 10-8] 참조).

그림 10-8. 임금체계(기본급)와 결정기준

보상원칙	결정기준 요소	임금체계	
생활보장의 원칙	연공(연령, 근속연수)	연공급	연공주의 임금체계
노동대가의 원칙	직무내용가치	직무급	능력주의 임금체계
	직무수행능력가치	직능급	
	성과가치	성과급	성과주의 임금체계

직무급과 직능급을 능력주의 임금체계라고도 하는데, 직무급은 동일노동·직무에 대하여 동일임금을 지급하므로 노동대가의 원칙을 가장 잘 실현하는 전형적인 능력주의 임금체계로 손꼽히고 있으며, 직능급은 연공주의 색채도 가미하여 연공급과 직무급을 절충시킨 능력주의 임금체계라 볼 수 있다.

또한 성과급의 경우 개인의 성과도 사실은 연공, 직무, 능력 등의 요소가 복합적으로 반영되어 얻어진다. 그러나 성과급은 변동적인 인센티브 성격이 강하므로 일반적으로 정상임금 이상의 추가 급여로 제공되고 있고, 더욱이 성과급만을 기본급으로 할 경우 종업원의 소득안정을 기할 수 없기 때문에 대체로 임금형태 관리에서 다루어지고 있다.

임금체계 관리는 종업원들 간에 공정한 임금격차를 유지함으로써 조직 대내적으로 내부적 및 개인적 임금공정성을 확보하고 종업원을 동기부여시키며 또한 종업원들에게 안정된 소득을 확보해주는데 그 목적을 두고 있다.

다음에서는 임금체계의 유형으로서 고정적 성격을 가진 연공급, 직무급, 직능급을 살펴본다.

2. 연공급

1) 연공급의 의의와 특징

(1) 의 의

연공(年功, seniority)은 종업원이 회사나 부서 또는 직무에 근무한 기간을 말한다. 연공급(年功給, seniority-based pay)은 연공서열형 임금 혹은 연공승급 임금이라고도 불리는데 임금을 종업원의 근속연수를 기준으로 차별화해서 결정하는 제도이다. 연공급은 근속연수를 기준으로 근속연수가 높아짐에 따라 정기승급제도를 통해 기본급 또는 단위 임금률이 높아지는 임금체계이다. 따라서 연공급은 근속연수별 임금격차를 특징으로 하는 근속급 임금제도이다.

일반적으로 넓은 의미의 연공급은 우리나라나 일본처럼 입사 연령, 학력, 성별, 경력 등의 속인적 요소를 감안하여 개인의 임금수준을 결정하고 입사 후 근속연수에 따라 임금수준을 결정하는 임금체계를 말한다. 이를테면 특히 학력의 경우가 그러한데, 대졸 신입사원은 고졸 신입사원보다 4년 더 근무한 것으로 간주하고 초임급(初任給)을 높게 책정하고 그 이후부터는 근속연수가 높아짐에 따라 임금수준이 높아진다. 중도 채용자의 경우 입사전 직장경력, 연령, 시장임률 등을 고려해서 초임을 책정한다. 따라서 연공급은 동일 작업에 종사하거나 동일한 성과를 창출한다 하더라도 근속연수, 연령, 학력, 경력 등의 속인적 요소에 따라 임금이 개별적으로 차이가 나므로 이를 속인급(屬人給)이라고도 한다. 연공급은 제1차 세계대전 후 일본에서 산업화 초기에 생성되어 일본은 물론, 최근까지 우리나라 기업의 지배적 임금체계로서의 특징을 이루어왔다.

그런데 연공급 임금체계는 기업 내외의 급속한 환경변화, 즉 사무 및 공장자동화 등 기술혁신의 진전에 따른 숙련형태의 변화와 더불어 근속=숙련의 등식이 무너지고, 초임금의 대폭 상승에 따른 젊은층과 중·고령층간의 임금격차의 축소, 경영의 다각화, 고령화·고학력화 추세와 젊은 층의 능력지향적 가치관 변화, 시장경쟁의 격화와 기업의 인건비 부담의 과중화 등의 환경변화로 인해 능력주의적 임금으로의 전환이 요청되고 있다. 그렇지만 연공급은 기업의 목표가 종업원들에게 높은 수준의 충성심과 조직몰입을 촉진시키고, 종업원에게 협력적, 팀 지향적 행동을 조장할 필요가 있을 때, 또한 종업원들이 기업 특유의 지식과 기능을 광범위하게 학습할 것이 요구되는 상황에서는 의미 있는 임금제도로 받아 들여지고 있다(Dreher & Dougherty, 2002 : 96).

(2) 특 징

첫째, 연공급은 근로자들이 기업에서 근속연수나 경력 등의 연공요소가 증가함에 따라 숙련도나 직무수행능력이 신장된다는 논리에 근거를 두고 있다.

둘째, 연공급은 장기고용을 전제로 하는 정기승급제도를 채택하고 있으며, 따라서 종업원의 연령이나 근속연수에 따라 생활보장의 성격이 강하다.

셋째, 사회문화적 환경측면에서 볼 때, 연공급은 연공서열적 사회질서와 가치관을 경영 조직 내에서 보상면에서 확립하는 것으로 전통적 유교사상과 신분사상에 그 뿌리를 두고 있다.

2) 연공급의 유형

연공급은 매년 실시되는 정기승급제도에 의해 운영되는 바, 승급선 형태에 따라 다음의 네 가지 유형으로 구분된다.

① **정액승급형** : 근속연수에 따른 승급액은 일정하며 승급률은 체감하는 형이다.
② **체증승급형** : 근속연수에 따라 승급액이 증가하는 형으로 승급률이 거의 일정한 정률승급이 여기에 속한다.
③ **체감승급형** : 근속연수에 따라 승급액이 감소하는 형이다.
④ **S자형승급형** : 체증승급형과 체감승급형을 일정시점에서 결합한 형태로서 근속연수에 따라 승급액이 증가하다가 일정 시점을 지나면 감소하는 형이다.

이 4가지 유형 중 제일 많이 이용되는 형은 S자형승급형이다.

우리나라 기업에서 연공급 임금체계는 초기에는 1년 또는 6개월에 1호봉씩 정기적으로 승급되는 단일호봉제도를 많이 채택했으나, 현재는 직급별 호봉제도가 많이 채택되고 있다.

3) 연공급의 장 · 단점

(1) 장 점

① 연공급은 장기고용을 전제로 근속연수가 증가함에 따라 임금이 증가하므로 종업원의 고용안정과 생활보장을 이룩할 수 있고, 이에 따라 ② 종업원의 기업에 대한 귀속의식이 고양되고, ③ 노사관계의 안정화를 도모할 수 있으며, ④ 종업원에 대한 교육훈련의 효과도 높아진다. ⑤ 연공서열을 중시하는 동양적 기업풍토에서는 조직의 질서유지와 사기유지에 도움이 된다. ⑥ 사회적으로 노동이동이 낮은 폐쇄적 노동시장에서 직무성과의 객관적 측정이 어려운 경우에 그 실시가 용이하다.

(2) 단 점

① 임금이 근속연수, 연령 등 연공적 요소의 증가에 따라서만 결정되고 직무가치나 능력적 요소는 반영되지 않고 있다. 이에 따라 ② 능력 있는 종업원의 사기저하와 무사안일적이고 소극적인 근무태도를 야기하고, ③ 동일노동에 대한 동일임금의 실시도

곤란하며, ④ 임금의 공평성 원칙을 실현할 수 없다. 또한 ⑤ 연공자들의 누적에 따른 인사체증과 ⑥ 실제 능력이나 성과보다 과도한 임금을 지불하고 인력이 적절히 활용되지 못함으로써 기업의 인건비 부담 과중화를 가져와 생산성 및 경쟁력의 저하를 초래하기도 한다.

4) 임금피크제

한국사회의 고령화가 급진전되면서 연공급체계하에서 노동력의 고령화에 따른 기업의 인건비 부담이 더욱 가중됨에 따라 이를 해소하면서 동시에 고령근로자의 고용도 보장해 주기 위한 대안으로서 임금피크제도(salary peak system)가 많은 기업에 도입되었다.

임금피크제도란 동일한 인건비 하에서 고용안정을 중시하는 방안으로, 근로자의 계속 고용을 위해 노사간의 합의를 통해 일정 연령을 기준으로 생산성에 맞추어 임금을 하락하도록 조정하는 대신 소정의 기간 동안 고용을 보장해 주는 제도를 말한다.

임금피크제의 유형으로는 정년보장형, 정년연장형, 고용연장형의 3가지가 있다. 정년보장형은 정년보장을 전제로 정년 전 일정 연령부터 임금을 조정하는 방식이고, 정년연장형은 정년을 일정기간 연장하는 대신 그 기간만큼 정년 전의 임금을 조정하는 방식을 말한다. 고용연장형은 정년 퇴직후 재고용 방식을 통해 고용을 일정기간 연장하고 임금을 조정하는 방식이다.

임금피크제는 노사 모두에게 다음과 같은 긍정적 효과를 줄 수 있어 노사가 상생할 수 있는 방안의 하나가 되고 있다. 즉, 근로자는 경영위기시에 해고를 피할 수 있고, 정년 이후에도 계속해서 일할 수 있다. 사용자는 근로자의 고령화로 인한 기업의 인건비 부담을 줄일 수 있고 해고를 둘러싼 노사간의 갈등도 최소화할 수 있다. 또한 보다 저렴한 비용으로 훈련된 고용인력을 유지・확보할 수 있고 동시에, 임금피크제 실시를 통해 경감된 재원으로 신규인력을 채용할 수 있다. 반면 동일한 업무를 하는 대신 적은 임금을 받게 되면서 생기는 근로자의 사기저하 및 조직활력 저하 가능성도 있다. 또한 중・장년층의 정년이 보장 또는 연장되면서 상대적으로 청년층 신규채용이 줄어들 가능성도 있어 전체적으로 고용시장이 위축될 가능성도 있다.

고용노동부 조사에 따르면 2019년 6월 현재 임금피크제 도입률은 300인 이상 사업장의 51.1%에 달한다. 2016년 300인 이상 사업장의 60세 정년의무화에 따라 상당수 사업장에서 임금체계를 개편해 임금피크제를 도입하였다.

3. 직무급

1) 직무급의 의의와 특징

(1) 의 의

직무급(職務給, job-based pay)은 조직 내 직무들을 평가하여 직무의 상대적 가치를 기준으로 임금을 결정하는 임금체계이다. 즉, 직무의 중요도, 난이도, 책임도, 작업조건 등을 기준으로 각 직무의 상대적 가치를 평가하고 그 결과에 따라 임금을 결정한다. 이처럼 직무급은 직무의 가치에 부합하는 임금을 지급하여 직무간 공정한 임금격차를 유지하는 것이 임금배분의 공정성을 실현한다는 논리에 바탕을 두고 있다.

연공급이 연령, 근속연수, 학력 등 속인적 요소에 의해 임금이 결정되어 속인급으로 불리는데 반해, 직무급은 근로자가 담당하는 직무를 객관적, 과학적으로 분석·평가하여 임금이 결정된다는 점에서 직무중심형 임금 혹은 속직급(屬職給)이라고도 불리어진다.

직무급은 동일 가치의 직무에 종사하는 종업원에게는 연령, 근속연수, 학력, 능력 등에 관계없이 동일 임금이 지불됨에 따라 '동일노동에 대한 동일임금(equal pay for equal work)'의 원칙에 입각한 합리적 임금체계라 할 수 있다. 따라서 직무급의 경우 동일 노동이라고 판정하기 위하여서는 먼저 직무의 내용과 성격을 밝히는 직무분석과 직무 상호간의 가치를 평가하기 위한 직무평가가 선행되어야 한다.

직무급의 성공적 도입을 위해서 다음의 조건들이 확립되어 있어야 한다.

첫째, 생산이 안정적이어서 직무가 기능적으로 분화되고 표준화되어 있어야 한다. 둘째, 직무중심의 합리적 채용과 인사고과제도가 확립되어 배치와 승진, 이동이 직무중심으로 적정하게 실시되어야 한다. 셋째, 노사 모두가 직무급을 공평하고 타당한 임금제도로 수용할 수 있는 합리적 의식을 갖고 있어야 한다. 그렇지 않으면 제도의 수용과 운용이 어렵다. 넷째, 최저임금수준이 노동의 재생산이 가능한 생계비수준 이상이 되어야 한다. 다섯째, 직무급은 거시적 측면에서 횡단적 노동시장이 형성되어 있어야 한다. 이를테면, 종업원이 현재의 기업에서 자신의 능력에 맞는 적절한 직무가 없을 경우 타기업의 자신의 능력에 맞는 직무로 자유롭게 이동할 수 있어야 한다.

직무급은 서구의 합리적 사고를 바탕으로 생산 기계화 등 기술혁신의 진전에 따라 미국을 중심으로 선진국에서 널리 실시되고 있는 제도인데, 우리나라 기업에서는 특히 보수적 기업풍토와 노동시장의 폐쇄성, 기타 직무급제도의 도입을 위한 여러 조건이 미흡하여 연공급이나 직능급제도 보다는 그 실시가 저조한 실정이다.

(2) 특 징

직무급은 직무를 임금결정의 기초로 하여 동일 노동·직무에 있어서는 동일임금을 지급하는 임금체계로서 그 특징은 다음과 같다.

첫째, 임금을 노동의 대가라는 임금결정의 원칙 면에서 볼 때 직무급은 직무의 상대적 가치에 따라 결정되므로 합리적인 임금제도라 할 수 있다. 따라서 직무급은 능력주의 임금제도의 전형적 형태로 간주되고 있다.

둘째, 직무급에서는 종업원이 높은 능력이나 자격수준을 갖고 있다 할지라도 실제 그 직무를 맡고 있지 않으면 그의 초과되는 능력이나 자격수준은 원칙적으로 임금에 반영되지 않는다. 따라서 종업원이 현재보다 높은 임금을 받기 위해서는 현재보다 직무의 중요도, 난이도 등이 높은 직무로 이동해야 한다.

셋째, 직무급은 직무가치를 기준으로 한 직무에 대한 임금으로서, 속인적 요소를 기준으로 한 사람에 대한 임금인 연공급과 직무수행능력을 기준으로 한 직능급과 구분된다. 또한 직무급의 임금률은 직무의 상대적 가치에 의해 결정되지만, 후술하는 바처럼 대부분의 경우 하나의 직무에 하나의 임금률이 설정되지 않고 몇 개의 등급, 즉 직급으로 묶어 직급별로 임금률이 설정되어 운영된다. 이런 의미에서 직무급은 계층화된 직무의 직급별 임금, 즉 직계급(職階級)이라고 할 수 있다.

넷째, 직무급은 기업간 노동의 이동이 자유로운 횡단적 노동시장 임금의 형성에 바탕을 두고 있다.

2) 직무급의 유형

직무급은 직급 사용여부에 따라 개별 직무급과 직급별 직무급으로 구분되고, 또한 직급별 직무급은 임금률의 적용범위에 따라 단일 직무급과 범위 직무급으로 구분된다(關口功, 1976 : 114~115 ; 안희탁·양병무, 1993 : 46~53). 직무급의 기본유형으로 개별 직무급, 단일 직무급, 범위 직무급의 세 가지가 있다.

(1) 개별 직무급과 직급별 직무급

개별 직무급은 개별 직무마다 각기 다른 임금률이 정해져 있는 형태로 직무평가 결과 산출된 평점에 1점당의 단가를 곱하여 임금액을 산출하게 되는데, 이를 평점별 직무급이라고도 한다. 이 경우 직급을 구분하지 않고 하나의 직무에 하나의 임금액이 적용되므로 임금계산이 간단하고 근로자가 이해하기 쉽다. 그러나 직무의 수만큼 임금률이 존재하므로 직무 수가 한정되어 있는 경우에 사용될 수 있으며, 미국의 경우 시간급 근로자에게 많이 적용되고 있다.

직급별 직무급은 모든 직무를 적당한 수의 몇 개의 직급(직무등급)으로 묶어 직급별로 임금률을 결정하여 운영하는 형태이다. 이는 일반적인 직무급의 유형으로 각 직급별 임금률의 적용범위에 따라 크게 단일 직무급과 범위 직무급으로 구분된다.

(2) 단일 직무급

단일 직무급은 각 직무들에 대한 직무평가의 평점을 일정 간격을 기준으로 해서 여러 직급으로 분류하고 보통 10~15개정도 각 직급마다 하나의 임금률을 설정하여 운영하는 형태이다. 단일 직무급은 직무가 단순하고 정형적이며, 작업성과가 개개인의 숙련정도에 따라 크게 영향을 받지 않는 직무에 적합하다.

(3) 범위 직무급

범위 직무급은 동일직급 내 직무에 대하여 일정 범위의 임금률을 설정하여 운영하는 형태이다. 예를 들면, 10급은 100만원에서 120만원까지이고, 9급은 120만원에서 140만원까지 식으로 동일직급의 직무에 대해 일정한 폭을 가진 임금이 주어지는 직무급을 말한다. 범위 직무급으로 동일직급에 속하는 종업원이라도 숙련, 능력, 업적 등의 차이를 반영하여 일정범위 내에서 승급을 인정하여 임금액에 차이를 두고 탄력적으로 운영하는 형태이므로 보다 자극적 성격을 가져 종업원에 대한 동기부여와 성과증진에 기여할 수 있는 장점이 있다. 이러한 장점 때문에 직무급을 실시하고 있는 대다수 기업들은 일반적으로 범위 직무급을 채택하여 실시하고 있다.

범위 직무급은 각 상위직급의 임금률의 관계가 중복되고 있는지, 접속하고 있는지, 또는 간격이 있는지에 따라 중복형 범위 직무급, 접속형 범위 직무급, 간격형 범위 직무급 등의 세 가지 형태로 구분할 수 있다.

3) 직무급의 장·단점

(1) 장 점

첫째, 각 직무의 상대적 가치를 기준으로 임금을 결정하기 때문에 직무간 공정한 임금격차를 유지할 수 있고 노동의 공헌면에서 임금배분의 공정성을 기할 수가 있다.

둘째, 직무를 중심으로 한 합리적 인사관리를 가능하게 함으로써 노동력의 효율적 이용과 인건비의 효율성 증대에 기여한다. 예컨대, 노동력의 적재적소 배치로 효율적 이용이 가능하고 연공급에서의 비합리적인 과다한 인건비 지출을 방지할 수 있다.

셋째, 공정한 임금지급을 통하여 유능한 인력의 확보와 활용이 용이하다.

(2) 단 점

첫째, 직무분석 및 직무평가 등의 절차가 복잡하고 객관적 평가기준의 설정도 곤란하다.

둘째, 직무가 표준화되어 있지 않고 직무구조와 인적능력 구성이 일치하지 않거나, 노동시장이 폐쇄적인 경우 등에서는 직무급 도입이 어렵다.

셋째, 연공중심의 기업풍토 하에서 특히 장기근속자의 저항이 강하여 실시의 어려움이 많고, 노동조합의 반발도 만만치 않다.

4. 직능급

1) 직능급의 의의와 특징

(1) 의 의

직능급(職能給)은 종업원이 직무를 수행하는 데 요구되는 능력을 기준으로 임금을 결정하는 임금체계이다. 즉, 직능급은 종업원의 직무수행능력(직능)의 발전단계에 따라 일정 자격기준(직능자격등급)을 설정하고 이를 기준으로 임금을 결정하는 임금체계이다.

따라서 직능급의 경우 종업원들이 동일한 가치의 직무를 수행하든, 또는 근속연수와 연령 등의 연공이 동일하든지 간에 각 종업원의 직무수행능력 면에서 차이가 발생하면 임금액이 달라진다. 여기서 직무수행능력이란 일반적 능력이 아니라 특정직무를 수행하는 데 필요한 특정한 능력으로서, 현재 능력뿐만 아니라, 앞으로 발휘될 잠재능력도 포함한 종합적인 능력을 의미한다.

이러한 직능급은 1970년대 이후 일본에서 기업 내외의 환경변화, 특히 오일쇼크 이후의 저성장으로 인한 기업 내 승진정체 현상과 노동력의 고학력화 · 고령화, 인재육성과 능력주의 인사의 중요성 대두 등으로 인해 일본 조직풍토 하에서 연공급을 개선하면서 직무급의 장점도 살릴 수 있는 능력주의적 임금제도가 도입되면서 급속히 보급되어 왔다.

연공급이 사람에 대한 임금이고 직무급이 직무, 즉 일에 대한 임금이라면, 직능급은 일을 전제로 한 사람에 대한 임금체계로, 근속연수, 학력 등의 연공적 요소와 직무적 요소를 절충한 임금제도라 할 수 있다.

직능급은 직무수행능력을 기준으로 하는 임금제도이므로 직능급을 도입하기 위해서는 직위분류에 의한 직능자격제도의 확립이 전제되어야 한다.

직능자격제도는 연공주의의 장점을 살리면서 능력주의의 합리성을 가미한 제도로서, 각 직종(예컨대, 관리직종, 일반직종)별로 직무수행에 필요한 자격요건으로서의 직무수행능력이 분류되고 등급이 부여된 일정한 직능자격 등급을 기준으로 승격, 승진 및 급여(직능급) 등의 처우를 결정하는 인사제도이다. 즉, 직능자격제도는 자격승격(직능자격등급의 상승)과 직위승진(예컨대, 사원→대리 승진)을 분리 운영하여 자리(post)가 없어 직위승진의 기회를 누리지 못하는 종업원들에게 직위가 부여되지 않는 대신, 각 개인의 직무수행능력을 평가한 다음, 직능향상의 정도에 따라 등급을 부여한다. 이들이 현재보다 높은 등급으로 승격되면 이에 따라 각 직능등급별로 높게 책정되어 있는 임금을 지불함으로써 급여상의 처우를 개선시켜준다. 예컨대 과장 직위에 공석이 없어 대리에 머물러 있다 하더라도 능력이 있다고 판단되면 과장에 상응하는 등급으로 자격승격이 이루어지면서 과장에 상응하는 임금을 지급받게 된다. 이와 같은 점에서 직능급은 직능자격제도상의 임금체계라고 볼 수 있다. 또한 이 제도의 성공적 도입과 운영을 위해서는 직능의 합리적 분류기준과 등급 설정 및 객관적이고 정확한 종업원 능력평가가 이루어져야 한다. 〈표 10-2〉는 일반 관리직의 직무수행능력 등급기준의 예를 보여주고 있다.

(2) 특 징

직능급 체계가 가지는 특징을 직무급 체계와 비교해서 살펴보면 다음과 같다.

첫째, 직능급은 동일직능·동일임금 원칙에 입각한 능력주의 임금제도로서 구성원의 능력을 직능고과에 의해 평가하고 그 결과에 따라 임금을 결정한다. 반면에 직무급은 동일직무·동일임금의 원칙에 입각하여 종업원이 담당하는 직무의 상대적 가치를 직무평가에 의해 평가하고 그 서열에 따라 임금을 결정한다는 것이 중요한 차이점이다. 따라서 직무급에서는 아무리 능력이 우수하더라도 실제 그 직무를 맡고 있지 않으면 그 직무에 상응한 임금을 지급하지 않는다. 그러나 직능급에서는 임금이 능력과 연계되어 있으므로 그 직무를 맡고 있지 않더라도 그 직무를 수행할 수 있는 능력이 있다고 판단되면 그에 상응한 임금을 지급한다.

표 10-2. 직능등급 기준표의 예(일반관리직)

직능등급	기 준
1급	기업의 경영방침과 전략을 이해할 수 있는 지식과 판단 능력, 그리고 이의 효율적인 추진을 위해 담당부서의 방침과 전략을 기획하고 통제할 수 있는 능력, 담당부서의 조직관리 및 부하의 지휘통솔 능력이 있으며 이를 실행하는데 책임을 질 수 있는 능력. 기타 타부서와의 협조능력
2급	기업의 경영방침에 입각해서 담당부서의 전략수립에 참가할 수 있고 소부문 또는 이에 준하는 조직업무를 자주적으로 기획·운영할 수 있을 뿐만 아니라 복잡한 판단이나 전문적인 지식·기능이 요구되는 업무도 자주적으로 해결할 수 있는 능력, 부하를 지휘·통솔하고 지도·육성할 수 있는 능력 및 이에 대한 책임능력과 상위직을 보좌할 수 있는 능력
3급	경영방침과 해당부서의 관리지침에 따라 담당분야에 있어서 최고의 전문적인 지식과 광범위한 경험을 바탕으로 소속과의 업무전반에 대한 책임을 다하고 기획업무에도 보조적으로 참가하며 예외적인 업무도 완전히 자신의 판단과 창의로써 처리할 수 있고, 부하를 지휘·통솔하고 육성·감독할 수 있는 능력
4급	경영방침과 부서의 관리지침에 따라 담당분야에 있어서 높은 수준의 전문지식과 기능, 광범위한 실무경험을 바탕으로 소속과의 업무전반에 대한 책임을 상위직을 보완하면서 완수하고, 복잡한 정형적 업무도 대부분 자신의 판단에 따라서 수행할 수 있으며 동시에 업무수행을 위한 부하의 지도육성이 가능한 수준의 능력.
5급	주어진 업무방침과 상사의 지도하에서 자신의 실무지식, 기능, 경험을 바탕으로 일상적, 정형적 업무를 일정한 규칙이나 절차에 따라 실시하며, 다소 복잡한 정형적인 업무도 스스로 판단하여 업무수행이 가능한 수준의 능력
6급	상사의 직접적인 감독 또는 구체적으로 지시된 작업방법 및 정해진 작업절차에 따라 비교적 제한된 범위의 일상적, 정형적 업무를 수행할 수 있는 수준의 능력
7급	상사의 직접적인 감독 또는 구체적으로 지시된 작업방법 및 정해진 절차에 따라 단순한 정형적 업무나 반복적 업무를 보조적으로 수행할 수 있는 수준의 능력

둘째, 직능급은 직무급과 같이 직무에 기초를 둔 임금체계가 아니므로 직무의 확정 및 직무의 표준화를 반드시 필요로 하지는 않는다.

셋째, 직능급은 직무내용이 아닌 직무능력 중심이기 때문에 직무평가가 꼭 필요한 것은 아니다. 직무급을 도입하려면 직무평가가 선행되어야 하는데, 이때 평가요소간의 비중이나 평가방법 등에 대하여 노사 갈등이 야기될 수가 있으며, 노동조합은 직무급을 반대하는 경향이 강하다. 따라서 직능급은 직무의 명확한 표준화가 되어있지 않고 직무평가작업을 할 여유가 별로 없는 중소기업에서 채택하는 경향이 많다.

넷째, 직능급은 직무급의 경우처럼 적정배치가 불가결한 전제는 아니다. 적정배치가 잘되고 있지 않는 기업에서도 종업원의 능력이 평가되어 그에 따라 임금이 결정되므로 적정배치가 불충분하더라도 종업원 사기에 미치는 영향은 직무급의 경우보다도 상당히 완화될 수 있다. 더욱이 기업에서 설비 개선, 기술혁신이 어느 단계까지 진척되면, 그 다음에는 근로자 각 개인의 능력향상이 최대의 과제이다. 또한 현대는 기술변화의 시대로 기술 진보는 더욱 가속화되고 있다. 이러한 환경 하에서 직능급은 연공급이나 고정적인 직무급보다 종업원 능력향상을 기대하는 기업의 요구에 보다 동적으로 부응할 수 있는 임금체계이다(關口功, 1976 : 133~134).

다섯째, 직능급에서 직능고과는 종업원의 근속연수, 학력, 경력 등의 연공요소도 포함하여 다면적 기능이나 지식 등의 요소에 크게 의존하기 때문에 고정적 직무내용에 한정된 것이 아니고, 기존의 연공급과 타협적 성격이 강한 특징이 있다. 따라서 일본의 경우 직능급은 기존 연공급 임금체계를 능력주의적 임금체계로 비교적 쉽게 전환할 수 있어서 대기업에서도 직무급보다 더 선호되고 있다.

2) 직능급의 유형

직능급은 직무수행능력의 파악방법, 직무수행능력과 임금을 연결시키는 방법, 직무수행능력에 따른 임금결정의 범위 등에 따라 다음과 같이 몇 가지 유형으로 분류할 수 있다.

(1) 기본유형 : 단일형 직능급과 병존형 직능급

이는 기본급의 구성형태에 따른 분류로 기본급 전액을 직능급으로 구성해서 지급하느냐, 아니면 그 일부만을 직능급으로 지급하고 나머지 부분은 연공급이나 직무급 등 다른 임금체계로 지급하느냐, 즉 직능급과 다른 임금체계를 혼합해서 기본급을 지급하느냐에 의한 구별이다. 전자를 단일형 직능급 또는 순수형 직능급, 후자를 병존형 직능급 또는 혼합형 직능급이라고 한다.

일반적으로 연공적 조직풍토 하에서 직능급을 처음 도입하고자 할 때는 종업원들의 저항을 줄이기 위해 정기승급제를 고려해야 하므로 병존형 직능급제가 많이 활용된다. 이 경우 직능급의 상하폭을 넓게 하여 연공적 요소를 포함시키되 상위직으로 올라갈수록 직능급 비중을 점차 높이도록 설계하는 것이 바람직하다.

(2) 직능등급별 직능급과 능력평점별 직능급

기업에서 종업원 개개인에 대해서 임금률을 설정하는 것은 임금관리상 부적당하다.

따라서 직능을 몇 개로 등급화하여 등급마다 임금률을 설정하여 운영하는 제도가 직능등급별 직능급이다. 이에 반해서 능력평점별 직능급 또는 개별 직능급은 직능고과에 의해 각 개인마다 능력평가점수를 산출하여, 이것에 1점 당 단가를 곱하여 임금을 결정하는 제도이다. 이 경우는 종업원을 직능등급으로 분류하지 않기 때문에 종업원 수만큼 임금률을 측정하게 되므로 소규모기업 이외는 임금관리가 불편하다. 따라서 직능등급별 직능급이 일반적이다.

(3) 단일임금률 직능급과 범위임금률 직능급

하나의 직능등급에 대해 하나의 임금률을 설정하여 임금을 결정하는 형태가 단일임금률 직능급이고, 하나의 직능등급에 대해 임금액의 상한과 하한의 범위가 설정되어 있는 형태가 범위임금률 직능급이다. 범위임금률 직능급은 등급간의 중복정도에 따라 앞서 범위직무급의 세 가지 유형처럼 간격형, 접속형, 중복형의 세 유형으로 다시 구분할 수 있다.

우리나라에서도 1980년대 후반부터 많은 기업들이 직능급 도입을 시도해 왔는데, 대부분이 기본급을 근속연수에 기초한 근속급과 개인별 직능고과에 따라 결정되는 직능급으로 구성하여 병존형 직능급체계를 채택하고 있다. 그러나 직능급은 공평하고 객관적인 직능평가가 어렵고 노동강도를 강화시킬 뿐만 아니라 자칫 노동조합을 무력화시킬 수 있다는 노조측 반발로 직능급체계가 기대만큼 확산되지 못하고 있다.

3) 직능급의 장 · 단점

(1) 장 점

첫째, 종래의 연공기준에서 종업원의 직무수행능력의 발전단계에 따른 직능자격 등급을 기준으로 임금을 지불하고, 자격승진 등과도 밀접히 연계되어 있어 능력에 의한 처우가 가능함으로써 능력주의 인사관리를 실현할 수 있다.

둘째, 종업원 개인의 직능개발에 대한 노력으로 직능이 신장되면 직능등급의 상승으로 이어져 자기개발 의욕을 자극하고 동기를 유발함은 물론 생산성 향상에 기여할 수 있다.

셋째, 종업원의 직무수행능력에 따라 차별적인 임금을 지급하므로 임금 공정성을 실현할 수 있고 또한 유능한 인재를 유인하고 유지할 수 있다.

넷째, 직능급은 직무를 전제로 한 사람에 대한 임금이므로 연공도 어느 정도 반영될 수 있기 때문에 보수적 기업풍토 하에서 완전한 직무급의 도입이 어려운 한국기업에 적합한 임금제도이다.

다섯째, 저성장기에 중고령층은 승진 정체로 생애소득의 박탈감을 느끼게 된다. 직능급은 직위승진과 자격승진이 분리 운영되어 유연한 인사처우가 가능하므로 이들 생애소득을 보장하고 또한 능력주의 임금관리를 통해 저성장기에 효과적으로 적응해 나갈 수 있도록 해준다.

(2) 단 점

첫째, 직능 파악, 평가방법선정, 평가기준, 임금률결정 등의 어려움이 있고, 이로 인해 잘못 운영하면 연공급화될 가능성이 있다.

둘째, 직능이 신장될 수 있는 직종이어야 직능급 도입이 가능하므로 직능신장을 기대하기 어려운 일용잡급직이나 운전기사, 수위 등은 도입이 곤란하다.

5. 임금체계 개편 이슈

1) 배 경

우리나라에서 임금체계 개편에 관한 필요성은 사실 1990년대 중반부터 논의되어 왔다. 아직도 우리나라 기업에서 보편적인 임금체계인 연봉(호봉)중심의 임금체계는 성장경제시대에서 앞서 기술한 바와 같이, 연공서열적 동양적 가치와 부합되고 종업원의 귀속의식 및 충성심 제고, 조직의 안정성 유지면에서는 효과적 임금체계로 기능을 발휘해 왔다.

그러나 인구고령화, 근로자들의 가치관 변화 등과 같은 사회문화적 환경변화, 정보통신기술 발달, 글로벌 경쟁 격화, 저성장시대 진입 등과 같은 경제적 환경 하에서 연공급 임금체계는 임금이 근로자들의 근속연수에 따라 상승하고 근로자가 맡고 있는 직무의 가치나, 직무수행 능력, 성과 등을 제대로 반영하지 못하고 있다. 이로 인해 유능한 근로자들의 사기저하와 기업의 인건비 부담이 과중되고, 기업의 생산성 및 경쟁력 저하를 초래하고 있다는 문제점 등이 계속 제기되어 왔다.

이 외에도 비정규직의 정규직 전환, 통상임금 논란 등의 문제도 있지만, 특히 저출산, 고령화 추세에 대비해서 2013년 4월에 "고령자 고용촉진법"이 개정되어 정년을 60세 이상으로 의무화시켜 2016년부터 300인 이상 대기업 및 공공기관에서, 2017년부터 모든 기업 및 국가・지방자치단체에까지 확대 시행되었다.

이에 따라 법적으로 60세까지 정년이 보장됨으로써 근로자의 고용안정성이 확보되었다. 그러나 연공급 임금체계를 유지하는 기업의 인건비 부담이 더욱 과중되어 실질적으로 정년연장이 이루어지기 어려울 수도 있기 때문에 60세 정년제의 안착을 위해 임금체계 개편 등 필요한 조치도 의무화시킴으로써 임금체계 개편이 이슈가 뜨겁게 재 부각되고 있는 것이다.

2) 개편 방향

연공급 임금체계에 대한 대안으로 논의되는 임금체계로는 직무급, 직능급, 그리고 후술하는(제11장 제3절 참조) 숙련급(기술급), 역량급 등이 있다.

직무급은 직무의 중요도, 곤란도, 책임도 등의 상대적 가치를 기준으로 기본급을 결정하는 임금제도로 동일노동에 대한 동일임금의 원칙에 입각한 합리적 임금체계라 할 수 있다. 그러다 보니 직무급이 가장 많이 거론되고 있다. 그러나 우리나라 기업의 경우 직무급의 도입은 외부 노동시장의 미발달, 직무평가절차의 복잡성 및 직무평가방법상의 문제, 유교적 가치관과의 충돌 등으로 단기적으로 도입하기는 어려울 것이다.

따라서 직무급의 도입은 신중히 접근하되, 직무급 도입이 용이한 직무부터 선정하여 우선적으로 도입하는 것을 고려할 필요가 있다. 예컨대, 다음과 같은 특성을 갖고 있는 직무들은 조직 전체의 인적자원관리의 틀을 바꾸지 않더라도 직무급 도입이 가능하다고 본다. 즉 ① 타 업무와 구분이 명확하고 독립적 업무가 가능한 직무, ② 유사 업종의 기업에서 공통적으로 존재하는 직무, ③ 외부 노동시장에서 비교가 용이하며 이동이 비교적 자유로운 직무, ④ 전문성이 강하여 기존의 인사시스템으로는 보상 결정이 어려운 직무, ⑤ 외부 전문가의 영입이 용이한 직무, ⑥ 전문성이 필요하지만 시간이 지나도 직무의 내용이 바뀌지 않는 직무 등이다(유규창, 2013:18 및 2014:45~51).

직능급의 경우는 일류기업들은 다품종 소량생산, 유연적 조직방식을 가지고 있어 일에 고정되는 보상보다 사람의 능력이나 자격을 중시하는 직능급이 적합하다고 본다. 그러나 이는 고용 비중이 훨씬 큰 중소기업 근로자들이나 비정규직 근로자들에게는 적용되기 어려운 임금체계이다(이장원, 2014:2).

현실적으로 볼 때, 정년보장 및 고용안정을 위한 임금체계 개편은 점진적으로 추진하여 노사 간 이해상충의 폭을 최소화하는 단계적 접근이 바람직하며, 이를 위해서는 단기 및 중·장기 개선과제 도출이 필요하다.

단기적으로는(2년 이내) 정년보장 및 고용 안정의 틀을 구축하는 것이 필요하다. 현재 복잡한 임금구성항목을 기본급을 중심으로 단순화하고 연공급체계에 직무급, 직능급 등을 추가해서 병존형으로 시행하는 것이 바람직하다. 아울러 직무체계가 일(직무가치)·능력·성과와 연동되도록 하는 직무전환 및 경력경로 다양화 작업도 필요하며, 연공급체계에서 인건비 부담경감을 위한 기업의 고령자 구조조정에 대응하기 위한 수단으로 임금피크제의 도입 및 고령자 적합직무 개발도 필요하다.

중·장기적으로는 정년보장 및 고용안정이라는 틀을 정착시키는 노력이 필요한 바, 임금체계와 직무체계를 연공서열·학력 중심에서 일·능력·성과 중심으로 개편하는 것이다. 채용, 평가, 승진 등 인적자원관리의 체계 역시 일·능력·성과 중심으로 재편하고, 임금 수준 및 격차에 대한 사회적 공감대를 형성해 가는 것도 필요하다(이장원, 2014:57).

이제 우리나라 기업도 동태적인 기업환경 변화와 시장경쟁의 격화, 노동력의 고령화와 젊은 층의 능력지향적 가치관, 인건비 부담의 과중 등의 기업 내외의 환경변화에 대처하고, 특히 21세기 지식·정보화 시대에서 기업의 경쟁력 제고와 생존을 위해서는 지금까지의 연공급 임금체계를 경쟁력 지향적인 직무가치·능력·성과위주의 임금체계로 개편·발전시켜 나아가야 할 것이다. 그리고 이 경우, 기업의 전략과 조직구조, 직종 및 직무의 특성, 생애경력단계, 노동조합의 유무 등도 충분히 고려해야 할 것이고, 특히 개편된 신임금체계에 대한 근로자들의 수용성 증대를 위해 제도 설계시에 근로자들이나 노조대표들의 참여는 필수적인 것으로 사료된다.

독일, 영국, 일본의 임금체계를 살펴보면 다음과 같다.

독일의 경우, 지배적인 임금체계는 미국처럼 직무급 체계이지만 노사의 교섭에 의해 직무평가가 실시되고 수준별로 등급화된 직무급이 설정된다는 점에서 특징적인 차이가 있다. 영국은 시장임금에 맞추어 임금을 결정하려는 의도와 일관된 방식으로 임금을 결정하려는 의도 사이에서 균형을 찾으려는 노력으로 다양한 형태의 직무급 체계가 활용되고 있다(정동관, 2014:31).

일본의 경우는 1990년 이후부터 직능자격제도에 기반한 종래의 직능급 체계를 근속에 따른 승급을 최대한 줄이면서 역할급이나 직무급으로 개편해 오고 있다(김동배, 2014:48~51).

학습문제

1. 보상의 유형과 임금관리의 의의 및 내용을 설명하시오.
2. 임금관리의 목적과 중요성을 설명하시오.
3. 임금공정성의 의의와 유형 및 임금관리 시스템간의 관계를 설명하시오.
4. 임금수준관리의 의의와 목적 및 관리도구를 설명하시오.
5. 최저임금제도의 목적과 효과를 간단히 설명하시오.
6. 임금수준의 결정요인을 설명하시오.
7. 임금수준결정의 전략적 대안을 조직성과와 관련해서 설명하시오.
8. 임금체계관리의 의의와 목적 및 주요 내용을 설명하시오.
9. 평균임금과 통상임금을 비교 설명하시오.
10. 임금 피크제의 도입배경과 의미 및 유형을 설명하시오.
11. 연공급의 의의와 특징 및 주요 내용을 설명하시오.
12. 직무급의 의의와 특징을 설명하시오.
13. 직무급의 유형과 장·단점을 설명하시오.
14. 직능급의 의의와 유형 및 장·단점을 설명하시오.
15. 직능급과 직무급을 비교 설명하시오.
16. 우리나라 임금체계의 문제점과 개편방향을 설명하시오.

참고문헌

김동배(2014.4), 임금체계 개편과 생산성, 『새로운 고용노동시스템 구축 방안 모색을 위한 임금·근로시간 제도 변화와 고용, 생산성, 노사관계 과제』, 한국고용노사관계학회, 한국노동연구원 주최 발표자료집, 31~57.

김식현(1999), 『인사관리론』, 서울: 무역경영사.

김영재(1994), 성과배분제도가 기업의 생산성, 재무적 성과 및 노사관계에 미치는 영향에 관한 연구, 「산업관계 연구」, 제14권, 한국노사관계학회, 303~333.

김형배(2012), 『노동법』, 서울: 박영사.

박내회(1997), 『인사관리』, 서울: 박영사.

안희탁·양병무(1993), 『직무급의 이론과 실무』, 연구총서15, 한국경영자총협회, 노동경제연구원.

유규창(1998), 『직능급 도입을 위한 평가제도 개선방안』, 서울: 한국노동연구원.

유규창(2013), 직무중심의 인사체계 개편이 필요하다, 『2013 인사임금사례 총람』, 한국경영자총협회.

유규창(2014), 한국기업의 임금체계: 직무급이 대안인가?, 『월간노동리뷰』, 2월호, 한국노동연구원.
이장원(2014), 정년연장과 임금체계 개편방향, 『월간노동리뷰』, 2014년 2월호, 한국노동연구원.
이장원(2014), 새로운 임금체계의 지향점, 『국제노동브리프』, 2014년 3월호, 한국노동연구원.
이진규(2001), 『전략적 · 윤리적 인사관리』, 서울: 박영사.
정동관(2014), 영국의 임금직무체계, 『국제노동브리프』, 2014년 3월호, 한국노동연구원.
최종태(2000), 『현대인사관리론』, 서울: 박영사.
한국경영자총협회(2014), 『2014년 임금조정실태조사』.
關口功(1976), 『現代의 賃金管理』, 東京: 日本能率協會.
丸山啓輔(1988), 『能力主義 賃金의 實際』, 東京, 同友館.

Adams, J. S.(1965), "Injustices in Social Exchange". *in L. Berkowitz (ed.), Advances in Experimental Social Psychology*, Vol. 2, New York: Academic Press, 267~299.

Anthony, W. P., Kacmar, K. M. & Perrewé, P. L. (2006), *Human Resource Management: A Strategic Approach*, 5th ed., Mason, OH : Thomson Corporation.

Dreher, G. F. & Dougherty, T. W.(2002), *Human Resource Strategy: A Behavioral Perspective for the General Manager*, New York: McGraw-Hill.

Folger, R. & Konovsky, M.(1989), "Effects of Procedural and Distributive Justice on Reactions to Pay Raise Decisions", *Academy of Management Journal*, 32, 115~130.

Herzberg, F.(1966), *Work and the Nature of Man*, Cleveland: World Publishing.

Ivancevich, J. M.(2004), *Human Resource Management*, 9th ed., New York: McGraw-Hill.

Lawler Ⅲ, E. E.(1971), *Pay and Organizational Effectiveness: A Psychological View*, New York: McGraw-Hill.

Mathis, R. L. & Jackson, J. H.(2002), *Human Resource Management: Essential Perspectives*, 2nd ed., Cincinnati: South-Western College Publishing.

Mello, J. A.(2006), *Strategic Human Resource Management*, 2nd ed., Mason, Ohio : South-Western, Thomson Corporation.

Milkovich, G. T. & Newman, J. M.(2008), *Compensation*, 9th ed., New York: McGraw-Hill.

Mondy, R. W., Noe, R. M. & Premeaux, S. R.(2002), *Human Resource Management*, 8th ed., Englewood Cliffs: Prentice Hall.

Noe, R. A., Hollenbeck, J. R., Gerhart, B. & Wright, P. M.(2008), *Human Resource Management: Gaining a Competitive Advantage*, 6th ed., New York: McGraw-Hill.

Rice, R. W., Phillips, S. M. & McFarlin, D. B.(1990), "Multiple Discrepancies and Pay Satisfaction", *Journal of Applied Psychology*, 75, 4, 386~393.

Sherman A., Bohlander, G. & Snell, S.(1998), *Managing Human Resources*, 11th ed., Cincinnati: South-Western College Publishing.

Vroom, V. H.(1964), *Work and Motivation*, New York: John Wiley & Sons.

제 11 장
임금관리(Ⅱ)

11

임금관리(II)

opening case 11. 호봉제 vs. 성과주의 연봉제

1. 500대기업 43% 호봉제...임금체계 '시간'보다 '성과' 보상으로

전원장치를 만드는 중소기업 A사는 근속연수대로 월급이 올라가던 호봉제를 지난 2015년 전격 성과연봉제로 개편했다. 경쟁력을 높이려면 우수 인력을 확보해야 했고 그에 합당한 보상체계가 필요해서다. 기본급을 포함해 11개 항목으로 구성된 복잡한 임금체계는 기본급 등 7개로 단순화하고 성과에 연동시켰다. 인건비 절감 목적이 아닌 생산성 향상을 위한 조치로 직원들의 협조가 필요했기에 기존 임금수준은 유지했다. 효과는 바로 나타났다. 개편 1년 만에 매출액이 352억원에서 481억원으로 30% 이상 뛰어올랐고 일자리도 늘었다. A사 관계자는 "임금이 단순해지고 성과가 보상과 연계된다는 믿음이 직원들에게 동기를 줬다"고 설명했다.

1일 한국경제학회에 따르면 생산성본부 자료를 토대로 2009~2016년 1인당 노동생산성과 임금증가율을 분석한 결과 전산업 실질임금이 7년간 연평균 1.66% 증가할 동안 노동생산성은 0.38% 오른 데 그쳤다. 임금이 오르는 만큼 생산성이 함께 따라가지 못했다는 얘기다. '저생산성-고임금 구조'는 그간 한국 경제 저성장의 한 원인으로 꼽히는데 여전히 호봉제를 고수하는 후진적 임금체계에서 비롯된다.

한국경제연구원이 지난해 500대 기업을 조사한 결과 전체의 43.1%가 호봉제를 유지하는 것으로 조사됐다. 능력에 기반한 직능급을 도입한 곳은 전체의 34.5%, 일의 가치를 따지는 직무급을 적용한 곳은 13.5%에 불과했다. 숙련도나 일의 효율성을 배제한 채 오래 다녔다는 이유만으로 더 많은 봉급을 주다 보니 직원들은 굳이 열심히 일할 이유를 찾지 못했고 회사는 장기근속자 관리에 많은 인건비를 쏟아 부었다. 특히 이런 체계는 같은 사업장 내 임금 격차를 높여 노동시장 이중구조를 강화하고 비정규직 양산과 세대 갈등까지 유발했다. 2014년 기준 근속기간 1년 미만 근로자와 20~29년 근로자의 임금격차는 한국의 경우 4.04배로 독일(1.80배)이나 영국(1.60배), 프랑스(1.54배), 유럽 평균(1.56배)을 압도했다.

이런 모순이 지속되는 상황에서 주당 법정근로시간을 68시간에서 52시간으로 단축하는 근로기준법개정안이 타결되자 임금체계 개편은 더 이상 도전과제가 아닌 생존조건이 됐다는 목소리가 높다. 기업이 짧은 시간에 시장을 압도할 혁신 제품을 만들거나 생산능력을 획기적으로 끌어올리기 어려운 만큼 임금체계를 고쳐 생산성 극대화에 나서야 한다는 것이다.

근로시간이 줄더라도 생산성은 올라갈 수 있다는 근거는 많다. 한국개발연구원(KDI)이 지난 2004년부터 차례로 주5일 근무(주 40시간)제를 도입한 사례 분석 결과 이전(주 44시간)보다 노동생산성이 1.5% 올라갔다. 시간 때우기 식으로 느슨하게 업무가 이뤄졌음을 엿볼 수 있는 대목이다. 박윤수 KDI 연구원은 "효율적으로 짧게 일하는 데 보상해야 한다"며 "투입(근로시간)이 아닌 산출(생산량)에 보상하도록 임금체계를 바꿔야 한다"고 강조했다.

(자료 : 서울경제, 2018. 3. 1.)

2. '실적부진' 아모레퍼시픽, 올해도 성과급 없다

아모레퍼시픽 직원들은 지난해에 이어 올해도 성과급을 받지 못한다. 지난해 급여체계를 고정식으로 개편하면서 기존 성과급 제도를 PS(초과이익분배금) 제도로 전환한데 따른 결과다. 지난해처럼 회사 실적이 부진한 해의 경우 PS 역시 지급되지 않는다. 28일 업계에 따르면 아모레퍼시픽은 매년 연초에 지급하던 성과급을 없앴다. 대신 성과급 200%를 기준으로 기본급을 인상하고 개별 인센티브(PI, 생산성 격려금)를 강화했으며, PS 제도를 도입했다.

기존 성과급 제도와 신규 도입한 PS 제도의 가장 큰 차이점은 재원의 크기다. 기존 제도의 경우 영업이익목표치를 초과 달성했을 때마다 초과율에 따라 이듬해 연초 기본급의 몇 배를 성과급으로 지급해왔다. 성과가 좋았던 2016년도의 경우 아모레퍼시픽 직원들은 기본급의 500%까지를 성과급으로 지급받았다. 반면 신규 도입한 초과이익분배제의 경우 영업이익목표치 초과달성분의 30%만을 재원으로 한정해, 이를 직원들과 공유한다. 아모레퍼시픽은 급여의 안정성과 성과주의에 방점을 맞춘 제도 개편이라는 설명이다. 아모레퍼시픽 관계자는 "당해 실적에 따라서 연봉이 출렁거리는 것을 방지하고, 직원들에게 일정 수준의 급여를 보장해주는 것이 변경된 임금체계의 핵심"이라면서 "장기적으로는 직원들에게 혜택이 돌아가는 방향으로 개선된 것"이라고 말했다.

임금체계 개편은 사드 사태 이후 최근 2년 연속 부진을 답습하고 있는 아모레퍼시픽 실적과 연관된 조치로 보인다. 연결 기준 아모레퍼시픽의 지난해 3분기 누적 매출은 4조537억원, 영업이익은 4582억원이다. 전년 동기 대비 매출은 1.7% 늘었고 영업이익은 13.4% 줄었다. 아모레퍼시픽그룹의 경우에는 3분기 누적 매출이 4조6805억원으로 전년 4조6870억원에 비해 소폭 줄었다. 같은 기간 영업이익은 5331억원으로, 전년 6412억원 대비 20% 감소했다.

아모레퍼시픽 직원들 사이에서는 목소리가 엇갈린다. 직원들은 회사가 고속 성장을 거듭했던 2017년 초까지만 해도 기본급의 500%를 성과급으로 받았다. 하지만 지난해 초에는 2017년 실적 급감으로 성과급이 아예 나오지 않았다. 아모레퍼시픽 한 직원은 "고과를 높게 받은 편이지만, 최근 몇년 간 실제 수급한 연봉은 사실상 2014년 수준에서 동결된 느낌"이라며 "성과급 대신 기본급을 인상한 것도 최저임금 인상을 미리 신경쓴 것이라는 의견도 있다"고 말했다. 다른 직원은 "당분간은 실적이 안 좋아서 상여금 받기 어려울테니 지금처럼 일부분이라도 보장되는 게 좋을 수 있다"면서도 "이제 실적 바닥은 벗어날 텐데, 예전처럼 회사가 잘 돼도 그만큼 보상은 못 받을 것 같다"고 말했다.

실제로 지난해 임금체계가 고정식으로 바뀌면서 아모레퍼시픽이 지출한 인건비는 일시적으로 늘었다. 직원 개개인 월급이 인상된 것 외에도 퇴직급여 등 기본급을 기준으로 회사가 비축하는 제반 비용이 증가했기 때문이다. 회사에 따르면 지난해 2분기 100억원, 3분기 150억원 규모의 기본급 인상에 따른 일회성 비용이 발생했다. 다만 올초 성과급 지출이 없어지면 1분기 영업비용은 그만큼 축소될 전망이다. 아모레퍼시픽 측은 "2014년이나 2015년처럼 회사가 폭발적으로 성장하는 것이 기업에 있어서 자주 있는 상황은 아니다"면서 "장기적으로 급여 안정성과 개인 역량에 따른 보상을 중시하는 방향으로 나아가는 게 맞다"고 밝혔다.

(자료 : 더벨, 2019.01.28)

토의과제

1. 성과주의 연봉제와 호봉제의 차이점을 설명하고 성과주의 연봉제에서 강조되고 있는 이유에 대하여 토의해 보시오.

2. 두 가지 사례에 비춰 봤을 때 성공적인 연봉제 도입과 운영을 위한 과제와 한계점을 토의해 보시오.

제1절 임금형태의 관리

1. 임금형태관리의 의의와 목적

임금형태(method of wage payment)는 종업원에 대한 임금의 계산 및 지불방법을 의미하는데, 임금을 지불할 때 무엇을 단위기준으로 산정하는가를 나타내 주는 개념이다. 임금의 산정기준으로서 일반적으로 활용되고 있는 것이 시간과 성과이다. 시간을 단위기준으로 임금을 산정하는 것을 시간급이라 하고, 성과를 단위기준으로 임금을 산정하는 것을 성과급이라 한다. 이러한 임금형태의 관리는 임금수준관리, 임금체계관리와 함께 임금관리의 중요한 내용이 되고 있다.

임금형태는 19세기 말 미국에서 비롯된 능률증진운동의 일환으로서 특히 테일러(F.W. Taylor)가 제창한 과학적 관리법을 계기로 기업의 특성 및 경영전략에 따라 다양한 형태로 크게 발전되어 왔다. 임금형태는 특히 종업원의 근로의욕 향상과 밀접한 관련이 있어 오늘날 동태적인 기업환경 가운데서 노동성과를 자극하는 성과급제도의 실시가 확산됨에 따라 임금형태 관리의 중요성이 보다 증대하고 있다.

임금형태 관리는 임금의 공정성 개념에서 볼 때 임금의 대내적 공정성, 그 중에서 개인의 성과나 공헌도의 차이에 따라 임금을 차등지급하는 것이 공정하다고 보는 개인적 공정성 실현과 직접적으로 관련되어 있다. 이를테면 종업원들이 동일 조직 내에서 동일한 직무를 수행하더라도 종업원 개개인이 노력한 성과와 조직의 목표달성에 공헌한 정도에 차이를 보인다면 이에 따라 합당한 임금을 차등적으로 지불함으로써 개인적 공정성이 확보될 수 있고 이를 통해 종업원을 동기유발시킬 수 있다. 따라서 임금형태 관리는 종업원 동기유발과 기업 성과 증대를 도모할 수 있도록 종업원의 개인적 공정성을 효율적으로 확보하고 관리하는데 그 목적이 있다.

2. 임금형태의 유형

임금형태는 다음과 같이 크게 시간급과 성과급으로 분류된다.

1) 시간급

시간급(time payment)은 근로자의 작업량이나 작업성과에 관계없이 단순히 근로시간을 단위로 임금액을 산정하고 지급하는 방식이다. 시간급은 근로자가 정해진 근로시간만 근무하면 임금을 정액으로 지급받을 수 있기 때문에 고정급 혹은 정액급이라고도 한다. 앞서 살펴본 연공급, 직무급, 직능급도 이러한 시간급의 형태로 지급되고 있다.

시간급은 근로시간의 단위, 즉 시간(hour), 일(day), 주(week), 월(month), 연(year) 등의 단위에 따라서 시급제, 일급제, 주급제, 월급제, 연봉제 등으로 유형화할 수 있다. 대체로 하위직 직무일수록 시급제, 일급제, 주급제의 형태로 지급되고 상위직일수록 월급제와 연봉제의 형태로 지급된다.

① **시급제** : 1시간을 단위로 하여 임금률을 정하고 실제 근로시간을 곱하여 임금을 산정・지급하는 방식이다. 시간당 임금계산이 간단하고 명확하다는 특징이 있어 생산직 근로자나 임시직 근로자 등에게 많이 적용되고 있다.

② **일급제** : 1일을 단위로 임금률을 정하고 실제 근로일수를 곱하여 임금을 산정・지급하는 방식이다. 작업내용이 단순 반복적이며 작업성과가 1일 단위로 쉽게 파악될 수 있는 단순 생산직이나 판매직에 적합한 형태라 할 수 있다.

③ **주급제** : 1주를 근로단위로 하여 임금률을 정하고 실제 근로시간수를 곱하여 임금을 지급하는 방식이다. 구미에서 특정의 사무직 근로자에게 적용하는 경우가 있다.

④ **월급제** : 월 단위로 일정 임금을 정하여 결근, 지각, 조퇴, 경축일 등에 관계없이 매월 고정적으로 종업원에게 지급하는 방식이다. 일반근로자를 비롯하여 관리자에게 가장 많이 적용되고 있는 임금형태로서, 시급제나 일급제보다 임금관리에서 편리하므로 많은 기업들이 월급제를 채택하고 있다.

⑤ **연봉제** : 임금액을 종업원의 능력이나 업적을 기준으로 연간단위로 결정하여 지급하는 임금형태이다. 연봉제는 성과급 성격이 강해 이에 관한 구체적인 내용은 성과배분제와 함께 제2절에서 살펴본다.

시간급제는 임금계산이 간단하므로 사용하기가 편리하다. 또한 근로자도 이해가 쉽고 일정액의 임금이 확정적으로 보장되어 임금의 안정성을 도모할 수 있으며 노사의 원활한 협력도 유지해 나갈 수 있다. 그러나 성과급에 비하여 작업성과와 직접 연결되지 않아 노동능률을 자극할 수 없어 종업원을 동기부여시킬 수 없다는 것이 중요한 단점으로 지적되고 있다. 또한 학습이론의 강화이론 관점에서도 시간급은 고정간격법(fixed interval schedule)을 사용함으로써 일정 시간만 지나면 보상이 제공되어 강화의 효과가 저하되어 종업원 행동수정에서도 비효율적인 것으로 인식되고 있다.

2) 성과급

(1) 성과급의 의의와 특징

성과급(output payment, pay for performance)은 개별종업원이나 집단이 수행한 노동성과나 업적을 기준으로 임금을 산정하여 지급하는 임금형태이다. 즉, 종업원이 특정 과업을 달성한 결과에 따라서 받는 변동 임금을 말한다. 따라서 성과급은 업적급, 변동급, 능률급이라고도 하고 노동성과를 자극한다는 의미에서 흔히들 자극급, 인센티브 임금제도(incentive plan)라고도 불린다. 맥긴슨(Megginson)은 자극임금을 종업원들이 표준적 도구, 설비, 원재료를 가지고 사전에 결정된 방법으로 작업을 수행할 때, 정상적 기술과 노력, 집중력 이상의 능력을 발휘함으로써 표준량을 초과한 생산량에 대해서 종업원에게 지급되는 특별한 보상(Megginson, 1972 : 446)이라고 정의하고 있다. 성과급은 근로자의 임금이 개별 혹은 집단의 작업성과를 표준성과와 연결시키는 일정한 공식에 따라 자동적으로 단기간에 신속하게 지급된다. 그러므로 성과급은 임금이 투입-산출의 매개체로서 노동능률을 자극한다는 점에서, 작업의 양이나 질에 관계없이 단순히 노동시간을 기준으로 직무에 대한 노동자들의 육체적인 참여에 대해서 일정액을 지급하는 비자극임금인 시간급과 대조적이다. 이와 같이 성과급은 임금이 작업성과나 능률과 직결되는 특별보상으로서 고정급인 시간급과 달리 변동급이라는 특성을 가진다.

성과급은 첫째, 근로자를 동기부여시키고 노동생산성을 향상시킨다. 가장 보수적인 연구에서조차 개별 성과급의 실시로 생산성이 10%~20% 증가될 수 있다고 한다(Lawler Ⅲ, 1971 : 124).

둘째, 직접노무비를 감소(10%~20%)시키고 종업원들의 소득을 약 20%정도 증대시키는 것으로 밝혀지고 있다(Megginson, 1972 : 455~456).

셋째, 성과지향적 경영을 자극하고 커뮤니케이션을 증대시키며 노무비와 생산비의 사전 결정이 가능하고, 결근률과 지각률 감소와 종업원들의 직무에 대한 창조적 관심 증대 및 비능률적 작업자의 감소 등의 효과가 있다. 또한 임금이 변동비로 취급됨으로써 인건비 예산의 통제가 용이하고 생산관리가 쉽게 되는 등의 효과도 있다.

반면에 부정적 효과로 ① 종업원들이 단기간에 최대의 산출량을 내기 위해 제품 질의 희생을 조장할 수 있고, ② 성과의 표준설정과 측정의 어려움 및 임금결정의 문제 등으로 노사간 마찰이 일어날 수 있으며, ③ 임금액이 변동적이므로 소득이 불안정하여, 특히 미숙련 및 고령층 근로자, 여성 근로자의 경우에 불리하다. 또한 ④ 작업속도의 증가로 종업원의 건강을 해칠 우려가 있고, ⑤ 개별성과급제도의 경우 종업원들 간 협동관계와 신뢰감을 저해할 수도 있다.

성과급은 일반적으로 다음과 같은 조건들이 일부 혹은 전부 충족될 경우에 보다 효과적으로 실시될 수 있고, 소기의 성과를 거둘 수 있다(W. L. French, 1982:483). ① 생산단위의 측정이 용이한 경우, ② 작업자 노력이 생산성의 중요한 결정요인이 되는 경우, ③ 작업의 시간 및 동작연구 혹은 표준화가 작업능률을 향상시킬 수 있는 경우, ④ 작업에 미치는 기술 변화가 비교적 드문 경우, 또한 ⑤ 경쟁적이어서 단위당 노무비가 사전에 결정되어 있으며, ⑥ 기업이 시간연구에 경험이 있는 자를 채용하고, ⑦ 경영자가 성과표준을 임의로 변경하지 않을 것이라는 종업원의 신뢰가 있는 경우 등이다.

성과측정 기준으로는 생산량, 판매량, 이윤액, 비용절감액(제품단위당), 소요시간, 품질, 고객만족도 등이 있다. 성과급은 기업 성격, 작업 특성, 성과기준에 따라 그 형태가 다양하다. 하지만 일반적으로는 성과급을 누구에게 지급할 것인가 하는 지급대상, 즉 성과급의 적용단위가 개인인가 집단인가에 따라 크게 개인성과급제도와 집단성과급제도로 분류된다.

(2) 개인성과급제도

개인성과급제도(individual incentive plan) 또는 개인 인센티브 제도는 개인별로 성과급을 적용하는 것으로 근로자들 개개인의 임금이 각자의 노동성과나 작업능률에 따라 지급되는 제도를 말한다. 생산직 근로자들에 대한 개인성과급제도는 근로자들의 과거 작업기록을 바탕으로 산업공학자들의 지식을 활용하여 근로자들로 하여금 동작의 낭비가 없고 적절한 도구 및 시설을 이용하도록 하여 능률을 최대화하도록 직무를 설계하고 근로자들의 임금을 생산성과 관련시키는 것을 기초로 해서 고안된 제도이다. 성과급제도는 개인의 성과를 비교할 두 가지 기준이 있다(Milkovich & Newman, 2008:292~295).

첫째는 임금률 결정방법과 관련된 것으로, 일정 시간당 생산단위에 기초해서 결정하는 방법과, 제품 단위당 소요시간에 기초하여 결정하는 두 가지 방법이 있다. 전자는 과업수행의 사이클이 비교적 짧은 과업에 적절한 방법이고, 후자는 과업수행의 사이클이 긴 과업에 적절하다. 두 번째는 생산수준과 임금률간의 관계와 관련된 것으로, 임금률을 생산수준과는 관계없이 생산량과 비례적으로 연결시키는 방법과 생산수준에 따라 임금률을 달리하는 두 가지 방법이 있다. 후자의 경우 표준생산량 이상으로 생산한 경우에는 보다 높은 임금률을 적용하는 방법이다.

이러한 두 기준에 따라 개인성과급제도는 일반적으로 〈표 11-1〉과 같이 단순성과급, 복률성과급, 표준시간급, 할증성과급으로 분류할 수 있다.

표 11-1. 개인 성과급제도의 형태

임금률 결정방법 / 생산수준과 임금률간의 관계	일정시간당 생산단위	제품단위당 소요시간
생산수준에 관계없이 일정 (고정임금률)	가) 단순성과급	다) 표준시간급
생산수준에 따라 변화 (변동임금률)	나) 복률성과급 · 테일러식 차별성과급 · 메리크식 복률성과급	라) 할증성과급 · 할시식 할증급 · 로완식 할증급 · 간트식 할증급

자료 : Milkovich & Newman(2008), 292.

가) 단순성과급(straight piecework plan)

성과급제도 중에서 가장 오래되고 가장 많이 사용되어온 제도로, 제품 또는 작업의 단위당 고정된 단일 임금을 정하고 여기에 실제의 작업성과(생산량 또는 판매량)를 곱하여 임금액을 산정하는 방식이다. 따라서 작업성과의 증대에 비례하여 임금이 증대된다([그림 11-1] 참조).

이 제도는 ① 간단하고 이해하기가 쉬워 종업원의 수용도가 다른 성과급제도 보다 높으며, 노동능률 증진에 주는 자극이 강하다. 또한 ② 직접 노동비용이 각 산출물 단위에 대하여 동일하고 상대적으로 쉽게 결정되어 조직은 높은 정확성을 갖고 노무비를 예측할 수 있는 등의 장점이 있다.

반면에 ① 성과표준, 즉 생산단위당 임률이나 표준산출량의 합리적 설정이 어렵고, 이로 인해 노사 갈등이 야기될 수 있다. 또한 ② 시간당 표준산출량 이하의 생산에 대해 최저임금이 설정되어 있지 않을 경우, 초보자나 미숙련공 및 노령자는 매우 낮은 임금을 받을 수 있으며, ③ 수입이 일정치 않아 생활의 안정을 기하기 어려움 등과 같은 단점이 있다.

나) 복률성과급(multiple piece rate plan)

복률성과급은 근로자의 작업능률을 보다 효율적으로 자극하기 위하여 작업성과의 고저나 다과에 따라 적용 임금률을 달리 산정하는 제도이다.

① **테일러식 차별성과급**(Taylor differential piece rate plan) : 테일러가 고안한 제도로, 근로자의 하루 표준작업량을 시간연구 및 동작연구에 의해 과학적으로 설정하고 이를 기준으로 하여 고저 두 종류의 임금률을 적용하는 제도이다. [그림 11-1]과 같이 근로자가 표준 과업량을 달성했을 경우에는 정상 임금수준보다 높은 임금률을 적용하고, 달성하지 못했을 경우에는 정상 임금수준보다 낮은 임금률을 적용해서 임금을 지급하는 방식이다. 차별성과급의 경우 임금선은 변동적 기울기를 가지는 것이 단순성과급과 구별되는 특징이고 따라서 단순성과급보다 인센티브 효과가 더 크다.

그림 11-1. 단순성과급제도와 테일러식 차별성과급제도 비교

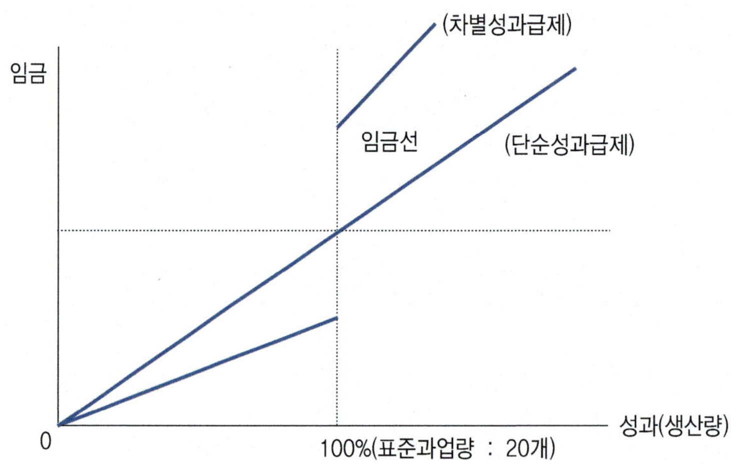

② **메리크식 복률성과급**(Merrick multiple piece rate plan) : 이 방식은 테일러의 제자인 메리크(D.V. Merrick)가 테일러식 차별성과급의 결함을 보완하여 임금률을 3단계로 나눈 것이다. 즉, 표준생산량을 83% 이하, 83~100%, 그리고 100% 이상으로 나누어 상이한 임금률을 적용하는 방식이다.

다) 표준시간급(standard hour plan)

이 제도는 작업 또는 제품의 1단위를 완성하는데 필요한 표준시간을 설정하고 표준

시간 내 작업을 완성하면 표준시간에 단위시간당 임금률을 곱하여 임금을 지급하는 방식이다.

라) 할증성과급(premium plan)

할증성과급은 종업원이 표준작업 시간 내 표준과업량을 달성하지 못하더라도 일정 임금을 보장해주고, 표준작업 시간 내 과업을 달성해서 노동성과가 높은 종업원에 대해서는 기본 시간급에 일정한 비율의 할증 임금을 추가로 지급하는 제도이다. 이 제도는 작업능률 증대로 절약된 시간에 대한 임금의 일부를 종업원에게 배분한다는 점에서 절약임금 배분제도라고도 한다. 절약된 시간에 대한 임금을 종업원 개인에게 어떤 비율로 배분하느냐에 따라 할시식, 로완식, 간트식으로 구분된다.

① **할시식 할증급**(Halsey premium plan) : 1891년 미국의 할시가 고안한 방식으로 표준작업 시간을 과거의 경험으로 설정한 다음, 절약임금의 1/2 혹은 1/3을 해당 종업원에게 추가로 지급하는 방식이다.

② **로완식 할증급**(Rowan premium plan) : 1898년 영국의 로완에 의해 고안된 방식으로 할시식과 같은 원리에 입각하고 있지만 노동능률이 증진함에 따라 절약임금의 배분율이 가변적이라는 점에서 배분율이 고정되어 있는 할시식과 차이가 있다. 로완식은 표준작업시간을 조금이라도 단축한 근로자에게는 할시식보다 높은 할증급을 주도록 하고, 일정한도 이상으로 작업능률이 증대되면 할증률의 증가를 체감하도록 고안된 제도이다.

③ **간트식 할증급**(Gantt premium plan) : 1901년 간트가 고안한 방식으로 작업을 표준시간 내 완수하지 못한 때에는 시간급만을 지급하여 과업 미달성자의 최저임금을 보장해 주고 표준작업 시간 내에 과업을 완수할 경우에는 시간급의 일정률(20%)을 인센티브로 가산하여 지급하는 방식이다.

(3) 집단성과급제도

집단성과급제도(group incentive plan) 혹은 집단 인센티브 제도는 집단에 대해서 성과급 임금을 적용하는 것으로 집단의 성과와 관련하여 기업에 이익 증가나 비용 감소가 있을 경우 근로자에게 정상임금 이상의 부가적 급여를 제공하는 제도로서, 이 제도의 실시가 촉진된 이유는 다음과 같다.

20세기에 이르러 기술 변화와 작업조직이 복잡해짐에 따라 직무간 상호의존성이 증대되어 집단 내 구성원간 상호 협력관계의 유지가 중요시되고 개인별 공헌도의 정확한 측정이 어렵게 되었다. 또한 행동과학의 발전은 경영관리사고에 있어서 McGregor의

Y이론에 입각한 새로운 인간관을 낳게 하였으며, 기타 재화와 생산에 직접 관련이 없는 직무의 증가, 직무의 다양화 및 개인 성과급제도 하에서 근로자의 사기저하 경험 등으로 종래의 개인 성과급제도가 지닌 약점을 극복하기 위하여 집단 성과급제도의 실시가 촉진되었고 근래에 들어 이의 중요성이 증대되고 있다.

집단성과급제도는 전(全)공장 생산성제(plant-wide productivity plan) 혹은 생산성 이득배분제도와 이윤분배제도로 대별할 수 있다. 이들 두 제도를 오늘날 성과배분제도라고도 일컫는다.

제2절 연봉제와 성과배분제도

1. 연봉제

1) 연봉제의 의의와 특징

우리나라 기업에서 연봉제는 1997년 12월 IMF체제 이후 기업의 생존을 위한 구조조정과 함께 능력주의적 보상체계의 도입 필요성이 대두되면서 기업 경영혁신의 가장 큰 이슈가 되어왔다. 연봉제는 일급제, 주급제, 월급제와 같은 임금형태의 하나로서 개별 종업원의 임금을 직무수행능력이나 업적 및 공헌도 등을 평가한 결과에 따라 1년 단위로 결정하여 차등지급하는 임금제도를 말한다. 즉, 임금을 종업원의 능력 및 업적과 연계하여 연간 임금총액을 결정하는 방식이다. 실제 지급은 연봉을 12등분하여 매월 균등지급하거나 16분의 1을 매월 지급하고 나머지 16분의 4를 상여금으로 연 2회 또는 연 4회 지급하는 등에 따라 다양한 방식으로 지급된다.

우리나라에서 연봉제의 도입이 확산된 배경은 다음과 같다.

첫째, 치열한 경쟁환경하에서 세계화가 급격히 진전되면서 기존의 연공급 임금체계로는 종업원의 동기부여와 능력향상, 유능한 인재의 확보, 조직 활성화, 인건비의 효율적인 통제 등을 통한 조직의 생산성 향상과 경쟁력 강화를 기대하기가 어렵게 됨에 따라 이러한 기대를 충족시켜 줄 수 있는 능력·업적에 상응하는 임금제도인 연봉제 도입이 강력하게 요청되었다.

둘째, 업무의 다양화와 함께 종업원들의 고학력화와 가치관의 변화로서, 종업원들은 전체 종업원들의 평균임금의 일률적 인상보다 개인의 능력이나 업적에 상응하는 보상을 더 선호하고 있다는 점이다.

셋째, 현재 복잡한 임금구성항목을 단순화시켜 임금관리의 간소화를 도모하기 위함이다.

연봉제가 미국의 경우 보편화되어 있다고 인식되고 있지만 실제 그 적용대상은 직무 분석과 능력에 대한 평가가 필요한 관리직과 전문직에 국한되어 있다. 이는 이들의 직무내용이 복잡하고 직무분석과 평가가 어려워서 능력과 업적을 시간·주·월 단위로 평가하기가 곤란하기 때문이다. 반면에 생산직은 직무내용이 단순하고 직무 분석과 평가가 용이하여 단기평가가 가능할 뿐만 아니라 생산직 근로자의 높은 이직률 때문에 시간급 형태를 채택하고 있다. 일반 사무직 근로자는 월급제가 일반적이다. 미국의 연봉제는 직무급을 토대로 직무별 임금을 결정한 후 매년 직무성과에 대한 인사고과를 실시하여 고과성적, 즉 성과에 따라 개인별로 연봉액이 결정된다. 즉, 업적 고과급 혹은 직무 성과급(merit pay)의 형태로 운용되고 있다.

연봉제는 다음의 특징을 가지고 있다.

첫째, 연봉제는 능력·업적중심의 전략적 임금제도로서 변동급의 특징을 가진다는 점에서 연공급과 차이가 있다.

둘째, 연봉제는 능력과 업적에 대한 인사고과를 통해서 개별 근로자의 업무성과에 따라 임금이 차별화되는 개별 성과급제도이며, 연봉액은 임금협약이 아닌 개별근로자와 회사간의 개별계약에 의해 결정된다.

셋째, 연봉제는 임금체계에 있어서 기본급이나 각종 수당, 상여금 등 복잡한 임금항목들을 연봉이라는 항목으로 통합해서 연봉액을 결정하므로 임금체계 및 임금관리를 단순화시킨다.

2) 연봉제의 유형

연봉제의 유형은 학자에 따라 다양한 형태로 분류되고 있지만, 기본적으로는 연봉임금의 구성방식과 운영방식, 즉 연봉임금의 인상방식을 기준으로 다음과 같이 분류할 수 있다.

(1) 연봉임금의 구성방식에 따른 분류

연봉제는 연봉의 구성방식에 따라 전체 임금을 대상으로 하는 총액연봉제와 일부 임금을 대상으로 하는 부분연봉제로 구분할 수 있다.

가) 총액연봉제

임금구성이 기본급, 제수당, 상여금을 하나로 통합해서 연봉 하나로만 구성되어 있는 형태로서 단일 연봉제라고도 한다. 임금인상이 전체 임금에 적용되고 목표달성 여부, 즉 실적에 따라 연봉액의 차이가 큰 것이 특징이다. 프로야구나 농구선수 등 프로선수들이나, 인력채용이 어려운 최고경영층, 전문·기술직 등에 많이 적용되고 있는 방식으로 구미형의 연봉임금제도이다.

나) 부분연봉제

임금구성이 종래의 생활급적인 월 급여에 해당하는 기본연봉과 업적에 대한 상여금에 해당하는 업적연봉(업적상여)으로 구성되어 있는 형태이다(기본연봉+업적연봉). 기본연봉은 주로 직능급이나 연공급을 기초로 하거나 여기에 직무급이나 기타급을 조합해서 결정된다. 따라서 기본연봉은 그대로 둔 채 개인의 성과에 따라 변동하는 상여금만이 차등지급된다.

우리나라와 일본에서 많이 실시되고 있으며, 일본의 경우 대부분 관리직 사원을 적용대상으로 하고 있으나 전문기술직, 영업직, 연구직, 계약직 사원을 대상으로 적용하는 경우도 다소 있다. 또한 제수당 중에서 통근수당, 단신부임수당, 주택수당 등은 연봉에 포함시키지 않고 별도로 지급하는 경우가 대부분이다.

(2) 연봉임금의 인상방식에 따른 분류

연봉제는 연봉임금의 인상방식에 따라 plus-sum 방식이 적용되는 누적연봉제와 zero-sum 방식이 적용되는 비누적연봉제로 구분할 수 있다.

가) 누적연봉제

실적이 좋은 사람에게 임금을 더 많이 주는 방식으로 실적이 나쁜 사람이라도 연봉을 삭감하지 않고 전년도 임금수준은 최소한 보장하면서, 한번 인상된 임금액은 다음 임금 인상에서 기본임금이 되어(가급제) 매년 계속 누적되는 제도를 말한다. 개별종업원에 대한 동기부여 효과는 높지만 장기적 관점에서 임금관리의 유연성이 낮을 수 있다.

나) 비누적연봉제

실적이 나쁜 사람의 임금을 줄여서 실적이 좋은 사람에게 주는 것으로 전년도 임금수준에서 올라갈 수도 있고 떨어질 수도 있는 가감급이 동시에 이루어진다. 따라서 누적급과는 달리 그 전년도에 인상된 임금액이 누적되지 않고 0(zero base)에서 매년 그 해의 실적에 따라 연봉인상이 결정되는 제도이다. 개인에 대한 동기부여 효과는 중간 정도지만 임금관리의 유연성은 높은 것이 장점이다.

이상과 같이 2가지 분류기준에 따라 연봉제를 각기 유형화할 수 있고, 한편 이들 유형을 조합해서(2×2) 다시 4가지 유형으로 분류할 수도 있다. 예를 들면 총액연봉제를 실시하면서 연봉인상을 누적적 방식이나 비누적적 방식을 적용할 수 있고, 또한 부분 연봉제를 실시하면서 연봉인상은 누적적 방식을 적용할 수 있는데, 대체로 기본 연봉에 대해서는 누적식을, 업적연봉에 대해서는 비누적식을 적용하는 경우가 많다. 여기서 총액-비누적형 연봉제는 순수 연봉제로 앞서 언급한 프로운동선수나 최고경영층을 대상으로 많이 실시하고 있으며, 총액-누적형 연봉제는 소위 미국식 직무 성과급이 여기에 해당된다. 연봉제의 역사가 일천한 우리나라의 경우 아직 순수 연봉제의 도입에는 부작용이 많을 수 있으므로, 나머지 세 유형이 활용 가능한 유형이라 볼 수 있다. 기업에 적절한 연봉제를 설계·도입하기 위해서는 연봉제의 도입목적, 임금관리 전략, 조직 문화, 업무 특성 등을 충분히 고려하여야 한다.

3) 연봉제의 장·단점

연봉제는 다음의 장점을 가진다.

첫째, 연봉제는 임금이 종업원의 능력 및 실적과 직결되어 있으므로 임금의 공정성 확보를 통해서 종업원의 동기부여와 능력개발 촉진, 조직 활성화를 가져오고 나아가 생산성 향상을 기대할 수 있다.

둘째, 연봉제를 통해 우수한 인재의 확보와 유지가 가능하다. 특히 세계화·정보화 시대에서 해외 및 신규사업 부분에서 국제적 감각과 능력을 갖춘 최고경영자, 하이테크 기술자, 전문직·연구직 종사자들을 파격적으로 기용할 수 있다.

셋째, 연봉제 도입으로 종래 연공급제에서 개인의 능력이나 성과와 무관한 인건비 상승이 통제되고 고임금, 저인건비의 실현을 통해 인건비의 효율적 관리가 가능해 진다. 또한 복잡한 임금체계를 단순화시켜 임금지급 관리도 용이하게 된다.

넷째, 중간관리자 및 종업원에게 연봉제를 도입함으로써 실적주의 강화는 물론 경영자에게 준하는 책임감을 부여하여 자신이 달성한 업무와 연봉의 비교를 통해 경영의식을 제고시킬 수 있다.

다섯째, 연봉제 대상자는 매년 스스로 업무목표를 세우고 연말에 그 달성 정도를 평가받게 되는데, 이 과정에서 상사와 면담을 통해 자신의 의견을 충분히 밝히고 상사로부터 조언을 구할 수 있어 상사와 부하간 의사소통이 원활해진다. 이에 따라 노사간에 일체감을 형성하는데 기여할 수 있다.

연봉제는 다음의 단점을 가진다.

첫째, 종업원간 지나친 경쟁을 유발하여 위화감을 조성하고 조직 내 팀워크를 약화시키며, 단기 업적위주의 풍토를 조장함으로써 경영의 장기적 측면이 소홀해 질 수 있다.

둘째, 성과 평가가 객관적이고 공정하지 못하면 연봉제에 대한 불신감이 야기되어 조직의 동요가 일어날 수 있고, 노사 갈등도 증폭될 수 있다.

셋째, 연봉액의 급격한 감소는 종업원의 사기를 저하시킬 수 있다.

넷째, 특히 유교문화의 장유유서 의식을 바탕으로 한 우리나라의 경우 선임자 우대원칙과 갈등이 유발되어 조직의 안정성을 해칠 수 있다.

4) 연봉제의 성공적 도입과 운영을 위한 과제

연봉제의 도입을 위해서 다음의 전제조건들이 검토되어야 한다.

첫째, 성과지향적 가치관과 더불어 관리직, 전문직 종사자들 간 상호경쟁을 당연한 것으로 받아들이고, 고과자가 냉정하고 객관적인 인사고과를 통해 우수자와 비우수자를 구별해서 연봉에 차이를 두는 것에 부담을 느끼지 않는 조직문화가 존재하거나 이를 수용할 수 있는 풍토가 조성되어야 한다.

둘째, 노사간 불신하는 분위기에서는 연봉제 도입이 노사 갈등을 심화시킬 수 있다.

셋째, 합리적 인사고과와 능력개발의 기준설정을 위해 직무분석과 직무평가는 물론, 현재 직급간 임금차이의 기준과 범위를 보다 명확히 하고 객관화할 수 있도록 직급체계 개선이 선행되어야 한다.

성공적인 연봉제 운영을 위해서 다음의 과제들이 충분히 검토되어야 한다.

첫째, 연봉제는 동기부여 중심의 능력·성과주의 임금제도로서, 인건비 통제를 연봉제 도입의 단기적·부차적 목적이 아닌 주된 목적으로 한다면 종업원의 동기부여와 능력향상을 통한 기업의 성과 증대는 어렵게 되어 장기적으로 실패할 가능성이 높다.

둘째, 연봉제의 성패는 근본적으로 개인의 능력과 업적에 대한 객관적이고 공정한 평가에 달려있다. 이는 평가 결과가 연봉 인상액에 직접적 영향을 주기 때문이다. 따라서, 고과기준 개선 및 고과기법 다양화 등 평가 시스템 개선과 고과자 훈련 강화,

고과결과 피드백, 특히 평가 시스템 설계에 종업원을 참여시켜 연봉제도와 평가결과의 수용도를 높이는 것이 성공적인 연봉제 운영의 관건이 된다.

셋째, 연봉제는 업무 성격을 무시한 채 모든 종업원들에게 일률적으로 적용해서는 성공하기 어렵다. 이를테면 업무가 개별 종업원의 독자적 판단과 권한・책임 하에서 이루어지지 않거나, 개인별 성과파악이 곤란한 경우, 협력이 중요한 경우에는 연봉제 실시가 어렵다. 따라서 연봉제가 성공적으로 운영되기 위해서 일반사무직이나 생산기능직보다 관리직, 전문・기술직, 영업직을 대상으로 적용하는 것이 바람직하다.

넷째, 처음부터 개인간 연봉격차를 크게 해서 실적주의를 조기에 정착시키겠다는 생각은 위험하다. 이는 구성원들에게 불안감을 주어 예상 외의 큰 저항을 불러일으킬 수 있기 때문이다. 이를테면, 부분연봉제의 경우 도입초기에는 기본연봉과 업적연봉의 구성비율을 대략 70% : 30% 정도로 안정적으로 책정하고, 이후 연봉제의 성숙단계나 효과, 종업원 반응도에 따라 자극적인 업적연봉 비율을 점차 상향조정해 나가는 것이 바람직하다.

2. 성과배분제도

1) 성과배분제도의 의의와 특징

성과배분제도는 창출된 경영성과를 노사 공존공영을 목표로 노사간에 적절히 배분하는 제도이다. 그러나 일반적으로 근로자가 기업단위 혹은 공장・부서・과 단위가 설정한 목표 매출액이나 이윤, 생산비용 절감, 생산성 등의 경영성과 증진에 기여하고 그 대가로 일정한 공식에 따라 경영성과의 일정 부분의 배분에 참가하는 제도로, 성과의 배분 몫은 통상적인 임금 외에 사후적으로 현금, 주식, 기타 복지기금 등의 형태로 지급되는 변동적 보상제도를 말한다.

이때 기업이 기대 이상의 성과를 거두었을 경우, 기대성과와 실질성과와의 차액을 원천으로 하여 근로자측에 배분되는 임금을 성과배분임금이라 한다. 성과배분임금은 임금이 근로자의 노동성과에 따라 변동하기 때문에 임금형태 관리 면에서 보면 임금이 노동성과와 연결되어 노동능률을 자극하는, 즉 특정결과의 성취와 관련된 변동적 임금인 인센티브 임금의 일종이다. 물론 개별 근로자의 성과증진이나 작업능률에 따라 임금이 지급되는 성과급이나 상여금제 등의 개별 인센티브 임금제도도 넓은 의미로는 기업의 성과배분제도에 포함될 수 있으나, 일반적으로 근로자 집단을 대상으로 집단의 성과증진에 초점을 두고 성과를 배분하는 집단 인센티브 임금제도를 의미한다. 따라서 우리나라의 많은 기업들처럼 경영성과의 증감과 관계없이 거의 고정적으로 지급되는 단순한 개별 상여금은 일반적인 성과배분 임금은 아니다.

이러한 성과배분제도는 보상(상여금)이 사전에 정해진 공식에 의해 결정되고, 경영성과에 따라 사후적으로 변동적인 집단 인센티브 임금제도라는 점이 특징이라 할 수 있으며 근로자가 경영성과의 배분에 참가한다는 의미에서 의사결정참가, 자본참가와 더불어 경영참가의 한 유형으로도 볼 수 있다.

오늘날 복잡하고 동태적인 환경변화로 기업간 경쟁이 격심해짐에 따라, 노사협력과 기업의 경쟁력 강화를 위한 새로운 보상전략의 핵심으로 근로자 임금의 일정 부분이 경영성과와 연결되는 성과배분제도의 실시가 우리나라에서 증가하는 추세이다.

2) 성과배분제도의 유형과 특성

성과배분제도의 기본 유형으로 두 가지가 있다. 첫 번째는 기업이윤의 일정 몫을 종업원에게 분배해주는 이윤분배제도(profit sharing plan)이고, 두 번째는 생산성 향상이나 노무비 감소를 통한 금전적 이득(절약분)을 사용자와 종업원간에 배분하는 생산성 이득배분제도(productivity gain sharing plan)이다.

(1) 이윤분배제도

가) 의 의

이윤분배제도는 가장 오래된 성과배분제도로 1891년 영국에서 처음으로 실시되었다. 이윤분배제도는 기업에 일정 수준의 이윤이 발생했을 경우 그 일정 부분을 사전에 노사의 교섭에 의해 정해진 배분방식에 따라 종업원들에게 상여금으로 지급하는 제도이다. 종업원측이 지급받는 상여금의 크기는 이윤달성의 정도와 사전에 정해진 배분비율에 따라 결정되며 개별 종업원의 상여금은 임금에 비례하여 결정되기도 하고 업무성과에 따라 차등 지급되기도 한다.

이 제도는 종업원들에게 파트너십과 기업의 운명에 함께 동참하는 의식을 고취시키는 것뿐만 아니라 낮은 이직률과 함께 높은 성과수준을 자극해서 기업의 이윤을 증대하기 위한 추가적 노력, 종업원들의 경제적 안정을 증대시키는데 그 목적이 있다.

나) 유 형

이윤분배제도는 다음의 세 유형이 있다.

① **현금분배제도**(cash distribution plan) : 이윤의 일정액을 1년 또는 그 이내에 현금으로 종업원에게 배분하는 제도이다.

② **이연분배제도**(deferred distribution plan) : 이윤의 일정액을 각 종업원의 계정이 설치되어 있는 공동기금에 예치해 두었다가 종업원의 퇴직, 사망, 해고 시 현금으로 지급하는 제도인데, 현금분배제도와는 달리 세제상 혜택이 있어 미국의 경우 80% 이상의 많은 기업들이 이 제도를 채택하고 있다.

③ **복합분배제도**(combination plan) : 앞의 두 유형을 복합한 것으로 이윤의 일부는 즉시 현금으로 종업원에게 지급하고 나머지는 퇴직, 사망, 해고시에 지급하는 제도이다.

다) 효과와 문제점

이윤분배제도는 생산성 향상을 비롯해서 노사관계 개선, 장기근속 장려 등의 긍정적 효과가 있다. 반면, 이 제도는 종업원에게 이윤을 분배하는데 사용할 공식을 결정하기 어렵고, 일반적으로 그 운영에 있어서 종업원의 참여적 요소가 거의 없다는 점에서 후술하는 이득배분제도와 차이가 있다. 이에 따라 종업원의 노력과 보상간에 직접적 관계가 결여되어 있어 생산성 이득배분제도보다 동기부여 측면의 효과는 낮다.

(2) 생산성 이득배분제도

생산성 이득배분제도는 생산성 향상을 통한 조직의 성과개선뿐만 아니라 근로생활의 질을 향상시키는 방안으로서도 관심이 집중되어 그 실시가 급격히 증가하는 추세이다. 이 제도의 대표적 형태로 스캔론 플랜(Scanlon plan), 럭커 플랜(Rucker plan), 임프로쉐어 플랜(improshare plan) 등이 있고, 이 세 제도의 변형으로서 맞춤형 이득배분제도(customized plan)가 있다.

가) 스캔론 플랜(Scanlon plan)

스캔론 플랜은 1937년 Joseph N. Scanlon에 의해 고안된 대표적 이득배분제도로서 생산성 향상을 노사협조의 결과로 보고 총매출액에 대한 노무비 절약분을 인센티브 임금, 즉 상여금으로 종업원들에게 배분하는 비용절감 인센티브 제도이다. 스캔론 플랜은 종업원의 참여의식을 고취시키고 그들의 지식과 아이디어를 충분히 활용할 수 있는 참가 시스템으로서, 새로운 형태의 제안제도와 기업 성과를 종업원과 합의한 기준에 따라 공정하게 배분하는 상여금제도를 양대 지주로 운용되고 있다.

① **제안제도** : 스캔론 플랜의 제안제도는 종래의 전통적 개별 제안제도와는 달리

공개적 집단제안제도를 제시하고 있다. 즉, 전통적 제안제도가 개인중심으로 감독자와 부하간 경계심과 갈등을 야기하고 종업원간 부당한 경쟁을 유발하고 개인 포상에 따라 이기주의와 비밀주의가 팽배해져 종업원들 간 또는 종업원과 감독자간의 협력과 커뮤니케이션이 저해되는 등의 각종 폐단을 초래함에 따라, 스캔론 플랜은 이러한 부작용들을 극복하기 위하여 조직구성원들 간 협력과 팀워크에 초점을 둔 공개적 집단제안제도를 채택하고 있다.

집단제안제도는 하위수준의 생산위원회(production committee)와 상위수준의 심사위원회(screening committee)가 모체가 되어 운영된다. 제안은 종업원측 생산위원회 위원을 통해 생산위원회에 제출되고 채택되면 바로 실시할 수 있게 된다. 채택되지 않은 제안은 심사위원회에 회부되어 심사를 받아 승인되거나 기각된다.

② **상여금제도** : 스캔론 플랜하에서 종업원들의 참가에 대한 보상으로서 성과의 배분, 즉 상여금의 배분방식은 다음과 같다. 먼저 과거 2~5년 동안의 실제 노무비를 조사한 다음, 생산의 판매가치에 대한 실제 노무비의 비율을 기준 노무비율(기준 생산성 비율)로 설정한다. 이를 기초로 매달 생산의 판매가치에 기준 노무비율을 곱하여 기준 노무비를 계산하고, 여기서 실제노무비를 차감한 잔액이 생산성 향상에 의한 노무비 절약분으로 상여기금(bonus pool)이 된다.

이 상여기금의 25%는 실제노무비 총액이 기준 노무비 총액을 초과하는 결손월에 대비하여 적립금으로 유보하고 나머지 75%는 종업원측과 회사측이 일반적으로 3 : 1의 비율로 배분한다. 이때 개별 종업원은 그달의 급여액에 실제 노무비총액에 대한 종업원측 배분액을 곱해서 산출된 금액을 상여금으로 받게 된다. 성공적인 스캔론 플랜에서 종업원은 일반적으로 자기 급여액의 10~15% 정도의 상여금을 받는다.

③ **장점 및 한계** : 스캔론 플랜의 상여금제도가 가지는 가장 큰 장점은 보너스 산출공식이 조직의 모든 구성원들에게 쉽게 이해되어진다는 점과 종업원들에 대한 동기부여 효과가 크다는 점이다. 이를테면 이윤분배제도와 비교해 보면 이윤분배제도는 분배의 기준인 이윤의 개념이 복합적이기 때문에 내용이 불명확해서 노력과 성과 및 보상의 관계가 불명확하고, 성과 배분도 결산이 종료하는 시기에 연 1~2회 정도 실시된다. 반면 스캔론 플랜은 노무비 절약분이라는 명확한 성과목표를 갖고 있어 노력, 성과, 보상간의 관계가 명확하고 직접적이며 상여금이 보통 매달 지불되기 때문에 종업원에 대한 동기부여 효과가 크다.

그러나 경영자가 품질관리가 보너스 산정에 있어서 중요한 요소가 되어야 된다고 믿는다면 스캔론 플랜의 실시는 피해야 할 것이다.

나) 럭커 플랜(Rucker plan)

럭커(A. W. Rucker)에 의하여 고안된 성과배분방식으로 비용절감이 목표인 점에서는 스캔론 플랜과 유사하나 좀 더 정밀한 회계분석에 기초를 두고 있다. 럭커에 의하면 간접노무비를 포함한 시간급 종업원의 노무비와 매출액에서 원재료비 및 특정 관련 비용을 차감한 생산가치, 즉 부가가치 사이에 일정한 관계가 있다고 본다. 따라서 이 제도는 노무비를 부가가치로 나눈 표준생산성 비율을 기준으로 이를 초과하는 부가가치 생산액은 노사협력에 의한 생산성 향상의 결과로 보고 이를 노사간에 분배하는 제도이다.

럭커 플랜의 성과배분방식은 다음과 같다. 매월의 생산가치(부가가치)에 표준 생산성 비율을 곱하여 (럭커)기준노무비를 계산한다. 여기서 실제 노무비를 차감한 잔액이 생산가치 증대분으로서 노무비 절약분이 되고 이를 노사가 사전에 합의한 비율에 따라 배분하는데, 일반적으로는 종업원측과 회사측이 50% : 50%의 비율로 배분된다. 결손월에 대비해서 보통 절약분의 25~30%를 유보하여 적립금은 연말에 보너스로 지급되고 손실분은 기업이 충당한다.

럭커 플랜은 앞서 스캔론 플랜처럼 가격이 비탄력적이고 노무비 비중이 상대적으로 높은 기업과 경영자의 목표가 생산성 향상에만 국한하지 않는 기업에 적합하다. 또한 스캔론 플랜이 노무비 절감에 한정해서 인센티브를 제공하는 반면, 럭커 플랜은 노무비뿐 아니라 원재료비 및 기타 비용의 절감에 대해서도 인센티브를 제공한다. 따라서 원재료비 구성비가 높고 품질에 대해서 종업원이 관심을 가져 원가가 절감될 수 있는 상황에서는 스캔론 플랜보다 럭커 플랜이 경영자에게 보다 유리한 제도라고 할 수 있다.

다) 임프로쉐어 플랜(improshare plan)

임프로쉐어(improshare)는 Improved Productivity Through Sharing의 축약어로 단위당 소요되는 표준노동시간과 실제노동시간을 비교하여 절약된 노동시간을 노사가 각각 50 : 50의 비율로 배분하는 제도로서 1973년 산업공학 기사겸 교육자인 페인(M. Fein)이 개별 인센티브 제도와 상당히 동일한 측정원리에 기반을 두고 개발한 성과배분제도이다.

앞의 두 제도가 회계지향적인데 반하여, 이 제도는 종업원 참여가 결여되어 있고 산출물 가치보다는 물적 생산성에 기초를 두고 산업공학적 관점에서 보너스 공식을 산정한다는 점이 특징이다.

이러한 성과배분제도 유형들 외에도 회사 경영방침으로 종업원에게 특별한 조건의 자사주식을 제공해 줌으로써 종업원의 조직몰입과 충성심 제고를 통해 조직성과 증대를 도모하고자 하는 장기적 인센티브 제도인 종업원 지주제도(employee stock ownership plans: ESOP)도 성과배분제도의 한 유형으로 보기도 한다.

이상과 같은 성과배분제도는 생산성 향상을 비롯해서 원가절감, 종업원의 만족과 협력의 증대, 결근률과 이직률 하락, 노사관계 개선, 품질향상, 기업분위기 개선 등의 경영성과 증대를 가져온 것으로 밝혀졌다.

우리나라의 경우 고용노동부의 사업체 노동력조사 부가조사에 의하면, 2020년 기준으로 연봉제는 상용근로자 100인 이상 사업장 중 77.3%가 도입했고, 성과배분제는 34.8%가 도입하고 있는 것으로 조사되었다.

제3절 전략적 임금관리와 새로운 임금제도

1. 조직전략과 보상전략

보상 시스템의 전략적 관점은 조직이 경쟁우위를 획득하고 유지하는데 도움을 주는 보상의 선택에 초점을 둔다. 기업의 보상 시스템은 상황적 사고에 입각해서 조직의 전략방향을 지원하도록 설계되어야 한다. 즉, 기업의 전략적 차이에 따라 이를 지원하는 보상을 포함한 인적자원전략에도 차이가 있다.

이의 기본 전제는 조직의 전략과 보상 시스템간의 조화와 적합도가 클수록 조직은 보다 효과적이 된다는 것이다.

[그림 11-2]는 보상 시스템이 조직의 사업전략을 지원하고 사회적, 정치적, 경쟁적, 규제적 환경에 적응하도록 설계될 수 있음을 보여준다. 궁극적 목적은 경쟁 우위를 확보하고 유지하는 것이다(Milkovich & Newman, 2009:31).

보상 시스템의 전략적 관점이 보상 시스템을 사업전략과 조화시키는 것이라면 상이한 사업전략들은 서로 다른 보상 시스템을 가져야 할 것이다.

그림 11-2. 보상 시스템의 전략적 선택

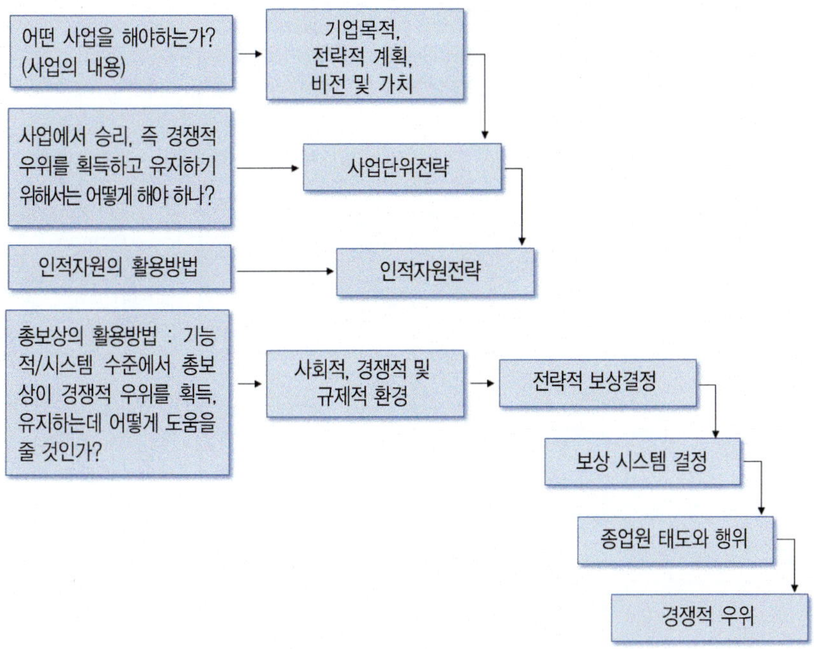

자료: Milkovich & Newman(2008), *Compensation*, 9th ed., McGraw-Hill, 32 보완.

[그림 11-3]은 보상 시스템이 세 가지 다른 사업전략들에 따라 어떻게 설계되어질 것인가를 보여준다.

혁신자(innovator)전략은 신제품과 시장추세에 대한 단기간의 반응을 강조한다. 적합한 보상 시스템은 기능(skill)이나 직무의 평가보다 혁신을 촉진하도록 설계된 인센티브에 역점을 둔다. 비용절감에 초점을 둔 전략은 비용을 최소화하고 생산성 증가를 고취하고, 직무수행 방법을 보다 구체적으로 정확하게 명기함으로써 적은 투입으로 더 많은 산출을 강조하고 있다. 고객중심전략은 고객만족을 강조하므로 종업원의 임금은 고객만족을 어떻게 잘 수행하는가에 기반을 둔다. 이처럼 서로 다른 사업전략은 서로 다른 보상 시스템을 필요로 한다(Milkovich & Newman, 2008:33~34).

또한 조직전략이 혁신, 위험부담, 신시장, 신제품개발을 강조하는 성장전략이냐 또는 기존 시장에서 시장점유율 확대와 효율적 운영, 낮은 성장률, 보다 안정적인 노동력의 확보와 유지에 초점을 두는 집중화 전략이냐에 따라 보상전략이 〈표 11-2〉에서 보는 바처럼 달라진다. 특히 성장전략의 경우 종업원들과 위험을 분담하면서 단기적으로는 낮은 수준의 임금을 지급하지만, 종업원들에게 조직의 성공에 동참하도록 하여 장래에는 스톡옵션이나 보너스를 활용해서 고임금을 지급해 줄 수 있는 보상전략이 선택된다.

그림 11-3. 사업전략에 따른 보상 시스템의 설계

전 략	사업방향	인적자원 프로그램	보상 시스템
혁신자 : 제품복잡성의 증대 및 제품수명주기의 단축	· 제품리더십 · 대량주문 판매 및 혁신 · 주기시간(cycle time)	· 제품리더십 · 대량주문 판매 및 혁신 · 주기시간(cycle time)	· 제품 및 과정에서의 혁신적인 보상 · 시장기준의 임금 · 유연하고 포괄적인 직무기술서
비용절감 : 효율성 초점	· 운영의 우수성 · 비용절감책의 추진	저투입 고산출	· 경쟁기업의 노무비에 초점 · 변동임금의 증대 · 생산성 강조 · 시스템의 통제와 작업 전문화 강조
고객중심 : 고객기대의 증대	· 고객과의 친밀성 · 고객문제의 해결 · 신속한 시장진입	기대 이상의 고객만족	· 고객만족에 대한 인센티브 · 고객접촉에 기초한 직무 및 기술(skill)의 가치

자료: Milkovich & Newman(2008), *Compensation*, 9th ed., McGraw-Hill, 33.

표 11-2. 집중화-성장전략에 따른 보상전략의 차이

보상전략차원	집중화 전략	성장 전략
변동급의 격차(위험부담)	저	고
시간지향(time orientation)	단기적	장기적
단기적 임금수준	시장임금 이상	시장임금 이하
장기적 임금수준	시장임금 이하	시장임금 이상
복리후생수준	시장 이상	시장 이하
임금결정의 집권화 정도	집권화	분권화
임금결정의 단위	직무중심	기술(skill)중심

자료 : Comez-Mejia & Balkin(1992), Compensation, Organizational Strategy, and Firm Performance(Cincinnati : South-Western), Appendix 4b : in Noe et al.,(2008), Human Resource Management, 6th, ed., McGraw-Hill, 546에서 재인용

조직은 발전과 변혁과정을 반복하면서 5단계로 성장해 나가는데, 성장의 각 단계에 따라 조직 전략이 달라지고 이를 지원하는 임금전략도 달라져야 할 것이다(Greiner, 1988 : 58~66).

이를테면, 창의성에 의한 생산과 판매에 경영 초점을 두는 1단계를 거쳐, 조직운영의 효율성에 초점을 두는 성장의 2단계에서는 기본급과 성과급이 동일한 비중을 갖는 데 반해, 시장 확대에 초점을 두고 권한이 위양되는 3단계에서는 분권화된 조직 하에서 종업원의 동기부여를 위해 개인별 보너스가 중요시된다. 나아가 공식 시스템과 절차를 활용하면서 조직의 조정과 통합에 초점을 두는 4단계에서는 종업원들이 조직과 일체감을 갖도록 격려하기 위해 스톡옵션제와 전사적 차원의 이윤분배제도의 도입 실시가 강조된다. 마지막으로 개인 상호간의 협력을 강조하는 성장의 5단계에서는 팀 활동을 통한 문제해결과 혁신에 경영 초점을 두게 되므로, 보상은 개인 업적보다 팀 업적, 즉 팀 보너스에 더 치중하게 된다. 즉, 조직의 성장단계에 따라 기본급과 성과급→개인별 보너스→스톡옵션, 이윤분배제도→팀 보너스의 방향으로 임금전략이 변화해간다.

요컨대, 경영자는 임금전략의 선택에 있어서 임금전략이 조직전략을 어떻게 효과적으로 지원하고 촉진시킬 것인가 하는 조직전략과의 적합성 관계를 고려해서 임금 시스템을 설계해야 할 것이다.

2. 새로운 임금제도

앞에서 살펴본 연봉제나 성과배분제도와 같은 성과·능력지향적 임금제도 이외에도 기술 변화, 세계화와 기업간 경쟁의 격화 등 기업환경의 변화에 따라 21세기의 수요를 적절히 반영할 수 있는 혁신적 임금제도가 부상되고 있다. 여기서는 최근 연공급제의 대안으로도 거론되는 기술급(숙련급)과 역량급에 초점을 두고 기타 신임금제도를 간략히 살펴보기로 한다.

1) 기술급과 지식급

(1) 기술급과 지식급의 의의와 특징

기술급(skill-based pay)은 좁은 의미로는 숙련급, 기능급 등으로도 불리는데, 환경변화에 신속하게 대처하지 못하는 직무급의 대안으로, 종업원이 수행하고 있는 기술이 아니라 보유하고 있는 기술의 종류와 수준에 따라 임금이 결정되는 제도이다. 즉, 종업원이 현재 담당하고 있는 직무가 종업원이 보유한 기술을 요구하지 않더라도, 검정된 모든 기술에 대해서 개인에게 임금을 지급하는 제도이다. 기술급은 종업원들로 하여금 조직에 대한 그들의 가치와 성과를 증대시킬 다양한 기술 내지는 보다 심화된 기술을 습득하도록 격려해서 급격한 기업환경 특히 기술환경의 변화기운에서 조직의 경쟁적 위치를 개선하도록 하는데 그 목적이 있다. 기술급은 업무가 구체적이고 잘 정의될 수 있는 제조업분야, 특히 조립업무 분야에서 많이 적용되고 있다(예컨대 자동차산업 및 전자산업분야).

기술급의 유형은 계단형, 기술블록형, 점수형, 교과목형, 업적급 가미형 등의 5가지로 분류할 수 있지만(김동원, 1999 : 5), 전형적인 기술급은 4단계에서 8단계의 수준이나 기술 블록(blocks)으로 구성되어 있다. 이를테면, 도제→장인→마스터(master)처럼 초급 용접기술→중급 용접기술→고급 용접기술 등, 또는 다양한 종류의 기술 습득을 위한 조립기술군(조립 1, 조립 2), 도장기술군(도장 1, 도장 2, 도장 3), 검사기술군(검사 1, 검사 2) 등을 들 수 있다. 종업원들은 각 단계별로 설정되어 있는 기술 혹은 기술블록의 종류와 수준을 습득함으로써 그 다음 단계로 나아가게 되며 이에 따라 책정된 임금을 받게 된다.

지식급(knowledge-based pay, pay for knowledge)은 종업원이 보유한 지식의 종류와 수준에 의해 임금이 결정되는 제도이다. 지식급은 기술급의 발달과 더불어 팀의 활용이 증가함에 따라 팀 혹은 집단임금제도의 변형으로 등장하였는데, 지식중심의 다양한 서비스를 제공하는 서비스직이나 팀에서 많이 사용되고 있다. 초기의 지식급은 은행 및 보험회사를 비롯해서 많은 수의 종업원들이 재화 대신에 자료와 정보를 기록·처리하는 조직 등에서 실시되었다.

지식급은 업무에 관한 설명이 기술을 설명하는 것보다 폭넓고 일반적이며 특정상황에서 각 종업원이 무엇을 해야 할 것인가를 구체적으로 기술하기 어려운 경우에 적절하다. 지식급의 예로서 중·고등학교 교사들의 경우, 학사학위 소지자보다 석사학위 소지자가, 석사학위 소지자보다 박사학위 소지자가 더 많은 지식을 가진 교사로서 보다 효과적이라고 전제하고 더 많은 임금을 받게 된다. 마찬가지로 특정 분야의 학위는 다른 분야의 학위보다 더 많은 임금을 받게 된다. 이러한 유형의 임금제도를 종종 자격에 기초한 임금제도(credential-based pay plans)라고도 한다(Henderson, 2000 : 390, 395~396).

요컨대, 기술급, 지식급은 종래 직무급처럼 모든 조직에서 모든 종류의 직무와 관련된 것이 아니라 각 조직의 독특한 것들로 조직 내에서 수행되는 업무의 종류, 종업원들에게서 요구되는 기술, 지식과 특히 관련되어 있다.

기술급과 지식급의 구분은 1990년대에 들면서부터 그 개념상의 차이가 모호해지면서 지식급을 포함한 넓은 의미의 skill-based pay 용어가 많이 사용되고 있다. 이를테면 Milkovich & Newman은 기술급에 지식을 포함시켜 개인이 직무와 관련하여 습득한 기술(skills), 능력, 지식의 폭(breadth)과 깊이(depth)에 따라 임금을 지급하는 제도로 정의하고 있다(Milkovich & Newman, 2008 : 148~150).

기술급은 다음의 두 가지에 초점을 둔다.

첫째는 기술이나 지식의 폭인데, 이는 기술이나 지식의 종류로서 여러 직무분야에서의 기술이나 지식의 숫자가 증가된 것, 즉 다기술(multi-skill or horizontal skill)의 습득을 의미한다. 따라서 기술의 다양화로 생산직 종업원은 작업흐름에 따라 다양한 직무를 수행할 수 있다. 사무직의 경우, 종업원이 인사뿐만 아니라 경리, 마케팅 업무 등에서도 다양한 지식을 갖추었을 때 그의 지식의 폭은 증가되었다고 볼 수 있다. 이런 점에서 기술폭의 신장은 종업원이 다방면의 지식이나 기술을 갖추어 다양한 직무를 수행할 수 있는 제너럴리스트(generalist)가 되는 것을 의미한다.

둘째는 기술이나 지식의 깊이로, 이는 기술이나 지식의 수준과 관련되는 것으로 한정된 직무분야에서 기술이나 지식의 심화정도(vertical skill)를 말한다. 예컨대, 앞서 언급한 바처럼 생산직의 경우 초급 용접기술→중급 용접기술→고급 용접기술을 습득해서 전문적인 기술수준이 높아지거나, 전문·서비스직의 경우에는 교사나 과학자, 기업의 법률이나 재무전문가 등의 전문적인 지식수준이 향상되는 것을 말한다. 따라서 기술이나 지식의 수준이 높다는 것은 종업원이 해당 직무분야의 전문가(specialist)가 되는 것을 의미한다.

이처럼 기술급은 기술이나 지식 등 개인 특성에 기초한 임금제도로서 종업원이 여러 직무분야에 걸쳐 습득한 기술이나 지식의 다양성 정도나 또는 한정된 분야에서 그 심화의 정도에 따라 임금액이 달라지는 것이 특징이다.

기술급(이하 기술에는 지식이 포함된 개념임)은 다양한 기술을 습득하여 여러 직무를 수행할 수 있고, 고도의 전문적 기술력을 가진 종업원들은 장래조직의 성과 증대에 기여할 수 있는 가치있는 사람들이라는데 가정을 두고 있다. 따라서 이들이 보다 많은 임금을 받는 것은 당연하다는 신념에 기초하고 있다.

(2) 기술급의 장·단점

기술급은 다음의 장점들을 가지고 있다(Lawler Ⅲ, 1990 : 160 ~165).

첫째, 생산현장에 있어서 기술급의 가장 확실한 장점은 노동력의 유연성 증대이다. 기술급은 종업원들이 다양한 기술을 습득해서 여러 직무를 수행할 수 있도록 함으로써 노동력 활용에 있어 유연성이 증대된다. 따라서 일상적인 직무담당자의 이직, 결근, 교육훈련시에도 쉽게 대체인력을 투입할 수 있어 충원이 용이하다. 또한 노동력의 유연성 증대는 다기술 종업원들을 통해 의사결정의 분권화를 촉진시키고, 자율적 관리자 내지는 팀이 되도록 기여한다.

둘째, 종업원들의 기술이 확대되어 조직은 부품부족에 따른 비정규적 작업 흐름이나 제품변화에 원활하게 적응할 수 있도록, 생산일정계획이나 생산 라인 시스템의 변화에 유연성을 가질 수 있다(예컨대 just-in-time system, 혹은 유연생산 시스템). 이러한 장점은 제품수명주기의 단축경향, 주문생산 수요의 증가, 시장변화에 신속한 반응요구 등의 환경변화에 적극 대처하기 위해서 앞으로 그 중요성이 꾸준히 증가될 것이다.

셋째, 기술급은 다른 직무들에 대한 폭넓은 이해를 증진시켜 조직 내 타직무 종사자들과의 커뮤니케이션을 촉진하고, 종업원들에게 조직의 기능과 관리방법 등에 대한 폭넓은 시야를 제공해준다. 이에 따라 종업원의 모티베이션이 증대되고 조직의 문제도 보다 효과적으로 해결할 수 있게 된다.

넷째, 종업원들은 상위 직무로 이동하지 않고도 소득과 기술을 증대시킬 수 있다. 이는 과거에 비해 승진기회가 제한되어 있는 고도의 경쟁환경 하에서 보다 중요성을 가진다(Mondy et al. 2002 : 332).

기술급은 다음의 단점 내지 문제점도 가지고 있다.

첫째, 기술급제도의 가장 큰 단점은 종업원들이 다양한 기술습득과 기술심화로 전통적 임금제도보다 더 많은 임금을 지급받기 때문에 인건비가 점차 상승한다. 그러나 조직이 이들 종업원들을 잘 활용한다면 총 인건비는 낮아질 수 있다.

둘째, 기술 역시 진부화될 수 있기 때문에, 자칫 진부화된 기술의 습득에 대해서도 종업원들에게 보상을 제공하는 임금 시스템이 될 수 있다. 마찬가지로, 기술습득 종업원들을 조직의 가치증대를 위해 활용 못한다거나 기술급이 신중하게 설계되어 있지 않을 경우에는 추가 인건비만 지출되고 비용효과는 없을 수 있다(Kleiman, 2000 : 254).

셋째, 만약 임금 상승이 전적으로 기술에만 기반을 둘 경우, 종업원들이 기술급에서 요구하는 모든 기술을 빨리 습득하여 최고 수준에 이르게 되어 더 이상 임금 상승의 여지가 없게 되면 좌절감을 느낄 수도 있다(Murray & Gerhart, 1998).

(3) 기술급의 효과

기술급은 종업원들이 다양한 기술을 습득하고 심화시키도록 격려하기 때문에 종업원들은 자신이 가지고 있는 잠재능력을 최대로 발휘하고 자아발전과 성장을 도모할 수 있게 되고 또한 종업원들이 기술을 직무성과의 중요한 투입요소로 지각하는 정도까지는 기술급은 공정성 지각을 증대시켜 종업원들을 동기부여시키게 되어 경영성과 증대에 긍정적 효과를 미친다.

기술급 제도는 특정기술들의 측정이 용이하고 조직의 전략과 관련된 기술은 즉시 확인이 가능하기 때문에 최근 그 인기가 증대되고 있다. 미국의 경우 대기업의 51%가 소수 종업원들을 대상으로 기술급을 적용하고 있다. 특히 공격적인 대외경쟁에 직면하고 있고, 제품수명주기가 짧고 시장변화에 신속하게 대응하는데 관심을 갖고 있는 기업들에서 기본급으로서 기술급의 도입이 보다 증가된 것으로 나타났다. 또한 오늘날 기술과 지식이 핵심적인 역할을 하는 21세기 지식기반 경제사회에서 기술급은 생산직 근로자뿐만 아니라 이제는 사무직 및 때로는 관리직까지도 확대 · 적용되는 추세에 있다.

2) 역량급

역량급(力量給, competency-based pay)은 1980년대~1990년대 들어서 관리직 및 전문 · 기술직을 대상으로 설계된 임금제도인데, 종업원들이 현재 담당하고 있는 직무와 상관없이 그들이 보유하고 있는 역량의 범위와 수준에 따라 임금이 결정되는 제도이다. 역량에 대한 통일적 정의는 없지만, 역량이란 성공적 직무수행을 위해 요구되는 기술 · 지식 · 동기 · 행동 등을 포함한 개인 특성(characteristics)을 말한다.

역량급제도가 개발된 배경은 높은 수준의 관리직이나 전문 · 기술직의 경우 이들이 수행하는 업무활동을 정확하게 파악하고 그 결과를 확인하는 것이 비교적 어렵다는 점이다. 뿐만 아니라 기업이 기술환경 변화에 따라 계속적으로 변화하는 직무에 대처하기 위해 노력하는 것보다는, 현재와 미래에 요구되는 역할과 역량으로 직무개념을 대체해서 직무수행에 요구되는 기술과 역량을 가지고 있는 개별구성원의 특성에 기초를 둔 임금제도의 필요성이 제기되고, 이에 따라 기술급과 같이 직무급의 대안으로 개발 · 도입되었다.

조직의 핵심역량은 조직의 철학과 가치, 미션(mission), 사업전략 및 계획 등에 의해 영향을 받고, 그 구성요소 또한 학자에 따라 다양할 수 있지만, 일반적으로 역량은 가시적 요소인 기술(skills), 지식(knowledge)과 내면적 요소인 자아개념(self-concepts), 특질(traits), 동기(motives) 등으로 구성된다(Spencer, L. M. & Spencer, S. M. 1993).

- **기　　술** : 특정한 물리적 또는 정신적 과업에 대한 숙련도나 능력
- **지　　식** : 특정분야에 관해 개인이 가지고 있는 축적된 정보
- **자아개념** : 개인의 행동에 영향을 미치는 개인의 태도, 가치관, 자아 이미지(self-image) 등
- **특　　질** : 특정상황이나 정보에 대해 일정한 방식으로 행동하고자 하는 기질로서 성격이나 능력 등
- **동　　기** : 특정행동을 유발시키고 방향 짓도록 하는 추진력(원인)

역량은 이러한 다섯 요소가 결합하여 나타난 행동적 특성으로, 본질적으로는 치열한 경쟁환경 하에서 조직이 가치창출을 통해 경쟁우위를 달성하고 유지하기 위해 필요한 조직의 DNA라 할 수 있는 인적자원의 기본 특성들이다. 특히 평균적 성과와 우수한 성과를 구별 짓는 중요한 요소인 차별적 역량은 단순히 지식과 기술이라기보다는 추상적 특성들로, 이를테면 팀 설정에 있어서 차별적 특성들은 팀과의 강한 동일시(자아개념), 인간적 유연성(특질), 결과를 산출하려는 추진력(동기) 등을 포함한다(Milkovich & Newman, 2008 : 158~161). 이러한 점에서 역량급은 인적 특성에 기초한 임금제도라는 점에서 기술급과 동일하지만, 이를 능가하는 임금제도라 할 수 있다.

역량은 위의 다섯 특성요소들이 결합한 것이지만 조직구성원들에게 요구되고 표출되는 역량은 조직전략이나 업무성격, 계층적 지위에 따라서 다양하다. 예컨대 대학교수의 역량은 연구실적의 양과 질 등의 연구역량, 학생들에 대한 강의의 열정, 지식을 조리있게 전달하는 언어구사능력을 포함한 다양한 강의기법 등을 들 수 있다. 경영자에게 필요한 역량의 예를 포괄적으로 살펴보면, 직무나 제품에 대한 전문지식, 기술, 커뮤니케이션 및 대인관계기술(능력), 적응력, 창의성, 팀 지향성, 혁신성, 조직의 가치 및 전략, 사업에 대한 이해, 핵심목표를 파악하는 능력 및 달성하고자 하는 동기 등의 결과지향성, 고객욕구 파악, 파트너로서의 서비스 능력 등 고객지향성, 문제해결능력, 의사결정력, 리더십을 포함한 조직관리능력, 변화관리능력 등을 들 수 있다.

역량급은 다음의 장점을 가지고 있다.

첫째, 기술급과 같이 종업원들이 다양한 역량을 습득해서 여러 직무를 수행할 수 있도록 함으로써 노동력의 유연성을 증대시킨다.

둘째, 종업원들이 습득하고 개선된 역량에 상응한 임금을 지급함으로써 임금 공정성을 제고할 뿐만 아니라, 역량습득과 개발을 촉진시켜 종업원들의 역량이 향상되어 조직의 성과가 증대된다.

셋째, 조직의 성공을 위해 경쟁적 강점을 제공하는 핵심역량에 초점을 두고 보상을 제공함으로써 핵심역량을 조직전략 수행에 적합화시킬 수 있고, 지속적 학습과 개선을 통해 전략을 강화시킨다.

넷째, 역량은 시간이 경과함에 따라 습득되고 개선되므로 경력개발과 연계되어 설계될 수 있다.

반면에 역량의 정의가 어려워 자칫 모호한 표현이 될 우려가 있고, 역량 측정 및 타당성과 신뢰성 검증이 어렵고, 역량이 진부화될 수 있는 등의 단점이 있다.

이상의 역량급 역시 기술급처럼 21세기 지식기반 경제사회에서 개인의 역량에 상응하는 보상을 제공하는 것이 개인과 조직의 발전에 핵심적 과제가 되기 때문에, 그 도입이 확산되고 있다.

3) 스톡옵션제

(1) 스톡옵션제의 의의와 특징

스톡옵션제(stock option plans)는 원래 최고경영자를 위한 개별 인센티브 보상제도로 실시되어왔으나, 최근에는 종업원도 그 대상으로 실시되고 있다. 스톡옵션제란 회사가 경영자 및 종업원들에게 장래의 일정 기간 내에(권리행사기간) 사전에 약정된 가격(권리행사가격)으로 일정 수량의 자사주를 매입할 수 있는 권리를 부여하는 제도이다. 스톡옵션제는 주식에 근거한 보상(stock-based compensation)제도로 조직구성원이 열심히 노력해서 조직의 성과증대에 성공한다면 주가도 동반 상승할 것이라는 데 가정을 두고 있다. 따라서 임직원은 장래의 일정시점에서 주가가 행사가격을 상회할 경우 옵션을 행사하여 회사로부터 주식을 매입하고 취득한 주식을 시장에 추후 매각함으로써 이득을 획득하게 된다.

이 제도는 거시적으로는 기업을 둘러싸고 있는 환경변화에 기업이 효과적으로 적응해서 기업가치 극대화를 통한 기업 경쟁력을 제고시키고 경제 활성화를 도모하는데 그 목적이 있다. 구체적으로 ① 창의적이고 우수한 인재의 확보와 유지(특히, 중소기업의 경우), ② 업적과 임직원의 보상을 연동시킴으로써 주주와 임직원의 이해를 일치시키고, 나아가 ③ 장기적 관점에서 기업가치를 극대화하기 위한 조직구성원의 동기부여에 그 목적이 있다.

스톡옵션제의 특징은 첫째, 주가가 기업의 수익성과 성장성에 의해 영향을 받고 경영자가 이들 요인들에 영향을 미칠 수 있는 범위까지는 스톡옵션이 인센티브가 될 수 있다. 따라서 옵션을 부여받은 조직구성원들의 헌신적 노력에 의해 경영성과의 증대, 즉 기업가치의 증가가 시장의 주식가격에 반영되면 그들이 매입한 주식의 가격상승으로 자본이득을 얻게 되어 근로의욕은 더욱 자극을 받게 된다. 둘째, 스톡옵션제에서 보상의 구체적 실현은 권한 확정기간(vesting period)을 포함한 장기간이 경과한 후 주식을 매각함으로써 이루어진다. 그러므로 스톡옵션제는 주식 혹은 주가에 근거한 주식 연동형 장기 인센티브제도이다.

미국의 경우 스톡옵션제는 원래 최고경영자의 재무적 성공을 주주의 재무적 성공과 연계시키는 이윤분배의 한 형태로 실시되어 왔으나, 근년에는 펩시콜라, 휴렛 패커드, 스타벅스 등과 같이 종업원들에게도 스톡옵션을 부여하고 있는 회사들도 많이 있다. Fortune지에 게재되는 대기업의 약 90% 정도가 스톡옵션을 비롯한 다양한 장기 인센티브 임금제도를 실시해왔고, 스톡옵션제는 미국에서 가장 인기있는 장기 인센티브제도로 각광을 받아왔다.

(2) 스톡옵션제의 유형

가) 인센티브 스톡옵션(incentive stock options : ISO)

일정 요건하에 세제상 우대조치가 인정되는 스톡옵션으로, 회사가 임직원들에게 미래의 일정기간 내에 약정 가격으로 일정 수의 자사주를 매입할 수 있는 권리를 부여하는 제도이다. 가장 일반적인 스톡옵션의 유형이다.

나) 비적격 스톡옵션(non-qualified stock options : NQSP)

비적격 스톡옵션은 세제상 우대조치를 받을 수 없는 스톡옵션으로 제도 설계에 유연성을 가질 수 있는 것이 특징이다.

다) 주식평가 보상권(stock appreciation rights : SARs)

주식상승 보상권, 주식평가(익)권 등으로 다양하게 불리는 주식평가 보상권은 임직원에게 일정기간에 있어서 자사주의 시장가격 상승액을 보상으로 받을 수 있는 권리를 부여하는 제도이다.

이 외에도 성과주식/단위제도(performance shares/unit plans), 제한부 주식제도(restricted stock plans), 가상주식제도(phantom stock plans) 등이 있다.

(3) 스톡옵션제의 효과

스톡옵션제는 구성원을 동기부여시키고, 경영자로 하여금 장기적이고, 주주가치를 제고시키는 경영을 촉진시킬 뿐만 아니라 유능한 인재를 확보하고 유지하는 기능을 수행하고, 나아가 경영성과의 증대와 주가상승을 가져온다. 미국에서의 실증연구에 의하면 구성원들이 스톡옵션과 같은 장기적 인센티브제도를 적용받을 때 조직의 성과는 높아지고 주식시장에서 주가가 상승하는 결과를 나타내었다.

우리나라는 1996년 12월에 증권거래법을 개정하여 스톡옵션제를 법제화함으로써 도입되었는데, 초창기의 스톡옵션제는 우수한 아이디어와 기술력을 바탕으로 한 벤처기업에서 우수인재 유치와 기술혁신을 위한 유인책으로 시행되었다. 최근에는 중소형 성장사와 대기업들이 임직원에게 스톡옵션(주식매수선택권)을 부여하는 사례가 잇따르고 있다.

4) 브로드밴딩

브로드밴딩(broadbanding)이란 정보기술의 발달로 인해 조직계층 수의 축소와 수평적 조직의 확산에 따라 이에 적합한 직무등급체계로 등장한 신임금체계인데, 전통적인 다수의 계층적 임금구조를 통합해서 보다 폭넓은 광역화된 임금범위를 갖는 소수의 임금등급(pay grade)으로 축소시키는 것을 말한다. 간단한 예로, 감독직의 임금범위가 \$20,000 ~ \$35,000, \$30,000 ~ \$50,000, \$45,000 ~ \$70,000의 계층적 구조를 가질 경우, 이를 통합해서 \$20,000 ~ \$70,000의 임금범위로 광역화하여 하나의 등급으로 단순화시키는 것을 의미한다.

근년 미국 기업의 추세는 이처럼, 직급체계에 있어서 기존의 20개 이상에 달하는 임금등급들을 통합해서 임금의 폭이 광역화된 10개 미만 정도의 임금등급으로 줄이는 경향이다. 새로이 형성된 밴드(band)는 여러 개의 직무등급들을 포함하게 되는데, 보통은 4~5개의 직무등급 혹은 하나의 밴드로 통합된다(Dreher & Dougherty, 2002 : 87). 따라서 브로드밴딩은 한마디로, 직무급체계에서 직무(혹은 임금)등급 수는 축소하되 등급 내 범위는 광역화하는 것으로, 광역화된 직무(임금)등급체계라 할 수 있다.

학습문제

1. 임금형태 관리의 의의와 목적 및 임금형태의 두 가지 유형을 설명하시오.

2. 성과급의 특징과 두 가지 유형을 설명하시오.

3. 성과배분제도의 의의와 두 가지 유형을 설명하시오.

4. 성과배분제도로서 생산성 이득배분제도의 유형과 특성을 설명하시오.

5. 연봉제의 도입배경과 특징 및 유형을 설명하시오.

6. 연봉제의 장・단점과 성공적인 도입 및 운영과제를 설명하시오.

7. 조직전략에 따른 보상전략을 설명하시오.

8. 지식급과 좁은 의미의 기술급과의 차이점을 비교 설명하시오.

9. 기술급의 장・단점 및 적합한 조직에 대해서 설명하시오.

10. 역량급의 의의와 장・단점을 설명하시오.

11. 스톡옵션제의 의의와 특징 및 유형을 설명하시오.

12. 브로드밴딩을 간단히 설명하시오.

참고문헌

고용노동부(2013.10), 『알기 쉬운 임금정보』, 제28호

김동원(1999), 『기술급제도』, 보상체계의 혁신시리즈3, 서울: 한국노동연구원.

김영재(1984), 자극임금제의 도입 및 실시방안에 관한 연구, 「인사관리연구」, 제8집, 한국인사관리학회, 87~107.

김영재(1991), 근로자의 성과배분참가와 조직유효성간의 관계에 관한 실증적연구, 「노사관계연구」, 제2권, 서울대학교 경영대학 노사관계연구소, 179 ~210.

김영재(1994), 성과배분제도가 기업의 생산성, 재무적 성과 및 노사관계에 미치는 영향에 관한 연구, 「산업관계 연구」, 제14권, 한국노사관계학회, 303~333.

김영재(1996), 미국기업 성과배분제도의 특성과 노사관계, 「인사관리연구」, 제20집 1권, 한국인사관리학회, 87~123.

김영재(1999), 스톡옵션제도의 효과와 유형별 특징, 「노사관계연구」, 제2권, 서울대학교 경영대학 노사관계연구소.

김영재・양병무(2001), 『스톡옵션제의 과제와 발전방향』, 한국경영자총협회, 노동경제연구원.

박우성・임광동(1999), 『이익분배제』, 보상체계의 혁신시리즈1, 서울 : 한국노동연구원.

양병무(1998), 『연봉제의 이론과 실제』, 한국경영자총협회부설 노동경제연구원.

한국경영자총협회(2009), 2009 인사・임금사례 총람.

Dreher, G. F. & Dougherty, T. W.(2002), *Human Resource Strategy: A Behavioral Perspective for the General Manager*, New York: McGraw-Hill.

Ellen, J.(1998), Stock Option Barriers to Entry, *Treasury and Risk Management*, October, 8, 45~47.

Florkowski, G. W.(1987), "The Organizational Impact of Profit Sharing", *Academy of Management Review*, Vol.4, 622~636.

French W. L.(1982), *The Personnel Management Process*, 5th ed., Boston: Houghton Mifflin Company.

Greiner, L. E.(1998), "Evolution and Revolution as Organizations Grow", *Havard Business Review*(May-June), 55~67.

Henderson, R. I. (2000), *Compensation Management in a Knowledge-Based World*, 8th ed., Englewood Cliffs: Prentice Hall.

Kleiman, L. S.(2000), *Human Resource Management: A Managerial Tool for Competitive Advantage*, 2nd ed., Cincinnati: South-Western College Publishing.

Lawler Ⅲ, E. E.(1990), *Strategic Pay*, San Francisco : Jossey-Bass.

Lawler Ⅲ, E. E., Ledford, Jr. & Chang, L.(1993). "Who Uses Skill-Based Pay, and Why", *Compensation and Benefits Review*, March-April. 22~26.

Megginson, L. C.(1972), *Personnel: A Behavior Approach to Administration*, Rev. ed., Homewood: Irwin.

Milkovich, G. T. & Newman, J. M.(2008), *Compensation*, 9th ed., New York: McGraw-Hill.

Miller, C. S. & Schuster M. H.(1987), "Gainsharing Plans: A Comparative Analysis", *Organizational Dynamics*, Summer, 44~46.

Mondy, R. W., Noe, R. M. & Premeaux, S. R.(2002), *Human Resource Management*, 8th ed., Englewood Cliffs: Prentice Hall.

Murray, B. C. & Gerhart, B.(1998), "An Empirical Analysis of a Skill-Based Pay Program and Plant Performance Outcomes", *Academy of Management Journal* 41, 1, 68~78.

Noe, R. A., Hollenbeck, J. R., Gerhart, B. & Wright, P. M.(2008), *Human Resource Management: Gaining a Competitive Advantage*, 6th ed., New York: McGraw-Hill.

Sherman, A., Bohlander, G. & Snell, S.(1998), *Managing Human Resources*, 11th ed., Cincinnati: South-Western College Publishing.

Spencer, Jr., L. M. & Spencer, S. M.(1993), *Competence at Work: Models for Superior Performance*, New York: John Wiley & Sons.

제 12 장
복리후생관리

12

복리후생관리

opening case 12. 포스코, 일과 삶의 조화 위한 기업문화 조성에 힘쏟아

포스코가 일과 삶의 조화를 뜻하는 '워라밸' 기업문화 조성에 힘을 쏟고 있다. 포스코는 워라밸 트렌드가 사회로 자리 잡는 가운데 문화행사 확대와 직원 복지시설 개선, 감사쿠폰제도 등을 통해 일과 쉼의 조화를 이루는 기업문화 조성에 앞장서고 있다고 31일 밝혔다.

포스코는 25일 포스코센터 로비에서 2019년 두 번째 포스코 콘서트를 개최했다. 가정의 달을 맞아 11일에도 세계적으로 인정받는 대표 문화 콘텐츠인 '점프'를 '포스코 키즈콘서트' 무대에 올리기도 했다. 또한 포스코는 미술전시회도 운영하고 있다. 1995년 서울 포스코센터에 개관한 포스코 미술관에서는 상시 전시 프로그램과 가족 프로그램이 운영되고 있다.

포스코는 직원들의 만족도를 높이기 위해 복지에도 투자하고 있다. 포항제철소는 직원 복리후생 시설인 포항 동촌플라자를 6월부터 대대적으로 리모델링해 다목적 복합 소통공간으로 바꾸기로 했다. 포스코 임직원을 비롯해 협력기업 관계자들과 내방객, 시민 등 많은 사람들이 방문하는 동촌플라자를 리모델링함으로써 현장직원의 근무 인프라를 개선할뿐 아니라 지역민들과 소통도 강화할 수 있을 것으로 내다보고 있다. 포스코는 "앞으로도 시설물 개선과 사옥의 적극적 활용으로 직원들의 복지 증진뿐 아니라 지역사회와 인근 주민들에게도 일상의 휴식과 편의를 제공할 것"이라고 말했다.

한편 포스코는 출산장려제도를 도입하는 등 일과 가정의 양립도 지원하고 있다. '난임 치료 휴가'를 통해 1년에 최대 5일의 연차를 부과하며 '출산장려금'도 지급하고 있다. 개인적 여건에 맞추어 근무할 수 있는 완전자율 출퇴근제와 전환형 시간선택제, 직무공유제 등 '육아지원근무제'도 운영 중이다. 또한 2017년부터 긍정적이고 유연한 기업문화를 확산하고 직책자와 직원의 신뢰와 소통 문화를 정착하기 위해 감사쿠폰제도를 실시하고 있다.

(자료: 비즈니스포스트, 2019. 05. 30.)

토의과제

1. 최근 기업의 워라밸 문화가 확산되고 있는 이유를 찾아보고 관련된 근로자 지원 프로그램의 효과에 대해서 토의하시오.
2. 효과적인 근로자 지원 프로그램의 설계방안을 토의하시오.

제1절 복리후생의 개념

1. 복리후생의 의의

1) 정 의

복리후생(employee benefits and services)이란 종업원의 노동과 직접적으로 연결되지 않는 간접적 보상으로 기업이 종업원의 생활의 안정과 질을 향상시키기 위해 종업원과 그 가족에게 제공하는 직접적 보상인 임금 이외의 모든 보상과 서비스를 말한다(Ivancevich, 1998 : 376).

여기서 종업원 급부(benefits)는 건강 및 사고관련시 종업원 보호와 장래의 상황, 예컨대, 퇴직, 고용종료, 혹은 어떤 객관적 기준의 달성시 종업원에게 소득을 제공해 주는 퇴직소득, 실업(고용)보험, 의료보호(보험) 등의 기타 보상요소들을 말한다.

종업원 서비스(services)는 어떤 종류의 종업원 수요를 충족시켜줌으로써 종업원 복지에 기여하는 이를테면 유급휴가, 무급휴가, 주택지원, 의료서비스, 기타 요소들로 이러한 서비스는 대개 종업원들로 하여금 보다 나은 생활양식을 향유하거나 혹은 고용비용을 최소화하면서 사회적이나 개인적인 책무를 달성할 수 있도록 해준다(Henderson, 2000 : 543).

이러한 복리후생은 기업의 공동체 원리를 전제로 한 국가사회보장제도의 일환으로서 사회적 임금(최종태, 2000 : 288), 종업원 급부(employee benefits), 복지후생, 후생복리, 기업복지, 종업원복지 등 다양한 명칭으로 불리어지고 있으나, 노동에 대한 직접적 보상인 임금을 부가적으로 보완해주는 각종 급부라는 의미에서 종래까지는 전형적으로 부가급부(fringe benefits)로서 많이 사용되어 왔다.

오늘날 복리후생은 산업사회의 발전과 생활수준의 향상, 종업원의 욕구수준 증대와 다양화, 노동력 구성의 변화 등으로 인해 임금, 근로시간 등의 기본적 근로조건을 보완해서 종업원과 그 가족의 생활의 안정과 삶의 질 향상을 위한 파생적 근로조건으로도 인식되고 있다.

2) 중요성과 성격

오늘날 복리후생은 기업의 보상관리 측면에서 다음의 두 가지 이유 때문에 중요시되고 있다.

첫째, 복리후생은 총 보상의 일부로서 복리후생비는 임금총액의 약 30%정도가 되어 노무비의 큰 부분을 차지하고 있다. 그러므로 노무비의 통제는 복리후생비의 통제 없이는 불가능하게 되었고, 이것이 제품시장에서 가격경쟁력에 영향을 주고 있기 때문이다.

둘째, 복리후생은 우수한 종업원의 확보와 유지, 즉 노동시장에서의 경쟁력 확보에 영향을 미치기 때문이다.

요컨대, 조직은 제품 및 노동시장에서 타 기업들과 경쟁하기 위해서 적절한 복리후생관리가 필요하다.

간접적 보상으로서의 복리후생은 직접적 보상인 임금과 비교해서 다음과 같은 차별적 성격을 갖고 있다.

첫째, 임금은 개별종업원의 연공, 노동의 양·질 등 성과에 따라 개별적으로 지급되는 반면, 복리후생은 연공이나 성과와 관계없이 조직의 모든 종업원들을 대상으로 제공되는 집단적 보상의 성격을 갖는다.

둘째, 임금은 개별종업원의 노동의 대가이므로 종업원은 이를 필요성 여부와 관계없이 당연히 요구하는 반면, 복리후생은 종업원 자신이 필요로 하는 구체적 상황이나 조건이 발생해야 혜택을 받게 된다. 예컨대 의료보험은 종업원이나 그 가족에게 질병이 발생해야 그 혜택을 받을 수 있고, 체육 및 문화시설도 본인이나 그 가족이 필요치 않아 이용하지 않으면 혜택은 없다. 따라서 복리후생은 종업원의 필요성 원칙에 의해 제공된다.

셋째, 임금은 종업원의 자유의사에 따라 다양한 용도로 사용될 수 있지만, 복리후생은 종업원의 필요에 따라 제공되기 때문에 필요의 구체적 내용에 따라 그 용도가 제한을 받는다.

넷째, 복리후생은 다양한 형태로 지급된다. 임금은 현금으로 지급되는 것이 일반적이지만, 복리후생은 현물이나 서비스 제공, 시설물 이용 등 그 수혜방법이 다양하다.

다섯째, 복리후생은 기대소득의 성격을 갖는다. 임금은 보통 매월 정기적으로 지급되지만 복리후생은 대체로 일정기간 내 모든 종업원이 그 혜택을 누릴 수 있도록 지급되는 것은 아니다. 따라서 특정시점에서는 복리후생을 제공받지 못했다 하더라도 언젠가 그러한 혜택을 받을 수 있는 조건이 성립되면 혜택을 누릴 수 있다는 확실한 기대를 가질 수 있다. 이런 의미에서 복리후생은 일종의 기대소득이라 할 수 있다.

2. 복리후생의 기능과 목적

복리후생은 논리적으로 다음의 기능을 수행한다고 볼 수 있으며 이를 통해 조직유효성을 제고시키는데 그 목적이 있다.

1) 복리후생의 기능

(1) 우수인력 확보

복리후생은 종업원에게는 비과세소득이므로 종업원에게 동일금액 임금보다 유리한 보상이 될 수 있다. 따라서 다양하고 수준 높은 복리후생 프로그램을 실시하고 있는 기업은 그렇지 않은 동종산업 내 경쟁기업과 만약 임금수준이 비슷하거나 다소 떨어진다 하더라도 노동시장에서 우수한 종업원을 유인할 수 있어 우수인력 확보에 경쟁력을 갖게 되어 유리한 입장에 서게 된다. 특히 노동시장이 다소 경직적인, 이를테면 하이테크 산업에서는 더욱 그러하다.

(2) 이직 및 결근의 감소

복리후생은 직무의 범위를 넘어서 종업원의 생활을 대상으로 하고 있으므로 종업원의 가족도 그 혜택을 받게 되어 종업원과 그 가족의 기업에 대한 일체감과 귀속의식을 고양시켜 노동력의 유지, 즉 이직을 감소시키는 효과가 있다. 이를테면 주거지원을 비롯하여 생활편의시설, 의료혜택 제공 등은 종업원의 생활을 안정시키는 기능을 수행함으로써 귀속의식과 공동체의식의 고양을 통해 이직방지에 기여하게 된다. 또한 의료혜택은 종업원의 건강을 유지시켜 결근을 감소시킨다.

(3) 동기부여 및 생산성 향상

복리후생이 제품이나 서비스의 산출, 즉 개인성과와는 직접 연계되어 있지 않아 복리후생의 동기부여 및 생산성 향상 효과에 대해 의구심을 갖는 전문가들이 많다. 그러나 복리후생은 간접적, 부가적 보상이므로 사용자들은 이로 인하여 복리후생이 동기부여 및 생산성을 향상시킬 것이라고 기대한다.

사실 대부분의 복리후생은 위생요인들에 해당되지만 종업원들 개인차이를 인정할 때 다양한 형태의 질 높은 복리후생 프로그램은 종업원의 귀속감과 직무 및 조직몰입도를 높여주고 근로의욕을 고취시켜 이직률 및 결근율의 감소와 품질향상을 가져오고 또한 각 종업원들에게 안정감을 주입시켜 생산성 향상을 기대할 수 있다. 예를 들어 유급휴가는 종업원으로 하여금 정신적・육체적 휴식을 통해서 직무에 관해 보다 많은 흥미와 활력을 불러일으킬 수 있고, 의료보험과 생명보험은 가족안전에 대한 염려를 줄여줌으로써 안심하고 직무와 조직에 좀 더 몰입할 수 있도록 해준다.

요컨대, 훌륭한 복리후생 프로그램은 종업원들로 하여금 조직에 적극 참여하고 잔류하도록 자극을 주는 동기부여적 분위기를 조성하는데 도움을 줌으로써 생산성 향상에 기여할 수 있다.

(4) 원만한 인간관계와 협력적 노사관계 구축

개별종업원의 능력이나 성과에 따라 차등적으로 지급되는 임금과 달리 복리후생은 모든 종업원을 대상으로 균등하게 혜택을 제공하기 때문에 조직 내 인간관계가 원만해지고 협력적 노사관계를 구축하는데 이바지한다.

특히 문화・체육・스포츠 및 오락시설, 기업 내 각종 취미활동의 지원 등은 종업원들 간 상호신뢰와 협조적 분위기를 조성하고 사회적 욕구를 충족시켜 조직 내에서 자연스럽게 인간관계를 개선하도록 해준다. 또한 이러한 집단적인 생활복리의 혜택은 회사에 대한 충성심 증대와 고용관계 안정화를 도모하고 경영에서의 '단결의 원리'를 실현시켜 기업을 하나의 협동공동체로 만들어 협력적 노사관계 구축에 기여하게 된다.

(5) 기업의 사회적 이미지 개선

기업이 종업원과 그 가족이 시민으로서 최저생활을 할 수 있도록 보장해주고 각종 사회복지 서비스를 최대한 제공해 줌으로써 그 기업이 사회적・윤리적 책임을 다하는 유익한 기업으로의 이미지와 대외관계를 개선시킬 수 있다.

2) 복리후생의 목적

복리후생이 이상과 같은 기능을 수행함에 따라 많은 기업들이 다양한 이유 내지는 목적으로 이를 도입・실시하고 있다.

미국의 한 조사에 의하면(Anthony, et al., 2006 : 469), 10명 이상의 종업원을 고용하고 있는 미국기업들의 경우(50명단위로 4집단으로 구분), 복리후생제도를 도입하게 된 목적(이유), 즉 i) 우수종업원 유인 ii) 이직률 감소 iii) 종업원 동기부여 iv) 면세혜택 v) 노조결성방지 vi) 노동조합의 요구 vii) 기타의 목적들 중에서 '우수종업원 유인' 목적이 제일 많았다.

우리나라의 경우 2016년 8월에 한국경영자총협회의 조사결과(2017)에 의하면 국내

기업들의 복리후생제도의 실시목적은 '생산성 향상'이 51.1%로 가장 높게 나타났고, 그 다음으로 '노사관계 안정'이 29.9%, '고용안정과 인력난 해소'가 16.3% 등으로 나타났다. 이러한 결과는 미국기업들과는 대조적으로 우리나라의 많은 기업들이 복리후생제도의 도입을 생산성 향상과 연계시키고 있음을 알 수 있다.

제2절 복리후생의 유형

복리후생의 유형은 그 시행주체와 법적 강제성 여부에 따라 다양하게 분류할 수 있으나, 기업의 복리후생은 일반적으로 후자에 따라 법정 복리후생과 법정외 복리후생으로 분류된다([그림 12-1] 참조).

그림 12-1. 복리후생의 유형

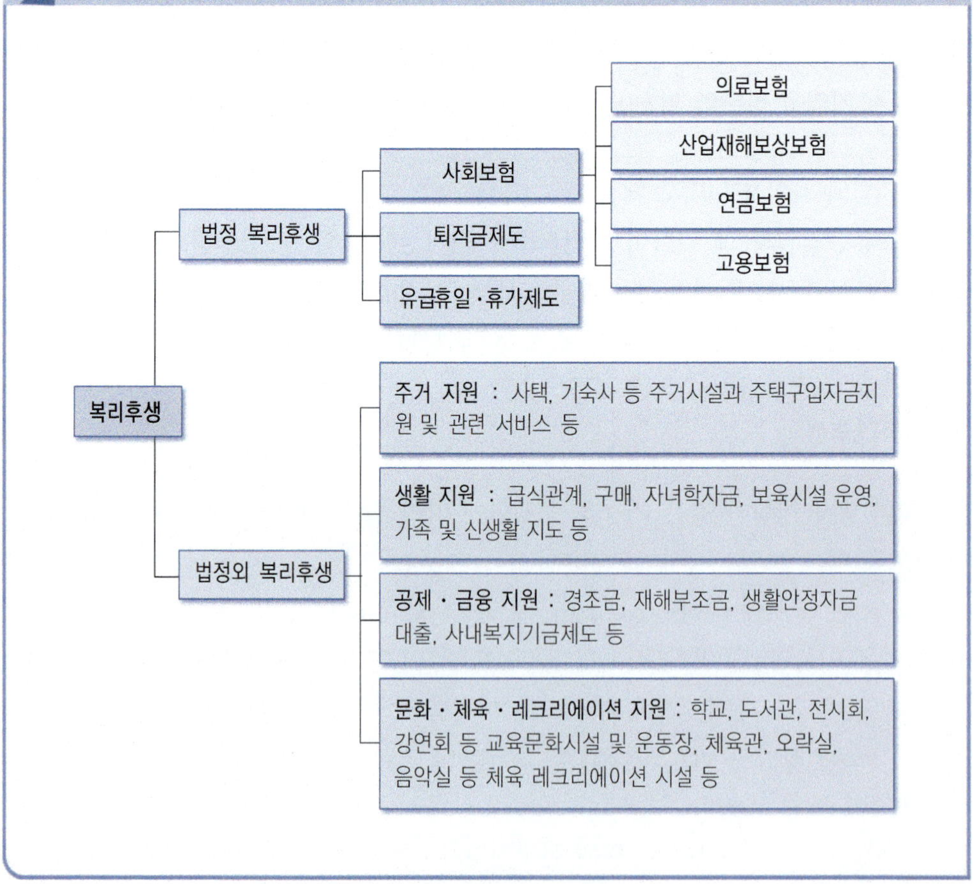

1. 법정 복리후생

법정 복리후생은 국가의 사회보장정책의 일환으로 국가가 기업에 법률로서 실시를 강제함으로써 의무화된 복리후생을 말한다. 법정 복리후생의 범위와 내용은 국가의 사회보장정책에 따라 다를 수 있지만, 기본적으로는 종업원들의 안전 및 안정의 욕구 충족에 초점을 두고 종업원들이 직장이나 일상생활에서 당면하는 여러 위험들로부터 이들을 보호함으로써 최소한의 사회·문화적 생활을 유지할 수 있게 하는데 그 목적이 있다.

우리나라에서는 사회보험제도로 의료보험, 산업재해보상보험, 연금보험, 고용보험 등이 실시되고 있으며 또한 퇴직금제도와 유급휴일·휴가제도도 법정 복리후생제도로 시행되고 있다.

1) 의료보험

의료보험은 종업원과 그 가족에게 발생하는 질병이나 사고로부터 그들의 생활을 보호하기 위한 사회보험으로 질병을 적은 비용부담으로 치료할 수 있게 할 뿐만 아니라 질병을 조기에 발견하여 예방할 수 있게 해주는 역할을 한다.

우리나라는 1976년에 의료보험법을 전면 개정하여 1977년부터 종업원 500명 이상을 고용하고 있는 기업들은 직장의료보험조합을 설치하도록 했다. 그 후 1988년부터는 상시근로자 5인 이상의 기업에까지 그 범위가 확대되었으며 의료보험료의 50%를 기업이 지원하도록 하고 있다. 2001년 7월 1일부터는 직장의료보험이 모든 사업장에 적용되고 있다. 의료보험은 질병·부상·임신시에 피보험자와 그 피부양자에게 주어지는 요양급여를 근간으로 분만급여, 건강진단에 대한 현물급여를 원칙으로 하고, 현금급여는 각 조합정관에 따라 예외적 경우에만 지급하고 있다.

2) 산업재해보상보험

산재보험은 종업원이 업무수행상 발생한 부상, 사망 등의 업무상 재해와 작업에 따르는 유해한 작업환경이나 작업자세로 인해 서서히 발생하는 업무상 질병(직업병) 등의 산업재해(災害)에 대하여 경제적 보상을 해주는 제도인데, 재해를 당한 종업원 및 그 유가족의 생활안정을 도모하는데 그 목적이 있다. 즉, 산재보험은 업무상 재해 및 직업병으로 인한 종업원의 건강 및 금전적 손실에 대해 산업재해자와 그 유가족에 대해 현금급부를 통해서 보상을 해준다. 뿐만 아니라 산재보험은 산업재해를 예방하기 위하여 산재보험 관련기관을 통해 유해사업장에 대한 작업환경측정을 비롯해서 산재취약부분에 대한 재정적 지원과 기술적 지도 및 지원, 예방점검 기능의 강화, 기타 다양한 예방활동도 실시하고 있다.

우리나라의 산업재해보상보험은 사회보장제도의 효시로 1963년에 제정된 산업재해보상법에 근거해서 1964년부터 종업원 500명 이상의 광업 및 제조업 부문에만 적용되었다. 이후 산업화의 진전과 함께 수십 차례의 적용확대 개정을 거쳐 2000년 7월 1일부터 1인 이상 전 사업장으로 적용범위가 확대되었다. 산업재해보상보험의 구체적 내용은 〈표 12-1〉과 같다. 또한 산재보험료는 기업이 전액 부담하도록 되어 있고 산재예방사업에 대한 재정비용을 산재보험료 수입의 약 5%로 충당하고 있다.

표 12-1. 산업재해보상보험의 내용

항 목	내 용
요양급여	근로자가 업무상 부상 또는 질병시 치료를 위해 요양비 전액 보상
휴업급여	업무상 부상 또는 질병으로 인해 일시적으로 노동능력을 상실하여 소득이 없어진데 대해 보상하는 급여(1일에 평균임금의 70% 지급)
장해급여	업무상 부상 또는 질병 치유후, 계속 장해가 남아있는 경우에 연금 또는 일시금으로 지급
간병급여	요양급여를 받은 자 중 치유 후 의학적으로 상시 또는 수시로 간병이 필요하여 실제로 간병을 받는 자에게 지급
유족급여	재해근로자 사망시 그 유가족에게 연금 또는 일시금으로 지급되는 급여
상병보상연금	요양급여 개시후 2년을 경과하여도 치유되지 아니하고 폐질자로 판정된 경우에 요양급여와 함께 상병보상연금을 지급하고 연금수급권자에게는 휴업급여를 지급하지 아니함
장의비	재해근로자 사망시 장의비로 평균임금의 120일분에 해당하는 금액을 장제를 행하는 자에게 지급
직업재활급여	장해급여를 받은 자에 직업재활급여 지급

3) 연금보험

연금보험은 종업원이 노령이나 폐질로 인해 소득이나 근로능력을 상실하여 소득을 얻을 수 없는 경우나 사망했을 경우에 종업원 본인과 그 가족이 안정된 생활을 할 수 있도록 그들의 생계를 연금급여로 지원해주는 제도이다.

우리나라에서는 1986년에 국민연금법이 제정되어 1988년부터 시행되고 있는데, 가입자가 노령으로 인해 소득이 상실되었을 때 받는 노령연금과 질병·부상으로 인한 장애로 근로능력을 상실했을 때 받는 장애연금, 사망했을 때 유족이 받는 유족연금 등 세 가지를 기본급여체계로 하고 있다. 도입 당시에는 종업원 10인 이상 사업장을 대상으로 국민연금 가입을 의무화했으나 1992년부터는 5인 이상 사업장으로 확대되었다.[1] 사용자와 근로자는 1999년 4월부터 표준소득월액의 9%(보험요율)에 해당하는 연금보험료를 각각 절반씩(4.5%) 분담하고 있다.

4) 고용보험

고용보험은 국가의 사회보장차원에서 근로자가 비자발적 사유로 실직한 경우에 근로자와 그 가족의 생활안정을 위하여 일정기간 실업급여를 지급해서 그들의 생계를 지원해주는 실업보험에서 비롯되었다.

우리나라에서의 고용보험은 1995년 7월부터 시행되어왔는데, 사후 구제적·소극적 개념인 전통적인 실업보험뿐만 아니라 실업을 사전에 예방하고 고용의 안정을 실질적으로 보장하는 보다 적극적 인력정책수단으로서 실직시 생계안정을 위한 실업급여 외에 고용안정사업, 직업능력 개발사업의 3개 사업을 시행하고 있는 바, 그 구체적 내용은 다음과 같다.

- **실업급여** : 실직자의 생계안정(구직급여)과 조기재취직 수당, 직업 능력 개발수당, 광역 구직활동비 및 이주비 등
- **고용안정사업** : 고용정보제공, 직업상담 및 지도, 직업훈련 상담 및 소개, 취업알선과 고용조정 지원(전직훈련·인력 배치 지원금, 휴업수당 지원금) 그리고 고령자·주부·장애인 고용촉진 지원 등
- **직업능력 개발사업** : 실직자 재취직 훈련 및 수강 장려금 지원, 교육수강비용 대부, 근로자의 생애직업 능력개발 지원 및 사업 내 직업훈련 지원 등

고용보험의 적용대상을 살펴보면 1998년 10월 법개정 후 전 사업장으로 범위가 확대되어 전 사업장 상용근로자는 물론, 65세 이후에 새로이 고용된 자와 일용근로자(일일 고용되는 자 또는 1개월 이내 기한으로 고용되는 근로자)를 제외하고는 임시·시간제 근로자에게도 적용되도록 하였다.

---

1) 국민연금은 1999년 4월 도시지역 자영자에까지 그 적용범위가 확대되어 현재 18세 이상 60세 미만의 전 국민이 적용대상으로 되어 있다.

고용보험료의 경우 2021년 기준으로 실업급여는 1.6%의 보험요율을 근로자와 사용자가 각각 절반씩 부담해야 하고 고용안정사업과 직업능력개발사업에 대해서는 사용자가 전액(0.25~0.85%) 부담하도록 되어 있다.

5) 퇴직금제도

(1) 퇴직금의 의의

퇴직금제도는 종업원이 일정기간 고용관계에 있던 기업에서 자발적 또는 비자발적 사유로 퇴직할 때 기업이 종업원에게 일정액을 지급하는 제도를 말한다. 퇴직금제도는 다른 나라에서는 찾아보기 어려운 제도로 연공주의 인적자원관리와 밀접한 관계가 있다. 연공급 임금체계하에서는 퇴직금제도를 통해 임금의 노동대가의 원칙을 보완적으로 달성하고, 근로자의 장기근속을 유도하는 효과가 있기 때문이다.

퇴직금은 퇴직시 일시로 지급받는 퇴직일시금과 퇴직 후 일정기간 동안 정기적으로 지급받는 퇴직연금 모두를 총칭하지만, 협의로는 퇴직일시금만을 말하고 이를 보통 퇴직금 또는 퇴직수당이라고 한다. 우리나라 기업에서는 퇴직일시금이 압도적으로 많다. 퇴직금은 퇴직자의 소득보장으로 단기근속 퇴직자에게 실업급여 기능을 수행하고 특히 장기근속 퇴직자에게 노후생활을 보장해 주며 또한 이로써 노사관계 안정화에도 기여하는 기능을 수행한다.

(2) 우리나라의 퇴직금제도

우리나라의 퇴직금제도는 1953년에 제정된 근로기준법 제28조에 의해 취직자에 대한 소득보장 목적으로 임의적 제도로 도입되어 기업단위의 취업규칙에 의해 임의로 지급할 수 있도록 하였다. 그러나 1961년 1차 개정에서 30인 이상의 사업장에서 사용자는 계속근로연수 1년에 대하여 30일분 이상의 평균임금을 퇴직금으로서 퇴직하는 근로자에게 지급할 수 있는 제도를 설정하여야 한다고 규정하여 퇴직금 지급의 최저기준을 법제화했다. 이후 세 차례의 개정을 통해 적용대상을 점차 확대해 왔는데 현재는 5인 이상의 사업장에서 1년 이상 근속한 자에게 연간 임금총액의 1/12, 연봉의 8.3%를 퇴직금으로 지급하도록 의무화해서 법정 복리후생제도로 운영되고 있으며, 여기에 누진율(+α)을 적용하는 퇴직금 누진제를 실시하는 회사들도 많이 있다.

우리나라의 퇴직금제도는 도입된 후 지금까지 제도의 내용이나 운영방법에 있어서 큰 변화 없이 유지되어 왔기 때문에 몇 가지 문제점 등이 제기되어 왔다. 이를테면 첫째, 1988년 국민연금과 1995년 고용보험의 도입과 연봉제의 확산, 빈번한 직장이동,

퇴직금 중간정산제 실시 등으로 기존 퇴직금제도의 노후소득보장과 실업급여 기능이 약화되고 있다. 둘째, 기업의 연륜증가와 임금의 급격한 상승으로 기업의 퇴직금부담은 더욱 커지고 있고 특히 국민연금 및 고용보험의 도입으로 기업은 이중으로 인건비 부담을 지게 되어 퇴직금이 기업의 경쟁력을 약화시키는 요인으로 지적되고 있다. 셋째, 퇴직금 운영상 및 기업의 도산시 퇴직금지급 보장의 미흡 등의 문제점들이 노정되어 왔다. 이러한 문제점들을 해결하기 위해 퇴직금제도의 대안으로 퇴직연금제도의 도입이 활발하게 논의되어 왔다.

(3) 퇴직연금제도

현 퇴직금제도의 대안으로서 노동부가 수년동안 추진해 왔던 “근로자 퇴직급여 보장법”이 2004년 12월에 국회를 통과하여 2005년 12월부터 근로자 5인 이상 사업장에 현행퇴직금과 동일한 가치를 가지는 퇴직연금제도가 시행되고 있고, 2008년 12월부터 4인 이하 사업장에 확대 적용되고 있다.

퇴직연금제도는 퇴직일시금을 연금으로 전환해 근로자의 안정적 노후생활 보장을 강화하고 기업이 퇴직금부담을 합리적으로 관리할 수 있도록 근로자가 퇴직후 받을 돈을 사용자가 정기적으로 일정액을 금융기관에 적립하고 운영하여 퇴직후 연금형태로 지급하는 제도를 말한다. 동 법에 의하면 만 10년 이상 적립하면 퇴직시 일시금, 시한부, 종신 등 다양한 방식으로 근로자가 선택해서 연금을 수령할 수 있고, 노사는 합의에 의해 현행 퇴직금제와 퇴직연금제 중에서 택일할 수 있는데 세제지원을 통해 연금제도의 선택을 유도하고 있다.

퇴직연금의 형태는 확정급여형 퇴직연금제(defined benefit retirement pension plan : DB형)와 확정기여형 퇴직연금제(defined contribution retirement pension plan: DC형) 모두가 허용된다. 상시근로자 30인 미만 사업장은 직장 이동시에도 퇴직후 연금으로 수령할 수 있도록 퇴직적립금을 누적해 통산하는 개인퇴직계좌(IRA)가입으로 대체가 가능하다.

확정급여형은 현행 퇴직금처럼 퇴직후 받을 연금을 퇴직당시의 평균임금×근속연수(노사합의로 증액가능)로 미리 확정해서 적립하는 방식이다. 따라서 임금인상률이나 기금운용수익률 등 연금액 산정의 기초가 급변하는 경우 사용자가 그 위험을 부담해야 하고 근로자의 수급보장성은 상대적으로 높다. 확정급여형의 도입에 따른 근로자의 급여수준은 일시금 기준으로 현행퇴직금 수준 이상으로 받게 된다.

반면 확정기여형은 사용자가 근로자의 개인별 계좌에 매년 일정금액을 적립하면 근로자는 자신의 책임하에 주식 등 금융상품을 선택해서 운용하는 방식으로 미국의

401K(확정기여형 기업연금)과 유사하다. 우리나라는 2022년까지 국내 모든 사업장에 퇴직연금이 의무적으로 도입되고, 30인 이하 영세사업장은 2015년 7월부터 '중소기업 퇴직연금기금제도' 활용이 가능하게 된다.

확정급여형과 확정기여형을 그 내용별로 비교하면 〈표 12-2〉와 같다.

표 12-2. 확정급여형과 확정기여형의 비교

구 분 / 내 용	확정급여형(DB형)	확정기여형(DC형)
개 념	• 노사가 사전에 퇴직연금(급여)의 수준 • 내용을 약정 • 근로자가 일정연령에 달한 때에 약정에 따른 급여지급	• 노사가 사전에 부담할 기여금을 확정 • 적립금을 근로자가 자신의 책임하에 운용 • 근로자가 일정연령에 달한 때에 그 운용결과에 기초해서 급여지급
퇴직연금	• 확정(급여의 일정비율)	• 운영실적에 따름
기여금	• 변동가능(산출기초 변경시)	• 확정
위험부담	• 물가, 이자율 변동 등 회사 부담	• 근로자 부담
기업부담	• 변동가능(기금운용 수익률에 따라)	• 고정(단체협약에 따라)
규제 및 감독	• 많이 요구됨(금융기관에 대한 책임준비금 제도, 건전성 감독 등)	• 많이 요구되지 않음(운용 방법에 원금 보장 상품 포함 등 시행초기에는 안정적 운용지도)
통산제도	• 어려움(대안 : IRA)	• 용이
선호층	• 장기근속자가 유리	• 단기근속자 및 젊은층
주요대상	• 대기업, 이미 퇴직금충당금을 사외에 적립하는 기업	• 연봉제 및 퇴직금 중간 정산제 실시기업, 경영이 불안정한 기업, 중·소기업

6) 유급 휴일 · 휴가제도

유급 휴일·휴가는 근로자가 실제로 일을 하지 않는 날에 대해서 급여를 받는 제도이다. 근로기준법은 법정 복리후생제도의 일환으로 일주일에 하루 쉬는 주휴일과 5월 1일 근로자의 날을 법정 유급휴일로, 그리고 연차휴가, 생리휴가, 산전·산후휴가를 법정휴가제로 규정하고 있다. 이러한 유급 휴일·휴가제 이외에도 휴게시간, 육아시간허용, 교육시설 등도 근로기준법으로 규정하고 있다.

미국의 유급휴일, 유급휴가제도는 기업의 임의적 복리후생으로서 질병휴가와 개인적 사유로 인한 청원휴가 등도 포함한 비근무시간급여(compensation for time not worked)라는 명칭으로 다수 기업들에서 실시되고 있다. 특히 유급휴가는 근로자들이 일반적으로 아주 선호하는 것으로 기업으로서는 비용이 가장 많이 소요되는 제도이다. 유급휴일에 대한 선호는 근로자에 따라 다양하고, 저임금근로자나 여성근로자들은 병가에 대한 선호가 더 높은 것으로 밝혀지고 있다.

2. 법정외 복리후생

법정외 복리후생은 국가의 법률에 의하지 않고 기업이 자발적으로 실시하는 복리후생으로 자발적 복리후생(voluntary benefits)이라고도 한다. 법정외 복리후생은 두 가지로 분류할 수 있다.

하나는 기업이 법정 복리후생에서 법률로 규정된 범위나 수준을 넘어 추가적으로 혜택을 주는 방식이다. 이를테면, 의료보험의 경우 보험에 해당되지 않는 특수항목 예컨대, 고급약재사용이나 특수검사실시 등에 대해서 기업이 의료비를 추가로 지원한다거나, 의료보험료에 있어 기업은 법적으로 50%를 지원하게 되어 있지만 그 이상으로 지원할 경우에 그 추가부분은 법정외 복리후생이 된다. 또한 국민연금 외에도 개인연금을 기업이 별도로 지원한다든가, 근로기준법에서 정한 퇴직금지급 최저한도 이상으로 누진율을 적용할 경우 이 역시 법정외 복리후생에 해당된다. 법정외 복리후생의 또 다른 방식은 법정 복리후생과는 전혀 관계없이 기업이 자율적으로 복리후생 프로그램을 도입·실시하는 방식이다.

법정외 복리후생은 노동조합과의 단체교섭에 의해서 도입·실시될 수도 있고, 기업이 순전히 임의적으로 실시할 수도 있는데, 전자에 의한 경우가 대체로 많다.

이상을 요약하면 〈표 12-3〉과 같다.

표 12-3. 법정외 복리후생의 분류

기 준	유 형
1) 내용 설계 방향	•법정 복리후생 기준 이상의 추가 급여 •법정 복리후생 이외에 기업의 자율적인 신설급여
2) 도입 방식(주체)	•기업의 순수자율에 의한 방식 •노동조합과의 단체교섭 방식

법정 복리후생이 국가의 사회보장차원에서 법률에 의해 강제적·의무적으로 주어져서 기업 간 큰 차이가 없는 반면, 법정외 복리후생은 기업의 특성과 여건 등에 따라 기업이 자발적으로 추가적으로 실시하는 것이기 때문에 기업마다 그 내용과 정도가 매우 다양하다. 따라서 순수한 의미의 기업 복리후생이라 하면 법정외 복리후생을 말하며 복리후생관리의 핵심과제가 된다.

법정 복리후생과 관련된 것을 제외한 법정외 복리후생의 주요 내용은 다음과 같다.

1) 주거지원

주거지원은 종업원의 주거안정을 통해 가정생활의 안정을 도모할 뿐만 아니라 안정된 생활기반 위에서 마음놓고 직장생활에 전념할 수 있도록 하기 위하여 주거관계 시설 및 서비스를 지원해 주는 제도이다. 주거지원은 주택난이 심각한 우리나라에서 특히 중요한 복리후생으로서 그 비중이 매우 높고 또한 기업의 능력에 따라 그 격차도 크다. 주거지원의 형태로는

① 기업이 사택, 기숙사, 독신 및 가족 아파트 등을 건립·분양하거나 또는 임차하여 종업원들에게 유·무상으로 대여하는 형태

② 종업원 사유주택의 구입, 건축 및 임차 등에 필요한 자금을 지원하는 형태(예컨대, 주택 적립예금제, 주택구입 또는 전세자금 대부, 주택조합에 융자금 지원 등)

③ 주택수당 및 통근수당 지급, 지방 단신부임자를 위한 하숙비 지원, 기타 주택 및 토지의 불하 및 알선, 주택상담 서비스 제공 등의 형태가 있다.

주거지원은 종업원의 생활안정과 귀속감 증대, 통근시간 단축 및 이로 인한 피로감소와 여가시간 증대, 이직감소 등의 효과가 있다.

2) 생활지원

생활지원은 종업원의 생활안정과 편의를 지원해서 근로생활의 안정을 도모하기 위한 제도로서 종업원의 임금수준이 낮을 경우 가계부담을 경감시켜 실질임금을 높여주는 효과가 있다. 생활지원은 그 종류가 매우 다양하고 광범위한데 중요한 내용은 다음과 같다.

① **급식관계 지원** : 종업원의 건강유지와 밀접한 관계가 있는 제도로 구내식당을 직영하거나 위탁 운영하면서 실비 또는 무료로 급식을 제공하거나, 식권을 저가로

발급해서 외부 급식시설을 이용하게 하는 경우에 식비의 전액 또는 일부 보조 등의 형태가 있다.

② **구매 지원** : 구내매점, 배급소, 소비조합 등의 운영을 통해서 양질의 일용품이나 생활 필수품 등을 염가로 구입할 수 있게 하거나 자사 제품을 염가로 판매하거나 또는 할부 구입시 융자를 지원해 주기도 하고, 기타 할인구매의 알선 등을 통해서 종업원에게 혜택을 줄 수 있다.

③ **자녀학자금 지원 및 보육시설 운영** : 자녀 교육비가 생활비에서 차지하는 비중이 큰 바, 이로 인한 종업원의 경제적 부담을 덜어 주기 위하여 종업원 자녀에 대한 학자금을 지원해 주거나 취학전 자녀에 대해서 교육비를 지원해 주기도 한다. 또한 기혼여성 근로자를 위해 탁아소, 보육원, 유치원 등이 운영될 수 있다. 보육시설의 운영은 앞으로 여성 근로자의 취업비율이 더욱 높아질 것이기 때문에 우수 여성인력의 확보 및 유지차원에서 그 중요성이 강조되고 있다.

④ **통근 지원** : 종업원의 편안한 출퇴근을 위한 통근버스 운행, 원거리 통근자에 대해 전철 승차권 지급 등의 교통비 지원, 주차공간 제공, 자가운전 보조금 지원 등이 포함된다.

⑤ **가족지원 및 신생활 지도** : 부양가족의 생계비 보조차원에서 부양가족에 대한 가족수당을 지급하거나, 근무지 변경에 따라 부임하는 본인과 동반가족에 대해 부임여비와 이사비를 지급하기도 한다. 또한 일상생활에서 일어날 수 있는 사고나 재난, 소송 등 종업원과 그 가족의 애로사항을 상담·자문해 주는 생활 법률상담실을 운영할 수 있다. 기타, 결혼예식장, 피로연회장, 장의시설 제공 등의 다양한 형태가 있다.

3) 공제·금융 및 재산형성 지원

이것은 종업원과 그 가족의 경제적 안정에 직접적으로 관련되는 복리후생의 중요한 영역으로 앞에서 언급한 주거지원 및 생활지원과도 밀접한 관련이 있어 분류에 따라 일부 내용은 중복될 수도 있다.

① **공제지원제도** : 종업원과 그 가족이 경조사나 불시의 재해를 만났을 때 기업이 적절한 경제적 지원을 해주는 제도로 상부상조 성격을 지니고 있어 종업원들의 공동체의식을 고양시키는 효과가 있다. 그 내용으로는 결혼, 출산, 회갑 등에 대한 축의금, 사망 조위금, 화재·수재·기타 비상재해로 인한 재산상 손해에

대한 재해부조금, 질병 · 상해에 대한 위문금, 퇴직 및 전근 전별금 등이 있다.

② **금융지원제도** : 기업이 종업원들로부터 예금을 받아 이를 사내에 적립 · 예금하는 제도와 이를 기반으로 종업원의 주택마련, 재해극복, 경조사, 기타 생활에 필요한 자금을 저리로 지원해주는 융자제도를 운영하는 것을 말한다. 이러한 금융제도는 대체로 신용협동조합이나 새마을금고 등을 운영 · 지원함으로써 실시되고, 회사가 종업원이 긴급히 필요로 하는 생활안정자금(예컨대, 과다한 의료비 지출로 목돈이 필요)을 직접 대출해 주기도 한다.

③ 재산형성지원제도로 사내근로복지기금 제도, 우리사주조합, 종업원 지주제, 재형저축 등이 있다.

4) 의료 · 보건 지원

종업원 및 그 가족의 질병치료와 예방 및 건강증진을 위한 시설 및 서비스를 지원해 주는 것으로 다음의 3가지 제도가 있다.

① **진료시설 및 서비스** : 기업이 병원이나 진료소, 의무실 등을 직접 운영하거나 지정 병의원을 통해서 건강상담과 정기 건강진단 및 진료서비스 제공 등을 할 수 있게 해준다.

② **보건위생시설** : 목욕탕, 이 · 미용실, 세탁실 등이 있다.

③ **휴양시설 및 서비스** : 기업이 전국 휴양지에 휴양소를 직영하거나 외부휴양기관과 계약을 체결하여 이용하게 할 수 있다. 또한 종업원들이 원하는 휴양지에서 휴양을 하게 하고 그 소요 경비의 전액 또는 일부를 기업이 부담하는 방법도 있다.

5) 문화 · 체육 · 레크리에이션 지원

종업원의 문화적 욕구를 충족시키고 건전한 심신발달과 여가선용을 통해 삶의 질을 높이기 위한 시설 및 서비스를 지원해주는 것으로 종업원의 생활수준 향상과 가치관 변화에 따라 점차 중요시되고 있는 복리후생 분야이다. 주요 내용은 다음과 같다.

① **교육문화시설** : 기업이 학교를 설립 · 운영하거나 외부교육기관에 위탁교육이나 등록금 지원 등을 통해 일반교양과 지식이나, 특정분야의 전문 지식 및 기술을

습득하는 등 자기개발 기회를 제공하도록 한다. 또한 종업원과 그 가족을 대상으로 경제·사회·철학·문학 등 지성과 교양과 관련된 이슈 그리고 취미생활(예, 꽃꽂이, 공예, 요리기법 등) 등을 주제로 한 강연회, 강습회 등을 개최하기도 한다. 기타 문화회관 건립, 전시회 개최, 기업 내 도서관·독서실 운영, 문화유적지 순례 등이 포함된다.

② **체육 및 레크리에이션 시설** : 체육관, 운동장을 비롯하여 각종 운동장소와 운동기구 제공, 사내 체육대회 등 체육시설과 서비스 제공, 종업원과 그 가족의 취미활동 지원, 오락실, 노래방, 음악실, 야유회, 친목회, 연극·영화 상영, 노래자랑 등의 다양한 시설 및 프로그램 운영 등이 있다.

제3절 복리후생의 설계와 관리

오늘날 복리후생 프로그램이 보다 다양해지고 그 중요성과 사용자측 비용부담이 계속 증대함에 따라 기업은 적합한 복리후생프로그램의 설계와 관리에 관한 전략적 결정을 하여야 한다.

1. 복리후생의 설계

복리후생의 설계는 효율적인 복리후생 관리의 전제로서 다음의 네 가지 사항, 즉 복리후생 프로그램의 형태와 범위의 결정, 복리후생비용의 분담결정, 복리후생 수혜대상자의 선정, 복리후생의 유연성 정도 결정 등에 대한 경영자의 전략적 선택을 의미한다(Anthony et al., 2006 : 465~468 ; Milkovich & Newman, 2008 : 409~414).

1) 복리후생 프로그램의 형태와 범위의 결정

경영자들은 어떤 종류의 복리후생을 어느 정도의 제공할 것인가를 결정해야 한다. 즉, 경영자는 법적 제공 의무가 있는 법정 복리후생 뿐만 아니라 종업원의 어떠한 욕구도 충족시켜줄 수 있는 복리후생 프로그램을 설계할 것인가, 혹은 종업원들이 중요시하는 한정된 프로그램을 어느 정도로 제공할 것인가 등의 형태와 범위를 결정해야 한다. 오늘날 서구의 주요기업들은 광범위한 혼합 형태의 복리후생 프로그램을 제공하고 있다.

복리후생 프로그램의 형태와 범위설계 선택에 영향을 미치는 여러 요인들을 경영자측 선호에 영향을 미치는 요인과 종업원측 선호에 영향을 미치는 요인들로 대별해서 살펴보면 다음과 같다(Milkovich & Newman, 2008 : 414~420)([그림 12-2] 참조).

그림 12-2. 복리후생 프로그램 설계에 영향을 주는 요인

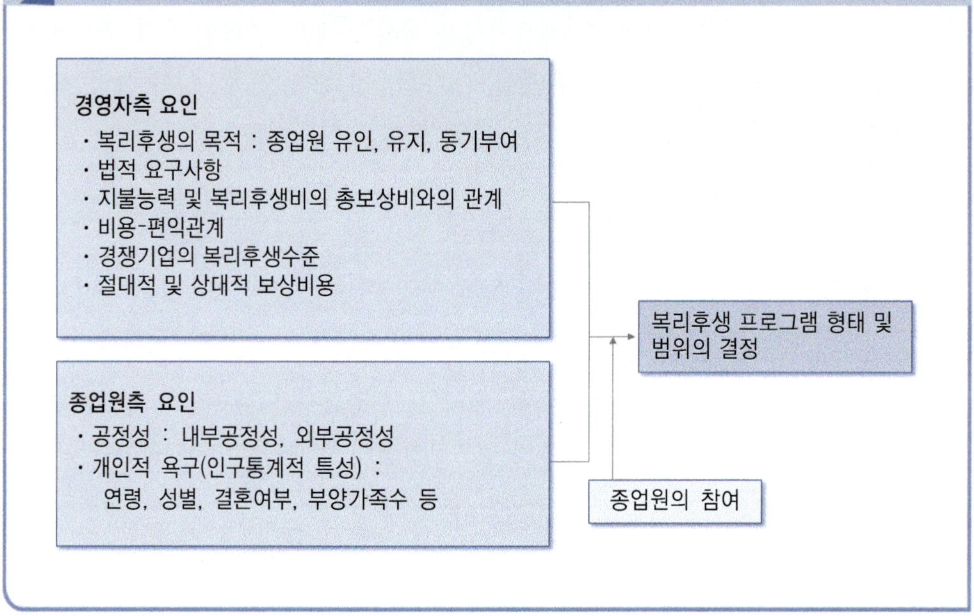

자료 : Milkovich & Newman(2008), 414를 수정·보완.

(1) 경영자측 요인

가) 복리후생의 목적(역할)

경영자는 복리후생을 통해서 우수 인력을 확보하거나 유지하며 또한 동기부여와 생산성 향상을 기대하고 있다. 따라서 복리후생은 경영자가 기대하는 복리후생의 목적이나 역할을 잘 수행할 수 있도록 설계하여야 한다.

이를테면, 복리후생의 도입목적이 종업원들의 이직을 방지하여 조직에 끝까지 남도록 종업원들을 유지시키는 것이라면 퇴직연금이나 의료비 혜택에 중점을 두거나, 기타 복리후생 프로그램이 장기근속자에게 유리하도록 특별히 설계되어야 할 것이다. 즉, 대다수 복리후생 프로그램의 혜택을 종업원의 연공과 연계시켜 종업원이 특정 근속연수부터 혜택을 받도록 한다거나 근속연수에 따라 혜택의 범위가 확대되도록 설계

하여야 할 것이다. 또한 상대적으로 저임금 기업에서 취학전 자녀를 둔 유능한 여성들을 확보하기 위해서는 육아보호센터를 운영하는 프로그램을 설계해야 할 것이다. 그리고 복리후생의 목적은 조직의 전략과 목표에 기반해서 설정되어야 한다.

나) 법적 요구사항

국가가 법률제정을 통해 그 실시를 기업에 의무적으로 요구하고 있는 의료보험, 산업재해보상보험, 연금보험, 고용보험, 퇴직금 및 유급휴가제도 등의 법정 복리후생은 복리후생 프로그램 설계시 제일 먼저 고려되어야 할 사항으로 기업의 최소한의 사회적 책임수행이라는 측면에서도 반드시 실시되어야 하고 기타 세금과 관련된 법적 요구사항도 준수되어야 한다.

다) 지불능력 및 복리후생비의 총보상비와의 관계

복리후생비의 지속적 증가 가능성 때문에 현재는 물론 장래의 복리후생비도 지불할 수 있는 능력을 고려하여 설계하여야 한다. 즉, 기업의 지불능력을 정확히 평가한 후 지불능력 범위 내에서 적합한 수준과 내용의 복리후생제도를 결정해야 할 것이다.

그리고 복리후생비는 총 보상 패키지 비용의 일부이므로 총 보상비에서 어느 정도 허용할 것인가를 검토하여야 한다. 즉, 총 보상비에서 복리후생비가 차지하는 비율이 너무 높을 경우 임금인상에 부정적 영향을 미칠 수 있는 바, 그 허용비율을 결정하는 것과 또한 복리후생비를 다른 보상수단, 예컨대, 임금인상, 인센티브 보상 도입 등에 투입해서 보다 나은 결과를 얻을 수는 없는지 등 충분히 고려되어야 한다.

라) 비용-편익관계

편익(benefits)은 복리후생의 도입효과로서 복리후생 도입목적의 달성정도를 말하는데, 편익과 이를 위해 투입된 복리후생비(costs)와의 관계를 분석해야 한다. 뿐만 아니라 총 보상 패키지 비용도 고려하고 장래에 증가될 비용도 추정해서 분석해야 한다.

마) 경쟁기업의 복리후생 수준

이것은 복리후생의 외부적 공정성 및 경쟁력과 관련된 것으로 경영자는 해당 기업이 제품 및 노동시장에서 경쟁기업과 비교해서 어느 정도의 복리후생 수준을 유지할 것인가에 관한 정책결정을 해야 한다. 이에 대한 기업의 전략으로는 다음의 3가지 전략이 있다(Ivancevich, 1998:397).

① **선도전략**(pacesetter strategy) : 종업원들이 원하는 가장 새로운 프로그램을

선도적으로 도입해서 제공하는 전략이다.

② **비교가능 복리후생전략**(comparable benefits strategy) : 유사한 기업들이 제공하는 복리후생 프로그램에 맞추어서 제공하는 전략이다.

③ **최소 복리후생전략**(minimum benefits strategy) : 법정 복리후생과 종업원들이 가장 선호하고 비용도 또한 최소한으로 소요되는 복리후생 프로그램만을 제공하는 전략을 말한다.

기업이 어떠한 전략을 선택할 것인가는 조직목표를 토대로 해서 이루어진다. 만약 기업이 더 많은 새로운 복리후생 프로그램에 대해 자금을 지불할 능력이 부족하거나, 종업원들이 복리후생보다는 보다 많은 임금을 더 선호한다고 믿을 때에는 세번째 전략이 선택될 것이다. 복리후생의 외부적 공정성을 확보하기 위해서는 다른 기업체들의 복리후생 수준에 대한 조사를 실시하거나 2차 자료를 활용할 수 있다.

바) 절대적 및 상대적 보상비용

복리후생에 대한 어떠한 평가도 전체 보상비용의 관점에서 이루어져야 한다. 보상비용의 경쟁성은 단순히 특정 복리후생 프로그램만이 아니라 전체 보상 패키지가 경쟁적이어야 한다는 것을 의미한다. 따라서 어떠한 복리후생 프로그램을 선택할 것인가에 관한 결정은 이것이 전체 보상비용에 미치는 영향과 경쟁기업들의 비용도 함께 고려해서 이루어져야 한다.

(2) 종업원측 요인

가) 공정성 지각

이는 종업원들이 자신이 받는 복리후생의 혜택수준에 대해서 조직내부의 다른 사람들의 수준과 비교하거나 또는 다른 외부조직의 수준과 비교해서 어느 정도 공정하다고 지각하느냐 하는 내적 및 외적 공정성을 말하는데, 이러한 공정성 지각은 복리후생의 효과에 직접적인 영향을 미치기 때문에 복리후생 프로그램의 설계에 있어서 매우 중요한 요소이다. 왜냐하면 양질의 복리후생을 제공한다 하더라도 종업원이 불공정하다고 지각하게 되면 소기의 성과를 거둘 수 없기 때문이다.

이와 관련하여 경쟁기업이나 또는 동일지역의 타업종 기업이나 공공부문이 새로운 복리후생 프로그램을 도입하면 여타 경쟁기업이나 비경쟁기업들까지도 이에 대한 신중한 고려없이 편승하여 도입하는 이른바 행렬 선두차 편승효과(band wagon effect)가 일어나기도 한다. 이러한 현상은 경영자가 종업원들의 외적 공정성을 확보해 주려는 노력의 일환으로 나타나는데, 특히 노조결성을 저지하고 비노조 종업원들을 유지하기 위한 안전수단으로서 복리후생을 활용하는데 강한 집념을 가진 경영자 또는 비노조 결성기업들에서 많이 나타난다.

나) 개인적 욕구

종업원들의 복리후생에 대한 욕구를 충족시킬 수 있도록 설계하여야 한다. 종업원들이 원하지 않는 프로그램의 도입은 비용의 낭비와 실망을 초래하기 때문이다. 복리후생에 대한 종업원들의 선호는 연령, 성, 결혼여부 및 부양가족수 등의 인구통계적 특성과 관련되어 있다. 이를테면, 나이가 많은 종업원들은 연금, 퇴직금, 자녀학자금 지원, 건강검진 및 의료비지원 등의 복리후생을 더 선호하는 반면, 나이가 적은 종업원들은 이러한 사항들보다 여행 패키지를 포함한 유급휴가제 확대, 자기개발을 위한 교육훈련 지원, 레크리에이션 등을 더 선호하는 경향이 있다. 또한 부양가족이 많은 종업원들은 그렇지 않은 종업원들보다 건강 및 의료비 지원 등을 더 선호할 것이다. 그리고 결혼초기의 종업원들은 주택자금 융자제도에, 유아를 두고 있는 여성들은 가정과 일의 조화를 위하여 유아보육시설의 운영여부에 더 큰 관심을 가질 것이다. 그러므로 복리후생을 설계할 때 첫 번째 단계가 종업원들의 복리후생에 대한 선호도를 파악하는 것이고, 이를 위하여 설문지 개발을 비롯한 다양한 방법의 욕구조사가 필요하다. 특히 종업원의 욕구가 다양화, 고차원화되고 있는 상황에서 종업원들이 중요시하고 있지만 현재 미충족된 욕구를 파악하는 일은 매우 중요하다.

2) 복리후생비용의 분담결정

이는 복리후생비의 재원조달 방법과 관련된 것으로, 종래에는 사용자가 대부분의 복리후생비용을 부담할 책임이 있었다. 그러나 복리후생비용이 전체 보상비용에서 차지하는 비율이 계속 증대하고 기업의 노무비 통제에 대한 압력도 증가하게 됨에 따라 사용자는 복리후생비용 중 얼마를 부담해야 하고, 종업원에게는 얼마를 부담하도록 요구할 것인가에 대한 전략적 선택을 해야한다.

복리후생비의 재원을 조달하는 방법으로는 다음의 3가지 선택안이 있다.

① 사용자가 복리후생비용 전부를 부담하는 방식
② 사용자와 수혜자인 종업원이 공동으로 부담하는 방식
③ 종업원이 법정 복리후생 이외의 일부 복리후생 프로그램에 있어서는 전액을 부담하는 방식이 있다.

대부분의 기업들은 일반적으로 사용자와 종업원이 공동으로 비용을 부담하는 복리후생 프로그램을 선호하지만, 어떠한 선택을 할 것인가는 기업의 전략과 문화, 기업의 지불능력, 사용자의 책임 및 종업원의 권리 등에 따라 달라질 것이다.

이를테면, 만약 기업이 비용억제전략을 구사한다면 복리후생 프로그램의 전체비용을 부담하려고 하지 않을 것이다. 또한 광범위한 양질의 복리후생 프로그램의 제공을 자랑한다면 종업원이 비용의 대부분을 부담할 것을 요구해서는 안 될 것이다. 왜냐하면 아무리 좋은 프로그램이라 하더라도 종업원의 비용부담이 지나치게 클 경우 이를 거부할 수 있기 때문이다.

앞으로 복리후생비용이 더욱 증대되리라 예상되므로 기업의 단독 비용부담만으로는 그 운영에 한계가 있다. 그리고 새로운 복리후생 프로그램의 도입 등 복리후생 프로그램의 다양화와 이에 대한 종업원의 관심과 인식도 증가를 통한 복리후생의 효과증진을 위해서도 종업원이 복리후생비의 일부를 부담하는 것이 바람직할 것이다. 이를테면, 복리후생 프로그램의 성격에 따라 기본적 수혜율이나 금액을 정해주고 그 이상의 혜택에 대해서는 본인이 탄력적으로 비용을 부담하도록 하는 방안을 설계해 볼 수 있다.

3) 복리후생 수혜대상자의 선정

경영자는 복리후생의 수혜대상자 선정과 관련해서 다음의 사항들을 결정해야 한다.

① 모든 복리후생은 기본적으로 전체 종업원에게 균등하게 제공되어져야 한다. 그러나 기업은 상이한 고용상의 신분을 가진 다양한 종업원들을 고용하고 있으므로 이러한 신분상의 차이에 따라 정규직 종업원만을 수혜자로 할 것인지, 혹은 임시직 및 파트타임 종업원도 수혜자로 할 것인지를 결정해야 한다.

② 복리후생의 수혜자격과 관련하여 입사후 곧바로 수혜자격을 부여할 것인지, 혹은 어느 정도의 근속기간이 경과한 후부터 자격을 부여할 것인지?

③ 수혜자로서 부양가족의 범위와 종업원 사망시 유가족에게도 혜택을 제공할 것인지?

④ 퇴직자와 그 배우자 및 부양가족도 수혜자에 포함시킬 것인지? 포함시킨다면 어떤 유형의 복리후생을 제공할 것인지?

⑤ 부서나 팀별로 차이를 둘 것인가? 등을 결정해야 된다.

이러한 사항들은 복리후생의 목적과 외적 경쟁성, 적정성 및 비용의 효과성에 관한 정책적 결정에 따라 영향을 받는다.

4) 복리후생의 유연성 정도

경영자는 복리후생 프로그램이 얼마나 유연하게 설계할 것인가에 관한 선택을 해야 한다. 즉, 모든 종업원들에게 표준화된 복리후생을 제공할 것인지 혹은 다양한 복리후생 중에서 자신들에게 가장 가치있는 것을 선택할 수 있도록 융통성을 허용하는 선택적 복리후생을 제공할 것인지에 대해 결정을 해야한다.

5) 종업원의 참여

복리후생제도의 효과를 높이기 위해서는 제도 설계에 종업원을 참여시키도록 해야 한다. 종업원들이 제도 설계에 참여하게 되면 복리후생에 보다 많은 관심을 가질 것이고 복리후생에 대한 인지도와 수용도가 높아져 만족도도 높아질 것이다. 종업원을 참여시키는 방법으로는 종업원들의 여론을 조사하거나 또는 노사양측의 대표로 구성된 종업원 복리후생 자문위원회(employee benefits advisory committee)를 설립해서 종업원에 대한 욕구를 조사하고 바람직한 제도에 관한 자문을 받도록 하는 방법도 있는 바, 후자가 보다 바람직할 것이다. 그리고 노동조합이 있는 경우에는 노조간부를 반드시 참여시키도록 한다.

2. 선택적 복리후생제도

1) 개 념

(1) 도입배경

앞에서 언급한 바와 같이 경영자가 선택해야 할 복리후생제도의 설계내용 중의 하나가 제도의 유연성 이슈이다. 전통적인 복리후생제도인 표준적 복리후생제도(standard benefits package plans)는 평균적 종업원들을 상정해서 복리후생 프로그램을 설계하고 종업원 각자의 욕구나 선호와 관계없이 모든 종업원들에게 표준화된 고정적인 복리후생을 일률적으로 제공해 왔다. 이 제도하에서는 종업원들이 원하든 원하지 않든 선택권이 없으므로 인해 종업원들의 복리후생에 대한 만족여부와 증대하는 복리후생비용의 효율성에 대하여 의문이 계속 제기되어 왔다.

근년에 노동력 구성이 다양화되고 종업원 의식수준도 향상됨에 따라 종업원들의 복리후생에 관한 욕구가 다양화되고 또한 치열한 경쟁시장하에서 경영자가 복리후생의 효과증대를 통한 경쟁력 제고를 위해서 종업원과 진정한 파트너가 되어야 하는 상황에서, 종업원들의 다양한 욕구에 유연하게 부응하는 새로운 복리후생제도의 개발이 요청되어 왔다.

선택적 복리후생제도는 이같은 환경변화에 따라 종업원의 다양한 복리후생에 대한 욕구와 선호를 충족시켜 보상의 가치에 대한 인식제고와 만족감 증대를 가져다 주면서 복리후생비용을 안정적으로 통제하여 비용 효율성도 증대시키기 위해 도입된 복리후생제도이다.

(2) 의 의

선택적 복리후생제도(flexible benefits plans)란 종업원들은 개인적 욕구와 선호를 가지고 있다는데에 이론적 근거를 두고, 종업원들에게 여러가지 복리후생 선택안(option)을 제공하고 이 중에서 자신들의 다양한 욕구에 따라 자기가 선호하는 복리후생을 자유롭게 선택할 수 있도록 복리후생의 유연성을 최대로 살리는 제도를 말한다.

선택적 복리후생제도는 원래 카페테리아식 복리후생제도(cafeteria plans or style)로 불리워졌는데 이는 마치 고객들이 카페테리아 식당에서 자기가 원하는 음식을 자유로이 선택하는 것처럼 종업원들도 다양한 복리후생 프로그램 중에서 자기가 원하는 것을 선택할 수 있다는 의미에서 비롯된 명칭이다.

이 제도하에서 종업원은 먼저 이용가능한 복리후생의 내용들을 확인해야 하고, 다음에 전체 복리후생의 허용가능 비용과 각자의 복리후생비를 결정해서 선택한다. 종업원은 대체로 건강보험, 생명보험, 연금 등 핵심 영역에서는 동일한 최저한의 혜택을 제공받는다. 그 다음에는 추가적 건강 및 생명보험, 교육보험, 연금을 비롯하여, 추가적 휴가, 탄력적 근무시간제, 육아보호 서비스, 재산형성과 관련된 주택·증권투자·저축에 대한 혜택 등에 대한 신용(credits)을 사용해서 선택을 하게 된다. 예컨대, 50세의 남성들은 장기건강보호나 생명보험에 보다 많은 관심을 가질 수 있는데 반해, 자녀를 둔 젊은 여성들은 육아지원, 건강보호, 기타 이와 유사한 복리후생에 더 가치를 둘 수 있고, 어떤 종업원들은 특별휴가를 선택할 수도 있다.

2) 선택적 복리후생제도의 효과

선택적 복리후생제도는 종업원들에게 자신의 욕구와 선호도에 따라 복리후생 프로그램을 선택하게 함으로써 다음과 같은 다양한 장점을 갖고 있다(Milkovich & Newman, 2008 : 412 ; Barringer & Milkovich, 1998).

① 종업원들은 자신의 욕구를 가장 잘 충족시켜줄 수 있는 프로그램을 선택할 수 있고, 따라서 종업원의 복리후생에 대한 만족도를 증가시킬 수 있다.
② 종업원 구성의 변화에 따라 변화하는 욕구를 시의적절하게 충족시킬 수 있다.
③ 종업원과 그 가족이 복리후생제도의 설계에 참여함으로써 복리후생에 대한 이해가 증진된다.
④ 새로운 복리후생 프로그램은 다양한 프로그램 중의 하나로 단순히 추가되므로 도입비용이 저렴하고 종업원의 선택의 폭을 넓혀준다.
⑤ 조직은 복리후생의 최대비용을 설정하고 종업원은 그 한도 내에서 선택하므로 비용의 안정적 통제가 가능하다.

이러한 장점을 통해서 선택적 복리후생제도는 종업원들의 욕구와 선호도를 충족시켜 결근율과 이직률을 감소시킬 것이고, 나아가 종업원들의 전반적 직무만족과 임금만족도 증가시켰다는 연구결과도 있다(R. W. Mondy et al. 2002 : 377). 이를테면 한 금융회사에서 선택적 복리후생제도를 도입하기 전과 도입후에 종업원의 직무만족을 조사한 바에 의하면, 도입 이후에 전반적인 직무만족이 증가하였고 복리후생에 대한 만족도는 크게 증가한 것으로 나타났다(Barringer & Milkovich : 1998). 그리고 선택적 복리후생제도를 실시하고 있는 기업들의 50% 정도는 이 제도가 종업원들의 보다 높은 공헌을 유발해서 기업의 비용절감이 이루어진 것으로 밝혀졌으며, 종업원들의 선택에 대한 정확한 예측 또한 비용통제를 도와준다. 그리고 한 조사에 의하면 1,000명의 조사대상 종업원들 중에서 90%가 선택적 복리후생을 제공하지 않는 직장보다 이를 제공하는 직장을 더 선호한 것으로 나타났다(W. P. Anthony et al., 2006 : 497). 우리나라 기업에서도 선택적 복리후생제도에 대한 임직원의 만족도는 매우 높은 것으로 나타났다(한국인사관리협회, 2000.7 : 61, 64).

그러나 선택적 복리후생제도는 다음의 단점도 있다.

① 종업원들이 선택을 잘못했을 경우 위급시에 혜택을 받지 못하는 경우가 있다.
② 복리후생 프로그램의 개발 및 이용가능한 선택에 대한 종업원 상담 서비스 제공, 정교한 기록보존 등으로 관리상 부담과 비용이 증가한다. 이 제도의 도입에는 반드시 전산 시스템의 지원이 필요하다.
③ 종업원들은 그들이 사용할 복리후생만을 선택할 것이고 일련의 높은 수준의 복리후생이 많아짐에 따라 기업의 복리후생비 부담이 증가할 수 있다.

이와 같은 단점이 있음에도 불구하고 장점이 단점을 훨씬 능가함으로써 앞으로 선택적 복리후생제도는 기업의 특성이나 환경에 따라 차이가 있겠지만 점차 보편적인 복리후생제도로 확산될 것으로 전망된다.

3) 선택적 복리후생제도의 유형

선택적 복리후생제도는 일반적으로 종업원 선택의 폭과 관련하여 다음의 4가지 유형으로 구분된다(박호환, 1996 : 56~71; 유규창 · 조규성, 1999 : 13~15; 박우성, 2001: 12~14).

(1) 선택항목추가형(core plus option)

선택항목추가형은 모든 종업원들에게 필요하다고 판단되는 최소한의 핵심 복리후생 항목(core항목)을 공통항목으로 먼저 제공하고, 다음에 종업원들 개인에게 부여된 일정점수(credit) 한도 내에서 공통항목의 수혜범위를 증가시키거나 회사가 추가로 제공한 여러 항목들(option) 중에서 자신이 원하는 것을 자유롭게 선택할 수 있도록 하는 제도이다.

따라서 선택항목추가형은 기본적으로 필요한 핵심항목을 제공함으로서 복리후생제도의 안정성을 확보하면서도 추가항목들에 대한 종업원들의 선택권도 보장해줌으로써 복리후생의 유연성도 동시에 확보하는 특징 및 장점을 가지고 있다. 그러나 선택시 특정항목에 편중될 가능성이 있고, 관리가 다소 복잡하다는 것이 단점이다. 그리고 복리후생항목의 가격설정에 면밀한 분석이 요구되고 제도의 효율적 운영을 위해서는 정보관리 시스템의 구축이 필수적이다(Henderson, 2002 : 593).

선택항목추가형은 미국에서 가장 일반적인 형태의 복리후생제도이며 우리나라 기업들이 도입한 선택적 복리후생제도도 대부분 이 형태를 채택하고 있다.

(2) 모듈형(modular plan)

모듈형은 종업원이 다양한 복리후생 항목들의 조합으로 구성된 여러 개의 모듈 혹은 패키지 가운데 자신의 욕구나 필요에 따라 하나를 선택할 수 있도록 하는 제도이다. 모듈형에서는 일단 하나의 모듈을 선택하면 중간에 다른 모듈로의 변경은 불가능하다. 그리고 복리후생 총 가치나 비용은 각 모듈간에 차이가 없고 또한 각 모듈은 동일한 항목을 포함하고 있지만 그 수혜 정도는 서로 다르게 구성되어 있다.

모듈형은 복리후생이 종업원들의 집단별 특성에 맞게 차등화되어야 한다는 점에 착안한 제도이다. 예를 들어 종업원의 복리욕구는 연령에 따라 크게 달라지는 경향이 있다. 이 경우 젊은 미혼인력의 경우를 상정해서 레저활동에 많은 강조점을 둔 레저형 모듈과 자녀가 어린 기혼인력의 경우에 대해서는 육아에 강조점을 둔 육아형 모듈, 그리고 장년층 인력에 대해서는 건강이나 자녀교육에 초점을 둔 교육·건강형 모듈을 구성할 수 있다.

모듈형은 종업원의 이해가 용이하고 선택이 간단하며 관리가 용이하다는 것이 장점이다. 그러나 모듈형은 종업원의 선택적 복리후생제도에 대한 이해도가 낮고, 또한 전체 종업원들의 복리후생 욕구가 차별화된 몇 개의 집단으로 명확하게 분류하는 것이 용이할 경우 가능한 제도이다.

(3) 혼합선택형(mix and match plan)

혼합선택형은 개인별로 주어진 예산 내에서 자신이 원하는 대로 복리후생 항목과 수혜율을 선택하는 제도이다. 따라서 혼합선택형에서는 종업원의 선택의 폭이 가장 넓어 복리후생의 만족도가 크게 증가되는 장점이 있다. 또한 예산범위 내에서의 선택이 전체 복리후생제도에 적용되기 때문에 장기적으로는 개인별 예산배분과정을 통한 복리후생비용의 통제가 더 강하게 이루어질 수 있게 된다.

그러나 복리후생제도에 대한 선택을 전적으로 종업원에게 맡기는 경우 회사의 입장에서 반드시 제공하고자 하는 의료 혹은 건강관련 복리후생의 제공이 이루어질 수 없게 된다. 또한 선택이 가지는 불확실성이 매우 커지기 때문에 현실적으로 관리하기 어렵게 되는 등의 단점이 있다.

(4) 선택적 지출계정형(flexible spending account)

선택적 지출계정형은 엄밀한 의미에서 보면 선택적 복리후생제도의 모형이라기보다는 선택적 복리후생제도가 원활하게 운영될 수 있도록 도와주는 제도적 장치라고 할 수 있다. 선택적 지출계정형은 기업이 종업원들에게 제공한 복리 지원금액과 개별 종업원이 각출한 금액을 종업원 개인의 복리계좌에 예치하고, 종업원들은 이 계좌의 금액범위 내에서 회사가 제시한 복지항목의 다양한 상품이나 서비스를 자유롭게 선택하여 구입하거나 이용할 수 있는 제도를 의미한다. 선택적 지출계정형은 순수한 형태로 운영되기보다는 선택항목추가형과 연결하여 선택항목을 처리하는 방식으로 운영되는 경우가 일반적이다.

3. 복리후생제도의 신경향

복리후생제도의 설계와 관련하여 이상과 같은 선택적 복리후생제도 이외에도 최근 그 인기가 날로 증대되고 있는 새로운 복리후생제도를 간단히 살펴보면 다음과 같다.

1) 건강 복리후생 프로그램

건강 복리후생 프로그램(wellness programs)은 종업원들이 병에 걸리지 않도록 건강을 유지하는데 초점을 둔 특별한 유형의 복리후생제도로, 규칙적 운동, 체중조절, 적절한 영양섭취, 건강에 해로운 물질 기피 등을 강조하고 지원해주는 프로그램을 말한다. 사실, 정상 체중을 유지하고 규칙적으로 운동을 하는 종업원들은 병가를 신청할 확률이 낮고 따라서 건강보험료와 병으로 인한 작업시간 감소도 줄어들게 된다. 이에 따라 많은 기업들이 회사 내에 체육관이나 운동센터를 설치하거나 혹은 종업원들이 지역의 건강 클럽에 가입할 경우 가입비 일부를 지원해줌으로써 규칙적 운동을 적극 권장하고 있다.

또한 조깅을 하는 종업원들에게 1년 동안 조깅 마일당 일정금액을 지급해준다든지 혹은 비만 종업원들의 경우 매 일정 kg을 감량하여 정상체중에 이를 때까지 일정금액을 지원해 주는 프로그램도 있다. 종업원들의 건강유지를 장려하기 위하여 미사용 유급휴가에 대해서 보상을 제공하기도 하고, 이외에도 삽화와 함께 다양한 운동에 대한 설명을 중심으로 흡연과 알코올의 위험, 영양섭취 및 체중조절 방법, 스트레스 관리와 긴장해소방법 등에 관한 건강관련책자를 발간하여 종업원들에게 배부해 주기도 한다.

건강 복리후생 프로그램은 조직들이 높은 콜레스테롤이나 고혈압, 높은 비만수준, 흡연 등과 같은 특정건강위험에 주된 목표를 설정해서 이를 실시할 때 특히 효과적이다(A. Sherman. et al., 1998 : 489).

2) 종업원 후원 프로그램

종업원 후원 프로그램(employee assistance programs)은 종업원들이 그들의 직무수행에 방해가 되는 다양한 개인적 문제들을 해결하는데 도움을 주기 위하여 기업이 제공하는 다양한 서비스를 말한다. 이 프로그램은 처음에는 알코올 중독으로 고민하는 종업원들을 도와주기 위하여 설계되었다. 그러나 최근에는 개인의 알코올 중독뿐만 아니라, 약품남용, 우울증이나 스트레스 같은 정서적 문제, 가정에서의 부부 및 가족문제와 개인의 재정적·법률적으로 어려운 문제들(예컨대, 부채·세금·자산관리문제, 이혼, 범죄, 상해 및 교통위반 등)까지도 도움이 필요할 때에, 이들 문제들을 진단하고 상담하며 나아가 치료 의뢰 및 지원을 해주고 있다. 보통은 사내 상담사나 외부전문가들의 도움을 받는다.

이 제도의 목적은 종업원들의 생활에 부정적 영향을 줄 수 있는 개인적 문제들을 해결하는데 도움을 주거나 혹은 적어도 개인적 문제들이 종업원들의 직무수행에 부정적 영향을 미쳐 직무성과가 위기단계에 이르는 것을 방지하는데 있다.

미국의 경우 상시 종업원 5,000명 이상을 고용하고 있는 기업 중에서 87%가 이 제도를 실시하고 있을 만큼 인기가 높다(Sherman et al., 1998 : 451, 490). 우리나라의 경우 1999년 Dupont Korea가 도입 이후 유한킴벌리, P&G, 한국IBM, 근로복지공단 등 600여개 업체에서 EAP를 실시하고 있다.

3) 일과 삶의 균형을 위한 복리후생

일과 삶의 균형을 위한 복리후생(work & life balance)은 기업이 조직구성원들로 하여금 자신의 일과 삶의 균형을 추구할 수 있도록 시간적 배려와 물질적·정서적 지원을 제공해주는 제도이다. 이 복리후생제도가 등장하게 된 배경은 다음과 같은 이유에 있다. 첫째, 개인 및 사회 가치관의 변화로 종업원들의 가치관이 과거와 달리 가정생활과 개인의 취미, 여가를 중시하면서 직장에서 업무와 일상적인 삶을 균형적으로 조화시키는 방향으로 변화하고 있다. 둘째, 핵심인력을 지속적으로 확보·유지하기 위해서는 지금까지의 경제적 보상만으로는 한계가 있고 성장기회제공 유연근무제 실시, 자기계발 지원 등을 통해 자유롭고 즐거운 작업환경을 조성하여야 할 필요성이 대두되었기 때문이다. 셋째, 여성인력이 증가하면서 출산 및 육아관련 복리후생 프로그램을 활용하여 우수 여성인력을 확보, 유지하기 위해서이다.

이 제도의 구체적 내용은 ⅰ) 육아 및 노인부양을 중심으로 한 육아 및 노부모 보호, ⅱ) 시간과 장소 등에 크게 구애 받지 않고 일할 수 있도록 배려하는 유연근무제, ⅲ) 종업원 개개인의 여가와 자기계발 지원, 사회봉사활동 지원, 재테크 정보제공 및 교육 등을 중심으로 한 개인생활 지원 등 크게 세 범주로 나누어 볼 수 있다(황인경, 2002).

이외에도 육아 및 노부모 보호도 포함해서 종업원의 연령단계에 따라 필요한 복리후생의 내용을 달리하는 라이프 사이클 복리후생(life cycle benefits)도 있다.

4. 복리후생의 관리

앞서 언급한 바처럼 복리후생비가 총 보상비용에서 차지하는 비중이 점차 증가되고 있는 추세에 있다. 기업이 많은 예산을 투입하여 실시하고 있는 복리후생제도가 소기의 성과를 거두기 위해서는 합리적 제도의 설계와 더불어 복리후생제도의 효과를 제고하기 위한 다음과 같은 효율적인 관리방안이 요청된다.

1) 효과적 커뮤니케이션

기업이 아무리 우수한 복리후생제도를 도입・실시하더라도 종업원들이 복리후생제도에 대해 관심과 이해가 부족하다면 복리후생제도는 종업원들의 만족과 성과에 영향을 미칠 수가 없어 기대효과를 거둘 수 없게 된다. 종업원들이 복리후생의 구성요소와 그 가치를 이해하지 못하는 점이 복리후생에 대한 불만족의 근본 원인이 되고 있으며(Dreher, Ash, & Bretz, 1988), 대부분의 연구결과는 종업원들과 경영자들조차도 복리후생의 내용을 잘 알지 못하고 있거나 복리후생의 비용과 가치를 크게 저평가하고 있는 것으로 나타나(Ivancevich, 1998 : 398) 복리후생에 대한 커뮤니케이션의 개선이 절실함을 보여주고 있다.

복리후생에 대한 효과적인 커뮤니케이션 접근법을 그 내용과 방법면에서 살펴보면 다음과 같다.

(1) 내용면

효과적인 커뮤니케이션을 위해서 그 내용면에서 적어도 아래의 사항들이 포함되어야 한다.

- 복리후생의 목적
- 모든 복리후생에 대한 설명과 수혜시기 및 수혜범위의 수준
- 수혜대상자의 자격요건
- 부양가족의 수혜항목 및 금액
- 연간 총복리후생비용
- 임금총액 중 복리후생비가 차지하는 비율
- 종업원 1인당 연간 복리후생비용
- 기업과 종업원의 비용부담비율

– 복리후생 프로그램의 이용방법과 절차 등.

그리고 이러한 내용들은 종업원들이 신뢰할 수 있도록 진실해야 하고 구체적이어야 한다.

(2) 방법면

복리후생 내용을 종업원들에게 효과적으로 알려 줄 수 있는 방법으로는 다음과 같은 것들을 생각해 볼 수 있다.

① **커뮤니케이션 매체의 활용** : 지금까지 많은 기업들은 복리후생의 커뮤니케이션 방법으로 복리후생의 내용을 설명하는 핸드북이나 소책자를 배부하는 방법을 활용해 오고 있다. 그러나 커뮤니케이션의 효과를 증대시키기 위해서는 구두설명, 영화, 비디오상영 등도 병행하는 것이 좋을 것이다.

더욱이 오늘날 정보통신기술의 발달은 복리후생에 대한 커뮤니케이션의 개선에 크게 이바지하고 있다. 이를테면, 조직 내 모든 형태의 커뮤니케이션이 능률적으로 이루어지도록 하는 온라인 웹인 인트라넷(intranet)과 인터넷(internet)의 활용이 급속도로 증가되고 있고, 수년 전부터는 전화통화를 통해 특정정보를 쉽게 획득할 수 있는 최신식 콜센터(streamlined call center)도 운영되고 있다. 이러한 커뮤니케이션 매체들은 복리후생에 관한 정보의 접근과 수정을 보다 용이하게 해주고 업무를 보다 신속하고 편리하게 처리해주는 등 서비스 수준을 개선해 줄 뿐만 아니라 사용자측 비용도 감소시켜 유익한 커뮤니케이션 매체로 활용되고 있다(Milkovich & Newman, 2008 : 421~424).

② **복리후생 명세서 교부** : 매년 개별종업원의 구체적인 복리후생 내용을 기술한 명세서를 종업원들에게 교부한다.

③ **종업원 미팅 개최** : 새로운 프로그램이나 비용절약 기회, 기타 종업원들에게 중요한 복리후생 관련 이슈들을 설명해 주기 위하여 종업원 미팅을 특별히 갖기도 한다.

④ **복리후생담당 컨설턴트의 활용** : 기업은 사내에 복리후생담당 컨설턴트를 둠으로써 종업원들이 조직의 복리후생제도에 의해 혜택을 받을 수 있는 특정한 문제나 이슈, 혹은 조직에서는 제공하지 않지만 지역사회에서 이용 가능한 복리후생에 관해서도 필요한 서비스를 받을 수 있도록 한다(Henderson, 2000 : 548).

⑤ 커뮤니케이션의 내용은 명확해야 하며 복잡한 전문 용어의 사용은 피해야 한다.

2) 복리후생비용의 분석

많은 기업들이 아직까지도 복리후생 프로그램에 대한 철저한 비용분석을 하지 않아 종업원들에게 복리후생비용을 인식시킬 정확하고 근거있는 수치를 제시하지 못하고 있다. 복리후생비용의 파악과 분석은 복리후생비의 통제차원에서 뿐만 아니라 앞서 기술한 바와 같이 복리후생의 성과를 제고시킬 효과적인 커뮤니케이션 프로그램에 절대적으로 필요한 내용이 되고 있다.

복리후생비용의 분석방법으로는 모든 종업원들에 대한 연간 총 비용, 종업원 1인당 연간 총 비용, 임금에 대한 비율, 종업원 1인의 시간당 비용의 네 가지가 있는데, 이 중에서 두 가지 이상을 결합하여 사용하는 것이 보다 효과적이다(Henderson, 2000: 584~585).

(1) 연간 총 비용

연간 총 비용은 각 복리후생의 연간비용을 합계한 것이다. 기업은 이러한 비용을 계산하는 회계절차를 개발해야 하고 회계전산화 시스템의 활용은 도움을 줄 것이다. 이 방법은 복리후생의 총 비용을 설명하고 예산을 편성하는데 특히 유용하다.

(2) 종업원 1인당 연간 총 비용

기업은 연간 각 복리후생의 전체비용과 혜택을 받은 종업원들에 대한 정확한 기록을 유지해야 한다. 각 복리후생의 연간 총 비용을 종업원수로 나누어서 각 복리후생의 종업원 1인당 연간 총 비용을 산출할 수 있다. 이 외에 또 모든 종업원들에 대한 연간 총 비용을 종업원수로 나누어 종업원 1인당 연간 총 비용을 산출한다. 종업원 1인당 연간 총 비용은 종업원들이 비용을 인식하는데 도움을 주지만, 보다 큰 효과를 얻기 위해서는 종업원 1인의 시간당 비용과 각 복리후생당 시간당 비용도 함께 종업원에게 제공하는 것이 좋다.

(3) 복리후생비의 임금에 대한 비율

임금에 대한 비율은 연간 복리후생비 총액을 연간 임금총액으로 나눈 것으로 이 비율은 기업들 간에 임금비용과 복리후생비로 각각 무엇을 포함하는가 하는 임금 및 복리후생비의 분류가 동일할 때 다른 기업들과의 복리후생비를 비교하는데 유용하게 활용된다.

(4) 종업원 1인의 시간당 비용

시간을 정의하는 방법이 상이하여 기업들 간에 시간당 비용(수치)은 차이가 있지만, 보통 총 복리후생비를 연간 실제 작업시간으로 나누어서 산출한다. 이것은 복리후생 비용을 설명하는데 자주 사용되는데, 특히 노동조합과 임금·근로시간·복리후생·기타 이슈들을 협상해야 하는 조직들에 있어서는 가치있는 자료이다. 총 보상 패키지를 논의하는데 있어서 직접 임금률을 복리후생비용과 관련시키고 총 패키지에 대한 비용을 설명하는 것도 가능하다.

이 방법은 또한 종업원들이 그들의 시간당 임금과 관련시켜 비교할 수 있기 때문에 복리후생비용을 종업원들에게 설명하는데 유용하다. 그런데 여기서 중요한 문제점은 이 수치가 비교적 작은 수치이기 때문에 종업원들에게 큰 의미를 주지 않을 수도 있다는 점이다. 그러나 만약 그 수치가 연간(시간당 복리후생비×연 시간수) 금액으로 표시된다면 복리후생의 중요성이 보다 부각될 수 있다.

3) 모니터링과 감사

이는 복리후생의 효과적 관리를 위한 마지막 단계인 통제활동으로 복리후생 프로그램이 올바르게 운영되고 있는지 모든 부문들을 확인하고 평가하는 것을 말한다. 즉, 경영자는 복리후생 프로그램이 설계대로 운영되고 있는지, 복리후생제도가 의도한 목표를 어느 정도 달성하고 있는지, 복리후생비 예산이 합리적으로 편성되고 적법하게 집행되고 있는지, 프로그램의 일부 영역에서 오용이나 남용은 일어나고 있지 않은지, 보험 및 기타 청구와 지급이 적법한지 등을 모니터하고 감사해야 한다. 나아가 복리후생 프로그램에 대한 종업원의 만족도와 새로운 복리욕구도 정기적으로 파악하여야 할 것이다. 그리고 이러한 평가의 결과는 피드백(feedback)을 통해 필요한 변화를 반영하도록 제도의 설계와 관리에 도움을 줄 것이다. 이 경우에도 전산 시스템을 활용하는 것이 바람직하다.

4) 종업원의 참여

복리후생제도의 설계와 마찬가지로 제도의 운영에도 종업원을 참여시켜 종업원의 변화된 욕구와 제도 운영상에 야기되는 종업원들의 불만과 문제점들을 피드백 받아 제도의 수정을 통해 복리후생제도의 효과성을 제고시킬 수 있다.

학습문제

1. 복리후생을 정의하고 기능과 목적을 설명하시오.
2. 법정 복리후생의 유형과 내용을 설명하시오.
3. 법정외 복리후생의 유형과 내용을 설명하시오.
4. 복리후생의 설계내용과 영향요인을 기술하시오.
5. 복리후생제도의 효과성 제고를 위한 관리방안을 기술하시오.
6. 선택적 복리후생제도의 유형과 효과를 설명하시오.
7. 선택적 복리후생제도 이외에 새로운 복리후생제도를 간단히 설명하시오.

참고문헌

김식현(1999), 『인사관리론』, 서울: 무역경영사.

박우성(2001), 선택적 복리후생제도의 도입과 과제, 「임금연구」, 2001 여름호, 제9권 제2호, 경총 임금연구센터, 4~25.

박호환(1996), 미국기업의 복지후생제도, 「임금연구」, 1996 겨울호, 제4권 제4호, 56~71, 경총 임금연구센터

유규창, 조규성(1999), 『선택적 복리후생제도』, 서울: 한국노동연구원.

최종태(2000), 『현대인사관리론』, 서울: 박영사

한국경영자총협회(1997), 『기업복지의 현황과 과제』, 경총신서 49.

한국노동연구원(2009), 2009년 KLI 노동통계.

한국인사관리협회(2000), 「월간 인사관리」, 7월호.

한국인사관리협회(2003), 「월간 인사관리」, 4월호.

황인경(2002), 일과 삶의 균형을 위한 복리후생, 「주간경제 677호」, LG경제연구원.

Anthony, W. P., Kacmar, K. M. & Perrewé, P. L. (2006), *Human Resource Management: A Strategic Approach*, 5th ed., Mason, OH : Thomson Corporation.

Barringer, M. W. & Milkovich, G. T.(1998), "A Theoretical Exploration of the Adoption and Design of Flexible Benefit Plans: A Case of Human Resource Innovation", *Academy of Management Review*, 23(2), 305~324.

Dregher, G., Ash, R. & Bretz, R.(1988), "Benefit Coverage and Employee Cost: Critical Factors in Explaining Compensation Satisfaction", *Personnel Psychology*, 41, 237~54.

Henderson, R. I.(2000), *Compensation Management in a Knowledge-Based World*, 8th ed., Englewood Cliffs: Prentice Hall.

Ivancevich, J. M.(1998), *Human Resource Management*, 7th ed., New York: McGraw-Hill.

Milkovich, G. T. & Newman, J. M.(2008), *Compensation*, 9th ed., New York: McGraw-Hill.

Mondy, R. W., Noe, R. M. & Premeaux, S. R.(2002), *Human Resource Management*, 8th ed., Englewood Cliffs: Prentice Hall.

Noe, R. A., Hollenbeck, J. R., Gerhart, B. & Wright, P. M.(2008), *Human Resource Management: Gaining a Competitive Advantage*, 6th ed., New York: McGraw-Hill.

Sherman A., Bohlander G. & Snell, S.(1998), *Managing Human Resource*, 11th ed., Cincinnati: South-Western College Publishing.

제 13 장
인적자원의 유지 및 이직관리

13 인적자원의 유지 및 이직관리

opening case 13-1. 자녀입학 시기 1시간 단축근무… "워라밸 보장되니 업무능률 Up"

CJ그룹은 인재 경영에 있어 직원들이 즐겁게 업무에 몰입해 본인의 역량을 충분히 발현하고 서로 시너지 효과를 낼 수 있도록 보다 유연한 조직문화 조성을 위해 다양한 노력을 지속해 왔다. 지난 2000년 대기업 최초로 직급에 관계없이 서로를 '님'으로 부르는 '님 문화'와 복장 자율화 도입을 시작으로, 최근 임직원들의 워라밸을 보장하고 기본적인 '패밀리 케어'가 가능하도록 한 제도 발표 등 혁신을 통해 국내 기업문화 선도에 앞장서고 있다.

특히 CJ그룹은 국내 노동시장의 변화에 발맞춰 지난 2017년 5월 일과 가정의 양립 및 유연한 근무 환경을 조성하고, 임직원에게 글로벌 도전 기회를 대폭 확대하는 내용의 '기업문화 혁신방안'을 발표하고 지난해 6월에는 제도를 보완, 개편했다. 제도 개편 시 가장 중점을 둔 부분은 바로 남성 임직원들의 육아 참여 확대를 위한 제도적 뒷받침이다.

먼저 새롭게 부모가 된 CJ 임직원은 '신생아 돌봄 근로시간 단축제'를 활용해 생후 3개월까지 1일 2시간 단축근무가 가능하다. 또한 초등학교 입학 자녀를 둔 임직원은 '자녀입학 돌봄 근로시간 단축제'를 통해 최장 1년간 1일 1시간씩 단축근무할 수 있다. 3월 입학 전후로 최대 4주까지 사용 가능했던 기존 '자녀입학 돌봄휴가'는 2~4월 중 1회 분할 사용이 가능하도록 제도를 개편했다. 기존 '유연근무제'는 맞벌이 부부의 자녀 등·하교 고민을 덜어주기 위해 출근 시간대를 오전 8~10시에서 오전 7~11시로 확대했다.

지난해부터 시행되고 있는 제도와 신설·개편된 제도를 활용할 경우 남성 임직원은 자녀 출산과 함께 2주 배우자 출산휴가(유급)에 이어 2시간 단축근무제를 사용할 수 있어 산모와 자녀를 3개월간 충분히 돌볼 기회를 갖게 된다. 초등학교 입학 자녀를 둔 부모의 경우에도 입학 후 1년간 출근 시간을 오전 7시로 조정하고 1시간 단축근무제를 활용해 오후 3시에 퇴근할 경우 아이의 방과 후를 챙길 수 있게 됐다.

모성보호를 위한 제도도 확대·개편했다. 난임 시술 직장인 가운데 상당수가 진료 시간을 확보하기 어렵다는 점을 감안해 난임 시술을 받는 여성 임직원이 1회 7일간 최대 연 6회까지 사용할 수 있는 '난임휴가'(유급)를 신설했다. 또한 임신 중 유산기가 있거나 건강상의 이유로 일을 쉬어야 할 경우 최대 10개월까지 분할 사용이 가능한 '임신휴직'(무급)도 새롭게 시행된다.

CJ그룹은 제도를 끊임없이 보완, 개선하면서 제도가 기업문화로 정착될 수 있도록 하는 데 주력하고 있다. 이를 위해 제도의 사용률 분석 및 전 계열사 임직원 직급별 심층면접조사(FGI)를 실시해 그 결과를 제도에 반영하고 있다.

(자료: 문화일보, 2019.01.24.)

토의과제

1. 최근 국내 기업에서 유연한 조직문화를 조성하기 위해 노력하게 된 배경과 그 효과를 토의해 보시오.
2. 워라밸 문화의 확산과 더불어 나타날 수 있는 기업의 운영상에 과제는 없는지 토의해 보시오.

opening case 13-2. "걱정 말아요 5060 선배님"… 은행권 인생2막 붐

은행권이 50 · 60대 '신(新)중년' 세대에 주목하고 있다. 신중년은 50세를 전후로 직장을 그만두고 재취업 일자리 등에 종사하면서 은퇴를 준비하는 세대를 말한다. 정부는 지난해부터 '인생 3모작 패키지'를 통해 재기를 꿈꾸는 이들에게 발판을 마련해주고 있다. 은행들도 여기에 동참하고 있다. 금융권 '선배'를 전문 인력으로 재고용하거나 창업 · 은퇴 설계 등 생애주기에 맞는 프로그램을 운영하기도 한다.

우리은행은 퇴직자를 대상으로 관리전담 계약직을 뽑고 있다. 대상은 퇴직한 지 1년이 지난 직원이다. 근무기간은 최장 2년(1+1)이다. 이들은 하루 2시간씩 파트타이머 형태로 일한다. 주된 업무는 영업점 준법감시나 내부통제다. 우리은행은 또 소상공인 창업지원센터도 열었다. 센터는 예비 창업자나 자영업자를 위한 전문 컨설팅 서비스를 제공한다. 예비 창업자에게는 상권분석과 점포입지평가 · 창업절차 · 업종별 인허가 사항 · 금융상담 등 창업에 유용한 정보들을 알려준다. 경영애로를 겪는 자영업자에게는 마케팅 · 세무 · 노무 · 사업정리 등을 도와준다. 직장을 퇴직한 후 창업을 준비하는 사람들도 센터를 이용할 수 있다.

국민은행은 직원을 대상으로 생애주기별 전직지원을 하고 있다. 40세 이상 직원은 생애설계 통신연수를 실시한다. 자기주도적 사전학습으로 변화관리와 생애설계 인식을 제고시킨다. 연수기간 동안 경력이나 재무 설계, 재취업, 창업, 인생설계 등을 교육한다. 50세 이상 직원에게는 라이프 디자인 프로그램을 가동한다. 55세 이상을 위한 전직학교도 마련됐다. 국민은행은 지난 2016년 경력컨설팅센터를 개설했다. 센터는 재직 중이거나 퇴직한 직원 재취업 및 창업 등을 지원한다. 전직지원 컨설턴트와 소호창업 컨설턴트가 1대1로 상담해준다.

은행권이 이처럼 퇴직자 재취업에 공을 들이는 이유는 정부 일자리 확대 주문에 부응하기 위해서다. 한편으로는 신입행원에 비해 비용은 적게 들이면서도 전문성을 갖췄기 때문에 여러모로 장점이 많다. 은행권 관계자는 "은행도 하나의 기업으로서 일자리 창출을 통한 고용안정과 경제 활성화에 기여한다는데 의미가 있다"며 "은행으로 재취업 한 사람들에게 인건비가 발생하긴 하지만 재취업 한 이들 노하우나 경험이 은행에 기여하는 부분이 더 많다고 보는 것"이라고 덧붙였다.

(자료: 국민일보, 2019.03.17.)

토의과제

1. 기업에서 퇴직자의 재채용이 이루어지는 배경을 설명하고 효과에 대해서 토론해 보시오.
2. 퇴직자 재채용에 따른 이슈와 과제를 도출하고 토론해 보시오.

제1절 근로시간관리

1. 근로시간관리의 개념

1) 근로시간의 의의

근로시간은 고용관계에 있어서 임금과 더불어 가장 기본적이고 중요한 근로조건 중의 하나이다.[1] 근로시간이란 근로자가 사용자의 지휘·감독 하에서 근로계약상의 노동력을 제공하는 시간을 말한다. 그러므로 근로시간은 작업이 시작되는 시각부터 종료되는 시각까지의 근무시간에서 휴게시간을 제외한 시간, 즉 실 근로시간을 의미한다.

근로기준법 제49조에는 휴게시간을 제외하고 1일에 8시간, 1주일에 40시간의 법정근로시간을 규정해 놓고 있으며, 동법 제50조에는 노사간의 합의에 따라 특정일의 근로시간은 12시간, 특정주의 근로시간은 52시간의 한도 내에서 기준근로시간을 초과하여 근무할 수 있도록 규정하고 있다.

이러한 법정근로시간의 범위 내에서 근로자와 사용자가 일정 시간동안을 일하기로 합의한 근로시간을 소정근로시간이라고 하는데, 소정근로시간은 임금을 결정하는 기초가 된다. 또한 이 소정근로시간에 초과근로시간을 더한 것이 앞서의 실 근로시간으로서 근로자가 실제 일을 한 시간이 된다.

2) 근로시간관리의 중요성과 과제

근로시간관리는 거시적으로는 각국의 근로기준법, 경제상황과 산업구조의 변화, 기술환경과 사회·문화적 환경변화, 그리고 기업의 경영상태, 노조의 태도 등에 의해 영향을 받지만, 기본적으로는 ① 그 중심이 되는 근로시간의 길이, ② 근무시간의 개시 및 종료시간의 결정과 근무시간 중의 휴게시간 결정, 교대근무를 비롯한 기타 근무형태 등과 같은 근로시간의 배분 결정, ③ 휴일·휴가의 설정 등에 대한 효율적 관리를 말한다.

근로시간은 노사 모두에게 중요하다. 기업 입장에서 보면 근로시간은 노동력의 양

---

1) 근로시간과 후술하는 안전·보건은 임금·복리후생과 더불어 근로자들의 근로생활에 직접 영향을 미치는 근로조건(working conditions)으로서 근로시간 및 안전·보건 관리는 근로자들이 조직에 계속해서 공헌하도록 유지시키는 유지관리의 핵심내용이 된다.

을 결정짓고 근로자의 노동능력에 영향을 미쳐 조직 성과와 직결되는 중요한 요소이다. 특히 18세기 말에서 19세기 초 산업화 초기시대에는 노동시간 = 생산성이란 전제 아래 근로시간의 길이(근로시간의 증대)에 초점을 두고 노동통제적 근로시간관리가 이루어졌다. 이에 따라 근로자들은 1일에 12~15시간 이상의 장시간 근로를 수행했다.

그러나 장시간의 과도한 근로는 그 만큼 육체적, 정신적 피로를 누적시켜 노동생산성 저하를 초래할 뿐만 아니라 안전사고나 질병의 발생가능성도 높일 수 있다. 1919년 국제노동기구(ILO)가 설립되고 1일 8시간, 1주 48시간의 근로시간제를 제1원칙으로 정하기까지 근로시간 단축 운동은 계속되었고, 1935년에 ILO는 1일 8시간, 1주 40시간제를 조약안으로 채택하였다. 따라서 근로시간의 적정화, 단축화가 세계 각국에서 근로시간관리의 주요한 과제가 되고 있다.

한편, 근로시간관리는 근로자 1인당 근로시간의 증가를 통해(예컨대, 근로시간의 연장, 잔업이나 휴일출근) 노동력 공급량을 증대시키고 근로시간수의 삭감을 통해 노동력 공급량을 감소시키는 기능을 수행한다. 따라서 노동수요가 증가할 때는 근로자 수의 증가가 아닌 근로시간을 증대시키고, 노동수요 감소시에는 근로시간을 삭감시키면 불황기에 효과적으로 대응할 수 있고 고용의 유지가 가능하게 된다.

또한 노동수요가 계절이나 요일 및 시간대에서 변동하는 경우 등에는 노동수요의 발생에 맞추어서 공급이 이루어지도록 노동의 수요와 공급의 시기를 일치시키는 기능도 수행한다(예컨대, 변형근로시간제, 선택적 근로시간제 등). 또한 제조업의 24시간 조업공장이나 영업시간이 근로자 1인당 근로시간보다 긴 소매업 및 서비스업 등에서는 교대근무제를 활용하여 노동수요와 공급의 시기를 대응시킬 수 있다(今野浩一郎·佐藤博樹, 2002:207).

근로시간은 종업원 입장에서 보면 근로시간 길이와 함께 근로자의 1일 24시간 생활시간 중에서 어디에 위치하느냐에 따라, 즉 근로시간의 배분여하에 따라 근로자의 가정생활의 리듬에 크게 영향을 미친다. 이를테면, 근무시간의 개시와 종료시간에 따라 기상 및 취침(수면시간), 조식, 석식, 기타 자유시간 등의 생활 리듬이 달라지고 동일시간 근무도 낮 시간이냐 야간 교대 근무시간이냐에 따라 생활시간의 양상이 달라진다. 특히 야간 교대 근무제는 종업원의 건강에 영향을 미친다. 그리고 근로시간을 근로자가 근무하는 근로일수로 보면, 근로일수는 휴일수를 정하며, 연차유급휴가의 일수나 취득의 용이, 하계휴가제도의 유무를 비롯한 이들 휴일 · 휴가 일수의 증대는 근로자의 자유시간을 확대해서 생활 스타일을 변화시킬 수 있다.

또한 근무시간 중에 휴게시간을 어디에 설계할 것인가는 근로자의 정신적 · 육체적 피로회복과 작업능률촉진 및 산업재해예방차원에서 중요한 문제가 되고 있다.

따라서 근로시간관리는 근로시간의 적정화와 더불어 특히 최근 근로자들의 가치관과 생활 스타일의 변화에 따라 증대되는 생활시간의 필요와 욕구를 충족할 수 있도록 개인생활과 일의 조화를 가능하게 하는 근로시간의 합리적이고 유연한 배분과 휴일·휴가 및 교대근무제의 효율적 설계와 운영 등이 주요한 과제가 되고 있다.

현대적 근로시간관리는 종래의 노동통제적 사고에서 벗어나 변화하는 근로자들의 의식과 태도에 맞추어 근로자들에게 근로시간에 대해 보다 많은 재량권을 부여해서 근로시간을 보다 유연하고 다양하게 설계·관리함으로써 근로생활의 질과 개인생활의 질을 동시에 향상시켜 근로의욕 제고와 노동생산성 향상을 도모하며 나아가 근로자 복지증대와 노사관계 안정화를 도모하는데 주된 목적을 두고 있다.

오늘날 서구의 경우 특히 선택적 근로시간제나 재택근무제 등과 같은 유연한 작업장의 특징은 비금전적 보상으로써 보상 시스템의 중요한 요소로 거론되고 있다(Mondy et al., 2002:373). 여기서는 근로시간관리의 두 가지 핵심과제로서 근로시간단축과 근로시간관리의 유연화·다양화를 도모하는 유연적 근로시간 제도를 살펴본다.

2. 근로시간 단축

우리나라의 근로시간은 지난 1989년부터 3년간 단계적으로 주 48시간에서 44시간으로 단축되어 왔다. 이후 13년 만에, 즉 2003년 8월에 주 5일 근무제 도입을 골자로 한 근로기준법 개정안이 국회를 통과함으로써 2004년 7월부터 공기업 및 금융·보험업을 시작으로 주 40시간으로 4시간이 단축되어 주 5일 근무시대를 맞게 되었다. 이와 함께 휴가제도도 연차·월차 휴가가 통합돼 근속기간에 따라 최저 15일, 최고 25일로 조정되었다. 이후 2018년 2월 근로시간을 주 최대 68시간에서 52시간으로 단축하고 특례업종을 축소하는 내용을 담은 근로기준법 개정을 추진했고 개정안은 국회를 통과해서 2018년 7월1일부터 시행(단계적 시행)됐다.

1) 근로시간 단축의 의의

우리나라에서 근로시간 단축 논의는 1997년 IMF(외환금융위기) 이전에는 근로자의 생명과 건강을 지키고 장시간근로 관행에서 발생하는 사업재해와 직업병을 예방하고, 나아가 여가시간 활용을 통한 '근로자의 삶의 질 향상'에 그 초점이 맞추어져 있었으나, IMF 이후에는 대량실업 극복을 위한 일자리 나누기 차원에서 논의되었다.

그렇지만 근로시간 단축의 기본적 의의는 무엇보다도 지금까지 임금구조의 왜곡,

생산관리의 비효율성, 외형적 성장방식 추구 등의 요인이 되어 온 장시간근로 관행을 개선하고, 전체 근로시간의 구조를 효율적으로 개편함으로써, '소득과 여가' 양 측면에서의 근로자의 건강증진과 삶의 질을 개선하는 데에 있다.

2) 근로시간 단축의 효과

근로시간 단축은 근로자와 기업에 대해 다음의 긍정적 효과를 가져다 준다.

첫째, 근로자의 육체적 한계를 넘어서는 장시간 근로는 육체적 피로를 누적시키고 주의력과 집중력을 저하시켜 과로사 등 예기치 않은 사고를 발생시킬 수 있으며 노동력 유지도 어려워진다. 따라서 근로시간의 단축을 통해 근로자의 생명과 건강의 보호는 물론 산업재해를 예방할 수 있고 노동력의 재생산을 유지할 수 있으며, 이를 통해 경제적·사회적 손실을 줄일 수 있다.

둘째, 근로자의 소득수준과 교육수준의 향상으로 근로자의 욕구가 고차화, 다양화되면서 근로자들은 여가 증대와 인간다운 삶을 강하게 요구하게 되었다. 따라서 근로시간 단축은 그만큼 여가시간, 즉 자유시간을 증대시켜 자기개발이나 기술습득 및 학습기회의 증대를 가져다주고 가정생활의 충실, 교양, 취미활동 등 다양하고 건전한 사회문화생활을 영위할 수 있도록 해줌으로써 근로자들의 삶의 질을 제고시키고 일과 생활의 균형을 가져다준다. 또한 이를 통해 근로자의 창의성 증대, 근로의욕 증대에도 기여할 수 있다.

셋째, 경기후퇴로 실업이 증대될 때 작업공유(work sharing)를 통해 근로시간을 단축하고 임금을 삭감함으로써 고용감소를 방지하고 고용창출기회를 제공한다.

넷째, 기업은 근로시간 단축에 따라 젊고 유능한 인재의 확보가 용이하고, 근로자의 근무집중도 강화, 시간당 작업량 증가, 육체적 피로 감소, 사고율 감소, 기계의 무리한 사용 감소 등을 통해서 생산성을 증가시킬 수 있다. 또한 기업으로 하여금 근로시간 변화에 직면하여 새로운 생산 기술과 방법 도입, 경영조직 혁신, 근로시간의 효율적 배분 및 관리 등의 적극적 대응을 자극함으로서도 생산성이 증가될 것이다. 이에 따라 근로시간 단축은 장시간근로 관행에 의존하는 비용중심적 경쟁전략을 탈피하여 구조적 경쟁력을 확보할 수 있는 계기를 마련함으로써 기업을 성장구조로 전환시킬 수 있다(김소정·전병유·유성재, 1999 : 6).

그러나 근로시간 단축은 다음의 문제점도 갖고 있다.

첫째, 생산성 향상이나 기존 임금의 저하가 없는 근로시간 단축은 노동비용의 증가를 가져오고 기업의 가격경쟁력을 약화시킨다. 그 이유는 근로시간 단축을 신규채용으로 보전하는 경우 신규채용 사원의 인건비뿐만 아니라 모집비용, 교육훈련비, 기타 복리후생비 등이 증대된다. 또한 신규채용을 하지 않고 초과근로로 보전할 경우에도 초과 근로시간의 증가에 따른 할증임금이나 수당이 증가된다. 그러나 이에 대해 앞서 기술한 기업의 적극적이고 다양한 대응으로 생산성이 향상되어 노동비용 증대를 상쇄시킬 수 있다는 반론도 있다.

둘째, 근로시간 단축이 생산설비 이용의 비효율성을 초래하고 생산량 차질을 가져올 수 있다. 이는 근로시간 단축을 보전하기 위한 신규채용이 어렵거나 근로자들이 초과근무를 싫어할 경우 완전한 설비가동률 유지가 어렵기 때문이다.

셋째, 근로시간 단축은 이에 따른 생산량 감소를 보전하기 위하여 사용자는 노동의 시간당 효율성을 제고하려고 할 것이고, 이에 따라 노동강도가 강화되어, 오히려 피로와 스트레스를 증가시킬 가능성이 있다.

한국의 연간 근로시간은 2008년까지만 해도 2,120시간으로 세계 최장 근로국가인 멕시코와 비슷한 수준이었다. 이후 2012년 2,092시간, 2016년 2,052시간으로 점진적으로 줄긴 했지만 여전히 대표적인 장시간 근로국가였다. 2018년 1,978시간으로 처음으로 2000시간 아래로 떨어졌다. 월평균 근로시간으로 환산해보면 2008년 176시간에서 2018년 165시간으로 10년 만에 약 11시간이 줄었다. 근로일 기준으로 하루 30분가량 준 셈이다. 근로시간 감소에는 2018년 7월 주 52시간 근로제 시행과 함께 경기 침체로 인한 제조업 구조조정, 최저임금의 급격한 인상에 따른 자영업자와 기업들의 인건비 부담 회피 등도 영향을 미쳤다고 볼 수 있다.

이에 따라 근로시간 단축이 우리 사회의 주요 현안이 되고 있다. 근로시간 단축은 다음의 쟁점을 가지고 있다. 첫째, 기업의 인건비 상승 및 생산차질을 야기할 수 있다. 둘째, 근로자 소득감소 및 노사관계 불안을 야기할 수 있다. 셋째, 정부는 근로시간 단축을 통해 일자리 창출을 기대하고 있다.

근로시간 단축이 성공적으로 안착되기 위해서는 한 편으로는 근로시간 단축을 통해서 발생할 수 있는 긍정적 효과를 극대화하고 다른 한편으로는 이로 인한 부작용을 최소화할 수 있는 방안의 검토가 필요하다.

이에는 크게 업무관행 및 조직문화 개선과 제도개선 측면에서 검토할 수 있다. 전자에는 근로시간의 효율적 관리, 생산성 향상, 연차휴가 사용 촉진 등이, 후자에는 연공급 임금체계에서 직무·성과·능력주의 임금체계로 개편이 요구되고 고용 및 근로시간의 유연화, 중소기업 지원 등을 들 수 있다.

특히 근로시간의 효율적 관리를 위해서는 습관적인 연장근무로 시간외 및 야간근무 수당이 낭비되지 않도록 낭비시간의 최소화, 성과와 무관한 작업의 제거 등이 요청된다. 낙후된 업무관리 및 조직문화로 인하여 발생하는 불필요한 작업·특근 등을 없게 하며 예측 곤란한 업무로 인해 퇴근시간이 불규칙해지고 상사 눈치 보기 등으로 자리만 지키는 경우가 발생하지 않도록 해야 할 것이다. 또한 업무 프로세스의 표준화, 과학적 성과관리를 실시하여 불필요한 작업을 제거하도록 한다(김강식, 2014).

근로시간 단축의 개요는 [그림 13-1]과 같다.

그림 13-1. 근로시간단축 개요

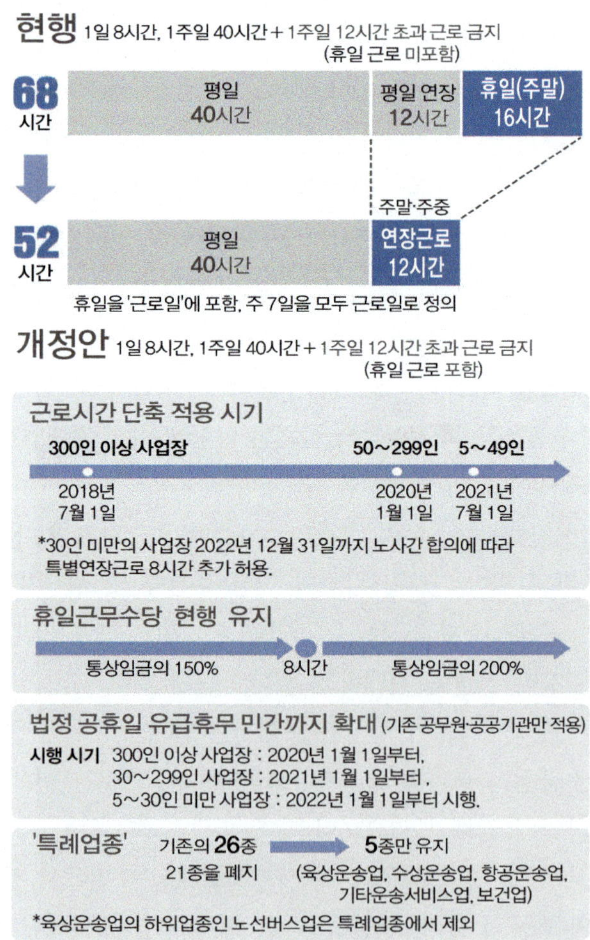

3. 유연적 근로시간관리

1) 유연적 근로시간관리의 의의

그동안 기업에서는 일반적으로 근로시간을 업무의 내용이나 성격, 업무량의 많고 적음, 근로자의 취업욕구 등과 관계없이 오전 9시 출근, 오후 6시 퇴근, 1일 소정근로 시간 8시간 식으로 정해놓고 그 외는 시간외 근무로 간주하는 등 근로시간이 고정적으로 엄격하게 운영되어 왔다.

그러나 최근 정보통신기술 발달과 산업 및 직무구조 변화, 근로자들의 욕구와 가치관・생활관 변화, 생활 스타일의 다양화, 여성인력 및 맞벌이 부부 증가, 환경 불확실성 증대 등의 환경변화로 인해 지금까지 일정장소에서의 경직적인 근로시간관리로는 효율적 업무수행이 어렵게 됨에 따라 그 대안으로 새롭게 등장한 것이 유연적 근로시간관리이다.

유연적 근로시간관리는 종래의 경직적이고 타율적인 엄격한 근로시간관리에 대응하는 개념으로 기업이 환경변화에 동태적으로 적응하기 위해 근로시간을 탄력적으로 운영하여 근로시간의 유연화와 다양화를 도모하는 관리를 말한다. 즉, 유연적 근로시간 관리제도는 근로시간을 탄력적으로 운영하여 기업의 노동력 수요의 변동에 유연하게 대응할 수 있도록 할 뿐만 아니라(기업측면의 근로시간의 유연화), 근로자들로 하여금 자신의 욕구, 개인생활, 작업 진척도에 맞추어 근로시간을 자율적으로 선택하게 함으로써(개인측면의 근로시간의 유연화) 개인생활과 업무를 조화시켜 노동력의 효율적 활용을 통한 생산성 향상과 근로생활의 질 향상을 도모하는 새로운 형태의 근무방식이라 할 수 있다.

사실, 종업원들의 직무불만족의 상당 부분은 근로시간에 대한 통제권의 결여, 강요된 초과근무 및 개인적 필요성에 시간을 조정할 수 있는 자유의 결여와 관계가 있다. 유연적 근로시간제는 좁게는 바로 이러한 문제점 해결에 초점을 둔 근무 스케줄 조정 방안으로, 근로자의 개인적 욕구를 더 잘 수용할 수 있는 방향으로 근로시간을 설계함으로써 근로자의 여가 및 자기개발의 촉진, 근로시간의 인간화 실현과 근로의욕 증대를 도모하고 나아가 노동력의 안정적 확보, 노사관계 안정화 등에도 기여하는 이점이 있다. 작업장에 유연성을 가져다주는 전략적 직무설계의 접근법 내지는 형태로서도 중요한 의의를 지닌다. 유연적 근로시간제의 형태는 다음과 같다.

2) 유연적 근로시간제도의 형태

(1) 선택적 근로시간제

선택적 근로시간제(flextime: flexible working hours)는 일정기간 동안 총근로시간을 정해놓고 근로자가 그 범위 내에서 매일의 시업 및 종업시간을 자유롭게 선택해서 일을 할 수 있도록 하는 제도를 말한다. 즉, 근로자가 자신의 생활 리듬이나 업무의 진행속도에 맞추어 출근이나 퇴근시간을 자유롭게 선택할 수 있도록 함으로써 개인생활과 업무의 조화를 도모하면서 업무 효율성을 높이고자 하는 근로시간제도이다. 선택적 근로시간제는 플렉스 타임제(일본), 자유시간근무제, 자유출퇴근제, 유동근무제, 탄력적 근로시간제[2] 등으로 불린다.

대부분의 선택적 근로시간제는 [그림 13-2]와 같이 회사가 근무시간을 조정하는 전체시간대(bandwidth)에서, 모든 근로자가 출근해서 의무적으로 근무해야 하는 핵심시간대(core time)와 휴게시간, 그리고 근로자가 자유롭게 출퇴근시간을 조정하여 선택할 수 있는 선택근로시간대(flexible time)로 구성되어 있다. 여기서 선택근로시간대가 길고 핵심시간대가 짧을수록 또는 핵심시간대가 없을 경우가 유연성이 높은 제도이다.

그림 13-2. 선택적 근로시간제의 기본예

이처럼 선택적 근로시간제는 근로자가 자신에게 부과된 업무의 양과 업무의 진행정도, 개인의 생체 리듬이나 개인적 사정 등을 종합적으로 고려해서 출퇴근시각, 하루의 근로시간 길이를 자율적으로 결정할 수 있는 것이 특징이며, 특히 여성근로자들에게 인기가 있다. 따라서 선택적 근로시간제는 대체로 근로자 개개인이 담당하고 있는 직무들 간 상호독립성이 비교적 높은 사무직, 영업직, 연구개발 등의 전문직, 관리직 등의 경우에 그 도입이 적합하다고 볼 수 있다.

---

2) 우리나라 근로기준법 제51조에서는 플렉스 타임제를 선택적 근로시간제로 사용하고 있고, 탄력적 근로시간제는 근로기준법 제50조에서 별도로 사용하고 있어 법률 용어상으로는 그 의미가 다르다.

선택적 근로시간제는 1967년 독일의 한 항공우주공학회사에서 종업원들의 심각한 교통문제를 해결하기 위해 처음으로 도입되어 1970년대부터는 전문직 종사자와 고급 기술 관리직을 중심으로 유럽전역에서 광범위하게 도입되었다.

가) 선택적 근로시간제의 이점

선택적 근로시간제는 기업 및 근로자 모두에게 다음의 이점을 가져다준다.

① **기업측의 이점**

- 근로자들에게 근로시간에 대한 선택권을 제공해 줌으로써 직무의 자율성을 증가시켜 종업원의 사기와 직무만족 및 책임감의 증대, 이직률과 결근율 및 지각률 감소 등의 효과가 있다.
- 근로자 각자가 일하기 쉽고 생산성이 높은 시간대에 업무를 수행함으로써 보다 열심히 일할 가능성이 높고 각자의 능력을 효율적으로 활용할 수 있다.
- 따라서 기업의 생산성이 향상된다. 미국의 한 조사에 의하면 선택적 근로시간제를 실시하고 있는 기업의 경우, 생산성이 평균적으로 1%에서 5%까지 증대되었던 것으로 밝혀졌다(Mondy et al., 2002 : 374).
- 신입사원의 확보와 유능한 인재의 유지에 도움이 된다.
- 업무의 양이나, 번한(煩閑)에 따라 근로시간을 선택할 수 있어 합리적 시간배분을 할 수 있고 연장근로를 줄일 수 있다.
- 근로자의 근로시간에 대한 자기관리 의식을 높여주고 업무효율을 향상시킬 수 있다.

② **근로자측의 이점**

- 개인생활과 업무시간과의 조화, 즉 근무시간대와 조정이 쉬워 효율적으로 일할 수 있고, 자기개발이나 여가 기회를 확대시켜주며, 짧은 시간의 개인적 일은 유급휴가를 내지 않고도 용무를 볼 수 있게 해준다.
- 작업 스케줄에 대해 보다 큰 통제권을 갖기를 원하는, 특히 젊은 근로자들의 욕구와 양립할 수 있다.
- 대도시권의 통근지옥을 피할 수 있다. 이는 특히 고령근로자에게 유익하다.
- 당일 스케줄에 따라 근무시간을 변경할 수 있고, 이에 따른 정신적, 심리적 여유가 생길 수 있다. 국내기업을 대상으로 한 연구에서도 선택적 근로시간제하의 근로자들은 미실시 근로자들보다도 개인생활 만족도, 직무만족도, 직장생활 만족도 및 직장외 생활만족도가 더 높은 것으로 나타났다(강정애, 1996 : 63).

나) 선택적 근로시간제의 단점

그러나 선택적 근로시간제는 다음의 단점도 가지고 있다.

- 회의나 업무조정, 연수 등의 일정조정이 어렵다.
- 종업원간 정보교환이나 담당자 부재시 외부로부터의 문의나 연락시에 어려움이 있을 수 있다.
- 종업원에 대한 감독이 더 어려워진다.
- 전 근로자가 항상 함께 업무를 수행해야 하는 일선조립라인 현장이나 복합적 교대근무를 실시하고 있는 조직에서는 도입이 어렵다.
- 기업 내에서 이 제도를 도입하고 있는 부문과 그렇지 않는 부문이 있을 경우, 도입하고 있지 않는 부문에서 불만이 야기될 수 있다.
- 노동조합은 선택적 근로시간제 도입으로 종업원이 연장근로수당을 받는데 문제가 있다고 보고 이의 도입을 반대할 수 있다.

우리나라는 근로기준법 제51조에서 사용자는 취업규칙에 의하여 시업(始業) 및 종업(終業)시각을 근로자의 결정에 맡기기로 한 근로자에 대하여 근로자 대표와의 서면합의에 의하여 소정사항을 정한 때에는 3개월 이내의 정산기간을 평균하여 1주간의 근로시간이 40시간을 초과하지 않는 범위 안에서, 1주간에 40시간(구법은 44시간)을, 1일에 8시간을 초과하여 근로하게 할 수 있다고 규정하여 1월단위의 선택적 근로시간제를 허용하고 있다.

(2) 탄력적 근로시간제(변형근로시간제)

탄력적 근로시간제는 기업 내 업무의 내용이나 성격에 따라 근로시간을 유연하게 운영하는 제도를 말한다. 즉, 평균적인 근로시간은 동일하더라도 업무가 바쁜 기간에는 근로시간을 늘리고 한가한 시간에는 줄여서, 이를 탄력적으로 배분함으로써 근로시간을 보다 효율적으로 운영하는 것을 목적으로 하는 제도이다. 이처럼 탄력적 근로시간제는 주로 기업의 사정이나 필요에 따라 근로시간을 탄력적으로 배분하는 것인데 반하여, 앞서의 선택적 근로시간제는 근로자 개인의 필요와 개성에 따라 출퇴근시간을 자유롭게 선택할 수 있도록 한다는 점에서 양자는 구별된다.

우리나라는 2003년 8월의 개정근로기준법 제50조에 일정한 기간에 있어 주평균 근로시간이 40시간(구법은 44시간)의 법정 근로시간을 초과하지 않을 것을 조건으로 특정한 날 또는 주에 법정 근로시간을 초과하여 근로시킬 수 있는 탄력적 근로시간제를 도입하고 있다. 탄력적 근로시간제는 단위기간의 소정근로시간에 대하여 근로기준법 제

49조의 1일 8시간, 1주 40시간의 법정 근로시간형태를 변형하여 배분하는 것을 인정한다는 의미에서 변형근로시간제라고도 한다. 우리나라의 탄력적 근로시간제는 단위기간이 2주 단위와 6월 단위의 두 가지 유형이 있다(동법 제50조 1항 및 2항). 2주 이내는 취업규칙 또는 이에 준하는 것으로 가능하고, 6월 이내의 경우에는 근로자 대표와 서면합의를 통하여 실시할 수 있다. 단, 근로자의 건강보호를 위하여 3개월 초과 탄력근로제 도입시, 근로일간 11시간 이상의 연속 휴식시간제를 의무화하고 있다.

(3) 파트타임 근무제

파트타임 근무(part-time work)제는 현대 사회에서 일상적이 되고 있다. 정규근무직(full-time work)의 고용형태와 대비되는 비정규적인 단시간근로의 고용형태로 단시간 근무제라고도 한다. 근로기준법 제21조는 단시간근로자(part-timer)를 "1주간의 소정근로시간이 당해 사업장의 동종업무에 종사하는 통상근로자의 1주간의 소정근로시간에 비하여 짧은 근로자"로 정의하고 있다. 따라서 이들의 근로조건은 당해 사업장의 통상근로자의 근로시간을 기준으로 산정한 비율에 따라 결정하도록 되어있다(동법 제26조).

파트타임 근무제는 패스트푸드 식당과 같은 소매 및 서비스 업종에서는 일상적으로 실시되고 있으며 미국의 경우 여성들이 2/3 이상을 차지하고 있다. 앞으로는 정규직 근로자들도 특별한 경우에는(예컨대, 유아보호) 직장과 가정의 조화를 통한 유능한 인력의 유지를 위해 일정기간의 단시간 근무를 선택할 수 있도록 하는 것이 바람직하다.

(4) 재택근무제

재택근무(telecommuting)제란 텔레워커스(teleworkers) 혹은 텔레커뮤터(telecommuters)라 불리는 근로자들이 주로 집에서 혹은 사무실과 거리가 먼 곳에서 컴퓨터나 팩시밀리 등 사무실에 연결되어 있는 전자장치를 사용하여 자신의 업무를 수행하는 것이다. 재택근무제는 근로시간의 유연화와 더불어 근무장소도 유연화를 도모하기 때문에 여러 가지 유연근무방식 중 가장 파격적인 방식으로 근무장소의 유연화(flexiplace)제도라고도 한다.

정보통신기술의 급속한 발전으로 사람들은 자신들이 원하는 어떠한 장소에서도 업무를 수행할 수 있게 되었다. 이에 따라 재택근무제는 직장과 거주지의 일체화 내지는 근접화로 장시간의 통근을 해소하고, 개인 자유시간을 증대시켜 개인생활과 조화된 근로방식을 추구하는 종업원들의 욕구를 충족시켜 주기 위해서 도입되었다. 재택근로자들은 대체로 전문·관리직 및 정보분야의 종업원들이다.

최근 들어 코로나19 대유행에 따라 전세계적으로 재택근무가 급속히 확산되고 일하는 방식의 새로운 기준(new normal)으로 자리매김하고 있다. 미국에서는 IT 기업의 간판격인 소위 GAFAM(구글, 아마존, 페이스북, 애플, 마이크로 소프트)과 트위터 등 수많은 기업들이 재택근무를 시행하고 있으며, 독일은 직원 안전과 업무의 연속성 유지를 위해 재택근무 활용률이 기존 12%에서 코로나19 사태 이후 25%로 증가하였다(Kotra 뉴스). 영국은 2020년 4월 취업자의 46.6%가 재택근무를 했고, 이들 중 86.0%가 코로나바이러스로 인해 재택근무를 실시한 것으로 나타났고(영국 통계청), 일본은 도쿄도에서 종업원 규모 30명 이상의 도내 기업을 대상으로 조사한 결과 재택(원격)근무 도입률이 2020년 3월 24.0%에서 4월 62.7%로 증가한 것으로 나타났다(Kotra 뉴스).

우리나라에서는 1997년 근로기준법에 유연근무제 도입 근거를 마련하고, 장시간 경직적 고용문화를 개선하기 위해 지속적으로 정책적 노력을 기울였으나 그 효과는 미흡하였다. 우리나라 재택근무 활용 비율은 4.5%(2019년, 일가정양립실태조사)로 미국 43%, 프랑스 29%, 영국 27%, 독일 12%, 일본 13%(Gallup, 영국 통계청, Kotra뉴스 인용) 등 외국의 재택근무 활용 비율(코로나 이전)에 비해 현저히 낮았다. 이러한 상황에서 코로나19를 계기로 수많은 기업들이 재택근무를 도입하면서 효과적인 실행방안을 모색 중이다.

이제 재택근무를 잘 정착시키는 것은 단순히 코로나19 감염병 위험을 극복하는 것은 물론, 기업의 지속가능한 성장과도 직결된 문제가 되었다. 한편, 우리나라의 IT역량을 기반으로 재택근무가 잘 정착된다면 일생활 균형 등을 통해 심각한 저출산 고령화 문제 해소의 계기도 될 것으로 보인다. 재택근무에 대해 일부 생산성에 대한 우려가 있었으나, 실행해 본 다수의 기업들에서는 직무만족 뿐 아니라 업무효율성에서도 높은 평가가 나오고 있다.

【재택근무 업무효율성 및 만족도 관련 설문조사 결과】

- "업무효율성이 높다"(66.7%), "재택근무 만족한다"(91.3%) 〈고용노동부, 20.8월〉
- 업무효율성 "비슷하거나 개선"(84%), 직원도 '만족'(83%) 〈대한상의, 20.6월〉
- 업무생산성 "정상근무 대비 90% 이상이라는 평가" 절반 가까워(46.8%) 〈경총, 20.9월〉
- "생산성 향상에 긍정적"(56.7%) 〈한국경제연구원, 20.7월〉
- "재택근무에 만족했다"(67.7%) 〈잡코리아, 20.5월〉

(5) 교대근무제

교대근무(shift work)제는 근로자를 둘 이상의 작업조로 편성하고 하루 근무시간대를 일정한 시간대별로 구분한 다음, 각 조를 교대로 근무하게 하는 제도를 말한다. 교대근무제의 형태로는 3조 2교대제, 3조 3교대제, 4조 2교대제, 4조 3교대제 등이 있다.

교대근무제는 근로자의 생활리듬을 파괴하고 가정생활과 사회·문화적 생활에도 커다란 제약을 주게 된다. 특히 심야근로는 육체적·정신적 피로의 가중, 불면증이나 만성 소화장애 등에 의한 건강의 악화와 산재위험의 증대를 가져올 수 있다. 따라서 교대근무제는 가능한 한 최소한의 범위로 한정해서 실시하되 이의 효율적인 설계 및 운영이 특히 요구된다.

우리나라의 경우 유한킴벌리가 실시하고 있는 4조 2교대제가 청년실업해소와 새 일자리 창출의 모델로서도 주목을 받고 있다. 4조 2교대제는 주간 4일 근무(12시간) → 휴무 4일 → 야간 4일 근무(12시간) → 휴무 3일 및 교육 1일의 순서대로 돌아가는 근무형태이다.

(6) 주(週) 근무일수 단축제

주 근무일수 단축(compressed work week)제는 정상적인 주 5일의 근로시간보다 적은 4일이나 3일 이내에 자신의 작업량을 완수할 수 있도록 허용하는 제도를 말하는데 집중근무일제라고도 한다. 가장 일반적인 형태는 하루 10시간씩 근무하여 4일 만에 40시간의 작업을 완수토록 하는 것이다.

제2절 안전보건관리

1. 안전보건관리의 의의와 중요성

하루 대부분의 시간을 직장에서 보내는 근로자들은 산업화의 진전과 더불어 항시 위험하고 건강에 유해한 작업환경에 노출되어 있다. 특히 제2차 세계대전 이후 석유화학산업, 중공업, 전자산업 등 산업 규모가 대규모화되고 공정시설이 다양화되고 새로운 위험물질들이 생산공정에 투입되면서 대형안전사고와 새로운 직업병이 나타났으며, 오늘날 IT산업과 BT산업으로 대표되는 지식경제시대에서도 산업재해와 직업병은 계속 증대되어가는 추세에 있다.

안전(safety)이란 상해, 손실, 위해 또는 위험에 노출되는 것으로부터의 자유를 의미하는데, 특히 근로자들을 작업과 관련된 사고로 야기되는 위험이나 상해로부터 보호하는 것을 포함하고 있는 개념이고, 보건(health)은 근로자들이 육체적 · 정신적 질병으로부터 자유로운 상태를 말한다(Mondy et al., 2002 : 392). 안전보건관리는 근로자에 대한 안전관리와 보건관리를 통합한 개념으로 산업 또는 직업안전보건(Occupational or Industrial Safety and Health)관리, 공장 안전관리(Plant Security) 등으로도 불리고 있다.

근로자의 안전과 보건에 대한 관심이 증대되는 이유를 살펴보면 다음과 같다.

첫째, 근로자측면에서 보면 산업재해와 질병은 사고당사자 및 그 가족에게 한없는 육체적 · 정신적인 고통을 가져다 줄 뿐만 아니라 노동가치의 절하와 보험으로 보전되지 않는 경제적 손실도 주고, 나아가 생명의 안전과 건강한 생활을 갈망하는 인간의 본성과 인도주의적 관점에서도 상치된다.

둘째, 기업측면에서 보면 산업재해와 질병은 경영상 큰 손실을 가져다준다. 즉, 종업원들의 불안감에 의한 작업능률의 저하, 일시적 또는 영구적 노동력 손실, 생산계획 차질 및 작업중단 손실, 기계 · 기타 물적 손실 등으로 인해 심각한 생산성 손실을 초래할 뿐만 아니라 보상을 위한 비용지출 및 보험료 증가, 새로운 인력확보와 교육훈련 요구의 증대 등으로 기업 비용을 증대시켜 기업은 큰 경제적 손실을 입게 된다. 최근 우리나라에서도 조선업을 비롯한 이른바 3D업종에서는 10명 중 1명꼴로 근골격계 질환으로 무더기로 산재판정을 받고 있는 실정이다. 또한 이러한 금전적 비용은 종종 제품가격 인상의 형태로 소비자에게 전가되기도 한다.

셋째, 만약 기업이 작업장에서 사고가 많이 발생하는 기업으로 외부에 알려질 경우 기업은 유능한 종업원 확보에 어려움을 겪게 되고, 또한 종업원들이 작업장을 위험한 것으로 인식하고 있고 경영자측이 작업장 안전에 대해 충분한 배려를 하고 있지 않다고 믿을 때 경영자와 종업원간 관계는 악화되어 안정적 노동력 유지가 어렵게 된다. 따라서 기업의 경우, 효과적 안전보건 프로그램은 기업의 사회적 이미지를 제고시켜 유능 인력의 확보 및 유지, 마케팅 측면에서도 거래처와 성공적인 계약체결을 도와주는 등 기업에 경쟁 우위요소를 제공해 줄 수 있고, 또한 만약 재해가 발생했을 경우, 그에 대한 기업의 책임도 경감시켜 줄 수 있다(Mondy et al., 2002 : 398).

따라서 안전보건관리는 안전하고 건전한 작업환경을 조성함으로써 기업 내 작업장에서 근로자들을 작업수행과 관련된 사고와 육체적 · 정신적 질병 및 피로로부터 보호하여 건전한 노동력을 유지하고 증진시키는 관리활동으로, 산업재해 및 질병의 예방과 이를 통해 근로생활의 질 향상, 기업의 경제적 손실방지, 종업원의 귀속의식 및 사기증대, 생산성 향상, 사회적 책임을 다하는 기업의 이미지 제고 등의 실현에 주된 목적을 두고 있다.

우리나라는 1960년대의 산업화와 더불어 산업재해가 급격히 증가함에 따라 산업재해를 보다 효율적으로 예방하고 근로자의 안전과 보건을 유지·증진시키기 위하여 1981년에 종래 근로기준법의 안전과 보건에 관한 규정을 보완하면서 보다 체계적이고 종합적인 산업안전 보건법이 독립법안으로 제정되었고, 이후 수차례의 보완개정을 통해 현재에 이르고 있다. 미국에서는 1970년에 직업안전보건법(Occupational Safety and Health Act: OSHA)을 제정하여 안전표준을 수립함으로써 직무상 근로자들의 건강과 안전문제를 제도적으로 보호해오고 있다.

2. 안전관리

1) 안전관리의 의의

안전관리란 근로자들을 업무수행 중 사고로 인한 위험이나 상해로부터 보호하기 위하여 산업재해의 원인을 규명하고 사고를 사전에 예방함으로써 근로자의 생명과 신체의 보호는 물론, 기업의 경제적 손실을 보호하는 체계적이고 과학적인 제반활동을 말하는데, 조직은 인적자원의 유지와 효율적 활용을 위해 안전하고 쾌적한 작업환경을 마련해야 할 것이다.

안전관리에 있어서는 발생한 재해에 대해서 적절한 대책을 강구하는 것도 중요하지만, 무엇보다 산업재해의 원인파악과 특히 산업재해의 발생을 사전에 방지하는 예방관리대책의 수립이 더욱 중요한 것임을 인식해야 한다.

2) 산업재해의 정의와 원인

산업재해란 근로자가 업무수행 중에 사고로 인한 사망, 부상, 신체장애 등의 업무상 재해(사고재해)와 특수한 작업환경으로 인해 서서히 발생하는 업무상 질병(직업병)을 말한다.

우리나라의 산업안전보건법 제2조는 산업재해를 근로자가 업무에 관계되는 건설물·설비·원재료·가스·증기·분진 등에 의하거나 작업 또는 기타 업무에 기인하여 사망 또는 부상하거나 질병에 걸리는 것으로 정의하고 있다. 또한 산업재해보상보험법 제4조에서는 업무상의 사유에 의한 근로자의 부상·질병·신체장애 또는 사망을 업무상 재해로 규정하고 있어 업무상 질병을 업무상 재해에 포함시키고 있다. 국제노동기구(ILO)의 1982년 결의안도 업무상 재해(통상 산업재해)를 업무수행 중에 일어나는 사망, 질병 또는 부상을 야기시키는 재해로 정의하고 있다.

안전관리의 효율적 수행을 위해서 먼저 산업재해발생 및 안전사고의 원인에 대해 정확히 알고 있어야 한다. 재해발생의 원인은 크게 불안전한 작업조건(물리적 및 환경적 조건)과 불안전한 작업행동으로 분류하기도 하고(Cascio, 1995 : 540), 부적절한 안전관리, 인적 요인, 환경적 요인 등으로 분류하기도 한다(Mondy et al., 2002 : 391). 이를 종합해서 일반적으로 인적 요인, 물적 요인, 환경적 요인, 관리적 요인으로 구분할 수 있다. 현실적으로는 이들 요인 중의 하나와 몇 개의 요인이 중복되어 발생하는 경우가 많다.

(1) 인적 요인

인적 요인은 개인의 선천적·후천적 소질 및 부주의나 불안전한 행동에서 일어나는 요인이다.

① **개인적 소질** : 과격한 기질, 신경질, 시력 및 청력의 결함, 근골박약, 지식 및 기능의 부족, 중독증, 각종질환 등

② **부주의나 불안전한 행동** : 지시 무시, 위험장소 접근, 안전장치의 점검소홀, 기계·공구나 복장 보호구의 잘못사용, 위험물 취급 부주의, 불안전한 자세와 동작(달림, 던짐 등), 불안정한 속도 조작(과속 및 저속 등) 등

(2) 물적 요인

물적 요인은 기업 내의 각종 물적 시설과 장치 등의 결함으로 인해 발생한 요인이다.

① 건물, 기계설비·장치·공구·비품 등의 결함(불량, 조잡, 뾰족함 등).

② 안전방호장치나 보호구의 결함(미비, 성능미달, 부적당 등)

③ 생산 공정의 결함(위험에 대한 조치미비, 부적당한 기계 및 공구의 사용, 작업순서착오 등)

④ 경계표시, 설비의 결함(경계표시 없거나 경계구역 불명확)

산업화 초기의 재해는 대부분이 이들 물적 요인에 의해 발생되었다.

(3) 환경적 요인

이것은 작업환경의 부적절에 따르는 각종의 물리적·화학적 위험요인을 말한다.

① **물리적 요인** : 작업장이나 작업대의 협소 및 정리불량, 기계류의 배치 부적절, 통로협소, 채광·조명·온도·환기 시설의 부적당, 불안전한 복장 등
② **화학적 요인** : 고열, 분진, 소음, 진동, 유독가스, 감전, 유해방사선 등

(4) 관리적 요인

관리적 요인은 부적절한 안전관리로 인해 발생하는 요인으로 앞서 세 가지 요인들과도 관련이 있지만 특히 인적 요인과 관련이 많다.

① **안전교육의 불충분** : 안전수칙의 오해와 안전지식, 작업방법, 위험·유해한 작업 등에 대한 안전교육 불충분.
② **작업관리의 불량** : 안전관리 조직의 미정비, 작업준비의 불충분, 안전수칙의 미흡, 작업계획의 무리, 인원배치나 작업지시의 부적절, 기타 일부 물적·환경적 요인 관리의 소홀 등.
③ 무자격자, 체력부적격자, 생리적·심리적 결격자 등 기타 결격자의 채용 및 배치.

3) 산업재해 예방대책

산업재해의 발생건수와 강도를 줄이거나 제거하기 위해서는 안전보건에 대한 공학적 예방대책과 경영자들의 관리적 차원의 예방대책이 동시에 요구된다. 전자는 불안전한 물적·환경적 위험 및 결함요인을 제거해서 작업환경을 개선하는 활동을 말한다. 예컨대, 기계·설비·공구 등의 품질이나 설계 및 이들의 배치, 공정절차 등을 분석·검토하고 결함을 개선해서 물리적 측면에서 안전도를 높이는 방법을 말한다. 후자, 즉 관리적 차원의 예방대책은 경영자가 근로자의 안전한 행동을 증대시키기 위한 활동으로 다음의 활동을 들 수 있다(Cascio, 1995 : 541~544).

(1) 손실예방 프로그램의 개발과 실시

재해예방을 위해 경영층이 해야 할 첫 번째 과제는 안전에 대한 정책을 수립하고, 이를 실행하기 위한 손실예방 프로그램, 즉 안전 프로그램을 개발하고 실시하는 것이다. 안전 프로그램은 작업장의 안전을 증대시키는 심리적 환경과 근로자 태도를 조성하고 또한 넓게는 앞서 언급한 공학적 대책을 포함하여 안전한 작업환경을 개발하고

유지하는데 초점을 두고 설계되는데(Mondy et al., 2002 : 394~395), 안전의 개선을 위한 적절한 예산편성, 직무위험의 분석 및 안전 기록에 대한 철저한 분석 등도 포함된다. 특히 안전 프로그램이 효과적이 되기 위해서는 최고경영층이 안전에 관한 중요성을 인식하고 이에 대한 적극적 관심과 지원을 표명하고 솔선수범을 보이는 것이 필수적이다

또한 안전 프로그램을 강화하기 위해서는 프로그램 개발에 종업원을 참여시키는 것이 중요하다. 종업원 참여는 종업원들로 하여금 안전 프로그램에 대한 주인의식을 갖도록 해주고 성취감도 제공해주기 때문이다.

(2) 안전관리위원회의 설치

종업원, 관리자, 안전전문가로 구성된 안전관리위원회는 위원회가 없는 경우보다 안전에 대해 훨씬 높은 관심을 유도할 수 있다. 위원회의 설치는 경영층의 관심을 보여주는 것이기도 한데, 위원회의 중요한 역할은 다음과 같다.

- 최고경영층이 제시한 안전정책에 대한 조언과 비판
- 사내 안전기준의 개발 및 산업안전보건법의 기준에 부합한 행동 확보
- 종업원과 감독자를 위한 안전교육훈련 실시
- 안전점검 실시
- 불안전한 물적 · 환경적 위험요인과 불안전한 작업행동(인적요인)의 제거를 통한 직무안전의 지속적 증진

(3) 안전규정의 제정과 시행

안전규정은 최고경영자가 제시한 일반적인 안전정책의 중요한 산물이다. 안전규정이 효과적이기 위해서는 안전규정을 준수하지 않았을 때 이에 대한 처벌을 분명히 해야 한다. 예컨대, 작업장에서 종업원은 안전모나 보안경 등을 착용하도록 규정되어 있으나 이를 지키지 않는 경우가 있는데, 이는 안전규정이 제대로 시행되지 않고 있기 때문이다.

(4) 적합한 종업원의 선발

종업원의 지능 · 성격 · 기질 등의 선천적 소질과 시력 · 청력 · 체력 · 기타 질환 등의 신체적 결함이 사고발생과 관련이 있는 이상, 종업원 선발시 이들 심리적 · 신체적 특성요인들을 지능 및 적성검사와 신체검사를 통해 면밀히 체크한 후 이상이 없는 자

를 선발해야 한다. 또한 연구에 의하면 근로자들 간의 재해(사고)율과 강한 관계를 가지고 있는 두 요소로 연령과 근속연수가 있다. 근속연수에 관계없이 젊은 층일수록 재해율이 높고, 연령 불문하고 재해율은 채용된 지 첫 달에 가장 높은 것으로 나타났다. 또한 동일 연령의 근로자를 대상으로 한 연구에서 보면, 재해율은 근속연수가 증가함에 따라 감소하는 것으로 나타났다. 따라서 종업원 선발시 이러한 점들을 고려하여 선발할 필요가 있다.

(5) 종업원과 감독자에 대한 안전교육훈련

산업재해는 근로자가 사고로부터 자신을 보호할 수 있는 중요한 정보가 부족하기 때문에 발생하기도 한다. 따라서 기계·설비 등의 사용 및 보전관리방법, 안전한 작업의 자세와 동작, 유해·위험한 작업장의 접근이나 작업방법 등에 대하여 안전교육훈련을 통하여 안전에 관한 지식과 기능, 수칙 등을 충분히 습득시켜 안전한 행동뿐만 아니라 안전의식도 향상시키도록 해야 할 것이다.

(6) 피드백과 인센티브

종업원들에게 보다 구체적이고, 어렵지만 수용 가능한 안전목표를 설정해 주고, 이 목표와 관련된 성과에 관한 정보를 피드백시켜 주며, 목표달성시 인센티브 보상을 제공해 주면 안전한 행동의 증대를 통해 재해발생에 따른 손실을 방지할 수 있게 될 것이다. 또한 훌륭한 안전기록에 대한 상여금지급도 재해예방에 효과적인 방법의 하나이다.

이상과 같은 산업재해예방대책 이외에도 최근에 안전과 보건관리에 대한 특수하고 탁월한 접근법으로 과업, 장비, 도구 및 물리적 환경과 인간의 상호작용에 관한 연구를 통해 인간과 기계의 접점을 최대화시키는 인간공학(ergonomics)적인 접근법이 있다. 그리고 사고의 재발방지와 안전의 개선을 위해서 사고조사 및 안전 프로그램의 평가도 중요하다(Mondy et al., 2002 : 397~398).

4) 우리나라 산업재해의 지표와 발생현황

(1) 산업재해의 측정지표

일반적으로 산업재해의 발생정도를 산출하는데 사용되는 지표로 다음이 있다.

① 재해율 = (재해자수/근로자수) × 100

전체 근로자 중 재해근로자의 비중을 나타내는 지표로, 재해자수는 사망자수, 부상자수(신체장애자수 포함), 업무상 질병자수를 합한 것이다.

② 도수율 = (재해건수/총 근로시간수) × 1,000,000
1인이 국제적인 일정노동기간, 즉 100만 시간 작업시 재해발생 회수를 나타내는 지표이다.

③ 강도율 = (총 근로손실일수/총 근로시간수) × 1,000
재해가 작업에 미치는 영향의 정도, 즉 그 심각도를 표시하는 지표로, 1,000시간 작업 중 재해로 인한 근로손실일수가 얼마인가로 측정한다.

④ 천인율 = (재해자수/근로자수) × 1,000
대상근로자 1,000인당 재해자수 비율을 나타내는데 재해율의 10배이다.

(2) 산업재해 발생현황

고용노동부가 발표한 '2020년 산업재해 발생현황'에 따르면 2020년 산재 사망자수는 2,062명으로 전년 대비 42명(2.1%) 증가했다. 이 가운데 사고 사망자수는 882명(전년 대비 27명(3.2%) 증가)이고, 질병 사망자수는 1,180명(전년 대비 15명(1.3%) 증가)이다. 재해율은 0.57%로 전년 대비 0.01%p 감소했다. 이 가운데 사고 재해율은 0.49%(전년 대비 0.01%p 감소), 질병 재해율은 0.08%(전년 대비 0%p 동일)로 나타났다. 재해자수는 108,379명으로 전년 대비 863명(−0.8%) 감소했다. 이 가운데 사고 재해자수는 92,383명(전년 대비 1,664명(−1.8%) 감소), 질병 재해자수는 15,996명(전년 대비 801명(5.3%) 증가)이다.

사고사망자는 건설업(458명, 51.9%), 5인~49인 사업장(402명, 45.6%), 60세 이상 근로자(347명, 39.3%)에서 가장 많이 발생했으며 이들의 재해유형은 떨어짐(328명, 37.2%), 끼임(98명, 11.1%), 부딪힘(72명, 8.2%), 화재・폭팔・파열(72명, 8.2%), 물체에 맞음(71명, 8.1%) 순으로 나타났다.

질병사망자는 광업(416명, 35.3%), 5인~49인 사업장(401명, 34.0%), 60세 이상 근로자(569명, 48.2%)에게서 가장 많이 발생했으며 이들의 질병종류는 뇌심질환(463명, 39.2%), 진폐(412명, 34.9%), 직업성 암(162명, 13.7%) 순으로 많이 발생했다.

재해자의 경우 기타의 사업(40,573명, 37.4%), 5인~49인 사업장(47,048명, 43.4%), 60세 이상 근로자(33,203명, 30.6%)에게서 가장 많이 발생했으며, 재해유형은 넘어짐(20,659명, 19.1%), 떨어짐(14,406명, 13.3%), 끼임(12,894명, 11.9%), 절단・베임・찔림(10,374명, 9.6%), 부딪힘(7,503명, 6.9%) 순으로 많이 발생했다.

사고재해자의 경우 기타의 사업(36,008명, 39.0%), 5인~49인 사업장(41,524명, 44.9%), 60세 이상 근로자(26,198명, 28.4%)에서 가장 많이 발생했으며 재해유형으로는 넘어짐(20,659명, 22.4%), 떨어짐(14,406명, 15.6%), 끼임(12,894명, 14.0%), 절단・베임・찔림(10,374명, 11.2%), 부딪힘(7,503명, 8.1%) 순으로 많이 발생했다.

질병재해자의 경우 제조업(5,713명, 35.7%), 5인~49인 사업장(5,524명, 34.5%), 60세 이상 근로자(7,005명, 43.8%)에서 가장 많이 발생했으며 질병종류로는 신체부담작업(5,252명, 32.8%), 요통(4,177명, 26.1%), 난청(2,711명, 16.9%) 순으로 많이 발생했다.

3. 보건관리

1) 보건관리의 의의

보건관리는 근로자들을 작업장에서 유해한 화학적・물리적 기타 환경적 위험요인들과 직무상 스트레스로 야기되는 육체적・정신적 질병 및 피로로부터 보호하여 건전한 노동력을 유지・육성하는 관리활동을 말한다.

보건관리 역시 근로자들의 정신적・육체적 건강을 보호, 증진시킴으로써 근로생활의 질 향상과 질병에 의한 기업의 경제적 손실을 방지하고 나아가 인적자원의 유지 및 효율적 활용을 통해서 조직의 성과 증대를 도모하는데 그 목적이 있다. 또한 보건관리도 질병의 치료나 보상 등 사후 대책을 강구하는 것 보다는 질병 또는 그 원인에 대하여 사전에 예방대책을 강구하고 질병발생을 최소화하는데 중점을 두어야 할 것이다.

우리나라는 앞으로 지속적인 고도산업화와 더불어 새로운 유해환경이 더 많아질 우려가 크기 때문에 보건관리의 중요성은 보다 증대될 것이다. 여기서는 직업병과 피로에 대해서 살펴보고자 한다.

2) 직업병

직업병(occupational disease)은 근로자가 일정 직업에 종사함으로써 발생하는 질병으로, 즉 일정 작업을 장시간에 걸쳐 반복적으로 수행하면서 그 작업에 따르는 유해한 작업환경이나 작업자세로 인해 서서히 점진적으로 발생하는 질병을 말하는데 업무상 질병 혹은 직업성 질병이라고도 한다. 직업병은 대부분이 작업장의 유해물질환경이 위험요인들로 그 원인이 되고 있다. 이들 위험요인은 화학적・물리적・생물학적 요인으로 분류될 수 있다.

업무상 재해에 대해 「산재법」 제5조(정의)는 “업무상의 사유에 따른 근로자의 부상・질병・장해 또는 사망을 말한다”고 규정하여 그 법적 개념을 정하고 있다. 즉, 피해가 근로자의 신체상 손해에 해당하여야 하고, 물적 손해는 해당하지 않으며, 재해의 원인이 업무와 관련성이 있어야 한다. 따라서 해당 재해가 업무상이냐의 여부는 보상 인정여부를 판단하는 중요한 요소이다.

「산재법」 제37조는 업무상 재해를 '업무상 사고'와 '업무상 질병'으로 구분하여 인정기준을 정하고 있고, 세부적 인정기준은 시행령 제27조부터 제34조, 제36조까지 명시하고 있다.

표 13-1. 업무상 재해

업무상 사고	업무상 질병
• 업무수행 중의 사고 • 시설물 등의 결함 등에 따른 사고 • 출퇴근 중의 사고 • 행사 중의 사고 • 휴게시간 중의 사고 • 특수한 장소에서의 사고 • 요양중의 사고 • 제3자의 행위에 따른 사고	• 물리적 인자, 화학물질, 분진, 병원체, 신체에 부담을 주는 업무등 근로자의 건강에 장해를 일으킬 수 있는 요인을 취급하거나 그에 노출되어 발생한 질병 • 업무상 부상이 원인이 되어 발생한 질병 • 그 밖에 업무와 관련하여 발생한 질병

최근에는 신기술 도입과 공정 자동화로 인해 업무내용이 변화하고 이에 따른 업무상 질병의 발생유형도 변화하고 있는 추세에 있다. 특히 오랜 시간동안 동일 근육의 반복 사용으로 인해 나타나는 질병인 근골격계 질환이 증가하고 있다.

3) 피로

피로(fatigue)란 인간의 신체 내에서 물질의 신진대사가 균형 있게 조절되지 못하였을 때, 즉 에너지 유출이 일정 한도를 넘어서 노동이 과도하게 행해졌을 때 일어나는 생리적 현상이다. 피로는 인간의 육체적·정신적 활동에 여러 가지 지장을 초래해서 종업원의 작업의욕을 감퇴시켜 작업능률에 심각한 영향을 끼칠 뿐만 아니라 인간의 심적 태도를 교란시키고 동작의 실수를 유발함으로써 사고 및 재해의 원인이 된다. 피로가 어느 한도를 넘게 되면 여러 질병의 원인이 된다.

피로는 근육노동피로, 정신신경계의 긴장, 즉 스트레스와 작업장의 환기, 굉음, 조명 등의 환경조건 등이 피로의 원인이 되고 있지만, 이러한 피로의 제 원인을 강화하고 피로의 정도를 더욱 심하게 하는 것이 노동강도와 장시간노동이라 할 수 있다.

한편 과도한 정신적 스트레스 역시 종업원의 건강을 약화시키고 각종 사고와 심지어 사망까지 초래하게 되고 이로 인한 의료비 증대와 결근율 증대, 생산성 저하 등의 경제적 손실을 가져오게 된다.

4) 예방적 보건관리대책

예방적 보건관리는 작업으로 인한 근로자들의 각종 질병과 피로 및 정신적 스트레스를 사전에 방지함으로써 인적자원의 건전한 유지・보전은 물론 인적자원의 성과를 높이는 것을 목적으로 한다. 예방적 보건관리를 위한 몇 가지 대책을 요약하면 다음과 같다.

(1) 유해환경 노출 억제

이것은 기술적 측면에서 유해물질을 가능한 한 공정과정에서 제거하고 작업장의 안전작업시설은 물론 유해물질 측정 장치와 기구를 통하여 안전상황을 지속적으로 점검함으로써 근로자들의 유해환경 노출을 억제하는 것이다. 또한 유해 작업장은 가능한 한 근로자들로부터 격리시키고, 유해 작업장에서는 특수 작업복의 착용과 안전수칙도 철저히 준수하도록 하고 이와 관련된 정기적 안전교육도 실시하여야 할 것이다. 흡연에 따른 건강문제가 강조되면서 흡연자뿐만 아니라 간접흡연도 해를 끼친다는 점에서 사무실이나 작업장에서의 흡연을 규제하고 있다.

(2) 주기적 건강진단

모든 병은 조기발견이 치료의 지름길이다. 특히 간, 심장, 신장에 관련된 성인병의 경우 조기발견이 특히 중요하며 암의 경우에는 더욱 그렇다. 따라서 조직은 근로자들로 하여금 주기적 건강진단과 검사의 기회를 부여하고 그들의 적극적 참여를 권유해야 할 것이다.

(3) 보건교육과 건강 프로그램

근로자들이 스스로 건강에 관심을 갖고 자기관리를 할 수 있도록 보건교육을 실시하고 금연교실, 요가, 배드민턴, 볼링장, 기타 운동시설 확충 등 다양한 건강프로그램을 개발하고 활용하도록 한다.

요컨대, 직업병, 피로에 대한 사후대책은 물론이고 특히 이들에 대한 철저한 원인조사와 분석을 통해 사전의 종합적이고 다양한 예방적 보건관리대책을 강구해야 할 것이다.

제3절 이직관리

1. 이직의 유형과 이직관리의 중요성

1) 이직의 의의

기업은 항구적인 존속체(going concern)이지만 종업원들은 무한정 조직에 남아있을 수 없고 언젠가는 조직을 떠나게 된다. 인적자원관리는 조직에 필요한 인력을 조직외부로부터 모집, 선발, 배치를 통해 확보하는 관리에서 시작되어 조직구성원이 자의든 타의든 조직을 떠나는 이직관리에서 종료된다.

이직(separation)이란 일반적으로 사용자와 종업원간 고용관계가 단절되어 종업원이 소속 조직으로부터 이탈하는 것을 의미한다. 그러나 협의의 이직은 조직으로부터 금전적 보상을 받는 개인이 자의로 조직에서 구성원으로서의 자격을 파기하고 조직을 떠나는 것을 말한다. 이에 반해 광의의 이직은 인력이 조직내부에서 조직외부로의 이동, 즉 이탈과 함께 조직외부에서 내부로의 이동, 즉 입직(accession)을 모두 포괄하는 개념으로서, 이를 협의의 노동이동(labor turnover)이라고도 한다. 나아가 노동력의 지역간, 직업간, 산업간, 국가간 이동까지도 포함한 노동이동을 광의의 노동이동(labor mobility)이라 한다. 따라서 이직은 거시적으로 한 나라의 노동력 이동의 시작이며, 당해 조직으로서는 인력의 유출이고 동시에 새로운 인력의 유입을 가능하게 해주는, 즉 인력흐름에 있어서 통풍구 역할을 해준다.

2) 이직의 유형

이직은 이직의사결정 주체가 조직구성원인가 아니면 조직인가에 따라 자발적 이직(voluntary separation)과 비자발적 이직(involuntary separation)으로 구분할 수 있다.

자발적 이직은 종업원 자신이 자발적 의사에 따라 이직을 하는 것으로 보통 사직(辭職, quit or resignation)이라고 하는데, 전직(轉職)과 협의의 사직 두 가지 유형이 있다. 전직(turnover)은 종업원이 상사나 동료와의 불화, 회사의 급여나 승진, 기타 주로 회사에 대한 불만으로 인해 혹은 자신의 성장과 발전을 위해 보다 조건이 나은 다른 회사로 옮기기 위한 이직을 말한다. 자발적 이직은 주로 이 전직을 의미하며 이직관리의 중심과제가 되고 있다. 협의의 사직은 결혼, 임신, 출산, 질병, 진학, 가족 이민 등 개인의 사생활과 관련된 이유로 회사를 그만 두는 것을 말한다.

이에 반해 비자발적 이직은 종업원 자신의 의사와 관계없이 이루어지는 이직으로 사용자나 조직의 입장에서 강제되는 이직인데 면직(免職, forced resignation)이라고도 한다. 비자발적 이직으로 인력감축 등 고용조정에 의한 정리해고(lay off), 종업원의 무능력이나 근로계약위반 등의 귀책사유로 인한 징계에 의한 해고(discharge), 정년규정에 의한 정년퇴직(retirement), 기타 사망, 불구 등이 있다. 또한 명예퇴직은 형식적으로는 종업원의 자발적 퇴직희망에 따라 퇴직시키는 제도이지만 그 주도권을 기업이 갖는다는 점에서 비자발적 이직에 포함된다.

이직은 회피가능 이직(avoidable separation)과 회피불가능 이직(unavoidable separation)으로 구분할 수 있다. 회피가능 이직은 사용자가 통제할 수 있는 요인인 임금, 복리후생, 근로시간, 기타 근로조건 등에 대한 불만족으로 인한 이직으로 사용자의 노력에 의해서 그 발생을 최소화할 수 있는 통제 가능한 이직을 말한다. 자발적 이직인 전직이 회피가능 이직의 대부분을 차지하고 있다. 회피불가능 이직은 종업원의 결혼, 질병, 사망, 이주, 정년퇴직 등과 같이 불가피한 원인에 의해서 발생하는 이직, 즉 사용자가 통제할 수 없는 요인에 의한 이직을 말한다. 이러한 이직의 유형들을 요약하면 [그림 13-3]와 같다.

그림 13-3. 이직의 유형

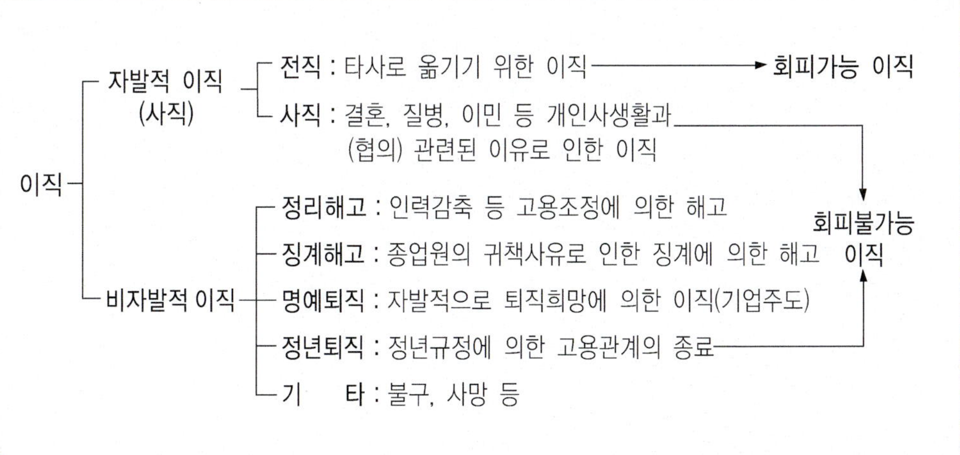

3) 이직관리의 중요성

이직이 기업에 미치는 긍정적 · 부정적 효과는 다음과 같다.

긍정적 효과로는 적정수준의 이직은 보다 양질의 참신한 인력으로 대체할 수 있는 기회를 제공해 줄 뿐만 아니라 기업에 새로운 아이디어나 기술의 도입을 가능하게 해주고 정체적 조직분위기를 쇄신시켜 준다. 또한 연공급제하에서 능력이 부족한 고임금자들의 이직에 따른 신규인력의 충원은 인건비 절감효과도 가져다준다. 특히 경기침체시 과잉인력을 보유하고 있는 조직의 경우 이직은 인력배치의 유연성을 제고시켜 탄력적이고 합리적인 인력운용을 통해 조직 활성화와 경쟁력 제고에 기여한다.

이직의 부정적 효과로는 과도한 자발적 이직은 고용정책의 차질에 따른 생산계획의 혼란을 가져와 경영의 안정을 저해할 수 있다. 나아가 조직에 다음과 같은 이직관련 비용의 증대를 가져온다. 즉, 이직발생 전까지 이직자의 불만과 전직준비로 인한 생산성 저하, 이직후 공석으로 인한 생산 감소, 신규종업원의 모집 · 선발 및 교육훈련의 시간을 포함한 비용의 증대, 견습기간 중의 생산성 저하, 감독비용의 증대, 신규종업원의 비숙련으로 인해 상대적으로 높은 사고율 및 불량률, 기타 퇴직급여나 특별위로금 지급 증대 등의 비용손실을 초래한다. 또한 우수한 핵심인력의 이직은 인적자원측면에서 조직의 경쟁력 약화를 초래할 수 있다. 이와 더불어 높은 이직률은 동료들의 사기와 조직분위기를 저해할 수 있고, 뿐만 아니라 기업의 사회적 이미지와 여론에도 나쁜 영향을 줄 수 있어 유능한 인력의 확보와 제품시장에 부정적 영향을 미칠 수 있다.

이처럼 적정수준의 이직은 기업에 긍정적 효과를 가져다주지만 과도한 자발적 이직, 특히 유능한 종업원의 전직은 기업에 부정적 영향을 미친다. 조직이 떠나주기를 바라는 종업원들은 남아있고 조직이 필요로 하는 종업원들은 떠나는 식의, 이른바 악화가 양화를 구축하는 그레샴의 법칙이 작용하는 이직은 조직에 심각한 문제를 야기시킨다.

그러므로 기업의 이직관리는 이직률을 완전히 제거하는 것이 아니라, 유능한 종업원들의 자발적 이직의 원인을 정확히 파악해서 이들의 이직을 최소화하는 이직방지대책을 수립하고 나아가 고용조정에 따른 노사 갈등 및 기업이미지 훼손을 최소화하는 효율적 인력감축을 통해 유능한 인적자원의 지속적 활용과 유지를 도모하는데 그 중요성이 있다.

2. 자발적 이직의 관리

조직에서의 이직관리는 일반적으로 자발적 이직 중에서 회사에 대한 불만으로 인한 회피가능한 이직을 가능한 통제함으로써 인적자원을 유지하는데 중점을 둔다.

1) 적정이직률과 이직의 원인

(1) 적정이직률

이직의 긍정적 효과와 부정적 효과 모두를 계량화해서 비교하기는 어렵지만, 기업이 이직을 효율적으로 관리하기 위해서 이론적으로는 먼저 적정수준의 이직률을 검토해서 이를 유지하고 만약 실제 이직률이 이를 초과하는 경우에는 이를 감소시키는 대책을 강구하여야 할 것이다.

조직의 경우 이직률이 너무 낮으면 유능한 인재의 유실(流失)은 적겠지만 조직은 침체되고, 이직률이 너무 높으면 조직은 높은 이직비용을 감수해야만 한다. 기업 입장에서 이직관리를 할 때 어느 정도의 이직률이 적당한가는 종업원이 기업을 떠남으로써 발생하는 이직비용과 더불어 기업이 종업원을 계속 보유하기 위해 투입해야 하는 비용, 즉 종업원의 이직을 막기 위한 매력적인 직무제공, 높은 임금 및 후생복지 제공 등 유지 비용의 측면도 동시에 검토되어야 한다.

[그림 13-4]에서 보는 바와 같이 기업의 적정이직률은 기업이 부담해야 하는 이직

그림 13-4. 적정이직률

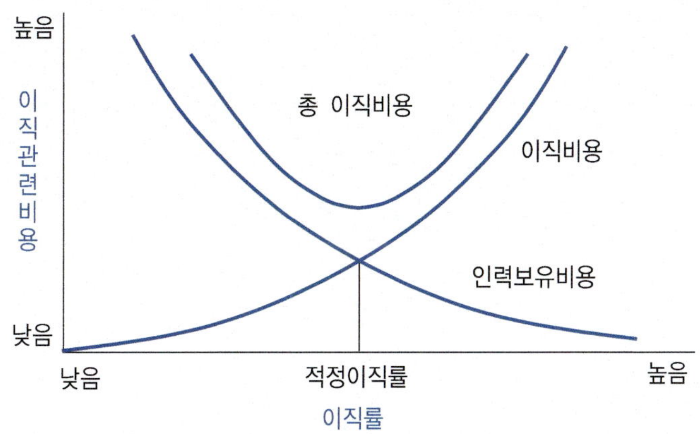

자료: Abelson, M. A. and Baysinger, B. D., 1984, p. 333.

비용과 인력보유비용의 합이 최소가 되는, 즉 총 이직비용이 최저가 되는 곳에 존재한다. 따라서 해당기업의 이직률이 적정이직률을 초과하게 되면 이직관련 총 비용이 증가하여 결국 조직유효성이 저하된다. 이런 경우 이직감소를 위한 대책을 강구해야 한다.

(2) 이직의 원인과 분석방법

종업원들의 자발적 이직의 이유와 관련된 초창기 연구들의 대부분은 종업원들의 직무 및 조직에 대한 태도, 즉 직무만족이나 직무몰입, 조직몰입과 이직률과의 관계에 대한 연구에 초점을 두어왔다. 실증적 연구결과는 일반적으로 직무만족이나 조직몰입은 이직률과 그 설명의 정도는 낮지만 부(–)의 상관관계를 갖는 것으로 나타났다. 즉, 종업원이 자신의 직무에 만족할수록, 그리고 조직에 몰입정도가 높을수록 이직가능성은 낮아진다는 것이다.

우리는 자발적 이직의 주요 원인들을 기존의 연구 성과들을 종합해서 크게 다음과 같이 구분하여 살펴볼 수 있다.

가) 조직전체요인

이직의사결정에 영향을 주는 조직전체요인으로는 기업의 임금 및 승진정책, 복리후생의 내용, 경력계획 등을 들 수 있다. 이들에 있어서 공정성이 결여되어 있거나, 특히 임금인상액이나 승진율이 종업원들의 공헌수준과 비교해서 기대수준에 미달할 경우 종업원들은 실망을 하고 조직을 떠나려고 할 것이다.

나) 작업환경요인

작업환경요인으로는 감독 스타일, 동료작업집단의 상호작용의 성격, 작업단위의 크기, 기타 작업조건 등을 들 수 있다.

먼저 감독 스타일로서는, 이를테면 감독자의 종업원에 대한 민주적이고 인간적 배려와 감독자와 종업원간의 인간관계에 대한 만족의 정도, 인정이나 피드백의 유무, 감독자의 경험 등이 종업원의 이직결정에 영향변수로 작용한다. 감독 성격이 종업원의 기대수준에 미치지 못할 경우 이직성향은 증가하게 된다.

동료집단과의 상호작용관계는 개인의 친교욕구의 강도에 따라 차이가 있겠지만, 동료들과의 인간관계가 만족스럽고 집단의 응집력이 높을 경우는 그렇지 않은 경우보다도 이직성향이 상대적으로 낮을 것이다.

작업단위의 크기는, 규모가 큰 집단의 생산직 근로자들에 있어서는 욕구충족이 어려워져 이직률과 상관관계가 있으며, 또한 과다한 근로시간 및 잦은 시간외 근무, 기타 소음, 먼지, 작업장의 위험과 사고 등의 작업조건 역시 종업원들의 불만족을 야기시켜 이직에 영향을 줄 것이다.

다) 직무내용요인

이는 직무설계와 관련된 것으로 자기능력에 맞지 않거나 장래성 없는 직무 등에 대한 불만족, 직무의 단순반복성, 정체성이나 자율성 및 책임감의 결여, 역할모호성 및 업무과중으로 인한 역할 스트레스의 증가는 이직의사결정에 높은 영향을 미칠 것이다.

라) 개인적 요인

특히 개인의 연령과 근속기간은 이직과 강한 부(−)의 상관관계를 가지고 있다. 즉, 나이가 많을수록, 근속기간이 긴 종업원일수록 이직률은 낮다. 이는 조직에 오래 근무할수록 종업원 입장에서는 조직에 대한 개인의 투자가 그만큼 증대되었다고 보기 때문에 쉽게 이직의사결정을 내리지 못하기 때문이라 할 수 있다.

또한 개인의 퍼스낼리티 특성도 이직성향에 영향을 미치는데, 퍼스낼리티 특성이 보다 극단적일수록 예컨대, 대단히 높은 수준의 걱정이나 정서적 불안, 공격성, 의존성, 자신감의 종업원들은 정상수준의 종업원들에 비하여 이직성향이 높다.

뿐만 아니라, 직무요건과 개인의 직업적성(vocational interests)간의 적합성 여부 및 가족 규모나 부양책임 역시 이직성향에 영향을 미친다. 후자의 경우, 가족 규모나 부양책임이 큰 경우에는 책임과 안정성을 추구하게 되어 특히 남성보다는 여성이 이직성향이 낮은 것으로 밝혀졌다. 또한 젊고 독신인 경우가 이직성향이 높다. 이외에도 실업률이 낮을수록, 특히 노동시장에서 기존직무 이외에 대안적인 직무탐색이 용이할수록 이직성향은 높아진다.

취업포털 인크루트가 2020년 1월 직장인 1831명을 대상으로 한 조사결과(동아일보. 2020.01.09.) 직장인들의 퇴사사유는 ‘업무 불만’(15.6%) 및 ‘연봉 불만’(14.6%) 보다 ‘대인관계 스트레스’(15.8%)가 근소차로 앞서며 1위에 꼽혔다. 기업규모별로 퇴사사유 1위로는 대기업의 경우 ‘업무 불만족’(20.3%), 중견기업은 ‘대인관계 스트레스’(18.3%), 중소기업은 ‘연봉 불만족’(16.8%)으로 각각 집계돼 차이를 보였다. 이어지는 퇴사사유로는 ‘사내 정치’(7.0%), ‘이직이 되어서’(5.9%), ‘묻지마 취업한 곳이라서’(4.0%) 등이 꼽혔다. ‘회사 경영난’(6.1%), ‘구조조정’(3.4%) 등 타의적 퇴사자도 포함되어 있었지만, 해당 비율은 높지 않았으며, ‘회사를 잘 모르고 입사해서’(4.2%)라는 이유도 있었다.

마) 이직원인의 분석방법

종업원들이 어떤 이유로 이직하는지 그 원인을 정확히 파악·분석하는 것은 합리적 이직방지대책을 수립하기 위해서 중요하다. 이직의 원인을 분석하는 대표적인 방법으로는 이직면접과 이직 후 설문지법이 있다.

① **이직면접** : 종업원 이직 시에 면접자가 체크목록(checklist)을 가지고 직접 상담함으로써 이직 원인을 알아내는 방법이다. 이것은 이직원인만을 알아내는 것이 아니라 이직원인이 회사의 적절한 조처에 의하여 구제될 수 있는 것이라면 이직을 방지할 수 있는 방법도 찾을 수 있다. 그러므로 면접자는 적절한 면접기준을 가지고 종업원의 실제 이직이유를 알아낼 수 있는 사람이어야 한다.

② **이직후 설문지법** : 종업원이 이직한 후 일정기간이 경과한 후에 이들을 대상으로 그들의 이직이유를 우편에 의한 설문지를 배포하여 질문하고 익명으로 답변을 구하는 방법이다. 이러한 방법에 의하면 회답자의 이름을 알 수 없으므로 이직면접시의 이유와 개별적으로 비교할 수는 없으나 이직후 일정한 기간이 경과한 종업원들은 전직 기업에 대해 어느 정도 냉정한 판단을 내릴 것이다.

그러므로 이직면접과 병행하여 이직후 설문지법을 통하여 이직관리대책의 개선점을 추구하는 제도적 장치는 이직을 감소시키기 위한 유용한 관리수단으로 활용할 수 있을 것이다

이 외에도 인사기록분석법과 태도조사법이 있다. 인사기록분석법은 어느 부서에서 어떤 종업원이 이직하는가에 초점을 두어 인사카드로부터 자세한 이유를 알아내는 방법이다. 태도조사법은 지금까지와는 달리 현재 사내 종업원을 대상으로 설문지를 통하여 그들의 관심과 근속이유를 밝혀내는 방법이다.

2) 이직방지 대책

종업원의 자발적 이직을 방지하기 위한 대책은 크게 두 가지로 나누어 볼 수 있다. 하나는 이직의 이유를 파악하여 그에 대한 적절한 대책을 강구하는 방법이고, 다른 하나는 근속의 이유를 파악하여 그에 대한 적절한 대책을 강구하는 방법이다. 전자는 단기적 효과에서, 후자는 장기적 효과에서 각각 특징을 지니고 있다(최종태, 2000 : 544~547 참조). 전자의 대책은 앞서 기술한 이직의 여러 원인들을 정확히 파악해서 이들 원인들을 줄이거나 제거하기 위한 여러 가지 제도적 개선책을 강구하는 것이다. 이를 중심으로 구체적으로 그 대책을 살펴보면 다음과 같다.

첫째, 이직의 조직체 원인과 관련하여, 임금이나 복리후생에 대한 불만 때문에 이직하는 종업원이 많을 경우에는 임금 및 복리후생에 대한 대내적 · 대외적 공정성 확

보를 비롯한 임금 및 복리후생제도를 개선해서 종업원들의 욕구를 충족시켜 줄 수 있도록 해야 할 것이다. 뿐만 아니라 승진정책을 공정하고 합리적으로 실시해야 할 것이고 승진기회와 장래발전성이 부족하여 종업원이 이직할 경우에는 기업에 적절한 경력개발제도를 도입·운영하는 것이 바람직하다.

둘째, 직무환경요인으로, 상사나 동료와의 불화 및 인간관계에 불만이 있을 경우에는 이들의 사회적 관계를 고려한 배치·이동의 실시와 관리자에 대해 인간적 배려에 초점을 둔 교육실시, 기타 인사상담제도나 고충처리제도의 도입과 함께 인간관계개선을 위한 다양한 노력을 시도해야 할 것이다. 작업조건 및 근로시간과 관련된 종업원들의 불만으로 인한 이직감소를 위해서는 작업장의 소음이나 위험 등 열악한 작업환경을 개선해주고, 근로시간 단축 및 근로시간의 유연한 관리 등이 요청된다.

셋째, 과업의 반복성, 자율성이나 책임감 결여 등 직무내용과 관련된 이직의 경우에는 직무재설계, 즉 직무확대나 직무충실화, 현실적 직무안내(realistic job previews : RJP)을 통해 이직을 줄일 수 있다.

또한 역할 스트레스 감소책과 개인의 적성에 맞는 직무배치, 기타 젊은 종업원들과 경험 있는 관리자들 간에 코치(coaching)관계의 형성 등도 이직 감소에 도움이 된다.

3) 이직에 관한 새로운 이론

Mitchell 등(T. R. Mitchell, et al., 2001)은 자발적 이직을 예측하기 위해 'Job Embeddedness(JE)' – 직무배태성, Embeddedness는(마음속에) 깊이 뿌리를 내려 박는다는 의미로 배태성으로 번역하기도 한다. – 라는 새로운 개념을 제시하고 있다.

직무배태성은 자발적 이직을 결정하는 중요한 요소 중의 하나로서 종업원이 현재의 직무와 조직에서 계속해서 근속하도록 하는데 영향을 미치는 종합적이고 광범위한 연결망과 같은 것인데, 직무배태성의 중요한 세 가지 측면(요소)으로 연결고리, 적합성, 희생을 들고 있다.

① **연결고리**(links) : 이는 종업원이 조직생활을 통해서 구축한 기관들이나 다른 사람들과 맺고 있는 공식적·비공식적 관계망(Web), 즉 직장동료나 비작업집단의 친구들, 집단, 본인이 거주하는 지역사회나 물리적 환경 등을 포함해서 이들과 사회적·심리적·재정적 네트워크 내지는 인간관계를 말한다. 이러한 연결고리의 수가 많으면 많을수록 개인은 직무나 조직에 더욱 얽매이게 되어 이직가능성은 낮아진다.

② **적합성**(fit) : 이는 개인이 조직과 그 환경과의 지각된 적합성 또는 편안함을 의미하는데, 종업원의 개인적 가치, 경력목표, 장래계획 등이 기업문화 및 자신의 직무(지식, 기능, 능력)와 적합해야 하고, 아울러 지역사회와 주변환경(경제적, 문화적 환경 등)과도 얼마나 적합하냐는 것이다. 이러한 적합성이 높을수록 개인은 조직에 직업적·개인적으로 얽매여져 있음을 느껴서 이직가능성은 낮아진다.

③ **희생**(sacrifice) : 이는 직장을 떠남으로써 잃어버릴지도 모르는 정신적·물질적 혜택의 비용을 의미하는데, 예컨대, 조직을 떠난다는 것은 그동안 친숙해진 동료들, 흥미 있는 프로젝트나 기타, 연금, 보험, 스톡옵션 등의 제도혜택을 포기하는 것으로 이로 인한 개인적 손실을 말한다. 조직을 떠날 때 포기해야 될 혜택이 크면 클수록 이직은 어려워지게 된다.

실증연구 결과를 보면 연결고리가 많을수록, 적합성이 높을수록, 희생해야 할 부분이 클수록 자발적 이직의도와 실제 이직은 낮게 나타났다. 즉, 개인의 직무배태성의 정도가 높을수록 이직의도와 이직가능성은 낮아진다는 가설을 지지하고 있다. 그러므로 조직은 직무배태성의 정도를 높여줌으로써 유능한 인재의 자발적 이직을 감소시킬 수 있다.

3. 비자발적 이직의 관리

비자발적 이직은 근로자 의사와 관계없이 조직의 일방적 결정에 의해 고용관계가 단절되는 것으로 경영상 이유로 인한 고용조정에 의한 정리해고와 명예퇴직, 근로자의 귀책사유에 의한 징계해고, 정년퇴직 등 4가지로 구분할 수 있다.

여기서는 이들 4가지의 비자발적 이직유형 중 앞서 기술한 정리해고와 명예퇴직을 제외한 징계해고와 정년퇴직 그리고 최근 운영이 확대되고 있는 퇴직자 전직지원제도에 대해 살펴보기로 한다.

1) 고용조정의 의의와 형태

오늘날 무한경쟁시대에서 기업은 경쟁력 강화와 생존을 위해서, 다운사이징, 리엔지니어링, 슬림화 등 구조조정을 하지 않을 수 없고 이에 따라 노동수요의 감소로 인해 고용조정은 피할 수 없는 과제가 되고 있다. 우리나라 기업들도 97년 12월 IMF 경제위기 이후 인력감축위주의 고용조정을 단행해 오고 있다. 따라서 고용조정에 따른 부작용을 최소화할 수 있는 효과적인 이직관리 내지는 방출관리 방안이 모색되어야 한다.

고용조정이란 기업의 경영활동에 필요한 적정고용량을 확보하기 위하여 고용량의 증가나 혹은 감소를 통해서 기존의 고용량을 조정하는 것을 말하는데, 현실적으로는 경기침체나 기업의 경영악화에 따른 노동수요 감소로 적정고용량의 축소에 맞추어 기존의 고용량을 조정하는, 즉 인력감축을 의미한다. 그러나 넓은 의미의 고용조정은 [그림 13-5]과 같이 단순히 고용량 조정뿐만 아니라 근로시간 조정 등과 같은 양적 조정 및 나아가 임금조정이나 노동력의 배치전환 등과 같은 질적 조정까지도 포괄하는 개념으로 사용되고 있다.

고용조정에 따른 비자발적 이직의 유형으로는 인력감축을 위한 정리해고와 명예퇴직이 있다. 많은 기업들이 경제위기를 겪으면서 감량경영(downsizing)이란 이름 아래

그림 13-5. 고용조정의 형태

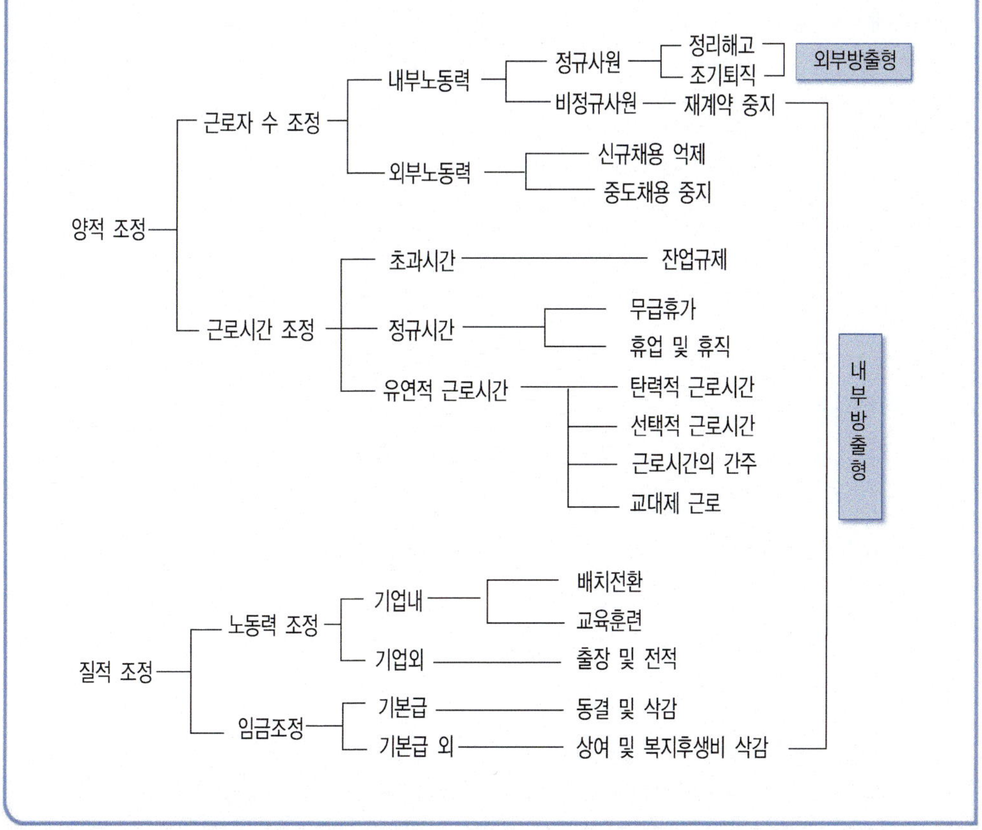

자료: 최종태, 현대인사관리론(2000). 585.

정리해고나 명예퇴직을 활용한 고용조정을 실시해 왔으며, 최근에는 기업의 경영사정이 나쁘지 않음에도 불구하고 경영효율성 제고 측면에서 이를 실시하는 기업들도 상당수 있다.

2) 징계해고와 정년퇴직

(1) 징계해고

징계해고(discharge)는 이직유형 중 사용자가 취하는 가장 극단적이고 고통스런 조치로서 근로자의 귀책사유, 즉 기업의 취업규칙을 위반하거나 능력부족, 기타 근로계약상의 징계사유에 해당하는 행위로 인해 근로자를 해고하는 징계조치를 말한다.

대다수 기업들은 근로자의 권리를 보호하기 위하여 유해하고 위반한 행동에 대하여 점진적 징계방식을 택하고 있는데, 대체로 행동교정을 위한 상담 및 구두경고, 서면경고, 타부서로의 이동이나 최종경고, 견책, 감봉, 정직, 마지막으로 징계해고의 순서로 징계가 이루어진다.

징계해고는 중징계의 형태로 개인의 자유와 권리문제와 관련될 뿐만 아니라 개인의 명예와 경력에 큰 타격을 줄 수 있고 다른 회사로 전직도 어렵게 할 수 있기 때문에 근로자에게 경제적 불이익은 물론 심한 정신적·사회적 고통을 수반한다. 따라서 사용자의 임의적이고 불공정한 해고로부터 근로자를 보호하기 위하여 취업규칙이나 단체협약에 징계해고의 사유와 절차를 보다 엄격하게 규정하고 또한 그 적용에 있어서도 해고사유 및 절차상 정당성과 해고결정 결과의 공정성을 확보하도록 신중한 판단과 결정이 이루어져야 한다.

(2) 정년퇴직

정년퇴직(retirement)은 근로자가 일정 연령, 즉 정년에 도달하면 근로자 의사와 관계없이 자동적·강제적으로 퇴직시키는 것으로 정년제라고도 한다. 즉, 정년제는 취업규칙이나 단체협약에 정한 일정 연령에 도달한 근로자에 대해서 계속 근로의사나 능력 여하를 불문하고 고용관계를 종료시키는 제도이므로 비자발적 이직에 해당된다.

정년제는 장기고용관행과 연공주의 인사와 불가분의 관계가 있으며 다음의 기능을 수행한다. 첫째, 입사후 정년까지 근로자 신분을 보장함으로써 고용안정을 통해 근로자의 기업에 대한 귀속감 증대와 장기 정착화를 도모할 수 있고, 둘째, 고령화된 노동력을 유출하고 신규노동력 유입을 통해 노동력의 신진대사를 촉진하고 조직 활성화를 기할 수 있을 뿐 아니라 후진들에게 승진 기회도 부여할 수 있다. 셋째, 연공주의 임금체계 하에서 기업 입장에서는 정년제를 채택함으로써 인건비 지출을 억제할 수 있고, 넷째, 기업은 근로자들의 퇴직시기를 알고 있으므로 사전에 퇴직계획을 수립할 수 있어 인적자원의 수급계획을 용이하게 해주는 등의 기능을 수행한다.

오늘날 우리 기업의 경우 종업원이 60세에 달하면 자동 퇴직하게 된다. 그러나 최근 고령화의 가속화와 장기구조적인 노동력부족에 대한 대책으로서 선진국에서는 정년을 65세~70세로 연장하는 추세를 보이고 있다.

기업은 정년제를 효과적으로 관리하기 위한 방안으로서 근로자들이 퇴직후 쉽게 적응할 수 있도록 도와주기 위하여 퇴직상담 프로그램을 비롯해서 정년퇴직예정자의 의사에 따라 근로시간을 단계적으로 단축하거나, 안식년제 도입, 퇴직에 관한 집합교육 실시 등과 같은 효과적인 퇴직준비 프로그램을 개발・운영하는 것이 바람직하다. 특히 퇴직상담 프로그램은 퇴직자들이 퇴직후의 생활환경변화로 인해 갖기 쉬운 소외감, 정신적 불안감 등을 해소하고 적극적이고 능동적인 생활을 할 수 있도록 퇴직후의 직업이나 여가와 취미생활, 주택, 재정문제, 건강문제 등에 대하여 퇴직전에 개별적으로 전문적인 상담과 정보를 제공해주는 제도로 퇴직자에게 효과적인 이직관리방안이 되고 있다.

3) 전직지원제도

(1) 전직지원제도의 의의와 등장배경

전직지원제도(outplacement system) 또는 퇴직준비제도란 기업이 고용조정에 따라 정리해고될 사람들이나 해고된 퇴직자들이 해고에 적응할 수 있도록 도와주고 창업이나 직무탐색, 즉 다른 직장을 찾도록 지원해주는 체계적인 지원 서비스 제도를 말한다. 고용노동부는 전직지원 프로그램(outplacement program)이라는 용어를 사용하면서 사업주의 지원하에 경영상의 이유로 퇴직하는 근로자가 신속하게 재취업할 수 있도록 서비스를 제공하는 프로그램으로 정의하고 있다.

전직지원 서비스의 주요내용으로는 퇴직예정자 및 퇴직자의 진로상담, 구직정보제공 및 직장알선, 재취업을 위한 전직교육, 창업상담 및 교육 등을 들 수 있다. 이외에도 다음과 같은 서비스 등도 제공된다.

- 퇴직(예정)자를 대상으로 한 카운슬링, 스트레스 관리 등의 심리적 지원
- 임금보존, 연금옵션, 건강보험, 사회보장혜택, 기타 재정에 관한 상담과 지원
- 적성, 흥미 및 성격검사 등을 활용한 경력지도

- 채용회사들이 필요로 하는 지식, 기능, 경험 및 기타 자질을 파악하는데 도움이 되는 자기평가기법에 대한 교육
- 성공적 면접기법 교육
- 잠재적 사용자가 되기 위한 지도
- 개인적 활동계획과 지속적 후원 등이다

이러한 전직지원제도는 조직 내 인사담당부서나 혹은 외부 컨설팅업체와의 계약으로 수행된다.

전직지원제도는 1960년대 미군에서 처음 도입 실시되었다. 기업에서는 최고경영자들을 대상으로 시작되었는데 구조조정에 따른 종업원들의 대량해고가 발생하자 해고되는 종업원들의 퇴직관리차원에서 등장하게 되었다. 특히 1980년대부터 미국에서 다운사이징이 본격화되면서 해고문제가 정치적·사회적 이슈로 부각됨에 따라 그에 대한 대응방안으로 전직지원제도가 일반화되었다. 유럽에서는 1980년대, 일본에서는 1990년대에 도입되어 확산되고 있고, 우리나라는 1990년대 초에 이에 대한 개념이 소개되었으나, 본격적인 논의는 경제위기를 맞은 1997년 말부터 시작되어 현재는 도입초기 단계에 있다. 처음에는 경영자들만을 대상으로 전직지원 서비스가 제공되었지만 최근에는 생산직 근로자들에까지 확대되어 제공되고 있다.

(2) 전직지원제도의 목적과 효과

전통적으로 전직지원제도는 종업원들이 일자리를 잃는 것과 관련하여 조직에 대한 부정적 경험이나 감정을 최소화하고 이들에 의해 개인적으로나 집단적으로 기업이 소송을 당하는 것을 최소화할 목적으로 도입되었다. 그러나 이제 기업들은 잔류종업원들이나 조직을 떠나는 종업원들이 조직에 대해 긍정적 경험이나 감정을 갖도록 하는 것이 중요하다는 것을 깨닫게 되었다. 이에 따라 전직지원제도는 퇴직예정자 및 퇴직자들이 해고의 충격을 완화하면서 조직에 대한 불만과 부정적인 감정을 줄이고 신속히 전직을 할 수 있도록 도와줄 뿐만 아니라 잔류종업원들에게도 장래 해고에 대한 불안감 해소를 통해 사기와 동기부여를 유지하는데 그 목적이 있다.

전직지원 서비스 제도는 종업원, 기업 그리고 정부에게 다음의 효과가 있는 것으로 파악되고 있다.

가) 종업원

퇴직(예정)자들에게 ① 해고나 퇴직으로 인한 종업원의 심리적 불안, 스트레스 감소, ② 전문적 지원으로 개인의 상황에 맞는 효율적 진로개척 활동가능, ③ 새로운 직

업 및 환경 적응시간 최소화, ④ 회사에 대한 불안방지 및 우호적 감정유지, ⑤ 긍정적 성취동기 및 자신감 배양, ⑥ 기업에 대한 반감 최소화, ⑦ 잔류종업원의 충격완화 등의 장점이 있다.

나) 기 업

기업에서 비용을 들여 전직지원 서비스를 제공함으로써 ① 적절하고 원활한 구조조정 가능, ② 인사담당자 및 경영자를 위한 효과적인 퇴직사실 통보 프로세스 및 전략수립 가능, ③ 노사협의시 협상력 증대, ④ 퇴직에 대한 잔류종업원의 심리적 불안감 최소화 및 사기 유지, ⑤ 조직변화에 대한 생산성 및 경쟁력 저하 방지, ⑥ 종업원을 중시하는 책임감 있는 기업 이미지 제고, ⑦ 해고자들부터의 집단적 · 개인적 소송 가능성 배제, ⑧ 기업의 사회적 책임 이행 및 이미지 개선, ⑨ 외부고객 및 관계회사에 대한 부정적 영향 최소화 등의 긍정적인 결과를 얻을 수 있다.

다) 정 부

구조조정을 실시하는 기업에서 전직지원 서비스를 실시할 경우 정부는 노사갈등으로 인한 사회적 손실의 예방 내지는 최소화, 해고자들이 빠른 기간 내에 재취직 또는 창업으로 인한 고용보험료 절감 효과, 인재의 전사회적 유효한 활용 등의 효과를 거둘 수 있다.

전직지원제도는 이상과 같은 긍정적 효과가 있지만, 만약 전직지원제도가 적절하게 관리되지 않는다면 기업은 빠른 시일 내에 상당한 비용을 지불하게 된다. 또한 전직지원제도는 해고전략의 결과에 상당한 영향을 미칠 수 있기 때문에, 조직의 전반적인 해고전략의 핵심적인 필요성을 충족시키도록 신중하게 설계되어야 한다.

학습문제

1. 근로시간관리의 중요성과 목적 및 과제에 대해 설명하시오.
2. 근로시간 단축의 효과와 문제점을 설명하시오.
3. 유연적 근로시간관리의 의의 및 선택적 근로시간제도를 설명하시오.
4. 교대근무제, 파트타임 근무제, 재택근무제를 간단히 설명하시오.
5. 산업재해의 원인과 예방대책을 설명하시오.
6. 이직의 유형과 이직관리의 중요성을 설명하시오.

7. 자발적 이직의 원인과 대책을 설명하시오.
8. Job Embeddedness를 간단히 설명하시오.
9. 고용조정의 의의와 징계해고 및 정년퇴직을 설명하시오.
10. 전직지원제도의 의의와 효과를 설명하시오.

참고문헌

강정애(1996), "탄력근로제 도입에 따른 근로자 만족도에 관한 연구", 인사・조직 연구 제4권 제1호, 한국인사・조직학회.

김소영・전병욱・유성재(1999.12), 「근로시간 단축의 쟁점과 과제 -우리나라에 있어서 근로시간 단축도입방안과 정책과제-」, 노동부.

김식현(1999), 『인사관리론』, 서울: 무역경영사.

김정한・김동헌・오학수(2002), 『고용조정과 전직지원』, 서울: 한국노동연구원.

노동부(2001), 전직지원프로그램 제도화 방안, 고용정책실 보험제도과 발표자료.

노동부(2007.5), 2006년 산업재해 현황.

박경규(2006), 『신인사관리』, 서울: 홍문사.

이학종(2001), 『전략적 인적자원관리』, 세경사

정인수(1995), 『중소제조업 인력현황과 정책과제』, 서울: 한국노동연구원.

최종태(2000), 『현대인사관리론』, 서울: 박영사.

한국노동연구원(2008), 2008 KLI 노동 통계.

令野浩一郎・佐藤博樹(2002), 人事管理 入門, 日本經濟新聞社.

Abelsen, M. A. & Baysinger, B. D.(1984), "Optimal and Dysfunctional Turnover: Toward An Organizational Level Model", *Academy of Management Review*, ol.9, No.2, 331~341.

Anthony, W. P., Kacmar, K. M. & Perrewé, P. L. (2006), *Human Resource Management: A Strategic Approach*, 5th ed., Mason, OH : Thomson Corporaton.

Cascio, W. F.(1995), *Managing Human Resources*, 4th ed., N.Y. : McGraw-Hill, Inc.

Milkovich, G. T. & Boudreau, J. W.(1997), *Human Resource Management*, 8th ed., New York: McGraw-Hill.

Mitchell, T. R., Holtom, B. C., Lee, T. W. & Erez, M.(2001), "Why People Stay: Using Job Embeddedness To Predict Voluntary Turnover", *Academy of Management Journal*, 44, 6, 1102~1121.

Mobley, W. N.(1982), *Employee Turnover: Causes, Consequences, and Control*, Reading: Addison Wesley.

Mondy, R. W., Noe, R. M. & Premeaux, S. R.(2002), *Human Resource Management*, 8th ed., Englewood Cliffs: Prentice Hall.

Porter, L. W. & Steers, R. M.(1973), "Organizational, Work and Personal Factors in Employee Turnover and Absenteeism", *Contemporary Problems in Personnel*, rev.

ed., by Hammer, W. C. and Schmidt, F. L.(1977), Chicago: St, Clair Press, 365~372.

Root, N.(1981), "Injuries at Work are Fewer among Older Employees", *Monthly Labor Review*, Vol.104, No.3, pp. 30~34.

Siskind, F.(1982), "Another Look at the Link between Work Injuries and Job Experience", *Monthly Labor Review*, Vol.105, No.2, pp. 38~41.

제 14 장
노사관계

14

노사관계

opening case 14. 사무직 노조설립 붓물

2018년 네이버에 노조가 설립된 뒤로 IT, 게임업계에는 노조설립 바람이 거세게 불었다. 넥슨, 스마일게이트, 카카오, 안랩 등에서 잇달아 노조가 설립되었다. 2020년에는 엑스엘게임즈, 위메프에도 노조가 설립되었다. 이때까지만 해도 IT, 게임 업계에 한정된 현상으로 보였다. 2021년에도 카카오뱅크, 한글과 컴퓨터, 웹젠이 그 흐름을 이어받더니 이젠 기존 대기업의 사무직, 연구직 직원들이 노조를 설립하는 흐름에 동참하고 있다. LG전자 사무직 노조, 금호타이어 사무직 노조 설립을 거쳐 현대차에서도 사무연구직 노조설립을 위한 준비작업이 진행 중이다. 화이트칼라 노동조합의 전성시대로 진입하는 형국이다.

◘ 최근 사무직 노조설립 현황

대한민국의 최상위기업에서, 그것도 노동조합과는 가장 동떨어진 집단으로 여겼던 사무직과 연구직의 젊은 세대(이른바 MZ세대) 직원들이 노조설립에 나서는 이유는 성과급이나 보상체계의 공정성과 투명성에 대한 불만 그리고 경영진과 구성원과의 소통 부재에 있다. 가장 치열하게 경쟁해 온 대기업, IT. 게임업계의 MZ세대에게는 공정성이라는 사회적 가치가 갖는 의미는 거의 절대적이라고 할 수 있다. 공정성은 MZ세대에게 자신의 이익과 관련된 현실적이고 민감한 이슈이기 때문이다.

2021년 초부터 이미 노조가 설립되어 있는 SK하이닉스, SK텔레콤, 삼성전자, 네이버, 카카오에서도 성과급 지급 및 인사평가 기준에 대한 공정성과 투명성을 요구하는 목소리가 압도적이었다. 여기에 더하여 제조업에서의 사무직 노조설립 현상도 생산직과 사무직의 보상 역차별 문제 등 사무직과 경영진 간의 소통 부재가 직접적인 원인으로 지적되고 있다.

이처럼 대기업을 중심으로 그리고 MZ세대를 앞세워 노조설립의 바람이 거세지고 있는 것은 2018년 이후의 현상이라고 볼 수 있다. 그 시작은 IT. 게임업계의 장시간 노동 및 보상의 불공정성이었다. 특히 그 과정에서 회사 측과 협상하면서 경영진과의 불통 문제가 가장 큰 장애로 지적되기도 하였다.

결국 대화를 통한 문제해결이라는 소통체제가 작동하지 않으면서 노동조합이라는 조직의 필요성에 공감대가 형성되기 시작했다. 여기에 MZ세대 특유의 탈이념적, 실용적 사고방식이 노조에 대한 거부감을 불식시키는 원인이 되기도 하였다.

노동조합의 설립 그 자체는 헌법과 노조법이 보장하고 있는 근로자의 기본적 권리이다. 누구나 언제든 노조를 설립할 수 있다. 다만 화이트칼라를 중심으로 노조설립이 도미노 현상처럼 나타나는 것은 이례적이라고 할 수 있다. 그 근저에는 노조설립의 주체들도 인정하고 있듯이 평가와 보상의 공정성과 투명성 확보, 직원과 경영진의 소통 부재, 직원의 니즈에 대한 경영진의 이해 부족이 존재한다. 새로 설립되거나 설립하려는 노동조합의 핵심목표도 인사평가와 보상, 승진 등 인사관리에 있어서 공정성과 투명성을 확보하는 데 있다. 이에 따라 사무직 노조 설립의 확산이라는 현상에 내재되어 있는 인사평가의 공정성, 투명성 요청과 직원과 경영진의 효율적 소통구조의 정립이 어떻게 조화되어야 하는지 검토하기로 한다.

성과주의 인사제도의 의의

성과주의 인사제도는 기업의 인사정책으로서 이제 비가역적인 단계에 들어섰으며 공정하고 합리적인 인사제도로서 법적으로도 타당성을 가진다고 할 수 있다. 그 이유는 다음과 같다. 첫째, 성과주의 인사제도는 근로계약에서 급부(근로의 제공)와 반대급부(임금)의 균형이라는 법적 요청에 부응하는 제도이다.

성과주의 인사제도에서는 의욕과 능력이 뛰어나고, 목표한 성과를 거둔 구성원이 그렇지 않은 구성원보다 높게 평가받는데, 이는 개인의 업무 품질에 대응하는 보수를 약속한다는 점에서 공정하다고 할 수 있다. 나아가 노동비용의 공정한 배분에 기여하고 구성원의 사기진작과 보상에 기업의 영업 성과를 반영한다는 점에서 합리적인 제도로 평가된다.

둘째, 성과주의 인사제도는 개인의 능력, 성과를 평가하는 제도이므로 연령, 근속연수, 학력, 성별, 고용 형태라는 전통적인 속성을 평가대상으로 하는 전통적 인사제도를 개혁하는 역할을 수행한다. 연공형 임금제도에서는 남성, 정규직이면 업무의 질에 관계없이 그런대로 처우를 받을 수 있으나 성과주의 인사제도는 고용 평등을 실현하는데 적합한 제도하고 할 수 있다.

특히 기업에 있어서 성과주의 인사제도가 단순한 인건비 절감 수단이 되기도 하고 불공정한 인사평가에 의하여 근로자의 불만을 증대시키고 있는 사례를 적지 않게 볼 수 있다. 임금, 처우가 근로자의 중요한 생활자원으로서 소득보장의 관점도 과소 평가될 수 없다는 점을 고려하면 성과주의 인사제도는 공정해야 하고, 근로자의 생활 안정이라는 요청에도 부응할 수 있어야 한다. 무엇보다 구성원인 직원들이 동의하고 따를 수 있도록 수용 가능한 인사평가 시스템이 구축되지 않으면 안 된다.

(자료: 박지순, "성과급제도 논란에 따른 노조설립 현황과 대응 방안", 한국인사관리협회, 「월간 인사관리」, 2021년 5월호, 46~47.)

토의과제

1. 최근 우리나라에서 IT 분야 대기업들에서 사무직 노동조합 결성이 활발해지고 있는 근본 이유에 대해서 토의해 보시오.
2. 기업의 성과관리 인사제도가 정착되기 위한 전제 조건들에 대해서 토의하시오.

제1절 노사관계의 개념

1. 노사관계의 의의와 특성

1) 노사관계의 의의

노사관계(labor-management relations, labor relations)란 원래 기업 내에서 고용관계를 중심으로 전개되는 고용자(자본가 또는 사용자)와 피고용자(노동자)간의 제(諸) 관계를 말한다. 자본주의의 발전에 따라 개별노동자들이 단결하여 노동조합을 결성하고, 기업도 그 규모가 커지고 관리가 복잡해짐에 따라 자본(소유)과 경영의 분리가 진전되어 사용자로서 자본가 대신에 전문경영자가 출현하게 되면서 노사관계는 노동조합과 사용자(경영자) 사이의 관계를 의미하게 되었다.

오늘날 자본주의의 발전과 함께 19세기 말부터 서구 산업사회에서 제기되는 저임금, 고용 및 실업문제를 비롯해서 증대하는 노조활동과 노사관계 전반에 대한 각종 법안이나 규칙제정 등과 관련된 정부[1]의 개입과 역할이 커짐에 따라 노사관계는 사용자와 노동자(노동조합) 이외에 정부가 포함되는 3자관계로 파악되고 있다. 일찍이 던럽(J. T. Dunlop)은 노사관계(Industrial relations)를 "사용자, 노동자 그리고 정부간의 상호관계의 복합체"로 정의하고 있다(Dunlop, 1958 : 5). 특히 20세기 이후부터는 노동자(노동조합), 사용자(경영자)와 더불어 정부도 노사관계의 세 당사자 조직으로 크게 대두하게 되었다.

노사관계는 정부를 포함하여 그것이 성립하는 수준에 따라 달라지는데, 거시적 수준에서는 일정한 산업수준에 있어서의 노동조합 대 사용자단체간의 관계, 즉 산업수준의 노사관계와 국민적 수준에 있어서의 일반적인 노동운동 내지는 노동문제를 포괄한 국가수준의 노사관계로 구분할 수 있다. 또한 미시적 수준에서는 하나의 작업장을 단위로 한 일선감독자와 작업자간의 관계, 즉 작업장수준의 노사관계, 기업경영을 매개로 하여 성립하는 기업수준의 노사관계(노동조합대 사용자관계) 등으로 구분할 수 있다.

그런데 오늘날 선진제국의 노사관계의 전반적 경향은 노사관계의 출발점인 기업수준 또는 사업장수준의 노사관계에 깊은 관심을 나타내고 있다. 이에 따라 여기에서는

---

1) 여기서 말하는 정부는 중앙정부, 지방자치단체는 물론 이들에 의존하는 교육 · 의료 · 사회복지 · 연구기관 등의 공적 서비스기관을 포함한 개념이다. 공공기관에서는 사용자로서의 역할을 수행하게 된다.

기업수준에서의 노사관계에 초점을 둔다.

2) 노사관계의 특성

노사관계는 다음의 특성을 가진다.

첫째, 노사관계는 본질적으로 협력관계인 동시에 대립관계의 양면적 특성을 가진다. 즉, 노동자는 기업의 종업원으로서 고용되어 조직의 목적달성을 위해 경영자의 사업방침과 계획, 조직, 통제 등의 관리직능에 따라 제반 업무 및 노동을 수행한다. 이 때 경영자와 노동자는 모두 생산활동의 담당자로서 능률적인 생산활동의 전개를 위해 서로 협력하는 생산적 협동관계에 있게 된다. 동시에 노사는 창출된 경영성과의 배분측면, 즉 임금 및 기타 근로조건의 개선에서는 통상 경제적으로 이해가 서로 대립되기 마련이기 때문이다.

둘째, 노사관계는 경제적 관계인 동시에 사회적 관계의 양면적 특성을 가진다. 즉, 노동자들이 기업의 경제적 성과를 달성하는데 노동력을 제공하고 그 대가로서 경제적 보상을 받는다는 점에서 노사관계는 일차적으로는 경제적 관계이다. 한편 기업조직은 집단생활을 하는 사람들로 구성된 사회적 시스템으로서 노사관계는 사회적 관계로서의 특성도 아울러 갖고 있다.

2. 노사관계의 목적

노사관계는 앞서 기술한 바처럼 본질적으로 기업의 생산활동을 통한 성과창출에서는 협력관계이고 동시에 성과의 배분에서는 경제적 이해가 대립되는 관계라는 양면적 특성을 가지고 있다.

이러한 특성을 가진 노사관계는 노사가 서로를 인정하고 상호대등성의 원칙에 입각해서 상호작용이 이루어져야 한다. 특히 근년에는 산업민주화의 추세와 더불어 노동소외의 극복, 근로자들의 교육수준 향상과 가치관 변화, 치열한 시장경쟁하에서 종래의 대립적 노사관계에서 협력적 노사관계로의 전환의 필요성 증대 등으로 인해 노사이해 대립사항뿐만 아니라 노사이해 공통사항에 대한 근로자의 경영참가도 노사관계의 중요한 이슈로 등장하게 되었다.

오늘날의 노사관계는 종래의 대립적 노사관계를 안정적이고 협력적인 노사관계로 유도하고 발전시켜 나가는 관리활동을 통해서, 미시적 차원에서는 기업의 생산성 향상을 통한 성과증대와 기업의 유지·발전을 이룩하고 동시에 성과의 공정한 배분과 노동의 인간화와 노동자들의 보람 있는 근로생활을 실현함으로써 궁극적으로는 노사의 공존공영과 경영민주화를 달성하고, 거시적 차원에서는 산업평화 유지와 국가경제 발전에 기여하는데 그 주요 목적을 두고 있다.

제2절 노동조합의 기능과 조직형태

1. 노동조합의 의의와 기능

1) 노동조합의 의의

노동조합은 자본주의적 생산관계의 성립과 더불어 결성되었는데 근로자가 임금을 비롯한 근로조건의 유지·개선 및 근로생활의 질 향상을 도모할 목적으로 조직한 자주적 단체를 말한다. 노동조합의 고전적 정의로 일찍이 시드니 웹(Sidney Webb) 부부는 "노동조합이란 임금근로자들이 그들의 근로생활의 제 조건을 유지·개선할 목적으로 조직한 항구적 단체"라고 정의한 바 있다. 또한 우리나라의 노동조합 및 노동관계 조정법 제2조 제4호는 "노동조합이라 함은 근로자가 주체가 되어 자주적으로 단결하여 근로조건의 유지·개선, 기타 근로자의 경제적·사회적 지위의 향상을 도모함을 목적으로 조직하는 단체 또는 그 연합단체"라고 규정하고 있다.

이러한 노동조합의 정의를 다음의 세 부분으로 구성된다.

첫째, 노동조합의 주체는 사용자 또는 그의 이익을 대표하는 자가 아닌 근로자이다. 여기서 근로자란 직업의 종류를 불문하고 임금·급료 기타 이에 준하는 수입에 의하여 생활하는 자를 말한다(동법 제2조 제1호).

둘째, 노동조합의 목적은 근로조건을 유지·개선하고 나아가 근로자들의 경제적·사회적 지위향상을 도모하는데 있다.

셋째, 노동조합의 성격은 근로자의 타율적이 아닌 자주적 조직으로서 일시적이 아닌 계속적, 항구적 조직이다.

2) 노동조합의 기능

노동조합은 그 목적을 달성하기 위하여 다양한 기능을 수행해 왔지만 그 중에서 중요한 것은 일반적으로 공제적 기능, 경제적 기능, 정치적 기능으로 대변할 수 있다. 이 세 가지 기능은 상호불가분의 관계를 가지지만 이 가운데 경제적 기능이 노동조합의 가장 기본적인 기능이고 정치적 기능은 부차적 기능으로 경제적 기능을 보강・보완하는 기능으로서 역할을 담당해 왔다.

(1) 공제적 기능

노동조합의 공제적 기능은 조합원의 각종 경조행사시 부조를 하는 경우를 비롯해서 특히 조합원이 질병・재해・노령・사망・실업 등으로 일시적으로나 영구적으로 노동능력을 상실할 때, 조합원의 생활안정을 위해 준비된 조합기금에서 공제수당을 지급하여 상부상조하는 공제활동을 전개하는 대내적 기능을 말한다.

공제기능은 노동자의 사회・경제적 지위가 낮았던 산업자본주의 단계에 있어서 숙련공 중심의 직업별 노동조합의 주된 기능으로 역사적으로 가장 오래된 전통적 기능이라 할 수 있다.

그런데 자본주의가 독점단계에 이르러 미숙련노동자의 비중이 상대적으로 높아져 노동조합의 조직형태가 점차 직업별 조합에서 산업별 조합으로 중점이 이동하게 되고 또한 국가의 사회보장제도의 발전에 따라 공제적 기능의 비중은 상대적으로 저하되어 왔다.

(2) 경제적 기능

노동조합의 경제적 기능은 노동조합이 직접 사용자에 대해 노동력의 판매자로서 교섭을 하는 기능이다. 노동조합이 기업에서 근로조건의 유지・개선과 근로자의 경제적・사회적 지위의 향상을 직접적 목적으로 해서 성립된 단체인 이상, 경제적 기능은 노동조합의 여러 기능 중에서 가장 기본적인 중심기능이라고 할 수 있다.

경제적 기능이 효과적으로 발휘되기 위해서 그 전제로서 노동조합을 대등한 입장에서 교섭단체로 인정할 필요가 있고 아울러 단체교섭이 평화적 수단으로 해결되지 않을 경우 파업이나 태업 등의 정당한 쟁의행위가 보장되어야 할 것이다.

오늘날에는 산업 민주화와 노동의 인간화를 도모하고 노사공생을 모색하는 근로자의 경영참가도 근로생활의 질 향상 차원에서 중요한 경제적 기능이 되고 있다.

(3) 정치적 기능

노동조합의 정치적 기능은 근로자의 경제적 목적을 달성하기 위해 수행하는 노동조합의 정치적 활동을 말하는데, 본래 경제적 기능 그 자체에서 필요적으로 도출되는 기능이다.

임금, 근로조건의 개선을 둘러싼 노사간 교섭과 분쟁을 조정하고 해결하는 측면뿐만 아니라 노동관계법을 비롯한 모든 법령의 제정 및 개정, 세제, 물가정책, 사회보험제도, 기타 사회복지정책 등 정부의 경제·사회정책에 관한 노동조합의 정치적 발언과 주장은 근로자의 생활향상을 위한 불가결의 활동분야이다. 경제적 기능이 사용자와의 교섭을 통해 발휘되는 데 비해 정치적 기능은 그 상대가 사용자가 아니라 주로 국가나 사회단체이며 더욱이 교섭이라는 형식을 취하지 않는다. 이러한 정치적 기능은 그 범위가 확대되고 있다.

2. 노동조합의 조직형태

1) 직업별 노동조합

직업별 노동조합(craft union)이란 어떤 산업이나 기업에 관계없이 동일 직업 또는 동일 직종에 종사하는 근로자들이 조직하는 노동조합을 말한다. 예컨대, 인쇄공조합, 선반공조합 등과 같이 동일한 직종에 종사하는 근로자들이 지역적·횡적으로 결성하는 조합이다. 이를 직종별 또는 직능별 조합이라고도 한다.

역사적으로 가장 오래된 형태의 조합으로서 1851년 영국에서 결성된 합동기계공조합이 그 원형이라 할 수 있다. 각국을 통해 조합운동의 초기에 나타난 조직형태인데, 생산이 근로자의 숙련도에 크게 의존하고 있었던 산업자본주의 초기 단계에 숙련근로자가 노동시장을 배타적으로 독점하기 위하여 조직된 형태이다. 우리나라의 경우 한국교원노동조합과 전국교원노동조합 등을 들 수 있다.

2) 산업별 노동조합

산업별 노동조합(industrial union)은 직종이나 기업에 관계없이 동일산업에 종사하는 근로자들이 조직하는 노동조합을 말한다. 오늘날 산업별 노동조합은 노동조합의 가장 대표적인 조직형태이다.

산업별 노동조합은 자본주의 발전에 대응하는 유효한 조직형태로서 독점자본주의가 성립한 19세기 말 출현하기 시작했는데, 오늘날 막대한 자본을 가진 다국적기업의 등장으로 산업별 노동조합의 필요성이 더욱 증대되고 있다.

산업별 노동조합은 직종이나 기업을 초월한 1산업 1거대조직이므로 사용자와 강력한 교섭을 할 수 있고, 또한 동일산업에 종사하는 근로자들의 지위를 균형적으로 향상시킬 수 있는 장점이 있다. 그러나 산업 내 다양한 직종들의 특수성에 부합한 임금 및 근로조건의 결정에는 문제가 있다. 우리나라의 산업별 전국노동조합으로는 전국전력노동조합, 전국담배인삼노동조합, 전국체신노동조합, 전국금속산업노동조합, 전국교직원노동조합 등이 있다.

3) 일반노동조합

일반노동조합(general union)은 영국에서 1889년 신 조합운동의 대두와 함께 태동한 노동조합의 조직형태로서, 직종이나 산업에 관계없이 일반근로자, 특히 옥외(屋外)노동에 종사하는 미숙련근로자들로 조직된 노동조합을 말한다.

따라서 통상 그 규모가 거대한 조직인데, 영국의 운수 및 일반노동조합(Transport and General Worker's Union)은 1956년에 조합원수 130만명을 가진 대조합이다. 우리나라의 경우 종래 연합노동조합이나 비정규직 노조인 전국여성노동조합 등이 이에 해당된다고 할 수 있다.

4) 기업별 노동조합

기업별 노동조합(company union)은 동일 기업에 종사하는 근로자들에 의해 조직되는 노동조합을 말한다. 앞서 설명한 세 가지의 노조형태가 모두 기업을 초월하는 횡단적 조직인데 비하여 기업별 노동조합은 산업이나 기업 내 근로자들의 직종 또는 숙련의 정도에 관계없이 오로지 개별기업을 조직단위로 하는 종단적 조직이란 점이 특징이다. 이러한 기업별 노조형태는 우리나라와 일본에 있어서 노동조합의 주류를 이루고 있다.

기업별 노조는 조합원 모두가 동일 기업 내의 근로자들이기 때문에 근로조건의 결정에 있어서 통일성·종합성을 기할 수 있고, 또한 사용자와 긴밀한 관계를 유지할 수 있어 노사협조의 원활화와 노사관계의 안정화를 도모할 수 있는 등의 장점이 있다. 그러나 개별기업을 존립의 기반으로 하고 있기 때문에 노동시장 지배력은 전혀 없고, 무엇보다도 조합원 모두가 사용자와 상하관계에 있는 종업원이기 때문에 자칫하면 조합이 어용화될 가능성이 크다는 등의 단점이 있다.

3. 숍 제도

숍 제도(shop system)는 노동조합 가입방법을 말하는데, 노동조합의 세력과 안정을 확보・유지하기 위한 제도이기 때문에 노조의 안정(union security)조항으로서 단체협약의 중요한 내용이 되고 있다.

기본적인 숍 제도로 클로즈드 숍(closed shop), 유니온 숍(union shop), 오픈 숍(open shop)의 세 가지를 들 수 있다.

1) 클로즈드 숍

이는 신규채용이나 결원보충시 노동조합 조합원만이 사용자에게 고용될 수 있는 제도로서 조합원 자격이 고용의 전제조건이 된다. 따라서 노동조합이 노동공급의 유일한 원천이 되기 때문에 노동공급을 가장 강력하게 통제할 수 있어 조합조직을 강화하는데 있어서 노조에 가장 유리한 제도이다.

2) 유니온 숍

이는 사용자가 비조합원도 자유로이 고용할 수 있지만, 일단 고용된 근로자는 일정기간 내(보통은 30일 이내) 조합에 가입해야 하는 제도이다. 만약 조합에 가입하지 않거나 또는 조합을 탈퇴하거나 제명될 경우에는 해고되는 것이 원칙이다. 그러나 오늘날 현실적으로 노동조합에서 제명되었다고 해서 회사가 해고해야 하는 원칙은 지켜지지 않고 있다.

3) 오픈 숍

이는 사용자가 조합원이든 비조합원이든 차별을 두지 않고 고용할 수 있으며 조합가입이 고용의 전제조건이 아닌 제도를 말한다. 따라서 채용시나 채용 후에 근로자의 노동조합가입 여부는 전적으로 근로자 자신의 의사에 달려있다. 이 제도하에서는 노동조합이 조합원을 확대하기 어렵기 때문에 노조의 안정도 측면에서는 가장 취약한 제도이다.

현재 우리나라는 노동조합 및 노동관계조정법 제81조 2항에서 "근로자가 어느 노동조합에 가입하지 아니할 것 또는 탈퇴할 것을 고용조건으로 하거나 특정한 노동조합의 조합원이 될 것을 고용조건으로 하는 행위"를 사용자의 부당노동행위로 금지하고 있어 오픈 숍 제도를 원칙으로 하고 있고 이 제도가 주종을 이루고 있다.

이상과 같은 세 가지 기본숍 이외에도 이들을 변경시킨 변형 숍 제도도 있다.

제3절 단체교섭제도

1. 단체교섭의 의의와 유형

1) 단체교섭의 의의

단체교섭(collective bargaining)이란 사용자와 노동조합이 교섭단위 내의 노동자들의 고용조건을 협상하는 과정을 말하는데, 일반적으로 노동조합이 임금, 근로시간, 기타 근로조건을 비롯하여 노동자의 권리에 관계되는 제문제에 대하여 사용자 또는 사용자단체와 상호 조직력을 배경으로 대등한 입장에서 교섭하는 과정을 의미한다.

단체교섭의 궁극적 목적은 교섭 결과를 단체협약으로 체결하는 데 있다. 단체교섭의 과정에 있어서는 협약체결을 위한 협상뿐만 아니라 협약의 관리로서 고충 처리(grievances procedure) 및 중재(arbitration)도 포함시키고 있다(Carrell & Heavrin, 2007:109).

따라서 단체교섭을 협의로 해석하면 협약의 체결을 위한 협상활동으로서의 교섭행위만을 의미하나, 이를 넓게 해석하면 협상(contract negotiation), 즉 협약의 체결활동과 협약 관리(contract administration)활동의 두 과정으로 구분된다.

단체교섭은 노동자측면에서는 근로조건 결정에 있어서 노동자가 사용자와 개별적으로 교섭하는 것보다 조직력을 배경으로 집단적으로 교섭하는 것이 유리하다는 점에서 필요하며, 또한 노동조합이 그 본래의 목적을 실현하는 가장 기본적 수단이기도 하다. 사용자측에서도 근로조건을 개별적으로가 아니라 단체교섭을 통해 통일적 · 집중적으로 결정하여 노사간 기본적인 현안문제들을 합리적이고 조직적으로 처리해서 해결할 수 있는 효과적 방법이라는 점에서 단체교섭은 합리적 노사관계의 확립과 더불어 노사관계의 안정화를 촉진시키는 데 있어서 필요불가결한 요소라고 할 수 있다. 이러한 단체교섭을 위한 제도적 장치가 단체교섭제도이다.

단체교섭제도는 후술하는 경영참가제도와 함께 오늘날 산업평화를 유지하고 노사관계의 민주화, 즉 산업민주주의를 확립하는 노사관계관리 구조상의 양대지주가 되고 있다.

2) 단체교섭의 유형

단체교섭의 유형은 일반적으로 다음의 다섯 가지 유형으로 분류해 볼 수 있다.

(1) 기업별 교섭

기업별 교섭은 특정기업 또는 사업장 단위로 조직된 독립된 노동조합이 그 상대방인 사용자와 단체교섭을 행하는 방식이다. 노동조합의 조직형태로 기업별 조합이 주류를 이루고 있는 우리나라와 일본에서 전형적인 교섭방식으로 행해지고 있다.

(2) 통일교섭

통일교섭은 노동시장을 전국적 또는 지역적으로 지배하고 있는 산업별 또는 직업별 노동조합과 이에 대응하는 전국적 또는 지역적 사용자단체간에 행해지는 단체교섭방식이다. 이 교섭방식은 복수사용자 교섭(multi-employer bargaining)이라고도 하며, 영국, 미국을 비롯하여 유럽각국에서 많이 채택하고 있다.

(3) 대각선교섭

대각선교섭은 산업별 노동조합이 개별기업의 사용자와 개별적으로 교섭하는 방식이다. 이 방식은 산업별 노동조합에 대응할 만한 사용자단체가 없거나 또는 사용자단체가 있는 경우라도 각 기업에 특수한 사정이 있는 경우에 많이 요구되고 있다. 미국의 경우 GM, U. S. Steel 등과 같은 대규모회사들이 전국노조와 개별적으로 교섭하는 대각선교섭을 사용하고 있다.

(4) 집단교섭

집단교섭은 수 개의 단위노동조합이 집단을 구성하여 이에 대응하는 수개 기업의 사용자대표와 집단적으로 교섭하는 방식이다. 이 방식은 노사양측이 산업별 또는 지역별로 각기 연합전선을 형성하여 교섭하므로 연합교섭이라고도 한다. 이 방식은 유럽 각국에서 많이 사용되고 있다.

(5) 공동교섭

공동교섭은 상부단체인 산업별 및 직업별 노동조합이 하부단체인 기업별 노조 또는 기업단위의 지부와 공동으로 당해기업의 사용자대표와 교섭하는 방식이다. 기업별 노조와 상부단체가 연맹으로 기업과 교섭을 하기 때문에 연명교섭이라고도 한다.

2. 단체협약과 관리

1) 단체협약의 의의와 내용

(1) 단체협약의 의의

단체협약(collective agreement)이란 노동조합과 사용자 또는 그 단체가 단체교섭 과정을 거쳐서 근로조건의 기준 및 기타사항에 관하여 합의를 보고 이를 협약이란 형태로 서면화한 것을 말한다.

단체협약은 집단적 근로계약으로서 일단 성립되고 나면 그것이 법률에 저촉되지 않는 한 개별근로계약이나 사용자가 일방적으로 결정한 취업규칙에 우선하여 획일적으로 적용되는 강력한 효력을 가지게 되므로 협약작성에 상당한 요식성이 요구되고 있다. 단체협약은 서면으로 작성되어야 하고, 반드시 노사쌍방이 서명 · 날인하여 합의한 사실을 증거로 남겨야 하며, 단체협약체결일로부터 15일 이내에 이를 행정관청에 당사자쌍방의 연명으로 신고하여야 한다(노조 및 조정법 제31조). 또한 단체협약의 유효기간은 최장 3년으로 제한하고 있다(노조 및 조정법 제32조).

(2) 단체협약의 내용

단체협약의 내용은 여러 가지 상이한 요소로 구성되어 있지만 크게 세 가지 부분으로 나누어 볼 수 있다.

첫째, 규범적 부분으로 이는 근로조건 기타 근로조건의 대우에 관한 기준에 대한 부분으로서, 임금, 복리후생, 퇴직금, 근로시간 · 휴일 · 휴가, 산재보상, 교육훈련, 안전보건, 징계 등에 관한 사항 등이 있다.

둘째, 채무적 부분으로 이는 협약당사자인 사용자와 노동조합 사이의 권리 · 의무를 규율하는 부분으로서, 평화의무, 평화조항, 유일교섭 단체조항, 숍 조항, 단체교섭의 절차 및 기타규칙, 쟁의행위에 관한 사항 등이 있다.

셋째, 조직적 부분으로 이는 경영 내의 노사관계를 제도적으로 규율하는 부분으로서, 조합원인 종업원의 해고에 관한 협의 · 동의조항, 노사협의회와 고충처리기구 등이 조직과 운영에 관한 조항 내지 협정 등이 있다. 오늘날 협력적인 노사관계가 강조되면서 이 부분의 중요성이 더욱 커지고 있다.

2) 단체협약의 관리

단체협약의 관리(contract administration)는 체결된 협약의 효율적 운영을 위한 활동, 즉 단체협약조항을 해석하고 적용하여 집행하는 활동을 말한다. 협약의 해석과 적용으로 야기되는 고충(苦衷)의 합리적인 처리와 중재가 협약관리의 양대지주가 된다.

여기서 고충(grievance)이란 기존의 단체협약을 집행하는 과정에서 계약문구의 해석이나 적용과 관련하여 일어나는 노사간 의견불일치, 단체협약 위반을 이유로 한 노동자측의 불만 등을 말한다.

이처럼 단체협약 내용의 해석과 적용을 둘러싼 노사간의 분쟁(권리분쟁)을 해결하기 위한 제도적 장치가 고충처리제도(grievance procedure)이다. 고충처리 절차는 조직 규모에 따라 그 단계가 다르지만 대체로 다음과 같은 단계를 거친다.

보통 1단계에서는 고충의 당사자가 고충의 내용을 서면으로 작성하여 일선감독자와 노동조합의 작업현장대표(shop steward)에게 제출한다. 물론 고충제기자가 일선감독자와 직접 대화를 통해 문제를 해결할 수도 있다. 만약 1단계에서 고충이 해결되지 않으면 2단계로 보다 상위계층의 공장관리자와 노조대표가 이를 협의하고 해결하는데, 대체로 중간관리자나 공장장과 노조간부나 노조위원장이 맡는다. 만약 이 단계에서도 해결되지 않으면 3단계로 최고경영자와 노동조합의 최고노조간부가 협상을 하고, 그래도 해결되지 않으면 마지막 단계로 노사가 합의하에 외부의 제3자인 중재자(arbitrator)를 선임하여 중재를 위임한다. 중재자의 중재재정(arbitration award)은 최종적인 것으로 양 당사자에게 구속력을 가진다.

우리나라의 고충처리제도는 “근로자참여 및 협력증진에 관한 법률” 제5장에서 노사협의회와 별도로 규정하고 있는데, 동법 시행령에 의하면 상시 30인 이상의 근로자를 사용하는 모든 사업 또는 사업장에는 근로자의 고충을 청취하고 이를 처리하기 위하여 노사를 대표하는 3인 이내의 고충처리위원회를 두도록 되어있다.

3. 노동쟁의

1) 노동쟁의의 의의

노사가 평화적인 단체교섭에 의해 각 주장에 합의점을 찾지 못하게 되어 교섭이 결렬될 경우 노사는 분쟁상태에 들어가게 되고 노사는 자신들의 주장을 유리하게 관철시키기 위하여 실력행사를 하게 되는 투쟁상태에 이르게 된다.

노동쟁의(labor disputes)란 기업의 사용자와 노동조합간의 분쟁을 말하는데, 넓은 의미로는 노사간 주장의 불일치로 교섭이 결렬된 상태와 이때 노사가 각기 자신의 주장을 관철할 목적으로 행하는 행위(실력행사)와 이에 대항하는 행위, 이를테면 우리나라 노동관계법상에서 말하는 노동쟁의와 쟁의행위를 포괄하는 개념으로 노사분쟁(union-management disputes)이라고도 한다.

우리나라의 노동조합 및 노동관계조정법 제2조에서는 노동쟁의와 쟁의행위에 대해 법률상의 개념을 각각 규정하고 있다. 즉, 노동쟁의라 함은 "노동조합과 사용자 또는 사용자단체간의 임금・근로시간・복지・해고・기타 대우 등 근로조건의 결정에 관한 주장의 불일치로 인하여 발생한 분쟁상태를 말한다. 이 경우 주장의 불일치라 함은 당사자간의 합의를 위한 노력을 계속하여도 더 이상 자주적 교섭에 의한 합의의 여지가 없는 경우를 말한다."(동법 제2조 5호) 따라서 단체교섭이 단체협의 체결에 이르지 못하고 결렬된 경우에 비록 파업 등의 실력행사를 하지 않더라도 노사분쟁은 발생한 것으로 된다. 또한 이러한 분쟁상태가 실력행사인 투쟁행위로 이루어질 때 이를 쟁의행위라 하는데, 쟁의행위라 함은 "파업・태업・직장폐쇄 기타 노동관계 당사자가 그 주장을 관철할 목적으로 행하는 행위와 이에 대항하는 행위로서 업무의 정상적인 운영을 저해하는 행위"를 말한다(동법 제2조 제6호).

노사간의 분쟁은 이익분쟁(interests disputes)과 권리분쟁(rights disputes)으로 구분할 수 있다. 이익분쟁이란 노사가 임금 및 기타 근로조건에 관한 새로운 계약을 체결하기 위하여 단체교섭을 하는 과정에서 합의에 도달하지 못함으로써 발생하는 분쟁을 말하고, 권리분쟁이란 협약체결후 기존 협약의 이행이나 계약문구의 해석 및 집행과정에서 발생하는 분쟁을 말한다.

2) 쟁의행위의 유형과 노동쟁의의 조정제도

(1) 쟁의행위의 유형

쟁의행위는 노사당사자가 이해관계의 불일치로 인해 각자의 주장을 관철할 목적으로 행하는 실력행사로 업무의 정상적 운영을 저해하는 행위를 말하는데, 쟁의행위의 유형으로 근로자측의 쟁의행위와 사용자측의 쟁의행위로 구분해 볼 수 있다.

가) 근로자측의 쟁의행위

① **파 업** : 파업(strike)은 근로자가 단결하여 근로조건의 유지・개선 목적을 달성하기 위하여 집단적으로 노동의 제공을 거부하는 행위로서 쟁의행위 중 가장 오래

되고 일반적인 형태이다. 파업의 종류에는 경제적 파업, 총파업, 동정파업, 부당노동행위파업, 불법파업, 돌발파업, 연좌파업 등이 있다.

② **태업 · 사보타지** : 태업(怠業, soldiering)은 근로자들이 단결해서 집단적이고 의식적으로 작업능률을 저하시키는 행위이다. 따라서 외형적으로는 작업을 계속하지만 실제로는 작업을 하지 않거나, 또는 작업속도를 늦추거나 조잡한 제품을 생산하거나 서비스 질을 저하시켜 사용자가 경제적 손실을 입도록 하는 행위이다. 사보타지(sabotage)는 단순한 태업에 그치지 않고 생산 또는 사무를 방해하는 행위로서 의도적으로 생산설비를 파괴하는 행위까지를 포함하는 개념이다.

③ **불매동맹** : 불매동맹(boycott)은 노동조합의 통제 내지 선전활동을 통하여 사용자 또는 그와 거래관계에 있는 제3자의 제품구입이나 기타 시설의 이용을 집단적으로 거절한다든가, 사용자 또는 그와 거래관계에 있는 제3자와 근로계약의 체결을 거절할 것을 호소하는 투쟁행위이다. 주로 파업의 실효를 거두기 위하여 파업을 지원하는 부수적 수단으로 많이 행하여진다.

④ **피켓팅** : 피켓팅(picketting)은 파업을 효과적으로 수행하기 위하여 파업불참자(근로희망자)들의 사업장 출입을 감시 · 저지하거나 파업참여에 협력할 것을 설득하는 행위이다. 보통 피켓팅은 사업장 출입구에서 플랜카드를 들고 시위를 하거나 확성기를 사용해 출입자를 감시하면서 파업불참자들에게 파업에 동참해 줄 것을 호소하는 모습을 보인다.

이 외에도 준법투쟁, 생산관리 등이 있다.

나) 사용자측의 쟁의행위

사용자측의 쟁의행위는 근로자측의 쟁의행위인 파업 · 태업 등에 대항하는 행위로서 대표적인 것이 직장폐쇄(lock out)이다. 직장폐쇄는 사용자가 자신의 주장을 관철하기 위하여 근로자들에 대하여 생산시설에의 접근을 차단하고 근로자들의 노동력 제공을 집단적 · 일시적으로 거부하는 행위이다.

이상과 같은 쟁의행위수단 중에서 특히 파업과 직장폐쇄는 노사 모두에게 직접적인 경제적 손실을 초래할 뿐만 아니라 국민경제 전체에도 심각한 악영향을 미칠 수 있으므로 매우 신중하게 결정되어져야 할 것이다.

(2) 노동쟁의의 조정제도

노동쟁의는 노사쌍방은 물론 국민경제에도 경제적 손실을 가져다주므로 노사의 평화적 교섭에 의해 노동쟁의의 발생을 사전에 방지하는 것이 이상적이다. 또한 노동쟁의가 발생한 경우에도 제3자의 개입 없이 노사가 자주적으로 해결하는 것이 바람직하다. 그러나 자주적 해결이 불가능할 때에는 국가가 개입해서 노동쟁의를 조정하고 해결하는 제도가 필요하게 되는 바, 이를 노동쟁의의 조정제도라 한다.

조정제도에는 조정, 중재와 특별한 경우에 행하는 긴급조정의 3가지 방법이 있다. 조정은 노동위원회 내에 구성된 조정위원회가 쟁의중인 노사당사자의 의견을 청취해서 조정안을 작성하여 노사당사자에게 이의 수락을 권고하는 방법인데, 권고가 강제가 아니라는 점에서 노사당사자의 자주적 해결에 기초를 두고 있다. 중재는 조정과 달리 노사당사자를 구속하는 최종적 재정(裁定)을 내린다는 점에서 노사의 자주적 해결의 원칙과 거리가 먼 강력한 조정제도이다. 긴급조정은 쟁의행위가 공익사업에 관한 것이거나, 그 규모가 크거나 또는 그 성질이 특별한 것으로 현저히 국민경제를 해치거나, 국민의 일상생활을 위태롭게 할 위험이 현존할 시에 행하는 조정이다.

제4절 경영참가제도

1. 경영참가의 의의와 특질

1) 경영참가의 의의와 목적

경영참가란 일반적으로 근로자 또는 노동조합이 기업의 여러 계층 수준에서 경영상의 의사결정에 참가하여 영향력을 행사하는 과정을 말한다.

그러나 경영참가를 광의로 해석하면, 근로자 또는 노동조합이 임금, 근로조건 등의 문제 이외에도 기업경영상의 제 문제 이를테면, 경영방침, 경영조직, 교육훈련, 투자・생산계획 및 방법, 기타 경영의 능률증진 등의 여러 문제에 대하여 발언권을 갖는 것으로부터 종업원지주제도와 같이 주식의 소유를 통한 자본참가, 미국의 스캔론 플랜처럼 기업경영성과의 배분에 참가하는 성과배분참가(이익참가) 까지도 널리 포함한다.

이 같은 의미의 경영참가는 산업민주주의의 주된 실천적 내용이 되고 있는데, 경영자는 경영참가를 작업장에서 노사 관계를 안정화시키는, 즉 근로자의 직무몰입을 유도하고 또한 생산성과 능률을 증진시키면서 노사 협조를 촉진시키는 수단으로 인식한다. 반면에 노동조합은 경영참가를 기업의 조직성과를 개선시키는 수단으로 보다는, 오히려 조합과 사용자간 힘의 균형을 확립하는 수단이라는 점에 보다 큰 가치를 부여하고 있다(Jain, 1980 : 14).

결국, 경영참가의 개념은 그 자체가 노사간의 권력공유와 협조적이고 화목한 관계의 증진이라는 두 가지 기본 이슈를 강조하는 바 경영참가는 근로자를 어떤 방식으로든지 기업 경영에 참가시켜 기업의 권력을 노사가 어느 정도 공유함으로써 산업화 과정에 야기된 노동의 비인간화 문제를 극복하고, 노사간의 협조증대 및 생산성 향상, 나아가서는 사회정의를 구현하는데 그 목적이 있다.

2) 경영참가의 특질과 문제점

(1) 경영참가의 특질

노사관계는 대립적 측면과 협력적 측면의 양면성을 지니고 있는 바, 경영참가제도는 이 중에서 협력적 측면에 입각한 노사관계제도이다.

서구에 있어서 전통적으로 노사간의 갈등을 효과적으로 조절·해결하는 메카니즘은 주로 단체교섭에 의존해 왔다. 단체교섭은 노동조합이 임금, 근로시간 등 주로 노사간 이해대립사항에 대하여 조직력을 배경으로 사용자 또는 사용자단체와 행하는 집단교섭이다. 따라서 단체교섭은 본질적으로 근로자의 단결과 이를 통한 실력행사를 무기로 하여 사용자와 대등한 입장에서 노사간의 제 문제를 집단적으로 해결해 나가는 수단으로 인식되어 왔다.

이에 반하여 경영참가는 통상 노사간에 대립적 관계에서가 아니라 협조적 관계에서 파악되고, 또 이를 바탕으로 노사간의 상호 이해공통관계에 있는 사항을 추구함으로써 생산성 증가를 도모하고 그 성과에 대한 배분을 목적으로 하는 것이기 때문에 그 본질에서부터 단체교섭과는 다른 차원에서 이해되는 개념이라 할 수 있다. 따라서 근로자의 경영참가는 사용자의 배타적 영역에 속하는 기업경영상의 제 문제까지 상호협의하고 때로는 공동결정을 행함으로써 전통적으로 대립관계에 있던 노사관계를 지양하고 협조적 관계를 수립하는 것을 이념으로 한다고 볼 수 있다.

(2) 경영참가의 문제점

근로자의 경영참가가 산업민주화를 위한 실천방안으로서 각국에서 도입·실시되고 있지만 노사 당사자측에서 야기되고 있는 문제점을 살펴보면 다음과 같다.

가) 경영권침해의 문제

사용자의 입장에서 볼 때 경영참가는 경영권을 침해하는 수단으로 인식될 수 있다. 경영관리직능은 원래 경영자의 전권에 속하는 것이기 때문에, 이에 대한 근로자의 발언은 일종의 월권행위이며 경영권에 대한 침해라는 주장이다. 일반적으로 사용자가 경영참가에 대하여 가장 난색을 표시하고, 그 때문에 경영참가가 저해되는 가장 큰 이유의 하나가 바로 여기에 있다.

나) 조합기능의 약화문제

노동계 일부, 특히 다수의 영・미 노동조합 지도자들은 노동조합의 목적은 어디까지나 임금 등의 분배투쟁에 있으며 따라서 자신들을 경영층과 협상 및 투쟁을 주된 임무로 하는 대항 투쟁세력으로 보고 있다. 그러므로 근로자대표들이 임금 및 기타 근로조건 이외의 경영상 제 문제에 대하여 사용자와 빈번한 접촉을 가지면 이들과 긴밀하게 제휴할 수도 있어 결국 조합의 단결력, 단체교섭력을 약화시키고 조합도 어용화되기 쉽다고 우려한다. 더욱이 노동조합은 근로자가 노사협의회를 통해서 경영에 참가하는 것을 허용할 경우 근로자들의 충성심이 양분될 가능성이 많고 또한 이것이 노동조합 입장에서 볼 때 경쟁자가 되어 전통적으로 노동조합이 담당해 왔던 일을 장차 대신할 수 있다고 우려하면서 이를 반대하고 있다.

다) 근로자의 경영참가능력 문제

일부 사용자들은 근로자들의 경영에 대한 지식, 경험, 관리능력에 의문과 불신을 갖고 경영참가를 회의적으로 보기도 한다. 심지어 근로자 입장에서도 경영에 대한 경험과 관리능력의 미흡으로 자칫 사용자의 주장이나 입장에 동조함으로써 경영자측에 이용당하지나 않을까 우려하기도 한다.

그러나 오늘날 근로자들의 교육수준과 의식수준이 일반적으로 높아져 그들의 참가능력 문제는 상당히 해소되었다고 보며, 무엇보다도 경영참가를 효과적으로 실시하기 위해서는 노사간의 경영참가에 대한 올바른 인식과 상호신뢰가 선행되어야 할 것이다.

2. 경영참가의 유형

근로자가 경영에 참가하는 방식은 각국의 정치, 경제, 사회 시스템과 기업의 노사풍토 및 규모 등에 따라서 상이하고 또한 학자에 따라서도 다양하게 분류되고 있다. 그러나 일반적으로 경영참가의 기본유형으로는 의사결정참가, 성과배분참가, 자본참가의 세 가지 형태를 손꼽을 수 있다.

1) 의사결정참가

의사결정참가는 근로자 또는 노동조합이 기업경영상의 의사결정에 참가하는 것을 말하는데, 근로자 경영참가의 가장 핵심이 되는 고유한 의미의 참가로 협의의 경영참가, 관리참가, 과정참가라고도 불리어진다. 의사결정참가는 참가의 정도, 즉 의사결정권을 갖고 있느냐의 여부에 따라 노사협의제와 노사공동결정제의 두 가지로 구분된다.

(1) 노사협의제

노사협의회(joint consultation committees)제도는 경영참가의 전형적이고 가장 오래된 제도로서 기업의 민주화와 생산성 향상을 목적으로 주로 공장 및 기업수준에서 노사간의 협조증진, 생산성 향상 및 이와 관련된 제 경영문제에 대해 근로자에게 발언권을 주기 위하여 노사합동기구를 조직해서 이를 통해 경영에 참가하는 방식으로, 오늘날 각국에서 가장 널리 도입 실시되고 있는 경영참가제도이다.

국제노동기구(ILO)의 1952년 제35차 총회에서의 노사협의제도에 대한 정의를 살펴보면 "경영자와 노동자가 대등한 입장에서 단체교섭에서 취급되지 않거나 또는 근로조건의 결정에 있어서 다른 제도에서 보통 취급되지 않는 사항으로서, 노사쌍방이 이해관계를 공통으로 하는 사항에 대하여 협의함으로써 상호의 이해를 넓히고 상호 협력하는 기능을 가진 제도"라고 하고 있다.

노사협의회는 각국에서 경영협의회, 근로자협의회(works or worker councils), 공장위원회(works committees), 합동생산위원회(joint production committees) 등 다양한 명칭으로 불리고 있고 그 규모, 구성 및 권한 등도 다르지만, 조합원이든 비조합원이든 간에 전종업원이 선출한 대표로 구성되고 단체교섭사항에 포함되지 않은 제반 경영사항을 협의·자문·부분공동결정을 하는 권한을 갖는 점에서 공통점을 갖고 있다. 그러나 노사협의회는 순전히 자문협의적 기능에 그치고 주요 의사결정권을 갖지 못한 것이 큰 약점이다.

한편, 우리나라의 경우 1997년 3월에 종래의 노사협의회법을 폐지하고 새로이 "근로자 참여 및 협력증진에 관한 법률"을 제정하여 노사협의회의 설치범위와 그 기능을 더욱 확대·강화하였다. 즉, 동법에서는 노사협의회의 설치범위를 노동조합의 조직여부와 관계없이 상시 종업원 30인 이상의 모든 사업장으로 확대하였다. 또한 노사협의회의 임무와 관련하여 노사협의회에서 다루는 주요사항을 협의사항, 의결사항, 보고

사항으로 구분하고 있는데, 특히 종래의 노사협의회법에 비하여 협의사항을 크게 확대하고 의결사항을 신설하는 등 노사협의회의 기능을 보다 강화하였다(동법 제4장 제19조~21조).

(2) 공동결정제

공동결정제(co-determination or joint-decision making)는 경영상의 의사결정이 노사공동으로 이루어지는 경영참가방식을 말한다. 이러한 공동결정제는 근로자 및 그의 대표가 기업의 모든 수준의 의사결정에 참가하여 경영자와 의사교환 및 협의는 물론 최종적인 결정을 공동으로 행하고 나아가 이의 실행에도 공동으로 책임을 지는 제도로 따라서 오늘날 가장 고도로 발달된 산업민주제라 할 수 있다.

공동결정제의 대표적인 모델로서 독일의 공동결정제를 들 수 있다. 독일의 경우, 근로자대표가 중역회, 즉 정책결정기관인 감사역회와 집행기관인 이사회(다른 나라에서는 최고의 의사결정기관임)에 직접 참가하여 기업의 경영사항을 공동으로 결정하므로 공동결정제를 흔히 근로자 중역제 또는 노동이사제라고도 한다.

2) 성과배분참가

성과배분참가란 앞서 제11장 제2절에서 기술한 바처럼, 근로자가 기업단위 혹은 공장, 부서, 과 단위가 설정한 목표매출액이나 생산성, 이윤, 비용절감 등의 경영성과 증진에 기여하고 그 대가를 경영성과의 일정배분에 참가하는 것을 말한다. 성과배분참가에는 생산성 이득배분제와 이윤분배제의 두 가지 기본 유형이 있다.

3) 자본참가

자본참가란 근로자들로 하여금 자사의 주식을 소유함으로서 자본의 출자자로서 기업경영에 참가하는 것을 말하는데, 소유참가, 재산참가라고도 한다.

자본참가는 종업원으로 하여금 기업을 오로지 자본가 또는 사용자의 전유물로 보지 않고 노사공유의 실체로서 기업에 대한 애사심을 고취시키고 경영공동체를 형성시키는 데 중요한 역할을 하게 된다. 이는 근로자로 하여금 기업을 오로지 자본가의 독점물이 아닌 노사의 공존공영을 기하는 하나의 실체로서 인식하도록 하며, 노사간의 계급투쟁적이 아닌 운명공동체이며 이익공동체적인 조직풍토를 형성시켜 준다(최종태, 1998 ; 124).

자본참가의 주요 형태로 종업원지주제도(employee stock ownership plan)가 있다. 종업원지주제도는 회사의 경영방침에 의하여 종업원에게 특별한 조건이나 방법, 즉 저가격, 배당우선, 공로주, 의결 및 양도권의 제한, 성과배분제도에 의한 주식의 분배 등으로 자사의 주식을 종업원이 자발적으로 취득·보유하도록 권장하는 제도를 말하는데, 일반적으로는 회사가 경영방침으로서 특전이나 혜택을 제공하여 종업원으로 하여금 자사주를 취득·보유케 하는 제도로 정의되고 있다.

이 제도의 특징은 투자자가 자사의 종업원이고, 투자대상이 자사주식이며, 회사가 이를 위하여 특별한 편의를 제공하는 제도적 지원책을 마련하고 있다는 점에 있다.

학습문제

1. 노사관계의 특성과 목적을 설명하시오.
2. 노동조합의 의의와 기능을 설명하시오.
3. 산업별 노동조합과 기업별 노동조합을 비교 설명하시오.
4. 숍 제도를 간단히 설명하시오.
5. 단체교섭의 의의와 유형을 설명하시오.
6. 단체협약의 의의와 협약의 관리를 설명하시오.
7. 노동쟁의의 의의 및 쟁위행위의 유형을 설명하시오.
8. 경영참가의 특질과 문제점을 설명하시오.
9. 경영참가의 목적 및 3가지 기본유형을 간단히 설명하고 노사협의제와 공동결정제를 비교 설명하시오.

참고문헌

고용노동부(2014.7), 전국노동조합 조직현황 및 지방노동관서의 노동동향보고서 및 근로손실일수 보고서.

김영재(1984), 산업민주주의와 노동조합의 역할에 관한 고찰: 영국과 서독을 중심으로, 「동국대학교 경영대학원 경영논총」, 제9집, 동국대학교 경영대학원.

김영재(1987), 스웨덴의 경영참가제도에 관한 연구, 「동국대학교논문집」, 제6집, 동국대학교 경주캠퍼스.

윤성천(1978), 근로자의 경영참가문제, 「노동경제논집」, 제2권 제1호, 한국노동경제학회.

한국노동연구원(2014), 2014년 KLI 노동통계.

菅谷章(1985), 『勞使關係論 基本問題』, 第二版, 東京: 法律文化社.

Carrell, M. R & Heavrin, C.(2007), *Labor Relations and Collective Bargaining*, 8th ed., New Jersey : Prentice Hall.

Cordova, E.(1982), "Workers Participation in Decisions within Enterprises: Recent Trends and roblems", *International Labor Review*, 121, 2, March-April.

Dunlop, J. T.(1958), *Industrial Relations System*, New York: Holt.

Jackson, M. P.(1983), *Industrial Relations*, 2nd ed., London: Croom Helm.

Jain, H. C.(1980), *Worker Participation: Success and Problems*, New York: Praeger.

제 15 장
국제화시대의 인적자원관리

15

국제화시대의 인적자원관리

opening case 15. CJ 글로벌 HR 컨퍼런스

미래 10년의 비전, 글로벌에 답이 있다.

CJ제일제당은 2019년 현재 총 4만 명의 임직원 중 약 3만3천여 명이 해외, 즉 글로벌에서 근무중이다. 뿐만 아니라 매출의 49%가 글로벌에서 만들어지고 있으며, 약 100여 개국 이상에서 CJ제일제당의 제품을 만날 수 있다. 글로벌 비즈니스가 본격화 되면서 해외사업장과 임직원의 수도 급속히 늘어났다. CJ제일제당은 2019년 현재 약 20개국, 45개 도시에 생산, R&D, 영업 법인을 운영중이며, 사업의 질적, 양적 확대를 위한 M&A도 활발하게 진행해왔다.

B2B(BIO사업)와 B2C(식품사업)를 모두 보유한 CJ제일제당은 시장, 고객, 산업의 특성과 더불어 현지 법과 문화 등을 고려하고 원료의 조달과 현지 생산, 고객 맞춤형 제품 판매 없이는 사업의 성공을 장담할 수 없기 때문이다. 글로벌 비즈니스 전략에 맞추어 인사의 숙제도 배가 되었다. 현지 사업전략에 필요한 인재를 확보하고, 비즈니스에 최적화된 인사제도를 구현하며, 나아가 최고 수준의 조직몰입을 이끄는 업무환경을 구축하는 일이 그 어느 때보다 중요해지고 있다. 뿐만 아니라 회사가 가진 소명과 비전에 대한 일체감도 중요하다. 글로벌 경영의 확대 국면에 그 무엇보다 중요한 것이 조직이 지켜온 핵심가치와 미래 지향점에 대한 소통이라 할 수 있다.

전 세계 임직원이 명확한 미래 비전을 공유하고 각자의 자리에서 거침없이 역량을 발휘해야만 사업경쟁력을 확보할 수 있다. 글로벌 비즈니스를 성공으로 이끌 수 있다. 이와 같이 글로벌 시장에서 도전과 기회를 그 어느 때보다 활발하게 진행해야 할 시점에 개최된 이번 '2019 CJ 글로벌 HR 컨퍼런스' 는 글로벌 HR 운영 및 혁신체계 고도화와 미래 준비를 위한 체질 개선 고도화와 미래준비를 위한 체질개선 활동인 CBP(Challenge Beyond Possibility) 조직변화 리드, 글로벌 전 임직원의 조직몰입 강화를 위한 HR환경 구축 세 가지 주제로 개최되었다.

글로벌 비즈니스 확대와 인사관리의 복잡성 배가에 따라 현지 인사담당자의 역량을 강화하고 본-지사 역할과 책임에 대한 롤 세팅을 고도화하여 협업 과정에서 효율성 극대화를 도모할 뿐만 아니라, 혁신과 미래 준비를 위한 인사의 역할을 분명히 인식하고 비즈니스 혁신을 도와 시너지를 만들어내는 글로벌 인사를 구현하고자 함이다.

ONLY ONE 정신과 글로벌 HR 컨퍼런스

CJ는 '최초, 최고, 차별화를 추구하는 ONLY ONE 정신'을 그룹의 핵심가치로 정하고 이를 실현하는 노력을 전 임직원이 지향하고 있다. 이 관점에서 이번 실시된 글로벌 HR 컨퍼런스는 CJ 구룹이 추구하는 최초, 최고, 차별화를 실현하는 자리였다.

글로벌 HR 컨퍼런스는 제일제당에서 실시된 최초의 인사 컨퍼런스다. 뿐만 아니라 참가자 전원이 글로벌 인력으로 구성된 컨퍼런스였다. 미국, 브라질, 인도네시아, 중국 및 아시아 태평양 권역에서 21명의 현지 인사담당자들이 참석했고 컨퍼런스의 모든 과정을 영어와 중국어로 진행했다. 한국어가 주 언어로 사용되지 않았던 첫 번째 HR 컨퍼런스이기도 하다.

CJ 글로벌 HR컨퍼런스 주요 내용

• 글로벌 HR 운영 및 혁신체계 고도화

이번 컨퍼런스에서는 본-지사의 역할과 더욱 강화되어야 할 현지화 전략의 세부사항이 심도 깊게 논의되었다. 각 법인의 HR기능을 6주 단위로 컨설팅하는 GHR BOOTCAMP도 자세히 소개했다. 디지털 신경망을 갖추고 People Analytics를 강화하기 위한 토대가 되는 기반 시스템 통합과 CJ형 분석 어플리케이션에 대한 메가 프로젝트의 내용도 공유하기도 했다.

무엇보다도 세계 인사담당자들이 집중해야 할 네 가지 어젠다를 수립했다. 이는 인재(Talent), 성장(Growth), 조직문화(Culture), 업무환경(Work Place)으로 향후 글로벌 커뮤니케이션은 이러한 네 가지 카테고리로 소통하는 공식 프로토콜을 만든 것이다. 네 가지 영역에서 현지에 가장 필요한 과제들을 수립하고 비즈니스 니즈에 맞춘 최적화된 인사를 실행하는 것이 궁극적인 목적이다.

• CBP 조직변화 선도

CJ제일제당은 2019년부터 미래 10년의 준비를 고민하여 2030년까지 반드시 달성해야 할 목표들을 정교화하며 'Challenge Beyond Possibility'라는 이름의 새로운 조직변화 이니셔티브를 시작했다. CBP는 말 그대로 '한계를 뛰어넘는 도전'을 지향하는 CJ제일제당 고유의 미래 준비전략이자, 컬쳐코드(Culture Code)라 할 수 있다.

궁극적으로 CBP의 취지를 전 세계 임직원에게 제대로 전파하여 이들이 혁신에 필요한 시간과 자원, 비용들을 일회성 슬로건으로 받아들이지 않도록 하는 것은 조직변화 관리에 가장 중요한 부분이다. 컨퍼런스에 참가한 인사담당자들이 CBP의 새로운 전파자, 옹호자가 되어 조직 변화관리를 리드하도록 하고자 한다.

이와 더불어 새롭게 수립된 CBP 인재상도 함께 소개했다. CBP 인재상 기본역량은 '현재에서 미래, 사람에서 사업'에 이르는 관점에서 인재를 바라보는 CJ제일제당 사람들의 롤 모델을 정의한 것으로 '2030년 미래전략을 실행할 사람은 누구인가?'라는 질문에 대한 답이다. 이 인재상을 기반으로 CJ제일제당은 인재의 선발, 평가, 교육, 보상에 이르는 전 영역에 대한 제도개편을 진행 중이며, 이번 컨퍼런스에서는 CBP 인재상 기반의 채용방식 및 면접시스템과 평가자 프로그램을 교육했다.

• 현지 최적화된 조직몰입 환경 구축

이번 컨퍼런스에서는 세 차례에 걸친 토론 세션이 진행되었다. 첫 번째는 각 권역에서 사업을 수행할 때 필요한 비즈니스 에티켓과 기본매너를 정리, 공유하는 'Global Business Do &Don't'와 각 법인의 현재 이슈와 대응을 함께 고민하는 'Global HR Best Practice', 그리고 HR 디지털 혁신 기반이 될 'HRIS Integration 프로젝트' 등과 관련된 논의시간을 마련했다.

특히 12개 법인에서 진행된 현장감 있는 우수사례를 공유하고, 고민거리를 함께 해결하는 시간에는 각 법인의 비전과 인재시장의 특성, 현지 노동법 및 규제와 새로운 트렌드를 공유하며 참가자 전원의 학습의 장이 마련되었다. 그리고 CJ제일제당의 글로벌 R&D 허브인 블로썸 파크(Blossom Park)와 세계 최대 식품생산 클리스티인 블로썸 캠퍼스(Blossom Campus)를 방문하여 미래 R&D 전략을 듣고 스마트팩토리를 체험하는 시간도 가졌다. 다양한 CJ 사업장도 방문해 인사담당자로서 현지 구성원을 둘러싼 모든 요서를 최상으로 구축하여 최고 수준의 조직몰입도를 구축하기 위한 벤치마크의 기회를 삼도록 한 점 역시 큰 호응을 얻었다.

3박 4일간의 글로벌 HR 컨퍼런스를 통해 CJ제일제당 글로벌 인사가 얻은 가장 큰 수확 중 하나는 참가자 전원이 이제 정말 CJ제일제당을 글로벌 회사로 만드는 노력이 실현가능하겠다는 자신감이다. 특히 현지 인력들이 주체가 되어 큰 조직을 글로벌화 하는데 대한 방향성과 가시성을 갖게 된 점은 이번 행사가 성공적으로 마무리 되었다는 반증일 것이다.

(자료: 최현수(CJ제일제당 인사혁신/글로벌 HR 팀장), "2019 CJ 글로벌 HR 컨퍼런스", 한국인사관리협회, 「월간 인사관리」, 2019년 11월호, 84~87.)

토의과제

1. CJ글로벌 HR 컨퍼런스는 HR분야에 특화된 글로벌 컨퍼런스라는 측면에서 독특성이 있다고 여겨진다. 해외 지사(점)의 인력이 현지에서 느끼는 인사에 대한 잠재적 불만은 어떤 것들이 있는지 말해 보시오.
2. 국내 본사와 해외 지사 간의 문화적, 제도적 차이를 극복하기 위한 방법에 대해서 토의해 보시오.

제1절 국제 인적자원관리의 개념

1. 기업의 국제화와 인적자원관리의 중요성

국제화, 세계화의 물결은 기업의 국제화에도 큰 영향을 미쳤다. 유럽의 정치적, 경제적 통합과 북미 자유무역지대(NAFTA)의 결성, 아시아·태평양 지역의 유대강화는 기업의 국제화를 촉진시키는 계기가 되었다. 기업의 국제화가 진행됨에 따라 기업이 Porter 교수가 말하는, 가치사슬(value chain) 내 모든 기능을 동원하여 경쟁력을 갖추려고 노력하게 된다(M. Porter, 1995).

조동성 교수(2017)는 한국기업의 국제화의 단계를 다음과 같이 구분하고 각 단계별로 지향하는 경영전략을 설명하고 있다.

제1기 : 국내지향 기업(국내기업) : 국내시장 점유율 증대 전략
제2기 : 해외지향 기업(수출기업) : 해외시장 개척에 의한 국내생산 규모의 경제단위화 전략
제3기 : 현지지향 기업(다국적기업) : 현지생산에 의한 수입통제 국가의 시장확보
제4기 : 세계지향 기업(세계기업) : 다각적 생산판매의 네트워크를 통한 경영의 적정화

제2기에서부터 본국 경영자의 해외파견이 시작되며, 제3기에 이르러서는 현지 자회사 경영의 상당부분이 현지경영자에게 맡겨지게 된다. 제4기에는 제3국 경영자가 등장하여 국제기업경영의 상당부분을 책임지는 형태로 발전한다.

한국기업의 실정에 비추어, 국경을 넘나드는 기업의 해외활동 가운데 가장 대표적인 형태를 꼽는다면 수출과 해외직접투자(foreign direct investment)를 들 수 있을 것이다. 수출이 자국 내의 생산요소들을 자국 내에서 결합하여 제품의 상태로 해외로 이전시키는 것인 반면, 해외직접투자는 자국 내의 생산요소인 자본, 생산기술, 경영기술 등을 해외로 이전하여 그 나라의 생산요소인 노동, 토지 등과 결합하여 생산 및 판매를 하는 것으로 이해할 수 있다. 해외직접투자는 투자국 입장에서 본 개념이며, 피투자국 입장에서 본다면 '외국인 직접투자'가 된다. 해외직접투자 또는 외국인 직접투자가 발생하면 그 기업은 상당한 수준의 국제화가 이루어졌다고 볼 수 있을 것이다.

다음 〈표 15-1〉은 우리나라의 해외직접투자의 최근 추이를 나타낸 것이다. 이를 통해서 우리나라는 해외직접투자와 외국인 투자가 날로 증가하고 있음을 알 수 있다.

표 15-1. 연도별 해외직접투자

(억불, 전년비 %)

구 분	2015년	2016년	2017년	2018년	2019년	2020년
투자금액 (증감율)	303.8 (6.1)	403.6 (32.8)	448.7 (11.2)	513.8 (14.5)	643.0 (25.1)	549.1 (△14.6)

자료 : 기획재정부, 2020년 연간 및 4분기 해외직접투자 동향, 2021.3.15.

그러나 우리나라의 국제기업[1)]이 위에서 언급한 제4기 단계에 도달했다고는 보기 어렵다. 제4기의 특징은 네슬레(Nestlé)나 로얄더치쉘(Royal Dutch Shell)같이 기업이 본사와 지사의 구분이 없고 언어도 자국어가 아닌 공용어(영어)를 사용하는 방식으로 국적없이, 국경없이 범세계적으로 경영활동을 영위하는 것을 말한다.

기업의 국제화가 제3기에 도달하게 되면, 마케팅과 생산이 본격적으로 해외에서 수행되고 본사직원의 해외파견이 활발해지게 되면서, 해외 파견직원의 모집, 선발, 교육·훈련, 파견같은 전형적인 국제 인적자원관리(international human resource management)가 시행되는 단계이다. 우리나라의 대기업들 가운데 상당수가 제3기에 도달하여 국제 인적자원관리상의 문제를 안고 있다. 국제 인적자원관리에 있어서 중요한 고려사항은 본사의 관리자들이 어느 국가나 지역에 파견되는가이다. 왜냐하면 국가나 지역에 따라 언어와 문화, 법과 관습이 다르기 때문에 적용해야 할 인적자원관리도 달라질 수 있기 때문이다.

우리나라의 해외투자는 주로 동남아, 북미, 유럽에 집중되어 있다. 최근에 이르러 북미보다 유럽의 해외투자가 앞서고 있어 동남아 다음으로 우리의 중요한 투자대상지역이 되고 있음은 주목할 만한 사실이다. 따라서, 앞으로 우리나라 국제기업의 유럽지역에 대한 연구가 절실하며, 인적자원관리에 있어서도 이 점을 고려해야 할 것이다.

국제화된 기업이 안고 있는 문제 가운데 인적자원의 문제가 대부분을 차지하고 있으며, 문제의 해결 역시 인적자원에서 찾을 수 있다는 것이 국제기업 경영자들이 한결같이 지적하는 점이며, 이러한 의미에서 국제화된 기업이 적재적소, 그리고 적시에 필요한 사람을 배치한다는 것이 해외영업의 성패를 좌우하게 된다.

1) 한국의 국제기업은 어떤 기업을 말하는가 하는 문제는 논란의 소지가 있다. 미국과 유럽의 학자들은 경영활동이 일어나는 국가의 수, 회사의 매출액, 투자, 생산, 고용의 일정비율(예컨대 25%) 이상이 해외에서 발생되어야 하며, 세계적인 관점에서 자원배분이 일어나야 된다는 등의 기준을 제시하고 있으나, 이 기준들을 우리나라 기업에 적용하게 되면 국제기업의 범주에 들 수 있는 기업은 아마도 하나도 없을 것이다. 여기서는 국제기업의 개념을 넓은 의미로 받아들여 '국제경영활동을 수행하는 기업'이라고 정의하고, 수출과 해외투자를 통해 해외영업을 활발히 하는 기업 모두를 대상으로 삼았다(조동성, 2017).

2. 국내 인적자원관리와 국제 인적자원관리의 차이

국제기업의 인적자원관리는 국내기업의 그것과 근본적으로 다른 것은 아니다. 그러나 국제기업의 인적자원관리, 즉 국제 인적자원관리(international human resource management)는 다음과 같은 점에서 국내 인적자원관리(domestic human resource management)와 차이가 있다.

첫째, 다국적기업(multinational corporation)과 같은 국제기업의 인적자원관리에 있어서 국내기업 보다 훨씬 많은 기능과 활동을 포함한다. 예를 들면, 해외파견시 현지의 언어훈련에서부터 파견직원 가족의 이사문제, 현지에서의 주택문제, 직원들이 해외에서 납부하는 세금문제, 현지국(host country)정부나 행정관청과의 관계수립문제 등 국내에서는 크게 문제가 되지 않는 사안들이 국제 인적자원관리에 있어서는 매우 중요한 문제로 대두되고 있다.

둘째, 국제 인적자원관리는 보다 넓은 시야를 요구한다. 국제 인적자원을 담당하는 실무담당자는 의사결정에 있어서 현지국들의 문화, 전통, 제도와 법률을 충분히 숙지하고 있어야 할 뿐만 아니라, 국제정세와 무역동향 등 국제적 영업환경에도 일가견을 갖고 있어야 하며 국제환경의 변화에 민감하게 대처해야 한다.

셋째, 본사직원(parent company nationals: PCN) 중심의 인적자원관리에서 현지국직원(host country nationals: HCN)이나 제3국 직원(third country nationals: TCN)으로 중심이 이동하게 된다. 현지에서의 해외직접투자(foreign direct investments)가 증가함에 따라 현지에서의 생산이나 영업을 담당하는 대다수의 HCN 또는 TCN으로 인적자원관리의 강조점이 이동하게 된다.

넷째, 본사인력의 해외파견이 수반되는 국제 인적자원관리에서는 인사의사결정에 있어서 위험성이 국내보다 높다. 해외에 파견된 관리자의 파견비용이 국내 파견과는 비교가 안될 정도로 높고, 본사를 대표하는 관리자의 경영실패는 회사의 성패에도 영향을 미칠 수 있다는 점에서 해외 파견관리자의 선발이 중요하고 또 그 만큼 큰 위험이 도사리고 있다.

다섯째, 국제 인적자원관리는 국내 인적자원관리보다 외생변수(exogenous variables)에 더 영향을 받는다. 현지국가의 정책이나 노사관계, 조세제도, 안전관리 수칙 등은 현지국의 외생변수로서 이것은 해외의 생산이나 영업활동에 결정적인 영향을 미칠 수 있는 변수들이다.

여섯째, 국제 인적자원관리에 있어서 의사결정이 복합적이다. 여러 다른 문화권과 다른 법체계에서 활동하는 인력들을 관리하다보니 전세계에 통용되는 표준적인 인사 정책을 펼칠 수가 없고, 의사결정 과정이 복잡해질 수밖에 없다.

그림 15-1. 국제 인적자원관리의 조직과 구성원

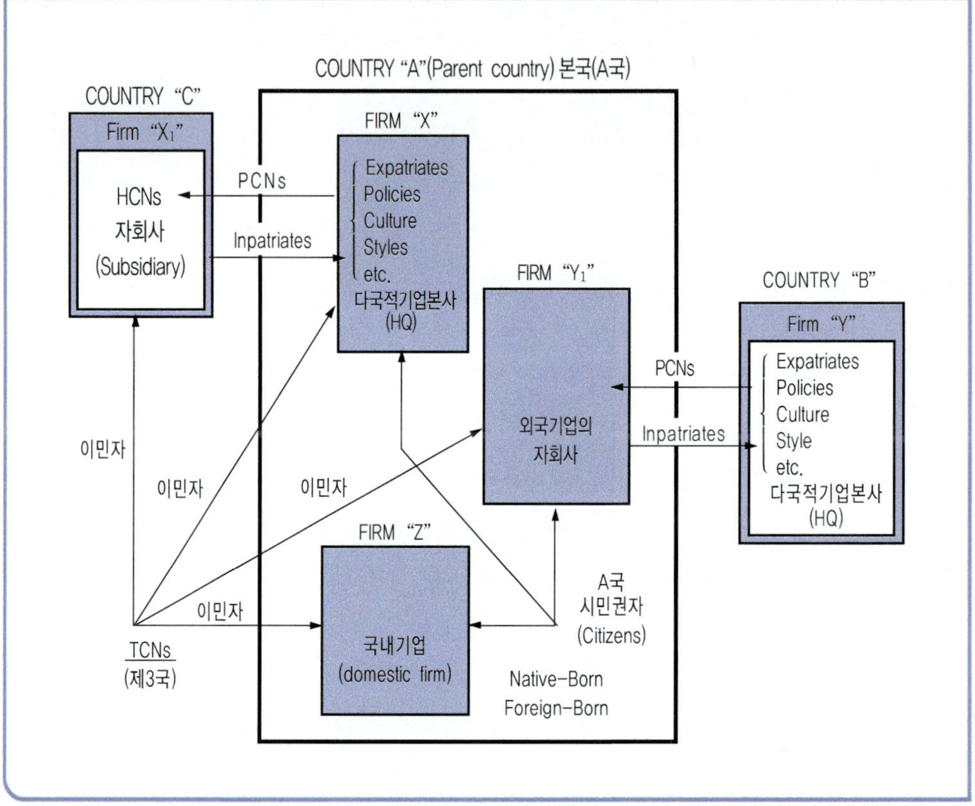

자료: Briscoe (1995), 5.

3. 국제 인적자원관리의 3차원

국제 인적자원관리의 과제는 일반적으로 다음의 세 가지 차원에 의해 차별적으로 수행된다.

첫째, 인적자원관리의 기능
둘째, 국가
셋째, 구성원

먼저, 인적자원관리의 기능면에서 살펴보면 인력의 확보(모집 및 선발), 인력개발과 교육 · 훈련, 인사평가, 보상 및 복리후생, 그리고 리더십 등이 국제 인적자원관리의 주요 기능에 속한다. 국제기업은 이러한 기능을 충실히 수행해야 성공적인 해외영업을 기대할 수 있다.

둘째로, 국제 인적자원관리에 있어서 국가 또는 국적이 큰 역할을 하고 있다. 즉, 인적자원관리의 주체인 본사(head quarters)가 속한 국가를 기준으로 할 것인지, 해외 자회사(subsidiary)가 있는 현지국, 투자국 또는 투자수용국(host country)을 기준으로 인적자원관리를 수행할 것인지, 본국도 현지국도 아닌 제3국(현지 직원이 제3국 출신이 대부분이거나, 해외활동에 필요한 자금을 제3국에서 조달한 경우 문제가 됨)을 기준으로 할 것인지에 따라 인적자원의 전략과 내용이 달라진다.

셋째로, 인적자원관리의 대상이 되는 구성원의 지위에 관한 차원이다. 전술한 대로, 해외직접투자가 수행된 국제기업의 해외 자회사에는 크게 세 가지 종류의 구성원이 존재한다: 본사에서 파견된 인력(PCN), 현지에서 채용된 현지국의 국적을 가진 인력(HCN), 제3국의 국적을 가진 인력(TCN). 이 구성원들 가운데 어느 인력에 중점을 두느냐에 따라 국제 인적자원관리는 달라지게 된다.

Morgan은 이러한 세 가지 차원에서 국제 인적자원관리의 전략과 내용이 결정된다고 설명하고 있다(Morgan, 1986). 지금까지 논의한 국제 인적자원관리의 세 가지 차원을 도시하면 다음 [그림 15-2]와 같다.

그림 15-2. 국제 인적자원관리의 3차원

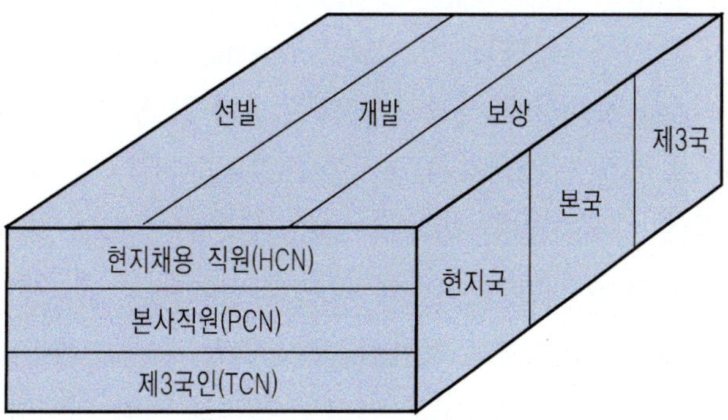

자료: Morgan(1986), 44.

제2절 국제 인적자원관리의 주요기능

1. 인적자원의 모집

국제기업의 해외 자회사에 필요한 인적자원을 확보하기 위해서는 인적자원의 모집(recruitment)과 선발(selection)이 수행되어야 한다. 국제기업은 인적자원의 모집과 선발을 위해서 다음과 같은 다섯 가지 서로 다른 접근방법을 채택할 수 있다.

첫째, 본국 중심적 인적자원 확보방법(ethnocentric approach)이다. 이는 해외 자회사의 핵심 포스트에 본사에서 파견된 본국인력(PCN)을 배치하는 방식을 말한다. 이는 기업의 국제화가 초기단계에 있을 때 흔히 나타나는 것으로서 해외직접투자의 초기에 본사제품에 대해서 잘 알고 있는 본사 직원이 파견되는 것이 know-how 전달이나 순조로운 생산과 판매를 위해 긴요하다는 생각에서 본사는 자국중심적 인력확보 정책을 추진하게 된다. 또 다른 이유로는, 해외자회사와 본사와의 원활한 의사소통을 위해서 본국인을 해외에 두는 것을 선호하게 된다.

둘째, 현지국 중심 인적자원 확보 방법(polycentric approach)이 있다. 이 접근법은 해외 자회사 운영을 위해서 주로 현지인(HCN)을 채용하는 한편, 본사직원은 본국의 본사(HQ)에서 주로 활동하는 방식을 말한다. 이 방식을 채택하게 되면 해외 자회사에 있어서 현지화(localization)가 상당히 진척이 된 것으로 간주된다. 자회사를 현지인들을 중심으로 운영함으로써 언어장벽을 극복할 수 있으며, 파견비용을 절약할 수 있고, 파견직원과 가족이 현지에 적응해야 하는 부담도 줄일 수 있다.

셋째, 세계 중심적 인적자원 확보 방법(geocentric approach)이 있다. 이 접근법은 세계에 산재한 해외 자회사에 가장 적합한 인물을 능력위주로 선발하여 자회사의 핵심임무를 수행하게 하는 방법으로서 현지인(HCN)과 제3국인(TCN)을 중심으로 한 인력의 모집과 선발이 이루어진다. 해외에서의 근무경력이 사업성공에 필수적으로 요구되는 해외 자회사에는 이러한 인적자원 확보 방법이 선호되고 있다.

넷째, 지역 중심적 인적자원 확보 방법(regiocentric approach)이 있다. 이 접근법은 일정 지역을 한 영업단위로 설정하고 인력충원을 그 지역 내에서 해결하는 방식을 말한다. 예를 들면, 유럽지역을 하나의 지역(region)으로 설정하고, 유럽의 각 자회사에 결원이 생기면 유럽지역 내 타국의 인력을 결원이 생긴 자회사로 배치하는 방식을 일컫는다. 이 방식은 세계 중심적 경영으로 가기 위한 중간단계의 역할을 한다.

다섯째, 즉흥적 인적자원 확보 방법(ad hoc approach)이 있다. 이 접근법은 체계적인 인적자원 충원계획이 없이 기업이 해외 자회사에 그때그때 필요한 사람을 본사에서건 현지에서건 닥치는 대로 충원하는 방식을 의미한다.

이상의 다섯 가지 인적자원 충원 방법 가운데 어떤 방법을 채택하는가 하는 것은 국제기업의 해외전략에 의해 결정된다고 할 수 있다. 예를 들어, 해외자회사의 조직적 통제(organizational control)를 중시하는 전략을 채택하는 기업은 본국 중심적인 인력충원을 선호할 것이고, 반대로, 경영에 있어서 전세계적인 분권화를 추구하는 기업은 지역 중심적이거나 세계 중심적인 인력확보방식을 선호하게 될 것이다.

그러나 국제기업의 인력확보에 있어서 표준적이고 통일된 정책을 추진하는 것은 어렵다. 왜냐하면 각 접근법은 장점과 단점이 있기 때문이다. Dowling, Schuler & Welch(1994)는 국제기업이 PCN, HCN, 그리고 TCN을 충원하는 데 있어서 장점과 단점을 살펴보면 다음과 같다(Dowling, Schuler & Welch, 1994).

본국직원(PCN)을 충원하는 경우의 장점 :
- 조직의 통제와 조정이 유지되며 촉진된다.
- 본국의 관리자들이 해외근무를 통해 국제감각과 경험을 익힐 수 있다.
- 해외 자회사의 업무를 수행하는 데 본사에서 그 일을 수행하고 있는 PCN이 최적임자이다.
- 해외 자회사가 본사의 경영목표와 정책을 따르도록 보장하는 역할을 PCN이 할 수 있다.

PCN을 충원하는 경우의 단점 :
- 해외 자회사의 현지직원(HCN)의 승진가능성이 낮아진다.
- 현지국에 자회사가 적응하는 데 오랜 시간이 걸린다.
- PCN들이 해외 자회사에서 불필요하게 본사의 경영스타일을 고집하는 경향이 있다.
- PCN과 HCN간에 보상의 차이가 있어 자회사 내에 위화감을 조성할 수 있다.

현지국인(HCN)을 충원하는 경우의 장점 :
- 언어장벽, 문화 장벽을 해결할 수 있다.
- 채용비용이 절감되며, 노동허가 문제가 해결될 수 있다.

- 현지인들은 장기간 근무할 수 있으므로, 경영의 일관성이 개선될 수 있다.
- 현지인 채용은 현지정부의 방침에도 부합된다.
- 현지인들의 경력관리 가능성이 커지므로 현지인들의 사기가 높아진다.

현지국인(HCN)을 충원하는 경우의 단점 :

- 본사의 통제와 조정이 어려워진다.
- 현지직원의 경력기회는 자회사 밖에서는 제한을 받는다.
- 현지직원을 채용함으로써 그만큼 본사직원의 해외경험 축적기회는 상실된다.
- 현지직원을 많이 채용하다보면 세계화가 되기보다는 해당 국가의 민족적 결속이 더 강해진다.

제3국인(TCN)을 충원하는 경우의 장점 :

- 제3국인은 급여와 복리후생에 있어서 본사직원의 경우보다 낮아 인건비를 절감할 수 있다.
- 제3국인은 현지국 환경에 대해서 본사직원보다 정보를 많이 갖고 있다.

제3국인(TCN)을 충원하는 경우의 단점 :

- 국가간 이동의 경우 적대관계에 있는 국가로의 이동이 불가능한 경우가 있다 (예: 인도와 파키스탄)
- 현지국 정부가 제3국인 채용을 반대할 수가 있다.
- 제3국인은 자회사 근무가 끝난 후 자신의 모국으로 돌아가지 않으려는 경향을 보인다.

2. 인적자원의 선발

해외 자회사 인력의 선발은 해외근무의 성패를 가름하는 중요한 요소라는 것이 이 분야의 관련 학자와 경영자들의 대체적인 의견이다. 해외파견 실패는 개인은 물론 기업에 막대한 피해를 입힐 수가 있다. 해외파견 실패(expatriate failure)는 일반적으로 정의하자면, 회사의 의지와 반대로 당초 예정된 해외근무 임무를 달성하지 못하고 중도 귀국하는 경우를 말한다. 본국으로의 조기귀국이나 조기임무종결 외에도 해외에서의 낮은 성과, 해외근무에 대한 불만족(해외파견자나 그 가족), 현지상황에의 적응력 결여, 현지인들에 의한 수용거부, 현지 승계자에 대한 교육·훈련 미실시로 인한 승계준비 결여 등이 해외파견 실패에 포함된다(Briscoe, 1995).

그런데 해외파견의 실패는 인적자원의 선발 실수에 기인한다는 연구결과가 많다(Dowling, Schuler & Welch, 1994). 해외파견 실패의 비용은 엄청나다. 해외파견 비용은 직접비와 간접비로 구분할 수 있는데 직접비는 해외파견자의 해외급여, 교육・훈련비용, 여행경비와 재배치비용 등이 포함된다. 해외파견 실패로 인해 본사직원이 다시 현지에 파견될 경우에는 해외파견 비용은 더 늘어나게 된다. 해외파견 실패에 따른 보이지 않는 간접비용은 더 심각하다. 현지정부나 거래선과의 관계에 문제가 발생할 수 있으며, 이러한 문제가 현지에서의 생산과 영업에 결정적 타격을 줄 수 있다.

따라서, 기업은 파견실패를 방지하고 해외사업을 성공적으로 이끌기 위해서 해외파견자 선발에 최선을 다해야 할 필요가 있다. 파견인 선발에 있어서 국내와는 다른 선발기준이 적용될 수 있다. 일반적으로 해외파견인(또는 국제적 관리자) 선발기준으로 언급되는 것은 다음 〈표 15-2〉와 같다. 이 표는 국제기업의 인사담당 관리자가 응답한 것을 정리한 것이다.

표 15-2. 국제 관리자의 핵심 자질

국제관리자의 핵심 자질	응답빈도(%)
• 전략 마인드	71
• 새 환경에의 적응능력	67
• 다른 문화에의 감수성	60
• 국제적 팀에서 일하는 능력	56
• 언어능력	46
• 국제 마케팅에 대한 이해	46
• 인간관계 기술	40
• 국제적 협상 기술	38
• 자신감	27
• 과업지향성	19
• 개방적이고, 비판단적 성격	19
• 국제 재무관리에 대한 이해	13
• 문화배경에 대한 인식	2

자료 : Barham & Devine(1990), 21.

해외파견자 선발에 있어서 추가적으로 고려해야 할 사항은 파견자의 가족, 특히 배우자문제이다. 성공적 해외근무를 위해서 가족의 협조가 무엇보다도 중요하다. 배우자를 포함한 가족의 현지 적응이 파견관리자의 현지적응과 밀접한 정(正)의 상관관계가 있다는 연구가 있다(Black & Stephens, 1989).

그러나 일반적으로 기업이 파견관리자 선발시 가족관계를 고려하는 것은 아직 드문 케이스에 속한다(Black & Stephens의 연구에 따르면 미국기업의 30%만이 고려하고 있다). 배우자가 직업을 포기할 수 없어서 해외에 동행하지 못하는 경우나, 자식들이 해외에서 교육을 제대로 받을 수 없는 경우에는 해외파견자에게 큰 부담이 될 수 있다.

3. 인적자원의 훈련 및 개발

인적자원의 훈련과 개발(training and development)은 국제 인적자원관리에 있어서 중요한 몫을 차지하고 있다. 국제기업의 인적자원 훈련과 개발은 두 가지로 구분될 수 있다. 첫째는 해외 자회사로 파견되는 해외 파견인의 훈련과 개발이며, 둘째는, HCN, TCN 등 해외 자회사에 근무하는 인력에 대한 지속적인 훈련과 개발이다. 해외파견인에 대한 훈련과 개발은 주로 이문화(異文化)훈련(cross-cultural training)이 핵심내용을 이루고 있다. 해외파견인은 현지에서 겪게되는 문화충격(culture shock)에 대비해서 그 나라의 언어는 물론이고 문화적인 전통과 관습에 대해서 정통하고 있어야 한다.

Barham & Devine은 국제관리자들에게 해외파견 준비를 위해 받아야 할 교육·훈련의 내용을 설문조사를 통해 다음과 같이 확인하였다.

표 15-3. 국제 관리자가 파견을 위해 받아야 할 준비교육 내용

준 비 내 용	응답빈도(%)
• 파견될 국가에 미리 가보는 기회 제공	79
• 파견자 언어 훈련	73
• 파견국 근무 관리자에 의한 사전 브리핑	67
• 회사의 전반적인 경영교육	44
• 파견자를 위한 이문화 교육	42
• 파견자 가족을 위한 이문화 교육	38
• 경영대학에서의 경영일반 교육	29
• 가족을 위한 언어 훈련	23
• 파견국에서의 협상요령 훈련	17

자료 : Barham & Devine(1990), 33.

그러나 파견국 현지의 환경이 국가마다 차이가 있으며, 같은 국가라고 해도 파견시점에 따라 경영상황이 다를 수 있으므로 파견인의 준비교육은 상황접근방식(contingency approach)이 되어야 한다. 즉, 교육의 내용과 강도는 파견인 교육 때마다 현지상황에 따라 조정되는 것이 바람직하다(Black, Mendenhall, 1990; Tung, 1982).

다음으로, 해외 자회사에 근무하는 비본사인력, 즉 HCN과 TCN에 대한 교육・훈련과 개발이 성공적인 해외과업 수행을 위해 긴요하다. HCN과 TCN들은 대체로 경영기법과 본국의 문화에 대한 이해가 부족하므로 교육・훈련도 이 분야에 대한 것이 주된 내용이 되어야 한다. 현지에서의 강의도 필요하지만 현지직원들을 본사에 교육을 받도록 보내는 것도 중요한 기법이다. 이러한 현지인들의 본국 초청교육을 위해서 세계적인 명성이 있는 다국적기업들은 본국에 연수원을 운영하고 있다. Ericsson Management Institute, Pepsi-Cola International Management Institute가 좋은 예이다. 현지인들만을 위한 연수원은 아니지만 McDonald의 Hamburger University, GE의 Management Training Center, NEC의 Institute of Management 등 교육기관들도 이와 유사한 기능을 수행하고 있다. 이러한 현지인들의 본국초청교육은 국제기업의 일체감 형성과 경영기법 전수를 위해 효과가 큰 것으로 알려지고 있다.

4. 인적자원의 평가

해외자회사가 현지에서 영업을 개시하면 인사평가와 아울러 영업성과에 대한 평가를 할 필요가 있다. 평가를 위해서는 해외근무의 성공과 실패에 영향을 주는 변수를 고려해야 한다. 일반적으로 환경(environment), 과업(task), 그리고 인성적 요인(personality factors)이 평가에 있어서 고려될 수 있는 의미 있는 기준들이다.

환경요인에는 현지국의 문화적 어려움(cultural toughness), 영업 형태, 그리고 국제화 단계 등이 포함될 수 있다. 해외자회사와 관리자의 정당한 평가를 위해서 이러한 환경요인이 우선적으로 고려되어야 한다.

과업은 일반적으로 본사가 해외자회사에 부과하는 것이기 때문에 부과된 과업이 해당기간 내 해외에서 이행이 되었는지를 체크하는 형식으로 평가가 수행된다. 본사는 자국기준으로 과업을 부과하기 때문에 과업의 성공적 이행여부를 따지는 데 있어서 현지환경과 과업의 상호작용도 고려되어야 한다. 예를 들면, 새로운 마케팅 시스템을 현지에 구축하는 과업을 수행하는 데 있어서 단순히 본국기준으로 판단할 수 없으며, 현지국의 문화와 환경과 상호작용하는 관리자의 능력을 종합적으로 판단해야 할 것이다.

인성적 요인에 대한 평가기준으로서 각광을 받고 있는 것이 해외파견 관리자의 독단적/권위적 특성(dogmatism/authoritarianism) 및 사회적 감수성/공감(social sensitivity/empathy) 스케일이 있다. 이 스케일은 연속선상에 있는 두 극단을 지칭하는 것으로서 독단적 특성이 강한 사람은 자신의 관념에 몰입하며 다른 사람의 의견을 듣지 않고 현실에 대해 신뢰를 하지 않는 경향이 있으며, 권위적 특성이 강할수록 자신의 힘과 지위를 의식하면서 외집단(out-group)에 대해서 배타적・적대적 경향을 보인다. 반대방향의 극단에 위치한 사회적 감수성/공감이 강한 사람은 다른 사람의 기분과 의견에 민감하고 개방적인 경향이 있다. 당연히, 독단적/권위적 특성이 강한 사람은 현지적응에 어려움을 겪고 현지인들과 갈등을 빚을 가능성이 높은데 비해서, 감수성/공감이 강한 사람은 현지국의 낯선 환경에 비교적 잘 적응하는 경향을 보인다.

5. 인적자원 보상

해외자회사에서 활동하는 인적자원에 대한 보상을 어떻게 할 것인가는 국제기업 인적자원관리의 가장 중요한 기능 가운데 하나이다. 국제적 인적자원에 대한 보상의 목적은 다음과 같이 정리할 수 있다. 첫째, 국제적 보상정책(compensation policy)은 국제적 인적자원의 모든 집단에 있어서 일관성이 있고 공정하게 대우하는 데 목적이 있다. 둘째, 보상정책은 해당 국가나 지역 내 인적자원들에게 매력을 주어 그곳에 계속 근무할 수 있는 유인책을 주는데 목적이 있다. 셋째, 보상정책은 국제적 인적자원의 이동 및 재배치에 있어서 비용과 효과면에서 의미가 있도록 하는 데 목적이 있다. 넷째, 보상정책은 국제기업의 전략, 조직구조, 그리고 사업방향에 부합되는 것이어야 한다. 다섯째, 보상은 국제적 인적자원을 충분히 동기부여할 수 있는 것이어야 한다.

국제적 인적자원에 대한 보상의 기준에 있어서는 본사기준(home-based pay), 현지국기준(host-based pay), 지역기준(region-based pay)이 있다. 먼저, 본사기준은 말 그대로 본사(headquarters)의 보상기준을 해외자회사에 그대로 적용하는 것을 말한다. 예를 들어, 한국의 모(母)기업에서 프랑스로 파견된 직원의 경우 보수수준을 한국 본사수준에 맞춰 결정하는 것을 의미한다. 현지국 기준은 현지국의 물가, 집세, 그리고 학비수준을 감안하여 보상수준을 결정하는 것을 의미하며(전술한 예에서 프랑스의 보수수준에 맞추어 지급함), 지역기준은 본국에서 멀리 떨어진 정도에 따라 보수수준을 결정하는 방법이다. 예를 들면, 한국에서 가까운 태국에 근무하는 사람의 보수수준은 한국에서 멀리 떨어진 멕시코에 근무하는 사람보다 보수수준이 낮다.

국제기업의 해외자회사를 위한 보상에 있어서 특기할 만한 점은 다양한 종류의 복리후생(fringe benefits)을 들 수 있다. 현지국에서의 생활여건이 본국과 다르기 때문에 파견인과 가족에 대한 추가적 복리후생이 불가피하며, HCN과 TCN의 경우에 있어서도 본국과 다른 수당이나 복리후생을 지원해야 하는 일이 발생한다.

대표적인 것을 들자면, 현지 주택구입 지원금(housing allowances), 본국으로의 휴가시 항공요금 지원(home leave allowances), 해외에서의 자녀교육비 지원(education allowances), 이사비용(relocation allowances)은 파견인 및 가족을 위한 기본적인 복리후생 혜택으로 간주될 수 있다.

이 밖에도 몇몇 특수한 복리후생이 고려될 수 있는데, 예를 들면 격지나 오지수당(hardship premium)을 들 수 있다. 아프리카나 아시아 일부국가에서처럼 생활여건이 매우 열악한 곳에서 근무하는 파견직원들에 대해서는 그에 상응하는 수당이 주어지는 것이 필요하다. 다음으로 환차손 보전(currency protection)도 복리후생의 일환으로 지급되는 것이 타당하다. 환차손 보전이란 본국과 현지국 통화간 환율이 변동하는데 따라 해외파견인이 입게되는 손실을 보상해주는 특별수당을 의미한다. 다음으로 세금혜택을 들 수 있는데, 본국과 파견국가간 이중과세방지 협정(double-taxation agreement)이 체결되어 있으면 큰 문제는 없지만 그렇지 않은 경우에 해외파견인은 과중한 조세로 인해 경제적으로 추가적 손실을 입게 된다. 이 경우 본사가 세금납부에 있어서 지원해주는 제도가 마련되어야 할 것이다.

제3절 국제 인적자원관리의 주요 쟁점사항

1. 국제기업의 전형적 인적자원관리 쟁점사항

본사의 관리자를 해외자회사(본사가 100% 소유권을 갖는 현지법인)나 해외 합작투자회사(joint ventures)에 파견하는 경우, 또 현지 자회사나 합작투자회사에 현지인 또는 제3국인을 채용하는 경우에는 인적자원 관리상의 많은 문제를 야기한다.

Shenkar & Zeira는 다음 〈표 15-4〉에서 보는 바와 같이, 해외자회사와 해외 합작투자회사에서 빈번히 발생하는 전형적인 인적자원관리 문제들을 18가지를 열거하였다.

표 15-4. 해외 자회사와 국제적 합작투자기업에서 발생하는 전형적 인적자원관리 문제들

인적자원관리 문제	100%소유 해외자회사	해외 Joint Venture
• 해외자회사 인력충원관련 마찰	○	○
• 해외자회사의 승진정체	○	○
• 본사 내 승진정체	○	○
• 본사로의 재귀국에 있어서 어려움	○	○
• 본사와 해외자회사간 충성갈등	×	○
• 해외자회사에 대한 위임의 제한	○	○
• 정보의 검열	×	○
• 직원집단간 보상의 격차	○	○
• 현지국 환경에 대한 이해부족	○	○
• 본사의 조직절차에 대한 이해부족	×	○
• 현지국 적응의 어려움	○	○
• 해외파견인의 유배증후군	○	○
• 해외자회사 내의 의사소통 장애	○	○
• 본사와 해외자회사간 의사소통 장애	△	○
• 본국 계열사간 의사소통 문제	×	○
• 의사결정 과정의 복잡성	×	○
• 업적평가의 어려움	○	○
• 해외자회사 근무를 위한 교육훈련부족	×	○

[범례] ○ : 문제가 있음, × : 문제가 없음, △ : 경우에 따라 문제가 될 수도 있음
자료: Shenkar & Zeira(1987), 546~557.

2. 우리나라 국제기업의 인적자원관리 쟁점사항

우리나라에서 현재 쟁점사항이 되고 있거나 앞으로 문제가 될 수 있는 사항들에 대해서 논의하면 다음과 같다.

1) 인력충원

인적자원을 해외자회사나 해외 합작투자회사에 배치하는 경우, 해외 현지정부나 현지인들 간에 마찰이 일어날 수 있다. 본사에서 관리자가 많이 배치될수록 현지인들의 승진가능성은 그만큼 줄어들기 때문이다.

현지직원들을 위해서는 승진에 불이익이 없도록 별도의 경력경로(career path)를

설정함으로써 현지인들의 잦은 이직을 방지하고 회사에 대한 충성심을 높일 수 있도록 할 필요가 있다.

우리나라의 국제기업이 해외자회사 인력충원과 관련해서 고려해야 할 점은, 일본과 같은 국가에서 취하고 있는, 특정국가에만 10년 이상 장기근무하는 해외 장기근무자(permanent expatriates)의 충원도 고려할 필요가 있다는 점이다. 본사인력의 해외파견에는 많은 비용이 들며, 한 파견인이 해외에서 적응하고 능력을 발휘하고 업적을 내기 위해서는 최소한 3년 정도의 시간이 필요하다. 그러나 우리나라의 기업들은 대체로 3~4년을 주기로 순환적으로 해외파견인을 파견, 복귀시키고 있는 실정이다.

이러한 한국기업의 전통적인 국제 인력충원정책은 세계화(globalization) 시대에 맞지 않으며, 기업의 경쟁력 향상에도 도움이 되지 않는다. 해외장기 근무자 선발이 어려우면 어학과 업무능력을 갖춘 제3국인을 과감히 등용하여 장기적으로 해외에 근무케 함으로써 이들을 한국기업의 '국제적 간부'(international cadre)로 육성하는 것이 바람직하다. 오늘날 기업에서는 국제적 경험과 국제적 시각을 갖춘 관리자의 고용, 개발, 유지가 핵심 요소이며 그들의 국적이나, 시민권에 대한 고려는 점점 적어지고 있다.

2) 승진적체

해외자회사에 근무하는 현지인들은 승진에 있어서 타 현지기업과 다르게 제한되어 있다는 점에서 좌절감을 느끼게 된다. 따라서 본사로부터의 획기적 인사처우가 없는 한 우수한 현지인들은 오래 근무하지 못하고 이직을 하는 일이 잦다. 승진적체 현상은 장기적으로 볼 때 해외자회사 발전을 저해하는 요인이 된다. 따라서 해외직접 투자 초기에는 어쩔 수 없다고 해도 해외자회사가 본 궤도에 진입한 다음에는 현지지향적 인력배치정책, 승진정책을 채택하여 현지인들의 사기를 높이고, 우수 현지인들을 확보하는 적극적 정책이 필요하다고 본다.

3) 유배증후군과 재귀국 문제

유배증후군(exile syndrome)이란 해외파견인이 본사로부터 소외되고 있다는 감정을 갖는 것을 말한다. 본사에서 쌓고 있었던 경력 트랙(career track)을 중단하고 해외로 파견되어 지리적으로 멀리 떨어진 해외자회사에 근무하게 되면서 본사와의 의사소통이 원활하지 못함으로써 승진이나 인사처우에 있어서 불이익을 받는 것이 아닌가 하는 막연한 불안감을 갖게 되고 사실상 '유배되었다'는 느낌을 갖기가 쉽다.

해외파견인이 해외자회사에서의 근무를 마치고 가족과 함께 본국의 모회사로 귀임하는 재귀국(repatriation)과정은 해외파견(expatriation)과정과 마찬가지로 중요한 과정이다. 그러나 실제로 대부분의 기업들은 파견에는 많은 신경을 쓰면서도 파견인들의 귀환(reentry)에는 별 대책을 세우지 않는다. 귀환자들은 본사에 대해 심리적으로 소외감을 느끼며 재적응에 어려움을 겪을 뿐만 아니라, 회사가 귀환자의 재적응의 중요성을 인식하지 못해 해외파견에서 얻은 경험과 지식을 이용하는데 실패하는 경우가 허다하다.

해외근무로부터 본국 모회사로 귀환하는 귀환자(repatriates)가 경험하는 어려움은 재귀국시 변화된 기업(본사)의 문화, 지원해주던 상사의 이동, 은퇴, 이직, 그리고 배우자의 재취업 문제 등을 들 수 있다.

그러면 귀환자들의 성공적인 재적응을 돕기 위한 기업의 대책으로는 어떤 것들이 있는가? 무엇보다도, 귀환자들의 성공적 귀임과 재적응을 위한 준비 과정(course)이 긴요하다. 이 과정을 통해서 해외파견자가 본국으로 귀국하여 본사로 발령시 본사의 조직 및 경영관리에 대한 사전 브리핑을 실시하는 한편, 귀임자의 해외경험을 본사가 활용할 수 있도록 보고서나 브리핑자료를 제출할 수 있는 준비시간으로 이용할 수 있어야 한다.

다음은 해외파견자의 성공적인 본사 재적응을 돕는 데 도움을 줄 수 있는 조치들이다.

- 해외파견 후의 본사에서의 지위를 보장하는 서면 계약서나 보증서
- 귀국시 해외파견자를 돌보아줄 본국 후원자(sponsor) 선임
- 귀국시 경력 카운슬링(career counseling) 제공
- 본국에의 적응을 위한 오리엔테이션 실시
- 귀환자들을 위한 사회적 네트워크(social networks) 구축

4) 충성심 분리

해외 자회사나 국제적 합작투자회사에 근무하는 파견인들은 자신들의 해외근무를 마치면 본국의 모기업으로 귀환하는 것이 원칙이므로 자신들을 파견해준 본사에 충성심(loyalty)을 갖는 것이 당연하다. 따라서, 이들은 본사와 해외자회사, 본사와 해외 합작투자회사간 이해가 상충되는 일이 발생하면 본사의 입장을 옹호하게 된다. 특히, 해외 합작투자회사의 경우에는 파트너간 이해관계가 충돌하는 일이 빈번하게 발생하고 파견인은 사안의 내용에 관계없이 본국 모기업의 입장만을 옹호하게 되므로

충성심 분리(split loyalty)라는 문제가 발생한다. 즉, 해외파견인은 소속은 엄연히 해외 현지법인이지만 실제로는 본국의 모기업의 이해를 대변하는 이중적 행동을 하게 되므로, 해외 자회사나 국제 합작투자회사는 종종 어려움을 겪게 된다.

5) 의사소통 장애

본사와 해외자회사간의 의사소통문제는 정보통신기술의 발전으로 상당부분 해소되었으나, 파견국과 본국간 문화의 차이는 의사소통을 근본적으로 저해하는 요인으로 작용할 수 있다. 이러한 의사소통의 장애는 본사나 해외자회사의 정상적 의사결정을 방해하는 요인이 될 수 있다. 국제적 합작투자기업의 경우에는 파트너들 간 의사소통 문제는 사업의 성패가 달려 있을 정도의 심각한 문제라고 할 수 있다. 국제 인적자원관리에 있어서 중요한 과업 가운데 하나는 본사와 자회사, 본사파견인과 해외파트너 간 의사소통 장애를 효과적으로 극복하는 프로그램을 개발하는 것이다.

6) 권한위임의 제한

본국의 모기업(headquarters)은 해외자회사의 권한을 가급적 제한하려는 경향을 보이고 있다. 이러한 경향은 모기업의 목표와 해외자회사의 목표가 상충될 때 두드러진다. 예를 들면, 해외자회사가 생산하는 자원이 희소하고 모기업의 운영에 매우 중요한 것일 때 모기업은 해외자회사에 권한을 위임하는 것을 꺼리게 된다. 해외자회사의 관리자가 본국으로부터 충분한 권한위임을 받지 못하게 되면 해외에서의 인적자원관리는 어려움에 봉착하게 된다.

7) 해외에서의 노사관계

국제기업의 해외진출에 있어서 성공의 변수가 되는 문제 가운데 하나는 현지에서의 노사관계에 대해서 본사나 해외자회사가 어떻게 대처하는가 이다. 본국의 노사관계, 특히 노동조합 조직과 현지의 그것이 차이가 날수록 국제기업은 현지에서의 원활한 노사관계의 구축을 위해 노력해야 한다. 우리나라는 노사관계에 있어서 산업평화의 경험이 그리 축적되지 못하기 때문에 해외에서 노사관계에 문제가 발생할 소지가 크다.

몇몇 연구결과에 의하면 해외에서의 노사관계에 영향을 미치는 중요한 변수로서 경영자의 현지인에 대한 태도가 거론된다. 경제적 이슈보다도 본국에서 파견된 경영자가 현지인에 대해 독단적, 권위적 태도를 취한다든지 현지국과 현지인을 무시하는 언행을 하게 되면 노사관계가 걷잡을 수 없이 악화되는 사례가 많다(Dowling, Schuler & Welch, 1994). 그리고 해외관리자들의 이러한 바람직하지 못한 태도는 문화적 오해로 인한 마찰에 기인하는 바가 크다.

학습문제

1. 국제 인적자원관리의 세 가지 차원을 설명하시오.
2. 국제기업의 인적자원 모집과 선발의 접근방법을 설명하시오.
3. 우리나라 기업이 해외 자회사의 인력을 충원할 때 PCN, HCN, TCN 가운데 어떤 인력을 충원하는 것이 유리한지 거래비용 관점에서 설명하시오.

참고문헌

김성국(1997), 『트렌디 인사관리』, 서울: 명경사.
김성국(2003), 『인적자원관리 뉴패러다임』, 서울: 명경사.
김성국 · 김민수(2004), 『이슈중심 인사관리』, 서울: 삼영사.
조동성(1997), 『21세기를 위한 국제경영』, 서울: 경문사.
한국노동연구원 편(2000), 『21세기형 인적자원관리: 뉴패러다임과 실천과제』, 서울: 명경사.

Barham, K. & Devine, M.(1990), "The Quest for the International Manager: A Survey of Global Human Resource Strategies", *Ashridge Management Resource Group/ The Economist Intelligence Unit,* Special Report No. 2098.

Black, J. S. & Mendenhall, M.(1990), "Cross-cultural Training Effectiveness": A Review and a "Theoretical Framework for Future Research", *Academy of Management Review*, 15, 1, 113~136.

Black, J. S. & Stephens, G. K.(1989), "The Influence of the Spouse on American Expatriate Adjustment and Intent to Stay in Pacific Rim Overseas Assignments", *Journal of Management,* 15, 4, 529~544.

Briscoe, D. R.(1995), *International Human Resource Management,* Englewood Cliffs: Prentice-Hall.

Coase, R. H.(1993), The Nature of the Firm, in: O. E. Williamson & S. G. Winter (eds.), *The Nature of the Firm - Origin, Evolution, and Development,* 2nd ed.,

New York, 34~48.

Dowling, P. J., Schuler, R. S. & Welch, D. E.(1994), *International Dimensions of Human Resource Management,* 2nd ed., Belmont: Wadsworth Publishing Co.

Duerr, M. G.(1986), "International Business Management - Its Four Tasks", *Conference Board Record,* October.

Erdener, C. & Torbiorn, I.(1999), "A Transaction Costs Perspective on International Staffing Patterns: Implications for Firm Performance", *Management International Review,* Special Issue 1999/2.

Festing, M.(1995), *Strategisches Internationales Personalmanagemet: Eine transaktionskostentheoretisch fundierte Analyse,* Mering: Rainer Hampp Verlag.

Kim, S. K.(1989), *Zur Arbeitszufriedenheit der aus Korea in deutsche Niederlassungen entsandten Stammhaus-Mitarbeiter-eine empirische Analyse,* Pfaffenweiler: Centaurus-Verlagsgesellschaft.

Morgan, P. V.(1986), International Human Resource Management - Fact or Fiction, *Personnel Administrator,* 31, 9, 43~47.

Picot, A.(1982), Transaktionskostenansatz in der Organisationstheorie: Stand der Diskussion uns Aussagewert, *Die Betriebswirtschaft,* 42, 2, 267~284.

Porter, M. E.(1995), *Competitive Advantage: Creating and Sustaining Superior Performance,* New York: Free Press.

Schenkar, O.(1995), *Global Perspectives of Human Resource Management,* Englewood Cliffs: Prentice-Hall.

Schenkar, O. & Zeira, Y.(1987), "Human Resource Management in International Joint Ventures: Directions for Research", *Academy of Managemnt Review,* 12, 546~557.

Torbiorn, I.(1994), "Dynamics of Cross-Cultural Adaptation", in: G. Althen(ed.), *Learning Across Cultures,* 31~55, Washington, DC: NAFSA Publications.

Tung, R. L.(1982), "Selection and Training Procedures of U.S., European, and Japanese Multinationals", *California Management Review,* Fall, 57~71.

Weber, W., Festing, M., Dowling, P. J. & Schuler, R. S.(1998), *Internationales Personal management,* Wiesbaden: Gabler.

Williamson, O. E.(1975), *Markets and Hierarchies,* New York: Free Press.

Willamson, O. E.(1991), "The Analysis of Discrete Structural Alternatives", *Administrative Science Quarterly,* 36.

제 16 장
여성인력의 활용과 개발

16

여성인력의 활용과 개발

opening case 16-1. 여성임원과 기업성과

한국여성정책연구원이 지난해 발표한 국내 상위 500대 기업의 여성임원 비율을 보면 평균 3%에 불과하다. 한 명의 여성임원도 보유하지 못한 기업도 328곳으로 65.6%에 달한다. 업종별로 보면 금융 및 보험과 도소매업에 집중돼 있다. 상장기업의 국가간 비교를 제공하고 있는 국제여성기업이사협회(Corporate Women Directors International)의 자료에 따르면 대한민국 상장기업들의 여성임원비율은 2.4%로 떨어진다. 남성 권위주의 문화로 유명한 일본(6.9%), 파키스탄(5.5%), 대만(7.7%)과 비교해도 월등하게 낮다. 국제협력개발기구(OECD) 평균 21.8%와는 비교가 안 된다.

기업에서 여성임원 숫자와 재무적 성과는 어떤 상관관계를 가지고 있을까. 지난 해 1월 맥킨지가 12개국 1000개 이상의 기업을 분석해 내놓은 '다양성이 미치는 영향'이라는 제목의 보고서를 보면, 이사회의 성별이 다양한 기업들일수록 남성 비중이 높은 기업들보다 영업이익이 21% 높다. 한국기업을 대상으로 한 연구도 결과는 비슷하다.

2018년 한국여성정책연구원이 국내 코스피에 상장된 500인 이상 기업 170개를 대상으로 한 연구에 따르면 여성관리자 비율이 증가했거나 여성임원이 있는 기업이 그렇지 않은 기업에 비해 재무성과에서 더 많은 이득을 본 것으로 나타났다.

특히 자기자본이익률 비교에서는 여성 관리자가 늘어난 기업이 비교기업보다 평균 2배 이상 높았고 여성임원이 한 명 이상인 기업이 여성임원이 한 명도 없는 기업 보다 평균 매출액수익률이 2배 이상 높았다. 고객의 반 이상이 여성인구임을 감안할 때 기술과 능력이 남성과 비슷한 여성이 기여도를 높이면 고객가치와 재무성과가 높아지는 것은 당연한 일이다. 심지어 맥킨지는 최근 보고서에서 한국에서 성 평등 문제를 해결하면 국내총생산이 9% 성장할 수 있을 것이라고 지적한 바 있다.

재무적 성과가 여성임원비율을 높였는지 아니면 여성임원비율이 재무적 성과를 높였는지의 문제는 논쟁거리지만 여성임원비율과 재무적 성과는 일관되게 긍정적 상관관계를 보이고 있다. 모든 투자는 미래의 가치에 포커스를 두고 행해진다는 점에서 볼 때 한국에서 여성 임원비율을 높이는 것 만큼 미래를 위한 가장 확실한 투자도 없다.

재무적 성과가 기대되는데 기업들은 왜 여성임원 육성을 위한 파이프라인에 투자하지 못하는 것일까? 기업들이 가지고 있는 성 다양성에 대한 고정관념 때문인 것으로 보인다. 상식적인 생각과는 달리 남성과 여성간의 생물학적 차이는 성차별과 상관이 없다. 눈으로 확연하게 드러나는 생물학적 차이는 처음에는 이상하게 느껴져도 적응이 되면 차이가 있다는 사실조차도 당연한 것으로 받아들여져서 큰 문제가 되지 않는다. 문제는 '성 고정관념'이다. 성 고정관념이라는 것은 내재화되어 보이지도 않기 때문에 다른 고정관념을 가지고 있다는 것을 인식하지 못하고 상대에게는 자신의 고정관념을 강요한다.

성 고정관념의 동굴에서 나오기 위한 최선의 방법은 여성과 남성이 협업을 통해 회사의 가치에 공동으로 기여해 성과를 낼 수 있다는 것을 경험하게 하는 방법이 최선의 방법이다. 성 고정관념이 잘못된 믿음이라는 것이 받아들여져 여성과 남성이 같이 협업하는 문화가 정착되면 여성관리자들이나 임원들이 자연스럽게 육성되는 파이프라인도 구축될 것으로 보인다.

(자료: 윤정구, "여성임원과 기업성과", 헤럴드 경제, 2019.5.8.)

토의과제

1. 기업의 여성임원 비율이 해당 기업의 재무적 성과를 향상시키는 데 긍정적 영향을 미친다는 조사결과가 한국 기업에 시사하는 바에 대해서 토의해 보시오.

2. 우리나라 기업이 세계수준과 비교하여 매우 낮은 여성임원 비율을 유지하고 있는 것으로 알려져 있는데, 여성임원 비율을 높이는 데 있어서 예상되는 장애요인들에 대해서 말하고 그럼에도 불구하고 여성임원 비율을 높이기 위한 실질적인 대책에 대해서 토의해 보시오.

opening case 16-2. 금융분야에서의 양성평등 문제와 개선책

HBR코리아 2020년 1~2월호에 게재된 멜린다 게이츠의 글은 직장내 양성평등 이슈에 대해 우리가 흔히 생각하는 문제, 가령 여성에게 불리한 승진제도나 남녀의 급여 차이, 혹은 성희롱 등의 이슈가 아니라 그보다 훨씬 중요한 문제를 다룬다. 게이츠는 여성들이 겪는 괴롭힘이나 임금 격차 등의 문제들만 단편적으로 해결하는 것은 충분치 않으며, 훨씬 더 대담하고 야심에 찬 목표를 설정해야 한다고 주장하고 또 실제로 그런 목표가 실현 가능하다고 말한다. 이 목표를 이루기 위해 그는 ① 여성의 직업적 진출을 가로막는 편견을 없애고, ② 여성의 진입을 가속화 하며, ③ 외부 압력을 증폭시키는 세 가지 방법에 집중하고 있는데, 이는 아주 현명한 전략이라고 생각한다.

이 중에서도 편견을 없애는 일은 양성평등 실현을 위해 가장 중요하면서도 근본적이 일이다. 이미 선진국에서는 이 같은 움직임이 점점 보편화되고 있다. 예를 들어 금융정보서비스 업체 블룸버그의 창업자인 마이클 블룸버그는 양성평등에 대해 관심이 많은 경영자로 알려져 있어 해마다 발표하고 있다. 여성의 직장 내 지위 향상에 힘쓰는 기업만을 선정해 그들의 재무실적을 집계하는 인덱스다. 또 TV에 자주 출연하는 앵커나 다른 출연자 포지션을 가능한 한 여성으로 채우려고 노력한다. 그 결과 과거에는 블룸버그 방송에 출연하는 펀드매니저들이 대부분 남성이었지만 지금은 여성 펀드매니저나 금융전문가를 흔히 볼 수 있다.

오랫동안 쌓였던 고정관념은 이런 노력에 의해 하나씩 깨질 것이다. 특히 모든 업계에서 여성의 진출을 촉진하려 하기보다는 힘과 영향력이 큰 분야(공직, 기술, 학계, 미디어, 투자업계, 기업경영)를 집중 공략하는 접근은 큰 파급효과가 있을 것으로 기대된다.

그렇다면 한국의 상황은 어떨까. 안타깝게도 많은 사람들이 지적하듯이 한국은 양성평등 이슈의 사각지대라고 할 만큼 수준이 낮다. 정부 정책은 여성가족부라는 부처가 있을 정도로 비교적 여성 친화적이라 할 수 있지만, 기업들의 양성평등 노력은 각종 지표에서 보여지는 것처럼 OECD 회원국 중 최하위 수준이다. 그나마 교육이나 의료부문에서는 여성의 진출이 활발하게 진행되고 있지만, 정치권과 기업, 특히 금융 분야에서는 참혹할 정도로 여성 진출이 빈약한 실정이다. 금융업이나 경제학은 여성과 잘 어울리지 않는다는 고정관념을 깨기 위해서는 의식적인 노력이 필요하다. 비단 경제학뿐 아니라 공학 등 지금까지 남성의 전유물이라고 여겨졌던 분야에 적극 도전해서, 여성과 연관성이 없는 영역이라는 고정관념을 깨뜨려야 한다. 양성평등에서 이해당사자들의 진정한 협조를 얻으려면, 이해당사자들 스스로 여성을 평등하게 대하려는 노력이 스스로에게 유리하다는 것을 인식해야 하지만, 이런 인식을 이끌어내기가 쉽지는 않다. 이를 위해선 남성들의 사고방식을 변화시키려는 노력과 동시에 여성 스스로도 자신들이 갖고 있는 편견을 깨뜨리기 위해 힘써야 한다.

■ 자본시장의 힘으로 돕는 양성평등

이 밖에 멜린다 게이츠의 기고문에서 가장 인상적인 부분은 남성과 여성의 불평등을 완전히 해소하기 위해서는 이해당사자와 금융자본 간의 협업이 중요하다는 주장이었다. 금융업계에 종사하는 필자는 전적으로 동의한다. 게이츠는 실제로 미국에서 여성평등 켐페인들은 대부분 자금 부족에 시달려 왔음을 지적하며 자선가, 벤처투자가, 기업, 정책입안자들의 참여가 늘어야 한다고 강조한다. 이를 위해선 때로 강제적 수단이 동원돼야 효과적일 때가 있다. 이런 측면에서 주주행동주의는 하나의 큰 가능성을 제시한다.

최근의 예를 들어보자. 얼마 전 캐나다 연금투자위원회(CPPIP)에서는 포트폴리오에 속한 기업 중 여성이 없는 이사회를 퇴진시키는 쪽으로 주주 권한을 행사하겠다고 압박했다. 그 결과 많은 기업들이 한 명 이상의 여성을 이사회에 선임했다. 이처럼 주주는 투표를 통해 기업이 임금과 승진의 투명성을 강화하는 등 양성평등을 촉진하기 위한 전면적인 변화를 단행하도록 압박할 수 있다. 자본의 힘을 통해 이같은 강제적 조치가 더해지고, 실제로 양성평등이 당사자들에게 유리하다는 인식이 확산 된다면 진정한 양성평등나 실현되는 시점을 훨씬 앞당길 수 있다.

일본의 경우 일본공적연금(GPIF)에서 투자를 받으려면 회사가 모건스탠리 캐피털인터내셔널 일본 여성활약지수(MSCI Japan Women Empowering Index-WIN)에 반드시 포함돼야 하는 규제제도를 만들어 과감히 시행하고 있다. 이 지수는 앞서 말한 블룸버그 GEI와 마찬가지로 직장 내 성별 다양성과 여성의 영향력 확대를 위해 노력하는 대기업들을 선정한다. 또 GPIF는 2018년 기준 자산이 1600조 원에 달하는 세계 최대 연기금이고 일본 자본시장에서 영향력이 크다. 최근 일본 주요 기업들에서 여성 임원의 수가 급격하게 늘어나고 있는 이유다. 출생아 감소로 인해 노동력이 부족해진 일본은 여성인력을 필요로 하고 있으며, 이를 위해 양성평등의 이슈를 과거보다 중요하게 생각하고 있다. 이해당사자의 자본의 협력이 이뤄낸 사례다.

안타깝게도 한국의 경우 지금까지 각종 공적기금이 양성평등 이슈에 의견을 내거나 관심을 보인 적은 없다. 그런 역할을 해주기를 기대하기에는 너무 많은 시간을 기다려야할지 모른다. 현재 상황으로서는 공적기금보다는 민간자본을 통한 압박으로 기업에서의 양성평등 움직임을 구체화하는 방법이 보다 현실적인 수단으로 보인다. 즉, 양성평등 이슈를 중시하며 구체적인 실천계획을 세우는 회사에 지속적으로 투자하는 펀드에 개인투자자들이 적은 금액이라도 참여하는 것이 훨씬 효과적일 수 있다. 하루 1만 원씩 투자하는 사람들이 1만 명, 10만 명이 모여서 이런 양성평등 펀드에 투자한다면 한국이 양성평등의 가장 모범 국가가 될 수도 있다.

자본주의 사회에서, 기업의 문화를 바꾸고 개인의 인식을 바꾸는 가장 효과적인 방법은 바로 자본일 수 있다. 많은 개인들이 투자를 함으로써 세상을 바꿀 수 있으며, 또 지속적으로 관심을 가져야 할 것이다.

(자료: 존 리(메리츠자산운용 대표), "금융인의 시각으로 본 양성평등 문제와 개선책", 하버드비즈니스 리뷰, 2020년 1~2월호, 186~187.)

토의과제

1. 우리나라 금융산업에 여성인력의 고용과 여성 관리자들의 승진을 가로막는 '유리천장(glass ceiling)'이 존재한다면, 그 형태는 어떤 것들이 있는지 말해 보시오.
2. 위 사례에서 제안된, '양성평등 펀드'의 실효성에 대해서 토의해 보시오.

제1절 여성인적자원의 효율적 활용

1. 성역할 변화와 여성인력의 중요성 인식

오늘날 여성의 사회활동과 경제활동 참가율이 증가하고, 학력도 높아지고 있지만, 아직도 많은 분야에서 여성은 남성에 비해 개별성(individuality)과 자아실현(self-actualization)에 있어서 사회적 편견과 이에 따른 각종 어려움에 노출되어 있다. 우리 사회의 성별 분업(sexual division of labor)은 '부부유별'이라는 삼강오륜에서 볼 수 있듯이, 여성과 남성이 서로 다른 성역할(sex role)을 분담하는 데서 시작된다. 이러한 성역할은 오랜 세월에 걸쳐 이어오고 발달시켜온 관습과 전통에 의해 생겨났다. 성별 분업체제에서 남성은 사회에서 일하는 생산자로 규정되면서 생계를 부양하는 주체가 되고, 여성은 가정에 남아 남성의 부양에 의해 생계가 유지되는 피부양자로서 존재이유를 찾을 수 있었다. 그러나 이러한 시각이 시대의 흐름에 따라 급격히 변하고 있다.

우리나라에서 여성의 진출이 가장 활발한 분야는 정치분야와 공직사회라고 할 수 있다. 특히, 2000년대에 들어서서 우리나라에서는 정치분야에서 여성의 진출이 두드러지고 있다. 21대 국회의원 총 300명 가운데 여성의원이 57명(19%)으로서 1대부터 15대 국회까지 여성 의원들의 비율은 0~4%대에 머물렀던 상황에 비추어 보면 괄목한 만한 성장이지만, 세계적으로 보아 여성의원의 비율이 높지 않은 편이다. 그러나 사회의 발전을 위해 여성의 역할이 높아져야 된다는 인식이 증가하면서 여성인적자원의 전략적이고 효율적 활용에 대해서 긍정적인 시각이 형성되고 있다.

2. 여성차별의 합리화와 정당화의 논거

지금까지 여성의 차별을 합리화, 정당화하는 세 가지 논거가 있어 왔다. 그 첫째는 자유의지(free will), 둘째는 생물학(biology)적 근거, 셋째는 남녀역할의 상호보완성(complementarity)이다.

먼저, 자유의지(freewill)에 근거해 정당화하고 있는 측의 견해를 보면 사회에서는 21세가 되면 여성에게 선택의 자유(freedom to choose)를 부여하고 있다는 것이다. 그러나 미국대법원에서는 이에 반박을 하는 입장을 표명하였는데, 사회가 여성에게 선택의 자유를 허용하는 체하지만, 실제로는 선택의 자유에 대한 동기부여를 통제하고 있다고 하였다. 즉, 여성에게 있어서 선택의 자유는 허상이라는 것이다. 따라서 'separate but equal', 즉 남성과 여성은 구별되어야 하며 이러한 구별은 남녀차별이 아니라 남녀동등을 인정하는 것이라는 주장은 기만이라고 할 수 있다.

두 번째로, 남녀역할의 차등은 생물학적 근거를 지닌다는 측의 주장은 여성과 남성은 독립심, 수리적 능력 등 태어날 때부터 다르게 타고난 것이라고 한다. 즉, 여성이 생물학적으로 임신을 해야 하고, 수유를 통해 아이를 양육시키고 집안에서 활동하는 것 등은 생물학적 근거(가령, 여성호르몬 등)를 지닌다. 그러나 남녀간 역할구분은 생물학적 근거에서라기보다는 사회적 성역할 관념(sex-role ideology)때문이다. 예를 들면, 같은 여성인데도 불구하고 국가에 따라 사회활동의 양상이 차이가 나는 경우가 많다.

세 번째로, 남녀 역할간의 상보성(complementarity)에 근거한 입장은 "Man for the battle, woman for the health"라는 속담으로 표현될 수 있다. 즉, 여성이 맡은 주부의 역할은 남성이 지니는 다른 전문적 역할보다 열등한 것이 아니라, 남성의 역할과 상호보완적으로 동등한 "complementarity but equal"이라는 주장이다. 그러나 이는 여성이 가정에서만 생활하게 될 때 여성이 지닌 재능과 학력, 능력, 관심사, 동기부여 등 모든 것이 가사활동과 거의 관련이 없기 때문에(irrelevant), 상호보완적이라는 것은 어불성설이라고 반박할 수 있다. 다시 말해서 남성과 여성의 역할은 상호보완적이라기 보다는 여성이 지닌 능력을 가정에서 사장시키고 희생시키는 것일 뿐이라는 것이다.

3. 'Beck-Gernsheim 명제'

여성의 역할에 관한 이론으로서 'Beck-Gernsheim 명제'가 있는데 이는 독일의 벡-게른스하임(E. Beck-Gernsheim)이 주창하고 오스트너(I. Ostner)와 함께 개발한 명제로서 이들은 성의 역할에 대해 다음과 같은 견해에서 출발하였다. 즉, 성역할(Geschlechtsrolle)이란 애초 남녀의 생물학적 차이에 근거를 두었지만 실지에 있어서 생물학적으로 행사되지 않는 사회적 사실들(soziale Tatsachen)이라는 것이다. 따라서 Beck-Gernsheim명제는 남자·여자라는 것은 순전히 형식적 분류(범주화)일 뿐이고 중요한 것은 사회적 내용(sozialer Inhalt)이며 이 사회적 내용을 고려하여 성역할을 논해야만 정당하다는 생각에 기반을 두고 있다.

Beck-gernsheim명제의 핵심은 이제는 더 이상 '남성의 직업', '여성의 직업'의 구분이 의미를 상실해 가고 있다는 것이다. 전통적으로 남성의 일(職業)과 여성의 일(家事)에 각기 존재하는 행동양식, 즉 남성의 일은 딱딱하고 사무적이고 또 무슨 일이 있어도 정상(頂上)을 향해 달음질해야 한다는 것과 여성의 일에 있어서는 인내심이 요구되고 종속적이고 정서적인 것이라는 남녀간 노동의 질에 있어서의 고정관념을 불식하고 생물학적 성역할에 입각한 남녀역할 분담이 아니라 성중립적(sex-neutral)인, 사회적 내용에 따른 역할분담이 이루어져야 한다는 것이 이 명제의 기본논리이다.

현재 많은 여성들이 전통적으로 남성들이 지배하던 직업(심지어는 육군사관학교)에 맹렬히 뛰어들고 있으며 설거지 같은 가정 일은 남성들이 수행하는 것이 자연스런 광경이 되고 있다. 청소년들도 이제는 더 이상 과거처럼 남·여 역할에 대해 가정에서나 학교에서 전통적, 보수적 방법으로 교육받지 않는다.

Beck-Gernsheim 명제는 결국 여성에게 있어서 '직업'과 '가정'은 어느 한쪽을 포기할 수밖에 없는 상호 이율배반적이라는 고정관념을 지양해야 한다는 주장인데 전통적으로 여성은 결혼하면 가정생활과 사회생활을 동시에 조화시키기가 어렵다는 사고방식(가령 3단계 이론 같은)과는 상당히 배치되는 주장이다. Beck-Gernsheim은 그러한 고정관념은 사회발전에 도움이 되지 않는다고 말한다. 즉, 여성이 직장과 가정이라는 이중 부담으로 인해 직장을 포기하게 되면 여성특유의 장점인 부드러움, 자상함 등이 가정이라는 좁은 공간안에 갇히게 됨으로써 사회에서 필요로 하는 정서적 안정성, 남녀공존의 장이 희생되며 사장된다고 주장한다.

Beck-Gernsheim 명제와 그 지지자들의 주장은 오늘날 서구의 남성과 여성에게 동일한 교육의 기회가 주어지고 있고 특히 남성들이 전통적 사고방식에서 탈피하여 '여성의 일'에 손을 대는 사례가 증가하면서 남녀의 성 이해와 역할분담의 변화를 반영하고 있고 또 이러한 변화에 영향을 주고 있다.

우리나라에서 최근의 사회적, 정치적 여건의 변화는 여성노동을 보는 시각에도 변화를 가져왔다. 남녀고용평등법의 제정과 적용으로 기업은 남녀고용 평등의 준수를 위한 제도개선을 요구받게 되었으며, 여성의 고학력화, 장기 근속화는 여성인력에 대한 관리자의 인식과 전략에 있어 근본적 변화를 가져오게 되었다. 최근 들어 급격한 기술정보의 혁신, 인력구조의 변화, 세계 노동시장 변화추이들을 볼 때, 미래에는 방대한 규모의 여성유휴인력의 경제활동 진출이 더욱 활발하게 이루어질 것이며, 특히, 여성인력 특유의 능력이 요구되는 소프트한 산업이 크게 성장하고 주류를 이룰 것으로 전망된다. 후기 산업사회에서 정보사회로 이행하면서 여성의 역할에 대한 변화는 가속화되고 있으며, 여성노동을 보는 시각도 변해야 한다는 당위론적 목소리가 높아지고 있다.

이에 따라, 향후 인적자원관리의 가장 큰 과제 중 하나는 이러한 여성인력의 적극적 개발과 활용, 여성관리자 육성에 필요한 제도개선과 경력개발 제도개선에 있다고 할 수 있다.

4. 여성의 경제활동 참가 확대

1) 우리나라 여성경제활동 인구의 추세

우리나라 여성경제활동 인구구성변화를 2011년 이후 연도별로 살펴본 조사에 의하면 다음 〈표 16-1〉과 같이 여성의 경제활동인구는 해마다 꾸준히 증가되어 왔음을 알 수 있다.

2020년 현재 우리나라 여성경제활동 인구는 12,007천명으로서 전체의 52.8%를 차지하고 있다. 이는 산업화 초기인 1970년의 39.3%와 비교하면 무려 13.5%가 증가한 것이다.

표 16-1. 여성경제활동인구 및 참가율

(단위: 천명, %)

구분 / 연도	15세이상 여성인구 (천명)	여성경제 활동인구 (천명)	여성경제 활동참가율 (%)
2011	21,119	10,520	49.8
2012	21,356	10,704	50.1
2013	21,576	10,862	50.3
2014	21,806	11,229	51.5
2015	22,018	11,426	51.9
2016	22,205	11,583	52.2
2017	22,357	11,773	52.7
2018	22,484	11,893	52.9
2019	22,618	12,097	53.5
2020	22,750	12,007	52.8

자료: 통계청, 경제활동인여성경제활동인구 및 참가율, 2021.

여성의 경제활동 참가율이 지속적으로 증가해온 원인 가운데 하나로 취업분야의 세분화로 여성고용이 늘어난 것을 들 수 있다. 즉, 기업의 대형화와 금융, 보험업과 같은 서비스업의 증가 등의 이유로 여성 취업인구가 증가하였다고 할 수 있다.

이처럼 여성노동력은 우리나라의 산업생산에서 대단히 중요한 위치를 점하고 있고, 경제 성장과 발전에 중요한 역할을 해온 것은 부인 못할 사실이다.

여성노동력은 지난 30년간의 고도성장기간 동안에 신규노동력 공급의 중요한 원천으로서 역할을 하여 왔으며 경제발전과 함께 참여율도 꾸준히 증가하여 왔다. 한국경제에서 차지하는 여성노동력의 비중은 앞으로 더욱 커질 것이며 여성노동의 역할은 앞으로 더욱 중요해질 것으로 보인다.

〈표 16-2〉에서 보는 바와 같이, 우리나라의 여성경제활동 참가율은 꾸준한 상승세를 보이고 있으나, 미국을 비롯한 주요 유럽국가들과 비교해 보면 아직도 낮은 수준에 머물러 있음을 알 수 있다. 따라서 여성의 신규노동력 공급 증가 가능성은 여전히 남아있다고 말할 수 있다.

표 16-2. 주요국가 여성경제 활동참가율 비교(%)

구분 \ 연도	2015년	2016년	2017년	2018년	2019년
한 국	51.9	52.2	52.7	52.9	53.5
일 본	49.6	50.3	51.1	52.5	53.3
미 국	56.7	56.8	57.0	57.1	57.4
프 랑 스	51.6	51.6	51.4	51.5	51.3
독 일	54.7	55.6	55.9	55.9	56.6
영 국	57.2	57.5	57.8	58.0	58.5
스 웨 덴	69.5	69.7	70.2	70.6	71.0
이탈리아	39.8	40.5	40.9	41.1	41.3
이스라엘	59.1	59.4	59.3	59.8	59.6

자료 : KOSIS 국가통계포털, 해당 연도.

2) 여성 노동시장 참여 증가의 배경

여성의 노동시장 참여는 경제적 요인, 사회·문화적 환경 변화뿐만 아니라 정부의 정책방향 등에 영향을 받는다.

경제의 서비스화 진전은 여성 적합업종이 서비스업에 주로 분포하는 상황에서 여성의 경제활동 참여를 촉진시키고 있다. 다만 여성 우위업종의 소득이 평균적으로 낮아 여성취업자의 서비스업 집중은 남녀간 임금격차 확대로 이어질 가능성이 있다. 노동시장 유연화 등에 따른 시간제 일자리 증가도 여성의 경제활동 참여를 촉진하고 있다. 여성은 출산, 양육 및 가족 돌봄의 부담 때문에 시간제 근로를 선호하는 경향이 있기 때문이다.

정부의 일·가정 양립 정책이 여성의 노동시장 참여를 증대시키고 있다. 정부의 보육 지원은 전업주부의 육아활동에 대한 기회비용을 높여 여성의 노동시장 참여를 증대시킨다. 정부의 보육 지원 증가로 인하여 가정의 보육비용이 감소되고 이는 육아의 기회비용을 증가시켜 여성의 경제활동 참여 증가를 야기하게 된다. 이와 더불어 출산휴가 및 육아휴직 이후의 고용보장 여부, 휴직기간 및 급여수준 보장 등도 여성의 노동시장 참여 지속 여부에 영향을 미친다. 다만 휴직기간이 지나치게 긴 경우 여성의 인적자본 축적 훼손 및 승진 지체 등으로 오히려 역효과를 초래할 가능성도 있다.

양성평등 강화의 일환으로 여성에 대한 공정한 기회 제공은 여성의 경제활동 참여 제고에 필수요소가 된다. 경력 단절 및 승진 제약 등 남녀 차별은 임금격차 및 상대적 박탈감을 초래하여 여성의 근로 의욕을 저하시키게 된다. 특히 임금격차를 완화하여 가사노동의 기회비용을 높여주는 것은 여성의 신규 노동시장 참여 유인에 더욱 효과적이 된다.

우리나라에서 저출산 및 인구 고령화에 대비한 노동공급 증대 측면에서 여성의 경제활동 참여는 중요한 과제로 인식되고 있다. OECD(2012)는 최근 우리나라가 육아휴직 등 일·가정 양립 제도를 정비해 나가고 있으나 장시간 근로, 출산 여성에 대한 불이익 등의 관행으로 인해 일·가정 양립 정책 효과가 제한적인 것으로 평가하고 있다. 그렇지만 우리나라는 남성 육아휴직 수당의 지급 기간(최장 1년)이 OECD 회원국 중 최고 수준이며 남성육아휴직자의 비율도 2017년 13.4%→2018년 17.8%→2019년 21.2% 등 지속적으로 높아져 2020년에는 24.5%로 나타났다. 육아휴직자 4명중 1명은 남성인 셈이다(고용노동부, 2021). 향후 보육 지원 제도 확충 및 육아휴직 활용 제고 등을 통한 일·가정 양립과 양성평등 문화의 확산 노력을 일관성 있게 추진하여 여성 노동시장의 양적·질적 성장을 도모할 필요가 있다.

제2절 여성관리자 경력개발의 문제

1. 여성인력에 대한 인식의 전환

최근의 기업환경 변화는 여성인력에 대한 경영자의 인식과 전략의 변화를 요구하고 있다. 여성인력에 대한 고정관념을 탈피하고 여성인력을 적극적으로 활용하여 여성이 지닌 능력을 최대한 발휘하도록 고무하여 기업 발전에 도움이 되도록 하자는 움직임이 정부와 기업을 중심으로 일어나고 있다.

기업에서 여성인력에 대한 육성과 경력관리상의 배려는 대체로 다음 세 가지 측면에서 실시되고 있다.

첫째, 능력과 의욕을 가진 여성에게 잠재력을 발휘할 기회를 부여하는 측면이다. 여직원 활용의 필요성에 대해서 최고경영자에서부터 말단사원에 이르기까지 인식을 전환하고 여직원의 능력개발과 의욕관리 방안을 모색한다.

둘째, 기업의 인력수급상의 인력난 해소를 위한 측면이다. 전문직 및 기타 인력난 예상분야의 경우 기존의 남성위주 채용정책에서 성별 구별없이 개인의 능력위주 채용으로 여성참여 문호를 개방하며, 인력수급상 애로요인 해결을 위한 대안으로 여성인력을 적극 활용한다.

셋째, 여성에 대한 모성보호의 확대측면이다. 가사, 출산, 육아 등 가정 내 여성의 역할에 대한 배려와 지원을 통해서 여성인력과 기업의 목표를 일치되는 방향으로 이끌어서 개인의 만족과 성장 및 기업의 생산성 향상에 기여할 수 있도록 하며, 근무시간의 유연화, 근무형태의 다양화, 직장탁아소의 설치 등을 통해 기혼여성인력에 대한 지원제도를 마련한다.

그러나 우리나라 기업의 여성간부 기용실태에는 아직도 해결해야 할 과제들이 많다. 국내 30대 그룹들은 여직원들의 발탁인사를 내세우고 있으나 아직까지 전체 간부직원 중 여성비율은 매우 낮은 수준에 머물러 있다.

그러나 최근 관리직과 전문직 여성의 비율이 가파르게 증가하고 있으며, 정부조직, 비영리단체, 종교단체에 있어서 이러한 현상이 두드러지고 있다. 그러나 기업의 임원직위에 있어서 여성의 비율이 3%에 불과하여(윤정구, 2019년), 우리나라 여성이 조직의 상층부인 임원에 진출하는 문제가 상존하고 있다고 볼 수 있다. 이것은 우리나라 기업의 많은 여성근로자들이 관리자급으로 승진하는 문턱에서 '전통적인 경력상의 장애물(traditional career roadblocks)'에 걸려 좌절하는 사례가 아직도 많다는 것을 보여주고 있다.

2. 여성관리자 경력개발의 필요성

여성이 조직 내 관리계층으로 진입하여 핵심적 역할을 수행하지 못하는 이유로는, 대표적으로 성역할 고정관념(sex-role stereotype)을 꼽을 수 있다. 즉, 관리직은 남성적 직업으로 분류되고 나아가 남성특질이 관리자의 요구특성인 것으로 지각되는 경향이 있는 것이다. 이러한 성역할 고정관념은 여성이 남성에 비해 관리자로서의 자질이 열등하다는 편견을 낳게되어 조직 내 여성에 대한 선발, 승진 및 배치 등의 인사결정에 불리한 영향을 미치게 된다(강혜련, 1995).

미국 같은 선진국에서도 직장 내 여성관리자들이 여러 측면에서 성차별적 편견의 피해자가 되고 있다는 연구가 있다(D. J. Swiss, 1996 ; Federal Glass Ceiling Commission, 1995). 이른바 '유리천장(glass ceiling)'이라는 경력상의 투명한 장벽이 고위경영층으로의 진출을 꾀하는 여성관리자들에게 눈에 보이지 않는 장애요인이 되고 있다는 사실은 미국과 서구의 여러 조사에서 밝혀지고 있다(Still, 1992; Morrison, 1992; Bass & Avolio, 1994).

여성의 재능과 건전한 야망이 보이지 않고, 소리 없는 장벽 때문에 조직 내에서 충분히 발휘되고 성취되지 못한 채 묻혀지는 현상이 21세기에도 계속된다면 그 조직과 사회는 발전할 수 없다. 여성이 원하는 것은 남성과는 다른, 특별한 취급이나 토큰이즘(tokenism), 즉 상징적인 대우가 아니다.[1] 그들이 원하는 것은 경력성공을 위한 적절한 경력선택에 있어서 정보에 접근하는 것을 공정하게 해달라는 것이다(Swiss, 1996). 단지 여성이라는 이유로 승진 혜택을 주는, 이른 바 토큰이즘은 여성문제를 근본적으로 해결하는 데 도움을 주지 못한다. 왜냐하면 그것은 여성들이 원하는 궁극적 목표인 능력 있는 사람에게(성차별 없이) 동등한 기회를 준다는 원칙을 손상시키기 때문이다. 토큰이즘은 여성에게 이익을 주기보다는 능력있는 많은 여성들의 활동기회를 억제하는 역할을 하고 있다고 여겨진다.

그러므로 여성에게도 경력선택에 있어 유용한 정보가 공정하게 주어진다면 여성은 그들이 지닌 잠재적 능력과 발휘된 업적에 따라 보상도 받고 승진도 함으로써 성공적인 경력관리가 가능할 것으로 믿고 있다(Swiss, 1996).

이를 위해서 경력개발제도(career development program: CDP)의 재정립이 요구된다. 능력과 의욕이 있는 여직원에 대해서 승진경로를 개방하고, 성별에 의한 관리에서 업무별 관리로 관리방침을 전환하여, 승진자격 요건과 기준의 명시화, 경력개발의

1) 토큰이즘(tokenism)이란 여성을 특정한 포스트에 채용하거나 관리자로 승진시킬 때 여성이라는 이유만으로 '상징적' 의미를 부여하는 방향으로 여성을 상위 경력으로 진출시키는 것을 의미한다(Swiss, 1996).

차원에서 배치전환이 이루어질 필요가 있다. 이와 아울러 전문직이나 여성의 특성이 발휘될 수 있는 분야를 선별적으로 확대하는 방안도 고려될 수 있다.

3. 여성관리자 경력개발에 대한 오해

여성관리자 경력개발과 관련하여 잘못된 오해 또는 신화(myths)로 종종 거론되는 두 가지 이론이 있다(Swiss, 1996).

첫째, 파이프라인 이론(pipeline theory)으로 직장 내 여성들의 숫자가 일정 수준이 되면 성차별 관행이 자연스럽게 개선된다는 가정이다. 즉, 조직의 핵심라인(파이프라인으로 표현) 안에 여성들이 수적으로 열세이기 때문에 여성들이 여러가지 차별적 불이익을 받지만, 파이프라인에 여성들의 진출이 증가한다면 이러한 차별은 사라진다는 생각이다. 마치 펌프를 통해 물을 퍼올리기 위해서는 일정 양의 물을 먼저 펌프에 부어야 그 물이 땅 속에 있는 물을 퍼올리듯, 관리직에 여성근로자의 숫자가 어느 정도 이상이 되어야만 여성경력개발이 본격적으로 향상된다는 것이다.

그러나 실제로 기업에서 여성의 채용이 꾸준히 늘고 있지만 여성의 관리직 진출이 이에 비례해서 증가되는 것은 아니라는 사실이 이 이론의 허구성을 반증하고 있다.

둘째, 직장과 가정간의 신화(work-family myth)로, 여성근로자들에 대해 가정생활과의 조화관계를 정립할 수 있도록 지원하면 직장에서 여성들의 처우가 개선된다는 가정이다.

그러나 실제 직장과 가정간의 조화정책이 여성근로자들에게 보다 많은 승진기회를 제공한 것은 아니었다는 것이 미국의 기업실례에서 입증되고 있다. 꾸준히 '가정친화(family friendly)' 정책을 수립하고 실행에 옮긴 기업들이 유리천장을 분쇄하는 데는 아무런 조치를 취하지 않은 것으로 드러났다. 뒤퐁(DuPont)같은 회사가 대표적 예이다. 뒤퐁의 관리자 중에 여성이 차지하는 비중은 실제로 4.5%에 불과하다.

그렇다면 여성에 유리한 복지정책을 활발하게 채택하고 시행하는 기업에서 여성의 승진에는 이렇게 인색한 이유는 무엇일까? 그 이유는 남성들이 여성 상급자 밑에서 일하는 것을 원치 않는 풍조가 있기 때문이라고 볼 수 있다(Swiss, 1996). 더욱이 대부분 남성으로 구성된 고위관리자층은 그들의 집단에 동성(同性) 후배가 가입하기를 원하고 있어서, 이것이 유리천장을 점점 더 두껍게 만드는 원인이 되고 있다(Swiss, 1996). 특히, 남성들은 퇴근 후(after-hours) 활동이나 고객의 접대에 여성이 낄 수 있는 여지가 거의 없다는 이유로 여성의 고위관리직 진출을 꺼리고 있다. 이러한 기피 현상은 공개적이거나 공식적이 아니고, 미묘하고 은밀하게 만연되어 있다.

결국, 직장 내에 여성들의 숫자가 늘어나고 또 여성들이 직장에서 열심히 일하면서 남성을 능가할 정도의 재능과 당찬 야심을 가진다고 해서 그것이 여성근로자 경력개발의 활성화로 직결되는 것은 아니라고 볼 수 있다.

제3절 여성관리자의 유리천장 현상과 여성 리더십

1. 유리천장의 개념

'유리천장(glass ceiling)'이라는 표현은 1986년 Wall Street Journal에서 처음 사용한 개념으로서, 이는 여성들이 기업에서 보다 높은 지위로 진급하는 것을 막는 투명한 장벽(transparent barrier)을 묘사하기 위하여 만들어졌다(Still, 1992). 유리천장은 특히 여성이 고위경영층으로 진출하고자 할 때 겪는 눈에 보이지 않는 장애(invisible obstacles)를 일컫는 표현이다(Napier, 1996, 김성국 1998).

또한, '이중(二重) 유리천장(double-glazed glass ceiling)'이라는 용어도 있는데 이것은 온갖 어려움을 극복하고 고위관리자로 승진하는데 성공한, 즉 유리천장을 통과하는 데 성공한 여성들의 바로 위에는 거의 예외 없이 남성 상급자가 버티고 있다는 것, 즉 '산 넘어 산'을 의미한다(Powell & Betterfield, 1994; Simon, 1995). 특히, '유리'라는 표현은 여성들이 직접적이고 명시적인 차별을 경험하지는 않으나, 높은 경력단계 이를테면 고위경영자로 상향 이동하고자 할 때 실제적으로 부딪치는 '눈에 보이지 않는' 차별을 의미하는 표현이다.

2. 유리천장 현상의 원인

1) 유리천장 현상의 원천

유리천장이 존재하는 이유로는 여성이 관리자로 진급하는 것을 꺼리는 남성들의 조직문화, 여성에게 적대적인 작업환경, 그리고 여성의 자질부족이 종종 거론된다

(Morrison, 1992). 즉, 남성들은 같은 부류를 대하는 데서 오는 편안함 때문에, 그리고 여성관리자가 능력이 부족하고 리더십 발휘에 문제가 있다는 사고방식 때문에 유리천장을 두텁게 쌓게 된다고 하며, 여성을 위한 멘토(mentor)의 부족으로 여성이 고위관리직으로 올라가는 길을 잘 알지 못하는 경향, 여성의 가정에 대한 의무 등이 복합적으로 작용하여 유리천장을 형성하게 된다고 한다.

Still의 연구에 의하면, 유리천장은 대부분 사회화 영향(socialization effect)과 조직의 동질성에도 원인이 있다. 따라서 지금까지는 조직(구조적 요인)과 사회화되는 태도(사회심리학적 요인)를 변화시킴으로써 이러한 유리천장의 문제를 해결하려는 시도가 있었다(Still, 1992). 좋은 예가 고용평등정책인데, 지난 20년 동안 선진국에서는 고용평등정책을 통하여 여성의 고용발전을 지원하였다. 그러나 이러한 긍정적 지원에도 불구하고 유리천장이 여전히 존재한다는 사실은 외부적 지원책이 유리천장 해소에 근본적인 처방이 되지 못한다는 반증이 된다.

따라서 학자들은 유리천장의 원인에 대한 보다 다양한 분석을 시도하였다. Still의 연구에 의하면, '유리천장' 현상이 조직에 존재하는 이유로서 다음 세 가지를 들고 있는데, 이는 지금까지 밝혀진 연구들의 결론에 가장 근접한 것으로 평가된다(Still, 1992).

첫째, 여성들의 자질결핍(lack of qualifications)이다.

과거에는 남성관리자들이 여성관리자에 비해서 공식적인 자격요건을 더 잘 갖춘 경우가 많았다. 여성들은 임원이 되기 위해서 꼭 거쳐야 할 분야나 직책을 거치지 않았기 때문에 여성들이 승진에 있어 불이익을 받는 것을 당연시하는 분위기가 팽배해 있었다. 그러나 오늘날 직장에서 우수한 교육을 받고 조직 내에서 훈련을 잘 받은 여성관리자가 속속 등장하고 있으며 자격요건에 있어서 남성에 뒤지지 않는 우수한 여성관리자가 양성되고 있다. 이제는 더 이상 자질결핍이 유리천장 현상을 정당화하는 일은 점점 어려워지고 있는 것이다.

둘째, 경험의 결핍(lack of experience)이다.

여성들은 조직 내에서 대체적으로 서비스 부문, 대민업무부문, 대고객부서 같이 핵심부서나 요직이 아닌 '변두리(fringe)' 부서를 전전하면서 경험을 쌓는 것이 일반적인 현상이다. 이러한 이유로 여성관리자는 승진이 되어도 직장 내에서 이른바 주류(mainstream)를 타지 못하고 서비스 부서, 홍보부서와 같은 비주류로 분류되는 직위(post)에 임명되는 경우가 다반사다. 이러한 비주류부서는 구조조정이 행해지거나 기업이 불경기에 들어서면 일차적으로 없어지거나 축소되기 때문에 여성관리자는 남성에 비해서 지위와 신분이 불안하기 마련이다. 결국, 여성들의 경험결핍이 여성개인의 자질미흡이라기보다는 직장 내 구조적인 문제로 야기된 면이 크다고 할 수 있다. 이제 여성은 서비스 영역에 집착하고 만족할 것이 아니라, 기획, 영업, 생산 같은 기업의 핵심 노른자위 부서에 과감히 도전하는 자세가 필요하다고 본다. 또한 기업의 인사배치정책에 있어서도 여성관리자는 무조건 서비스 부서나 고객 응대 부서에만 배치시키는 관행도 고쳐져야 하겠다.

셋째, 비전과 리더십 기술의 결핍(lack of vision and leadership skills)이다.

여성관리자는 자질과 경험도 미숙하지만, 비전과 카리스마, 그리고 리더십 기술이 부족하다는 인식이 남성관리자들에게 팽배해 있는 것이 사실이다. 또한 여성의 이러한 약점은 대부분 남성종업원들로 하여금 여성관리자 밑에서 일하는 것을 기피하게 만들고 있다.

2) 여성 경력정체의 원인

유리천장 현상은 여성의 경력지체의 원인을 분석함으로써 해결의 실마리를 찾을 수 있을 것이다. 단순히 고위경영자로 승진하는 데에만 문제가 있는 것이 아니라 여성의 경력전반에 있어서 남성에 비해서 경력 지체(career slippage) 현상이 존재한다는 것을 학자들은 지적한다.

Large & Saunders의 연구에 의하면 여성에 있어서 경력의 지체가 발생하는 원인으로 다음을 지적하고 있다(Large & Saunders, 1995).

- 남녀의 성과는 동일하게 평가하지만, 여성의 경우 승진에 대한 잠재력은 낮게 평가하는 경향
- 승진의사결정시 편견으로 작용하는 불명확하고 모호한 승진기준(예를 들어, 여성보다는 남성을 맹목적으로 선호하는 경향)
- 경영자의 역할은 남자의 역할이라는 인식
- 기타 문화적, 무의식적 요인
- 개인적 요인

3) 여성관리자의 실패원인

또한, 그들은 승진이나 경력에 있어서 '유리천장'을 극복하지 못하고 실패하는 여성관리자의 실패원인에 대해서 다음과 같은 요인들을 지적한다.

첫째, 적응 실패(inability to adapt)를 들 수 있다. 조직이 요구하는 방향대로 변화를 시도하고 자신을 적응시키는 적응력이 미흡한 여성은 실패하게 된다.

둘째, 지나친 요구가 실패의 원인이 된다. 실패한 여성은 직장에서 팀 플레이(team play)를 잘 못하는, 독단적이고 이기적인 구성원으로 분류되어 있는 경우가 많다. 회사의 이익보다도 언제나 자신의 이해관계에 민감한 여성이라는 인식을 심어줌으로써 실패를 초래하는 것이다.

셋째, 업무성과에 문제가 있다. 실패한 여성관리자는 업무성과 측면에서 우수하지 못한 경우가 많다.

넷째, 부하직원들을 잘 다루지 못한다. 부하직원을 잘 다루지 못하면 결코 성공적인 관리자가 될 수 없다.

다섯째, 이미지가 좋지 않으며, 사업상 인간관계도 좋지 않다. 여성관리자는 서로 상반되는 요구를 충족시켜야 하는 힘겨운 투쟁을 해야 하는데, 이것을 잘 해내지 못하면 이미지와 인간관계가 나빠진다. 상반되는 요구란 가령, ① 위험을 무릅쓰면서도 좋은 성과를 내는 것, ② 단호하면서도 난폭해지지는 않는 것, ③ 야심을 품으면서도 남자와 동일한 대우를 기대하지는 않는 것, ④ 책임을 지면서도 타인의 충고를 받아들이는 것을 말한다.

여섯째, 큰 그림을 그리지 못한다(inability to see the big picture). 여성은 주로 스탭 부서에서 일하고 전형적인 여성적인 일(가령, 인사부서, 홍보부서 등)에 종사하는 경우가 많기 때문에 회사의 큰 그림을 그리는, 시야가 넓고 전략을 다루는 부서의 경험이 부족하다보니 관리자로서 실패하는 경우가 많다.

결국, 유리천장 현상의 원인은 복합적이다. 남성우월적 관행에도 일부 원인이 있지만, 여성자신의 특성에도 기인하는 바가 있다. 조직 내에서 유리천장이라는 바람직하지 못한 현상을 극복하기 위해서는 여러 각도에서 다양한 노력이 있어야 한다고 선행연구들은 제시하고 있다.

3. 여성관리자의 리더십

유리천장을 극복하기 위해서는 여성관리자는 여성적 리더십을 십분 발휘할 필요가 있다. 다음 〈표 16-3〉은 미국의 "창의적 리더십 센터"(Center for Creative Leadership)가 정리한 남성적 리더십 모형과 여성적 리더십 모형이다.

표 16-3. 남성과 여성의 리더십 스타일의 차이

	남성의 리더십 모형	여성의 리더십 모형
업무 스타일	경쟁적	협동적
조직구조	수직적, 계층적	수평적, 평등적
목 표	승 리	품질 산출
문제 해결	합리적, 객관적	직관적, 주관적
핵심 특성	• 높은 수준의 통제 • 전략적 • 비감성적 • 분석적	• 낮은 수준의 통제 • 감성적 • 협동적 • 높은 업적

자료 : Loden(1985).

여성적 리더십 스타일은 조직을 위해서 나름대로의 강점이 있다. Carrell, Jennings & Heavrin은 여성관리자가 여성특유의 리더십을 발휘하면 다음과 같이 조직의 문제를 해결하는 데 도움이 될 수 있다고 주장했다.

첫째, 고객 서비스를 강화하는 데 도움을 준다. 둘째, 높은 수준의 질(quality)을 충족시키는 데 도움을 준다. 셋째, 여성특유의 상호작용적 리더십(interactive leadership)은 조직 내 리더십의 대안을 제시한다.

결국, 여성관리자는 종종 단점으로 인식되어온 여성적 리더십을 잘 발휘함으로써 조직의 문제를 해결하고 남성들에게 인정을 받고 그들의 지원을 이끌어 냄으로써 눈에 보이지 않는 남성들이 쳐 놓은 '유리천장'이라는 장애를 극복할 수 있다는 것을 학자들이 제시하고 있는 것이다.

제 4 절 여성인력의 전략적 개발을 위한 정부와 기업의 역할

1. 여성인력 개발을 위한 정부의 역할

여성을 보호하려는 법과 규제는 지속적으로 있어 왔다. 그러나 남성보다 육체적으로 약하고 출산을 해야하는 여성을 직장의 해롭고 위험한 일로부터 보호하려는 법과 규제는 있어 왔지만, 오히려 이런 보호가 어떤 특정의 일로부터 배제시키는 역할을 하여 직종분리와 임금차별에 기여했다는 지적이 있다. 즉, 보호적인 법이 여성을 노동시장에서 상대적으로 불평등한 위치에 있게 했다는 것이다.

1987년 우리나라에서 최초로 남녀고용평등법이 제정, 시행됨으로써 여성인력의 사회진출 가속화와 더불어 남녀간의 고용조건면에서의 평등화를 진전시킬 수 있는 토대를 구축하게 되었다. 이 법은 직장 내 성희롱 금지 및 예방과 모성보호 등 조항을 신설하여 2012년 '남녀고용평등과 일·가정 양립 지원에 관한 법률'로 확대 제정되어 여성의 고용과 모성보호에 있어서 획기적인 전기를 마련하게 되었더.

남녀고용평등법과 일·가정 양립 지원에 관한 법률의 실행은 각 기업들의 인적자원관리 제도운영의 변화요인으로 작용하였는데, 특히 여성인력의 비중이 상대적으로 높은 은행을 비롯한 금융기관들의 인적자원관리제도 혁신을 촉발하는 기폭제가 되었다.

사원의 모집·채용, 승진, 임금, 교육훈련 등 인사처우 전반에서 남녀간의 성별에 따른 차별적 대우를 금지하고 고용상의 기회균등을 원칙으로 하는 남녀고용평등과 일·가정 양립 지원에 관한 법률(〈표 16-4〉 참조)이 국내에서도 시행(2012년 9월 2일)됨으로써 기업들은 여성인력에 대한 인적자원관리 제도운영에 있어서 새로운 국면을 맞이하고 있다. 즉, 학력·성·근속년수 등 소위 연공요소를 중심으로 한 인적자원관리

표 16-4. 각국의 남녀고용평등법 제정의 기본개요

국명	법명	제정년도	차별금지 사항 예
한국	남녀고용평등과 일·가정 양립지원에 관한 법률	2012년 (최초제정 1987년)	• 모집, 채용에 있어서 여성에게 남성과 평등한 기회부여 • 동일가치 노동에 대해 동일한 임금 지급 • 교육, 배치, 승진에 있어 여성의 차별대우 금지 • 정년 및 해고에 관하여 여성의 차별 대우 금지 • 직장내 성희롱 금지 및 예방 • 모성보호 (일·가정 양립 지원) 확대, 강화
미국	동일임금법 시민군법 제7조 고용기회균등법	1963년 1964년 1964년	• 인종, 피부색, 종교, 성, 출신국적을 이유로 한 다음의 사항에 대한 차별을 금지 ·고용, 고용조건, 모집 등에 관한 차별 ·직업소개소, 노조단체의 차별 ·직업훈련에 관한 차별 ·차별적 고용관행을 시사하는 관행 또는 공고의 인쇄, 간행
독일	경영조직법 개정민법	1972년 1980년	• 인종, 신념, 성, 노동조합 활동 등을 이유로 고용계약의 체결, 승진, 직무상의 명령, 해고에 관한 차별을 금지

성향이 강한 기업들에게는 인적자원관리 제도수정이 불가피하게 되었다. 이는 특히 여직원과 남자사원을 구분하여 채용하고 각각 별도의 인적자원관리 원칙을 적용하여 왔던 우리나라 기업들의 기존 인적자원관리 관행에 직접적인 영향을 주게 되었고 이에 따라 기업들은 고용에 있어서 남녀의 평등한 기회보장과 대우, 직장 내 성희롱 금지 및 예방조치, 그리고 일·가정 양립을 지원하고 모성을 보호하는 방향으로 인사제도를 획기적으로 개편하였다.

2. 여성인력 개발을 위한 기업의 역할

무엇보다도 인력육성정책의 개선이 필요하다. 즉, 성에 무관하게 일의 성과에 따른 임금지급과 인사처우, 그리고 인력개발이 수행되어야 한다. 특히, 경력 전반에 걸쳐서 남녀 모두에게 그들의 능력이 닿는 만큼 승진할 수 있도록 해야 한다.

또한, 직장과 가정을 위한 지원 프로그램을 제공해야 한다. 여성노동의 두드러진 특성은 흔히 이중노동으로 나타난다. 사회의 어떤 영역에서든지 여성의 역할은 가정과 관련된 것이다. 맞벌이 부부라 하더라도 가정의 일은, 특히 육아문제 같은 것은 여성에게, 엄마에게 우선 책임이 주어진다.

직장생활을 하는 자녀를 둔 부모의 경우 주된 스트레스가 자녀걱정이다. 이는 기업체에 자녀보호 프로그램을 적용시킨 뒤 그 직장인들의 결근과 지각이 줄어든 것으로 입증된다. 기업체 중에는 노인보호 프로그램을 함께 적용시키는 곳도 있다. 베이비 붐(baby boom) 세대들이 자신의 부모를 부양해야 하는 때가 되면 이 프로그램은 더 중요해질 것이다.

자녀출산을 위한 출산휴가, 병든 부모를 보살피기 위한 가족휴가는 보장되어야 한다. 전에는 휴가를 받을 일이 있으면 주로 여성이 일을 쉬어야 했다. 왜냐하면, 남편들의 임금이 더 많았기 때문에 몇 달씩의 무급휴가는 여성의 몫이었다. 또한 자주 휴가를 받는 것이 경력에 해가 될까 우려했기 때문에 남성들은 가족휴가를 맡는 일을 기피했다. 참고로, 미국에서는 1993년 Under the Family and Medical Leave Act (FMLA)가 통과된 후, 남성들의 휴가가 늘어나는 추세이다. 이는 50명 이상의 직원에게 출산을 포함하여 가족에게 필요한 경우 12주까지 무급의, 직장이 보장되는 휴가를 주도록 하는 것이다.

다음으로, 일의 융통성을 도모하는 것이다. 재택근무(telecommuting), 시간선택의 유연성, 시간제근무, 일의 할당제 등의 여러 가지 옵션을 줌으로써 직장생활의 편의를 도모해 주어야 한다. 이는 또한 새로운 근무자를 훈련시키는데 드는 비용을 절감할 수 있다.

또한 직장 내 성희롱(sexual harrassment)의 예방조치는 여성인력 개발을 위해 긴요한 조치이다. 직장 내 성희롱의 범주에는 육체적인 행위뿐 아니라 성적인 농담, 성적인 암시, 성적인 제의 등과 같은 언어적인 괴롭힘도 포함된다. 주로 남성관리자나 상급자가 여성 사무직원에게 성적인 괴롭힘을 주는 예가 많다. 이러한 남성의 태도는 성역할의 과잉인식에서 비롯된다. 많은 남성들이 여성의 주된 역할을 전통적으로 인식되어 왔던 성적인 대상(sex partner)으로서, 가정주부로서, 그리고 아이를 출산하는 여성으로서 여기며, 그 다음에 이차적으로 동료로, 능력 있는 전문가로 인식하는 데서 오는 것이다.

이런 성적 괴롭힘을 방지하려는 기업차원에서의 대응책은 우선 기업의 최고경영자가 내세우는 문서화된 정책을 세우는 것이다. 그 다음에 성중립적 태도를 잘 지키는 사람은 포상하고, 그 반대의 경우의 사람은 문책하는 확실한 태도가 필요하다.

성희롱 방지정책을 만들 때는 세세한 내부조항을 명시해야 한다. 또한 성적으로 중립적 태도를 지닌, 이 정책의 필요성을 잘 인식하는 이로 하여금 감독하게 만들어 정책의 내용이 실행되어 나갈 때, 성희롱 방지정책은 기업의 모든 이들에게 의미 있는 정책이 될 것이다.

학습문제

1. 'Beck-Gernsheim 명제'를 설명하시오.
2. '유리천장(Glass Ceiling)'의 개념을 설명하시오.
3. 유리천장현상이 조직에 존재하는 이유와 극복방안을 설명하시오.
4. 남성과 여성의 리더십 스타일의 차이를 설명하시오.

참고문헌

강혜련(1995), 기업 인력정책의 새로운 패러다임: 여성인력의 전략적 활용, 「한국심리학회지: 산업 및 조직」8, 1, 1~14.

권혜자・박선영(1999), 『비정규직 노동자의 규모, 법적지위, 조직화 방안』, 서울: 한국노총중앙연구원.

김성국(1990), 여성근로자의 재고용제도에 관한 연구, 「이화여자대학교 경영논총」, 제8집, 67~93.

김성국(1998), 여성관리자 “Glass Ceiling” 현상에 대한 연구, 「인사관리 연구」, 22, 1, 205~230.

김성국(1999), 『조직과 인간행동』, 서울: 명경사.

김성국(2000), 여성인력의 전략적 개발, 한국노동연구원 편(2000), 『21세기형 인적자원관리: 뉴패러다임과 실천과제』, 서울: 명경사, 313~337.

김성국(2003), 『인적자원관리 뉴패러다임』, 서울: 명경사.

김성국 · 김민수(2004), 『이슈중심 인사관리』, 서울: 삼영사.

김성국 · 박우성(2000), 국제화시대의 인적자원관리, 한국노동연구원 편(2000), 『21세기형 인적자원관리: 뉴패러다임과 실천과제』, 서울: 명경사.

김성환(1992), 『비정규직노동에 관한 연구』, 서울: 한국노동연구원.

김용석 · 이영면(1999), 파견근로자와 정규근로자의 직무만족 결정요인에 관한 연구, 「산업관계연구」, 제9권, 31~35.

박우성(2000), 비정규직 인력의 관리, 한국노동연구원 편(2000), 『21세기형 인적자원관리: 뉴패러다임과 실천과제』, 서울: 명경사, 363~385.

윤정구, “여성임원과 기업성과”, 헤럴드경제, 2019.5.8.

이철수(1998), 『단시간 근로 및 파견근로에 관한 법적 연구』, 서울: 한국노동연구원.

정연앙(1994), 「여성근로자의 관리실태에 관한 연구」, 한국노동연구원.

정인수(1997), 『취업형태 다양화의 정책과제』, 서울: 한국노동연구원.

한국노동연구원 편(2000), 『21세기형 인적자원관리: 뉴패러다임과 실천과제』, 서울: 명경사.

현대경제연구원(1998), 단시간 근로현황과 기업의 유의점, 「VIP Report」, 제221호.

Bass, B. M. & Avolio, B. J.(1994), “Shatter the Glass Ceiling: Women May Make Better Managers”, *Human Resource Management,* 33, 4: 549~560.

Beck-Gernsheim, E.(1980), “Männerrolle, Frauenrolle: aber was steht dahinter?” In: Eckert, R.(hrsg.), Geschlechtsrollen und Arbeitsteilung, Mann und Frau in soziologischer Sicht, München, 165~201.

Carrell, M. R., Jennings, D. R. & Heavrin, C.(1997), *Fundamentals of Organizational Behavior*, Upper Saddle River: Prentice-Hall.

Harrison, B.(1994), *Lean and Mean: The Changing Landscape of Corporate Power in the Age of Flexibility*, Basic Books.

Hippel, C. et al.(1997), “Temporary Employment: Can Organizations and Employment Both Win?”, *Academy of Management Executive*, 11, 1.Huws, H.(1990), *Telework: Towards the Elusive Office*, John Wiley & Sons.

Konle-Seidi, Ulmann & Walwei(1990), “The European Social Space: A Typical Forms of Employment and Working Hours in the European Community”, *International Social Security Association.*

Large, M. & Saunders, N. K.(1995), “A Decision-making Model for Analyzing How the Glass Ceiling is Maintained: Unblocking Equal Promotion Opportunities”, *The International Journal of Career Management,* 7, 2: 21~28.

Liebs, A. & Schuchardt, J.(1999). *Telearbeit: Ein Leitfaden für Beschäftigte*, Geilenkirchen: Gesellschaft für Innovative Arbeitsformen.

Loden, M.(1985), *Feminine Leadership or How to Succeed in Business without Being One of the Boys*, New York: Times Books.

Morrison, A. M.(1992), "New Solutions to the Same Old Glass Ceiling", *Women in Management Review*, 7, 4: 15~19.

Napier, N. K.(1996), Lessons from American Career Women, Presentation to Ewha Womans University, June 1996.

Nollen, S. & Axel, H.(1996), *Managing Contingent Workers*, New York: American Management.

Pollivska, A. E. & Nardon, T. (1989), On the Definition of "Contingent Worker," *Monthly Labor Review*, 112, 4, 9~16.

Powell, G. N. & Betterfield, D. A.(1994), "Investigating the 'Glass Ceiling' Phenomenon: An Empirical Study of Actual Promotions to Top Management," *Academy of Management Journal*, 37, 1: 68~86.

Simon, J.(1995), The 'Double-glazed Glass Ceiling' in Australian Libraries, *Women in Management Review*, 10, 8: 19~29.

Still, L. V.(1992), "Breaking the Glass Ceiling", *Women in Management Review*, 7, 5: 3~8.

Swiss, D. J.(1996), *Woman Breaking Through: Overcoming the Final 10 Obstacles at Work*, Princeton: Peterson's/Pacesetter Books.

찾아보기

ㅇ

ㅈ

ㅊ

ㅋ

ㅌ

ㅍ

ㅎ

저자소개

■ 김 영 재 (金永在)

고려대학교 정경대학 경제학과 졸업
서울대학교 대학원 경영학과 졸업(경영학석사)
경북대학교 대학원 경영학과 졸업(경영학박사)
미국 University of Illinois at Urbana-Champaign, ILIR (교육부파견) 객원교수
미국 Old Dominion University 객원교수
동국대학교 이부대학장, 기획처장, 상경대학장
현재: 동국대학교 경영학부 명예교수

[저서]
조직행동론(공저), 무역경영사, 2014(개정판)
노사관계론(공저), 무역경영사, 2013
인적자원관리(공저), 삼영사, 2003 외.

■ 김 성 국 (金聲國)

서울대학교 인문대학 수석졸업
서울대학교 대학원 경영학과 졸업(경영학석사)
독일 Mannheim 대학교 졸업(경영학박사, Dr. rer. pol.)
독일 FU Berlin, Hamburg, Paderborn, Halle-Wittenberg 대학 객원교수
미국 California 대학(Berkeley) 객원교수
대한리더십학회 초대 회장, 한국인사조직학회 회장, 한독경상학회 회장, 아시아-유럽미래학회 회장,
이화여자대학교 경영대학 교수, 경영대학장, 경영전문대학원장 역임
현재: 이화여자대학교 경영대학 명예교수
　　　국가인재경영연구원 정책분과위원장

[저서]
경영과 사회, 명경사, 1999
인적자원관리 뉴패러다임, 명경사, 2003
실리콘밸리에서 만난 괴테와 스티브잡스의 대화, 휘즈북스, 2018 외.

■ 김 강 식 (金康植)

독일 Mannheim대학교 경영학 박사
베를린 자유대, 뮌헨대학교 객원교수
알렉산더 폰 훔볼트 재단 펠로우
한독경상학회, 한국질서경제학회 회장
현재: 한국항공대학교 경영학부 교수
　　　서울지방노동위원회 공익위원

[저 서]
노사관계론, 무역경영사, 2015
인적자원관리, 삼영사, 2005
북한의 인적자원과 노동, 서울대학교출판부, 2003
항공운송산업의 노사관계, 중앙경제, 2001 외.

신인적자원관리 [제5판]

2010년 3월 5일 1판 1쇄 발행
2011년 2월 10일 2판 1쇄 발행
2015년 8월 20일 3판 1쇄 발행
2019년 8월 25일 4판 1쇄 발행
2025년 1월 10일 5판 5쇄 발행

저 자 김영재 · 김성국 · 김강식
발행인 김 학 민
조 판 아 람 기 획

07285
발행처 서울특별시 영등포구 선유로3길 10, 617호
도서출판 **탑 북 스**
등 록 2009.12.21 제 2016-000101 호
전 화 02)365-2223 팩스 02)365-2224

정가 35,000 원

ISBN 979-11-90247-48-1-93320